张汝伦◎著

《中庸》研究

（第一卷）

《中庸》前传

上海人民出版社

目　　录

前　言

一

黑格尔在《哲学史讲演录》中说："哲学史的研究就是哲学本身的研究，不可能是别的。"①意思大概有二：1.哲学的发展是一个历史的发展；2.因此，研究哲学史，是一个从事哲学的基本途径。这是因为，与自然科学不同，哲学很难说有什么进步，它只有历史。但与自然科学的历史，比如说物理学史不同，哲学史就是人类哲学活动本身。

在黑格尔看来，哲学史是和哲学体系的建构同时发生的。哲学史就是人类哲学活动的基本条件和基本存在。对于自然科学来说，历史不构成它研究的基本条件，当代化学家完全没有必要了解炼金术，不知道五百年前的化学研究一点也不妨碍他作为一个化学家。许多历史上流行的科学概念一旦过时，就只有科学史家才会对之感兴趣。但哲学则不然。当代哲学既不是哲学的全部，也不是哲学的顶峰，而只是以前出现的各种哲学之外哲学的又一种可能的表现。哲学可能会不断产生新的概念，但

① Hegel, *Vorlesungen über die Geschichte der Philosphie I*, Werke 18(Frankfurt am Main：Suhrkamp，1986)，S.49.

它那些古老的基本概念却永远不会过时。相反,将始终在人类的哲学思考中起重要的作用,尽管它们的意义会有所不同或损益。在哲学史上,那些自称是全新的哲学总是最贫乏的。只有将老的哲学以某种方式接受和消化,才能真正产生新的哲学。在哲学上,创新的力量是和回忆与了解过去的能力成正比的。对哲学史一无所知的哲学家注定只能是哲学海洋中稍纵即逝的泡沫。

哲学是人类的纯粹思想,我们只能通过人类思想的结晶——哲学文本来了解哲学和把握哲学。不过,不能在狭义上理解哲学文本,哲学文本从根本上说,乃是哲学的种种问题和主题。它们在各个哲学家那里得到不同层面和角度的表达,显示了它们自身的无比丰富与复杂。在哲学中,问题本身的辩证法是通过哲学自身历史的辩证法展开的。因此,每一个真正的哲学家必须与以往的哲学进行不断的对话。对哲学史一无所知,一上来就大胆提出一整套自己的"不同观点"的哲学家,注定永远进不了哲学思维的大门。

正因为如此,哲学的发展,往往是通过对经典大师和经典著作的研究来进行的。即便是那些真正原创性的哲学家,也是如此,并且,他们对哲学史上重要人物和经典著作的研究,往往自身便成了经典。在中外哲学史上,这样的例子不胜枚举。如中国朱子、船山对"四书"的研究,王弼对《老子》的研究,郭象对《庄子》的研究;西方阿奎那对《尼各马可伦理学》的评注和海德格尔对康德和尼采的研究,本身都成为哲学史上的经典之作,是留给后人不可忽视的哲学遗产。可以说,通过研究哲学史和哲学经典著作来进行哲学研究,是哲学发展的必然途径。

当然,人们也很自然会把哲学史看作是一种"史",并且基本以历史研究的要求来对待哲学史的研究,因此,并非所有对著名哲学家和哲学经典著作的研究都是哲学著作。许多这方面的著作其实只是研究哲学家和哲学著作的史学著作，或者说（哲学）史著作，而非本身就是哲学著作。这种著作把哲学历史（philosophische Geschichte）当作哲学史学（philosophische Historie）来对待，无论是以往的哲学家还是以往的哲学著作，都是它们处理的客观对象，而不是它们从事哲学思维的过程与途径。它们也会谈论伟大哲学家的哲学理论与贡献，经典哲学著作的意义与影响，但与作者本人的哲学思想并没有太大的关系。这种哲学史著作的作者会觉得他们当然而且必须与他们的研究对象保持一定的距离，否则就不能做到客观公正。他们的学术标准恰恰是不动心和保持客观中立。因为他们是研究主体，研究对象是客体，主体必须像地质学家对待他的矿石标本那样，尽可能客观超然地对待客体。这样产生的作品才有学术价值。

　　但这样的一种态度本身不是历史或史学的态度，而是哲学的态度，是一种哲学的立场，即视世界为由主体与客体二元构成的合成物的近代主体主义哲学的产物。与古代万物一体的哲学思想不同，这种哲学首先将人作为主体从宇宙中分离出来，使之成为世界的基础，然后将所有非人的事物与宾格的人设定为客体或对象。虽然客体是相对于主体而言，但却与主体之间隔着一道无法逾越的鸿沟。反讽的是，客体实际是由主体设定，人们却认为只有尽可能去除主体性因素，主体才能真正把握客体，或"客观"把握客体。这种哲学在近代西方思想中达到了顶峰。

　　这当然是一个不可能的任务，即便是近代思想家中的佼佼者，如休谟，也已看到了这个问题。休谟的怀疑论无论怎么"温和"，却将近代主体主义哲学自找的尴尬表露无遗。有鉴于此，康德试图用他的先验哲学来解决陷于深刻危机的知识的可能性

3

问题,但是,他的先验哲学的前提,却是坚持二元论的立场——区分现象与本体。这种二元论所产生的根本问题——自然与自由的分裂,其实是世界的分裂和人类存在的分裂,使得他那些伟大的后来者无不以克服这种二元论为自己哲学思想的首要目标。

德国古典哲学家尽管没有最终解决世界和人类内在的分裂,却为此奠定了坚实的基础。然而,德国古典哲学对于普通人来说毕竟太高深了,近代自然科学的实证思维方式(主客体二分思维方式在自然研究中的体现)在自然研究领域中取得的显著成就,使得一般人以为这是唯一正确的思维方式,因而逐渐成为人们的"共识"。人们误以为近代的知性(工具理性)思维方式,是唯一科学合理的思维方式,而实证便是真理的保证。

近代自然科学的实证主义思维方式与近代哲学有密切关系,近代西方哲学的开山培根和笛卡尔都重视实验对思想的作用。经验主义更是近代科学实证主义的思想根源,依靠经验观察,分析观察资料,然后形成假设,再用进一步的观察和实验来检验价值是否成立,成为"标准的"科学方法。尽管休谟哲学实际上颠覆了这种经验主义思维方式的"客观性",但它却在 19 世纪下半叶发展成为一度流行整个世界的实证主义。对于实证主义来说,科学是唯一可靠有效的知识;事实是知识唯一可能的对象;哲学并无不同于科学的方法;哲学的任务就是发现一切科学共同的一般原则,并运用这些原则作为科学工作的指导和基础。

虽然是圣西门最先提出"实证主义"的概念,但却是孔德将它用来指称科学方法,并将它变成一种哲学学说。孔德比较重视科学的理性方面,而将它的实验基础和事实证实仅仅作为提出规律的准备。英国哲学家密尔(又译穆勒)是 19 世纪下半叶又一个实证主义的主要代表人物,他的《逻辑体系》也许是 19 世纪下半叶实证主义最重要的著作,它坚持彻底的经验主义,主张要避免把科学成果教条化。根据密尔,逻辑原理是经验材料的普遍化,归纳是科学的唯一方法。归纳本身的基础,自然规律统一的原则,是又一个归纳真理,是许多部分普遍化的成果。孔德和密尔对近代中国思想产生过重要的影响,尤其后者的实证主义思想,通过严复对《逻辑体系》(即《名学》)的翻译,赢得了许多读书人的心。

近代历史学,与近代所有其他科学一样,是在近代科学革命和主体主义哲学及其认识论—方法论的变种——经验主义和实证主义思潮影响下形成的。在近代科学革命的影响下,18 世纪的西方知识分子越来越把理性与经验研究联系在一起。史学家开始摆脱古代和中世纪历史叙述的传统,以自然科学的经验方法作为榜样,醉心于事实,完全摒弃历史叙事中的传说成分。当时流行的博学派与批判学派的史学,都是以客观实证为目标。到了 19 世纪初,历史正式被提升到一门严谨学科的地位,其任务是重现过去,不容掺杂虚构的成分。英国史学家巴克尔(Henry Thomas Buckle,1821—1862)在其所著《英国文明史》中应用了他所认为的历史著述的科学方法。在他看来,科学只有一种,那就是自然科学。他主张"没有自然科学就没有历史学"。历史学必须使用自然科学的同样方法,从经验的证据入手,通过对证据的分析,最终找到普遍规律。德国的兰克学派绝非我们理解的那样是一种实证主义的史学理论,但的确认为严谨考证原始史料是历史学的核心要求之一。[①]

这样的史学研究思想传到中国,一下子就为信奉科学主义

---

① 参看格奥尔格·伊格尔斯、王晴佳:《全球史学史——从 18 世纪至当代》,杨豫译,北京大学出版社 2011 年版,第 22—133 页。

的知识分子所接受。[①]这种史学思想，自然也反映在中国现代的哲学史研究中。例如，胡适在其对于现代中国哲学史研究具有典范与开创性意义的《中国哲学史大纲》中便是如此，他说，哲学史的目的有三，即明变、求因、评判。要达此三个目的，则先要"述学"，而述学必须"审定史料"和"整理史料"。审定史料要从史事、文字、文体、思想、旁证五个方面着手。整理史料的方法则是"校勘""训诂"和"贯通"。[②]这基本上就是当时流行的史学研究的要求。以这种方法论思想指导的哲学史研究著作，如劳思光所批评的，其实"不是'哲学史'，只是一部'诸子杂考'一类考证之作"[③]。这样的著作，我们现在还不时见到。[④]

同样是现代中国最早哲学史作者之一的冯友兰，虽然承认研究哲学须研究哲学史[⑤]，但却明确表示，中国哲学史与中国哲学和哲学，"并非一事"[⑥]。在他看来，哲学史实际上是通史的一部分[⑦]，那么，哲学史就应该属于史学的范畴。所以，哲学史并非哲学家本身从事哲学思考的途径与凭借，而只是他书写与叙述的对象。当然，他区分了"历史学家的哲学史"和"哲学家的哲学史"，前者注重的是"谁是谁"；后者注重的是"什么是什么"。[⑧]"什么是什么"，也就是弄清事实。这也是一般实证主义史学的基本目标。所以，当冯友兰说研究哲学要研究哲学史是"以观各大哲

---

① 有关中国近代知识分子的科学主义思想倾向，可看郭颖颐：《中国现代思想中的唯科学主义》，雷颐译，江苏人民出版社 1995 年版。

② 胡适：《中国哲学史大纲》，东方出版社 2012 年版，第 8—23 页。

③ 劳思光：《新编中国哲学史》卷一，广西师范大学出版社 2005 年版，第 2 页。

④ 参看景海峰：《学科创制过程中的冯友兰》，陈少明主编：《现代性与传统学术》，广东人民出版社 2003 年版，第 211 页。

⑤ 冯友兰：《中国哲学史》上册，华东师范大学出版社 2000 年版，第 12 页。

⑥ 冯友兰：《中国哲学史·自序三》，华东师范大学出版社。

⑦ 冯友兰：《中国哲学史》上册，第 12 页。

⑧ 冯友兰：《中国哲学史中的几个问题——答适之先生及素痴先生》，《三松堂学术文集》，北京大学出版社 1984 年版，第 198 页。

学系统对于世界及人生所立之道理"时①,显然不是把研究哲学史视为研究哲学本身,不是与研究对象处于一种建设性的对话关系,不是一种创造性的阐释过程,而只是尽可能客观地解释和整理古人的理论。这样的哲学史研究实际上仍是"史学"的研究,而不是哲学。因为哲学不是要追究"什么是什么",而是追究为什么"是"和如何"是"。

这就使得近代产生的"中国哲学学科"本身,也基本只是以"中国哲学史"为核心,其任务,就是对中国古代哲学思想的"整理"和"重述"。②"在这个学科体制下的研究论文,其基本宗旨也是'重述'。"③可以说,近代以来对中国哲学史的研究,无论新派老派,基本上是一种"史学"研究。老派的哲学史著作可以钟泰的《中国哲学史》为代表,其"凡例"开宗明义:"此书以史传之体裁,述流略之旨趣。"④新派的代表除了胡适的《中国哲学史大纲》外,还有以唯物史观撰写的哲学史著作,这类著作的代表可以郭沫若的《十批判书》和1949年以后出现的各种中国哲学史著作为代表,基本只是以社会历史发展和阶级观点来解释哲学本身,实质是以社会史、政治史的眼光来研究过去的哲学,它们所标榜的"逻辑与历史一致"的方法其实只是让逻辑为历史作注,只有历史,没有逻辑。蒋维乔和杨大膺合著的《中国哲学史纲要》可说是一个异数,它对当时流行的哲学"史"明确表示不满:"现在所流行的《中国哲学史》,无论是编的是译的,都不是真正的中国哲学自身的史;而是中国哲学家——或称为中国学者——的史

---

① 冯友兰:《中国哲学史》上册,第12页。
② 陈来:《"中国哲学"学科的建设与发展的几个基本问题》,《天津社会科学》2004年第1期。
③ 刘宁:《汉语思想的文体形式》,华东师范大学出版社2012年版,第150页。
④ 钟泰:《中国哲学史》,东方出版社2008年版,第1页。

或传。"①与此针锋相对,"本书则反之,以哲学问题为经,哲学家为纬;所以只将我国所有哲学思想划分为六派,而以派为分类的唯一标目,不再罗列某某人的哲学。然后将某派的中心思想,先叙述出来;再依时代的变迁,和后来学者思想的改换,说明各派思想变化和演进的情形"②。但这只是将史传形式改换成以派别为纲目,同样缺乏哲学本身的思辨。张岱年的《中国哲学大纲》虽然是以中国传统哲学的问题为纲,但同样基本是一部"史"的著作,即以"叙述中国哲学发展过程"为目的的著作③,以整理和重述为主,而不是以创发为其目的。

海德格尔在其所著《尼采》中,对于近代产生的史学之虚无主义本质有极为深刻的揭露。在他看来,史学(Historie)的出现乃是虚无主义非本质统治的一个标志。"它声称自己是历史(Geschichte)的标准表象,把历史当作过去的东西,并且把它(指历史)的产生解释为一种可以得到因果证明的效果关系。它通过叙事与解释把过去的东西对象化,使之在当前的世界中显现。而这个当前总是在进行对象化,最终把自己解释为过去发生之事的产物。……史学进行的对象化总是知道如何提出某种事实材料,并知道如何用与'贴近当前'的眼光来看它们。"④这是说,史学与近代其他科学一样,把它所要处理的东西——历史对象化,即变成与史学家相对的客体,并且与科学家一样,认为只有它对历史的描述才是历史唯一正确的表象。历史与自然物一样,是过去发生的事情的因果作用的产物,是可以用因果关系的模式来说明与解释的。然而,它又总是用"当代的"眼光来看历

---

① 蒋维乔、杨大膺:《中国哲学史纲要》,岳麓书社2011年版,第4页。
② 同上书,第5页。
③ 张岱年:《中国哲学大纲》,中国社会科学出版社1982年版,第1页。
④ Heidegger, *Nietzsche* II(Pfullingen:Neske, 1989), S.385.

史,这才有"一切历史都是当代史"的说法。

早在写《存在与时间》时,海德格尔就批评史学"无可挽回地将历史的基本现象搁置一边"①。一般人会觉得海德格尔的这个批评匪夷所思,史学若将"历史的基本现象搁置一边"的话,它不是取消了自己存在的合法性了吗? 然而,由于德语中表达我们中文"历史"的有两个不同的词,即 Geschichte 和 Historie。前者指的是活生生的、始终在发生的历史;后者一般指的是史学。历史不等于史学,这本来应该是没有问题的。然而在中国,由于"史"的本义是指史官,即"记事者"②,由史官而史籍,由史籍而史学③,"历史"是一个来自日语的原语汉字借词。出版于 20 世纪最后 20 年的《汉语大词典》就把"历史"定义为"过去事实的记载"④,即史学。黄遵宪和黄庆澄分别在他们各自所著的《日本国志》和《东游日记》中用"历史"来指日本学校所教的历史学课程,尽管后来在日语中,"历史"指"历史事实"。⑤故而讲到"史"或"历史",中国人首先想到的是"历史学",而将"历史学"一般理解为对过去发生之事的记载和研究。

但这丝毫也不能否定历史的存在。其实,在日常汉语对"历史"一词的使用中,就已分明见得"历史"的存在,如说"正在创造历史",那就不是说"正在创造属于过去的东西"。说"目睹历史的发生",也不是说"目睹过去的事情",而是目睹了正在发生,且将有持久、重大影响的、并未结束的事件。在这样的言说中,"历

---

　　① Heidegger, *Sein und Zeit*, Gd. 2 (Frankfurt am Main: Vittorio Klostermann, 1977), S.375.

　　② "史,记事者也,从又持中"(见许慎:《说文解字》)。

　　③ 参看金毓黻:《中国史学史》,河北教育出版社 2000 年版,第 7 页。

　　④ 见罗竹风主编:《汉语大词典》第 5 卷,汉语大词典出版社 1986—1994 年版,第 362 页。

　　⑤ 参看马西尼:《现代汉语词汇的形成——十九世纪汉语外来词研究》,黄河清译,汉语大词典出版社 1997 年版,第 227 页。

史"都不是指过去的事件，也不是指对过去事件的记载，更不是指
对过去的研究，总之，不是指"历史学"，而是指德语 Geschichte 意
义上的历史本身。李大钊是最早对此意义上的历史或历史本身
有清楚认识的中国现代思想家之一，他指出："有生命的历史，实
是一个亘过去、现在、未来的全人类的生活。过去、现在、未来是
一线贯下来的。这一线贯下来的时间里的历史的人生，是一趟
过的，是一直向前进的，不容我们徘徊审顾的。"①这里"不容我
们徘徊审顾"的说法最值得注意，它表明历史本身就是我们的
历史存在本身，在此意义上，它无法成为我们"徘徊审顾"的对
象或客体。"纵以观之，则为历史；横以观之，则为社会。横观则
收之于现在，纵观则收之于往古。此之历史，即是社会的时间的
性象。"②

李大钊对历史的这种理解，与海德格尔在《存在与时间》中
关于历史的定义，有若干神似。海德格尔说："历史就是生存着
的此在特殊的在时间中进行的发生。这是一个在此在相互共处
存在中'已经过去'，但同时又'传下来'继续产生影响的发生，它
在强意义上就是历史（Geschichte）。"③历史是已经发生但也同
时正在发生并继续产生影响的事情，就其继续产生影响而言，它
也是将来的发生，将来的事件。就任何人都无法自外于历史而
言，历史就是我们存在的基本条件，也是我们存在的基本特征。
用李大钊的话说：它是我们"社会的时间的性象"。而用海德格
尔的话说，它不是一个存在者，而是存在本身。我们固然可以通
过抽象的努力把它对象化，即把它变成一个存在者——史学的
研究对象，但在这样做时，却剥夺了它的历史学和时间性特征，

---

① 李大钊：《史学要论》，《李大钊全集》第四卷，人民出版社 2006 年版，第 444 页。
② 李大钊：《史观》，《李大钊全集》第四卷，第 252 页。
③ Heidegger, *Sein und Zeit*, S.379.

使之成为非历史和非时间的东西。

对于中国古人来说,圣贤书中讲的都是不可须臾离的常道,此道非我之外的一个客观研究对象,而是以自己生命来证成的立身处事之本,无此道即无以立也。然而,近代以来,在现代性思潮鼓荡之下,道已不复为道,而载道之经亦不过是客观研究对象,如熊十力所云:"学子视六经,殆如古代之器物。而其考核及之者,亦如西洋考古家,考察灭亡蕃族之异物耳。"①

正如被对象化的存在不是存在,而是存在者,被对象化的历史也不是历史,而是史料。史学家(广义的)通过这样褫夺性的对象化过程,人为区分出两个世界:他的世界和史料的世界。只有坚持这两个世界的根本分界,坚持不受他所研究的对象的影响,史学家及其从事的行业才有其存在的合法性。这就要求史学家与其研究对象划清界线,并对之进行老吏判案般的坚决批判,决不能像钱穆所要求的那样对之保持"温情和敬意"②,更不用说将历史视为自身存在的基本条件,"不知有汉,无论魏晋"了。然而,就像以主客体二分为前提的近代主体主义哲学终究无法解决主体如何"客观"认识客体一样,现代史学的发展也已证明,实证主义的客观性理想终究是一个无法实现的神话。原因无他,我们无法把自己拔出历史。

二

或曰,哲学史不是历史(Geschichte)本身,而只是"哲学"这种人类精神活动的历史,或者说,是对这种精神活动已有的成果的研究和整理,也就是所研究者不是正在发生的事情,更不是将

---

① 熊十力:《读经示要》,第 8 页。
② 钱穆:《国史大纲》(修订本),上册,中华书局 2002 年版,第 1 页。

要发生的事情,而是已经发生的事情,即过去的事实,套用海德格尔的术语,是已有的存在者,而不是始终在发生的存在。难道我们不应该用流行的史学的客观性要求来要求哲学史的研究吗? 难道我们不应该在哲学史的研究中区分自己和研究对象,即研究主体和研究客体吗? 难道我们不应该坚持如实地反映研究对象吗? 难道我们可能生活在研究对象的那个时代和世界,比如生活在孔子的时代和孔子的世界吗? 如果我们把哲学史理解为一门特殊的史学的话,那么这些问题可以说不无道理。

然而,如果连实证主义史学的目标都是一个根本无法实现的幻想的话①,那么实证主义的哲学史就更不可能了。因为,任何人写的历史都包含着某种对所写事物的理解和解释,工业革命只发生一次,人们写的工业革命史可以有无数,并且永远也不会完全一致。哲学史就更不用说了。它必然包括写哲学史的人对以往的哲学思想和哲学著作的理解与解释,而哲学史的价值恰恰在这些理解和解释,否则它只算是“一本‘汇编’式的东西,而并非一本哲学史”②。当然,这种理解与解释决不是像罗素在其《西方哲学史》中所实践的那种没有任何理解之同情、党同伐异式的做法。但如其所是的哲学史,也是根本不可能的,这一点古人就已看清楚了:“孔子、墨子俱道尧、舜,而取舍不同,皆自谓真尧、舜。尧、舜不复生,将谁使定儒墨之诚乎?”③今人冯友兰,也在其《中国哲学史》承认,完全“如实”的哲学史是不可能的。④

除了方法论上的不可能外,还有存在论上的不可能。正是这种存在论上的不可能,决定了真正的哲学家不可能把以往的

---

① 参看王晴佳:《西方的历史观念——从古希腊到现在》,广西师范大学出版社 2013 年版,第 210—268 页。

② 劳思光:《新编中国哲学史》卷一,第 12 页。

③ 《韩非子·显学》。

④ 参看冯友兰:《中国哲学史》上册,第 12—14 页。

哲学家和哲学著作作为自己的客观研究对象来处理,或者说,不可能把它们对象化。对于哲学家来说,伟大哲学家的思想和哲学经典著作,就是哲学本身。当黑格尔在写《哲学史讲演录》时,他就是在写哲学。无论是赫拉克利特还是康德,对他来说不是某个人,而是某种哲学,或哲学本身的展开。而朱熹在给"四书"作注时,他也是在做哲学,否则我们今天不会把他的注当作他的哲学思想来引用。当然会有"述而不作",只是"客观"叙述前人思想或分析哲学经典的人和著作,但人们一般并不把这些人当作哲学家来看待,他们这方面的著作,也不会被人视为真正的哲学著作。例如,人们不会把康浦·斯密的《康德〈纯粹理性批判〉解义》与阿尔都塞的《读〈资本论〉》混为一谈。前者只是一部关于哲学的著作,而后者本身就是哲学著作。

的确,对以往的哲学家和哲学经典著作有两种根本不同的研究方式。一种是将被研究者对象化为与我保持绝对距离的研究客体,我始终是外在于它、与之相对的主体。研究主体与研究客体处于两个不同的历史时代和历史世界,研究者是整理者、分析者、批判者和审判者。即便认同研究对象的思想,也不会认为自己的研究著作是在说自己的话。另一种是研究者将自己视为与研究对象同处在一个历史中,他不是照着研究对象说,而是接着说。但这种"接着说"却不能简单理解为纯粹时间次序上的接着说,而是带着自己的视域,重新探讨和回答前人已经提出的问题,并从中发展出新的问题,或改变提问的角度与方式。研究对象不是处于研究主体之外的纯粹客体,它与研究者共有同一个历史,都是这个历史的一部分,面对的是同样的世界,这个世界当然不是普通意义的世界,而是构成哲学基本问题的世界。

伽达默尔在回忆他最初听到海德格尔对亚里士多德哲学的现象学阐释时说,海德格尔开创了一场真正的革命,使得"亚里士多德确确实实在我们当代对我们说话"①。亚里士多德不再是一个重要的历史研究的对象,人们是从当代的哲学问题和问题压力出发走向亚里士多德。②也就是说,伽达默尔那一代人把亚里士多德不是视为早已去世的古人,一个超然的哲学史(学)研究对象,而是视为自己的同时代人,他不但不会束缚人们对当代问题的思考,反而会使人们从当代的偏见与传统中解放出来。③

为什么是这样? 为什么人们可以理直气壮地说,"亚里士多德是我们的同时代人",或"黑格尔是我们的同时代人"? 最根本的原因是,人类存在的历史性使他们与我们共有同一个历史。历史性恰恰不能像历史主义理解的那样,是每一代人都有自己不同的历史。作为存在论概念的历史性只是表明共处于一个历史世界的人类共有同一个历史。如果西方人不能否认古希腊哲学构成了他们历史世界的重要元素的话,他们就不能否认他们处于柏拉图、亚里士多德一脉发展下来的历史中,就像我们中国人不能否认我们处于孔孟老庄一脉发展下来的历史中一样。而就今天全人类都生活在同一个现代性世界中而言,人类共有现代性处于其中的历史。它早已经不仅是西方的历史,也是人类的历史了。

但是,作为人类存在之基本条件的历史,绝不能被理解为一个一去不返的、均质单向时间的流逝过程。可将历史理解为"过去之事"的常识,恰恰是建立在单向均质流逝的时间概念上的,只有基于这种时间概念,我们才能把时间分为过去、现在和将来三个维度。真正存在论意义上的历史,即作为人类存在基本条

---

① Hans-Georg Gadamer, "Heidegger's ›theologische‹ Jugendschrift", in Martin Heidegger, *Phänomenologische Interpretationen zu Aristoteles* (Stuttgart: Reclam, 2002), S.77.

② Ibid., S.79.

③ Ibid., S.77.

件的历史性,用《庄子·知北游》中孔子的话说,是"无古无今,无始无终"。如果我们在历史主义的意义上来理解历史和历史性,那就会说,每个不同时代的人都有其历史性,或用我们中国人熟悉的说法,历史局限性。但后之视今,犹今之视昔,我们固然可以说古人有其历史(局限)性,后人何尝不可这样来说今人。人人都有其历史(局限)性,不但导致相对主义,也一定导致虚无主义,因为这实际上对人的历史性近乎什么也没说,"历史性"成了一个空洞的符号。

"无古无今,无始无终",好像是取消了一切规定,但却是对历史和历史性的一个绝对规定。历史作为人存在的绝对条件,对任何人都是绝对的先在,绝对的先在就是无限的先在,根本无法有意义地谈论它从哪里开始。同理,对于人类来说,历史也不会有终结,人充其量只能在特定意义上谈论"历史的终结"。古今总是相对特定的人说的,对于人类来说,的确是无古无今。但这都是就人类存在本身而言的。对于每一个特殊的人,当然有古有今,有始有终,但这是以人类本源的历史性为条件的。没有那个本源的历史性,谈论古今始终是没有意义的,就像没有本原意义的时间概念,谈论过去、现在与将来就没有意义,也不可能。

这样对本原意义的历史和历史性的讨论不是只有逻辑的意义,也并不是一般逻辑所能解释的。按照一般的知性逻辑,特殊与普遍相对,而普遍只是建立在对特殊的归纳基础上的抽象。然而,还有一种本源意义、基础意义和先验意义上的普遍,这种普遍是个别的普遍,而不是作为共名的普遍。历史和历史性,就是这种意义上的普遍。这种普遍不是简单的抽象,而是事物必要的根据或先决条件。例如,没有人类的历史性,我们就不能谈论特殊人物或特殊思想的历史性。它不是事物的抽象,而是事物的条件。"物物者非物。"①即此之谓也。

过去的伟大哲学家之所以可以是我们的同时代人,是因为伟大哲学家总是思考那些人类最基本的问题或本原性问题,而这样的问题,是其他特殊问题的基本条件,因而在任何一个历史时代都会以不同方式出现。以人性问题为例。在先秦哲学家那里,它表现为善恶的本源问题;而现代的异化理论,没有这个本原性问题为前提,是不可能提出与产生的。再如一与多的问题,既可以表现为柏拉图的"分有"理论,也可以以中国哲学"一本万殊"的命题来讨论。但无论"分有"还是"一本万殊",其理论前提是一与多的问题应该没有什么疑问。再拿伽达默尔提到的那个亚里士多德的例子来说。当作为启蒙的产儿,又接受过科学化了的基督教教义熏陶的海德格尔,要摆脱那些教条,而转向人生的问题,提出此在的事实性思想,发展出一种哲学的和现象学的人类学时,他发现亚里士多德在其修辞学和伦理学中其实就已经在讨论实际生活的人生了,也就是说,两千年前的亚里士多德与他关心的是相同的问题,因而通过对亚里士多德的释义学阐释,让他对当代来说话。②这样,亚里士多德就成了海德格尔和伽达默尔的同时代人。

这是否意味着所谓本原性问题是超历史或无历史的? 当然不是。这些本原性问题或基本问题总是在历史中得以不同地提出和表现,不像三角形三个角之和,没有不同的表现,所以它们并无超越历史的存在。我们甚至可以追溯它们最初是由谁提出的。但这些问题并不是因为由于某人最先提出才存在,它们可以说是人类存在必有的问题,即便无人提出,也一定存在,所以才被称为"本原性"问题。此外,它们为人类存在的基本形态所

---

① 《庄子·知北游》。

　② Cf. Hans-Georg Gadamer, "Heidegger's ›theologische‹ Jugendschrift", S.79—80.

决定,或者说,是人类历史性必有的问题,如天人关系、一与多的关系、人性问题、存在问题、常与变的问题,等等。人只是发现了它们,就像发现某一个物种那样,并不能任意发明它们。它们是人类历史性存在的产物,如无人类的历史性存在,也就无这些问题,在此意义上,它们当然不可能是超历史或无历史的。每个这样的问题也都像人类本身那样,有自身发展的历史,怎么会是超历史或无历史的?

　　但是,如果可以把亚里士多德理解为我们的同时代人,那么如何理解黑格尔在《法哲学》序言中那段非常有名的话——"每个人都是他那**时代的产儿**。哲学也是这样,它是**被把握在思想中的它的时代**。妄想一种哲学可以超出它那个时代,这与妄想个人可以跳出他的时代……是同样愚蠢的"?①按照这段话的字面意义来理解,黑格尔似乎说的是哲学只是反映了它所处的时代,不可能超出它的时代。亚里士多德哲学就只是希腊奴隶社会的产物,而孔子思想也不可能具有超越时代的意义。那么,用青年马克思的说法,哲学就"成了一个新闻记者"②。而黑格尔也的确在《哲学史讲演录》的导言中说:"在基督教内是必然的那种哲学,是不会在罗马发生的。"③但我们显然不能用这样机械肤浅的历史反映论来理解黑格尔的这段话。坚持历史发展整体性的黑格尔,不可能认为历史上那些伟大的哲学思想只是对于它们的时代才有意义,或者只是在思考它们时代的问题。

　　黑格尔的确认为哲学和哲学家都不能站在他的时代之外,

---

　　①　Hegel, *Grundlinien der Philosophie des Rechts*(Frankfurt am Main: Suhrkamp, 1993), S.26.

　　②　Marx, *Frühe Schriften*, hg. von Lieber(Darmstadt: 1962), Bd.1, S.188.

　　③　Hegel, *Vorlesungen über die Geschichte der Philosphie I*(Frankfurt am Main: Suhrkamp, 1986), S.73.

就像没有人能超出他的皮肤。但是,黑格尔又说:"另一方面,根据其形式,哲学超越它的时代,它是对实质精神的思考,将其本身作为对象。就哲学在其时代精神之内来说,这时代精神是它特定的现世内容;但同时哲学作为知识又超出了这内容,而与这内容相对立。"①这是说,尽管哲学处于其时代精神之内,但这并不等于它只是时代精神的反映。

恰恰相反,哲学不是反映,而是反思与批判,通过对受其时代制约的错误观念与知识的反思与批判,哲学可以超越它的时代。但这种超越不是"超出",从而与其时代处于盲目的对立,从而被它束缚;而是相反,通过批判的扬弃与其历史处境重归于好,即承认自己的历史性,承认其反思与批判恰恰是由这种历史性决定的。

20世纪70年代在德国发生的伽达默尔与哈贝马斯关于释义学与意识形态批判的争论实质也是如何来看待哲学反思与其历史条件(时代)的关系。哈贝马斯并非否认传统与历史对我们思想的影响,但不承认其绝对性,而主张在承认传统与历史的影响同时,要进行解放性的反思和意识形态批判,这样才能超越传统意识形态的束缚而从中得到解放。而在伽达默尔看来,哈贝马斯实际上是主张我们有可能站在历史和传统之外来批判传统,这是不可能的。哲学释义学并非主张无条件地接受传统,释义学的理解和解释过程保护了反思与批判,而这也是它与古典方法论释义学的根本区别之一。反思只能在历史之内,而不能在历史尽头进行。②哲学家是他时代的产儿并不意味着他对其时

---

① Hegel, *Vorlesungen über die Geschichte der Philosphie I*(Frankfurt am Main: Suhrkamp, 1986), S.74.

② 有关这场争论可看张汝伦:《哲学释义学,还是意识形态批判?》,《现代外国哲学》第10辑,人民出版社1987年版,第89—112页。

代不能进行反思和批判。恰好相反,我们完全可以把黑格尔的这句话理解为:正因为他是其时代的产儿,他一定会对其时代有所反思与批判,否则他就不是哲学家,因为哲学就意味着反思与批判。没有反思与批判就没有哲学。

青年黑格尔派对黑格尔哲学的这种反思与批判心领神会,从黑格尔去世后即开始他们的时代批判。但是他们与后来的哈贝马斯一样,没有看到反思与批判本身辩证的历史性。黑格尔从他青年时代开始,就发现了反思结构本身的暧昧性,它的特征不是与反思对象处于截然的对立状态,而是与之不可分离。反思的特征就是在与他者相关中成为它自在之所是,或者恰恰通过对立获得同一。与他者相关和自我相关双重面相构成了反思的结构。①

在黑格尔看来,哲学对其时代精神的超出是"形式的"②,归根结底,哲学的时代精神也是精神本身的展开,因为哲学"这种知识本身是精神的实现,精神的自我认识"③。哲学通过对其时代精神的反思与批判推进精神本身的发展。哲学在反思时代精神时,就是在思考实质的精神。或者说,是精神自己的自我认识。而精神的自我认识,也是它自我实现的过程。这种自我实现,是一个历史的过程,历史中发生的思想,不但会在后来一再出现,而且会在后来得到实现:"在希腊是哲学的东西,在基督教世界进入了现实。"④这当然不是说基督教世界是按照希腊哲学建立的,而是说,希腊哲学对于基督教世界来说是一种现实的存

---

① Cf. Rüdiger Bubner, "Philosophy is its Time Comprehended in Thought", *Essays in Hermeneutics and Critical Theory* (New York: Columbia University Press, 1988), p.38.

② Hegel, *Vorlesungen über die Geschichte der Philosphie I*, S.74.

③ Ibid., S.75.

④ Ibid.

在,因为希腊哲学的问题不会消失,也不可能消失,"对于黑格尔来说,希腊的本体论,乃是活着的对于当代哲学仍然起作用的哲学"①。对于黑格尔来说,"哲学知识因而不是博闻强记,不是对于已死去了的、埋葬在地下的、腐朽了的事物的知识。哲学史所研究的是不老的、现在活生生的东西"②。正因为如此,亚里士多德能"在当代对我们说话"。

"在当代对我们说话",就是能回答当代的问题。这在许多人看来,简直匪夷所思。亚里士多德怎么可能预见 20 世纪的问题? 这里重要的是要区分哲学问题与普通具体问题。普通具体的问题,一般是指人类所面临的种种现实问题,如社会不公正、人类异化、环境危机、资本无孔不入;甚至犯罪问题、离婚问题、教育问题、经济问题等等。哲学当然不会回避这些问题,也会思考这些问题。但哲学总是在哲学层面思考这些问题,例如,它会从正义的本质规定出发来思考社会不公正的问题,而不会像一般的政策决定者或媒体作家那样来认识和讨论这问题。他关心的首先不是如何解决问题,而是如何揭示问题的真理。社会不公正问题在古希腊社会和现代西方社会的表现不尽相同,古希腊人和现代西方人对此问题的理解也不尽相同,但社会不公正问题的真理不可能因而是相对的。哲学家对它的思考也不是只有主观相对的意义。"正如黑格尔所强调的,哲学的真理决不屈服于历史的变化,它是从思维的精神或理性中产生出来的,原则上它只能是同一个理性。因此,在黑格尔看来,真理和认识它的哲学精神是不会消失的,并且是永恒的。因而,传统

---

① 克劳斯·杜辛:《黑格尔与哲学史》,王树人译,社会科学文献出版社 1992 年版,第 21 页。

② Hegel, *Vorlesungen über die Geschichte der Philosphie I* (Frankfurt am Main: Suhrkamp, 1986), S.58.

哲学能成为'当代的',因为传统哲学的真理没有消失,并且也不可能消失。"①传统哲学能成为"当代的",就意味着它能"在我们当代对我们说话",它能回答当代的问题。一些有智慧的人常常要求人们到古人那里去寻求智慧,部分也是因为这个道理。我们经常惊叹以往伟大哲学家对于我们今天问题的惊人预见性,也是因为这个道理。

那么,中国古代哲学能否"在我们当代对我们说话"? 照理说,如果上述论证成了的话,这个问题是多余的。但在中国现代思想的语境下,这个问题决不是多余的。近代以来,部分是由于我们最先接触到的是西方近现代文化,所以人们形成了一个根深蒂固的看法,就是中国传统思想等于古代,而西方思想等于现代。人们读西方古书如《理想国》或《形而上学》不觉得是在读古书,而读《周易》或《道德经》就是在读古籍。有人甚至认为,中国近代哲学的问题是古今中西问题。中国传统哲学是"古",西方哲学是"今","中国近代哲学既有与自己的传统哲学的纵向联系,又有与西方近现代哲学的横向联系"。②既然中国传统哲学是"古",当然它不可能"在我们当代对我们说话",而需要我们发挥主观能动性对其"批判继承"。不能想象孔子能回答我们当代的问题。

因此,许多对中国传统哲学的研究,更多是史学意义上的"中国哲学史"研究,而不是哲学的研究,这种研究只是为了搞清楚前人说了些什么,以及用现代话语来解释前人所说的话,充其

① Hegel, *Vorlesungen über die Geschichte der Philosphie I* (Frankfurt am Main: Suhrkamp, 1986), S.58.

② 冯契:《认识世界和认识自己》,《冯契文集》第一卷,华东师范大学出版社 1996 年版,第 5 页。

量是照着说。它一般符合劳思光说的哲学史必须满足的三个条件中的前两个①，即"事实记述的真实性"和"理论阐述的系统性"，至于"全面判断的统一性"就不免有所欠缺了。这种中国哲学史的研究，严格说，本身不是哲学著作，即其研究中国传统哲学的目的，不是为了做哲学，而是为了史学研究。伟大哲学家及其思想只是研究"对象"，而不是我们与之一起思维哲学基本问题的同伴。人们也会说某个古代哲学家或古代提出的命题对于今天还有若干意义之类的话，但那与让他们"在我们当代对我们说话"是根本不同的。人们大概不会认为老子可以回答当代的问题。

史学范式的哲学史研究必然导致这样的研究本身缺乏哲学。严格说，它们不是哲学著作，而只是对哲学的历史的某种记录。而史学范式指导下的对哲学经典著作的研究，大都只是一些注释性的著作，即使是像主张哲学史要有哲学的劳思光先生的《大学中庸译注新编》，②也是如此。这类著作只能帮助读者疏通和理解原著，却无法使人进入对于哲学基本问题和当代问题的深入思考。

当代新儒家在此问题上的态度有根本不同。因为他们坚持儒家思想表达的乃是常道，所以他们坚持对哲学史和哲学经典著作的义理研究，即哲学的研究。对于他们来说，常道不但不会过时，而且在今日世界有其不可或缺的意义。他们大概会同意儒家哲学的大师会"在我们当代对我们说话"。在熊十力看来，今日人类的种种问题，在于"知变而不知常"，在于"失其所以为

---

① 劳思光在其《论中国哲学史之方法》中说，哲学史研究必须满足三个条件，即1.事实记述的真实性；2.理论阐述的系统性；3.全面判断的统一性（劳思光：《新编中国哲学史》卷一，第10页）。

② 劳思光：《大学中庸译注新编》，中文大学出版社2001年版。

人之常道"①。古今虽有极大不同,但并不影响常道贯通古今的真理性。常道贯通古今,涵盖万端,在任何时代都是与其(问题)相关的。常道"含宏万有,则古人之所发,固有贯百生而不敝者"②。无论学术还是人生,都得归本于常道。常道立,则人类的根本问题即可解决。

然而,常道不等于外在于历史的抽象原则。熊十力本着传统实践哲学的精神,不愿抽象地谈论义理,而是始终从现代性的问题意识出发来谈论常道。他在《读经示要》中抉发"六经"九义(九条基本原理)就是如此,他对此九义的阐发,始终着眼于现代人类面临的一些根本问题。他的阐发表明了"六经"基本原理的现代相关性;如不相关,它们就不是常道。就此而言,我们未尝不可说熊氏让六经"在我们当代对我们说话"。

不过,熊十力对常道本身却缺乏一定的反思,他只是从常道出发来观照和批判现代的问题,却未能反过来从当代的问题出发进一步反思常道。常道也好,真理也好,只有不断地对其保持反思与批判的态度,它们才能不断发展。熊氏缺乏历史性意识,未能看到历史对于常道的意义,而在强调常道之"常"时,忽略了它的历史性,似乎常道是在历史之外,变不是它的体,而是其用。他用传统的经权说来解释常与变的道理:"夫道有经有权,经立大常,权应万变。"③"经者,常道。权者,趣时应变,无往而可离经也。"④却没有看到,变乃常之变,常通过历史中种种变不断发生生长,否则它就是一僵死的教条。反过来说,常道若要"范围天地之化而不过,曲成万物而不遗",它必须是一个不断发生的历

---

① 熊十力:《读经示要》,中国人民大学出版社 2006 年版,第 6 页。
② 同上书,第 122 页。
③ 同上书,第 24 页。
④ 同上。

史过程,常道之生命在其历史。常道(哲学真理)是对时代问题的反思,而不是它们简单的答案。这种反思就是哲学,黑格尔就是在此意义上讲"哲学是在思想中被把握的它的时代"。

如果说在熊十力那里,常道总是与现代人类的一些根本问题相关联,总是从常道着眼去观察这种相关性的话,那么在其高弟牟宗三那里,情况正相反。牟宗三是从现代性的要求去证明儒家思想之"常",或者说,儒家思想的现代性的。在牟宗三看来:"现代化虽先发自西方,但是只要它一旦出现,它就没有地方性,只要它是个真理,它就有普遍性,只要有普遍性,任何一个民族都要承认它。"①根据现代化的真理性,他反过来要求儒家"能促进、实现这个东西,亦即从儒家的'内在目的'就要发出这个东西、要求这个东西"②。要求儒家开出"新外王",即民主与科学。

这样,他不是让儒家哲学"在我们当代对我们说话",而是要让它来"要求科学的出现,要求民主政治的出现——要求现代化"③。这不是以哲学来思考时代的问题,而是要让哲学成为时代和社会发展的证明。哲学不是反思和批判时代的问题,其目标不是思,而是行,即所谓的"新事功",儒家哲学要针对中国人事功精神的萎缩,"来正视它、证成它、开出它"④。很显然,这是一种实用主义的态度,它的目的不在哲学本身,而在研究哲学史者所希望达到的社会政治目标。以此态度研究哲学史的话,以往的哲学不再是我们思考的出发点和基础,而成为我们现实的非哲学目标的证明。这样的哲学史研究同样也不是哲学,只不过是在另一种意义上。它看似没有把所研究者对象化,但却把

---

① 牟宗三:《政道与治道》,广西师范大学出版社 2006 年版,第 15 页。
② 同上书,第 3 页。
③ 同上书,第 12 页。
　④ 同上书,第 10 页。

它们工具化,我们让古人说我们想要他们说的话,我们让古代哲学具有我们今天的"内在目的"。这样,我们根本就不能通过与古人的对话反思我们今天的问题,反而会连他们哲学中的根本问题都懵然无知。从表面上,看似通过让以往哲学与时俱进,彰显了它们的永恒意义,实际上恰恰剥夺了它们的根本意义。这样的哲学史研究,必然是一种独断的主观构造。

三

如果哲学就是哲学史,那么一切对以往哲学的研究都应该是哲学的研究,而不是史学的研究。这种研究本身就是在做哲学,研究哲学的基本问题,也就是哲学的普遍问题。哲学有无普遍的基本问题,回答应该是肯定的,否则"哲学"就无法作为一个统一的专门术语来应用。这是作者的基本认知,也是本书的基本立场。但是,涉及中国古代哲学,情况又有点复杂。

众所周知,philosophy 是一个起源于古希腊的名词,19 世纪末以"哲学"这个译名传入中土之后,迅速被人普遍接受,成为一个像物理、化学、政治学、经济学这样的学科名称。但人们往往忽略了:物理、化学或社会学、考古学这样的学科名称,不会产生任何歧义与分歧,因为它们研究的都是某个或某些明确的对象,并且这些对象大都可以毫不犹豫地称之为是"实在的"。哲学却不然。哲学本身就是一个问题,而这问题首先在于它所研究的问题并不是一个一目了然、没有任何歧义的明确对象。

西方哲学传统上将哲学的研究领域主要规定为形而上学或存在论,但在现今西方哲学中,形而上学或存在论的研究日趋式微,早已退居哲学研究的边缘。其实,西方的形而上学和存在论在很大程度上是由于西方文化和西方语言的某些特点使然,因此在没有这些文化和语言的地方和文化中,这些问题根本就不会出现。例如,中国古代哲学从未追问过"什么是(存在)"或"何者为是"这样的问题,因为汉语中没有古希腊语中 eimi 这样兼具"是"(系)动词和"存在"动词双重意义的动词。可西方哲学在逻辑上恰恰可以说是从"存在"这个概念出发的。

> 有一门学科,它研究作为存在的存在,以及由于它自己的本性而属于它的性质。这门学科不同于任何所谓的特殊科学;因为这些其他的科学中没有一门是一般地考察作为存在的存在,它们切取存在的一部分,并研究这部分的属性,如各门数学就是这样。[①]

亚里士多德在《形而上学》中说的这段话,长期以来成为西方形而上学乃至哲学本身的标准定义,因为它不但界定了哲学的研究对象,也区分了它与其他学科。可如果要将这个哲学定义用于检验中国古代思想传统,很容易得出中国古代没有哲学的结论。当然,在今天,很少有人会将亚里士多德的上述定义作为放之四海而皆准的普世的哲学定义。要证明中国古代也有哲学的话,就必须证明中国哲学有自己特殊的,与西方哲学非常不同的问题,不能以西方哲学为标准。近代以来几乎所有试图表明中国古代也有哲学的人,无不是这么做的。这当然不能说不对。但是,人们在这么做时,往往不免近代以来中西比较的通病,就是将中西文化视为正好相反的东西,似乎非此就不能比较。以牟宗三为例,他曾经在香港做过讲演,专门阐明中国哲学的"特质"。[②]

---

① 亚里士多德:《形而上学》,1003a21。
② 见牟宗三:《中国哲学的特质》,上海古籍出版社 1997 年版。

他认为中国哲学的特质在于"特重'主体性'与'内在道德性'"①。"西方哲学刚刚相反,不重主体性,而重客体性,它大体是以'知识'为中心展开的。它有很好的逻辑,有反省知识的知识论,有客观的、分解的本体论和宇宙论:它有很好的逻辑思辨与工巧的架构。但是它没有很好的人生哲学。"②牟氏的这段中西哲学特质的比较,不但没有准确把握中国哲学的特质,而且对西方哲学特质的理解也颇不准确。传统中国哲学中根本没有主体性的概念,因为此概念是建立在西方哲学主体与客体二元分裂基础上的,有客体方有主体,反之亦然。中国传统哲学既无主体也无客体,只有万物一体,"特重'主体性'"不知从何说起。同样,因为万物一体,无分内外,"内在道德性"充其量是对中国传统哲学的反向格义。

然而,如果我们坚持中国哲学的合法性,即中国也有"哲学",就不能不用"哲学"这个起源于西方的概念。既然要用"哲学"这个源自西方的概念,就不能不肯定有一般的"哲学"定义,否则就不能证明中国"也有"哲学。牟宗三给出了如下的一般哲学定义:"凡是对人性的活动所及,以理智及观念加以反省说明的,便是哲学。"③这个定义似乎并不错,但太"一般"了,无法真正说明哲学的特质。哲学思考的范围远不止"人性的活动所及",如中国哲学思考的天理、天道,西方哲学讨论的存在、超越、绝对等等。此外,这个定义没有指出哲学的根本目的和任务。

今天多数人都不会怀疑古代中国有自己的哲学,也大都不会反对哲学应该有一个普遍统一的定义,否则我们就不能说哲学是人类的普遍现象。问题是:如何定义"哲学"?像目前比较

---

① 牟宗三:《中国哲学的特质》,第 4 页。
② 同上书,第 5 页。
③ 同上书,第 4 页。

流行的做法，即根据西方哲学的某些特点来定义哲学显然并不可取，因为那将把许多非西方哲学（包括中国哲学）排除在外，不利于哲学多样性的肯定与开展。哲学多样性或复数的哲学并不等于不需要有一个相对统一的"哲学"概念，那样的话连"哲学"本身都不会有，遑论多元哲学或哲学的多样性。此外，如果没有一个统一的哲学定义的话，各种不同的哲学传统和流派、思潮就无法有积极的、建设性的对话，比较哲学更是无从谈起。最后，会有非常不同，甚至不相容的哲学观，例如，许多分析哲学家和欧陆哲学家相互否认对方从事的是哲学，导致"哲学"本身无法成立，就是因为他们对哲学本身有非常不同的理解，他们没有统一的哲学概念。一些中国现代哲学家爱把中国哲学叫作"生命的学问"。可"生命的学问"是否就是哲学？如果是，为什么是？还是需要有普遍的哲学定义，我们才能证明，所谓"生命的学问"，就是哲学。

人类不管历史与文化有多么不同，都会共有一些基本价值，都会有善恶是非之分；共同的人性使得不同文化传统的人都会采纳和接受某些观念、价值和感受，都会意识到其他文化中发生之事的意义。上述这些事实又构成了哲学都会研究和处理的"人的问题"。这个经验性事实也表明，统一的哲学概念是可能的，也是必需的。

困难在于：如何得到一个统一的哲学定义？

如果必须有一个统一的哲学定义的话，就不能将某些哲学传统的若干特质拼接在一起，那样是不能得到一个真正统一的哲学定义的。例如，西方哲学从一开始就注重知识问题，注重逻辑在获得知识与真理中的作用，逻辑推理和论证是西方哲学主要的表现方式；中国哲学却不是这样，我们是否应该因此而否认中国有哲学呢？统一的哲学定义必须来自哲学的本质，而不是来自哲学的某些外在表现,因为前者是恒常和必然的,由此得出的定义才有普遍有效性,而后者是暂时与偶然的现象,无法产生一个普遍必然的概念。其次,我们也不能把某个西方哲学流行的关于哲学的定义当作普遍的哲学定义,那些流行定义对于撰写哲学教科书可能有用,却丝毫不能增加我们对哲学本身的理解,更不能为非西方哲学"正名"。

与其他学科的概念不同,其他学科的概念在一定意义上可以说是一个起标识作用的外在标签;哲学概念本身就是一个哲学的问题。哲学概念吊诡也是棘手的地方在于,当人们在规定哲学时,哲学已经在那儿起作用了,因而已经被规定了。当然,一般是以非反思的方式,采用约定俗成的、流行的说法,或自以为是、想当然的、不加深究的理解。但这也说明哲学概念的规定本身有一个循环结构:"哲学本身看来就是这种循环。"①在哲学中,循环可以是同义反复的坏的循环,用要证明的东西作为证明的前提的循环;也可以是建设性的、创造性的循环。在哲学概念的定义问题上,哲学家要做的不是独断任意地给出一个定义,而是要阐明问题本身的性质与复杂性。

在柏拉图的《曼诺篇》中,苏格拉底说一个人既不能寻找他认识的东西——因为那样他就不必寻找了——也不能寻找他不认识的东西,因为他不认识他要找的东西。②人们在给哲学定义时,正是处于这种尴尬的境地。当我们在思考哲学是什么时,总是已经知道它是什么了。但这种对哲学的前知(Vorhaben),有点像某种植物的种子,它必须长成那种植物,否则只是种子而不是那种植物本身。但植物是怎样的,取决于它生长的诸条件:阳光、气候、养分,等等;而对于哲学来说,取决于哲学家对它的思

---

① Heidegger, *Was ist das-die Philosophie*(Pfullingen: Neske, 1956), S.19.
② Plato, *Meno*, 80e.

考。哲学思考开始时对哲学的前理解，既不是哲学本身，也不是哲学的预设。它总是进入哲学概念这个循环（圆圈）结构的某一个切入点，不是什么定论，更不是终极的结论。它让人们得以进入那个循环，如此而已。哲学的定义本身是这个循环。所以，人们可以给哲学以某种形式定义，如哲学是研究思维规律的学问；哲学是用概念进行的推理反思，形成判断；哲学是世界观的学问；哲学是爱智慧，等等，不一而足。但这些充其量只是对哲学外部观察得出的对哲学的描摹，而不是在哲学内部对哲学本身的理解。真正哲学的定义应该建立在这种理解基础上。

如果我们认为哲学是人类文明的普遍现象的话，这就表明哲学不像某些科学那样是需要的产物，而是源于人类本性，哲学的根据在人性本身。它是出于人性的需要，人存在的需要，而不是实用的需要。"哲学属于人的此在本身。它在这个此在本身中发生，并有其历史。"①这是海德格尔在他弗莱堡大学 1928—1929 年冬季学期的课程《哲学导论》开篇时说的话。值得指出的是，海德格尔没有使用德语名词 Philosophie 来指"哲学"，而用的是动名词 Philosophieren，意思是哲学首先是人的基本存在方式："我们并不有时从事哲学（philosophieren），而是始终和必然从事哲学，只要我们作为人存在。在此为人，就叫哲学（philosophieren）。动物不能哲学；神不需要去哲学。从事哲学的神就不是神。因为哲学的本质是一个有限的存在者存在的一种有限可能性。"②

海德格尔对哲学本质的这个界定，相当深刻，不同凡响。一般定义哲学总是将它与人的思维联系在一起，而海德格尔在他

---

① Heidegger, *Einleitung in die Philosophie*, Gesamtausgabe Bd. 27 (Frankfurt am Main: Vittorio Klostermann, 1996), S. 5.

② Ibid., S. 3.

众多关于哲学的论述中不仅将哲学与思维联系在一起,更是将哲学视为人的存在本身。这种对哲学的理解,远比一般将哲学理解为纯粹有关思维的研究高明。那种理解导致将哲学理解为纯粹的理论,纯粹的认识,而在海德格尔看来,哲学是人存在的基本方式,这种基本方式的特征在于对作为全体的存在,也就是大全,有基本的理解。这绝不是海德格尔一个人的看法。雅斯贝斯明确指出:"哲学处理的是与人之为人有关的存在全体,处理的是真理,无论它在何处出现,都比任何科学知识更深刻地打动我们。"①美国哲学家塞勒斯同样认为:"哲学的目标是理解最宽泛意义上的事物是如何在'统一在一起'(hang together)这个说法最宽泛的意义上统一在一起的。"②作为全体的存在,或者说大全,就是这样的一个统一的存在或存在的统一。但这不等于说,哲学与其他科学一样,有一个固定的对象,这个对象叫"大全"(或道、道体、本原、本体、观念,等等)。这也就是为什么人们往往很容易被"什么是哲学"的问题问倒。

之所以如此,是因为哲学不是单纯的人类精神或理性活动,而是人类"生命(生活)本身的一种基本方式(ein Grundwie)"③。换言之,它首先不是理论,而是人的基本生命实践,按照海德格尔的看法,它就是人的具体存在(此在)本身。对于只知通常的哲学理解的人来说,海德格尔的这种看法似乎有点匪夷所思。其实不然。海德格尔在《存在与时间》中把人的存在描述为"在世界中存在"。人在世存在是一个绝对事实,无论谁都不太会提出异议。但这个"世界"不是一个物质空间,或各种事物的机械

---

① Karl Jaspers, *Einführung in die Philosophie*(Müchen: Piper, 1989), S.10.

② Wilfrid Sellars, *Science, Perception and Reality* (London: Routledge & Kegan Paul, 1963), p.1.

③ Heidegger, *Phänomenologische Interpretationen zu Aristotels*, GA 61(Frankfurt am Main: Vittorio Klostermann, 1985), S.80.

总和,而是一个意义的空间,一个意义的总体关联。如果世界只是一个物理空间,那么动物也有一个世界。如果世界是一个意义空间,那么只有人有世界,动物没有世界。

也因此,人的存在(生活)与动物的存在根本不同,它不仅仅是一个生物学和物理学的过程,而首先是对世界的理解(即知道什么**是**什么)。没有这种海德格尔所谓"对存在的理解",人只是凭着生理本能活着,而不是生活,不是存在。海德格尔早年曾用生命(相当于后来的 Dasein 概念)这个概念来指明人的存在特征。"生命=此在(Dasein),在并通过生活'存在'。"①在日常生活中,人们经常会说"以什么生活""靠什么生活""为什么生活""用什么生活""向着什么生活""按照什么生活""由什么生活",等等。海德格尔指出,这些前命题的表达方式中的那个"什么"(etwas)指示了生活的多种关系,这个"什么"就是"**世界**"。②海德格尔用这个现象学范畴指至关重要的事情:我们过的生活,生命所持守和遵照者③,用中国哲学的话来说:立身处世之本。

Leben(生活、生命)与 Sein 一样,在德语中既是名词也是动词,海德格尔就要利用这两个他哲学的关键词词性上的模糊性来揭示:"生命"本身不是某个事物,而是存在的意义。"如果这样理解的话,'生命'这个名词表达式就将根据它本身非常丰富、且本身又是关系性的多种多样的关系意义(Bezugssinn)来理解,那么因而可以将与之相应的**内容意义**(Gehaltsinn)的特征描述为'**世界**'。"④生命本身与世界有关系,但这不是像桌子和椅子那

---

① Heidegger, *Phänomenologische Interpretationen zu Aristotels*, S.85.
② Ibid.
③ Ibid., S.86.
④ Ibid.

样两个自在独立事物外在的空间关系。它们共同构成了一个关系的关系性,是关系的两个不可或缺的要素或环节。海德格尔把这个关系称为"意义的整体关联"(der Sinnzusammenhang)。在日常语言中,这两个词可以互换。例如,"进入生活"就是"进入世界";"他完全活在他的世界里"就是"他完全过他的生活"。"世界"是指示生命现象中的内容意义的基本范畴。①

对于海德格尔来说,生命是一个现象学的范畴,它不是指一个生物学的对象或事实,也不是一个人类学的对象或概念。如果说世界是一个意义全体的话,那么生命就是意义的揭示和展开。维特根斯坦在《逻辑哲学论》中说过一句非常深刻的话:"神秘的不是世界是**怎样的**,而是它是**这样的**。"②"这样的"在此是指世界对于我们的绝对性,这种绝对性不是经验事实的绝对性,经验事实本身都是偶然的,不具备世界本身对我们的那种绝对性。③反过来说,如果把"世界"理解为"太阳升起"那样的经验事实,那么世界也一样不会具有绝对性。只有从现象学上把世界理解为一个意义关联整体,它才具有绝对性。"绝对性"在这里的意思是"一切可能性的前提"。

世界的一切都是有意义的,意义构成和规定了事物的基本内容。不理解意义,也就不理解事物。可能性之为可能性也在于我们已经理解了世界的意义。世界的意义,是我们存在的基本条件。设想没有意义的世界就是设想没有世界,这是绝对的不可能。

人生在世的一个基本状况或基本经验就是,必得与各种各

---

① Heidegger, *Phänomenologische Interpretationen zu Aristoteles*, S.86.

② 维特根斯坦:《逻辑哲学论》,6.44。

③ "太阳明天将升起是一个假设;那就是说,我们不**知道**它是否将升起。"(维特根斯坦:《逻辑哲学论》,6.36311)维特根斯坦的这段话表明的就是这个道理。经验事实的反面是可以设想的,因而不具有"世界存在"(*daß sie ist*)那样的绝对性。

样的事物发生关系,一定会**有**各种各样的关系对象。我们总是根据相应的对象,以某种方式接近它、持守它或失去它。但不管是什么方式,都是我们**有**对象的方式,是我们根据对象是什么和如何存在(Was-Wie-Sein)从知识上把握和规定对象的方式,特别阐明一切经验的方式。①那个"有"是一切存在和经验的前提。那个"有"就是存在的意义,就是事物先天的是什么(Was)和怎样是(Wie)。对于每个人来说,这个"有"都是先在的或先天的,人生在世,总是已经知道某物是什么,才会去进一步探讨它如何是。"当我们认识事物是什么,例如,人是什么或火是什么时,而不是当我们认识它的质,它的量,或它在哪里时,我们才最充分地认识了事物。"②但海德格尔说的这个"有",还不是某个特殊事物的存在(是),"有"是一个形式指示③,它指示存在本身的意义。正如海德格尔后来用他的存在论区分理论所表明的那样,它不是任何意义上的存在者,不是任何意义的对象,而是对象之"有"(Haben des Gegenstandes)。

如果作为存在之整全或大全之有(我们不妨中国化地称之为"万有"或"大有")根本不是任何存在者意义上的对象,如果它才是只有哲学才直接处理的问题,是哲学的"对象",那么哲学的对象也同样不是任何存在者意义上的存在者,而是哲学存在(活动)本身:"哲学的对象是……哲学(Philosophieren)。"④那么,哲学(Philosophieren)又是怎样的一种活动? 一个便捷的答案似乎是:思想活动或精神活动。但这个答案显然是不合格的,因为

---

① Heidegger, *Phänomenologische Interpretationen zu Aristoteles*, S.18.

② Aristotle, *Metaphysics*, Z 1028b 1—2.

③ Cf. Heidegger, *Phänomenologische Interpretationen zu Aristoteles*, S.52. 有关海德格尔的"形式指示"的定义,可看 *Phänomenologische Interpretationen zu Aristoteles*, S.33, 61。

④ Heidegger, *Phänomenologische Interpretationen zu Aristoteles*, Heidegger, *Phänomenologische Interpretationen zu Aristoteles*, S.58.

人类的许多思想活动与精神活动是不能称为"哲学"的,例如数
学活动或宗教思想活动。海德格尔说:"(形式指示上说)哲学
(Philosophieren)是一种 Verhalten。"①

　　Verhalten 是一个德语常用词,意为"行为""举止""态度"
等。海德格尔把它变成了他自己基础存在论的一个重要概念。
它是一个与有相对的概念,也就是说,必须从它与有的关系去理
解和把握它。海德格尔也因此强调这个词的"关系"义。他说,
Verhalten 有两个意义:(1)行为举止;(2)处在与⋯⋯的关系中,
有关系。海德格尔特意强调,从意义的起源上来讲,第二个意义
更 为 源 始;第 一 个 意 义 是 相 对 于 有 而 产 生 的 意 义 盈 余
(Sinnüberschuß)。不仅如此,还可以从不同的方面,或主要从
某个方面,或只从一个方面来规定 Verhalten。例如,das Sich-
verhalten(处于某种情况)可以被规定为与某物有关,但这不是
外在的关系,Verhalten 是在自身中,自身具有与某物的关系。
它可以从关系方面来把握,这是它的关系义(Bezugssinn)。但
das Sichverhalten 也可以被规定为某种形式事件、行动的样式,
行动的施行,这是它的施行义(Vollzugssinn)。海德格尔进一步
强调,施行之为施行总是在它的处境和为它的处境而行的,即在
一定的时机中施行的,这是 Verhalten 的时机义(Zeitigunssinn)。
Verhalten 的关系是与某物的关系,与⋯⋯的关系意味着坚持
某物,根据上述的关系义,关系所关者乃是 Verhalten 自身持有
者,是它持有的"对象"的东西。关系所持所向者,乃是内涵
(Gehalt)。内涵是关系所关者的样式,与内容(Inhalt)迥然有
别。每个对象都有其内涵义(Gehaltssinn)。尽管如此,只有从
完整的意义出发才能真正解释对象。只有在此完整的意义上,

---

① 　Heidegger, *Phänomenologische Interpretationen zu Aristotels*, Heidegger, *Phäno-
menologische Interpretationen zu Aristotels*, S.53.

对象才是其所是。①这个完整的意义(voller Sinn)就是既包括事物的什么(Was)又包含事物的怎么(Wie)的有。可见,在海德格尔这里,Verhalten 不是一般的关系,而是与事物的存在意义的关系。更进一步说,它是一种积极的关系,是对事物的把握性规定(erfassendes Bestimmen)。②

海德格尔说:"按照它的关系义,哲学(Philosophieren)是认识关系(erkennendes Verhalten)。"在海德格尔自己看来,其他科学也是"认识关系",哲学的认识关系是一种与其他科学的认识关系根本不同的认识关系。其他科学的对象都是一个属于它的存在者的总体关联(Zusammenhang)、多少可以明确界定的存在者;而那个存在者的总体关联或关联总体,就是那门科学的"领域"。并且,每门科学的领域都与其他科学的领域不同,例如,数学领域不同于史学领域。③如果哲学有领域的话,也不在各门科学在自身中划分的存在领域中。哲学没有像其他科学的领域那样的领域,因为哲学不是特殊知识,它的对象不在它自身之外,而就在它自身,哲学所关者只是原理。哲学是从原理上来认识的关系(prinzipiell erkennendes Verhalten)。④

哲学以认识原理为职志,哲学所关者只是原理,这是德国观念论的遗产。对于德国观念论来说,原理是体系的出发点和基石,是最终者、最高者和最普遍者,是事物存在的根据或基础。但是,对于经过现象学熏陶的海德格尔来说,原理只是存在,或存在的意义:"存在,存在之意义,是任何存在者的哲学原理;但它不是'普遍者',不是最高的属,存在者是它的特殊例子。存在

---

① Heidegger, *Phänomenologische Interpretationen zu Aristotels*, S.52—53.

② Ibid., S.54.

③ 海德格尔的"领域"是一个现象学范畴,它源于事物的内涵义,而不是事物的实存。

　④ Heidegger, *Phänomenologische Interpretationen zu Aristotels*, S.57.

不是包罗一切存在者的所在,不是'最高的领域'."①而哲学本身
则是"**与作为存在的存在者的认识关系**"②。

　　哲学是在存在者的存在意义上与存在者有关,哲学是"存在
论"。③因此,作为 Verhaltend 的认识不像在德国观念论里那样,
是主体的主观活动,它不是进行思考和坏的反思,④而就是规定
存在者和使之可理解的存在本身。而作为这种本身是存在的
认识关系之原理,也不是任何意义的主体或主体性的产物,而
就是存在的意义:"原理是作为存在者之存在的存在(存在的意
义)。"⑤原理是有原理之有的原理。⑥有原理即有存在的意义,
存在的意义当然不是任意意义的具体规定,而是一个只能从形
式指示意义上去理解的"有"。⑦它虽然不是任何具体规定,却
是绝对虚无的条件,如果"绝对虚无"还要有任何可理解性
的话。

　　存在的意义就是哲学的任务,从上面关于存在意义的分析
就已经可以看出,存在的意义不是一个事物(Ding),也不是一件
事情(Sache),它是一个形式指示的范畴,这就决定了它是一个
形式的空(Formalleere)。但它却决定我们理解事物的方向;指
向我们之有(即此在的存在)。⑧另外,哲学与任何其他科学不同,
它不是静态的知识体系,而是(不及物的)Philosophieren。海德
格尔特意指出哲学这种努力和活动"不及物",是要暗示它就是

---

① Heidegger, *Phänomenologische Interpretationen zu Aristotels*, S.58.
② Ibid.
③ Ibid., S.60.
④ Ibid., S.61.
⑤ Ibid., S.60.
⑥ Ibid., S.59.
⑦ "如果有应该是从原理上说的,那么哲学定义的对象必须从**形式指示**上去理解"
(Heidegger, *Phänomenologische Interpretationen zu Aristotles*, S.59)。
⑧ Heidegger, *Phänomenologische Interpretationen zu Aristotles*, S.61.

人的存在本身,不以任何外在的事物为目的,所以它不能从外部,通过刻意的操控来完成。相反,它自身要在历史与时间中来实行,海德格尔把这样一种存在自身的实行叫作 Zeitigung。①

将哲学视为"形式指示",是海德格尔哲学观最有价值的地方,也是在哲学本身的定义问题上最革命的地方。定义对于他来说不是给予事物一个已有的确切规定,相反,"定义本质上是一个任务,不能毫不费事地把某个可知物交到我们手里,因为那样就已使我们无法去哲学了"②。形式指示的"哲学"概念必然会拒绝任何本质主义的"哲学"概念,而为哲学的多样性开辟了道路。"定义的意义在于它放开各种可能性,但同时也指示我们去'看'在任何时候成为问题的事情。"③对于作为形式指示的哲学来说,意义是在各个 Verhalten 中产生的,它不能从某些"超然的"普遍概念中去发展问题,而要着眼于在各种哲学处境中的基本意义(Situationsgrundsinn)来发展问题。④这样,任何立足于人类存在问题和存在境况来发展自己问题的哲学,都有资格叫作哲学。⑤哲学首先不是一种特殊的理论形态,或就是理论,如许多西方哲学家认为的那样,作为人类基本生活方式,哲学首先是行:"作为原理认识的哲学(Philosophieren)只是生命事实性之历史的彻底实行。"⑥所谓"事实性"(Faktizität)就是生命(生活)的存在意义。⑦追求生命的存在意义的展开,就是哲学。

---

① Heidegger, *Phänomenologische Interpretationen zu Aristotles*, S.61.

② Ibid., S.67.

③ Ibid., S.66—67.

④ Ibid., S.66.

⑤ 虽然海德格尔自己到了晚年仍认为哲学只是希腊与欧洲的(Cf. Heidegger, *Was ist das-die Philosophie*, SS.12—13)。

⑥ Ibid., S.111.

⑦ Ibid., S.114.

　　当然,这不是说哲学完全没有定义。海德格尔认为哲学应该有一个原理性的定义,它先行揭示主要问题是什么,真正的重点是什么,这样才能针对这些问题彻底发问。[①]但这些问题本身是开放的,没有最终的答案,因为产生它们的人类存在本身是开放的。因此,"什么是哲学"问题的答案,不在历史上曾经有过的种种关于哲学的定义,而在我们对存在问题的发问和思考:"我们不是通过对哲学种种定义的论述、陈述得到'什么是哲学'问题的答案,而是通过与流传给我们的存在者之存在的交谈发现的。这种回答我们问题的方法不是与历史决裂,不是否定历史,而是继承和转化传统。"[②]这就是说,哲学的定义,或"什么是哲学"的答案,本身是通过占有历史,成为历史的转化与延伸来实现的。它不是给"哲学"一个规定,而是在历史中去从事哲学。这也使得哲学本身没有答案,只有问题。

　　按照海德格尔的上述思想,哲学定义不是外在地给某个对象贴上的识别标签,哲学定义只是哲学活动(Philosophieren)本身。[③]作为一个形式指示,它在内容上没有规定,在实行上有规定。[④]在此意义上,哲学首先是实践,而不是理论。并且,这不是一般意义的实践,而是元实践,即人的一种基本存在方式。我们不可能给出一个具体的,在内容与进行方式上都严格规定的实质性(而不是作为形式指示)的或本质主义的哲学定义。尽管海德格尔本人在对哲学本身的理解上并未完全摆脱西方中心论,但他的哲学和哲学定义的概念却把哲学从西方中心论中根本解放了出来。如果哲学是人的基本存在方式,那么只要是人,都会

---

①　Cf. Heidegger,*Was ist das—die Philosophie*,S.56.

②　Ibid.,S.33.

③　Cf. Heidegger,*Phänomenologische Interpretationen zu Aristotels*,S.58.

④　Ibid.,S.20.

有哲学,都必然有哲学,即使"哲学"这个名称产生于西方。"哲学"的上述存在论特征表明:普遍意义的哲学概念不但是可能的,也是不可或缺的。

四

其实,虽然西方哲学家像海德格尔那样将"哲学"视为内容上并无明确规定的"形式指示"的人可能绝无仅有,虽然大部分西方哲学家都会对哲学的内容或研究对象有明确规定,但他们却不是从哲学的研究对象或内容上去理解哲学本身(如大部分现代中国哲学家那样),而是从对人性的基本理解(也是人的自我理解)上来理解哲学和规定哲学的。例如,在康德看来,哲学是人生命本性的最高阶段①,人是"理性存在者"(vernünftigen Wesen)②,而哲学的任务就是"理性批判"(Vernuftkritik)③。尽管康德把哲学视为理性的知识,但与同样是理性知识的数学相比,哲学这种知识不可教、不可学。我们充其量只能学习进行哲学(philosophieren)。④这也就是说,哲学如同我们每个人的存在(Dasein)那样,只能自己去存在,而无法从任何渠道、通过任何手段学习存在。可以说,康德也是从存在论而非知识论的立场去理解哲学的。也因此,他虽然对哲学的诸多领域有明确的规定和区分,但这都是方法论意义上的。在他看来,从根本上说,"哲学就是一门可能科学的单纯理念,这门科学根本无法具体给

---

① Kant, *Kant's Gesammelte Schriften*, hg. von der Preußischen Akademie der Wissenschaften(Berlin: Walter de Gruyter, 1928), Bd.8, S.413.

② Kant, *Grundlegung zur Metaphysik der Sitten*(Stuttgart: Reclam, 1976), S.75, 78.

③ Kant, *Kant's Gesammelte Schriften*, hg. von der Preußischen Akademie der Wissenschaften, Bd.20, S.239.

④ 康德:《纯粹理性批判》,A837/B865。

予。……它在哪里？谁拥有它？怎么认识它？我们只能学习从事哲学(philosophieren)"①。

无论对于海德格尔还是康德，哲学都不是像数学或任何其他学科那样的一套现成的知识体系，而是人存在的基本方式，或源自人性的一种基本的生存活动。这种活动与人之为人的基本条件有关，而无关获取某些现成的知识。

可是，现代中国哲学家们由于没有认识到"哲学"本身就是一个基本的哲学问题，所以大都没有从人性的基本要求出发，对哲学本身作深入的思考。他们基本是从"哲学是什么"而不是"哲学为什么"上来理解哲学的。西方传统中的 philosophia 之名，17 世纪初已经由传教士传入中国，只是当时人们并未将它译为"哲学"，更没有引起国人的太多注意。"哲学"是日本人西周 19 世纪下半叶对 philosophy 一词的翻译，很快就被国人接受，并引起广泛关注和重视，但同时却少有人追问"哲学"所为何事。王国维是最早鼓吹哲学的重要性之人，但对哲学究为何事几乎没有直接正面的论及。这其实不奇怪，正如章太炎后来说的："哲学者，名不雅故，搢绅先生难言之。"②"哲学"对于中国人来说是一个新术语，缺乏理解的历史线索。

但是，既然要鼓吹哲学的重要，就必须告诉人们哲学是什么，就必须对"哲学"本身有所理解。蔡元培 1903 年在梁启超编的《新学大丛书》中发表《哲学解》一文，对"哲学"有如下定义："哲学者，普通义解谓之原理之学，所以究明事物之原理原则者也。……其一以所研究之事物解之；其二以其研究之作用解之。……理学为有形学，哲学为无形学。……理学为部分之学，

---

① 康德：《纯粹理性批判》，A838/B866。
② 章太炎撰，庞俊、郭诚永疏证：《国故论衡疏证》下册，中华书局 2011 年版，第 748 页。　41

哲学为统合之学。"①这其中,"哲学为统合之学"成为许多人对哲学的基本理解。蔡元培的同时代人孙宝瑄在他的《忘山庐日记》中写道:"哲学之大,无所不包,为万种学问之政府,如百川归海。"②比他们晚一辈,毕业于北大哲学系的唐君毅在其写于20世纪50年代末的《哲学概论》中,仍然如此定义哲学:"人必须有一种学问,去了解此各种学问间可能有的关系;把各种学问,以种种方式之思维,加以关联起来,贯通起来,统整起来;或将其间可能有之冲突矛盾,加以消解。……这种学问,我们即名之为哲学。"③

这些对哲学的理解和定义,基本是从西方人那里来的。中国现代哲学家很少有根本否认中国有哲学的,但哲学是什么,则要唯西方哲学马首是瞻。对此蔡元培说得很明白:"我国的哲学,没有科学作前提,永远以'圣言量'为标准,而不能出(中世)繁琐哲学的范围。我们现在要说哲学纲要,不能不完全采用欧洲学说。"④同样比他晚一辈,且在美国受的哲学教育的冯友兰,在其撰写的《中国哲学史》一开始就说:"哲学一名词在西洋有甚久的历史,各哲学家对于'哲学'所下之定义亦各不相同。……兹先述普通所认为哲学之内容。知其内容,即可知哲学之为何物,而哲学一名词之正式的定义,亦无需另举矣。"⑤这等于说,"哲学是什么"本身就不是一个哲学问题,我们只要看它(在西方哲学中)由哪些部分组成便可知晓。在此问题上,张岱年的立场与之相近,他认为:"我们也可以将哲学看作是一个类称,而非专

---

① 见钟少华:《中文"哲学"概念史》,《中文概念史论》,中国国际广播出版社2012年版,第72页。

② 孙宝瑄:《忘山庐日记》下册,上海古籍出版社1983年版,第1041页。

③ 唐君毅:《哲学概论》上册,中国社会科学出版社2005年版,第9页。

④ 《蔡元培全集》第4卷,中华书局1984年版,第395页。

⑤ 冯友兰:《中国哲学史》上册,华东师范大学出版社2011年版,第3页。

指西洋哲学。可以说，有一类学问，其一特例是西洋哲学，这一类学问之总名是哲学。如此，凡与西洋哲学有相似点，而可归入此类者，都可叫作哲学。……中国哲学与西洋哲学在根本态度上未必同；然而在问题及对象上及其在诸学术中的位置上，则与西洋哲学颇为相当。"①值得指出的是，虽然张岱年宁可将哲学看作一种类称，却仍不自觉地以与西洋哲学"相似"或"相当"作为决定哲学与否的标准。

这种从西方哲学的外部组成形态（如宇宙论、认识论、伦理学等）来理解和定义哲学的做法，几乎成了现代中国哲学家对待"哲学"问题的常态，"哲学就是形而上学"，"哲学就是本体论"，"哲学就是认识论"等等简单的说法，基本就没有把"哲学"本身当作一个哲学的基本问题来对待，而是用非哲学的方式来把一个极为重要的哲学问题打发掉，自然也就不可能对"哲学"本身有比较深入的理解和认识。与此形成鲜明对比的是，西方许多大哲学家都对"哲学"本身有大量的思考和论述，之所以如此，是因为他们充分意识到哲学得从对"哲学"本身的思考开始，没有对哲学本身的深入思考，要想创造性地从事哲学，致广大而尽精微，别开生面，石破天惊，是根本不可能的。

在中国现代哲学家中，熊十力是唯一对"哲学"问题本身有高度自觉的人，留下了许多对于哲学本身的思考与论述。他的哲学完全基于他对哲学的根本理解，是从他的哲学观出发，反过来又将他的哲学观落实为一个哲学理论体系。就此而言，他是一个真正的哲学家。熊十力对西方哲学的了解十分有限，可他却像近现代西方哲学家那样，通过指出哲学与科学的根本不同来给哲学定位："哲学与科学其所穷究之对象不同，领域不同，即

---

①　张岱年：《中国哲学大纲》，中国社会科学出版社 1982 年版，第 5 页。

其为学之精神与方法等等,亦不能不异。"①"夫科学所研究者,为客观的事理,易言之,即事物互相间之法则,故科学是知识的学问,……而哲学所穷究者,则为一切事物之根本原理,易言之,即吾人所以生之理与宇宙所以形成之理。"②他把哲学的这个根本对象又简称为"本体论":"哲学只有本体论为其分内事,除此多属理论科学。"③"因为哲学所以站脚得住者,只以本体论是科学夺不去的。"④但熊十力的这个本体论严格说不同于西方哲学中的 ontology, ontology 研究的是与存在和存在者有关的问题,而熊十力的"本体论"实际上是宇宙论,它探究的是"吾人所以生之理与宇宙所以形成之理"。事实上他自己也把他的本体论理解为宇宙论:"在宇宙论中,赅万有而言其本原,则云本体。"⑤

虽然熊十力从哲学问题或探究对象上,而不是从西方哲学的外在组成形态上去理解哲学,比起侪辈高明不少。很多人只关注作为学科的哲学(philosophy)是什么,却很少有人去思考和阐发作为活动的哲学(philosophieren)。熊十力则不然,他明确指出:"哲学则是由明智,即最高的理性作用对于真理的证解。实则这种理性的证解就是真理自身的呈露。"⑥这是对 philosophieren 的一个非常深刻的理解。然而,熊十力不像多数哲学家那样,认为哲学活动乃是人类存在的基本活动,涉及宇宙人生,自然历史,上穷碧落,下探黄泉,哲学的视域就是存在的视域,反之亦然。但是,熊氏虽然也说:"哲学者穷研宇宙人生根本问

---

① 熊十力:《十力语要》,中华书局 1996 年版,第 145 页。
② 同上书,第 144 页。
③ 同上书,第 71 页。
④ 熊十力:《新唯识论》,中华书局 1985 年版,第 250 页。
⑤ 同上书,第 249 页。
⑥ 熊十力:《十力语要》,第 59 页。

题。"①实际上他始终认为："哲学发端，只是一个根本问题，曰宇宙实体之探寻而已。"②由于这实体根本不是物，所以只能在心中得之、见之，此实体只是一心，而在经验界之外，在知识之外，"不可求之于耳目，不可道之以言语"③。本心乃"人之自创"④，与经验自然无干。熊氏把本心又叫明智，相当于阳明的"良知"，但阳明的良知不限于人，但熊十力自陈："而吾不能谓草木瓦石有明智也。此其与阳明异也。"⑤熊十力完成了传统心学的主体性化，把它变成了一种彻头彻尾的人类中心论哲学。⑥

　　这种人类中心论的哲学，根本不是人整体的存在方式，而只是一种"不向经验的世界去征验推度许多事物之理，如此无所事于知识"⑦的神秘的精神活动。并且，这是只有少数天才睿智者才能做的事，非愚夫愚妇所能染指。虽说"哲学思想，夫人而有之也，不待学也"⑧，但这与哲学乃出于人性的需要，是人之为人的基本条件，不可同日而语。如果将哲学理解为人性之根本条件和要求，那么就一定会主张哲学（philosophieren）的绝对性⑨，而不是说哲学是少数特异之士的事。另外，熊十力虽然坚持哲学不是知识，但当他把哲学要研究的问题规定为"吾人所以生之理与宇宙所以形成之理"，即宇宙论问题时，他实际上把哲学理

①　熊十力：《十力语要》，第178页。
②　熊十力：《尊闻录》，四川文艺出版社2020年版，第80页。
③　同上书，第56页。
④　同上书，第69页。
⑤　同上。
⑥　熊十力坚信："人类中心观念，本不可摇夺。……人类中心论观念，得进化论而益有根据。"（氏：《尊闻录》，第111页）
⑦　同上书，第56页。
⑧　参看熊十力：《尊闻录》，第161—162页。
⑨　亚里士多德在其早期著作《劝勉篇》中就已明确指出了哲学的绝对性："你说人们必须哲学……那么你必须哲学……你说人们不应该哲学……那么（为了证明你的论点）你必须哲学……无论如何你必须哲学……"（Aristotle, *Protrepticus*, frag.50；1483b 29；1484a 2；1482a 8；1484a 18）。

解为一种超级知识,即回答宇宙万有(包括人)是如何产生的问题。至于前述牟宗三关于哲学的定义,自然也不是从人性的要求和人的条件出发的,着眼的依然是哲学的范围,而不是哲学的根据。

我们的先哲则不然!"天命之谓性,率性之谓道,修道之谓教。"人性天赋,人性的超越根源赋予了人性无上的尊严。有了天赋人性的尊严,人才会有超越的追求。尊奉天命之性是人之为人的必要条件和义务,"道"在此处正是为了强调人生存论条件上的这种必然性。而后面"道也者,不可须臾离也,可离非道也"这样强势的语句,无疑也是为了强调人生存论条件的绝对必然性。然而,生存论的必然性不同于经验的必然性,它是一个须努力追求的目标。我们中国人把这种追求叫"修道"。宋人始有"道学"之称,近代最初谈论哲学者往往将道学与哲学相提并论。①这种理解有相当道理。宋儒马晞孟在释《中庸》首章时说:"自天命之谓性至率性之谓道,则天人之理备矣;自率性之谓道至修道之谓教,则物我之治具矣。有以得于天而不遗于人,有以治于我而不遗于物,此其道所以具天地之纯,古今之大体也。"②"天人之理"与"物我之治",不正是哲学关心的根本问题?《中庸》首章难道不正是将"修道"或者说"哲学"(philosophieren)理解为人之根本条件和人性的必然要求? 我们完全有理由认为,中西哲学对于"哲学"本身的理解,从根本上说是基本一致的,尽管在古代中国没有"哲学"这个名称。这种基本理解并不涉及哲学的具体形态或具体门类,甚至具体问题和做法,而只涉及我们对哲学(作为一个学科和一种活动)基本意义的理解。这种

---

① 谢无量在其所撰中国第一部《中国哲学史》的绪论中,即认为道学与哲学,"其实一也"(氏:《中国哲学史》,《谢无量文集》第2卷,中国人民大学出版社2011年版,第3页)。
② 卫湜:《中庸集说》,漓江出版社2011年版,第18页。

基本理解应该可以构成一个最一般哲学定义,我们正是在这一般定义下,将《中庸》置于普遍哲学的语境中,把《中庸》作为哲学来研究。

　　哲学既然有一般的本质,自然也会有一般的问题。承认哲学问题的范围是开放的,不等于否定哲学具有普遍的一般问题。柏拉图是西方哲学史上第一个对"哲学"本身有明确论述和规定的哲学家,在他之前,古希腊人对"哲学"一词的用法比较随意,并不十分专业,即并不将它理解为一种专门的精神活动或学科。①对于柏拉图来说,哲学是对智慧的追求,但它追求的不是小智小慧或部分智慧,而是智慧的全体,或作为全体的智慧。②哲学是对真理的追求,但它追求的不是某个真理,而是全部真理。哲学以永恒不变,不朽不坏者为研究对象③,它追求的是绝对的存在。④柏拉图把这样的对象称为理型(idea),它们是事物的原型与本质。研究理型,实际上就是处理存在的基本问题,理解存在真实绝对的本性,以及善与美的本质。亚里士多德完全继承了柏拉图关于哲学研究的是事物最根本且永恒不变的本质的思想。

　　"哲学"在亚里士多德那里有广义与狭义之分。广义的哲学指任何形式的系统的学问、知识、教育或科学,它们一般主要建立在经验的基础上。狭义的哲学即他所谓的"第一哲学",也就是形而上学,它处理的是作为存在的存在⑤,关心的是事物的第一原理和原因。⑥因为只有认识了事物的第一原理和原因,我们

---

①　Cf. Anton-Hermann Chroust, "Philosophy: Its essence and meaning in the ancient world", *Philosophical Review* 27(1947), pp.15—58.

②　Plato, *Republic*, 475b.

③　Ibid., 484b, 485b.

④　Ibid., 490a.

⑤　Aristotle, *Metaphysics*, 1003a 20, 1026a 31.

⑥　Ibid., 982b 9.

才能认识事物,而不是相反。①哲学研究的对象,无论是作为存在的存在、实体,还是第一原理和原因,都是固定不变的。"第一科学(哲学)处理的是可(与质料)分离的和不动的东西。"②这种可分离和不动的东西就是决定事物之是的本质,我们古人把它称为"常道"。"修道"即修此"不可须臾离"之常道。所以对每个求道者来说,必须"戒慎乎其所不睹,恐惧乎其所不闻"。

　　无论是对于柏拉图还是对亚里士多德来说,哲学不是单纯的理论,而且也是人生实践,是人教养和成人的途径。"根据柏拉图,哲学与教育(παίδευσις)结合为一个单一的意义,被规定为人生适当的训练与准备。"③不仅如此,由于哲学家是有道之士和见道之人,治国平天下乃哲学家应有的责任。撇开柏拉图"哲学王"的理想不说,无论是柏拉图还是亚里士多德,他们都是将哲学视为出于人性的需要,所以他们虽然都强调哲学作为纯粹理论的一面,但另一方面,他们也并不因此忘记哲学实践的一面,即哲学"成人"的一面。他们的哲学从一开始就把对人的实践任务和使命的科学研究作为自己的基本问题。其实,苏格拉底"美德即知识"已经表明希腊哲学家不像现在的许多人那样,相信哲学有理论哲学与实践哲学之分。在柏拉图那里,哲学的实践意义与理论思辨是不可分隔地融合在一起的,后来的希腊哲学家通过吸收、细究、阐发由德谟克利特、柏拉图和亚里士多德建立的伟大的形而上学系统,使得实践意义的哲学渐渐发展为唯一配得上哲学这个名称的哲学。④

　　这个传统也体现在康德对哲学的理解中。对于康德来说,

---

① Aristotle, *Metaphysics*, 982a 30ff.

② Ibid., 1026a 15.

③ Anton-Hermann Chroust, "Philosophy: Its essence and meaning in the ancient world", p.35.

④ Ibid., p.48.

人乃是有目的的存在。作为一个继承了亚里士多德目的论思想的哲学家，康德并不否认自然的合目的性，但他区分自然目的论和人类理性的目的论（teleologia rationis humanae）。自然事物只有服从机械因果律的自然目的。人则不然。作为自然存在物的人自然也有服从自然原因的自然目的，但作为理性存在者，"它们的因果性是目的论的，而毕竟同时具有这样的性状，即它们应当据以为自己规定目的的那个法则，被它自己表现为无条件的和不依赖于自然条件的，但就自身而言却是必然的。这种类型的存在者就是人"①。标志人的本质的目的是**"终极目的"**②。

康德在《纯粹理性批判》中曾经区分两种概念的哲学，即学院概念的哲学与世界概念的哲学。③前者是完全为了达到某些任意目的的技巧④，后者才是真正的哲学。"在前一个角度（指学院概念的哲学），哲学是一种**技巧**的学说；在后一个角度，哲学则是**智慧**的学说。"⑤因为哲学最初的意义就是"科学的生命智慧（einer wissenschaftlichen Lebensweisheit）"⑥。康德自己也一直坚持这个"哲学"的正解。在《纯粹理性批判》中，他把他的先验—哲学称为"世界智慧"（Weltweisheit）⑦。在《实践理性批判》中，他认为应该像古人那样把"哲学"理解为智慧学说（die Weisheitslehre），如果那样的话，哲学就是**至善的学说**（eine Lehre vom h öchsten Gut）。⑧他相信："哲学是一种完美的智慧

---

① 康德：《判断力批判》，《康德著作全集》第6卷，李秋零译，中国人民大学出版社2007年版，第453页。

② 同上书，第452页。

③ 康德：《纯粹理性批判》，A838/B866。

④ 同上书，A840/B868；《逻辑学》，《康德著作全集》第9卷，李秋零译，第23页。

⑤ 康德：《逻辑学》，第23页，译文有改动。

⑥ *Kant's Gesammelte Schriften*, hg. von der Preußischen Akademie der Wissenschaften, Bd.8, S.389.

⑦ 康德：《纯粹理性批判》，B29。

⑧ Kant, *Kritik der praktischen Vernunft*（Stuugart：Reclam, 1976），S.174.

的理念,它给我们指出人类理性的最终目的。"①直到晚年他仍然坚持,在所有科学中构成人类最大需要的哲学就是**"智慧研究"**(Weisheitsforschung)②,哲学就是智慧学说。③

　　智慧是一个体现了康德实践理性优先原则的概念,它不是一般的思想能力与技巧,而是与"所有人都感兴趣的东西"即至善有关。"智慧是意志与终极目的(至善)协调一致。……智慧对于人来说无非就是遵循道德法则的**意志**的内在原则。"④它是一个"一切可能目的的必然统一的理念,因此必须作为一个本源性的、至少是限制性的条件用于一切实践事务"⑤。智慧是哲学的最高目的,也是至善的理想,至善作为人的终极目的,是人的全部使命,"而关于这种使命的哲学就是道德学"⑥。Bestimmung这个德文词有两个基本意义:规定与使命。其中"规定"义是基本的,因为 Bestimmung 的动词形式 bestimmen 的意思就是"规定"。"使命"在强意义上可以理解为"命运",Bestimmung 也的确有"命运"义。"人的全部使命"(die ganze Bestimmung des Menschen)未尝不可理解为"人的全部规定"。世界概念的哲学处理的是人存在中真正重要的东西,是整个地规定他的东西,即他的自由,他的本源性规定:成为一个道德的存在者。⑦虽然现在

---

　　① 康德:《逻辑学》,第 23 页。

　　② *Kant's Gesammelte Schriften*, hg. von der Preußischen Akademie der Wissenschaften, Bd.8, S.417.

　　③ Ibid., S.419.

　　④ Ibid., S.418.

　　⑤ 康德:《纯粹理性批判》,A328/B385。德国学者特拉夫尼(Peter Trawny)因此认为智慧这个"理想"使得哲学(Philosophieren)有了政治的意义与维度(Cf. Peter Trawny, "Das Ideal des Weisen. Zum Verhältnis von Philosophie und Philosophen bei Kant", *Kant-Studien* 99, 2008, S.472)。

　　⑥ 康德:《纯粹理性批判》,A840/B868。

　　⑦ Cf. Peter Trawny, "Das Ideal des Weisen. Zum Verhältnis von Philosophie und Philosophen bei Kant", S.467.

人们把康德哲学理解为由理论哲学和实践哲学两部分组成,但他自己却始终要通过合目的性概念来证明哲学是统一的,这个统一的哲学自然是世界概念的哲学,即以至善理想为目的的作为"道德学"(实践意义的哲学)的哲学。

20世纪下半叶以来,实践意义的哲学或者说实践哲学的传统,重新得到了西方哲学家的重视。当人们将实践哲学理解为第一哲学时,客观上不是把实践哲学狭义地理解为一般的政治哲学、法哲学和伦理学,而是希望在人实践存在基础上恢复哲学源始的统一性。中国古代思想传统中没有"哲学"这个名称,当然也就不会有理论哲学与实践哲学之分。但这也让我们看到,理论思辨与实践要求在哲学中并非那么势不两立。"致中和,天地位焉,万物育焉"的思考,很难被划归为理论哲学还是实践哲学。事实上,中国古代伟大的哲学著作(包括《中庸》),都是理论思辨与实践意义融为一体,很难切分,因为它们追求的是世界智慧。当我们现在按照学院概念哲学的路子将它们理解为道德哲学、政治哲学或人生哲学时,它们的哲学性质——对整全的真理和智慧的追求,往往被忽略乃至遗忘了。①这要求我们将《中庸》作为最高的哲学或源始意义的哲学,即"世界智慧"来研究。

五

本书对《中庸》的研究,既不是史学范式的研究,也不是庸俗的"人生哲学"的研究。当然,对《中庸》这样的哲学经典的研究,

---

①　施特劳斯在《什么是政治哲学》中曾对现代学院哲学意义上的政治哲学有如下批评:"我们发现政治哲学已被切成碎片,它们就仿佛一条虫子的各个片断"(列奥·施特劳斯:《什么是政治哲学》,李世祥等译,华夏出版社2011年版,第3页)。当我们现在把中国哲学称为"实践哲学"时,往往正是从这种"切成碎片"的道德哲学、政治哲学或人生哲学意义去理解它的。

即使是哲学的研究，也不能回避材料的客观性问题。这里至少牵涉三个方面的真实性问题，即作者、文本，以及著作年代。但恰恰在此三个问题上，从古至今都无被人一致认可的定论。首先，关于《中庸》的作者究竟是谁，迄无定论。对子思为作者的怀疑意见并非空穴来风，但子思为作者的传统说法也不能说毫无根据，说《中庸》的作者乃是一个群体的意见也不能成为定论。总之，到目前为止，《中庸》的作者还不能最终确定，也许与许多古代经典一样，永远也不能最终确定。

《中庸》文本本身没有什么争议，争议在它的分段。从郑玄《礼记注》看，《中庸》并不分章与分篇，但宋人王柏发现它“文势时有断续，语脉时有交互”，也就是《中庸》文体不一致，遂根据《汉书·艺文志》“《中庸说》二篇”的说法，提出《中庸》原为“中庸”和“诚明”两部分。①冯友兰肯定王柏提出《中庸》文体不一致的问题，但不同意他的分段。《中庸》文体不一致不是简单的分段问题，而是用不同的文体叙述孔孟的不同思想，记言体发挥孔子学说，论著体发挥孟子的神秘主义学说。②但后来的学者多有受王柏启发，把《中庸》分为两篇，如钱穆、徐复观等人。③而梁涛和郭沂则由于近年对郭店楚简和上博竹简的研究，也主张《中庸》分为两篇或两部分。④但若如冯友兰氏所言，则《中庸》一书没

① 王柏：《鲁斋集》卷十三，《古中庸跋》。
② “细观《中庸》所说义理，首段自‘天命之谓性’至‘天地位焉，万物育焉’，末段自‘在下位不获乎上’，至‘无声无臭至矣’，多言人与宇宙之关系，似就孟子哲学中之神秘主义之倾向，加以发挥。其文体亦大概为论著体裁。中段自‘仲尼曰，君子中庸’，至‘道前定则不穷’，多言人事，似就孔子之学说，加以发挥。其文体亦大概为记言体裁”(冯友兰：《中国哲学史》上册，第211页)。
③ 钱穆：《中庸新义》，《中国学术思想史论丛》卷二，安徽教育出版社2004年版，第39—61页。徐复观：《中国人性论史》，上海三联书店2001年版，第91页。
④ 梁涛：《郭店楚简与〈中庸〉公案》，《台大历史学报》2000年6月第25期，第25—51页；《荀子与〈中庸〉》，《邯郸师专学报》2002年第2期；《郭店楚简与思孟学派》第五章第二节，中国人民大学出版社2008年版。郭沂：《〈中庸〉成书辨正》，《孔子研究》1995年第4期，第50—59页；《郭店楚简与先秦学术思想》，上海教育出版社2001年版，第442页。

有什么理论价值："就拿冯友兰的分析来说，他认为自第二章至第二十章的上半段可能是子思的原作。但细察这几章的内容，只有第十二章、第十四章、第十五章，有子思自己的话，而且也是引述孔子的思想，谈不上独创的见解。如果子思所写的中庸就是这些，我们实在看不出他有什么特殊的表现。"①日人武内义雄也有相似的看法："《中庸》上半，是子思之学，后半是与子思无关系，据此想象，则《中庸》哲学上之价值甚薄矣。"②当然，并非所有主张把《中庸》分成两篇者都低估此书的哲学价值，但分篇的确会涉及对文本本身的理解。

除了分篇外，《中庸》的分章也是言人人殊。如孔颖达把《中庸》分为三十三章，《二程全书》所载《中庸解》则分为三十六章。朱子《中庸章句》虽也把《中庸》分为三十三章，但章的长短与孔颖达分的不一样。黎立武把《中庸》分为十五章；李光地分《中庸》为十二章，等等。但分章虽有不同，却都是出于对《中庸》文本之义理和内容安排的不同理解。《中庸》的原始文本是否有篇章之分，若有，是怎样的，可能比《中庸》之作者为谁的问题更不好确定。

《中庸》的成书年代也一样争议很大，从孔孟之间一直到董仲舒时代，都有人主张，时间跨度为将近三个半世纪。不管定在什么时候，恐怕都难以成为最后的定论。但有一点是肯定的，人们对《中庸》成书年代分歧的理由，是从对文本语言和内容的分析得来的。从《中庸》的思想内容来看，的确不像是出于一人之手，因为它既有先秦思想的内容，也有秦汉之间的思想内容。既有儒家思想，又受到道家哲学思想的影响③，可说是集先秦和秦

---

①　吴怡：《中庸诚的哲学》，台北东大图书公司1984年版，第9页。

②　武内义雄：《子思子考》，《先秦经籍考》(中)，商务印书馆1931年版，第116页。

③　参看钱穆：《〈中庸〉新义申释》，《中国学术思想史论丛》卷二，第62页。

汉哲学之大成者,故而才会"义理精微而实难于窥测,规模宏远而实难于会通"①。也因为如此,确定它的成书年代已没有太大的意义,因为无论是在先秦、秦汉还是西汉,单独而论都不能对我们理解这部复杂的著作有太大的帮助。

总之,无论是作者、文本本身,还是成书年代,甚至《中庸》单行始于何时,都是有争议的,而且这些争议在可见的未来不可能有定谳。也就是说,在此三个问题上,实证主义史学家要求的绝对客观性和可靠性是无法达到的。②但《中庸》本身是可靠的,作为哲学经典,它不是出于什么人的伪造,其文本本身两千年来基本是稳定的,没有争议的,这就使得我们对它的研究不必在考证文本真伪上多花功夫,而应该集中在对义理的理解和阐发上。

在方法论上,本书按照利科的文本理论,把《中庸》看作一个经典文本,这使我们有足够的方法论理由把《中庸》的作者、篇章和成书年代问题暂时搁置起来。这里的"文本",是一个释义学的概念,因而不能从通常意义去理解。当然,本书这么做,目的绝不仅仅是把这些问题悬置起来,更是要处理在理解一个经典文本时必然会遇到的重大问题,即我们以何种方式对待我们所要理解的经典文本? 是从主客体分离的模式出发,将其作为我们研究的"客观对象"? 还是从存在的历史性出发,将它视为我们所属世界的一部分?

我们与过去产生的经典之间有着不可否认的历史间距,就拿《中庸》来说,我们与它产生的时间相隔两千余年;另一方面,正因为它是构成我们的哲学传统的重要经典,它是我们所属的

---

① 王柏:《鲁斋集》卷十三,《古中庸跋》。

② 但由于"《中庸》之文献资料实不足以确定其作者与成书年代"而得出"《中庸》的义理性格似乎也就无法确定"的结论(见高柏园:《中庸形上思想》,台北东大图书公司 1991 年版,第 49 页),却不无可商。

历史世界的一部分,我们即生活在它参与构成的那个历史世界中,在此意义上,我们与它之间又可以说不存在距离,我们共属一个世界。这种间距与共属似乎是势不两立的:承认我们与历史经典之间的时间间距,就意味着我们无法与之共属同一个世界。它属于历史世界,而我们属于当代世界。而否认上述时间间距,就等于要放弃研究者应该具有的方法论的客观性。当年伽达默尔的《真理与方法》就因此被人讽刺地故意读成《真理,还是方法?》。

与研究对象之间的这种方法论两难,对一切经典研究都是存在的,本书当然也不例外。利科的文本理论对此提供了一个哲学释义学的解决。它将原本消极的时间间距变成了一个积极的、生产性因素。

众所周知,利科是当代西方哲学释义学继海德格尔、伽达默尔之后的又一个重要代表人物,他对于哲学释义学理论的发展作出了杰出的贡献,其中首推他的解释理论,而文本理论,则是他解释理论的核心和基石。

对文本的重视并非只有释义学,20世纪的语言学、符号学、诗学、神话学、文学理论等人文学科,都重视对文本的研究。人们以为,文本是主体间交流的一个特殊媒介,是一个无时间的结构。当我们研究文本时,我们与之处于一种类似对话的共时关系中。但在利科看来,却不是这样。文本是交流中一种间距的范式,它恰恰显示了人类存在历史性的基本特征,这就是交流总是在并且通过间距进行的,人类存在的历史性是无法消除的。①

利科的文本概念是海德格尔的生存论哲学与结构语言学思

---

① Paul Ricoeur, *Hermeneutics and the Human Sciences*, ed. & trans. by John B. Thompson(Cambridge: Cambridge University Press, 1989), p.131.

想相结合的产物,主要归结为如下五个命题:1.语言总是实现为话语(discourse);2.而话语又实现为一个结构起来的作品;3.在话语和话语作品中言与写关系在一起;4.话语作品投射了一个世界;5.话语作品是自我理解的中介。①

话语是说出和写下的语言,是语言的实现,就此而言,它是一个"事件",它是在时间中实现和出现的。但是,话语作为文本,必然是有意义的。通过进入阅读者的理解过程,它超越了自己的时间性,而成为了意义。我们阅读一个文本,首先追求的是其意义,而不是它的时间性或事件性。我们不是把它视为一个事件,而是视为意义。"意义超越事件是文本本身的特征。"②文本总有一定的文体,文体是生产性的,它通过其特殊性促进一个特殊的观点或立场。因此,文本的作者非一般的说话者可比,"作者比说者说得更多:作者是一个语言作品的工匠。他与作为整体的作品的意义是同时代的,在此意义上,作者的范畴同样也是一个阐释的范畴。"③

然而,文本与直接言说不一样,由于通过书写被固定了下来,它面对无数后来的读者;另外,它的意义也必然会超出最初作者意象的视域,"**文本**的'世界'可以突破**作者**的世界"④。这意味着后来的读者理解它可以去当初的语境(decontextualise),同时又通过他们的理解和阐释在新的历史条件下将此文本重新置于一个语境中(recontextualise)。这样,历史间距不再是影响我们理解文本意义的障碍,也不是只有消极的与文本保持距离以保证客观性的方法论意义;它对于文本具有建设性意义。它

---

① Paul Ricoeur, *Hermeneutics and the Human Sciences*, ed. & trans. by John B. Thompson(Cambridge: Cambridge University Press, 1989), p.132.

② Ibid., p.134.

③ Ibid., p.138.

④ Ibid., p.139.

不是消极的、必须加以克服的理解的障碍,相反,"它是阐释的条件"①。

主客体对立的认识论模式会把解读者与其文本的关系理解为主体与客体的关系。解读者是主体,文本是客体。解读者应该尽可能地克服自己的主观性以客观把握文本的意义。而文本的意义就是原始作者所意向的意思。因此,解读者与文本的时间间距既有消极面,也有积极面。消极面是它妨碍解读者完全进入作者的世界,比如说,现代世界的读者是很难完全进入《中庸》作者的世界的。正因为如此,时间间距也可使解读者与文本保持一定的距离,以确保其读解的中立和客观性。但是,客观性的标准为何? 作者的原意? 我们如何起作者于地下来问他或他们的原意是什么? 是像自然科学那样完全不涉及作者和解读者的主体性的解释(explanation)? 狄尔泰的释义学已经看出了,这对于解读经典来说根本不可能,遂提出"理解"(Verstehen)概念来应对。因为在解读人文对象时,不可避免要牵涉解读者与作者的主观性,因为理解人文对象就是把握通过作品表达的一个异己的生命。

可是实际上,"文本使得读者与作者都黯然失色"②。通过书写固定下来的文本不像当下的对话,它没有后者那种不可避免的心理学和社会学的因素,写—读关系不是说—答关系的一个特例。伽达默尔在《真理与方法》中曾把理解描述为以问答逻辑为本质的对话。③利科对此提出了异议。他认为,说阅读是通过其著作与作者对话是不够的,因为读者与文本之间的关系性质

---

①　Paul Ricoeur, *Hermeneutics and the Human Sciences*, ed. & trans. by John B. Thompson(Cambridge: Cambridge University Press, 1989), p.140.

②　Ibid., p.147.

③　Cf. Hans-Georg Gadamer, *Wahrheit und Methode* (Tübingen: J. C. B. Mohr, 1986), S.375—384.

上完全不同于对话。对话是问答的交换,而作者与读者之间没有这样的交换。作者并不回答读者,文本把书写行为与阅读行为分为两边,彼此之间没有交流。①

不仅如此,文本使得其所指不再是作者的主观意思,而是客观的意义。话语主体总是就某事说某些话。他所说的主题就是他话语的所指(referent)。然而,文本将对话者及其对话的处境、条件、环境和氛围都悬置了起来,连带对话者话语的所指也被悬置了起来。现在,不再是说话者决定所指,而是文本决定所指也决定作者。人们根据《中庸》的文体差异对其作者提出质疑或认定,就是一个例子。

西方文学批评和《圣经》批评从 19 世纪中期以来,主要关注作品的内容,或文化文献的内容,关注这些作品产生的社会历史条件,或者它们指向的共同体。解释一个文本本质上就是认为它表达了某些社会—文化需要,回应了某些时空中的困惑。②这种历史主义的思路,直到今天还是我们解释历史文献和作品的基本思路。但是,在 19 世纪与 20 世纪之交,西方哲学产生了一个重要的成果,这成果可被称为“意义的发现”。它肇端于弗雷格哲学和胡塞尔的《逻辑研究》。这两个现代西方哲学的奠基者发现,意义(他们感兴趣的还只是命题的意义,而非文本的意义)不是什么人头脑中的观念;它不是某种内心的内容,而是可以为不同时期的不同个人一再认定为是同一个对象的理念性对象。他们把命题的意义理解为“理念”(ideality),它既不是一种物理的实在,也不是一种内心的实在。用弗雷格的话说,Sinn(意义)不是 Vorstellung(表象),即它不是某种情况下某个特定的言说者实现意义的内心事件。意义(sense)构成命题观念的维度。

---

① Paul Ricoeur, *Hermeneutics and the Human Sciences*, p.146.

　② Ibid., p.184.

同样,胡塞尔把一切意向行动的内容描述为"意向相关"(noematic)对象。胡塞尔把弗雷格的理念性意义的概念扩大到一切精神活动——不只是逻辑行为,而且还有知觉行为、意志行为、情感行为,等等。[1]这对于狄尔泰的释义学产生了重要的影响。[2]1900 年后,狄尔泰极力把他在胡塞尔《逻辑研究》中发现的理念性(Ideality)结合进他自己的意义理论中。理解不是要把握作者的原意,而是他们的作品所表达的精神。

　　与此同时,在心理主义和社会学至上(sociologism)思潮过度泛滥后,西方文学批评领域也出现了相似的变化。人们同样把文本视为某种无时间性的对象,书写就意味悬置历史过程,从话语进入到观念的领域,这个领域可以被后代无数可能的读者无限扩大。意义的客观化成了作者与读者之间必要的中介[3],在意义这个平台上,作者可以是读者的同时代人,反之亦然。

　　这意味着通过对文本的解读和阐释,解读者进入了文本的世界,这个世界不是只属于作者,而是读者与作者共有的世界。与一般的言说不同,文本的意义不是指向某个特殊事物,而是揭示了一个世界。当我们说《红楼梦》的世界或《卡拉马佐夫兄弟》的世界时,就部分说明了这一点。话语的所指是正在说的事情,是可以用直接指称的方式来确定的。但用文字书写成的文本,却无法用直接指称的方式来确定它的所指。随着书写,事物已经开始发生了变化,不再有作为对话者的作者与读者共有的处境,指称行为的具体条件也不再存在。不管《中庸》的作者是生活在先秦还是秦汉,他们的处境不是我们的处境。由于意义的自在性,他们言说的处境不能决定意义的所指。"这样,我们说

---

① 　Paul Ricoeur, *Hermeneutics and the Human Sciences*, p.184.
② 　参看张汝伦:《二十世纪德国哲学》,人民出版社 2008 年版,第 50—51 页。
③ 　Paul Ricoeur, *Hermeneutics and the Human Sciences*, p.185.

到希腊的'世界'时，不再是指任何当初那些生活在那里的人的种种处境，而是指非处境性的所指，它们比当初的希腊人活得更久，此后就呈现为存在种种可能的模式，我们在世存在种种象征的维度。"①

换言之，文本的指称不再是直接指称(ostensive reference)，不再是像日常话语的指称那样的一级指称；直接指称的取消为二级指称的解放创造了条件。而文本的指称之所以是二级指称，不仅是因为它的意义不是精神性的意向，更是因为文本使得实在在其中变了形。伽达默尔在《真理与方法》中讨论其游戏理论时，提出了一个重要的"变形"(Verwandlung)概念。"变形是事物一下子整个变成了另一个东西，这样，这另一个东西作为变了形的东西，就是该物真正的存在，相对于它来说，该物以前存在是无意义的。"②变形就是一物以另一种存在方式存在，而不是完全消失。例如，希腊神话中宙斯变成天鹅，并非宙斯不再存在，而是它以天鹅的存在方式存在。

如果文本解释也可以被视为一种游戏或一种艺术的话，那么这种游戏也是向创造物的变形(Verwandlung ins Gebilde)。这里变形的是实在本身。当我们在解读文本时，我们生活于其中的世界不再存在，我们面对的是一个"封闭于自身的世界"，即文本的世界。换言之，日常世界变形为文本的世界，这是一个可能性的世界，"'实在'总是处于一个既期待又担心、却无论如何是未定的可能性之未来境域中"③。与文学文本的情况一样，在哲学文本中，实在并非不存在，而是变了形。所以它的指称是二级指称，二级指称达到的不是可操控的事物层面的世界，而是胡

---

① Paul Ricoeur, *Hermeneutics and the Human Sciences*, p.202.

② Hans-Georg Gadamer, *Wahrheit und Methode*, S.116.

③ Ibid., S.118.

塞尔讲的"生活世界"或海德格尔的"在世的存在"。"阐释就是阐明**面对**文本展开的那种类型的在世存在。"①而这些二级指称为我们打开了一个世界，打开了我们在世存在种种新的维度。②且不说《庄子》和《扎拉图斯特拉如是说》这样的哲学文本，即便是《纯粹理性批判》和《逻辑哲学论》这样的著作，其所指也不是日常实在，而是一个变了形的可能世界。这就是为什么以实在论的文化人类学的眼光去理解黑格尔在《精神现象学》中的主奴寓言不仅仅是胶柱鼓瑟，而且是把哲学文本误读为人类学的田野调查了。

按照海德格尔在《存在与时间》中提出的理解理论，理解并不是要理解一个异己的他人，而是我们生存的结构。理解是在生存处境中投开我们最本己的可能性。利科将海德格尔这个思想纳入他的解释理论，提出："在文本中必须阐释的是一个我们所要的、我能在其中居住，并投开我最本己的可能性的世界。"③这样，文本的世界就不是一个日常语言的世界。文学、诗歌、神话、民间故事的文本是这样，哲学文本更是这样。这就产生了另外一种新的间距，利科把它称为"实在与它自己的间距"④。利科说，各种叙事、民间故事和诗歌不是没有所指，但它们的所指与日常语言是断裂的。通过虚构和诗歌，新的在世存在的可能性就在日常实在中被打开了。⑤

哲学著作当然不是像文学作品那样的虚构，但它与日常语言的断裂比起文学作品丝毫也不逊色。它们的所指同样也是"新的在世存在的可能性"，阐释就是要揭示文本所包含的这种

---

① Paul Ricoeur, *Hermeneutics and the Human Sciences*, p.141.
② Ibid., p.202.
③ Ibid., p.142.
④ Ibid.
⑤ Ibid.

可能性。文本的世界就是理解所投开的世界。这个"世界"不是流俗实在论意义上的世界，而是海德格尔在《存在与时间》中揭示的那个生存论意义上的"世界"。①船山在比较《庄子》内、外篇时说："内篇虽参差旁引，而意皆连属；外篇则蹖驳而不续。内篇虽洋溢无方，而指归则约；外篇则言穷而意尽，徒为繁说而神理不挚。内篇虽极意形容，而自说自扫，无所粘滞；外篇则固执粗说，能死不能活。"②《庄子》内外篇之所以有这样的差异，就是因为内篇的指称是利科所谓的"二级指称"，一个超越日常语言的指称和常识思维的可能性世界，所以它"洋溢无方，而指归则约"；而外篇的指称还停留在日常语言的常识实在世界，它必然"言穷而意尽，徒为繁说而神理不挚"。

文本提出可能性的世界，而读者则通过自己的理解占用这个世界。因此，读者与文本的关系实际上是与文本世界的关系。③这种关系不是近代认识论设想的主客体的关系，而是存在论意义上的从属关系，读者属于这个首先通过他的阐释揭示出来的可能性世界。理解文本不是理解作者的原意(释义学早已揭示那根本不可能)，而是理解客观化的意义。正是客观化的意义消除了作者与读者的时间间距，通过对意义的挪用(Aneignung)，读者与作者成为同时代人。"挪用"原来的意思是指"使最初异己的东西成为自己的东西"，利科从德语中借来这个词，使之成为他自己解释理论的一个重要概念，指当前的读者通过阐释实现文本的意义。④显然，这种"实现"不可能是一种认识行为，而只能是一种实践。

---

① Cf. Heidegger, *Sein und Zeit*, SS.63—66.

② 王夫之：《庄子解》，《船山全书》，岳麓书社 1988—1996 年版，第十三册，第 184 页。

③ Paul Ricoeur, *Hermeneutics and the Human Sciences*, p.182.

④ Ibid., p.185.

对文本的解释不是读者与作者之间主体间的相互理解的关系，而是通过理解达到对文本所揭示的自己的可能世界的把握。这种把握不是知识论理论意义上的认识，而是生存论实践意义上的挪用。这种挪用，不是具体应用某个理论，而是将文本世界作为自己规划的世界。通过此一挪用，读者与文本的时间间距被克服了。哲学著作，尤其是哲学经典，之所以有无限阐释的可能性，就因为它始终提出了这样一种新的可能性世界。

然而，要挪用这个世界，解读者也必须首先失去自己。理解和阐释不是把我们有限的理解能力加于文本，而是将自己暴露在文本之前，从它那里接受一个扩大了的自我。对文本世界的领悟使我们进入了那个可能的世界，大大扩展了我们的视域。文本的世界不是藏在文本背后的一个主观意向，而是文本展开、发现、揭示的东西。理解完全不是建构一个主体已经掌握了的东西，而是主体被文本的问题（matter）所建构。[1]也就是说，通过对文本的解读，我们理解的不是一个异己自我的意向，而是我们自己存在的新的可能性，从而得到了丰富。挪用文本的世界就意味着扩大了自己的世界。被挪用的世界不再是异己的世界，而就是我们自己的世界。

"挪用"这个概念很容易产生主观主义的误解，即解读者或阐释者通过主观的解读与阐释让文本为"我"所用。利科的文本理论可以很好地打消这种误解。他根据伽达默尔的游戏理论，提出文本不但使世界变形，也连带使解读主体变形。伽达默尔在论述他的游戏理论时强调指出："游戏的主体不是游戏者。"[2]游戏者只有完全放弃自己的主体性，才能进行游戏，只有游戏才是游戏的主体。只有完全服从游戏本身的规则，游戏者才能玩

---

[1]　Cf. Paul Ricoeur, *Hermeneutics and the Human Sciences*, pp.143—144.

[2]　Hans-Georg Gadamer, *Wahrheit und Methode*, S.108.

游戏。"玩游戏者也被玩:游戏规则把自己强加于游戏者,规定游戏的进行(the to and fro),限定游戏的领域。"①如果我们也能把文本解读视为一种游戏的话,那么在读解文本时,解读者也是不能随心所欲的,漫说他要受文本的语义、结构、逻辑等等因素的制约,就连他自己,其作为解读者的角色,也是由文本构建的。②在解读哲学文本时,始终存在这样的问题:进入一个异己的文本,抛弃早先的"我"以接受由作品本身授予的自我。③

释义学的"挪用"概念不但不是一个笛卡尔、康德、胡塞尔作品中的那种主体主义的概念,而且更是对这种主体主义的克服。在利科看来,与主体相对的客观性和支配客观性的主体是同一个哲学错误的两端。他认为,马克思的意识形态批判和弗洛伊德的精神分析,都揭示了近代主体主义那个可以随心所欲支配一切的主体之虚妄。马克思和弗洛伊德都表明,主体实际上当不了他自己的家,他受制于许多隐秘的利益和无意识。利科的"挪用"概念即基于此种认识。挪用是放弃而不是占有,放弃是挪用的一个基本要素。挪用主要是一种"释放"(letting-go)。解读是挪用—剥夺,是让自己被带向文本的所指,以至于自我剥夺了自己。④

对于习惯了近代流行的主体主义思维方式的人来说,这种说法有点匪夷所思。但利科的意思无非是:解读就是让文本展现一个新的可能性世界的力量得以释放,而不是把主体已有的想法用文本的语言重述一遍,不是把异己的文本世界主体化,而是通过放弃自我的主体性进入异己的文本世界,来扩大自己的可能性世界,从而获得一个新的大我。这样才能达到古典释义

---

① Paul Ricoeur, *Hermeneutics and the Human Sciences*, p.186.
② Ibid., p.189.
③ Ibid., p.190.
④ Ibid., p.191.

学提出的比作者更好地理解作者的目标，即展开隐含在其话语中的揭示性力量。

挪用并不意味着读者与作者完全气味相投，而是伽达默尔讲的"视域融合"，即作者与读者的世界视域聚集在一起。在这样的视域融合中，作者与读者的主观性同时被克服了。作者与读者一样，并无决定文本意义的特权地位。利科利用当代文学批评理论的成果来说明，文本同样消解了作者的主观性。[1]当代文学批评理论在研究小说家与其人物的关系问题时，发现小说家与其作品有多种可能的关系：全知的作者；将自己等同于小说中的一个人物，此人物等于是作者的代言人；完全取消作者，让故事自己来讲述自己，等等。但无论是何种可能，作者的自我并未完全消失，只是作者变形为各种不同的叙事者（narrator），即使作者的痕迹完全消失，也不过是作者玩的一种游戏而已。通过作者变形为叙事者，作者自身的人格（其主观性、历史性、特殊性，等等）被悬置起来，文本的意义不是由他的人格和主观意图决定的，而是由文本与对其解读共同决定的，莎士比亚决定不了《哈姆雷特》的意义，正如老聃决定不了《道德经》的意义一样。

此外，文本的意义并不只对作者及其同时代的读者开放，而是对世世代代的读者开放，在此意义上说，意义是全时性的（omni-temporality），它对未知的读者敞开自己，这也意味着它对一切可能的读者的历史性开放。这就使它的全时性不等于非时间性或无时间性，而是能包容所有可能读者的历史性。读者的历史性将通过他们的解读成为文本时间性的时现。[2]而这反过

---

① Cf. Paul Ricoeur, *Hermeneutics and the Human Sciences*, pp.188—189.

② 此处"时现"概念来自海德格尔。海德格尔在《存在与时间》中用 Zeitigung（动词形式为 zeitigen）一词指时间性自身的显现和时间性事物时间性地产生与实现，我将此概念译为"时现"（参看张汝伦：《〈存在与时间〉释义》上册，上海人民出版社 2012 年版，第 61 页）。

来也表明了文本本身的时间性。也因为文本此种全时的时间性,它并不仅仅属于某个时代,而属于世世代代可能的读者,哲学经典尤其如此。《中庸》并不只属于其产生的时代及其作者,而也属于今天的我们和未来的读者。

这种属于,绝不只是指我们和后来可能的读者可以读它,而且更在于我们从文本中得到了不是某个主体的主观意图,而是文本通过它的非直指指称所揭示的某种在世存在可能的模式,或者用维特根斯坦的术语说,某种或某些新的"生活方式",它们给读者展现出一个新的可能的世界。这个可能的世界并不是出于读者自己的规划或设计,而是读者通过从文本本身接受某种新的存在模式扩大了自己规划自己的能力。①在此意义上,我们可以说,不但文本属于读者,读者更属于文本,读者从文本中获得了他新的存在的可能性。所以挪用不是"占有",而是剥夺,即剥夺自己"自恋的**自我**"②,从而获得自己新的存在可能。

解读文本不是一个主体(读者)单向作用于客体(文本)的主观操作,文本不是读者知识论的对象,解读文本也不是像地质学家分析其矿石那样的一种客观知识论行为,而是人最切己的存在方式,通过文本解读,读者扩大了他的存在可能性。"如读《论语》,未读时是此等人,读了后又只是此等人,便是不曾读。"程子此言也表明,经典文本的解读不是一种客观的知识活动,而首先是一种改变自身的存在行为。

如果文本解读不是主体单向作用于客体的主观操作,那么,它也就不能和不应该是实用主义的应用研究。实用主义的解读有两种基本模式。一种是以自然科学的理论应用为榜样,把文本视为提供了某种或某些理论,这种或这些理论可以立即加以

---

① Cf. Paul Ricoeur, *Hermeneutics and the Human Sciences*, p.192.
② Ibid.

应用。还有一种是把文本视为行动的指南,解读文本的目的是要从中获得解决当下问题,甚至"制度设计"的方案。除了这两种主要模式外,还有更为鄙俗的以经典文本来曲证己意的做法,此种做法日益常见。但无论是哪种实用主义的解读模式,都是一种主体主义的思维方式和解读方式,解读者不想通过对文本的解读扩大自己的存在境域,而只想把自己的意志强加于文本的意义,从而剥夺了文本的揭示力量。文本不再揭示一个可能的世界,而只是读者达到其外在目的的工具。文本不再是唯一的,而是可以被无数其他文本替代。实用主义的解读模式,对文本实际上是一种谋杀。同时也失去了文本解释的意义。

当然,这也绝不意味着文本解释是一种通常意义的纯粹的理论活动。现代哲学释义学的奠基者海德格尔和伽达默尔都强调理解与解释不是主观的知性活动,而是人基本的生存论的实践模式。伽达默尔更是在《真理与方法》中特意把"应用"(Anwendung,Applikation)规定为与理解和解释一样的释义学过程不可或缺的一个要素①,正是为了突出这一点。

"应用"这个概念是非常容易引起误解的一个概念。人们往往会望文生义,从寻常字面意义上去理解此一概念,以为它的意思是把普遍原则或普遍知识用于实际情况,就像科学家把科学原理付诸实际应用,或工匠将他拥有的专门知识和技能付诸实践,如一个金匠将他关于黄金加工的知识和技能用于打造一件饰品。释义学的"应用"难道不是把所理解的文本用于现实生活?这难道不正好印证了释义学的实践哲学性质吗?这难道不正是作为实践哲学的释义学所要求的吗?

这样的理解是对伽达默尔的"应用"概念的莫大误解,可以

---

① 　Hans-Georg Gadamer, *Wahrheit und Methode*, S.313.

说,上述这些对"应用"的理解,恰恰是他所要反对的。无论是应用科学知识还是应用技术知识,都是把一般原则不加区分地用于个别情况,并且这种应用一定是单向的,应用的受纳方对应用而言不起任何作用。即便在应用时要考虑到应用所受对象的特殊性,如一个骨科医生在治疗骨折时得考虑骨折的部位甚至病人的年龄等特殊情况,但相应的医学知识是确定的,不需要每次应用时都重新理解。但文本理解就不一样了,理解者总是不同的,有着自己的特殊性(首先是其历史性),因而"文本必定在任何时刻,即在任何具体处境中被重新和不同地理解"①。根据自己的处境来重新理解文本,这是伽达默尔"应用"概念的一个基本规定。

　　但这不是说,在理解和解释文本时,读者得根据自己的需要来理解和解释文本,读者得到的只是他自己想要的东西,而不是文本自身的意义。伽达默尔当然不可能主张这种极端主观主义和实用主义的释义学。对于他来说,读者与文本的关系也是一种普遍与特殊的关系。文本流传万代,始终是同一个文本,例如,宋儒与我们相隔近千年,但《中庸》还是同一个《中庸》,读者却各不相同,各自都有自己的特殊性。很显然,理解和解释文本决不像将某种知识和技能付诸应用那样,是一种三向关系,即知识或技能(普遍),应用者(主体)和被应用的对象(客体),而是文本与理解者的双向关系。此外,在前一种情况中,知识和技能是固定不变的,即不会继续生长,也不依赖于人们对它们的应用。后者则不然。文本的意义不是结实固定的,而是有待充实的。在这方面,伽达默尔从亚里士多德的伦理学或者说实践哲学中得到了重要的启发。

---

　　① Hans-Georg Gadamer, *Wahrheit und Methode*, S.314.

　　亚里士多德反对柏拉图的理智主义,明确指出,伦理知识或道德知识不同于形而上学的理论知识,因为它是伦理领域的知识,伦理领域不像自然领域那样,受严格的自然规则支配,但又绝不是完全没有章法和规则的领域,而是它的规则是可变的。不仅如此,与自然规则相比,一般的伦理规范有点"虚",就是说,它必须具体实现在一个实践处境中。"不知将自己应用于具体处境的一般(道德)知识,是无意义的。"①但这种"应用"与工匠对技术知识的应用有重要的不同。

　　对于工匠来说,技艺(Techne)本身是固定的,木匠加工木材的方法总是一样的。但道德知识则不同,智、仁、勇这样的德目何谓,行动之前并未完全确定,恰恰要通过一个人的实践行动它们才能得到明确。加工木材的技艺告诉每一个木匠怎么做,在此意义上,木匠可以说是被动的,他只能这么做,否则就无法达到其目的。但一个道德实践者则不同,勇的德目并未告诉一个人怎么行动才算勇,忍辱偷生和慷慨赴死在一定的情况下都可以算是勇。不像加工木材的行为,勇的行动是多种多样的,没有一定之规。道德意义上的"应用"并不是像技术意义上的应用一样,应用先已给予了明确的程序和规则。道德行为不是先知后行,而是知行合一。伦理规范不是可教的知识,它们只具有图式那种有效性。"它们总是首先将自身具体化在行动者的具体处境中。它们并不是某些还完全不能预料,或在某个伦理自然世界中有其不可改变位置的规范,以至于只需要去发现它们。但另一方面,它们也不是纯粹的约定,而是实际表现了事物的本性。"②这是说,伦理规定的确不是人为的约定,但它们却必然需要通过不同的人的不同实践来具体实现,而此实现也正是其生

---

① Hans-Georg Gadamer, *Wahrheit und Methode*, S.318.
② Ibid., S.326.

命之所在。

技术知识或技艺总是关于达到目的的手段的知识。技术知识总是已经预先知道了达到目的的有效方法,然后将其付诸实施。但道德知识不可能有这样的先在性。固然它也有手段—目的的关系,但手段与目的都不是某种知识的单纯对象。手段不是被目的先已决定,而是手段与目的是相互影响的。例如,人生的目的是追求"好生活",但什么是"好生活"却无法一劳永逸地决定。不同的人对"好生活"有不同的理解。而达到"好生活"也绝非一途。采取什么样的手段达到"好生活"会影响"好生活"是什么。反之,我们如何理解"好生活"也会影响我们选择的手段。在此意义上,手段与目的都不像技艺行为那样,是先定的。

如果道德规范并不是像技术知识那样在行动之前先已掌握,而需要我们通过行动来明确的话,那么在道德行为中,始终贯穿着理解。因为"这里不是关于某种一般知识,而是关于这一刻的具体情况"①。行动者永远要在不同的情况下重新理解道德规范的意义。"这里应用不是某个先已给予的普遍与特殊情况的关系。"②释义学的应用与此相似。文本的意义并未先行给予,否则就不必去理解和解释了,一代又一代的读者始终得从自己的历史处境出发重新理解文本。因此,我们不可能像应用某种理论知识或技术知识那样把文本用于我们的特殊情况。相反,理解者或者读者只有把文本与他自己的历史处境联系起来,他才能真正理解文本的意义。这就是应用。

这听上去似乎有点匪夷所思,因为这会使人以为,文本的意义完全取决于理解者,否则就没有意义。这当然是误解。伽达默尔的意思只是说,意义取决于应用,或者说,意义只有在应用

---

① Hans-Georg Gadamer, *Wahrheit und Methode*, S.328.
② Ibid., S.329.

中才能具体化。只要文本存在,意义就不可能取决于读者的主观意向,就像它同样不可能取决于作者的主观意向一样。伽达默尔用法律为例来说明这一点。法学史家与法学家对待法律的态度是不同的。法学家是从当前的案件出发,为了当前的案件理解法律的意义。而法学史家没有他以之为出发点的当前的案件,他只想建设性地理解法律的全部应用范围来确定法律的意义,所以他关心的是公正对待法律的历史变迁。但法学家不仅要知道法律的历史应用与变迁,还得要使如此掌握的东西适当地用于现在。法学家固然要知道法律原本的意义,但是"法律的规范内容却必须根据应该应用它的当前的案例来定"①。

在伽达默尔看来,释义学的处境与法学家的处境是相似的,理解者并不直接面对文本的意义,而是"生活在一种直接的意义期待中。我们不可能直接接触历史对象,客观弄清它的重要意义"②。文本当然是固定不变的,但文本的意义却并非如此,因为它一直流传到现在,并且永远流传下去,它的意义就像法律的意义一样,具体化在它与一个个的现实的关系中,或者说体现在应用中。我们当然必须根据文本所言来理解它,但文本由于与每个时代相联系而会有某种转化(Umsetzung)。文本与每个当代的联系,表现为释义学的应用。释义学的应用不是将普遍用于特殊,而是使意义在当下历史中具体化。"阐释的任务就是**将法律具体化**在每一个案例中,那就是**应用**的任务。"③

但是,应用始终要受到文本意义的制约,也是毫无疑问的。法学家不可能理解和解释的法律毕竟是一个客观存在,就像经典文本的理解者和解释者所要理解和阐释的文本是一个客观存

---

① Hans-Georg Gadamer, *Wahrheit und Methode*, S.332.
② Ibid., S.332—333.
③ Ibid., S.335.

在一样,理解和解释不是无中生有杜撰某些意义,而只是使意义在一定的历史条件下具体化:"有待理解的意义只有在阐释中才能具体圆满,但阐释行动完全受制于文本的意义。无论是法学家还是神学家,都不认为应用的任务有与文本相悖的自由。"①可见,释义学的应用与实用主义的应用是不相容的,根本就不是一回事。

释义学的应用与实用主义的应用不同在于,它并不是应用者主观性的证明;相反,它是对其主观性的限制。应用要求理解者与解释者通过对文本意义的理解和阐释进入文本的意义世界,同时也因此丰富这个世界本身。应用其实就是一种沟通,我与你的沟通、古今的沟通、可能与现实的沟通。"绝不会有这样的读者,当他面对文本时,只是简单地读那个文本。应用发生在一切阅读中,因此,谁读文本,本身就已身处所获得的意义中。他属于他理解的文本。"②史学家如果想要理解历史传统的话,他就要把他自己生活的时代与这个传统打通。③应用不是将异己的东西纳入自己的世界,而是打通自己的世界与一个可能的世界,使自己融入那个世界。

伽达默尔始终坚持文本的不可超越性,坚持要在切合文本的意义范围内理解文本,并因此对 19 世纪的历史主义史学家们对待历史文本的态度提出了批评。历史主义的史学家将自己置身于文本之外,把文本视为他们可以从外部加以客观审视的对象。"他根本不可能把自己理解为文本的接受者,并接受文本的要求。相反,他从文本追问文本本身不会提供的东西。"④史学家

---

① Hans-Georg Gadamer, *Wahrheit und Methode*, S.338.
② Ibid., S.345.
③ Ibid., S.346.
④ Ibid., S.341.

无视文本本身的意义,反而认为文本或传统完全可以用一种不是文本自身所要求的意义来解释。这至今仍是许多史学家对待文本的基本态度。他总是到文本及其表达的意思背后去追问它无意表达的现实。文本被视为与其他历史遗物一样的历史材料,不是按它们所言来理解和解释,而只是把它们理解为某个不是它们的事情的证据。史学家总是根据文本本身没有说出、文本意谓的意义方向上根本无需有的东西来解释。①以中国情况为例,同样如此。对于史学家来说,《尚书》或《春秋》只是某个时代的材料和证据,总是根据文本以外的东西来解释它们;倒是经学家始终坚持从文本自身的意义来理解文本。

　　尽管史学家对待文本采取的是像法官审问证人的态度,但毕竟他还得理解证据的意义。也就是说,他还是不能完全放弃理解文本的意义。理解和解释文本(证据)的意义是判案的先决条件。就此而言,史学家也不能拒绝释义学的普遍性要求。也就是说,只要事关文本,史学家终究得面临文本理解和解释的问题。不过,哲学释义学不是将文本的理解与解释视为单纯的理智活动,而是一个通过我们的生存实践完成的活动。文本的意义对我们有实践要求,它需要我们在实践中将它完成。伽达默尔以理解命令为例来说明这个观点。

　　命令可以被视为一个文本,所谓理解命令,就是知道它要我们干什么。我们可以通过重复命令来表示我们已然理解了该命令,但是,"其真实意义只是由'根据其意义'具体执行来规定的"②。拒绝命令与执行命令都是对命令意义的确定,都是命令的意义在某人身上的实现。理解命令包括的不仅仅是简单的在理智上理解命令的意义,而是涉及接受命令者对具体情况的研

---

① Hans-Georg Gadamer, *Wahrheit und Methode*, S.342.
② Ibid., S.339.

判和他的责任。命令的意义包括所有这些实践要素,没有这些实践要素,命令的意义是不完整的。所以伽达默尔说:"命令的接受者必须创造性地理解意义。"①显然,这种对意义的理解不是理论理性,而是实践理性的。它不是一种纯粹的认识(Wissen),而是一种实践的行为(Handeln)。命令的意义是通过执行或拒绝执行命令得到理解和完成的。

问题是,我们能否把如《中庸》这样的传世文本也理解为命令? 初看起来,那样理解是荒谬的,经典文本并没有命令什么,它们只是要我们理解它们的意义。但如果我们不是把它们的意义理解为不依赖读者的理解与解释而恒久固定了的,而是通过读者的理解与解释不断得到完成,并揭示了一个可能的在世存在模式的话,那么文本就在双重意义上是命令。首先,它命令它的读者创造性地理解它,因为它没有固定不变、一劳永逸完成了的意义。其次,更重要的是,读者必须通过自己的在世存在,即从自己的历史性出发(这是每一个文本解读者的释义学处境)来理解和解释。这种理解和解释也就是打开自己存在新的可能性。文本的意义成为我们新的存在境域,新的存在世界,我们在此新的境域,向着新的可能世界存在。只有这样,我们才真正理解了文本的意义。理解和解释首先是如此存在,文本的意义不是认知的对象,而是我们存在之趋向。

六

在中国传统哲学经典中,《中庸》占有一个突出的地位。虽然只有 3544 个字,却具有与其短小篇幅很不相称的重要意义。

---

　　① Hans-Georg Gadamer, *Wahrheit und Methode*, S.339.

宋人黎立武把它称为"群经之统会枢要也"①。《中庸》可以说是到秦汉为止的中国哲学的一个结晶，它不但与《易传》的理论相通，而且也渗透了道家哲学的思想。②劳思光则认为它是"汉儒型理论中最成熟、最完整者"③。《中庸》对宋儒思想也有极大的影响，是理学产生所凭借的一个重要文本。朱子把它列为四书之末，是因为它乃"大学论语孟子之义之汇归综结之处"④。虽然学者们对上述说法不一定都认同，但《中庸》在中国哲学经典中的突出地位，大概是不会有人反对的。

　　这部篇幅不长的作品中，包含了太多中国哲学始终在讨论的基本命题和概念，哪怕是开头的三句话："天命之谓性，率性之为道，修道之谓教"，就已经出现了"天命""性""道""教"这些中国哲学乃至中国思想的根基性概念。盖因"儒家之思想发展至中庸，即不只为一人生之道德、伦理、政治与人性之哲学，亦为一形上学、宗教哲学、与历史哲学"⑤。由此可见，《中庸》实乃儒家哲学之集大成者。故而在宋儒看来，它"放之则弥六合，卷之则退藏于密"（明道）。"历选前圣之书，所以提挈纲维，开示蕴奥，未有若是之明且尽。"（朱熹）而近人陈荣捷则认为它是儒家经典中"最具哲学性的著作"⑥。

　　《中庸》本身的魅力和重要性，使得自它产生以后，对它的研究就连绵不断，以至于可以毫不夸张地说，《中庸》研究是一个延

---

　　①　黎立武：《中庸指归》，《学海类编》第一册。

　　②　参看钱穆：《〈中庸〉新义》，《中国学术思想论丛》卷二，安徽教育出版社 2004 年版，第 39 页；《现代中国学术论衡》，生活·读书·新知三联书店 2001 年版，第 26—27 页。劳思光：《新编中国哲学史》二卷，广西师范大学 2005 年版，第 47 页。

　　③　劳思光：《新编中国哲学史》二卷，第 56 页。

　　④　唐君毅：《中国哲学原论·原性篇》，中国社会科学出版社 2005 年版，第 38 页。

　　⑤　唐君毅：《中国哲学原论·原道篇》上册，中国社会科学出版社 2006 年版，第 373 页。

　　⑥　Win-tsit Chan, *A Source Book in Chinese Philosophy* (Princeton：Princeton University Press，1963)，p.96.

续了千年的学术传统。古代学者对它的研究,基本上是以注疏章句的形式进行的。近代以后的学者,除了纯粹注释类的著作外,也出现了不少对《中庸》的专门研究。这些著作在形式上就不同于传统的注疏章句方式,而都是"要将《中庸》之意义加以系统化与结构化地掌握"①。也就是说,现代学者对《中庸》的阐释,具有一种理论的系统性与完整性。

但这种诠释形式上的区别实乃透露现代学者对《中庸》的研究与古代学者的研究更为根本的不同,就是"当代的诠释都多少对应着西方思潮之冲击,因之,其诠释也表现着对当代与西方思潮之回应"②。这是古代学者研究和诠释《中庸》时根本不会有的目的和任务。它实际上就是现代性在中国哲学中的表现。现代学者对《中庸》的诠释,无论其主观出发点如何,都是哲学现代性的产物。现代性不仅是这些诠释产生的背景,也是它们的根本性质。

例如,钱穆先生对《中庸》的基本特征的解释是,《中庸》采用道家的某些观点,自成一种新的宇宙论,此宇宙论汇通老、庄、孔、孟,打通人文界与自然界,深合天人合一之义。③劳思光认为《中庸》形上学、宇宙论与心性论的混合,混淆了"存有规律"与"德性规范"。④徐复观说:"《中庸》指出了道德的内在而超越的性格,因而确立了道德的基础。"⑤唐君毅则认为:《中庸》"通过圣人之至德中之至道,而见得天地万物之所以生之天道,以至尊天崇圣,而赞叹此道之悠久不息之形上学、宗教哲学、与

---

① 高柏园:《中庸形上思想》,第 58 页。

② 同上书,第 59 页。

③ 参看钱穆:《〈中庸〉新义》《〈中庸〉新义申释》,《中国学术思想史论丛》卷二,第 39—77 页。

④ 参看劳思光:《新编中国哲学史》二卷,第 44—56 页。

⑤ 徐复观:《〈中庸〉的地位问题》,《中国思想史论集》,上海书店出版社 2004 年版,第 61 页。

历史哲学"①。而牟宗三则以其道德形上学的思路来诠释《中庸》。②把这些现代诠释与朱子在《中庸章句》一开始表明的他对此书的理解相比,对比极为强烈和深刻:"此书始言一理,中散为万事,末复合为一理,'放之则弥六合,卷之则退藏于密',其味无穷,皆实学也。善读者玩索而有得焉,则终身用之,有不能尽者。"

这种明显的对比与不同,决不仅仅在于现代诠释者用了"宇宙论""形上学""存有规律""宗教哲学"和"历史哲学"这些朱子所不知的外来术语,更在于朱子的理解显然不同于现代诠释者的理解。朱子的理解与他们的差异,远过于他们的诠释彼此间的差异。与他们与朱子的相异相比,他们之间在《中庸》诠释上的分歧,简直不值一提。前者是根本性区别,而后者只是枝节上的。朱子与他们的区别,是古今之别;而他们之间的区别,只是现代性内部的区别。他们无一例外是从现代性原则出发来诠释《中庸》的。

这似乎有点奇怪,因为钱穆和当代新儒家等人都被人目为"文化保守主义者","一生为故国文化招魂",他们怎么可能是从现代性原则出发来诠释《中庸》呢? 一个简单的解释是,他们生活在现代中国,他们存在的历史性决定了他们思想的现代性特征。

现代性是一个规范性概念,它表示一种对人自身和世界的根本理解,而不是一个单纯的编年史概念,现代性对人和世界集中表现为哲学现代性的基本内容。由于哲学是西方文化的源头与核心③,所以中国人在接受西方近代文化时,也不知不觉将这

---

① 唐君毅:《中国哲学原论·原道篇》上册,中国社会科学出版社 2006 年版,第373 页。

② 参看牟宗三:《心体与性体》第一册,台北正中书局 1979 年版,第 19—43 页。

③ Cf. Husserl, *Die Krisis der europäischen Wissenschaften und die transzendentale Phänomenologie*, Husserliana VI, S.321—336.

些现代性的哲学原则作为当然之理加以接受,并且成为自己理解和思考问题不言而喻的预设。对于他们来说,这些起源于西方的现代性原则不仅是西方的,更是普世的。中国文化和哲学要现代化,不能不接受这些原则。

除了极少数人之外,绝大多数人都是以现代性思想为出发点的。这就造成了即使是主张中体西用、对传统文化保持温情和敬意的人,也同样是在现代性立场上来理解传统和诠释传统的。而且强调只有这样,才能将中国文化和中国哲学发扬光大。否则,中国文化和哲学就只有死路一条:“假如儒家思想能够把握、吸收、融会、转化西洋文化,以充实自身、发展自身,则儒家思想便生存,复活,而有新的开展。如不能经过此试验,渡过此关头,就会死亡、消灭、沉沦,永不能翻身。……这个问题的关键,在于中国人是否能够真正彻底、原原本本地了解并把握西洋文化。”[1]贺麟的这个立场很有代表性,这个相信“儒家思想的新开展是中国现代思潮的主潮”[2]的人,却把能否用西洋文化来改造中国文化作为中国文化能否复兴的关键,提出“必须以西洋之哲学发挥儒家之理学”;“须吸收基督教之精华以充实儒家之礼教”;“须领略西洋之艺术以发扬儒家之诗教”。[3]可见,“了解”和“把握”云云只是为了改造。

这其实从晚清就已经开始了,人们自觉地用中国文化去比附西方文化以证明它自有其价值。这种悖谬的做法也是西化的辩证法的一部分,即用与他者相似来证明自己的价值。殊不知这样的证明已经没了底气。中国近代以来对传统哲学和经典的

---

① 贺麟:《儒家思想的新开展》,段怀清编:《传统与现代性》,浙江大学出版社 2007 年版,第 178—179 页。

② 同上书,第 177 页。

③ 同上书,第 180、181 页。

诠释,虽不能说都是比附,但却大都是用现代性的原则和话语来进行的。但这种现代性诠释的结果,却是关公战秦琼式的时代错乱。它固然有助于用古代资源构筑现代性话语,却根本遮蔽了古典思想源始的洞见——在现代性危机昭然若揭的今天,这些洞见对于人类无比珍贵,同时也扼杀了源始思想的活力。等到此种诠释模式形成一种新的传统时,尤其如此。

例如,我们对"天道"或"道"的一个常见的现代解释是它是"客观规律"。什么是"规律"？规律就是规则性,在相同的条件下,事物毫无例外地发生与出现的那种必然性,就是规律。换言之,规律是一个描述性概念,它指**始终**发生或根据一内在于事物本质中的必然性必定发生的规则。而《中庸》对"天道"的描述是"为物不贰,生物不测","不贰"与"不测",恰恰是没有规则,是无规律。然后,因为西方现代性的一个基本思想,即通过掌握客观规律来掌握自然界在我国深入人心,所以学者们对"规律"也就情有独钟,殊不知在西方哲学中"规律"现在已经很少出现了。但用"规律"来解释"天道",可以说不但把它解释反了,而且完全遮蔽了它的特殊意义及其源始生动的揭示力。

欲让传统经典重新焕发活力,不仅要对我们使用的现代性哲学话语保持警惕,更必须进行海德格尔式的解构。海德格尔作为西方哲学史上最伟大的原创哲学家之一,也是"哲学就是哲学史"的忠实实践者。他晚年在《明镜》周刊对他的采访中说,他一生的主要工作就是解释西方哲学。①但他之所以把解释以往的西方哲学作为他的主要工作,不是出于史学的兴趣,而是出于哲学本身的兴趣。

可以说,从黑格尔开始,现代性及其危机问题,就成了许多

---

① Cf. *Martin Heidegger im Gespräch*, hg. von Günter Neske & Emil Kettering (Pfullingen: Neske, 1988), S.103.

西方哲学家,尤其是一流西方哲学家哲学思考的内在动力与主题,海德格尔当然也不例外。对现代性的深入批判使得他觉得,只有像尼采那样追根溯源,从西方形而上学传统的源头处开始,才能真正、充分地把握现代性及其根本问题。然而,传统之为传统,就因为它已经形成了一种固定的自我理解和解释的话语与模式,只有打破这种固化了的话语与模式,才能重饮西方哲学源头活水。为此,他提出了"解构"(Destruktion)的策略。

"解构"在海德格尔那里不是只有否定的意义,也有肯定的意义。否定的意义是,首先对当代流行的种种对存在论历史的处理方式提出批判,海德格尔认为它们都是沉迷于传统而不能自拔。解构肯定的(积极的)意义指除去被传统遮蔽的表层,以深入到"源始经验"的基层。①海德格尔认为,传统西方存在论是现成之物的存在论(Vorhandenheitsontologie),即将存在者视为现成之物,这种存在论与其生活实践之根的联系完全被切断了,而整个哲学史却恰恰是由这种存在论传统塑造的。解构就是要从现代回到古代,回到西方哲学最初的开端。首先展开隐藏在第一个开端中的思想经验,这种思想经验由于开端思想的沉沦从未实现过,从而克服基于这第一个开端的形而上学。这样,就可以将第一个开端至今还未思考过的深度揭示出来。这种使第一个开端恢复生机的挪用暴露了自身的一种潜能,它要求克服形而上学。为此,必须更为源始地思考最初的开端。这就是海德格尔的"解构"要做的事。通过重新解释西方哲学的起源,来抉发和恢复被西方哲学传统遮蔽的东西。"这并不涉及我们一般处在传统中这个事实,而是涉及我们**如何**处在传统中。"②解构

---

① Heidegger, *Sein und Zeit*, S.22.

② Heidegger, *Phänomenologische Interpretationen zu Aristoteles*, *Gesamtausgabe*, Bd.61, S.35.

不是破坏,而是要真正占有传统提供的种种可能性。"解构就是打开我们的耳朵,让传统中作为存在者之存在的东西向我们倾诉。"①

中国哲学如要发展,也必须有这样的解构。百年来对中国哲学传统的现代化解释,使得传统在相当程度上已经现代化了,即它已经完全失去了其本身的特点。人们以现代性的名义对它进行解释,使之成为人们表达自己现代性思想的工具。人们以为这样做是在使其恢复生命,实际上却是使它的生命被重重现代化话语所掩埋。只有进行海德格尔式的解构,才能使它重新焕发活力。

哲学与其他学科不同的地方在于,从根本上说它并未有古今新旧之分,这就是为什么我们轻易就能发现,现在在世的某个哲学从业人员,对这个世界的洞察远没有两千多年前的哲学家那么深刻而有穿透力。古代哲学家从来就没有远去,而是始终与我们同在。只有直接与哲学的历史过去对话,然后看到,在哲学中没有新的东西,但也因此没有过时的东西,只有这样,真正的哲学才会发生。很显然,这并非说哲学永远一仍旧贯,相反,"它在新旧的彼岸"②。解构的目的不是要在思想上以旧换新,推倒重来,改朝换代;更不是以时髦理论来置换经典;而是要通过与经典的深入对话,再次彰显常道,弘扬常道。

然而,在当今这个被称为"后现代"的时代,要追寻常道,弘扬常道,这决不是一个容易的任务。现代人对过去经典的解释,很难摆脱现代性的视域,以及现代性的处理方式,从而形成了一个现代性的解释传统。这个传统的特点就是将所解释的经典纳入自己已有的概念或理论框架中,强其就我,而不是从哲学的基

---

① Heidegger, *Was ist das-die Philosophie*, S.34.
② Heidegger, *Einleitung in die Philosophie*, S.224.

本问题和普遍问题出发来理解和阐释经典。解释经典只是为了让经典套上现代性的外套，而非将经典本身作为问题来思考。西方人在解释他们的古代经典时，都不免此病，至于把现代性等同于真理和天道的中国人来说，就更是如此了。中国人无论对古代经典持有什么态度，都自觉地用现代性的话语来重释经典，使得经典成为一个现代性的哲学文本。这么做的深层原因，是现代性思维重构了中国人的世界观和历史哲学，成为他们看待一切问题的基本立场和出发点。因此，哲学领域的解构首先要解构形成现代性哲学的现代世界观。这构成了本书第一卷的主要任务。

七

既然是解构，必然要解释。解构并不是截断众流，自我作古。解构同样要诠释文本，也要讨论历代前人对同一文本的解释。但这不是传统注经式的章句工作；相反，它是一种哲学的创造性工作。解构是要突破文本的文字表面，在解构者本身的历史性中来讨论它的内在义理，并且连带论述与它的义理有关的一些重要的基本哲学问题。

所以，本书不想在众多注释《中庸》的著作中再增加一本，而是要从经典文本中探讨我们新的存在和哲学的可能。它不是要面对一个艰深文本做释疑解惑的工作，而是要从自己的历史性存在去理解文本，同时从文本的意义去理解自己的历史性存在。本书并不想只是阐发儒家哲学思想，而是要将文本的意义世界视为自己的世界，亦将自己的世界投射到文本意义的理解中去。在这里，文本并不是一个供"客观科学研究"的对象，而是解读者早已从属的传统的一部分。但是，本书也不是时下流行的那种

"哲学史研究"著作,而是通过与经典的对话进行哲学研究的著作。

唐君毅在其《中国哲学原论·原性篇》"自序"中说,他的论述方式是"即哲学史以言哲学,或本哲学以言哲学史"①。借用他的说法,本书的基本写法也是"即哲学经典言哲学,或本哲学言哲学经典"。哲学经典本来就是哲学的结晶和集中体现,然而对于现代学术工业的"分工"规则,它又可以是与"思想"有别的"学术"研究的"客观对象",是"原始材料",完全可以对它进行与哲学无关的研究,如版本考订、字句辨讹、章句注疏、材料整理成书过程,等等。本书作者是哲学家,相信人们读哲学经典首先是为了学习哲学、研究哲学、进行哲学思考。所以本书把《中庸》作为一个自足的文本看待,有关它的作者、成书过程和流传情况等不予讨论。

但是,本书的写作方针并不与唐君毅尽同。君毅研究哲学史的目的,是要反对历史主义的态度,证明"世间自可有流行不息于人心,而亦万古常新之义理之存在"②。为此,他要求以仁义礼智之心来论述古人之学,即"以吾人之心思,遥通古人之心思,而会得其义理,更为之说,以示后人,仁也。必考其遗言,求其训诂,循其本义而评论之,不可无据而妄臆,智也。古人之言,非仅一端,而各有所当,今果能就其所当之义,为之分疏条列,以使之各得其位,义也。义理自在天壤,唯贤者能识其大。尊贤崇圣,不敢以慢易之心,低视其言,礼也"③。此言极是。只是这还是在照着说,而没有接着说。

本书的目的不是要照着说,而是要接着说。它将自己看作

---

① 唐君毅:《中国哲学原论·原性篇》,中国社会科学出版社 2005 年版,第 3 页。
② 同上书,第 5 页。
③ 同上。

是《中庸》开启的中国哲学传统的继续,但并非这个传统的重复。《四库全书简明目录》在评刘敞《七经小传》时说:"宋人说经,毅然自异于先儒,……遂开一代之风气。"要发展中国哲学,必须效法先人的这个榜样。

作者也像唐君毅那样反对历史主义研究哲学的态度,但却充分承认自己的历史性。不但承认自己的历史性,还把此一历史性作为研究工作的出发点和动力。这个历史性既决定了本书理解传统的向度,也决定了本书关注的问题和论述方向。作者当然同意哲学有普遍永恒之义理在,但并不认为这普遍永恒的义理是超历史的。恰恰相反,这普遍永恒的义理必须在不同的历史条件下展现自己,也必须不断回应时代提出的疑问和挑战。普遍永恒的义理不能是脱离历史和时间的抽象,相反,它们总是表现为对各个时代问题的回答。另外,它们也不能是确定的答案,而总是以问题的方式不断重新出现。

从普遍永恒之哲学问题出发来研究哲学经典文本,就意味着它关心的是文本提出的问题在今天的意义,或者今天的人如何提出文本的问题。它并不把文本的问题仅仅理解为是最初作者与读者的问题,而是当作自己所面临的问题。这问题就是研究者的存在处境,研究者从其历史性出发提出相关的问题。对于所提的问题,研究者并没有现成的答案,而以往的答案对他都不过是问题而已。

真正的哲学家,总是以普遍永恒义理的名义发问者。海德格尔在《什么是形而上学》中说,形而上学的问题只能这样来问,即发问者作为发问者已经被置于此问题中了,即与此问题在一起了。[①]他们的历史处境,即他们的历史性,规定了问题的走向。

---

① Heidegger, *Was ist Metapgysik?* in *Wegmarken* (Frankfurt am Main: Vittorio Klostermann, 1978), S.103.

形而上学问题的走向,是由那些伟大哲学家的历史性来决定的。例如,后康德形而上学的走向,是由康德和后康德哲学家的历史性一起决定的。当代哲学的发展,也是由当代哲学家的历史性决定的。当代哲学家的历史性就是现代性,当代中国哲学家的历史性,就是中国的现代性。

本书是一个现代中国人对《中庸》提出的种种基本哲学问题的思考,这是一个在现代性条件下的思考。换言之,此一研究问题的提出与回答都是在现代性条件下、在现代性的语境中进行的。它不是要梳理古人说了些什么,而是要通过对经典文本提出的基本问题的释义学阐释,来思考和回答这个时代的问题,即现代性的危机问题。

现代性的危机有种种表现,其实质是断裂与分离。断裂,是指现代与古代的断裂。而分离,则是指人类的世界和生活,乃至他自身的全面分离。黑格尔在其哲学生涯一开始就深刻地揭示过这种分离:表现为精神与物质、灵魂与肉体、信仰与理智、自由与必然、理性与感性、才智与自然、存在与非存在、概念与存在、有限与无限的对立与分离。①席勒在其《审美教育书简》中也描写过这种分离:"国家与教会,法律与习俗都分裂开来了;享受和劳动,手段与目的,努力与报酬都分离了。"②

从历史编纂学或编年史的角度说,历史不应该有断裂,现代与古代应该是一个有机整体的历史不可分隔的部分。但"现代"从一开始就不仅仅是一个纯粹编年史意义上的概念,而是一个具有实质哲学内涵的概念。虽然"现代"概念本身的产生与以前时代有千丝万缕的关系,但它对自身的理解却是"全新"的:"现

---

① Cf. Hegel, *Differenz des Fichteschen und Schellingschen Systems der Philosophie*. Werke 2(Frankfurt am Main: Suhrkamp, 1970), S.21, 24.

② 席勒:《审美教育书简》,张玉能译,译林出版社 2009 年版,第 14 页。

代性的一个主要特征就是把自己设想成全新的、前所未有的。"①
它也要求人们完全抛弃旧有的一切,彻底改变自己对世界和自
己本身的理解。正如黑格尔在《精神现象学》的序言中所描述的
那样:"精神已经跟它过去的存在与观念的世界决裂,正要埋葬
过去和进行自我改造。"②

之所以有这样的自我理解,是因为现代性自觉地把时间作
为一个质的、而不是量的概念引入对历史的理解,从而完成了
"在意识形态上与时间的一种革命性结盟"③。"时间不再是全部
历史的发生所凭靠的媒介;它获得了一种历史的质……历史不
再发生在时间中,而是因为时间而发生。时间凭借自身的条件
而变成了一种动态过程的和历史的力量。"④时间有了实质的规
定意义,从而形成了现代性特有的历史哲学:"历史有一个特定
的方向,它所表现的不是一个超验的、先定的模式,而是内在的
各种力量之间必然的相互作用。人因而是有意识地参与到未来
的创造之中:与时代一致(而不是对抗它),在一个无限动态的世
界中充当变化的动因,得到了很高的酬报。"⑤文艺复兴、启蒙运
动,都是因此而呈现给人一种"时间(时代)由此开始"的面相。
如同布鲁门贝格所指出的那样:"现代是第一个和唯一一个把自
己理解为一个时代的时期,它在这样做的同时创造了其他
时代。"⑥

发生在西方近代开始时的"古今之争",实际就是"现代"这

① Michael A. Gillespie, *The Theological Origins of Modernity*, p.19.
② Hegel, *Phänomenologie des Geistes* (Frankfurt am Mian: Suhrkamp, 1986), S.18.
③ Matei Calinescu, *Five Faces of Modernity*, p.21.
④ Reinhart Koselleck, *Future's Past: On the Semantics of Historical Time*, trans. Keith Tribe(Cambrige MA.: MIT Press, 1985), p.249.
⑤ Matei Calinescu, *Five Faces of Modernity*, p.21.
⑥ Hans Blumenberg, *Die Legitimität der Neuzeit*, S.129.

种自我理解的反映。这场争论表面上争的是古人今人何者为优,实际上却是现代人要宣布他们对于古人的全面优势,不仅在自然科学上,也在文学艺术方面和其他一切方面。现代人说明他们之所以比古人优越的理由,最终凝缩表现在启蒙运动野蛮与文明、落后与进步、迷信与科学、黑暗与光明诸对立的意识形态模式中。从此,"现代"和"现代人"不再是一个中性的概念,而是充满价值判断和意识形态意味的概念。

西方的古今之争,在现代中国变形重现为古今中西的问题。所不同的是,在中国现代的语境里,"今"与"西"几乎同义。因为"今"等于"新",而"西"对于中国人来说也是"新",不管是柏拉图还是奥古斯丁,都是中国人闻所未闻的"新"。中国人在很长一段时间里并不区分西方的古代与现代,更不知道西方的"古""今"有着远比他们所了解的要深刻得多的不同。凡是来自"西"的东西对中国人而言都是"新"的,因而也都是"现代"的。正如有论者指出的那样:"如果以西方古代希腊乃至中世纪的哲学来诠释疏解中国古典哲学,在中国文化的语境中仍然具有近代化的意义。因为,所谓近代化的中国哲学,就其为近代化而言,其中的一个意义,就是指反映中国自 1840 年以来社会文化的深刻变化,回应外来的西方文化之输入与挑战,面对中国近代社会的变革与精神变迁,在中西融合的视野中进行哲学思考。"①

不宁唯是。中国人在近代接受的西方思想文化主要是现代性的思想文化和意识形态,即使对于西方前现代的思想文化,基本也是从现代性的立场去理解的。因此,在现代中国人眼里的西方文化,即便涉及的是古代西方文化,也是经过现代性思想阐释的古代西方文化,古代是表,现代才是里。因此,在谈论西方

---

① 陈来:《近代化的中国哲学——从冯友兰的哲学观念谈起》,《现代性与传统学术》,广东人民出版社 2003 年版,第 186 页。

时,人们并不觉得有必要区分古代西方和现代西方,这才会在谈论"古今中西"时把"中"等于"古",把"西"当作"今"。既然现代性的一个基本认识就是古今是完全不同的时代,中国人在接受现代性的同时,当然也接受了这一认识。即便是像张君劢这样对传统并不完全否定,甚至被某些人视为文化保守主义的人①,也认同"现代"乃是彻底的除旧布新:"现代化是由旧的思想、观察或统治变为新的思想、观察或统治,但在实际生活中,现代化乃是一场人们个性的冲突。它总是站在进步与自由一方的人和站在保守或激进一方的人之间的斗争。"②由于人们普遍接受了这样一种"现代"观,虽说也一直有人要融贯古今中西,但即便是这些人,实际上也只能是以今度古,以西释中。

这还是因为,现代性是一种整体性思路,它必然要支配接受它的人对所有问题的理解和解释。它不仅仅是一些现成的预设或答案,更是一种存在论,而不是方法论意义上的处理问题的方式。黑格尔在《精神现象学》中曾非常透辟地揭示了其与古代人处理问题方式的根本不同:"古代人的研究是自然意识的真正养成。古人对任何研究的问题都有特别的尝试,对呈现于眼前的一切事物都有哲学思考,这样才给自己产生出一种彻彻底底实现了的普遍性。相反,在现代,人们发现抽象形式已事先就绪;他努力把握它,使之成为自己的,只不过是直接抽取出内在的东西,孤立分隔产生普遍性,而不是让普遍性从此在(Dasein)的具体性和多样性中出现。"③也就是说,古人是以物观物,而现代人是以我观物。古人是从物我一体出发;现代人是从我出发。古人是道在事中;现代人是道在事外。现代世界的种种分裂,根源

---

① "文化保守主义"这一称谓对张君劢来说并不合适。

② 张君劢:《儒家哲学之复兴》,中国人民大学出版社 2006 年版,第 63 页。

③ Hegel, *Phänomenologie des Geistes*, S.37.

于此。也因为如此,现代人无法进入古人的精神世界,而只能以今度古去解释古人的世界,实际上是以现代性来重构古人的世界。在这样重构之下,古代思想的特殊性不是被取消,就是被埋没。

然而,现代性全面的霸权统治,并未产生它允诺产生的"美丽的新世界",反而使人类世界乃至地球本身陷入深刻的危机,这迫使人们为了克服危机,为了一个有希望的未来,从过去的经典中寻找新的存在可能性。历史上一直有人试图在经典中寻找未来的方向,但现代性迷思使不少人对现代性危机采取以燕伐燕的态度,即将现代性看成是一个远未完成的计划,主张将现代性原则贯彻到底即可消除危机。然而,现代性的进程似乎使得这种信念越来越可疑,于是,积极通过经典诠释来寻求被现代性否定的常道,突破现代性的种种教条,便成了越来越多的人的选择,释义学在近代以来的兴盛,与此有莫大关系。

海德格尔和巴特这样的西方学者之所以能对人们耳熟能详的经典有哲学性的阐发,以至于他们的阐释之作本身也成为了经典,是因为他们具有强烈的问题意识。这种问题意识不仅仅是关于文本的,更主要是关于时代的。海德格尔借尼采的嘴说:"哲学家出现的时代是巨大危险的时代——那时车轮转动得越来越快——哲学和艺术取代了正在消失的神话。"[1]这其实也是海德格尔对现代问题特征的诊断。而巴特则在《罗马书释义》第三版前言中问道:"我们如今生活在一个快节奏的时代。这标志着没落,还是标志着我们不久就要在精神方面作出重大决定?"[2]问题意识再明显不过。这表明,促使他们去阐释经典的,不是出于知识甚至学术的兴趣,而是出于对时代问题的焦虑。

---

[1]　Heidegger, *Nietzsche I*(Pfullingen: Neske, 1989),S.11.
[2]　巴特:《罗马书释义》,魏育青译,华东师范大学出版社 2005 年版,第 18 页。

中国古代伟大的思想家阐释经典也是如此。朱子在《中庸章句序》中一开始就问:"中庸何为而作也?子思子忧道学之失其传而作也。"他并非要重申这个事实,而是要应对当时道学失传而"异端之说日新月盛"局面。他也清楚在他之前已有人(二程)着手"承先圣之统",但"大义虽明,而微言未析"。这是他所面临的任务。对他来说,《章句》不是为了使《中庸》易解好懂,而是要担当起传道的责任。

我们今天阐释《中庸》,当然也不是一项纯学术的知识性工作,而是一项严肃的哲学工作。它的目的是要通过对《中庸》的阐释来思考我们时代的问题,这是真正"世界概念"意义的哲学的工作。它不仅要思考哲学本身的问题,而且要通过思考哲学问题来思考时代的问题,如许多伟大的哲学家所做的那样。

毋庸讳言,今天哲学本身正处于危机之中,这种危机是现代性危机的产物。哲学是以探究和思考终极性问题,探究和思考整体问题,探究和思考根基性问题,探究和思考前提性问题为职志,可是,对于现代性来说,超越性信仰被世俗化过程消除后,终极问题没有存在基础了;世界与思维的破碎使得整体问题不复存在;当下即是的思维方式不需要探讨根基问题;而以解决当下问题为目的的工具理性不会去思考自己的思维前提。如此一来,哲学还有什么存在基础?哲学要为人类的种种思想和实践找到普遍的基础,可现代性既不需要普遍,更不需要普遍的基础。如前所述,现代性的基本原则是主体性,按照主体性原则,事物的根据在人,在人的经验,而经验的基础就在经验主体本身。没有经验之外的存在,因而也没有经验以外有意义的终极性,而这种终极性曾经是人类经验统一的基础。这样,取代终极性的必定是相对性和多元性。

现代标榜自己是一个多元的时代。多元性成了一个毋庸置疑的规范性概念,而非描述性概念。后现代更是以多元性作为自己的标志,"应该把后现代主义看作彻底的多元性的构想,并加以捍卫"①。"严格意义上的后现代主义者是这样一个人,他无保留地承认多元性,认识到它的基本的建设性,完全从它出发进行思考,并且坚决地捍卫它——不仅反对内在的危害,而且反对外来的攻击。这便是哲学后现代主义的纲领和任务。"②这是德国后现代主义哲学家韦尔德对后现代基本特征的描述。但多元性并非后现代的产物,而是根源于现代性。当现代以主体作为一切的根据而排除人的经验之外的任何统一根据时,多元性就是必然的。不同的主体可以有不同的经验,也必然有不同的经验,如果主体及其经验是最后根据、没有终极性的普遍原则的话,剩下的问题就是承认任何经验只是不同的"游戏",都是同样合法的。这就是多元性的"道理"。所以韦尔德直言不讳地说:"后现代是 20 世纪的从前的秘传的现代的公开的兑现形式。为此人们也可以说:后现代是激进的现代(radical-modern),而不是后—现代(post-modern)。也可以说,后现代是 20 世纪的现代的一种转换形式,它属于**现代**(Moderne)。"③后现代不过是现代性的一种极端形式而已。

当然,多元性只是现代性的一种意识形态而已,但决不是唯一的,甚至也不是根本的。虽然西方哲学经过康德之后已经明确区分经验自我与先验自我,已不再把个人与人的主体性混为一谈,但一般人并不会像哲学家那样自觉区分这二者。相反,个人、自我、主体性经常混淆在一起使用,在个体主观性意义上使

---

①　沃尔夫冈·韦尔德:《我们后现代的现代》,洪天富译,商务印书馆 2004 年版,第 7 页。

②　同上书,第 49 页。

③　同上书,第 9 页。

用。而多元性正是建立在个体(主观)多样性及其同样有效性的基础上,建立在个体绝对优先性上。①尽管德国古典哲学在奉行个体绝对优先的现代西方社会竭力拯救整体性、统一性与普遍性,但黑格尔以后的西方思想无可挽回地走向特殊性与差异性。因为现代性不仅把个体性确立为一种思想原则,更是把它确立为一种人类社会的生存原则。个人及其利益至高无上,结束了古代社会神或天道具有的那种绝对性。

神或天道之所以绝对,在于它们的超越性,因为它们超越,它们才无限与绝对。人则总是有限与相对的。但现在既然不存在非人的超越,只有"皆为利来"的有限个人,自然除了现实的功利目的外,人类不再有其他的目的。用杜威的话说:"增长(growth)本身是唯一的道德'目的'。"②这恰恰证明了现代性的多元性不是绝对的,它无法消除统一。这不仅仅是从语义逻辑上说,人们在谈论多样性的时候,不可能不谈论整体和统一,而且还是因为"统一关系到多样性的切身利益。……统一是多样性赖以产生、察觉和实现的条件。……在现代,一体化的功能出现在专门化的领域里"③。现代多元性的背后,是统一的资本主义和功利主义的逻辑。多元性表面上是要反对任何专制与极权,实际上却是为资本主义和功利主义的逻辑所要求,多元主义用一句话来表示,就是"没有什么不可以"(anything goes)。自我满足是最高原则和绝对原则。正因为如此,现代多元主义是现代意识形态必不可少的组成部分。现代多元主义必然导致相对主义和虚无主义。

中国现代性历史当然与西方现代性历史不尽相同,但自从

---

① 例如,詹姆士就是从"个体存在"出发提出他的"激进多元论"的(Cf. William James, *A pluralistic Universe*)。

② John Dewey, *Reconstruction in Philosophy*(Boston：Beacon, 1957), p.177.

③ 沃尔夫冈·韦尔德:《我们后现代的现代》,第93页。

近代心甘情愿以西方现代性来重塑自己以来，中国的历史就处于现代性的条件下。资本主义和社会主义都是西方现代性的产物，不管它们到了中国会有多少变形，它们仍然是西方的。①虽然近代中国曾经有过短暂的多元主义时期，但主流意识形态背后，仍有明显的虚无主义的底色。主流意识形态不管有多大的分歧，都是为了把中国建成一个西方式的现代国家，这是它们一致的目标。在此意义上说，它们都是工具性的，都是手段，而不是目的。它们都不但没有质疑现代性，相反本身都是现代性的产物，体现了典型的现代性原则。如果现代中国有什么绝对的话，那么就是接受现代性，走现代化的路。为此绝对，一切都在所不惜。

这样，一方面否定传统，推翻神圣，另一方面努力西化，便成了中国现代历史最显明的特征之一。中国现代哲学家，研究西方哲学的不用说了，研究中国哲学的也无不以西方近代哲学的概念、思想和原则来理解中国传统哲学。诚如钱穆指出的那样："近代国人必崇西化，特据西方哲学，求为中国古人创立一套哲学，而又必据西方哲学作批评，使中国哲学乃一无是处，终亦不成为哲学。"②虽然这种情况已经有很大的改观，但以西（近代西方哲学）释中仍是现代中国哲学研究的主要特点，并且一直有人在鼓吹其合理性。

中国人接受的主要是近代西方哲学绝非偶然。近代以来，西方哲学从古希腊到现当代的哲学都有传入，但真正被国人接受来理解和解释我们的传统哲学的，只是我们所理解的近代西方哲学。很少见到人们用古希腊或中世纪的西方哲学来解释中

---

① 托尼·朱特一针见血地指出："'中国式的'资本主义本身就是西方式的。"氏：《重估价值——反思被遗忘的20世纪》，林骧华译，商务印书馆2013年版，第22页。

② 钱穆：《现代中国学术论衡》，生活·读书·新知三联书店2001年版，第41页。

国传统哲学,也同样很少有人用现当代的西方哲学来解释中国传统哲学,人们用来"为中国古人创立一套哲学"或批判古代中国哲学的,只是他们理解的近代西方哲学,新儒家和机械唯物论者便是两个显例。人们希望在中国古代哲学中看到他们所理解的现代性的道理,如物质运动、客观规律、主体性或科学与民主的可能性,等等。全不顾古人根本不可能有这样的概念;概念也不等于共名,它是对事物的特殊规定,从属一个特定的精神世界,是不能随便乱用的。①

这并不是说我们的古人从不讨论人类普遍的哲学问题。各种哲学一定是特殊的,但只要是哲学,一定会讨论人类的根本问题和普遍问题,否则它就不能是哲学。中国经学和中国哲学的一个重要区别就在这里,经学只涉及中国特有的经书,尽管经书涉及的问题也可能是普遍的,但中国哲学却涉及人类的一些根本问题。中国哲学的价值就在于它以其特有的眼光、角度和方法讨论了人类的一些普遍的哲学问题。尽管由于我们习惯了用西方近代哲学的眼光来看问题,会觉得中国哲学非常特殊,其实还是涉及了许多人类基本的哲学问题,这是这部著作的第二卷试图加以证明的。

八

但是,中国哲学的价值,首先在于它的特殊性,正如西方哲学的价值也在于它的特殊性。惟其特殊,才给人类作出特有的贡献,才让其他地方的人类得以看到一些站在他们的立场上不太容易看到的东西。人类的基本问题都是涉及全方位的问题,

---

① 参看张汝伦:《概念是普遍的吗?》,《哲学研究》2008年第8期。

需要从各个方面和角度去思考。今天，毫无疑问，现代性就是人类的普遍问题和基本问题，人类的今天是好是坏，人类的未来是祸是福，都与现代性有关。中国哲学，惟其与西方哲学很不一样，才可以为现代性批判作出自己特有的贡献。但这首先要求我们超越我们理解的近代西方思想（现代性的核心构成）对我们精神的统治和束缚。在此意义上，我们的现代性批判，首先是对我们理解的近代西方思想的批判，同时也是对中国现代哲学的批判，这是中国哲学复兴的前提。

真正的批判一定同时就是建设，《荀子》的《非十二子》，康德的《纯粹理性批判》，都是典型的例子。不批判以西释中，中国哲学就不可能真正得到重生。这不仅仅是一个纯粹的方法论问题，更是一个中国哲学是否可能的问题。以西释中是怎么产生的？是由于现代中国哲学"学科"的建立。这个学科的主要创建者胡适和冯友兰是在西方完成他们的哲学教育，他们就是按照他们理解的西方哲学（也只是部分近代西方哲学）来重新解释中国哲学，这一点他们在他们所写的中国哲学史中都说得很清楚。由于他们是现代中国哲学学科的开创者，又长期从事哲学教育，他们的这种做法就具有典范的意义。后来者可以在许多具体问题上与他们有分歧，但在以西释中这点上，却颇为一致，以至于以西释中成了现代中国哲学研究的一个传统。

抽象而言，亦即脱离中国思想现代性语境而言，以西释中无可厚非。相反，还应该提倡和鼓励。用另一种哲学传统的话语来阐释自己传统的哲学甚至可以使我们更好地理解我们自己的哲学，就像我们通过他者的眼睛可以更好地看清自己。但人们一般不会将他人的观点作为衡量自己的客观标准。可是，现代中国哲学中的"以西释中"却恰恰是以西方哲学作为普遍哲学的标准来衡量中国哲学，中国哲学必须适合西方哲学这张普罗克汝斯特斯床,不合的一概不算哲学。这种自觉文化殖民的做法把中国哲学的特殊意义斫丧大半,而它的普遍意义几乎完全被湮没。

在现代性文化的强大影响下,那些竭力维护中国哲学特殊价值的哲学家同样是以西释中的典范。现代新儒家之所以强调心性之学是中国哲学的主要特点与贡献,就是因为他们潜意识地将西方近代的主体性哲学理解为哲学的基本问题。这样,中国传统哲学的丰富性与多样性被完全遮蔽了,中国哲学被简化为"生命的学问",除了道德哲学与政治哲学外,皆不足道。在这种对中国哲学的狭隘理解下,中国哲学只能成为一种地方哲学,它作为普遍哲学的意义,根本无从谈起。更别说登上世界哲学舞台,与各国哲学家一起,讨论人类普遍的哲学问题,而不是用西方学院哲学的行话来包装推销古代哲学。

虽然哲学今天成了大学中的一门学科,康德也承认有学院概念的哲学,但哲学从根本上说,不是什么"学科"或"知识"。哲学一旦作为一门"学科",一种"知识",就不再是哲学。哲学必须面对真实的问题,而不是对以往的哲学提出一个"合理的解释"。黑格尔早就在《哲学史讲演录》中指出过:"在思想中,尤其是在思辨的思想中,理解完全不是仅仅把握文字的语法意义,仅仅就其本身接受它们、但最多只是在表象的领域接受它们。因此如果愿意的话,人们可以知道许多哲学家的论断、命题或意见,可以很辛苦地寻求这些根据和后果,但这些辛苦中关键点——**理解**这些命题——却付阙如。"[1]这里说的"理解这些命题",当然是指理解它们的问题,它们的哲学意义。

哲学发展必须经历对过去经典的解释,这已为人类的哲学

---

　　① Hegel, *Vorlesungen über die Geschichte der Philosphie I*, S.17.

发展史所证明。但这种解释严格说不是一种知识的活动，而是一种思想的活动。哲学是思想，不是知识，尽管它（思想）不能没有知识。哲学思想是一个历史活动，也就是说，是在以前哲学基础上进行的。黑格尔说："我们的哲学，只有处在与以前的哲学的整体关联（Zusammenhang）中才有其存在，而且必然从它产生出来。"①这里"整体关联"的意思不妨理解为我们在以前的哲学中思考，反过来，以前的哲学也在我们的哲学中继续。具体而言，我们要把前人的问题当作我们自己的问题，同时又让前人和我们一起思考我们的问题。"保罗提出的问题就是我们的问题；保罗作出的回答若照亮了我们的心灵，他的回答就是我们的回答。"②巴特在《罗马书释义》初版前言中说的这段话，其实就是这个意思。

这也是作者对待经典阐释的态度。我们今天阐释《中庸》，是为了通过《中庸》来思考今天的问题，进而思考人类的普遍问题和根本问题。

当代世界是一个无道的世界，当今时代是一个无道的时代。逆天而行，是无天道；破坏地球，是无地道；见物不见人，是无人道。"道"已经从我们的现实中消失了。与此相应，人们相信它完全是一个形而上学的虚构，在以当下利益为最高原则的时代，它成了一个没有任何意义的言辞冗余。学院中人也许还会偶然谈论它，但多数是把它作为一个历史上的术语来对待，而不是作为最基本的概念来思考。天下无道，自然会有许多致命的问题，这些问题早已成为我们日常生活的一部分，似无必要一一列举。

今天人类面临的根本问题是现代性问题，今天的世界是以

① Hegel, *Vorlesungen über die Geschichte der Philosphie I*, S.22.
② 巴特：《罗马书释义》，第 4 页。

现代性原则构建起来的,它也第一次使人类的整体毁灭成为可能。无论如何,现代性都必须对今天的世界和人类的未来负责。现代性关系到人类的命运,对此问题,西方人一个多世纪以来已有非常自觉的思考与批判。现代中国人对此问题并不是毫无觉察,人们在现代对西方文化陆续提出的反思和批判其实就是对现代性问题的批判,尽管这些批判在力度和深度上还很不够。可是,在实现现代化的强烈渴望下,直到今天中国人对现代性的批判还是有点犹抱琵琶半遮面,欲言又止,总觉得中国的问题是实现现代化。现代化焦虑掩盖了现代性产生的种种深层次问题,使得我们对于现代性问题始终缺乏深入的思考。本来,非西方文化背景的中国人,是可以对现代性作深入的思考与批判的,因为我们有独特的思想资源。但经过近百年以西释中的实践,中国传统哲学首先"现代化"了。人们在《公羊传》中看到进化论,在《荀子》中看到制度安排,在法家那里看到"法治",在宋明理学那里看到主体性。以西释中的实质是让中国哲学迎合西方现代性哲学。在此基础上希望用传统中国哲学的资源对现代性进行批判,可以说是缘木求鱼。

为此,今天我们阐释经典,免不了要有一番解构的过程,即消除对它们的种种现代性理解,恢复它们的前现代性特征。这个工作西方学者从 20 世纪起一直在做,海德格尔对西方古代和中世纪哲学的阐释就是这方面的典范。经过他的释义学阐释,古代哲学恢复了生命和活力,成为今天人们思考当代问题和批判现代性的重要资源。本书也想效法前贤,以同样的释义学精神来阐释经典,让它不仅仅是过去的经典,而且也是当下的经典,永恒的经典。它始终在对我们说话,回答我们今天的问题。

作者不把《中庸》视为一个客观的"研究对象",而视为一个真正的对话者。作者试图理解这个对话者所说的,同时也让它来考虑作者所说的。作者首先与《中庸》的作者站在一起,然后要求他与作者站在一起,面对我们共同面对的问题。例如,面对会将此看法视为痴人说梦的现代性实证主义思维方式。

　　这当然不是说作者意图复古,回到古代去,代圣人立言。更不是要在古代哲学中找到解决今人人类问题的灵丹妙药。黑格尔当年就反对这么做,但他是以现代性的思路来反对的,即哲学总是与一个特定时代挂钩,古人并不知道现代人的思想,如柏拉图、亚里士多德或西塞罗并不知道人生来就是自由的。①这当然没有错,不过并不完全,还应该加上我们也没有他们的许多想法。而这有和没有并不表明我们就比古人高明,只不过表明如果真理乃是全体,那么古人今人都各有其蔽。以此之明,攻彼之蔽,方可收彼此攻错之效,方可近真。哲学只是解释世界,不可能提供拯救世界的方法。哲学家只是指出人类存在的可能性,不可能指导人类怎么做。到古代去寻找救世良方与指望哲学拯救人类一样荒唐。

　　作者并不采取中—西对立、非此即彼的思维方式,与古人相比,作者的哲学语言、思路、方法如同所有现代中国的哲学家那样,早已不是纯粹中国的了,西方哲学的影响已经成了现代中国哲学的一部分。作为一个研究中国哲学同时也研究西方哲学的人,作者属于这两个传统,作者承认自己的这种历史性,试图在一个无分中西的平面上来进行自己的思考。

　　现代性是人类的宿命,谁都无法改变这一点,但人类可以批判它和反思它。哲学并不预言未来,也无法预言未来。但哲学可以思考今天与未来。这部著作,当如是看。它不是一部哲学

────────────────

　　① Cf. Hegel, *Vorlesungen über die Geschichte der Philosphie I*(Frankfurt am Main: Suhrkamp, 1986), S.68.

"史"的著作,而是一部哲学著作;不是一部纯粹解释经典的著作,而是一部阐发经典的著作;不是一部游戏之作,而是一部忧患之作。它不仅试图理解,也试图回答。

第一卷

《中庸》前传

《中庸》在整个中国哲学中具有特殊地位,朱子说它是"子思子忧道学之失其传而作也"①。也就是说,此书乃是为了接续可能失传的古圣先贤之道而作。它是子思"推本尧舜以来相传之意,质以平日所闻父师之言,更互演绎,作为此书,以诏后之学者"②。《中庸》虽然篇幅不大,却内涵广大,"放之则弥六合,卷之则退藏于密"③。与《论语》在日常经验中随处指点,《孟子》论辩驳难为主不同,《中庸》是儒家经典中第一部正面阐述哲学义理的著作,它"历选前圣之书,所以提挈纲维、开示蕴奥,未有若是之明且尽也"④。可以说,《中庸》奠定了儒家哲学的规模和基础,"儒家之思想发展至中庸,即不只为一人生之道德、伦理、政治与人性之哲学,亦为一形上学、宗教哲学与历史哲学"⑤。"《中庸》之书,其味无穷,极索玩味。"⑥《中庸》虽然只有 3544 字,但其篇幅与其重要性完全不成比例,朱子把它列为四书之末,是因为它乃"大学论语孟子之义之汇归综结处"⑦。而宋人黎立武则把它称为:"群经之统会枢要也。"⑧不深入研究理解《中庸》,传统经典的义理蕴奥便不得其门而入。故程伊川称:"《中庸》之书,学者之至也。"⑨

现代学者同样高度评价《中庸》的重要意义。康有为在其《中庸注·叙》中写道:"……孔子之教论,莫精于子思《中庸》一篇。"⑩

---

① 朱熹:《中庸章句序》,《四书章句集注》,中华书局 2001 年版,第 14 页。
② 同上书,第 15 页。
③ 程颢、程颐:《二程集》上册,第 130 页。
④ 朱熹:《中庸章句序》,第 14 页。
⑤ 唐君毅:《中国哲学原论·原道篇》上册,中国社会科学出版社 2006 年版,第 373 页。
⑥ 程颢、程颐:《二程集》上册,第 222 页。
⑦ 唐君毅:《中国哲学原论·原性篇》,中国社会科学出版社 2005 年版,第 38 页。
⑧ 黎立武:《中庸指归》,《学海类编》第一册。
⑨ 程颢、程颐:《二程集》上册,第 325 页。
⑩ 康有为:《孟子微 礼运注 中庸注》,中华书局 1987 年版,第 187 页。

陈荣捷说《中庸》是儒家经典中"最具哲学性的著作"[①]。钱穆则指出,《中庸》与《易传》一样,受到庄老道家思想的影响,"而求汇通儒道以别辟一新境"[②]。在他看来,《中庸》并不仅仅是儒家哲学著作,而是融合了儒道两家哲学思想的哲学著作。但《中庸》并不是简单地融合儒道两家之前已有的思想,而是在对之前儒道思想批判性扬弃的基础上,对中国传统哲学思想的精义有进一步的发展与综合。《中庸》对之前中国思想的核心有系统的总结和论述,成为中国哲学最具代表性的著作之一。

或曰:"哲学"一词来自西域,中华本来并无哲学[③],说《中庸》发展综合了传统的哲学思想,成为中国哲学最具代表性的著作之一,是否合适?的确,"哲学"一词来自西方,中华先哲的确对它闻所未闻。近代在西方哲学的影响下,中国人才明确谈论"哲学",并在高校建立哲学学科。这也使得现代中国人对中国传统哲学的理解基本是建立在他们对西方哲学的理解上的,他们自觉不自觉地用西方哲学的理解、术语、概念、规范和问题来理解和解释中国传统哲学,即便是那些对中国传统哲学具有深切认同,并始终坚持中国哲学特殊性的人,如新儒家哲学家,也未能免俗。这种汉话胡说的做法,自然不会毫无问题,近年来渐渐引起人们的反思。"中国哲学的合法性"问题和"反向格义"问题的讨论,都是这种反思的产物。

这种反思无论如何激进,都没有否认中国人也有哲学思维和哲学。如果哲学是一种人类普遍的精神追求,而不是某种特

[①]　Win-tsit Chan, *A Source Book in Chinese Philosophy* (Princeton: Princeton University Press, 1963), p.96.

[②]　钱穆:《〈中庸〉新义申释》,《中国思想史论丛》卷二,安徽教育出版社 2004 年版,第 62 页。

[③]　钱穆便说:"可以说中国没有'哲学'。"(氏著:《学术思想遗稿》,台湾兰台出版社 2000 年版,第 3 页)

殊的人类文化的特有产物的话,那么我们就可以说中国也有哲学,只不过没有"哲学"这个专门名词而已。①中国哲学或许在许多方面与西方哲学不同,但是在一些根本的关心上,却是一致的。不仅如此,中国哲学家对哲学的基本态度和做法也与西方古典哲学家相当接近。亚里士多德在《形而上学》一开始就提出哲学研究第一原理和原因;德国观念论哲学家从莱因霍尔德开始,就提出哲学体系应该建立在一个第一原理基础上。《中庸》同样如此。"《中庸》始言一理,中散为万事,末复合为一理。"②

　　然而,在现代性思想和西方文化中心论的影响下,古代中国是否有哲学,一直受到质疑。质疑最有力的理由之一,就是按照西方人的说法,哲学是完全理性的事业,中国古代思想,尤其是上古思想,很难说是完全理性的思想。所以人们一般是认为中国哲学如果要有的话,也是从孔子开始。可孔子自己说他是"述而不作"(《论语·述而》),《中庸》也说:"仲尼祖述尧舜,宪章文武。"如果中国哲学从孔子开始,那么孔子所述的究竟是不是哲学? 如果不是,那么哲学是怎样从孔子开始的? 如果是,那么中国哲学就应该在孔子之前就已诞生。事实上孔子自己就把"允执其中"的思想追溯到尧。总之,中国哲学何时诞生不是一个简单的编年史意义上的问题,而是涉及我们该如何理解"中国哲学",以及中国哲学是如何产生与发展的大问题。因此,在正面讨论《中庸》的哲学意义之前,我们必须先来处理这个重要问题。

---

　　① 由于"哲学"一词出自希腊,西方人在很长一段时间里认为哲学是西方人特有的东西,但由于最近几十年西方文化中心论不断遭到批判,西方人也逐渐承认哲学并不是西方人的专利,希腊人也不是唯一开始哲学的古代人(Cf. A. A. Long, "The scope of early Greek philosophy", *The Cambridge Companion to Early Greek Philosophy*, ed. by A. A. Long, Cambridge: Cambridge University Press, 1999, p.16)。此外,有无"哲学"一名不能决定有无哲学。米利都诸贤从未称自己是"哲学家",第一个称自己是"哲学家"的是毕达哥拉斯,但人们还是认为米利都诸贤才是希腊哲学的始祖。

　　② 程颢、程颐:《二程集》上册,第140页。

　　中国现代哲学研究是在西方哲学的强大影响下开始进行的,这种强大影响延续了一个世纪以上,至今犹存,这造成了我们经常是用这个影响形成的种种成见来理解我们的传统哲学,用这种影响产生的种种方法来从事对古代哲学的研究,结果就造成了"汉话胡说"、"反向格义"、胡乱比附、以西方哲学为哲学的唯一规范等诸多问题。不先批判清理这些问题,我们就很难对《中庸》乃至传统中国哲学有一个不同以往的研究。本书第一卷取名"《中庸》前传",就是表明第一卷主要围绕着这个任务来展开。这里"前传"的"传",不是"传记"之"传",而是取诠释澄清之意。①只有先把近代以来形成的有关中国传统哲学的种种成见摧陷廓清,才能恢复中国哲学往昔的辉煌与荣光,以全新的活力走向世界哲学舞台,为人类贡献中国哲学的智慧与理想。这个任务考虑决定了本书第一卷不但没有专门讨论《中庸》的文本,即使具体涉及《中庸》的地方也不太多。这些是第二卷的任务。但是,《中庸》在我心目中不仅是一部中国哲学经典的篇名,也是中国哲学的代名。讨论中国哲学,就是在讨论《中庸》,反之亦然。

---

　　① 颜师古曰:"传谓解说经义者也。"(《汉书·古今人表》,中华书局 1960 年版,第 862 页)

第一章　中国哲学的起始问题

　　中国哲学诞生于何时？现在流行的中国哲学史，都是沿袭当年胡适和冯友兰写的中国哲学史的路子，从孔、老开始写起。胡适虽然把公元前8—6世纪算作是"中国哲学结胎的时代"，但他对这三百年的中国思想可说是惜墨如金，基本只是交代这三百年中国的社会情况，对当时的中国思想除了摘引一些《诗经》的句子外，再无什么论述。冯友兰明确肯定："在中国哲学史中，孔子实占开山之地位。……盖在孔子以前，无有系统的思想，可以称为哲学也。"①

　　然而，照吕思勉先生的看法，中国哲学的结胎时期应该远早于周宣王时期。他曾把中国学术分为三个时期，上古到东周是第一时期："邃古之世，一切学术思想之根原，业已旁薄郁积。至东周之世，九流并起，而臻于极盛，此其第一期也。"②吕思勉的说法，在《庄子·天下》中可得印证。《天下》篇开篇便说：

　　　　古之人其备乎！配神明，醇天地，育万物，和天下，泽及百姓，明于本数，系于末度，六通四辟，小大精粗，其运无乎

---

① 冯友兰：《中国哲学史》上册，华东师范大学出版社2011年版，第15页。
② 吕思勉：《先秦史》，上海古籍出版社2005年版，第436页。

不在。其明在数度者，旧法世传之史，尚有多之。其在
《诗》、《书》、《礼》、《乐》者，邹鲁之士，搢绅先生多能明之。
其数散于天下而设于中国者，百家之学时或而称之。

果若如此，则中国哲学的萌动应远早于公元前 8 世纪。出
版于 1915 年的谢无量的《中国哲学史》，便是从邃古开始讲起。
写成于 1916 年的陈黻宸的《中国哲学史》也是如此。但这种写
法在当时并不为人所认可。顾颉刚回忆说，他在北大学习时，最
初中国哲学这门课是由陈焕章上的。陈焕章从伏羲讲起，讲了
一年才讲到《洪范》。第二年改由胡适讲，他按照自己对中国哲
学史的理解，从周宣王以后讲起，深得顾氏之心。①冯友兰也回忆
说，胡适的这种讲法"对于当时中国哲学史的研究，有扫除障碍、
开辟道路的作用"。他这个学生"见了这个手段，觉得面目一新，
精神为之一爽"②。从此以后，中国哲学史再无从上古开始写起。
直到今天，人们一般都还觉得中国哲学史始于春秋时代，谢、陈
的做法是不妥的。③当然也有例外，吾淳便认为中国哲学从旧石
器或采集、狩猎的年代就已经开始了。④但持此观点者恐怕少之
又少。
　　之所以如此，与现代中国人对哲学的理解有很大的关系。
现代中国人的世界观基本是西方 17—18 世纪形成的自然主
义—经验主义世界观。⑤这种世界观的主要内容大致如下：(1)世

---

① 顾颉刚：《古史辨·自序》，《古史辨》第一册，上海古籍出版社 1982 年版，第 36 页。

② 冯友兰：《三松堂自序》。

③ 参看宋志明："蔡元培的哲学观与中国哲学史学科初建"，《学习与探索》2014 年第 5 期。

④ 吾淳：《中国哲学的起源》，上海人民出版社 2010 年版，第 23 页。

⑤ 这里的"自然主义"和"经验主义"的意义与作为西方思想史上专门术语的"自然主义"(naturalism)和"经验主义"(empiricism)不完全一样，它们的意义大略相当于今日一般国人理解的"唯物主义"。

界是由彼此处于外在关系的确定的物质事物组成的,是由因果决定的。(2)这个世界不依赖于人独立存在,世界就是自在的世界。(3)世界受客观规律支配;客观规律是事物本身具有的。最根本的客观规律是因果律。(4)我们可以认识支配事物的客观规律,从而可以客观地认识自在的世界,或世界本身。(5)意识只是世界中的一物,也有其规律并服从这些规律。从根本上说,意识与任何其他事物一样,是可控的。

　　这个现代世界观来自启蒙思想,正因为如此,现代中国人对启蒙、对哲学及其产生的理解全盘接受,他们的哲学理解正是以此为基础的。根据西方启蒙思想,哲学和科学一样,是理性的事业,因此,它与神话和宗教背道而驰,格格不入。神话与宗教是人心智未开,知识未进时代的产物,纯属迷信和荒谬。与之相反,哲学是理性的科学,哲学的产生是一个从神话到理性的过程①,逻辑推理和论证是哲学的基本品格,并且,它与科学一样,必须在现实中得到证明。哲学与科学的不同在于,各门科学以某一个特殊事物领域为研究对象,而哲学则以世界观或世界全体为研究对象。现代中国人就是以这样的世界观和对哲学的理解去理解古人的世界观和古代哲学。这样,对于古代神话与宗教,往往会以“迷信”目之,而不知它们的内在关联。同时,对自己思想的特殊时间性性质(现代性),则一无所知,总以为自己对世界和哲学的理解是普遍永恒的真理,而不知以自己对世界与哲学的理解去理解古人和要求古人,是犯了时代错乱(anachronism)的错误。

　　托马斯·库恩曾经说过他在研究古代科学思想时的一件事。他在阅读亚里士多德的《物理学》时一度深感困惑,“亚里士

---

　　① Cf. Wilhelm Nestle, *Vom Mythos zum Logos*.

多德如涉及物理学以外的问题,他的观察敏锐而且广博。……
他那特有的才能为什么一用到运动问题上就一败涂地呢? 他怎
么会对运动发表那么多明明白白的谬论呢? 而且最重要的,对
这种观点怎么会有那么多的后继者那么长久地看得那么认真
呢?"①后来他才明白,拿现代最易于理解的方式去读古书,往往
不合适。必须在某种程度上学会像古人那样思考,才能理解古
人。②库恩的教训告诉我们,以今度古,必然会想当然,因为古人
的生活世界与我们的生活世界是非常不同的。

如果我们不想以今度古,让古人成为程度不同的现代人,我
们就必须对现代性思想保持批判和警惕,同时,重新审视我们已
经习以为常的偏见。只有这样,我们才能真正进入古代中国哲
学的世界。

一、巫 与 哲 学

在中国哲学史问题上,现代性思维造成的一个主要问题是
认为哲学是宗教精神衰落后的产物,宗教和神话是非理性思维,
而哲学则是理性思维的产物。"故其方法,必为逻辑的,科学
的。"③神话与宗教是原始思维的产物,而哲学是文明高度发展的
结果。因此,哲学不但与神话和宗教没有关系,而且还以它们的
没落为条件。神话与宗教的没落为哲学的开始铺平了道路。西
方人曾经这样理解他们的哲学史,而我们在进化论思想的影响
下,更是对此深信不疑。

---

① 托马斯·S.库恩:《必要的张力》,纪树立、范岱年、罗慧生等译,福建人民出版社
1981 年版,第 III 页。
② 同上书,第 IV 页。
③ 冯友兰:《中国哲学史》上册,第 4 页。

　　但近年来,情况有所改变,一些学者开始不再把神话与宗教和哲学看作势不两立,而是能看到它们之间存在着一定的承继关系。其中首推李泽厚。他在 20 世纪 90 年代末就明确提出,中国上古思想史的最大秘密,是巫的特质在中国大传统中以理性化的形式坚固保存、延续下来,形成了中国思想的根本特色,成为了解中国思想和文化的钥匙所在。①

　　巫的理性化过程,具体而言,一是通过"由巫而史",这样,巫术的世界就变成了史官符合(象征)的世界、数字的世界、历史事件的世界。②二是通过周公"制礼作乐",完成了外在巫术礼仪的理性化过程。最后是孔子释"礼"归"仁",完成了内在巫术情感理性化的最终过程。③虽然李泽厚主要是要用巫的理性化来解释传统中国文化的特色,因而没有特意说明中国哲学的起源,但他显然认为中国哲学也是巫理性化的结果,或者说,巫是中国哲学之源,他断言:"儒、道同出于巫。"④中国哲学(当然也是中国文化)的一些基本范畴,如"阴阳""五行""气""度""天""道"等,也都源出于巫,是巫史传统理性化的最高范畴,哲学不过是以理性化的方式描述巫中已有的东西。

　　李泽厚的这个讲法不同于一般流行的看法,确有见地。他以巫史传统作为中国文化(包括中国哲学)之源、之根,用这个传统的理性化来解释中国文化和中国哲学如何从巫发展而来。这样,中国文化和中国哲学的产生就是一个巫逐渐理性化的过程,而不是横空出世般的"突破"或"飞跃"。中国哲学和中国文化有传、有统,传的是巫史之统。理性的哲学与非理性的巫不是势不

① 李泽厚:《说巫史传统》,上海译文出版社 2012 年版,第 13 页。
② 同上书,第 22 页。
③ 同上书,第 38 页。
④ 同上书,第 86 页。

两立,有此无彼的对头,而是有着自然、历史的传承、发展关系。按照这种对哲学起源的理解,哲学显然不是对非理性因素的决裂和超越,而是将其理性化。这种对哲学起源的解释,与英国著名古典学家康福德在其名著《从宗教到哲学》中对希腊哲学的解释所见略同。在那本著作中,康福德明确提出,理性的哲学只是对前理性的宗教表象的理性分析和论述,因此,哲学史只是重复了前理性的宗教表象史。[①]

然而,康福德是通过对希腊哲学非常有创意的阐释与深入分析,引证大量的原始资料,辅之以严密的叙述和论证,来证明他的看法的。与之相比,李泽厚显然未能很好地论证他的观点。他不仅未能给他的观点提供足够的证据,而且也混淆了完全不同的东西。这样当然容易得到他要的结论,却很难使人信服。

首先是对"巫"的规定。"巫"可以指一种身份,即巫师;也可以指一种现象,即巫术。可李泽厚却从未明确区分此二者,他是在这两个不同意义上随意使用"巫"这个词的。他在前一种意义上使用"巫",是为了证明中国文化是"宗教、道德、政治"三位一体的,巫(巫师)即是君主,巫君合一即是政教合一。然而,按照《国语》的说法,在"绝地天通"前,人人得而为"巫",在那之后,王者为群巫首最多也只是商代的事,周以后的君主,更是与巫无涉,因为"商周的古巫虽带有上古巫觋的余迹,却已转变为祭祀文化体系中的祭司阶层,其职能也主要为祝祷祠祭神灵"[②]。"周人尊礼尚施,事鬼神而远之,近人而忠焉"[③],正说明在周的政教中巫风光不再。奠定了后来中国传统政教基础的周公制礼作

---

① Cf. F. M. Cornford, *From Religion to Philosophy* (New York: Harper & Brothers Publishers, 1957);《从宗教到哲学:西方思想的起源研究》,曾琼、王涛译,上海三联书店2014年版。

② 陈来:《古代宗教与伦理》,生活·读书·新知三联书店2009年版,第61页。

③ 《礼记·表记》。

乐，决不是巫的理性化，而是巫的扬弃。[1]到了秦汉，巫乃专掌祭祀的官职，与君主基本无涉。[2]后来的君主，更是没有身兼巫觋的。李泽厚从张光直说，把"巫"理解为"萨满"(Shaman)[3]，这种巫在中国民间一直存在到近代，不仅与君无涉，与政治基本也没什么关系。先把巫与君主等同，再把与巫术有关的种种与所谓的"巫君"（其实就是君主）联系在一起，从而得出巫是中国"宗教、道德、政治"之源，这种推论，略觉简单了一点。

李泽厚所谓巫的理性化关键的基本条件是由"巫"而"史"，因为"巫"是非理性的，而"史"则不同了。然而，"巫"如何能成为"史"？ 他的论证是：卜筮是巫的基本特质之一，筮与数有关，卜卦之辞（《周易》的爻辞卦辞）又记录了好些史实，"这也正是'由巫而史'的理性化过程的具体表现，巫术的世界，变而为符号（象征）的世界、数字的世界、历史事件的世界"[4]。在他看来，史是巫的高级阶段："'史'又毕竟是'巫'的理性化的新形态和新阶段。"[5]这当然是一个大胆的看法。因为从来人们都认为，"巫"与"史"是两个完全不同的身份，执行完全不同的任务。

上古时代可能的确如一些研究者所说的那样，"巫""史"不分，从而"巫""史"连称为"巫史"[6]。但《说文》释"史"字曰："史，记事者也。"应该不会没有丝毫根据。《世本》记载：沮诵、仓颉作书。宋衷曰："黄帝之世，始立史官，仓颉、沮诵居其职。"[7]按照这

---

① 陈来在《古代宗教与伦理》一书中也说："《左传》中'祝宗卜史'的说法暗示巫已转化为祝，传统的巫已被排除于政治—宗教的结构之外，尽管巫在王朝和不同地域的诸侯国中担当的角色和职能有所差别，但总体上看，巫术活动已不断从上层文化退缩到下层和民间。"（见该书第 62 页）

② 参看司马迁：《史记·封禅书》。

③ 见李泽厚：《说巫史传统》，第 8 页。

④ 同上书，第 22 页。

⑤ 同上书，第 23 页。

⑥ 见陈来：《古代宗教与伦理》，第 56—60 页。

⑦ 见柳诒徵：《国史要义》，中国人民大学出版社 2009 年版，第 1 页。

个说法,"史"一开始就与文字书写有关。由于文字发明以后,人类一切活动多少都与文字书写有关,所以一开始"史"的职能非常广泛:"《系本》及《律历志》:黄帝使羲和占日,常仪占月,臾区占星气,伶伦造律吕,大桡作甲子,隶首作算数,容成综此六术而著《调历》也。"①宋衷曰:"皆黄帝史官也。"②照此说法,"史"最初是与"巫"有关,但不是"史"的高级版。倒不如说,上古"巫""史"不分,最初"史"包括后来"巫"的某些职能,但决不等于"巫",尽于"巫"。《周官》释史曰:"史,掌官书以赞治。"史的目的与巫不尽相同,但二者还是有分工的:"天地神民类物之官,是为五官,各司其序,不相乱也。"③后来一度失去了最早的专业化,"及少昊之衰也,九黎乱德,民神杂糅,不可方物。夫人作享,家为巫史,无有要质"④。按照《楚语》的说法,绝地天通之后,最初的职能分工不但恢复,而且更为明确,"巫""史"彻底分途:"尧复育重、黎之后,不忘旧者,使复典之,以至于夏、商。故重、黎世叙天地而别其分主者也。"⑤《尚书·吕刑》也提到上帝"命重黎绝地天通","伯夷降典,折民惟刑","知伯夷所典之礼之中,已有法制形章,而非徒专治祭祀矣"。⑥可见绝地天通也意味着巫史分途。巫与史的关系不是后者是前者的理性化,而是它们是具有不同社会功能的两种专门身份。史不能是巫的理性化,这就是为什么在理性化当道的现代社会仍有巫,萨满从来也不是一个历史名称。

另一方面,史本身也不能说就是理性化或者是一个完全理性化的事业。首先,我们必须明确,"理性"或"理性化"都是来自

---

① 司马迁:《史记·历书·索隐》。
② 柳诒徵:《国史要义》,第1页。
③ 《国语·楚语下》。
④ 同上。
⑤ 同上。
⑥ 柳诒徵:《国史要义》,第7页。

西方的概念。虽然"理性"二字在宋儒那儿已经出现，但完全没有 reason 和 rationalization，而只是在"性即理"的意义上将"理"性并称："至如言理性，亦只是为死生，其情本怖死爱生，是利也。"[①]而理性与理性化，并不是像"三角形"或"农业"那样令人一目了然，几无意义的概念，而它们之所以如此，是因为它们是几乎没有历史性的概念。而理性与理性化则不然，即便前者，也不是像"消化能力"一样的一种人皆有之的客观生理能力，而是一个相当暧昧、与时变化的概念："Reason（理性）这 rgen 的历史，这历史赋予它们一笔暧昧与混乱的遗产。就像镜子，它们反映了最近两千年在我们文明中涌现的各种变动的世界观念和人的能力的观念；叠加在一起的镜像使我们如坠五里雾中。任何人对他应如何使用这些词感到困惑，都可原谅。"[②]正因为如此，哈贝马斯在他的名著《交往行为理论》一书的整个导论，在相当意义上可说就是用来讨论理性概念的定义和种种内涵。[③]康德的三大批判，更是对理性问题有全方面的深入思考与探讨。可见"理性"问题之复杂。可在我们的学者的眼中，"理性"是一个不言而喻、没有任何问题的概念，拿来就用。[④]

至于"理性化"概念，严格说是韦伯用来描述欧洲社会现代化历史过程之特征的一个概念，后来人们将它用于描述全球现代化的基本特征，是个典型的现代性概念。韦伯的理性化概念，是根据一个统一的核心标准融贯一致地安排信仰与行动。信仰的系统化是消除逻辑的不自洽，使鬼神的失灵（去魅），拒斥巫

---

①　程颢、程颐：《二程集》上册，第 149 页。

②　Michael Oakeshott, *Rationalism in Politics* (Indianapolis: Liberty Press, 1991), p.99.

③　Cf. Jürgen Habermas, *Theorie des kommunikativen Handelns* (Frankfurt am Main: Suhrkamp, 1988), Bd.1, S.15—224.

④　我们对许多来自西方但对近代中国产生重要影响的概念和观念，往往采取这种不求甚解、自以为是的态度。我们文化的许多痼疾，即源自于此。

术,理论越来越具广泛性或普遍性,将个别情况归约为一般类的事态。信仰的理性化是排除不能从属于一个更普遍的判断的特殊判断。行动的理性化是排除不能根据它们预期的结果来证明的决定,那些结果本身根据更一般规定的目的来理性地加以评估,可以被普遍有效的经验规律预言。理想化是将行动加以组织以获得选定的各种目的——行动可以是单个人的行动,也可以是许多人的行动。理性化是信仰的系统化;是行动的系统化。[1]著名的韦伯专家劳特和斯鲁赫特则将理性化分为三个向度:1.通过计算控制世界;2.将意义与价值系统化为一个全面融贯的伦理观;3.根据各种规则有条理地过日常生活。[2]很显然,无论是中国哲学还是西方哲学,都不可能是这样的理性化的结果,这种理性化过程只是在近代才开始,而哲学的出现则要早得多。

李泽厚把周公制礼作乐视为所谓"巫史传统"理性化过程的最终完成[3],但他始终没有交代,他是在什么意义上使用"理性化"这个对他而言也是十分重要的概念。因为没有交代,所以他对这个所谓的"理性化过程"的论证就有点任意。李泽厚的论证围绕"德"字展开。在他的论证中,"德"是一个类似康德哲学中图式一样的概念,图式的功能是沟通感性与知性,而"德"则要从巫术通向理性。李氏认为,"德"最初与祭祖先的巫术有关,是巫师所具有的神奇品质,这种神奇品质就是"原始巫君所拥有的与神明交通的内在神秘力量"[4],继而转化为"各氏族的习惯法规"[5],所谓"习惯法规"无非是原始巫术礼仪的系统规范。

---

① Cf. Edward Shils, *Tradition* (Chicago: University of Chicago Press, 1981), p.291.

② Cf. Gunther Roth & Wolfgang Schluchter, *Max Weber's Vision of History: Ethics and Methods* (Berkeley: University of California Press, 1979), pp.14—15.

③ 李泽厚:《谈巫史传统》,第 27 页。

④ 同上书,第 29 页。

⑤ 同上书,第 27 页。

　　问题是巫"与神明交通"的方式非常特殊："萨满的神力在于他能使自己随意进入迷幻状态……"①即便"作为萨满主要特征的迷狂技术和迷狂状态,不见于文献对三代古巫的记载"②,巫师作法是非常特殊的专业活动,驱邪、预言、卜卦、造雨、占梦,像种田、造房一样,都是实践活动,不是礼仪。此外,它的目的也非常专门,不可能成为"各氏族的习惯法规",因为后者涉及人类的所有活动。李泽厚把"祭"理解为"巫术礼仪"③,也是有问题的。按照张光直引述的亚瑟·瓦立的研究,中国古巫"专门驱邪、预言、卜卦、造雨、占梦。有的巫师能歌善舞,有时,巫师就被解释为以舞降神之人。他们也以巫术行医……"④瓦立对古代中国巫职能的描写是完全正确的,上述巫的这些职能与祭没有太大关系。事实上祭是不能等同于巫术或巫术礼仪的,中国社会的种种祭祀活动许多根本不是巫术。例如中国人世代相传的祭祖传统,就根本不是巫术。帝王祭天地也基本不是巫术。把祭祀与巫术混为一谈是错误的。

　　李泽厚说,"德"在周初主要是指君王祭祀、出征等重大政治行为。"日久天长,它与祖先祭祀活动的巫术礼仪结合在一起,逐渐演变而成为维系氏族、部落、酋邦生存发展的一整套的社会规范、秩序、要求、习惯。"⑤德从巫术行为发展为政治行为,最后演变为一整套的社会规范和秩序大概就是李泽厚所谓的"理性化过程",而周公制礼作乐就是这个过程的完成。很显然,李泽厚讲的理性化过程就是一个由非理性的巫逐渐发展到理性的礼乐制度的过程,这种对"理性化"的理解显然是以现代性的进化

---

① 张光直:《美术、神话与祭祀》,辽宁教育出版社 1988 年版,第 54 页。
② 陈来:《古代宗教与伦理》,第 51 页。
③ 李泽厚:《谈巫史传统》,第 30 页。
④ 张光直:《美术、神话与祭祀》,第 35 页。
⑤ 李泽厚:《谈巫史传统》,第 28 页。

论为前提的。进化论的历史哲学在这里被用来解释中国的古代思想是一个从非理性的巫到理性的史和思想观念、制度的过程。

为此,李泽厚必须煞费苦心把"德"说成最初与祭祖先的巫术有关,而不是从一开始就与人的自觉(道德)行为有关。"德"作为中国文化的一个重要概念最初普遍见于《尚书》,《尚书·君奭》:"天不靠信,我道惟宁王德延。"《召诰》亦言:"惟王其疾敬德,王其德之用,祈天永命。"周初的统治者已经认识到,"天命靡常",人必须努力"以德配天",才能得到天的保佑。张岱年说"德"在西周初年已相当于现代汉语中的道德。①李泽厚说"德"的外在方面演化为"礼"是不错的,但"德"决不能理解为巫"与神明交通的内在神秘力量"。周公制礼作乐,是要提供一套显性的社会人文制度,以规范人的行为,所以不可能仅仅是"将上古祭祀祖先、沟通神明以指导认识的巫术礼仪,**全面理性化和系统化**"②。

柳诒徵先生说:"周之文化,以礼为渊海,集前古之大成,开后来之政教。"③让孔子赞不绝口的周礼固然有对巫的某些因袭与传承,但更多的是创造,而不仅仅是把巫术礼仪理性化和系统化。周礼涉及国土区划、官吏职掌、乡遂自治、授田制度、市肆门关之政、教育、城郭道路宫室制度、衣服饮食医药之制、礼俗、乐舞、王朝与诸侯的关系等等古代社会生活的基本方面④,绝非所谓"巫术礼仪"所能涵盖。"亲亲之杀,尊显之等,礼所生也。"《中庸》里的这几句话表明,礼出于自然的亲缘关系和社会的等级秩序,与巫术没有什么直接关系,更不是巫术礼仪全面理性化和系

---

① 张岱年:《中国古典哲学概念范畴要论》,中国社会科学出版社 1989 年版,第 154 页。
② 李泽厚:《谈巫史传统》,第 31—32 页。
③ 柳诒徵:《中国文化史》上卷,东方出版中心 1996 年版,第 121 页。
④ 参看柳诒徵:《中国文化史》上卷,第 121—188 页。

统化的结果。乐也是如此，巫术中可能有乐，但乐不出于巫术，"昔古朱襄氏之治天下也，多风而阳气畜积，万物散解，果实不成，故士达作为五弦瑟，以来阴气，以定群生"①。乐不仅能理顺自然之风，还能疏通自然淤积："昔陶唐氏之始，阴多滞伏而湛积，水道壅塞，不行其原，民气鬱閼而滞著，筋骨瑟缩不达，故作为舞以宣导之。"②但是，对于古人来说，乐舞舒通水道经络还是次要的，教化净化人心的作用才是主要的。舜已看到乐的这个基本特征："诗言志，歌永言，声依永，律和声；八音克谐，无相夺伦；神人以和。"③正因为音乐有这样和谐美好的特征，所以古人相信，受了音乐的熏陶之后，人就会变得纯洁高尚。《乐记》上说先王之所以立乐，是要"不使放心邪气得接焉"④。以上这些才是周公制礼作乐的基本考虑，而不是把巫术理性化和系统化。

此外，李泽厚将畏、敬、忠、诚这些情感完全归于巫术礼仪也是值得商榷的。毕竟这些情感不是只有在巫术活动中才有的，人们在其他时候和其他活动中同样可能产生这些内心状态，所以不能说它们是巫术情感。《礼记·哀公问》中孔子的一段话便证明了这一点："古之为政，爱人为大。所以治爱人，礼为大。所以治礼，敬为大。敬之至矣，大昏为大，大昏至矣。大昏既至，冕而亲迎，亲之也。亲之也者，亲之也。是故君子兴敬为亲，舍敬是遗亲也。"至少孔子本人是把这些情感理解为出于人间亲情，而非巫术。所以说孔子释"礼"归"仁"是完成了内在巫术情感理性化的最终过程，同样有问题。古人认为："礼，经国家，定社稷，序人民，利后嗣也。"⑤礼是一种根本制度规范，孔子以仁说礼，固

---

① 《吕氏春秋》卷五《古乐》。
② 同上。
③ 《尚书·舜典》。
④ 《乐记·乐化篇》。
⑤ 《左传·庄公二十三年》。

然是要阐明此制度有人情的基础与根源,但"仁"本身也不能解释为情感的理性化。情就是情,无法理性化。所以孔子面对宰予反对守三年之丧的诘问时,孔子诉诸的是情:"食乎稻,衣乎锦,与女安乎?"(《论语·阳货》)情感与理性是人类不能混同的两种主观能力,情理之所以有别,就在此。

主张"情本体"的李泽厚之所以将孔子的思想解释为巫术情感理性化的结果而放弃了他的"情本体",是因为他是现代性思想的坚定信徒,相信文明就是一个人类逐渐理性化的过程,这样他才会把孔子说的"吾与史、巫同途而殊归"①解释为"**'巫'的脱魅理性化**"②。浑不管如果儒之归就是巫之归,那还怎么能叫"殊归"? 应该叫"同归"才对。并且,如果儒是物的"脱魅理性化",那么儒就是巫之归,巫通过理性化而成为儒。这显然不是孔子的意思,也根本得不到历史的证实。李泽厚的解释之所以有这么多明显的问题,与上述现代理性信仰绝对有关,也与韦伯的理性化概念间接有关。虽然国内对韦伯理性化概念缺乏深入细致的研究,但也因此,人们自以为理性化乃现代社会的基本标志,也是近代中国追求的愿景,这就产生了一种愿景想象(即根据一定愿景来想象),并以此来解释中国古代传统和思想,不顾文本根据和其他原始材料而把中国古代思想解释为从非理性到理性的进化过程,便是一个典型的案例。③

哲学是巫术的"脱魅理性化"的说法,显然是认为巫是非理

---

① 《帛书·要》。

② 李泽厚:《说巫史传统》,第 70 页。

③ 韦伯的理性化概念有一个相伴、互补的概念,即"去魅"(Entzauberung),理性化过程同时也是一个去魅化的过程。Entzauberung 由前缀 ent-和词干 zauberung 组成。后者由德文 der Zauber(巫术、魔法)而来。因此,国外有研究韦伯思想的学者认为, die Entzauberung 按照其字面意义应该译为"去巫术化"或"去魔法化"(demagification)(Ralph Schroeder, *Max Weber and the Sociology of Culture*, London: Sage, 1992, p.72)。这意味着理性化是一个理性取代巫术以及宗教迷信和神话的过程。

性的,哲学则是人类从非理性发展到理性的产物。这种观点完全是出于现代性思维的想象,缺乏建立在对巫和理性深入研究基础上的根据。英国哲学家贾维和以色列哲学家阿加西在其合写的论文《巫之理性的问题》一开始就明确指出,但凡是以目标为导向的行动都是理性的;满足某些标准的信仰都是理性的。当我们说一个人是"理性的",意思是他理性地行动,或他持有理性(合理)的信仰,或二者都是。前者是弱意义的理性,后者是强意义的理性。巫术是弱意义的理性,而科学是强意义的理性。[①] 这两位哲学家正确地指出,某人行为或思想不同于我们不是将他的行动与思想视为非理性的理由。[②] 巫术与哲学的本质区别不在于理性与否,而在于各自的目的。巫术的目的完全是工具理性的,是为了要解决人们面临的实际问题。马林诺夫斯基明确否认巫术与关于宇宙的思辨或想要理解它的欲望有任何关系。[③] 而想要理解宇宙与对宇宙的思辨正是哲学的基本特征之一。其外,巫术产生与行动,并且**就是**行动,是"创造想要的目的的力量"。没有反思或形而上学的方面。[④] 巫术与哲学是人类不同的思想行动,不存在淘汰与进化的问题。"因此,是否如 16 和 17 世纪西方社会所理解的那样,科学的兴起与巫术的完全没落联系在一起,是成问题的。"[⑤]

　　根据第欧根尼·拉尔修的说法,毕达哥拉斯是最先把自己

　　① Ian Charles Jarvie and Joseph Agassi, "The Problem of the Rationality of Magic", in *Rationality: The Critical View*, ed. by Jesoph Agassi and Ian Charles Jarvie, Dordrecht/Boston/Lancaster: Martinis Nijhoff Publishers, 1987, p.363.

　　② Ibid., p.364.

　　③ Cf. S. F. Nadel, "Malinowski on Magic and Religion", *Man and Culture*, ed. by Raymond Firth, London: Routledge & Kegan Paul, 1960, p.198.

　　④ Ibid., p.199.

　　⑤ Charles Webster, *From Paracelsus to Newton* (Cambridge: Cambridge University Press, 1982), p.11.

称为"哲学家"的人。①然而,毕达哥拉斯是不是哲学家,如许多哲学史上写的那样,一直是有争论的。因为历史上留下的资料似乎有两个不同的毕达哥拉斯,一个是作为哲学家、数学家和科学家的毕达哥拉斯,另一个是作为萨满、狂热宗教派别领袖、具有特殊魅力装神弄鬼的人。赫拉克利特就说他是一个聪明的骗子,学问很大,但他的智慧具有欺骗性。19世纪著名的希腊哲学史家策勒就怀疑毕达哥拉斯的哲学家身份,说他主要是因为他关于长生不老和再生的教导而出名。德国哲学家瓦尔特·布尔凯特则认为毕达哥拉斯是一个萨满式人物,一个像摩西那样具有超凡魅力的精神领袖和组织者。②现代研究者往往在非理性的、甚至是迷信的毕达哥拉斯和理性主义的、追求科学与真理的毕达哥拉斯这两种似乎势不两立的形象上选边站,承认前者就是彻底否定后者,反之亦然。可是,正如格思理所指出的,在公元前6世纪,这两种形象结合在一起不仅是可能的,而且是自然的。只是被现代性思维支配的我们才会觉得把毕达哥拉斯的这两种形象(其实是他人格身份的两个方面)统一理解是难以想象的。③其实,不仅毕达哥拉斯,后世还有不少哲学家也是兼具巫师的身份。意大利研究文艺复兴的著名学者欧金尼奥·加林编的《文艺复兴时期的人》中他自己撰写的关于文艺复兴哲学那一章的标题就是《哲学家和巫师》。④

　　巫术并未因为哲学的出现而式微,相反,它们曾长期共存。

---

　　① 第欧根尼·拉尔修:《名哲言行录》,徐开来、溥林译,广西师范大学出版社 2010 年版,第 6 页。

　　② Cf. Charles H. Kahn, *Pythagoras amd Pythagoreans. A Brief History*(Indianapolis/Cambridge: Hackett Publishing Company, Inc. 2001), pp.2—3.

　　③ Cf. W.K.C. Guthrie, *A History of Greek Philosophy*. Vol. 1(Cambridge: Cambridge University Press, 1980), p.181.

　　④ 欧金尼奥·加林主编:《文艺复兴时期的人》,李玉成译,生活·读书·新知三联书店 2003 年版,第 161—199 页。

在现代性占支配地位之前，哲学家往往对巫术有相当正面的评价。意大利文艺复兴时期的代表性哲学家皮科就说："巫术是自然智慧的总和与自然科学的实践部分，它以对一切自然事物的精确绝对的理解为基础。"①另一位文艺复兴哲学家费奇诺（Marsilio Ficico，1433—1499）则根据皮科的观点提出"哲学就是巫术"的说法："对自然界事物和星球熟悉的哲学家，所做的事情也是相同的，因此我们通常也习惯于把哲学家称为巫师。"②费奇诺既翻译古代炼金术的文献，也翻译柏拉图的著作。对他而言，巫师与哲学家可以一身兼二任。皮科和费奇诺对医生兼巫师的阿格里帕（Enrico Cornelio Agrippa di Nettesheim）有很大的影响，阿格里帕用一生时间写出了文艺复兴时期关于巫术的一本重要著作《论神秘哲学》，在他看来："巫术包含对最秘密的事物最深刻的沉思，它们的本性、力量、性质、实体和功效，以及它们整个本性的知识。它通过把事物的一种效能应用于另一种效能把它们统一起来，把适当的低级的主体与高级物体的力量与效能连接与结合在一起，教导我们关心事物中的种种差异与相似，由此它产生其不可思议的效果。"③

事实也的确如此，巫术绝非现代性思维所谓的"迷信"，相反，它真能在人类科学文化史中起到正面的作用。文艺复兴时期科学与医学的重要人物，瑞士医生兼炼金术士和占星师帕拉塞尔斯（Paracelsus，1493—1541）就将医学与炼金术结合，奠定了医学化学的基础。帕拉塞尔斯的科学成就恰恰是建立在他对巫术（炼金术）的深刻理解上。因此，他的巫术思想不但没有使

---

① Charles Webster, *From Paracelsus to Newton*, p.58.
② 欧金尼奥·加林主编：《文艺复兴时期的人》，李玉成译，生活·读书·新知三联书店 2003 年版，第 182 页。
③ Charles Webster, *From Paracelsus to Newton*, p.59.

他远离科学,相反,进一步加强了炼金术、医学和经验科学之间的联系。[①]作为一个医生,他对医学的理解远比许多现代医学家更复杂而接近中国传统中医对医学的理解,他认为医学由哲学、天文学、炼金术和医生的德性四大支柱组成。

比他晚将近 200 年的牛顿,同样是科学家兼巫师。牛顿长期痴迷于炼金术和哲人石[②],一生花费许多时间去找《圣经》中暗藏的密码。科学史家韦伯斯特说:"牛顿尤其把自己视为是一个介于上帝及其创造之间的巫师一样的人物。"[③]牛顿留下大量未发表的手稿,其中除了所收集的许多巫术和古代犹太神秘主义教派卡巴拉主义的文本外,还有他翻译的炼金术著作。他认为根据他的宇宙模型可以预言世界末日,甚至写下他自己对世界末日的预言。[④]牛顿的物理学不是通常以为的简单的机械论,而是一个趋向启示与消解、需要上帝和天使积极干预的动态宇宙。凯恩斯(他曾通过拍卖收购了牛顿的未发表手稿)说:"牛顿不是理性时代的第一人。他是最后的巫师。"[⑤]但牛顿绝不是最后一个将巫术与科学冶于一炉的科学家—巫师。古往今来,巫术世界与科学世界交织不分的著名科学家,不知凡几。[⑥]这至少说明,

---

① Cf. Bruce T. Moran, *Distilling Knowledge. Alchemy, Chemistry, and the Scientific Revolution*(Cambridge, Mass.: Harvard University Press, 2005), p.72.

② 有关牛顿思想与炼金术的关系,可看 Betty Dobbs, *The Janus Faces of Genius: The Role Alchemy in Newton's Thought*(Cambridge: Cambridge University Press, 1991);以及汉斯·魏尔纳·舒特:《寻求哲人石》,李文潮、萧培生译,上海科技教育出版社 2006 年版,第 494—503 页。

③ Charles Webster, *From Paracelsus to Newton*, p.68.

④ Richard Westfall, *Never at Rest. A Biography of Isaac Newton*(New York: Cambridge University Press, 1980), pp.319—320, 815—817.

⑤ John Maynard Keynes, "Newton, the Man", in *The Collected Writings of John Maynard Keynes*, ed. Society Royal Economics (New York: Macmillan, 1971—89), Vol.10, pp.363—364.

⑥ Cf. Jason A. Josephson-Strom, *The Myth of Disenchantment. Magic, Modernity, and the Birth of Social Sciences*(Chicago: University of Chicago Press, 2017), p.43.

巫术与科学不是像许多人认为的那样是势不两立的,更不是此消彼长的关系。

巫术与哲学同样如此。哲学家们很少认为巫术与哲学是猿与人那样的进化关系。相反,哲学家从毕达哥拉斯开始,兼容巫术,甚至有巫师身份的也大有人在。例如,中世纪哲学家罗吉尔·培根。[1]意大利文艺复兴时期哲学家中,除了上述几位外,被人目为科学的殉道者的布鲁诺,不但痴迷巫术,还写过《论巫术》的著作,他的天文学不是要去探讨天文学的精神性,而是要把宇宙描述为一个无限的、充满精灵与鬼怪的有生命的东西。[2]近代西方哲学两大开山笛卡尔和培根,也远不是像正统哲学史描述的那样纯然理性,拒绝巫术。相反,他们对巫术的态度是复杂的,他们对巫术有赞有弹,但总的来说是信仰而非拒斥。[3]在现代西方哲学家中,柏格森与威廉·詹姆斯都对巫术有一定的信仰。[4]一般人会想当然以为,逻辑实证主义者是巫术的死敌,却不知此派哲学的一个主要代表奥托·纽拉特将他们说成是一种巫术的复活。[5]

再来看中国哲学。人们一般都会同意,《易》是中国哲学的主要根源之一,《易》原为卜筮,乃巫师之所为,《世本·作篇》云:"巫咸作筮。"可见《易》本身源出于巫,即便被后世儒家思想家改造为《易经》,也根本不是巫术理性化变成哲学文本,而是始终具

---

[1]　Cf. A. G. Molland, "Roger Bacon as Magician", *Traditio* 30(1974):445—460.

[2]　Giordano Bruno, *Cause, Principle and Unity: Essays on Magic* (Cambridge: Cambridge University Press, 1998).

[3]　CF. Lynn Thorndike, "The Attitude of Francis Bacon and Descartes towards Magic and Occult Science", in *Science, Medicine, and History*, ed. A. Ashworth Underwood (New York: Oxford University Press, 1953), p.454; Jason A. Josephson-Strom, *The Myth of Disenchantment: Magic, Modernity, and the Birth of Social Sciences*, pp.42—51.

[4]　Jason A. Josephson-Strom, *The Myth of Disenchantment: Magic, Modernity, and the Birth of Social Sciences*, pp.2—3.

[5]　Ibid., p.20.

有巫的思想,甚至巫的话语要素在。《周易》难读,也是因为用现代人习惯的理性话语很多东西殊难理解。中国古代哲学家中凡是涉及《易》的思想者,无论是象数还是义理,都往往被故意忽略不谈,实际是因为那不是近代流行的理性话语可以切入的。中国哲学另一奠基性文献《洪范》,其巫思想的特征也极为明显,作者用"天乃锡禹洪范九畴"来开讲,巫的路数十分明显。上述这两部中国哲学早期的经典文献表明,哲学不是巫术的后继者和取代者,中国哲学不是在克服或超越巫术以后产生的,而是一直与巫术同在。其影响,既有积极的,也有消极的面向。

二、巫与哲学的考古学研究

对于受到单线进化论极大影响的中国人来说,很容易接受以巫术→宗教→哲学这种源于西方现代性话语的进化模式来解释中国哲学的产生,许倬云便认为,从周克商到孔子时代的 5 个世纪,似乎是一个宗教关怀不断世俗化和理性化的过程。[①]李泽厚和余敦康对中国哲学起源的解释也不脱这个思路。这个思路之所以被许多人接受,除了进化论的影响外,启蒙的理性观和哲学观也是一大原因。根据启蒙的理性观和哲学观,哲学是纯粹理性的事业,巫术与宗教要么是非理性,要么部分理性。而在现代中国的语境中,理性又是科学的基本特征。"科学"在现代中国又是一个具有无可置疑的政治正确性的字眼。因此,一切不同于理性、遑论非理性或反理性的东西,在主流话语中不但没有任何地位,反而是口诛笔伐的对象。维护哲学对巫术和宗教的优势地位,就等于维护科学的优势地位。这就是为什么在现代

---

① Cf. Cho-Yun Hsu, "Historical Conditions of the Emergence and Crystallization of the Confucian System", p.308.

中国,哲学在科学面前往往会自惭形秽;但面对巫术和宗教,却显得那么高高在上,不屑一顾。要破除这种哲学产生的神话,必须对哲学与巫的关系做一些考古学研究。

哲学是纯粹理性的事业,是西方哲学的一个根深蒂固的思想。哲学是理性的发明,哲学是用概念来进行分析思辨和逻辑论证,建立一套诚实的人都能接受的话语等等,早已成为哲学教科书对哲学特征的基本描写。然而,理性并非哲学的禁脔。宗教神学和科学都以理性思维为基本特征。因此,理性只是哲学的必要条件而不是充分条件,单凭理性与否是不能决定哲学与否的。

另一方面,哲学并非与巫术和宗教不相容。至少在韦伯看来是这样。在他看来,儒家至少不排斥巫术,或者说容忍巫术[1],而"道教则变为一种很普及的巫术的实践"[2]。但这并不影响中国宗教(哲学)是一种博大精深的理性主义,尽管与西方清教的理性主义相互排斥。希腊哲学所有的理论流派都可以在中国宗教(哲学)中找到相当者。[3]不管韦伯对中国古代思想的观察是否正确,这些见解至少证明他并不认为哲学一定是拒斥巫术的产物;理性化也不一定与非理性势不两立。韦伯之所以有这样一般中国人难以理解的立场,是因为他不是进化论者,理性与非理性并非进步与落后,或低级与高级的区别,而是各有其利弊。受魅与去魅也不是前者代表迷信,后者则是思想解放。在它们之间存在相当复杂的辩证关系,去魅同时也蕴含了再受魅的可能。[4]韦

---

① 参看莱因哈特·本迪克思:《马克斯·韦伯思想肖像》,第136页。

② 马克斯·韦伯:《经济与社会》上卷,林荣远译,商务印书馆1997年版,第564页。

③ 同上书,韦伯把儒家和道家视为宗教。

④ Cf. Alkis Kontos, "The World Disenchanted, and the Return of Gods and Demons", pp.223—247.

伯又是一个相对的普遍主义者①，他虽然认为理性和理性化是一个普遍现象，但却有不同的、甚至是截然相反的理性化。理性和理性化都是复数。②

韦伯的上述思想至少使我们考虑，是否应该反思实际是基于单线进化论的那种解释模式，是否重新思考中国哲学的开始和中国哲学的特点。③其实华裔学者也有持与韦伯相似观点的，即儒学并不排斥巫术：

> 主张儒学纯理性观点的现代中国学者无以解释儒学的宗教面向，除非他们曲解原著的意义。周朝末年和汉朝年间，超自然观念盛行，现代科学还未产生，只有靠古老的神秘主义来解答宇宙秩序、人类社会面临的重大问题，而这些问题是任何一种重要的学说所不能忽略的。在这样的社会背景下，不太可能产生一种彻底理性主义的学说。事实上，如果我们同意胡适在其名作《说儒》中的说法，那么孔子及其儒门弟子就是一群专门主持丧礼的术士。这种职业是从古代巫士发展而来的；因此如果断言孔子和其弟子能够完全摆脱其仪式活动中超自然观念，未免显得有些不可思议。④

即便考虑到巫术信仰和神秘信仰的相对差别，儒家也没有组成一个与传统中国社会宗教生活主流相分离的独立群体。他们在天、命等超自然观念上与公众共享一个宗教

---

① 参看施路赫特:《理性化与官僚化》，第 24 页。

② Cf. Shlomo Biderman & Ben-Ami Scharfstein(ed.), *Rationality in Question. On Eastern and Western Views of Rationality* (Leiden: E. J. Brill, 1989); D. H. D'avray, *Rationalities in History*(Cambridge: Cambridge University Press, 2010).

③ 我们现在对中国哲学特点的理解是与那种解释模式密切相关的。

④ 杨庆堃:《中国社会中的宗教》，范丽珠等译，上海人民出版社 2007 年版，第 236 页。

信仰的体系。①

　　杨庆堃的观点,是有大量史实根据的。事实上,在早期儒家和诸子的经典文献中,很容易看到巫的成分。余英时自己就曾引用《管子·心术上》中"虚其欲,神将入舍。扫除不洁,神乃留处"两句话,说:"这两句话明明是描述降神的场面。"②孔子乃殷人之后,殷商重鬼神的巫文化对他这样"信而好古"之人不会没有影响。说他"尽最大努力与巫传统划清界线"③,那只能是现代人的想象。夫子本人是"祭如在,祭神如神在"④。董仲舒释祭曰:"祭之为言际也与察也。祭然后能见与不见。见不见之见者,然后知天命鬼神;知天命鬼神,然后明祭之意;明祭之意,乃能重祭事。孔子曰:'吾不与祭。祭神如神在。'重祭事如事生,故圣人与鬼神也,畏之而不敢欺也,信之而不独任,事之而不专恃。"⑤董仲舒的这个解释,是比较符合孔子对巫传统的真实态度的。

　　先秦的儒家文献中,颇具巫风的表述并不难找。在最具哲学性的《中庸》中,我们可以看到这样的表述:"至诚之道,可以前知。国家将兴,必有祯祥;国家将亡,必有妖孽。见乎蓍龟,动乎四体。祸福将至:善,必先知之;不善,必先知之。故至诚如神。"而孟子所言:"夫君子所过者化,所存者神,上下与天地同流。"⑥与其说是理性的表述,不如说是颇具巫风的表述;或者说,从巫术思维的角度比从理性思维的角度更容易理解它。至于《周易》

---

①　杨庆堃:《中国社会中的宗教》,范丽珠等译,上海人民出版社 2007 年版,第 252 页。
②　余英时:《论天人之际》,第 58 页。
③　同上书,第 135 页。
④　《论语·八佾》。
⑤　董仲舒:《春秋繁露·祭义》。
⑥　《孟子·尽心上》。

与巫的关系,更不必言。中国哲学的阴阳五行思想,与巫术有直接关系。①指出这些,并不是否认儒家或整个中国古代哲学的理性性质,而只是要说明,先秦哲学家也许并不像一些人认为的那样自觉地与巫传统划清界线。巫思维不但是中国哲学的源头之一,而且也在扬弃意义上被中国哲学所吸收。

当然,对于习惯认为巫就是迷信、蒙昧和非理性的同义词的现代性思维来说,这是无法理解的。这需要我们在今天现代性话语或现代性成见受到广泛质疑与批判的语境下,重新审视巫的本质及其与哲学的关系。

今天人们对巫的负面印象,来自西方。中国古代并没有人将巫理解为蒙昧和迷信。相反,古人认为巫是社会生活和国家政治中不可或缺的重要角色。"相阴阳,占祲兆,钻龟陈卦,主攘择五卜,知其吉凶妖祥,伛巫跛击之事也。"②荀子的这段话说明,至少先秦的人们还是认为巫对于治理国家来说是不可或缺的,因为他所执掌之事是十分重要的。巫在历史上一出现,就具有这样的重要性。巫术和巫师在人类文明史上起过重大作用,早已为许多学者所指出。③古人并不认为巫师是装神弄鬼之流,而是认为他们是一些具有常人不具有的品质、能力和见识,因而得到神明特殊眷顾的杰出人物,他们是"民之精爽不携贰者,而又能齐肃衷正,其智能上下比义,其圣能光远宣朗,其明能光照之,其聪能听彻之,如是则神明降之"④。在上古时代,他们很可能就

---

① 参看艾兰、汪涛、范毓周主编:《中国古代思维与阴阳五行说探源》,江苏古籍出版社1998年版;赵容俊:《殷周甲骨卜辞所见之巫术》(增订本),中华书局2011年版,第305—309页;詹鄞鑫:《心智的误区——巫术与中国巫术文化》,上海教育出版社2001年版,第184—189页。

② 《荀子·王制》。

③ 参看张光直:《中国古代王的兴起与城邦的形成》,《燕京学报》1997年第3期,第5—6页。

④ 《国语·楚语下》。

是统治者——王。①《吕氏春秋》在叙述尧时官职时就有"巫彭作医，巫咸作筮"，助圣人治天下的说法。②巫在上古时代能佐治，靠的是他们的专门知识。《黄帝内经》上便有"先巫者，因知百病之胜，先知其病之所从生，可祝而已也"的记载。③可见巫确有医学知识。巫也与天文学有关系，《史记》云："昔之传天数者，高辛之前，重、黎；于唐、虞，羲、和；有夏，昆吾；殷商，巫咸；……"④总之，"根据先秦、两汉之时人的看法，巫者在古代社会曾经是统治阶层的一分子，其技能也受到社会肯定"⑤。"至少，在春秋、战国时期以前，他们应拥有相当良好的社会形象。"⑥后来，随着巫的社会地位逐渐下降，轻巫、抑巫乃至禁巫，都时有发生，虽然原因颇为复杂，但这与把巫视为野蛮与未开化、蒙昧与迷信的现代性思路，根本不是一回事。巫和巫术的地位无法与先秦相比，但还是得到肯定和尊重。隋唐宫廷仍信仰巫教，元朝宫廷除了信奉喇嘛教还信奉萨满教。《明实录》第 128 卷记载明朝设有卜筮之官，朱元璋说："卜筮者，所以决疑，国之大事，必命卜筮，……龟筮者，所以通神明之意，断国家之事也。"⑦一直到清代，被现代一些学者认为有浓厚自然科学兴趣的康熙皇帝，仍然相信巫术，倡

---

① 见陈梦家：《商代的神话与巫术》，《燕京学报》1936 年第 20 期，第 485—576 页；张光直：《商代的巫和巫术》，《中国青铜时代》，生活·读书·新知三联书店 1999 年版，第 252—280 页。也有不同意见，认为巫师在古代地位并不高，见饶宗颐：《历史家对萨满主义应重作反思与检讨——巫的新认识》，《中华文化的过去现在和未来》，中华书局 1992 年版，第 396—412 页；李零：《先秦两汉文字史料中的"巫"》，《中国方术续考》，东方出版社 2000 年版，第 41—79 页。

② 《吕氏春秋·勿躬》。

③ 《黄帝内经·灵枢》。

④ 司马迁：《史记·天官书》。

⑤ 林富士：《中国古代巫觋的社会形象与社会地位》，林富士主编：《中国史新论·宗教史分册》联经事业出版有限股份公司 2012 年版，第 79 页。

⑥ 同上书，第 132 页。

⑦ 见宋兆麟：《巫觋——人与鬼神之间》，学苑出版社 2001 年版，第 28 页。

导来自萨满的跳神。①

现代中国人对巫和巫术的看法和评价,来自近代西方人。巫其实是一种特殊的、始终一致的、感性的对实在的知觉,一种世界观,与近代科学的世界观完全不同,但却是以这样那样的形式为全人类所共有。诚如法国社会学家让·塞尔韦耶所言:"'巫术'思想在我们看来,其实是人类对于世界的一种感知,凭借的是精魄的法术,亦即各种物质技术的基础。这种思想是许多文明的创造,其中每一举措都是一种思想、一种祈祷,后来才有了'唯物是从'这一西方衍流。这种西方思想一直自命为唯一的'科学'思想,致使巨大一部分对于宇宙、对于人的精神的认识长期淹没于黑暗之中。"②

西方人的巫术概念来自两个传统,一是犹太—基督教传统,另一是希腊的传统。早期犹太教从一开始就把对耶和华的一神论崇拜与异教的偶像崇拜对立起来。耶和华是以色列人活的上帝,而异教的诸神只不过是在以木头和石头建造的偶像形式中被崇拜。以色列一神教的特征不仅是有一个上帝,而且上帝的权能还是无限的。这个一神的权能上帝从无中创造宇宙,他不用先已存在的质料,只是通过命令来创造它,自然过程是由神圣的命令建立的。这意味着上帝与自然之间没有自然联系,因为自然并不分有上帝的实体。同样,上帝与其创造的人之间也有巨大的鸿沟。上帝与其所创造的宇宙之间没有桥梁。

相反,异教的宇宙论接受一个先于,或与之平行,甚至独立于诸神的从一开始就已有的领域和材料的存在。因此,异教诸神并不超越宇宙,而是植根于宇宙,受其规律制约。这个有其先

---

① 参看高国藩:《中国巫术史》,上海三联书店 1999 年版,第 609—615 页。

② 让·塞尔韦耶:《巫术》,管震湖译,商务印书馆 1998 年版,第 104 页,译文有改动。

已存在的力量、从一开始就有的领域的存在，刺激产生了巫术以及有关神与人的神话。神与人一样要服从宇宙的秩序。神与人之间没有固定的界限，因此人可以追求成神。巫术是一种仪式活动，涉及外在于或独立于诸神的种种力量与对象。巫术活动在其理想形式上被认为是有内在的和自动的效能。《圣经》把各种偶像描述为具有神秘力量者。异教崇拜是为了安抚它们和从它们那里得到好处。它把这些态度与崇拜仪式贬斥为巫术和妖术。这是西方巫术概念的一股源流。①

　　西方巫术概念的另一股源流来自希腊。西方思想史家向来把希腊看作科学的摇篮。但是，在这个"科学的摇篮"里，同样生长着巫术。早期希腊就已经有"巫师"（*magi*）和"巫教"（*magea*）的概念。希腊人将对事物的自然主义解释和唯物主义说明与对事物的神秘的、"迷信的"说明和操纵相区分。但希腊人并不排除巫术。在前亚里士多德和后亚里士多德科学中，都有神秘的方面。例如，毕达哥拉斯学派就开发神秘学说和实践，包括神秘的数的理论和占星术。英国著名古典学者劳埃德（Geoffrey Lloyd）就发现，像托勒密和其他在希腊宇宙论和科学发展中有突出地位的天文学家，在他们别的"探索自然"的工作中，都对巫术有兴趣，都信仰巫术。②希腊哲学家和"科学"的先驱者并不把"巫术"作为对他们的知识对立或不相容的东西加以排除。对于希腊人来说，"自然的神性"是不言而喻的，神性原则遍及万物。人与神的关系在希腊的思想争论中从来不是一个重

---

　　①　Cf. Stanley Jeyaraja Tambiah, *Magic, science, religion, and the scope of rationality*, pp.6—7.

　　②　Cf. G. E. R. Lloyd, *Magic, Reason and Experience*（Cambridge：Cambridge University Press，1979），p.5.

要的话题。①

随着现代性的诞生,西方人开始将巫术和宗教与科学对立看待了。科学革命、宗教改革和启蒙运动促使这种对巫术看法的根本转变。根据一些西方学者的研究(首推马克斯·韦伯),宗教改革与科学革命在精神上可说是异曲同工。美国著名科学社会学家默顿(Robert Merton,1910—2003)在其发表于 1938 年的经典论文《17 世纪英格兰的科学与技术》中便指出:"新教徒积极评价一种几乎不加掩饰的功利主义、世俗兴趣、彻头彻尾的经验主义、自由考察(*libre examen*)的权利甚至责任,和明确个别地质疑权威,这些与近代科学中同样的那些价值气味相投。也许最重要的是,要求积极禁欲的重大意义是使研究自然成为必要,这样可以控制自然。因此,这两个领域(新教和科学技术兴趣)很好地整合在了一起,本质上相互支持,不仅在 17 世纪的英格兰,其他时代和地方亦然。"②对于深信科学与宗教水火不相容的国人而言,这似乎是无法想象的,但却是西方思想文化的一个事实。这个事实足以动摇我们科学—宗教二元对立的信仰。

近代科学革命对西方思想的巨大影响体现在近代的机械论哲学中,这种哲学认为,机械运动是唯一的力,它支配着一切物理事件。近代自然科学也产生了新的理性(rationality)概念,即自然规律支配着宇宙,自然规律是可以机械解释的,可以通过经验观察和应用数学思维来推导的。近代的科学革命与哲学革命对巫术的衰落有直接的影响。"这场革命的本质即是机械论哲学的胜利,它摈弃了一度威胁机械论哲学的经院的亚里士多德主义和新柏拉图主义理论。随着微观宇宙理论的崩溃,占星术、

---

① Cf. Stanley Jeyaraja Tambiah, *Magic*, *science*, *religion*, *and the scope of rationality*, p.11.

② Robert Merton, "Science and Technology in 17ᵗʰ Century England", *Osiris*, 1938, 4.

手相术、炼金术、面相术、星体巫术及其一切伴随物的整个知识基础也被摧毁了。宇宙服从永恒的自然规律的观念扼杀了奇迹概念，削弱了祈祷的物质效能的信仰以及直接神启之可能性的信仰。笛卡儿的物质概念将精灵一股脑儿地驱进了纯粹的精神世界，精灵召唤不再是一个有意义的奢望了。"①甚至连"上帝自己也只是通过自然原因而发挥作用。'天佑'和个人天启让位给服从自然规律——它易受人类研究的影响——的天意观念了"②。

　　从近代开始，宗教（基督教）也日趋理性化，坚持上帝的全能和天意，反对机遇和偶然。本来基督教就一直反对巫术，但教会自己有时也使用巫术手段，要视教会自己的需要和观点而定。但宗教改革以后，新教徒坚决反对一切巫术，包括教会自身具有的巫术成分。英国思想史家基思·托马斯在其巨著《巫术的衰落》中写道："英国宗教改革使得那些属于圣语或圣物的威力惊人般地降低，以致更为极端的新教徒实际上否认了任何教会巫术的存在。与此同时，他们对于非宗教巫术的敌对态度仍一如既往。"③只是到了近代，确切说，到了 17 世纪末，宗教与巫术才有了明确的区分和分离。在此之前是不可能的。正如斯里兰卡杰出的人类学家塔姆比亚所言，宗教与巫术的明确区分，实际上是"欧洲历史上一个特殊历史时期的产物，它特别关心的问题来自犹太—基督教概念及其关心的问题"④。

　　虽然 17 世纪的科学革命和哲学革命使得欧洲人开始断然

---

　　①　基思·托马斯：《巫术的衰落》，芮传明译，上海人民出版社 1992 年版，第 529—530 页。

　　②　同上书，第 525 页。

　　③　同上书，第 91 页。

　　④　Stanley Jeyaraja Tambiah, *Magic, science, religion, and the scope of rationality*, p.21.

拒绝巫术,但"大部分争论都审慎地在新教的原教旨主义的框架中进行"①。当然,反对巫术的人也往往求助于当时的唯物论和机械论哲学。但这并不意味着 17 世纪的人完全是从理性出发来反对巫术的。有时"许多作者之所以怀疑妖术,是因为他们轻信其他的事情。他们接受了共感治疗和远距离作用的可能性;他们相信石头有着神秘的性能;尸体在其谋杀者接近时会出血;以及有些人能用眼睛里的发射物'摄人神魂'"②。而教会人士视巫术为死敌,是因为他们不希望有一个与之竞争的阶层。③总之,巫术在 17 世纪的衰落,虽然与科学革命、科学技术的发展有极大关系,但并非完全是理性或"科学的进步"所致。④并且,虽然巫术在 17 世纪开始衰落,成为科学和宗教的对立面,但巫术在当时许多哲学家和科学家那里,并不意味着迷信和愚昧。弗朗西斯·培根承认巫师的"目的和企图还是高尚的"⑤。当时的科学仍带有一点巫术色彩,"科学家对于设计魔术般的把戏和撰写神秘著作的兴趣往往比对于迎合当代社会需要的兴趣更大"⑥。

只是在当时新教思想中,在思想精英和教会人士眼里,巫术才被视为是邪教或错误的东西,而对于多数普通人来说,巫术与宗教没有什么区别。⑦巫术真正作为宗教与科学,尤其是科学的对立面,作为伪科学或纯粹迷信,要拜维多利亚时代英国人类学家泰勒和弗雷泽所赐。这两个人生逢大英帝国全球扩张的盛

---

① 基思·托马斯:《巫术的衰落》,第 445—446 页。
② 同上书,第 455 页。
③ 同上书,第 522 页。
④ "就迄今所见的巫术和技术状况来看,似乎可以认为,英国的巫术信仰的衰落位于社会和经济变革之前。……宗教改革也并未与任何技术革命同时发生。"(基思·托马斯:《巫术的衰落》,第 546 页)
⑤ 见基思·托马斯:《巫术的衰落》,第 551 页。
⑥ 同上。
⑦ 同上书,第 556—557 页。

世,潮水般涌来的传教士关于化外之民的报告和旅行者关于异国他乡文化的故事既使他们兴奋,亦激起他们要发现一切神话的秘密,阐明人类进步从黑暗时代到维多利亚高峰的故事的兴趣,与后来注重田野调查的人类学家,如马林诺夫斯基等人不同,他们"坐在他们舒适的安乐椅中,根据进化之树和进步的阶梯安排收到的信息"①。

泰勒是个社会进化论者,他相信社会进化,追求社会发展的科学。他认为人类学(人种学)就是这样一门促进人类进步的科学。在他的代表作《原始文化》第 2 卷最后,他这样写道:

> 对于健康事物的促进者和近代文化毛病的改良者来说,人种学可以提供双重帮助。使人心铭记发展的学说,将引导他们……继续过去时代的进步工作……
>
> 揭露已经沦为有害迷信的粗野的古代文化的残余,把它们标示出来以将其消灭,是人种学一个更为严酷,有时甚至是痛苦的职责。但这个工作,如果不那么开心,却是人类福祉迫切需要的。因此,积极帮助进步又去除障碍,文化科学本质上是一门改革者的科学。②

在泰勒眼里,文化是标志作为整体的人类特征的一个统一现象,其发展经历了蒙昧、野蛮到文明三个阶段,这三个阶段构成了人类历史进步的阶梯。个体发展的历史重复了人类种属进化的历史,欧洲儿童的行为相当于非欧洲世界成年人的行为。

---

① Stanley Jeyaraja Tambiah, *Magic, science, religion, and the scope of rationality*, p.42.

② Edward Burnett Tylor, *Religion in Primitive Culture*, vol.2(Gloucester, Mass.: Peter Smith, 1970), p.539.

　　泰勒把巫术视为人类野蛮过去的孑遗，人类注定会最终将它们抛弃。巫术是人类最有害的妄想之一，根本没有任何真理可言。它建立在人类精神观念联想的倾向上，是人类错误应用联想原则的产物，是人类错把想象的联系当作实在的联系了。例如，原始人发现鸡鸣总是伴随着日出，他然后推想认为，只要让鸡叫，太阳就会升起。但在实证科学看来，巫术毫无真理的成分。然而，泰勒的巫术理论(巫术是野蛮过去的孑遗和联想原则的错误应用)根本无法解释为什么不是在"黑暗的中世纪"，而恰恰是在科学革命的时代，巫术成为时尚(witch-craze)。罗珀(Trevor-Roper)在其《16—17 世纪欧洲的巫术时尚》一书中告诉我们，这种时尚在当时绝不仅限于引车卖浆者流，而是连文艺复兴时期那些开明的教皇、伟大的宗教改革者、反宗教改革的圣徒、律师、教士，如斯卡利哥和利普西乌斯、培根和格劳修斯、贝鲁勒和巴斯卡都沉迷于其中。①

　　弗雷泽同样是基于进化论思想来考察巫术的。他同样认为，巫术产生于人类社会最落后的状态里，人类在智力上要经过巫术阶段，就像人类在物质上要经历石器时代一样。要经过漫长的时期，人类才逐渐认识到"人无力去影响自然进程"，承认自己不能随心所欲支配自然事物，开始承认超人的力量，这时宗教就开始出现了。巫术先于宗教出现，因为"认定自然进程是决定于有意识的力量，这种理论比起那种认为事物的相继发生只是简单地由于它们互相接触或彼此相似之故的观点要深奥得多，理解它们要求有一种更高的智力和思考"②。

---

　　① H. R. Trevor-Roper, *The European Witch-Craze of the 16th and 17th Centuries* (Harmondsworth: Penguin Books, 1969), p.12.

　　② 詹·乔·弗雷泽：《金枝》上册，徐育新、汪培基、张泽石译，中国民间文艺出版社 1987 年版，第 84 页。

　　虽然巫术是人类智力低下时代的产物,但它却不是纯粹的荒谬。相反,"巫术和科学在认识世界的概念上,两者是相近的。二者都认定事件的演替是完全有规律的和肯定的。并且由于这些演变是由不变的规律所决定的,所以它们是可以准确地预见到和推算出来的。一切不定的、偶然的和意外的因素均被排除在自然进程之外"①。在此意义上,巫术是科学的近亲。但是,巫术根本不是科学,而是"科学的假姐妹"②,因为它"是一种被歪曲了的自然规律,也是一套谬误的指导行动的准则,它是一种伪科学,也是一种没有成效的技艺"③。他师泰勒的故技,认为巫术的毛病在于误用了两种联想规律,即"相似联想"和"接触联想"。弗雷泽得出结论说:"早在历史初期人们就从事探索那些能扭转自然事件进程为自己利益服务的普遍规律。……那些属于真理的或珍贵的规则成了我们称之为技术的应用科学的主体,而那些谬误的规则就是巫术。"④科学=真理,巫术=谬误,在弗雷泽眼里,事情就是这么简单。而对这种简单决绝的结论,同样坚信社会进化论的近代中国人,是非常乐意接受且深信不疑的。⑤

　　然而,维特根斯坦却对这种简单的结论深表怀疑。他1931年读缩略本《金枝》,写下了许多笔记和评注。他认为弗雷泽完全没有理解巫术的性质,巫术与科学是截然不同的事情,用他后来的哲学概念来说,是不同的"生活形式"或不同的"语言游戏"。

---

　　① 詹・乔・弗雷泽:《金枝》上册,徐育新、汪培基、张泽石译,中国民间文艺出版社1987年版,第76页
　　② 同上。
　　③ 同上书,第19—20页。
　　④ 同上书,第77页。
　　⑤ 有关进化论对近代中国思想的影响,可看张汝伦:《现代中国思想研究》(增订版),上海人民出版社2014年版;王中江:《进化主义在中国的兴起——一个新的全能式世界观》,中国人民大学出版社2010年版。

巫术不是要去控制什么,而是表达希望。因此不能用科学的标准和话语来解释巫术,那是完全不同的两回事。**"只有当巫术被科学地解释时,错误才出现。"**①维特根斯坦对弗雷泽用科学的标准来评判巫术,提出了严重的质疑。②

马林诺夫斯基是完全不同于泰勒和弗雷泽类型的人类学家,他对于巫术的认识不是来自英国的图书馆,而是来自大洋洲岛屿的实地考察。他的哲学基础不是社会进化论,而是与威廉·詹姆斯的实用主义哲学相似的功能主义,在德国求学期间冯特的国民心理学对他也有持久影响。因此,他的基本立场是,基于心理需要或有机体需要的行为类型就是完全合理的。他对巫术和宗教的解释就是基于这个立场。"对于马林诺夫斯基来说,所有人都是合乎理性的,即都是明智的讲究实际的个人,是一个信条。"③

马林诺夫斯基拒绝泰勒与弗雷泽那种以蒙昧、野蛮和文明的"进步阶梯"来理解巫术、宗教和科学的做法,不认为巫术、宗教和科学是人类心智和人类文明发展的三个先后阶段。在他看来:"无论怎样原始的民族,都有宗教与巫术,科学态度与科学。"④巫术与科学不是人类进步的两个阶段,而是分属两个共时存在的人类活动的不同领域。科学属于凡俗领域,巫术则与宗教一起属于神圣领域。因此,巫术不可能是"伪科学"。

"凡俗"与"神圣"的区分来自涂尔干,但对二者的具体规定却与涂尔干不同。涂尔干在其《宗教生活的基本形式》中说,宗

---

① 转引自 Stanley Jeyaraja Tambiah, *Magic, science, religion, and the scope of rationality*, p.59。

② 有关维特根斯坦对弗雷泽的评论和批评,可看 Stanley Jeyaraja Tambiah, *Magic, science, religion, and the scope of rationality*, pp.54—64。

③ Ibid., p.67.

④ 马林诺夫斯基:《巫术 科学 宗教与神话》,李安宅译,中国民间文艺出版社 1986 年版,第 3 页。

教把所有人类能想到的事物,都分成两类,或两个对立的部门,这就是凡俗和神圣。"整个世界被划分为两大领域,一个领域包括所有神圣的事物,另一个领域包括所有凡俗的事物,宗教思想的显著特征便是这种划分。信仰、神话、教义和传说,或者作为各种表现,或者作为各种表现体系,不仅表达了神圣事物的性质,也表达了赋予神圣事物的品性和力量,表达了神圣事物与凡俗事物之间的关系。"①而马林诺夫斯基的凡俗领域是指人理性掌握他的周围环境的实践和技术的活动,如农业劳动和造独木舟。而神圣的领域则包括表现在宗教和巫术中的各种类型的思想和行动,和与各种形而上学关系有关的东西。他不会像涂尔干在《宗教生活的基本形式》中那样,把宗教看作科学的先驱。

　　然而,虽然巫术属于神圣领域,但巫术与科学一样,也有其实用的一面。神圣的东西其实是初民视为传统行动和仪式的东西,他们带着敬畏来做这些事,受各种禁忌约束,这些行动与超自然的力量联系在一起。而凡俗的东西就是日常的手艺和技艺(如渔猎、农耕),对自然过程细致的经验观察和坚信自然的有规则性是这类活动的基础。但神圣活动与凡俗活动不是泾渭分明,而是混杂在一起的:"园艺的领袖同时就是术士,而且巫术仪式又与实地工作密切地联合在一起。"②换言之,巫术和技术既非截然不同,亦非巫术是技术的前身或未发展阶段,如许多西方学者(如泰勒、弗洛伊德、列维·布留尔等)和更多的中国人以为的那样,而是两种分属不同领域,却往往混在一起的生活实践。这至少说明泰勒和弗雷泽以线性进化模式把巫术和科学技术解释

---

　　①　爱弥尔·涂尔干:《宗教生活的基本形式》,渠东、汲喆译,上海人民出版社1999年版,第43页。

　　②　马林诺夫斯基:《巫术　科学　宗教与神话》,第13页。

为人类心智的先后两个阶段是成问题的。

在马林诺夫斯基看来,巫术并不是人类心智不成熟、不发达的产物,更不是由于缺乏科学知识。相反,巫术是由于科学知识不能完全满足人的需要而产生的。科学和知识的能效总是有限的:"不论已经昌明的或尚属原始的科学,它并不能完全支配机遇,消灭意外,及预测自然事变中偶然的遭遇。它亦不能使人类的工作都适合于实际的需要及得到可靠的成效。"[①]巫术就是因此而有其需要和用武之地。这也就是为什么巫术不仅存在于初民社会,也存在于高度发达的现代社会。也因为如此,巫(的思想方式)也必然会存在于哲学中,而不会随着哲学的出现而消失。哲学也决不是起于人类思想与巫的决裂,如有些学者以为的那样。

至少在对巫术有深入研究的马林诺夫斯基眼里:"巫术与宗教不仅是教义或哲学,不仅是思想方面的一块知识,乃是一种特殊行为状态,一种以理性,情感,意志等为基础的实用态度;巫术与宗教既是行为状态,又是信仰系统;既是社会现象,又是个人经验。"[②]巫不能简单地与非理性画等号;相反,它并非没有理性,尤其是工具理性,它并不缺乏。马林诺夫斯基等现代人类学家对巫术的研究足以证明这一点。因此,决不能简单地把巫术理解为与理性水火不相容的非理性。

可是,人们往往只从巫术的实践操作或巫术的仪式着眼,以为巫术就是装神弄鬼的妖术迷信,而没有看到巫其实也是人类的一种基本的思维形式,其主要思维对象是超常事物和一般常识无法解释的事物。"冯特认为,日常生活发生的事情自然而然

---

① 马林诺夫斯基:《文化论》,费孝通等译,中国民间文艺出版社 1987 年版,第48 页。
② 马林诺夫斯基:《巫术 科学 宗教与神话》,第 9 页。

被人接受,但是,超常事态就必须有特殊的理论来解释。"①巫就提供对超常事态的解释。它并不排斥理性,"有的时候,巫师甚至会试图综合他们的知识,并且在此基础上推导出一些原则,当这些理论被巫师的社团逐渐精致化的时候,它是靠理性的和个体性的程序"②。当然,饶是如此,巫也往往超出理性,非理性所能局限。

巫最初产生,未必就是单纯为了解决生活中的实际问题,它有其形而上的维度。巫思维的前提当然是万物一体的思想,万物有灵论乃万物一体思想的变形。巫是人最初试图把握宇宙和世界整体的样式。中国古代的巫,要求"能知天知地,是智者也是圣者"③。"其智能上下比义,其圣能光远宣朗,其明能光照之,其聪能听彻之。"④他们对世界的了解是全方位的:"能知山川之号、高祖之主、宗庙之事、昭穆之世、齐敬之勤、礼节之宜、威信之则、容貌之崇、忠信之质、禋絜之服,……能知四时之生、牺牲之物、玉帛之类、采服之仪、彝器之量、次主之度、屏摄之位、坛场之所、上下之神、氏姓之出。"⑤这决非一般的巫婆神汉所能为,而只有顶尖的知识人才能办到。

那个"绝地天通"的颛顼,本身就是大巫⑥,《大戴礼记》说他:"洪渊以有谋,疏通而知事,养材以任地,履时以象天,依鬼神以制义,治气以教民,洁诚以祭祀。"⑦这显然不是一般日常生活中

①　让·塞尔韦耶:《巫术》,第24—25页。
②　马塞尔·莫斯、昂利·于贝尔:《巫术的一般理论　献祭的性质与功能》,杨渝东等译,广西师范大学出版社2007年版,第168页。
③　张光直:《中国青铜时代》,生活·读书·新知三联书店1999年版,第256页。
④　《国语·楚语下》。
⑤　同上。
⑥　采徐旭生说,见氏:《中国古史的传说时代》,广西师范大学出版社2003年版,第87页。
⑦　《大戴礼记·五帝德》,黄怀信:《大戴礼记汇校集注》下册,三秦出版社2005年版,第739—740页。

的祈福禳灾、招神祛鬼,而是以仁义礼智上通超越之域,据自然之理教化百姓,这是儒家心目中的圣王(哲学王)所为。[①]这不但不是愚昧迷信,反而是文明教化的开始。圣王开辟文明的伟业,自然少不了理性,"洪渊以有谋,疏通而知事",不是理性是什么?正如列维·布留尔所指出的:"实际上,我们的智力活动既是理性的又是非理性的。在它里面,原逻辑和神秘的因素与逻辑的因素共存。"[②]

然而近代中国学者在进化论思想的影响下,大都接受泰勒-弗雷泽对巫术的解释,把它视为迷信与愚昧的代名词,或者人类思想尚未进化到理性思维阶段的产物。即便巫有其历史的合理性,也不能与哲学同日而语,而是与哲学判然有别,"别"就别在一为理性,一为非理性。我们上述各位当代中国学者尽管对巫和巫术已有明显的理解之同情,并且认为中国哲学不是突然发生,而是与前哲学思想有延续的关系,但仍觉得巫与哲学的分际十分明确,即一为理性,一为非理性乃至反理性。哲学既然是纯粹理性的产物,那么不管怎么说,严格意义的中国哲学产生于春秋时期,也只能产生于那个时期,因为人们认为只是从那个时期开始,中国人才开始纯粹理性地思考问题。在进化论思想和理性概念本身已经受到质疑的今天,这种看法自然值得商榷。

其实,认为哲学是与巫术和宗教截然不同的事业,哲学是纯粹理性的产物,这本身就是启蒙思想家虚构的一个神话。根据英国著名古典学家康福德的看法,宗教与哲学之间并不存在断裂,希腊人理性思维背后是宗教的陈述,并且哲学从宗教那里承

---

① 《史记索隐》释"依鬼神以制义"曰:"鬼神聪明正直,当尽心敬事,因制尊卑之义,故礼曰降于祖庙之谓仁义。"释"治气以教民"曰:"谓理四时五行之气,以教化万人也。"

② 列维·布留尔:《原始思维》,丁由译,商务印书馆1985年版,第451页。

继了许多伟大的概念，"这些概念继续为理性思考划定了界限并决定它们的主要方向。宗教用诗化的象征和神话人物的语言来表达自己；哲学倾向于用枯燥抽象的语言，言及**物质**、**原因**、**实质**等等。但是外部的区别只是掩盖了这两个源于同一种意识的、前后相继的产物之间的内在的和实质性的密切关系。在神话非理性的自觉中早已暗示了在哲学中达到明确定义和清晰陈述的思维模式"①。哲学是理性与宗教共同的产物："如果说个人的智力是她的父亲，那么她年长而令人敬畏的母亲就是**宗教**。"②这个论断当然是有充分事实根据的，无论是巴门尼德、恩培多克勒还是柏拉图，他们最关心的问题就是"神"和"灵魂"。③那些主张或认同希腊哲学是从神话到理性的产物的人，往往将色诺芬尼作为希腊人告别宗教，产生哲学的一个标志性人物，因为他说过马牛或狮子有手的话，或者能用它们的手画画的话，那么马画出的神像将像马，牛画出的神像将像牛。人们以为这说明他已经在主张神只是人的产物而已。其实，诚如费耶阿本德所言："色诺芬尼嘲弄传统的神是因为他们神人同形的特征。他提供的代替品仍旧是一种神人同形的创造物，而非人类。"④在他保存下来的《残篇》中，他主张颂神的"敬畏的言辞和纯洁的话语"应当先于对德性、正直或高贵行为的谈论。⑤哲学可以以神话的方式来进行，德国著名古典学家沙德瓦尔特就在他的著作《哲学在希腊人那里的开始》中，极为出色地论述了希腊哲学的基本概念和思路

---

①　弗朗西斯·麦克唐纳·康福德：《从宗教到哲学：西方思想起源研究》，第1页。

②　同上书，第3页。

③　同上。

④　保罗·费耶阿本德：《告别传统》，陈健、柯哲、陆明译，江苏人民出版社2002年版，第111页。

⑤　参看泰勒主编：《劳特利奇哲学史》（十卷本）第一卷《从开端到柏拉图》，韩东晖、聂敏里、冯俊、程鑫译，中国人民大学出版社2003年版，第77页。

源自荷马与赫西俄德的史诗。[1]

　　启蒙思想家的一个主要对手是基督教思想,为了彻底颠覆基督教对西方思想的统治,他们刻意虚构一个处处与基督教相反的理性主义的希腊,希腊人是第一次启蒙运动的奠基者,而希腊哲学,则是理性主义希腊的典范体现,泰勒斯因为将科学方法引入哲学,所以他是"第一个配得上哲学家的称号"的人(狄德罗)。"希腊的首要地位就意味着哲学的首要地位,也就意味着废除了那种把宗教当作人的核心关注的主张。"[2]启蒙思想家故意不提希腊人的宗教性,而只强调他们从来都是像启蒙思想家那样的理性主义的批判思想家。[3]

　　启蒙思想家承认希腊人从周边民族中学到许多东西,但希腊人的优越之处就在于,他们与迷信和神话划清了界线,能用纯粹理性的眼光来看事物。在《百科全书》论述希腊哲学的词条中,狄德罗说希腊人最初生活在神话中,改编东方的传说,对《荷马史诗》的神话进行理性解释。这一时期,希腊很像周围的文明,在许多方面还不如它们。但也是在这个时期,希腊人迈出了超越神话的雄壮而艰难的第一步。[4]超越神话导致哲学的产生,这是启蒙思想家对希腊哲学的解释,但却经不起事实的检验。他们是将自己对历史的理解投射到希腊人身上:"启蒙运动认为自己的时代挣扎于迷信和理性之间;而古代希腊人似乎也陷入了同样的冲突之中。"[5]其实,启蒙思想家对希腊文化所知有限,

----

　　① Cf. Wolfgang Schadewaldt, *Die Anfänge der Philosophie bei den Griechen*(Fankfurt am Main: Suhrkamp, 1978), SS.47—113.

　　② 彼得·盖伊:《启蒙时代》上册,刘北成译,上海人民出版社 2015 年版,第 67 页。

　　③ 吉本说:"希腊哲学家是从人类的本性,而非从神的本性,推导出他们的道德。"《百科全书》说,希腊人已经"发明了批判的哲学,否定了所有的权威,在寻找真理的过程中,它希望只被证据的光芒引导"(见彼得·盖伊:《启蒙时代》上册,第 68 页)。

　　④ 彼得·盖伊:《启蒙时代》上册,第 75 页。

　　⑤ 同上书,第 76 页。

又缺乏理解之同情,可他们对希腊哲学及其产生的观点,却对后世,不仅包括西方,而且也包括非西方国家(如中国),产生了深远的影响。这当然与启蒙话语成为现代世界的主导话语有关。

三、宗 教 与 哲 学

如果说李泽厚认为哲学起源于巫,那么在余敦康看来,哲学起源于宗教。虽然他还沿用了余英时最先在国内提出的"哲学的突破"的观点①,但却认为"在原始的宗教神话和后来的'哲学的突破'之间,存在着一种连续与断裂的辩证关系,既相互联系,又相互区别"②。这就与经典现代性的说法即宗教与哲学完全是截然不同的两回事有明显不同,同时,余敦康也不像许多受启蒙影响的现代早期学者那样,认为宗教就是愚昧迷信的代名词,他认为,中国哲学的核心概念"道"就发源于古代的宗教文化,宗教对宇宙的本质以及人类处境本身所作的认识和解释,"为后来的哲学的突破做了层次历然脉络清晰的重要铺垫"③。"三代宗教与诸子哲学有着共同的中坚思想与核心主题,共同的理想与追求。"④宗教与哲学"区别的关键在于哲学的认识和理解是立足于人文理性,而宗教神话则是立足于原始思维的感性直观"⑤。他自己对宗教与哲学关系的立场是要"从连续中见出其断裂,从断裂中见出其连续"⑥。

---

① 对余英时所谓"哲学的突破"的评论,详见下文。
② 余敦康:《中国宗教与中国文化》第二卷,《宗教·哲学·伦理》,中国社会科学出版社 2005 年版,第 3 页。
③ 同上书,第 5 页。
④ 同上书,第 8 页。
⑤ 同上书,第 3 页。
⑥ 同上书,第 5 页。

不能不说,比起原来将宗教与哲学视为判然二事的做法,这是很有见地的想法。但是,在余敦康那里,宗教与哲学的关系仍然是一种线性进化的关系,即先有宗教,后有哲学,在所谓"哲学的突破"之前,中国思想史上有一"天命神学"的阶段。而诸子哲学,则是对此"天命神学"的否定和超越。但以此种线性进化的模式来理解宗教与哲学的关系,是没看到宗教思维同样是人永恒的思维模式之一,宗教思维同样可以是理性思维,这就是为什么宗教从来没有因哲学的产生而衰落,反而始终保持其作为人类主要精神现象之一的地位。宗教思维可以与哲学并行不悖,人类这两种精神活动经常相互渗透。中国哲学从佛教吸收了不少养料,反之亦然。基督教与西方哲学的相互渗透更是如此。

近代以来,人们在撰写或讨论哲学史时,尤其是哲学的起源时,往往会涉及宗教与哲学的关系。康福德在其名著《从宗教到哲学》中这样描述哲学与宗教的关系:"因此,哲学的工作表现为解释和阐明宗教或前宗教的材料。它并不创造新的概念工具,而是通过对其原始材料中混乱的因素更巧妙的分析和更严密的定义来重新发现它们。"[1]按照这个说法,哲学乃是宗教的精细化和理性化,是宗教的一种进化的变种。《从宗教到哲学》的书名就含有进化的意味在。而中国现代学者大都接受这种宗教到哲学的进化观。新儒家开山熊十力就认为:"故哲学实自宗教出来。"[2]余敦康所谓宗教是哲学的铺垫的说法,则反映了他对这种(宗教与哲学的)进化关系的接受,尽管他也认为:"三代宗教与诸子哲学有着共同的中坚思想与核心主题,共同的理想与追求。"

---

① F. M. Cornford, *From Religion to Philosophy*, p.126.

② 熊十力:《尊闻录》,四川文艺出版社 2020 年版,第 84 页。

　　然而,这种进化观能够成立吗?长期共存的哲学与宗教始终相互影响,这如何用进化的关系来解释?宗教概念是否与哲学概念完全等价,即它也是指一种人类共有的精神活动?如果不是,那么说从宗教到哲学就完全失去了意义。如果宗教本只是一个内容并不确定的西方概念,普遍的"宗教"概念只是西方文化中心论的产物,那么,认为中国哲学诞生于宗教之后,除了表明我们接受西方现代性的叙事外,没有什么实质的意义。

　　与"哲学"一词一样,"宗教"一词本是日本人对 religion 的翻译,然后被我们从日本引进。[①]自引进后,人们一直认为宗教是一种人类文化的普遍现象,是一种实实在在的事物,其定义、内容都没有疑义与歧义,放之四海而皆准;不像哲学,中国是否有哲学还是一个值得讨论的问题。但这是我们死心塌地相信西方现代性的产物乃天经地义,不容怀疑,坚定接受的一个值得深思的例证。

　　事实上,并没有一个普遍的像巫术一样的叫作"宗教"的事物,普遍的"宗教"乃是西方现代性的构造:"17、18 世纪出现的宗教是一个系统的统一体的想法,是一个有争议和护教学(apologetics)的概念。"[②]尽管近代以来已经有无数西方学者将"宗教"作为一个普遍的人类现象来定义,例如法国社会学家涂尔干就这样来定义:"宗教是一种既与众不同、又不可冒犯的神圣事物有关的信仰与仪轨组成的统一体系,这些信仰与仪轨将

---

　　① 汉语"宗教"一词最初出现在黄遵宪的《日本杂事诗》中(见香港中国语文学会编:《近现代汉语新词词源词典》,汉语大词典出版社 2001 年版,第 356 页)。

　　② Wilfred Cantwell Smith, *The Meaning and End of Religion* (New York: The New American Library of World Literature, Inc., 1964), p.43.

所有信奉它们的人结合在一个被称为'教会'的道德共同体之内。"①美国社会学家和神学家彼得·伯格则定义"宗教"为"人类建立神圣宇宙的事业"②。这些定义使用的都是普遍主义的修辞策略，得到的是一个本质主义的"宗教"概念。"好像宗教是一个透明的概念，建立在常识可观察的实在的基础上，可普遍应用，可毫无问题地译为人类历史上任何时代的任何文化的语言中。"③我们接受的正是这样一个本质主义的宗教概念。

然而，这种本质主义的宗教概念是根本站不住脚的。"宗教"本身是一个在西方历史中不断变化，至今也还意义暧昧不定的概念："这个术语出了名的难定义。至少最近几十年，其定义多得把人都弄糊涂了，它们没有一个被人广泛接受。……它是一个并不真正对应客观世界中任何确定或可区别的东西的歪曲的概念。"④不仅如此，"'宗教'……不是中立的描述性和分析性术语，而是相反，是规定性和规范性术语。它们是修辞学的建构，但它们被胡乱使用，好像它们是客观与真实的，因而掩盖了它们自己的起源。不管常识看来是怎样，像'宗教'这样的一个术语并不告诉我们世界上存在的东西，而是我们集体认为应该存在的东西。它是一种分类方法，一种欧美制造的世界的机能，但它已有了某种在事物的自然中永恒存在的外表"⑤。

这在许多深信现代性话语的中国人听来会觉得匪夷所思，

---

① 爱弥尔·涂尔干：《宗教生活的基本形式》，渠敬东、汲喆译，上海人民出版社 1999年版，第 54 页。

② Peter Berger, *The Social Reality of Religion* (Harmondsworth, UK: Penguin, 1973), p.35.

③ Timothy Fitzgerald, *Discourse on Civility and Barbarity. A Critical History of Religion and Related Categories* (Oxford: Oxford University Press, 2007), p.4.

④ Wilfred Cantwell Smith, *The Meaning and End of Religion*, p.21.

⑤ Timothy Fitzgerald, *Discourse on Civility and Barbarity. A Critical History of Religion and Related Categories*, p.24.

实际上西方学者早就指明了"宗教"不是一个普遍存在的客观事物,而是在受基督教影响的欧美知识分子与传教士中形成的一个特殊范畴。①正如法国宗教史家杜比松(Daniel Dubuisson)所指出的:"就像这个概念本身,关于宗教最普遍的问题,它本质和定义,它的起源或表达,都是诞生于西方。很久以后,它们才以鲁莽普遍化为代价,被转移到一切其他文化,不管它们是遥远的史前文化还是异国他乡文化。"②

宗教是个现代概念。在古希腊文中,既没有宗教,也没有任何与此对应的词。今天意义上的"宗教",罗马人也是根本不知道的。现今的"宗教"一词来自拉丁文 religio,它在非常多样的意义上被人使用。卢克莱修用它来指一个凝视着人类的天体;而在西塞罗那里,religio 指人内心的某个东西,指一种态度。③一个宗教的心灵就是一个认真遵循传统规则的心灵。④即便是基督教产生后,教会人士也不是在今天人们理解的意义上使用 religio 一词。早期教父也是在非常多样的意义上使用它。从 4 世纪起,它被用作主教或其他教士的头衔。⑤奥古斯丁写过一部叫 De Vera Religione 的书,人们把这部书翻译为《论真正的宗

① Cf. Jason Ananda Josephson, *The Invension of Religion in Japan*(Chicago & London: The University of Chicago Press, 2012), p.3; Talal Asad, *Genealogies of Religion* (Baltimore, MD: Johns Hopkins University Press, 1993); Jacques Derrida & Gianni Vattimo, *Religion*(Cambridge: Polity, 1998); Daniel Dubuisson, *The Western Construction of Religion*, trans. by William Sayers(Baltimore: Johns Hopkins University Press, 2003); Timothy Fitzgerald, *The Ideology of Religious Studies* (New York: Oxford University Press, 2000); Tomoko Masuzawa, *The Invension of World Religion*(Chicago & London: The University of Chicago Press, 2005); Russell McCutcheon, *Manufacturing Religion: The Discourse on Sui Generis Religion and the Politics of Nostalgia*(Oxford: Oxford Univesity Press, 1997).
② Daniel Dubuisson, *The Western Construction of Religion*. p.9.
③ Wilfred Cantwell Smith, *The Meaning and End of Religion*, pp.25—26.
④ Daniel Dubuisson, *The Western Construction of Religion*, p.14.
⑤ Ibid., p.28.

教》。然而,根据加拿大著名宗教学家史密斯的研究,这本书的书名应译为《论真正的崇拜》,因为奥古斯丁自己说 vera religio 的意思是"崇拜一位真神"。对于奥古斯丁来说,religio 不是指一个仪式或信仰的体系,而是指个人鲜活地面对上帝的光辉与爱。①

托马斯·阿奎那继承了西塞罗对 religio 的用法,在他看来,religio 首先是一种德性(virtue),religio 就其首要意义而言是指虔诚和祈祷的内在行为,这种内在维度要比对这种德性的任何外在表达更重要。"这种对宗教的理解显然非常不同于我们现在熟悉的观念。'宗教'在任何意义上都不是指命题式信念(propositional beliefs)系统,也没有复数意义上的不同宗教。……在现代以前的西方,当这个词被使用时,它并非指一套套不同的信念和实践,而更像是'内心的虔诚'(inner piety)(比如在阿奎那那里)或'崇拜'。"②整个中世纪没人写过特别论"宗教"的书,这个概念似乎很少有人注意。③总之,"在现代早期之前没有宗教"④。"宗教"从人的一种德性变为一套信念和实践,是在近代,确切说从 16、17 世纪开始发生的。⑤也就是说,这个转变是与西方资本主义、殖民主义和帝国主义在全球范围的扩张同步发生的。"在从 15 世纪开始的欧洲扩张时期,宗教语言被第一次用来解释非

---

① Cf. Wilfred Cantwell Smith, *The Meaning and End of Religion*,pp.30—31.

② 彼得·哈里森:《科学与宗教的领地》,张卜天译,商务印书馆 2019 年版,第 8—9 页。

③ Cf. Wilfred Cantwell Smith, *The Meaning and End of Religion*,p.33.

④ 彼得·哈里森:《科学与宗教的领地》,第 32 页。

⑤ "'宗教'这个术语有漫长的历史,在 16 世纪前,与当代的用法没什么关系"(Jonathan Z. Smith, "Religion, Religions, Religious", in *Critical Terms for Religious Studies*, ed. by Mark C. Taylor, Chicago: University of Chicago Press, 1998, p.269);史密斯的研究也指出,religio 这个术语与 Christana religio 这个短语在 1500 年时在许多语言中使用得相对较少,但到 1600 年时就非常流行和普遍了(Cf. Wilfred Cantwell Smith, *The Meaning and End of Religion*, p.37)。

欧洲文化。"①

　　西班牙传教士何塞·德·阿斯科塔在16世纪末写的《西印度的自然与道德史》中多次使用 religuion 一词,对他来说,宗教是产生仪式行为的信仰体系。值得注意的是,阿斯科塔用它既指天主教也指当地土著的"宗教团体"。但是,今天流行的宗教,却是"基督教合法的女儿"②。但是,即便如此,"基督教"一词本身也是近代的产物。希伯来文的《旧约》中没有"宗教"一词,古希腊语中也没有,"基督教"(Christianity)一词只是在"宗教改革"后才流行起来。但最初它有两种不同的意思,一种是指内心的虔敬;另一种(与启蒙运动一道形成)指一种信仰体系。到了18世纪,Christianity 主要是指一种体系化的"宗教"了(例如洛克的《基督教的合理性》)。到了18世纪末,它成了"宗教"的代名词。③或者说,基督教成了"宗教"的原型。《百科全书》关于宗教是这样说的:"一切宗教的基础都是有一个上帝,上帝与其造物打交道,要求他们崇拜上帝。"④这显然是将基督教的基本教义普遍化为"宗教"的定义,而被普遍化的"宗教"概念本身,又被用来解释和改造世界各种不同的文化。难怪有西方学者指出:"'宗教'一词基本是一个欧洲中心论的术语,不管伪装得多好,始终用来描述某种被认为是与欧洲基督教的相似性。"⑤但这个术语是随着现代性在欧洲的发展,随着西方人将基督教的某些教义和特征普遍化而在18世纪开始出现的,到了19世纪以后,它逐渐具有了客观实在、具体事实和绝对自明的意义⑥,而许多

---

①　Jason Ananda Josephson, *The Invension of Religion in Japan*, p.16.

②　Daniel Dubuisson, *The Western Construction of Religion*, p.9.

③　Cf. Wilfred Cantwell Smith, *The Meaning and End of Religion*, pp.68—71.

④　Jason Ananda Josephson, *The Invension of Religion in Japan*, p.10.

⑤　Ibid., p.9.

⑥　Cf. Tomoko Masuzawa, *The Invension of World Religion*, p.2.

非西方世界的文化被称为某种"宗教",也是从这时开始的。①西方现代性话语的强大支配能力,居然使得世界上大部分人相信,有人的地方就有宗教,"宗教"是一个人类经验的基本事实,包括我们中国人。

如前所述,汉语"宗教"一词出于日本人之手。日本人用"宗教"来翻译西文的 religion,绝不是一个有趣的文化交流或引进的过程,而是一个颇为发人深省的故事。日本之有"宗教",绝不是由于欧洲学者将此术语用于一个外国语境所致;这个术语是在西方炮舰的威胁下,通过一个条约,强加给日本人的。1853年,在日本海岸出现的美国军舰强迫日本人接受两封给天皇的信,religion 一词在这些信上出现了两次。日本人当时根本不知 religion 为何意,因为日文中没有一个词相当于 religion 这个词,或能覆盖任何与同样的意义域相近的事物。他们用了许多术语(这些术语的意思非常之不同)来翻译 religion,翻译了好几个版本。随后,西方列强不断向日本提出通商和宗教自由的要求。日本人是在危机和压力下,在一系列的谈判过程中发明了"宗教"一词来翻译 religion,或者说,"日本官员在一个政治危机的时刻遇到这个概念(指 religion),在日本发明了宗教"②。

也因为这个特殊的语境,"宗教"在日本最初主要是作为一

① 根据史密斯的研究,"Boudhism"(佛教)出现在 1801 年,"Hindooism"(印度教)出现在 1829 年,"Taouism"(道教)出现在 1839 年,"Zoroasterianism"(琐罗亚斯特教)出现在 1854 年,"Confucianism"(儒教)出现在 1862 年。西方最早研究"佛教"的著作出现在 1828 年,最早论述"儒教"的著作出现在 1877 年,最早论述"道教"的著作出现在 1879 年,最早论述"神道教"的著作是在 1894 年(Wilfred Cantwell Smith, *The Meaning and End of Religion*, p.59)。

② Jason Ananda Josephson, *The Invention of Religion in Japan*, p.1.其实,在一些西方学者看来,西方的 religion 概念也只是一个现代发明:"宗教根本不是一种事物或一个客观与可观察到的领域,围绕这个领域某种学术工业可以兴盛起来,宗教是一种现代发明,它准许欧美世俗理性的某种形式并使之自然化"(Timothy Fitzgerald, *Discourse on Civility and Barbarity. A Critical History of Religion and Related Categories*, p.6)。

个政治和法律的范畴,在谈判和斗争过程中提出和形成的,为的是维护日本的国家利益。"日本知识分子与政策制定者根据他们的意识形态日程和维新计划主动参与形成了宗教这个概念。"①日本人主动将宗教概念本地化,这个本地化主要是由一个决心重组国内体制和支撑它的世界地位的中央政府来实行的。②因此,日语 *shukyu*(宗教)绝不是一个客观的译名,虽然强烈的现代性渴望使得日本人不得不接受现代西方对宗教概念的理解。不管怎么说,"宗教是作为一个赤裸裸的政治范畴掌握日本的,首先是政治家觉得它有用,直接从政治上使用它"③。具体而言,就是一方面将本土的儒家文化和佛教文化等文化传统定义为宗教,来与外来的基督教自由竞争;另一方面又把神道界定为非宗教,这样就能将它改造成日本的国家意识形态,又使它避免宗教自由的威胁。④

中国人在引进"宗教"这个译名时,完全忽略了这个译名产生的历史背景和现实用意,而将它与西方的 religion 概念完全等同,因而也就完全接受了西方近代(18 世纪以来)对它的定义,以为它表达的是人类经验的一个普遍方面。又因为急于要表明自己在精神文化上并不异于西方,也有宗教和宗教精神,好像宗教是文明的必要与充分条件,"文化生命之基本动力当在宗教"⑤,遂很容易就接受原出于西人的把儒道佛三教理解为三种宗教,即儒教、道教与佛教。连新儒家一代宗师牟宗三都是这样,把儒学看作相当于西方基督教的儒教:"了解西方文化不能

---

①　Timothy Fitzgerald, *Discourse on Civility and Barbarity. A Critical History of Religion and Related Categories*, p.3.

②　Ibid., p.4.

③　Jason Ananda Josephson, *The Invention of Religion in Japan*, p.71.

④　Ibid., pp.78—91.

⑤　牟宗三:《中国哲学的特质》,上海古籍出版社 1998 年版,第 93 页。

只通过科学与民主政治来了解，还要通过西方文化之基本动力——基督教来了解。了解中国文化也是同样，即要通过作为中国文化之动力之儒教来了解。"①虽然西方学者对此早已提出质疑，认为用西方的宗教概念把中国的儒道佛理解为三种宗教是完全不合适的②，但很少有人听得进去。我国学者反对将儒道佛三家看作宗教的人也不少，但基本都不会认为中国没有宗教。

余敦康显然就是如此，他认为儒学是哲学，但却认为它与宗教(他称之为"天命神学")有承续关系，"天"这个概念就表明了这种承续关系。在他看来，虽然"天"在天命神学和哲学中都是一个核心概念，但重心不一样。余敦康秉承前人(如冯友兰)的说法，认为天有三义，即主宰之天、义理之天和自然之天。天命神学之天取的是天的第一义，即主宰之天，"主宰之天是指对有意志有人格的天神的崇拜信仰，这是以神为本"③。这种对"天"的理解在理论层面造成"天与人不相连续，形成了断裂，神圣高于世俗，世俗不等于神圣，在实践层面，为了维护属于人道的价值理念和秩序原则，合理地经营现实的生活，必须秉承神圣的天意进行，……在理论与实践两个层面，都是以神为本"④。"天命神学"之说大概由此而来。但在余敦康的上述论述中，来自西方现代性话语的影响(如"神圣"与"世俗"对立)也很明显，而"神学"一词，亦是舶来品。可是，上古文献并不支持这种神人截然二分、彼此隔绝的说法。《尚书·皋陶谟》有"天工人其代之"的说法，表明对于殷周之人，天(神)人并非"不相连续，形成了断裂"。

问题在于，在我国知识界几成不刊之论的"神圣"与"世俗"

① 牟宗三：《中国哲学的特质》，上海古籍出版社1998年版，第93页。
② Cf. Wilfred Cantwell Smith, *The Meaning and End of Religion*, pp.68—70.
③ 余敦康：《中国宗教与中国文化》第二卷，《宗教·哲学·伦理》，第120页。
④ 同上书，第134页。

的对立,本身就是西方的产物。西方史学界和政治理论界一般认为,西方在古代和中世纪,尤其是中世纪是政教不分,而到了近代,由于科学昌明和理性的发扬,政治与宗教逐渐分离,这才有"世俗"与"神圣"这对对立的概念。而这对对立的概念又是与理性与非理性、心灵与身体、精神与物质、自然与超自然等二元对立概念有密切的关系。但近代西方的宗教概念又反过来以世俗与神圣的对立为基本特征:

> 所有已知的宗教信仰,不管是简单的还是复杂的,都表现出了一个共同特征:它们预设了一种事物的分类,把人类所能想到的所有事物,不管是真实的还是理想的,都划分成两类,或两个对立的门类,并在一般意义上用两个截然不同的术语来称呼它们,其中的涵义可以十分恰当地用**世俗的**与**神圣的**这两个词转达出来。正因为如此,整个世界被划分为两大领域,一个领域包括所有神圣的事物,另一个领域包括所有世俗的思维,宗教思想的显著特征便是这种划分。①

余敦康用来论证先于中国哲学出现的"天命神学"(其实就是宗教)的正是"世俗"与"神圣"这组对立的概念,却不知这组概念是典型的西方现代性概念,是在西方现代历史发展过程中产生的概念,而绝不是超越时空的普世概念。世俗与神圣这组对立的概念是在西方近代所谓"世俗化"过程中产生的,即教会不再像前现代那样是社会生活的有机组成部分了。"我们用'世俗化'意指社会和文化各部分远离宗教机构与象征的支配这样一

---

① 爱弥尔·涂尔干:《宗教生活的基本形式》,第42—43页,译文有改动。

个过程。"①所以"世俗"其实是以宗教远离社会生活并与之分离来定义的。②也就是说,"世俗"与"神圣"作为一个固定二元对立的概念,是西方现代性历史的产物,不是可普遍应用的概念。正如一位西方学者指出的:"世俗化……需要有力的条件,它们是否出现取决于历史的偶然而不是宗教或人心的本性。"③

所以,不要说把这组概念用于中国是完全不合适的,即便用于前现代的西方也是一个 anchronism(时代倒错)。④其实,余敦康自己也看到,上古文献并不完全支持这种"神圣"与"世俗"、"天"与"人"截然断裂的说法。比如礼究竟是由天意所定还是由先王所立,礼究竟是属于天道还是属于人道,古代文献中从来找不到现代人才会有的非此即彼(非天道即人道,非神圣即世俗)式的表述。因而余敦康认为传统的天命神学对此问题的回答是自相矛盾的。⑤可是如果他坚持他自己提出的"从连续中见出其断裂,从断裂中见出其连续"的辩证思维模式的话,结论可能就会不同。黑格尔告诉我们,从完整的事物中分析出它的不同要素,并以某一要素为此事物或概念的基本特征,那是现代知性思维的做法。而辩证理性恰恰是把事物或概念把握为包含不同要素(甚至自相矛盾、相反的要素)的有机整体,"易"之三义是这样,"天"之三义也是这样。

---

① Peter Berger, *The Social Reality of Religion*, p.113.

② Cf. Timothy Fitzgerald, *Discourse on Civility and Barbarity. A Critical History of Religion and Related Categories*, p.99.

③ Ulrich Steinvorth, *Secularization. An Essay in Normative Metaphysics* (Cham: Palgrave Macmillan, 2017), p.173.

④ 英国史学家亚当斯(Charles Phythian-Adams)在其研究中世纪后期英国城市考文垂时发现,现代意义的神圣与世俗根本不能用于当时考文垂的社会结构和生活,世俗与神圣不是两个完全不同的领域,而是程度不同的神圣。宗教被整合进社会生活的方方面面,不能等同于教会,不是一个与世俗分离的领域(Cf. Timothy Fitzgerald, *Discourse on Civility and Barbarity. A Critical History of Religion and Related Categories*, pp.73—80)。

⑤ 余敦康:《中国宗教与中国文化》第二卷,《宗教·哲学·伦理》,第 135 页。

我们为何不能想象，古人很可能是在三（义）为一体（有机整体或有差异的同一）的情况下使用这些重要概念？朱子经常将天理解为天理，但他也承认："天固是理，然苍苍者亦是天，在上而有主宰者亦是天，各随他所说。……虽说不同，又却只是一个。知其同，不妨其为异；知其异，不害其为同。"[①]"知其同，不妨其为异；知其异，不害其为同。"说得何等好！如果古人是在这样辩证意义上使用"天"的概念，那么余敦康区分天命神学与哲学的一个主要判准便失效了。

余敦康把《尚书·洪范》看作是"天命神学的完整表述"[②]。理由就是洪范九畴乃天神所赐之安邦定国的大经大法，"天乃锡禹洪范九畴，彝伦攸叙"[③]。但我们不能仅凭这样的字面表述就认为《洪范》是天命神学的经典文本。在古希腊哲学中，许多哲学家都提到神的启示和命令，巴门尼德就是一个典型例子。在他的哲学诗（这是我们知道的他唯一的著作）一开头，他就说诗人乘着马车去见女神，女神对他说：

> 来吧，我将告诉你（而你须聆听并记取这番话！），惟有哪些研究道路应当被考虑：一条路，它存在，不可能不存在，这是令人信服之路，因为它紧紧追随实在；另一条路，它不存在，它不存在是必然的——这条路，我告诉你，是完全不可相信的……[④]

巴门尼德的诗，或他的整个哲学，便是证明第一条路的必然真

---

① 朱熹：《朱子语类》卷七十九，《朱子全书》第 17 册，上海古籍出版社 2002 年版，第 2702—2703 页。

② 余敦康：《中国宗教与中国文化》第二卷，《宗教·哲学·伦理》，第 56 页。

③ 《尚书·洪范》。

④ 转引自泰勒主编：《劳特利奇哲学史》第一卷，《从开端到柏拉图》，第 150 页。

理，断然拒斥第二条道路。后人并不因为他自称根据女神的命令和指示来展开他的论述便称他为神学家，相反，始终把他视为希腊哲学理性思维和论证的典型。

方东美虽然也认为原始儒家是从神秘宗教到理性哲学①，初看上去，他好像不是用简单的线性进化观点来看待古代宗教与哲学的关系，而是用循环贯通(用他的话说，是"哲学与宗教之双回向"②)的眼光来看待它们的关系。从神秘宗教到理性哲学，恰恰不是后者取代前者，而是"返古复始"③。在他看来，"儒家精神来自远古，由远古流变经过几千年贯穿到现在，他的精神可谓Ancient and modern，Dynamic and static，一方面守旧，一方面创新，系统颇为复杂"④。这些表述似乎表明方东美并不赞成哲学与宗教的关系是前仆后继的线性演化关系。其实不然。他深受西方现代宗教学思想的影响，认为哲学实际是宗教思想理性化的过程。就此而言，当然是宗教在先，哲学在后。

方东美认为，中国古代宗教可被称为"万有在神论"⑤或"万有通神论"⑥，它的特点是："肯定永恒潜在界与变动不居之自然界及人生存在界澈通不隔。神明之道、自然之道与人之道，三者蝉联一贯，人、神、自然，相待互摄，蕴涵一套机体主义哲学，肯定普遍生命大化流行，于大宇长宙中一脉贯通，周运不息。万物一切，沉潜涵孕其间，现为天地生物气象，而生机盎然，淋漓充沛；天地间任何生命个体存在皆可契会神明，澈通无碍；盖神明者，普遍生命之原始本初与无尽源泉也。"⑦与此相应，通天地人，方

---

① 见方东美：《中国哲学精神及其发展》上册，中华书局2012年版，第41页。
② 方东美：《原始儒家道家哲学》，中华书局2012年版，第108页。
③ 方东美：《中国哲学精神及其发展》上册，第70页。
④ 方东美：《原始儒家道家哲学》，中华书局2012年版，第42页。
⑤ 同上书，第102页。
⑥ 方东美：《中国哲学精神及其发展》上册，第70页。
⑦ 同上。

为儒。

方东美对哲学与宗教的关系之看法有相近处：

> 所谓哲学之诞生，就是要把神圣世界透过人之观察、研究、分析、了解，亦即以理性为媒介设想出一种境界，但是种种秘密被设想透了，秘密性也就消失了，神秘世界也就转变成为世俗世界了。这是一种理性化，把宗教对象化为哲学对象，把玄之又玄的神秘性落入理性思想的范畴，其中思想的内容是概念性的，思想的方法与步骤是分析性的，然后展现出理性的秩序，处处是合理。于是，原始宗教的上帝，借理格耳的话，就变成了"退隐的上帝"。这并不是说上帝真正退隐与人世隔绝；而是人造成一种思想上的理路，当作竹幕，把上帝隔绝了。上帝不再是直接的对象，而变成间接的思想之考虑、研究、分析的对象。①

毫无疑问，方东美也是用典型的现代性叙事话语来论述中国哲学的起源，只不过世俗与神圣的对立在他这里换成了"神秘"与"世俗"，哲学的产生是一个世俗化和理性化的过程，他完全接受西方现代性对世俗化的理解，即世俗化就是理性化②："神秘世界也就转变成为世俗世界了。这是一种理性化。"哲学是世俗化的结果，是神秘的东西理性化的结果。方东美关于哲学（当然包括中国哲学）起源的说法，其基本理论架构仍然是西方现代性的"神圣—世俗"二元对立及建立在此对立基础上的世俗化—理性化的理论。然而，世俗化无论是概念还是现实都是近代的产

---

① 方东美：《原始儒家道家哲学》，第108—109页。
② 根据韦伯的看法，宗教有它自己的理性，它的理性化就是世俗化（Cf. Ulrich Steinvorth, *Secularization. An Essay in Normative Metaphysics*, p.5）。

物，用它来解释哲学的产生无疑是犯了时代倒错（anchronism）的错误。此外，对于人类来说，现代与古代一样，存在着无数秘密，这些秘密既不是由于缺乏理性所造成的，更不是理性化所能消除的。与其说哲学消除了秘密，不如说哲学加强了秘密。将哲学的产生归结为通过理性消除秘密显然只是现代性理性主义的迷思，无助于对哲学起源问题的探讨。

然而，按照韦伯的研究，宗教有其自身的理性。另一方面，理性与非理性也不是事物的根本性质不同，而是看问题的角度不同，同一个事物在一个视角看是理性的，换一个视角则是非理性的。[①]如果把纯粹现代构造"宗教"概念用于中国古代文明本身是西方现代性叙事的产物，那么"理性宗教"概念本身也大可不必存在。戴着西方"宗教"概念的有色眼镜去看中国古代思想，反而会限制了我们对自己传统的理解。

其实方东美自己在论述中国早期哲学时，如果直截了当地说"初期儒家承受一套原始初民之上古思想遗迹"或"承继一套洪荒上古时期之久远传统"反而更合情理。但他却同样摆脱不了源自西方现代性叙事的从宗教到哲学的进化模式，将原始儒家的产生说成是"从神秘宗教到理性哲学"的结果[②]，中国哲学也是从上古宗教观念蜕化而来。[③]方东美深知中国根本没有西方人讲的那种宗教，为了严格遵守从宗教到哲学的进化套路，他不得不生造一个术语"万有通神论"来指中国古代宗教[④]，可他对所谓"万有通神论"的解释，却表明这是一种哲学而非宗教："肯定永

---

① Cf. Max Weber, "Prefatory Remarks to Collected Essays in the Sociology of Religion", *The Protestant Ethic and the Spirit of Capitalism*, new intr. & trans. by Stephen Kalberg(New York & London: Routledge, 2001), p.160.

② 方东美：《中国哲学精神及其发展》上册，第 41 页。

③ 同上书，第 70 页。

④ 同上书，第 85 页。

恒潜在界与变动不居之自然界及人生存在界澈通不隔。神明之道、自然之道与人之道，三者蝉联一贯，人、神、自然，相待互摄，蕴涵一套机体主义哲学，肯定普遍生命大化流行，于大宇长宙中一脉贯通，周运不息。"①这不是对一种宗教的解释，而是对一种哲学的解释。将方氏叙述的这种中国古代思想理解为哲学显然比宗教更合适。"宗教"在这里完全是多余的。

方东美自己有关"中国宗教"的论述也可看出，"宗教"在他那里大可不必存在。因为他明确说："在中国，宗教的本质就是伦理，一开始便是以理性开明的伦理文化代替神秘宗教。"②这句本身有语病的话正好表明中国没有"宗教"，因为"一开始""理性开明的伦理文化"已经代替了"神秘宗教"，也就是说，"一开始"就没有什么"神秘宗教"，它已被取代了。"中国历史上第一次就出现了大太阳，成为澈上澈下的理性世界。"③可是，因为相信和坚持"从宗教到哲学"的哲学发生学模式，方东美又不能不自相矛盾，坚持中国有神秘宗教，甚至将"五行"观念视为"中国神秘宗教之遗绪"④。但对"中国神秘主义"究竟为何，却始终没有说明。相反，他认为："自公元前二十三世纪以降，理性文化早已灿然破曙于中国先民之心灵。……故理性宗教，早已出生于中国上古。"⑤这就使得中国古代宗教与哲学之间有本质的不同。宗教并非迷信或理智幼稚的产物，它是人类必有的一种精神状态，"宗教本身固对宇宙旷观体会，提神而俯，统观'天地生物气象'，此外，于虔敬神明之际表现为一种人生体验情操之流露。……

---

① 方东美：《中国哲学精神及其发展》上册，第85页。
② 方东美：《原始儒家道家哲学》，第14页。
③ 同上。
④ 方东美：《中国哲学精神及其发展》上册，第50页。
⑤ 同上书，第66页。

盖前者可能趋向理性化,借清晰之概念以诠释之。"[1]

　　然而,哲学与宗教的区别并不在理性与否。按照韦伯的研究,宗教有其自身的理性。另一方面,理性与非理性也不是事物的根本性质不同,而是看问题的角度不同,同一个事物在一个视角看是理性的,换一个视角则是非理性的。[2]另一方面,哲学也不都是理性的,许多神秘主义哲学便不能说是理性的。可见,"理性宗教"概念本身也不太成立。戴着西方"宗教"概念的有色眼镜去看中国古代思想,反而会在理解和解释中国古代思想时左支右绌,自相矛盾。

　　例如,方东美一方面认为"自公元前二十三世纪以降,理性文化早已灿然破曙于中国先民之心灵"。另一面却又说:"原始中国文化中的理性主义文化尚未发达,……所以彼时人民的思想只好委托于宗教上。"[3]基于这个认识,他自己明明是从哲学上解释《洪范》,却又坚持说:"这篇文字在中国古代有宗教意义。"[4]这完全是为了照顾自己的哲学发生学成见而硬将《洪范》纳入宗教范畴。其实,《洪范》没有任何宗教的成分,它只是记载武王克殷后访殷遗民箕子,讨教治国方略。箕子遂以天赐禹洪范九畴的故事,向武王陈说治国大法。以神话故事或寓言来说明哲学道理在希腊哲学中(如在柏拉图那里)也不少见,所以"天乃锡禹洪范九畴"根本不能说有"宗教意义",更不能说是"彼时人民的思想只好委托于宗教上"。洪范九畴的内容没有丝毫神秘之处,古人就已认为九畴乃"常事"。[5]不顾洪范九畴的实际内容,而仅

---

　　[1]　方东美:《中国哲学精神及其发展》上册,63 页。

　　[2]　Cf. Max Weber, "Prefatory Remarks to Collected Essays in the Sociology of Religion", *The Protestant Ethic and the Spirit of Capitalism*, new intr. & trans. by Stephen Kalberg(New York & London: Routledge, 2001), p.160.

　　[3]　方东美:《原始儒家道家哲学》,第 96 页。

　　[4]　同上书,第 49 页。

　　[5]　《汉书·五行志上》:"所谓天乃锡禹大法九章常事。"

凭《洪范》第一段就得出它是"中国古代的'启示录'"①,实在过于勉强了。

更不能让人信服的是方东美把"皇极"解释为宗教符号,认为它的意义首先是"宗教的意义"②。这显然完全背离了古人对"皇极"概念的理解。古人是把"皇极"首先理解为一个哲学概念的。汉儒将皇极释为"大中"或"大中之道"实在是极有见地,说明对于汉儒来说,"皇极"或"大中"首先是一个抽象的哲学概念,是形而上学的最高原理。这种理解,与《虞书·大禹谟》的"允执厥中"和《中庸》一脉相承,有理有据。方东美尽弃古人的理解,却取汉儒对"皇极"的译法,然后套用爱理亚德在《意象与象征》和《宇宙与历史》中有关"中的象征"(The Symbolism of the Center)的某些说法③,认为"大中"(皇极)就是爱理亚德在那里说的Center,是一种"宗教符号"(religious symbol)。

爱理亚德(现一般译作埃利亚德)认为Center(中心)是人类,尤其是东方文明普遍具有的一个宗教象征,它表示或象征一个"神圣的空间",是天、地、地狱三界的相交点,人们在这里可以跨越一界到另一界,也可以沟通这三界。但这样的中心有许多,每一个见证神圣的进入凡俗空间的地方,都可以是这样的"中心",如神庙、圣山或宫殿。这种神圣的中心是可以构建的。"中心"这个宗教象征源于人总是想朝向一个他可以从中找到完整的实在——神圣的中心,希望自己在"世界的中心",一个可以与天交通的地方。④

---

① 方东美:《原始儒家道家哲学》,第49页。

② 同上书,第89页。

③ Cf. Mircea Eliade, *Images and Symbols*: *Studies in Religious Symbolism*(Princeton: Princeton University Press, 1991), pp.27—56; *Cosmos and History*, New York: Harper Torchbooks, 1959, pp.12—17.

④ Cf. Mircea Eliade, *Images and Symbols*: *Studies in Religious Symbolism*, pp. 39—51.

很显然,无论皇极还是大中,都不是宗教象征,而是抽象的哲学概念。它们是唯一,而不是无限多,因为它们表示最高的准则,最高的原则。它们是绝对,是无限,是天人合一,而不是天人的交接点。爱理亚德的"中心"是大地的最高点,是个具象的象征,而无论皇极还是大中,都表示抽象的最高原则。所有这些不同都表明,皇极或大中不是宗教象征或宗教观念,不是出于"宗教的神秘经验"[1],而是纯粹哲学思想的产物。它们的意义,不能像方东美主张并实践的那样,从"近代比较民族学,比较宗教学"看出[2],而要从哲学上去理解。方东美之所以用西方宗教学的观点误读误解《洪范》的义理,是因为他完全接受西方近代宗教学的进化论的偏见:"在理性文化的科学思想与哲学思想尚未发展以前,支配古代人生活的是一种宗教的神秘经验。"[3]《洪范》充其量表明中国古代思想从宗教到哲学的过渡。

同样接受上述从宗教到哲学进化思想的余敦康,也认为"在《洪范》本文中,宗教神学与人文理性是纠缠扭结,混为一体的",也认为"《洪范》主要是一篇宗教神学的文献"[4]。其所以如此,大概是由于他认为"只要保留了天神信仰,所有这些理性原则就没有冲破主宰之天的神学框架,只能作为神学的附庸,为论证神学服务"[5]。然而,揆之中外哲学史,此说难以成立。中外哲学家中有人格神信仰的哲学家不胜枚举,从未有人认为他们是神学家而不是哲学家。

也由于秉持这样的看法,余敦康虽然提出"在原始的宗教神话和后来的'哲学的突破'之间,存在着一种连续与断裂的辩证关系",

---

① 方东美:《原始儒家道家哲学》,第107页。
② 同上。
③ 同上。
④ 余敦康:《中国宗教与中国文化》第二卷,《宗教·哲学·伦理》,第71页。
⑤ 同上书,第80页。

但在他那里显然断裂是主要的,连续是外在的、一个接着一个意义上的,而不是水乳交融、双回向的。神学时代的结束和哲学突破的开始可以在编年史上定下来,即发生在西周末年。①哲学的产生不是自然而然的水到渠成,不是返古与开新的双向过程,而是革命性的"突破"。当然,"哲学突破"之说在中国并非余敦康首创,而是来自余英时。而余英时"哲学的突破"的说法,又是来自西方人。

四 、神 话 与 哲 学

在探讨哲学的起源问题时,还有一个重要的问题需要澄清,这就是神话与哲学的关系。西方哲学史家曾经有一个流行的看法,就是希腊哲学是在与希腊神话和宗教对立并最后替代前者的情况下产生和发展起来的,哲学就是用理性思维和批判取代神话与宗教的非理性思维。例如,卡西尔在他的《神话思维》中便说,哲学一开始遇到的不是自然本身的问题,而是神话对自然的遮蔽问题,因此,首先是在与神话的分歧中它有了它自己的任务意识。②但这种看法是不正确的。德国哲学家内斯特勒(Wilhelm Nestle)很有影响的著作《从神话到逻各斯》的书名就表明作者主张希腊哲学的产生是一个从神话到逻各斯的过程③,但即使他也承认,希腊哲学不是从与神话斗争开始的,在最早的爱奥

①　余敦康:《中国宗教与中国文化》第二卷,《宗教·哲学·伦理》,第87页。
②　参看恩斯特·卡西尔:《神话思维》,黄龙保、周振选译,中国社会科学出版社1992年版,第2页。
③　这种一度非常流行的说法近数十年在西方遭到广泛的质疑,有关这方面的情况,可看Richard Buxton编的 From Myth to Reason? (Oxford: Oxford University Press, 1999)。伽达默尔在《哲学之始》中谈道,"从mythos到logos"的说法产生的背景是,科学理性被当成一般人类和形而上学目标,人们由此出发,试图以一个概括性公式来呈现整个前苏格拉底哲学史(Cf. Hans-Georg Gadamer, Der Anfang der Philosophie Stuttgart: Raclam, 1996, S.5)。

尼亚思想家眼里,自然是神的生命不可削弱的统一与表现。①在泰勒斯那里,万物充满神性;在阿那克西曼德那里,无限是有神性的。一句话,始基不完全是自然的,也是神性的,或者说,它是自然—神性的。

希腊人认为,哲学与神话都是由惊异而起。②神话也是要把握整全,要对宇宙的起源和发展有一总体的解释,神话是人类把握全体的第一个形式。所以希腊哲学并非要想与神话划清界线,哲学的理性并不视神话和宗教为敌。相反,希腊哲学家始终保持着对宇宙神性的理解,他们中没有一个是现代意义的唯物主义者,正如韦尔南指出的那样:"爱奥尼亚人绝对不是驱除迷信的狂热信徒。对于他们,这一世界充满了神明。"③

如上所述,一方面,"哲学"一词一直到苏格拉底和柏拉图那里才明确具有我们今天的意义。但另一方面,希腊人始终生活在一个充满宗教信仰的世界,很难找到现代意义的无神论者。苏格拉底被强加的罪名之一就是不信神,虽然苏格拉底对此是予以坚决否认的,④但在阿里斯托芬的《云》中,作者还是将苏格拉底的哲学丑化成一种无神论的唯物主义。在他之前,阿那克萨戈拉因为将天体说成是炽热的石头,就被雅典人以不敬罪起诉。可见希腊人对主要依靠理性思辨的做法是难以接受的。希腊人不会有现代人那种哲学归哲学、宗教归宗教,甚至将它们彼

---

① Wilhelm Nestle, *Vom Mythos zum Logos*, S.82.
② Aristotle, *Metaphysics*, A, 2, 982b, pp.19—20.
③ Ibid., p.246.
④ 根据色诺芬的《回忆苏格拉底》,苏格拉底是有一套关于神的存在的论证的(参看色诺芬:《回忆苏格拉底》第1卷第4章和第4卷第3章,吴永泉译,商务印书馆1984年版)。而在柏拉图写的《苏格拉底的申辩》中,苏格拉底告诉他的审判者,他所做的一切都是"神之所命,神托梦启示我,用谶语差遣我,以种种神人相感的方式委派我"(柏拉图:《苏格拉底的申辩》,33c,《游叙弗伦 苏格拉底的申辩 克力同》,严群译,商务印书馆1983年版,第71页)。

此对立的想法,更不会有哲学只是纯粹理性的事业的想法。所以在谈论古希腊的神学时,主要的研究对象都是哲学家[1],哲学与神学在当时没有现代那样泾渭分明的区别,这是我们在了解希腊哲学和哲学家时首先必须注意的。

从泰勒斯开始,绝大多数希腊哲学家都信神,不少人像苏格拉底一样,认为自己的言行乃为神所授意。被许多人认为最能证明希腊哲学不同于神话与宗教的色诺芬尼也不例外,我们甚至可以说他不但信神,而且把神放到了一个比它们在荷马与赫西俄德那里更高的地位。他说,如果马或狮子像人一样有手,可以画出它们的神的话,它们的神一定是长得与它们一样,这并不是像许多人以为的那样是什么唯物主义的无神论,他只是反对荷马和赫西俄德的人神同形观。之所以反对人神同形观,是因为它没有突出神的优越是人根本无法企及的,"神……无论在身体还是在思想上都与人完全不同"(残篇23)。人不可能拥有神的知识。有人说:"他的神学意识在所有前苏格拉底思想家中最为突出。"[2]诚为的论。后来柏拉图在《理想国》中沿袭了他的想法,同样攻击荷马神学的人神同形论。

赫拉克利特同样抨击荷马和赫西俄德,说前者是"白痴",后者是"江湖骗子"。他同样认为人与神根本不可同日而语,神智非人智所能企及,只有神才能将一切对立视为统一。逻各斯或宇宙和万物的结构与神的法则一致。

恩培多克勒在其神学与宗教倾向上与色诺芬尼相似[3],尽管他们的表述极为不同。恩培多克勒既用哲学理性的方式,又用

---

[1] Cf. Malcolm Schofird, "Theology and Divination", *Greek Thought. A Guide to Classical Knowledge*, pp.498—509.

[2] 安东尼·肯尼:《牛津西方哲学史》第一卷·古代哲学,王柯平译,吉林出版集团有限责任公司2010年版,第13页。

[3] Cf. Malcolm Schofield, "Theology and Divination", p.501.

宗教神话的方式来表达他的思想。[1]他的四根(构成宇宙的四要素)既是火、气、水、土,也叫宙斯、赫拉、哈得斯和 Nestis。[2]而爱与争则是一切事物运动变化的原因。但他也反对神人同形,认为真正的神性是神智,它以快速的思想在宇宙中飞驰。智者对神的存在问题存而不论,因为他们认为人的心智是有限的,无法回答这样的问题。

尽管柏拉图的哲学有显白和隐微两个面相,但它的宗教性倾向却是十分清楚的,尤其是他的后期对话,阐述了许多坚强的神学命题,对后世有相当的影响。[3]但是,柏拉图的宗教立场从一开始就构成了他哲学的基本出发点。柏拉图的目的论是建立在人必须信神的基础上的,无神论者不可能相信对事物的目的论解释。神创造了世界及其秩序,以及美和万物,神是"出色的工匠",是最好的原因。他攻击荷马,也是因为荷马笔下的神邪恶和狡诈,而他却强调神的善和诚实不欺。柏拉图《法律篇》第10卷讨论宗教在理想城邦中的地位,他要证明神与天意的存在,以此反对不敬神的无神论的唯物论者。他的理型,就其彼岸性、永恒性和完美性而言,也是神性的。在亚里士多德那里,物理学解释运动的东西,神学解释不动的推动者是神。神是一切的发动者。

在希腊化时代的主要哲学体系中,神的存在及其性质在哲学的基本主题中拥有一席之地。[4]伊壁鸠鲁认为,不正确地理解神就无法达到无忧无惧,而这是他哲学的最终目标。对于斯多

---

[1] "恩培多克勒不留痕迹地游刃于两种模式之间,即严格的机械论模式与神秘的宗教论模式"(安东尼·肯尼:《牛津西方哲学史》第一卷·古代哲学,第27页)。

[2] 宙斯是气,赫拉是土,哈得斯是火,Nestis是水。Nestis原是西西里一女神名,恩培多克勒把它用作冥后珀耳塞福涅(Persephone)的别称。

[3] Cf. Malcolm Schofirld, "Theology and Divination", pp.504—505.

[4] Ibid., p.506.

葛学派来说,神学是他们一系列哲学论题的最终归宿,他们的神学宇宙论可说是对柏拉图《蒂迈欧篇》的重写。上述这两个学派都用非常简练的三段论来概括他们这方面学说的关键要素。总之,希腊哲学自始至终都具有明显的宗教性,宗教问题构成了希腊哲学的重要主题。在此意义上甚至可以说,希腊哲学不但没有与宗教分道扬镳,反而深化了许多宗教论题。希腊哲学家中几乎找不到坚决反对和批判宗教的。要以一种彻底的方式在古希腊区分信仰的领域与理性的领域是极为困难的。[①]

同样,在古希腊,例如,在希腊哲学鼎盛的柏拉图时代,也不可能在神话和科学事实之间画一道明确的界线。[②]因为希腊诸神并不是人世之上超越的力量。相反,它们是世界的一部分。希腊神话没有宗教层面的超越。信神的希腊人不会像现代人那样区分神话与科学事实,神话是对事实的"叙述",希腊哲学家惯用神话来说明事实。与我们许多人以为的相反,"哲学从神话中产生、哲学家来自占卜者"[③]。毕达哥拉斯、恩培多克勒都是一身兼宗教家或巫师和哲学家。

至于 mythos 和 logos 的区别,在古希腊完全不像被进化思维支配的现代人所以为的那样。任何读过柏拉图这位被认为其后两千年的西方哲学只不过是其哲学著作的注脚的人都会发现,在他那里,神话与哲学是一体的。[④]关于神话与柏拉图哲学的

---

① Jean-Pierre Vernant, "Forms of Belief and Rationality in Greece", *Agon*, *Logos*, *Polis. The Greek Achievement and its Aftermath*, ed. by Johann P. Arnason & Peter Murphy(Stuttgart: Franz Steiner Verlag, 2001), p.123.

② Cf. Peter Kinsley, *Ancient Philosophy*, *Mystery*, *and Magic*: *Empedocles and Pythagorean Tradition*(Oxford: Clarenton Press, 1995), p.80.

③ 让-皮埃尔·韦尔南:《希腊人的神话和思想》,黄艳红译,中国人民大学出版社 2007 年版,第 405 页。

④ Cf. Peter Kinsley, *Ancient Philosophy*, *Mystery*, *and Magic*: *Empedocles and Pythagorean Tradition*, pp.166—167.

关系,已经有大量的研究著作。①人们日益认识到,神话不但不是与哲学相悖的东西,而且就是柏拉图哲学的一部分,因而是柏拉图哲学研究的一个重要主题。这是因为:"一开始,**逻各斯与神话**是同义词,指的是同一回事:一种话语。"②

人们往往根据柏拉图在《理想国》中攻击荷马神话,就以为这是哲学家欲以逻各斯取代神话的明证。然而,这是现代人以今度古或时代错乱(anachronistic)的误解。的确,我们甚至可以说柏拉图是最先把 muthos 与 logos 对立起来的人。③但我们必须记住,柏拉图自己对 muthos 和 logos 这两个术语的使用是不严格,也不一致的。在有些地方,他的确把它们作为彼此严格不同的术语来使用,例如,在《普罗塔哥拉篇》中,普罗塔哥拉要他的听众在 muthos 和 logos 之间自由选择。④他先从 muthos 开始,然后进到他称之为 logos 的东西。⑤但在许多地方柏拉图违背了这样严格的区分。例如,在《会饮篇》中,阿里斯托芬称他著名的球形人的神话不是 muthos,而是 logos。⑥而在《高尔吉亚

① L. Brisson, *Plato the Myth Maker*, trans. by G. Naddaf(Chicago/London: University of Chicago Press, 1999); M. Colloud-Streit, *Fünf platonische Mythen im Verhältnis zu ihrem Textumfeld* (Fribourg: Academic Press, 2005); M. Janka & C. Schäfer (eds.), *Platon als Mythologue. Neue Interpretationen zu den Mythen in Platons Dialogen*(Darmstadt: Wissenschaftliche Buchgesellschaft, 2002); K.A. Morgan, *Myth and Philosophy from the Presocratic to Plato* (Cambridge/New York: Cambridge University Press, 2000); C. Partenie(ed.), *Plato's Myths* (Cambridge: Cambridge University Press, 2009); J. A. Stewart, *The Myths of Plato*(London/New York: Macmillan, 1905); P. Stöcklein, *Über die philosophische Bedeutung von Platons Mythen* (Leipzig: Dieterich'sche Verlagsbuchhandlung, 1937); R. Zaslavsky, *Platonic Myth and Platonic Writings*(Washington: University Press of America, 1981); C. Collobert, P. Destrée, Francisco J. Gonzalez(eds.), *Plato and Myth* (Leiden/Boston: Brill, 2012).
② 让-皮埃尔·韦尔南:《神话与政治之间》,余中先译,生活·读书·新知三联书店 2001 年版,第 235 页。
③ Cf. Monique Dixsaut, "Myth and Interpretation", *Plato and Myth*, p.26.
④ Plato, *Protagoras*, 320c.
⑤ Ibid., 324d.
⑥ Plato, *Symposium*, 193d.

篇》中，同样的卡利克勒的讲话，有人认为是 muthos，而苏格拉底认为是 logos。①这就使得不少学者认为必须在柏拉图思想中严格区分 muthos 和 logos，结果证明，至少在术语上，不可能以一种明确无误的方式这么做。

　　首先，如何理解这两个术语的对立？哲学的 logos 本身是一种 muthos？还是 muthos 是一种 logos，或就是与 logos 正相反对的东西？它们之间的不同是低级话语与高级话语之间的不同？还是坏话语与好话语的不同？错误话语与正确话语的不同？或然话语与真实话语的不同？变化的话语与不变的话语的不同？这种不同是对象的不同还是模式的不同？两者都是？还是两者都不是？在柏拉图的著作中不难找到指向这些方向中的一个或另一个的章节。西方学者们想了很多办法试图找出一个统一的标准来认出柏拉图著作中的纯粹神话，但什么是神话的特征仍然是不清楚的。②

　　学者们之所以无法找到一个关于神话的明确、合适的定义，是因为现代人的神话（muthos）概念本身是西方近几个世纪思想发展和文化需要的产物，因而只能部分对应于古代对于这个术语的理解。③现代学者以今度古，自然会有扞格不入之感。以现代对于神话的理解去理解柏拉图的 muthos 概念，必然发生时代倒错，将我们现代人（特别是在启蒙影响下）的神话概念植入到他的概念中去。

　　其实，Nestle 那种与 logos 对立的 muthos 概念，纯粹是现代的产物。直到 18 世纪，人们还完全是在一个 Logos 的理性结构上理解神话的。在古代，的确也能找到将 logos 与 muthos 对立

① Plato, *Gorgias*, 523a, 526d—527a.
② Cf. Glenn W. Most, "Plato's exoteric Myths", *Plato and Myth*, pp.14—15.
③ Ibid., p.15.

起来的做法,将前者视为真理,而将后者视为谬误或谎言。例如,柏拉图就系统继承和扩展了色诺芬尼的主张,认为诗人的神话与真正的宗教无关。①普鲁塔克则写道:"muthos 意味着一个类似真 logos 的错误 logos。"②但另一方面,古人始终认为神话是可以整合进 logos 的,只要它符合 logos 的游戏规则,只要把它去自然化。为此,发展出了对神话的寓意解释(allegorical interpretation),它的职责和成就就证明初看似乎异于 logos 的 muthos,其实已经始终包含在 logos 中了。③

但是,寓意解释并不是要维护神话的独特价值,而是要将神话理性化。寓意解释总是要表明,神话的内容最终与逻各斯的内容是同一的。讲神话的人其实自己早已完全熟悉了逻各斯,发明神话是为了让愚昧的大众容易接受逻各斯的道理。诗人告诉大众神话,他自己却对逻各斯了然于胸,他完全可以直截了当说出逻各斯。所以柏拉图笔下的普罗塔哥拉要他的听众随便把他的演讲当作 muthos 或者 logos。④但是,通过寓意解释把神话变成逻各斯的做法是完全任意的,人们对同一个神话的解释可以是无限多样的,寓意解释本身无法纳入逻各斯;可它的异想天开与生动,却被理性阉割和抽干了。

到了近代,随着线性进步史观的发展,西方人不但要用理性来解释神话和消解神话,而且还要把它明确定位为人类心智发展的低级阶段。这种做法一方面不再把神话视为谎言和错误,但另一方面却认为神话是人类童年心智尚不发达的产物。最多承认,神话是人类历史发展的一个不可避免的阶段,是在当时条

---

① Plato, *Republic*, 377e—383c.

② Glenn W. Most, "From Logos to Mythos", *From Mythos to Logos?*, p.32.

③ Cf. Glenn W. Most, "From Logos to Mythos", pp.32—33.

④ Plato, *Protagoras*, 320c.

件下唯一合适的表达对世界的理解的方式;但它们是前逻辑、前
理性的。这种神话概念对我们的影响最大。

　　然而,随着现代性的发展,逻各斯理性的不足和弊端逐渐
显露,人们开始以 mythos 的名义来批判 logos,从 19 世纪以
来,这成了德国哲学的一个主要传统。首先是谢林。他在 17
岁时就写过一篇题为《上古世界神话、历史传说和哲学学说》的
论文,强调神话反映了人类智慧的童年。①在他与荷尔德林、黑
格尔合写的《德国观念论最早的体系提纲》中,②谢林要求"一
种新的神话学","一种理性的神话学"③。它将确保理性和传
统科学的种种形式变为艺术,神话被赋予了帮助理性超越自身
的任务。在谢林 1802—1805 年的《艺术哲学讲演录》中,他非
常传统地把神话的作用限定在艺术——表象逻各斯的观念。
"哲学的观念与艺术中的神是一回事。"④但在他后来的《神话学
哲学导论》中,他解释神话本身体现了真理,不是宗教的真理,而
是普遍真理。⑤

　　尼采是第一个明确用神话来批判科学理性或逻各斯理性的
人,他不但重新阐释了酒神和日神的神话,还发明了扎拉图斯特
拉和永恒轮回的神话。他像他之前的德国浪漫派一样,认为只
有一个被神话联系在一起的文化才能得到统一与认同,只有新

---

　　① K. F. A. Schelling, "Über Mythen, historische Sagen und Phiklosopheme der ältesten Welt", *Werke*: *Historisch-Kritische Ausgabe*(Stuttgart-Bad Cannstatt: Frommann-Holzboog, 1976), Bd.1, S.193—246.

　　② 这部作品现在收入黑格尔《早期著作集》中[Hegel, *Frühe Schriften. Werke* 1 (Frankfurt am Main: Suhrkamp, 1990), S.234—236],但学术界一般认为它主要反映了谢林的思想。

　　③ Hegel, "Das älteste Systemprogramm des deutschen Idealismus", *Frühe Schriften. Werke* 1, S.236.

　　④ K. F. A. Schelling, *Philosophie der Kunst. Sämmtliche Werke*, Bd.5 (Stuttgart-Augsburg: Cotta, 1859), S.401.

　　⑤ K. F. A. Schelling, *Einleitung in die Philkosopphie der Mythologie*, *Sämmtliche Werke*, Bd.1(Stuttgart-Augsburg: Cotta, 1856), S.216.

的神话学才能拯救现代文化。①在尼采的影响下,越来越多的哲学家重视神话对于哲学的特殊意义。卡西尔在其《象征形式的哲学》第二卷中,详尽分析和证明了神话作为理解现实的工具。②海德格尔也广泛利用希腊、日耳曼诗人、前苏格拉底哲学家和地方传统的神话资源来批判理性技术。霍克海默和阿多诺更是在《启蒙的辩证法》中深刻指出,神话本身已经做了启蒙的工作,而自成风格的启蒙却未能摆脱神话。③德国学者也通过对神话的哲学研究证明,神话不是与真理背道而驰,而是提供了一种重要的真理。④西方学者一百多年来对 mythos 和 logos 概念的深入研究表明,内斯特尔(Nestle)在他的"从 mythos 到 logos"的目的论命题中预设的 logos 概念毫无希望地过时了,mythos 和 logos 的简单对立是根本站不住脚的。人们逐渐认识到,传统的逻各斯概念,我们从前人那里作为普遍的、不可改变的和完美的东西继承下来的理性形式,实际上是极端有缺陷的,只能通过恢复包含在神话中的被忽视和被压制的真理的适当地位,才能得到改善。Logos 不再不受 mythos 的影响,mythos 也不再让自己被 logos 排除在外或吸收。Logos 与 mythos 现在是一种辩证关系,而不是简单对立关系。Logos 从自身内部发展出它的他者,一个充满 logos 的种种要素和主张的 mythos,有了准逻各斯的尊严,逻各斯就这样改变了自己。⑤它不再排除 mythos,而是通过

① Cf. Nietzsche, *Die Geburt der Tragödie. Kritische Studienausgabe* 1(München: Deutscher Taschenbuch Verlag, 1988), S.145—149.

② Cf. Ernst Cassirer, *The Philosophy of Symbolic Forms*, vol. 2, trans. by Ralph Manheim(New Haven & London: Yale University Press, 1965).

③ Cf. Max Horkheimer/Theodor W. Adorno, *Dialektik der Aufklärung* (Frankfurt am Main: Fisher, 1988).

④ Cf. Hans Blumenberg, *Arbeit am Mythos*(Frankfurt am Main: Suhrkamp, 1979); K. Hübner, *Die Wahrheit des Mythos*(München, 1985).

⑤ Cf. Glenn W. Most, "From Logos to Mythos", p.42.

mythos 看到自己的不足。另一方面，mythos 不是把自己改造成 logos，而是恢复长期以来专属 logos 的真理地位。

其实，这在古代根本就不是问题。神话与理性都是哲学不可或缺的源头和工具，这在古代哲学中太明显了，只是现代人为现代性偏见所囿，才会看不见或不承认、不理解这个事实。读过柏拉图著作的人都知道，神话是他表达自己哲学思想的重要方式，神话的叙述功能，是辩证法所无法代替的。事实不是像有些人会想当然的那样，以为只有辩证法才代表柏拉图真正的哲学。恰好相反，"柏拉图的神话和他的辩证法是互补的和互相依赖的"①。在像《蒂迈欧篇》这样的对话中，神话成为了柏拉图主要的论述方式。

其实，神话和理性，信仰与理性，在古希腊文化中是很难区分的。法国著名古典学家韦尔南从社会学的角度，以希腊人的宗教生活与政治生活为切入点向我们揭示了这其中的原因。希腊人有共同的宗教信仰，史诗、诗歌和口头传统构成了希腊人共同的信仰基础。到了公元前 5 世纪，政治层面的建制成为系统反思的对象。过去私下解决的种种人与人之间的冲突，现在必须在公共层面，通过在集会中争论、在法庭上审议加以解决。而这都需要辩论和论证，从而催生了修辞学以及诡辩法。它们都要为了说服（*peithō*）而分析各种话语形式。希腊人认为这种说服的力量乃是一种神性，遂用 *Peithō* 这个说服女神来表达这种神性。这种神性是一种宗教的力量，但它表现在法庭上、广场（*agora*）上或公众议会（*ecclēsia*）上，因为城邦生活使得有必要发展一种有论证的话语以说服听众。这时，对 *Peithō* 女神的信仰就不再是宗教的力量，因为它实际是对说服的信仰。②

---

① Glenn W. Most，"Plato's exoteric Myths"，p.23.
② Cf. Jean-Pierre Vernant，"Forms of Belief and Rationality in Greece"，pp.123—124.

在之前,神话故事使人们得以对宇宙万物进行分类,使事物与自己在这种分类中占有一席之地。相信这些故事使人与社会和宇宙秩序相一致。但现在由于城邦的政治生活,发展出了一种理智态度,一种不是故事,而是论证的话语类型。这种论证关于人(*ad hominem*),却很少关心真人,它构成了希腊神话的一个基本向度。它的使命是说服人相信(信仰),但不是宗教信仰。说服在政治、司法或私人层面上的人类事务中运作,作为一种力量,它发展了一种新的类型的话语,一种通过论证来说服的话语。它与神话话语展开竞争。神话故事使人着迷,不仅是因为它们与异乎寻常的事情有关,而是因为最终你感到你理解了为何宙斯就是宙斯,为何神就是神,为何人是不幸的和要死的,为何英雄在神与人之间。相反,论证性话语的结果是另一类信仰,这种类型的话语有威信也有力量,在于它能产生社会效应,而这一切都系于论证话语的特殊模态。①

柏拉图攻击神话故事,给它们一种特殊意义,*mūthoi*,认为它们都是用来教育孩子的故事和寓言。他要教人们从信仰和理性的角度来看这两种新的话语类型。这两种话语不能分开,在神话故事中有某种理性,在诡辩家的话语中有另一种理性,但在哲学家的信仰中又有一种理性。哲学家的话语以师生之间的对话和争辩为原型。学生最终放弃争辩不是因为被老师说服,而是基于师生间彼此的信任。诡辩的说服也用论证,但最终目的是战胜对手,让他因陷于奸诈辩证法的圈套而哑口无言,从而放弃争辩。而(哲学家)师生间的争论最后不是哪一方在矛盾的争辩中获胜,而是通过信任的讨论过程获胜。这种真理是通过另一种类型的话语——证明获得的,因为讨论必须是证明的一种

---

　　① Cf. Jean-Pierre Vernant,"Forms of Belief and Rationality in Greece", p.124.

形式。这种话语与数学的发展有关，后来在欧几里得的观念中得到最好的表达：人能发明一种话语，只要给予前提，其余一切就必然随之而来。因此，真理与话语的内在一致有关，与它内在不矛盾有关，而不再与它是否适合现实有关。这后来成了西方哲学乃至西方文化的一个基本特征。①

这种理性既与诡辩家的理性，又与神话的理性相对立。它是一种新型的理性。哲学家的话语中有理性，有信仰，有信任。这种内在一致的话语在柏拉图那里有某种宗教性质：价值存在，价值在他那里是超越的，是 to theion，神。所以尽管柏拉图批评神话，可他又要求我们必须相信神话，因为绝对的融贯一致只有在数学中，要协调人们的生活，我们需要扎根在说服在其中起作用的地方。甚至在理性最纯粹出现的地方，信仰（对某种超越我们的东西的信仰），也会以一种我们最好称之为宗教的方式忽然显示自己。在所有领域中信仰都有其适当的形式，有不同类型的包含理性的信仰。当然，也有不同类型的理性，但不重新引进信仰，它们就不能起作用，也不能被认识。②

柏拉图的确批判传统的神话，但他自己又为了哲学本身的目的创造新的神话。他相信哲学家可以创造神话来表达真理。尤其当真理是形而上学的真理时，哲学家就必须用神话来传达真理。因为这样的真理为辩证推理所不逮。辩证法可以确定像灵魂和理型这样的形而上事物的存在，也可以证明关于它们的否定的主张，但不能给予我们这类事物的知识以任何肯定的内容。它可以到达物理的和形而上的事物之间的门槛，但跨不过这道门槛以对"天外之地"有一肯定的描述。这个任务就落在神话头上。神话当然也不能"证明"它表达的真理，但这只说明在

---

① Cf. Jean-Pierre Vernant, "Forms of Belief and Rationality in Greece", pp.124—125.
② Ibid., pp.125—126.

我们有肉身的情况下我们对形而上事物的把握只能是部分的和非理性的。①

毕竟，哲学所要处理的问题不只有理性，也有理性力不能逮的许多问题。M.弗朗克在其关于新神话学的演讲中就指出：

> 纯粹思想对存在的经验无能为力。有一个世界存在，这不能从纯粹思想中推导出来(它最多只能指出，一个这样的世界是否可能，以及它看上去是怎样的)，给予事物以根据(Begründung)的情况也是这样。思想一开始进行，就能区分因与果。但它却无法给予自己作为因果关联之整体的根据，因为在理性已经存在的情况下，它能阐明的给予根据的程序，总是已然明确了。理性存在，以及它为何以这样而不是别样方式建立，此外，理性服务于哪种目的，这些都是可被视为思想的功能体系的理性所不能回答的问题：它们是超验意义上的综合判断，为理性主义所弃；虽然没有先行的综合它本身就成了无米之炊。②

所以，哲学的话语除了 logos 外，必须还有 mythos 的一席之地，哲学除了理性之外，也包括信仰和信任，这是柏拉图非凡的洞见。因为"任何时候，总是同时有理性和非理性，而且它们总是绝对相互依赖的"③。柏拉图以后，神话和信仰也一直没有在西方哲学中彻底消失。相反，它们始终都在起作用。启蒙的现代性思维(尤其是科学的自然主义)一度剥夺了神话和信仰在哲学

---

① Cf. Franco Trabattoni, "Myth and Truth in Plato's *Phaedrus*", *Plato and Myth*, pp.305—321.

② Manfred Frank, *Der kommende Gott. Vorlesungen über die Neue Mythologie* (Frankfurt am Main: Suhrkamp, 1982), S.112.

③ 让-皮埃尔·韦尔南:《神话与政治之间》,第239页。

中的合法地位,但从 19 世纪开始,越来越多的哲学家重新为它们正名。

当代德国著名学者布鲁门贝格在其名著《神话研究》中直截了当地指出:"神话与逻各斯的界限本来就是虚构的,……神话本身就是一种高含量的'逻各斯作品'。"①"神话与理性的对立是一个过时的贫乏的创造,因为它不再认为神话在克服陌生神秘的古代世界的过程中,本身就有一种理性功能,不论其手段在此之后显得何等的无效。"②神话与逻各斯都是人叙述自己的世界理解的话语,它们同出一源,同根相连:"神话与哲学血脉同根,与智慧之爱(philósophos)相类似,亚里士多德创造了'神话之爱'(philómythos),为的是能够将哲学家对于惊异之物的渴望同神话联系起来,因为神话毕竟首先是由惊异之物构成的。哲学家把某些东西留给了神话,因为构成它的东西必然也构成了理论的魅力。除此之外,哲学家就没有更多的东西。"③

重新审视西方传统中神话和哲学、宗教与哲学的关系,不仅是要纠正我们关于西方思想文化的错误知识,而且是要重新认识哲学的特征和意义。这对于我们理解中国哲学的起源及其特性是极为必要的。起源问题对于哲学家来说从来就不是一个简单的确定某个时间点的问题,而本身就是一个重要的哲学问题。所以黑格尔在其《逻辑学》一开始不是追问"科学从何时开始",而是追问"科学以什么开始"? 对于我们来说,与其问"中国哲学从何时开始",不如问"哲学以什么开始"? 最近几十年,主张哲学应该是多元的,即认为哲学可以有不同的形态的人越来越多,

---

① 汉斯·布鲁门贝格:《神话研究》上册,胡继华译,上海人民出版社 2012 年版,第 13 页。
② 同上书,第 52 页。
③ 同上书,第 29 页。

但人们并不认为不同形态的哲学浑不相似，而是认为它们之间存在着"家族相似"。这个"家族相似"，就是哲学的共性或共同特征。中国哲学只要是"哲学"，就要有这个共性或共同特征。这个共同特征，也是一切哲学开始的地方。

第二章　理性与哲学

一、从理性看中国哲学

若要证明中国有哲学,还得澄清一个问题,就是哲学与理性的关系。哲学是理性的产物,是理性的事业,这是源于西方的对哲学的一般认识。但这是现代性的认识,在现代之前哲学早就出现,也没有人会如此强调理性对于哲学的绝对性。这且不说。如果我们主张哲学乃理性的产物,那么首先必须明确何谓理性。

中国自古并无相当于西文 reason 或 rationality 的"理性"概念①,将哲学视为人类纯粹理性的活动,始于第一代现代中国哲学家,冯友兰可作其代表。他说:"哲学研究,乃人之理性之纯粹活动。"②他反对哲学的方法是自觉的,反理智的,认为无论是科学或哲学,"皆必以严刻的理智态度表出之"③。直觉之所以不能成为哲学的方法,是因为它不能"使吾人成立一个道理。……一

---

① 有人将程颐的"性即理也,所谓理,性是也"句读为"性即理也,所谓理性是也"来证明早在北宋"理性"概念就已经在中国出现了,那是完全误解小程子的意思,程颐的意思非常明确:以性说理,又以理说性,而不是认为有什么 reason 意义上的"理性"(《二程集》,上册,第292页)。
② 冯友兰:《哲学与逻辑》,《三松堂学术文集》,北京大学出版社 1984 年版,第 414 页。
③ 冯友兰:《中国哲学史》上册,第 4 页。

个道理,是一个判断,判断必合逻辑。"①显然,对于冯友兰来说,哲学是理性的产物,理性必须严密、精确、合乎逻辑、系统。他以孔子为中国哲学的开山,"盖在孔子之前,无有系统的思想,可以称为哲学也"②。但冯氏的上述关于哲学的说法,似乎过于狭窄片面,直觉在哲学,即便是在西方哲学中的重要地位,他似乎并不了解。

张东荪早年受西方哲学家的影响,认为人天生是哲学的动物,所以不能说哲学是从什么时候开始的,但却又说哲学是继宗教而起,人类要求对宇宙和人生有合理的说明,神话和宗教虽然也有某些这方面的说明,但终因合理说明的要求而进化至哲学。③"合理的说明"就是"理性的说明"。后来他受到西方文化社会学的影响,主张哲学因文化而异,不必只有一种形态,但哲学还是有它的共性,即"哲学只是对于社会政治思想的一种'理由化'(rationalization)"④,也就是说,不管怎样,哲学是理性的事业。张东荪一生重视理性,他认为:"中国非迎接西方文化上的'科学'进来不可,……但提倡科学却非先具有西方人所有的那样的理性主义不可。"⑤这其实是近代以来大多数中国知识分子的共识,理性,尤其是 17、18 世纪欧洲的启蒙理性,在近代中国具有无可置疑的崇高地位。主张哲学是理性的产物,多少与此共识有关。因为这样一来,哲学便可以在以理性的唯一代表自居的科学主义淫威面前维护它的合法性了。

当代的学者,同样是接受西方理性主义对哲学产生的解释,将哲学的产生视为对宗教(不一定是巫术)和神话的否定或超

---

① 冯友兰:《中国哲学史》上册,第 4 页。
② 同上书,第 15 页。
③ 见光华大学哲学会:《哲学研究》,上海中华书局 1931 年版,第 2 页。
④ 张汝伦编:《理性与良知——张东荪文选》,上海远东出版社 1995 年版,第 380 页。
⑤ 同上书,第 475 页。

越。陈来和余敦康都非常正确地指出中国哲学的产生是一个长期发展的渐进过程，与前哲学的文化并无"断裂"。但是，他们仍然相信哲学从根本上与宗教是对立的，因为理性与非理性的神话是对立的。例如，陈来就以西方学者从神话到逻各斯的模式来理解产生哲学的春秋时代思想："……春秋思想的发展线索有似于早期希腊'神话'和'理性'的对立。"①只不过陈、余等人还是注意到了中国思想的特殊性，提出标志中国哲学产生与特征的理性不是希腊思想的科学理性，而是所谓"人文理性"，或"实践理性"（其实是实用理性）。②

但何为"人文理性"，陈来和余敦康都没有正面描述，从他们对春秋思想不同于之前的思想的特征描述来看，他们心目中的人文理性或人本理性的主要特征如下：以人为本，以人而不是神的因素（包括理性），即立足世俗来解释世界，对神性的批判和反思，充满实证精神，强调德性而不是神佑，实用主义，等等。③其中最主要的，是人取代神成为解释世界的主体和依据。

但是，以人为本，人取代神成为解释世界的主体和依据，并不能成为哲学与否的标志。古希腊哲学家用神来解释世界非常普遍，中世纪基督教哲学家把上帝存在的证明作为哲学的主要任务来追求，近现代西方哲学家也有把上帝作为世界的最终原因来论证的。至于犹太教和伊斯兰哲学家，就更不用说了。信仰神与理性并不冲突。无神论者可以毫无理性甚至反理性，有神论者也可以非常理性。

---

① 陈来：《古代思想文化的世界》，第 15 页。

② 陈来在其《古代思想文化的世界》中论述"史官的理性"时，以赞同的口吻提到李泽厚对实用理性（他把他称为"历史理性"）特征的描述：一切以现实利害为依据，反对用任何情感上的喜怒爱憎和鬼神观念，来代替和影响理智的判断和谋划（氏：《古代思想文化的世界》，第 98—99 页）。

③ 参看陈来：《古代思想文化的世界》，第 13 页。

　　立足世俗、实用主义、实证精神等，也不是哲学与否的充分条件。从马林诺夫斯基等人类学家的田野调查看，原始民族只是在某些事情上相信巫术，在许多其他事情上是非常理智，非常实用主义或实用理性的。[①]甚至对巫术的信仰也是因为相信巫术能达到某种效果，有理性的因果性推理思维在。弗雷泽明确肯定巫术是理性的思维和信仰，甚至比宗教更为理性，因为它和科学一样，把宇宙视为一个可预测与可控制的系统。[②]至于宗教，就更不必然排斥理性了，而是完全可以有理性的宗教。

　　立足神话/理性、宗教/哲学二元对立模式来解释中国哲学的产生，结果在对史实的解释上往往不免有些一厢情愿而勉强古人。例如，余敦康在其《中国宗教与中国文化》的书中用《左传·僖公五年》中宫之奇谏虞公拒绝晋国假道伐虢的说辞来证明春秋时代已经出现了清醒务实的理性思考，来反对迷信神灵的宗教蒙昧主义。[③]宫之奇是这样说的："臣闻之，鬼神非人实亲，惟德是依。故《周书》曰：'皇天无亲，惟德是辅。'又曰：'黍稷非馨，明德惟馨。'又曰：'民不易物，惟德繄物。'如是，则非德，民不和，神不享矣。神所冯依，将在德矣。若晋取虞，而明德以荐馨香，神其将吐之乎？"

　　很显然，宫之奇并未否定神的存在，他要说的只是明德比馨香更能有效地打动神。如根本不承认神的存在，他的整个论说就无的放矢了。但这还在其次，宫之奇劝谏的主要论点来自《周书》，也就是说，他的那些想法西周就已有了，而且是占统治地位

---

　　① "巫术是一套动作，具有实用的价值，是达到目的的工具"（马林诺夫斯基：《文化论》，第 51 页）。

　　② 有关巫术的理性问题，可看 I. C. Jarvie and Joseph Agassi, "The Problem of the Rationality of Magic", *Rationality*, edited by Bryan R. Wilson (Oxford: Basil Blackwell, 1970), pp.172—193。

　　③ 见余敦康：《中国宗教和中国文化》，第 109 页。

的主流想法。只有坚持机械进化论的观点,才会无视这样一个明显的事实。陈来倒是承认:"春秋思想大多尚未彻底摆脱神话思维的框架",但认为春秋思想"在此框架内发展起人本的因素,体现着人文精神的跃动"①。实际上,人本因素的发展和跃动,正是西周思想文化的一大特点。

《尚书·康诰》说文王"克明德慎罚,不敢侮鳏寡,庸庸祗祗威威显民,用肇造我区夏,越我一二邦,以修我西土。惟时怙冒闻于上帝,帝休。天乃大命文王殪戎殷,诞受厥命越厥邦厥民。"这与宫之奇谏虞公的思路是完全一致的,即克尽人事,明德行善,神方赐福。《诗·大明》:"维此文王,小心翼翼,昭事上帝,聿怀多福。"也是相同的意思。

此外,以史为鉴,从历史中汲取智慧和教训的历史理性,在西周也已表现得相当明确和自觉。周公曰:"我不可不监于有夏,亦不可不监于有殷。我不敢知曰有夏服天命惟有历年,我不敢知曰有殷受天命惟有历年,我不敢知曰不其延,惟不敬厥德乃早坠厥命。今王嗣受厥命,我亦惟兹二国命,嗣若功。"②《诗·板荡》则有"殷鉴不远,在夏后之世"的名句,都表明历史理性在周初已高度发达。"周监于二代,郁郁乎文哉,吾从周。"③孔子对周礼由衷的赞叹和服膺,首先也是因为周礼所体现的历史理性。

主张春秋时代有不同于前代的理性发展的一个主要论据是礼的地位和意义在春秋时代发生了重大变化,或是说"礼不再主要被作为制度、仪式的文化总体,被突出出来的是礼作为政治秩序的核心原则,作为伦理原则的意义"④。或是说"传统周礼在人

---

① 陈来:《古代思想文化的世界》,第16页。
② 《尚书·召诰》。
③ 《论语·八佾》。
④ 陈来:《古代思想文化的世界》,第19页。

们心目中已经由一个宗教信仰的对象转变为一个人文理性的对象，其神圣性的礼节仪式不再为人们所看重，退居次要地位，而关于规范指导政治运作的世俗内容则上升到主导地位，成为人们关注的重点"①。

这两种说法的不同处在于后一种说法认为之前中国历史有个宗教文化的阶段，对礼的理解在春秋时代的重大变化"标志着礼仪不分的传统周礼业已发生了结构性的分裂，由宗教文化向人文理性转化取得了阶段性的进展"②。相同处在于认为礼在春秋时已经是政治秩序与伦理原则的根据。礼本身的内容和人们对礼本质的理解是明显不同的两件事。前春秋时代人们究竟怎样理解礼，材料相当少。但《三礼》所载，不为完全无据。皮锡瑞尽管否认《周礼》《仪礼》为周公所作，主张《礼记》为孔子所定③，但同时也肯定："《三礼》所载，皆周礼也。《礼经》十七篇为孔子所定，其余盖出于孔子之后，学者各记所闻。而亦必当时实有此制度，非能凭空撰造。"④因此，《三礼》应该是我们判断周礼和周代文化真实情况及当时人对礼的理解的一个主要依据。

春秋前的周代文化是不是西方意义上政教合一（即政治与宗教合一，而不是中国传统政治与教化合一）的宗教文化，传统周礼是不是一个"宗教信仰的对象"⑤，是很可讨论的。近代以来，我们已经习惯了用西方历史文化的特殊术语来理解和套用我们的传统文化，即便是一些对此有所警惕的学者也时有不免。如果连"宗教"这一概念都是外来的，说周代文化是宗教文化就已经有点疑问了。

---

① 余敦康：《中国宗教和中国文化》，第113页。
② 同上书，第114页。
③ 皮锡瑞：《经学通论》，华夏出版社2011年版，第264—265页。
④ 同上书，第309页。
⑤ 余敦康：《中国宗教和中国文化》，第113页。

　　现存《三礼》基本证实而不是否证此疑问。《周官》开头五句便毫无宗教气息,世俗得不能再世俗:"惟王建国,辨方正位,体国经野,设官分职,以为民极。"如果周文化是宗教文化,那开头一句应该是"惟神建国"或"惟天建国",而非"惟王建国"。整部《周官》,理性设计和论述是其鲜明特色。[1]《周官》中的种种制度描写虽然可能出于后人之手,但言其毫无历史根据则未必。柳诒徵根据前人研究得出结论说:"此书(指《周官》)实成康、昭、穆以来王官世守之旧典,以之言西周之文化,固非托古改制之比也。"[2]

　　从现存的《周礼》和《仪礼》的内容来看,绝大部分都是世俗生活的内容。礼即便在最初产生的时候也不可能只有一个源头。它的产生固然有超世俗的需要,但也有世俗的需要。古人早已表明了此点:"礼有三本:天地者,性之本也;先祖者,类之本也;君师者,治之本也。无天地焉生?无先祖焉出?无君师焉治?……故礼,上事天,下事地,宗师先祖而宠君师,是礼之三本也。"[3]《礼记·礼运》又说礼以义起,就是指出礼的世俗起源。王国维在《殷周制度论》中曾经典地阐明了周朝宗法制度与周礼的关系:"由是制度,乃生典礼,则《经礼》三百,《曲礼》三千是也。"[4]

---

　　① 如《大司徒》:"以土会之法,辨五地之物生。一曰山林,其动物宜毛物,其植物宜皂物,其民毛而方。二曰川泽,其动物宜鳞物,其植物宜膏物,其民黑而津。三曰丘陵,其动物宜羽物,其植物宜核物,其民专而长。四曰坟衍,其动物宜介物,其植物宜荚物,其民晢而瘠。五曰原隰,其动物宜裸物,其植物宜丛物,其民丰肉而庳。"详尽分析地理条件和相应的生物特征,大有亚里士多德之风。

　　② 柳诒徵:《中国文化史》上册,东方出版中心 1996 年版,第 124 页。据杨宽的研究,《三礼》中记载的许多礼,如"大蒐礼""射礼""乡饮礼""飨礼""冠礼""贽见礼""册命礼"等,的确在西周实行过(氏:《西周史》,上海人民出版社 1999 年版,第 693—825 页);杨向奎在《宗周社会与礼乐文明》中也用几十条材料证明"《仪礼》曾流行于西周春秋间"(氏:《宗周社会与礼乐文明》,人民出版社 1997 年版,第 326 页),足见柳诒徵所言不虚。

　　③ 《大戴礼记·礼三本》。

　　④ 王国维:《殷周制度论》,《王国维集》第四册,中国社会科学出版社 2008 年版,第 134 页。

在宗周,礼与其说是宗教崇拜的对象,不如说是行为的制度与规范。

礼不同于一般的制度,就在于它从一开始就有道德规范的含义。郭沫若曾指出:"礼是由德的客观方面的节文所蜕化下来的,古代有德者的一切正当行为的方式汇集下来便成为后代的礼。"①周代的礼乐制度,无论是否为周公所作,不仅是单纯的制度,也是政治制度的核心原则和伦理原则,这大致是没有什么问题的。《左传·文公十八年》记载季文子说:"先君周公制《周礼》曰:'则以观德,德以处事,事以度功,功以事民'。"便可证明周公是把礼当作政治统治原则和道德原则来加以制定的。王国维也明确指出,"周之制度典礼,实皆为道德而设","周之制度、典礼,乃道德之器械,……"②可见,即使在西周,礼也并非像有些学者认为的那样,礼仪不分,只是体现政教合一的宗教性仪式。相反,古人可能很早就明确:"礼之所尊,尊其义也。失其义,陈其数,祝史之事也。"③春秋以前留存的书面文献相对很少,不能就此断定西周的思想不如春秋先进,或其理性化的程度不如春秋时代高。退一步说,即便真如有些论者说的那样,春秋时代的人们对礼本身有更为理性的理解与认知,也不能作为哲学产生的直接依据。传统周礼"由一个宗教信仰的对象转变为人文理性对象"④的讲法即便成立,也不能就证明"春秋时期属于从宗教到哲学的渐变阶段"⑤,除非我们相信宗教和哲学是进化阶梯上的前后相继的两个阶段。事实当然不是这样。

相信宗教与哲学是进化阶梯上的两个阶段与相信神话思维

---

① 郭沫若:《郭沫若全集·历史编》第一卷,人民出版社 1982 年版,第 336 页。
② 王国维:《殷周制度论》,第 135 页。
③ 《礼记·郊特牲》。
④ 余敦康:《中国宗教和中国文化》,第 113 页。
⑤ 同上书,第 90 页。

与理性思维是人类精神发展的两个阶段有关，后一个信仰支撑
着前一个信仰，但都认为后者是对前者的否定和超越。这种思
想本身就是现代西方思想的产物。而韦伯的理性化理论，又给
这种思想提供了进一步的理论支持：理性化实际是人类普遍的
精神进化，就像希腊文化是从神话到逻各斯，从宗教发展为哲学
和科学那样。

　　中国现代思想在很大程度上受到西方现代性思想的影响，
这种影响大到往往对其一点反思批判都没有，就当作天经地义
来接受。我们对中国哲学产生的思考，也未能免俗："中国早期
文化的理性化道路，也是先由巫觋活动转变为祈祷奉献，祈祷奉
献的规范——礼由此产生，最终发展为理性的规范体系周礼。"①
"周代的礼乐体系就是在相当程度上已'脱巫'了的文化体系。
在礼乐文化中不仅价值理性得到建立，价值理性的建立本身就
是理性化的表现。……儒家文化是经历了这样一个漫长的文化
理性化的过程而产生的。"②

　　果真如此，那么还是先要阐明什么是"理性"。不管是"人文
理性""价值理性"，还是"实践理性"，总还是理性，即便它们与科
学理性或理论理性有别③，可作为理性，本质的东西应该没有区
别，就像文学英语与法律英语纵有不同，总还是英语，都有英语
的根本特性一样。那么何谓"理性"？这是我们以理性作为哲学
诞生和哲学与宗教（还有巫术）的区别的根本标志前，不可不先
说明的。可恰恰对这个重要的理论前提，我们缺乏足够的思考。
中国现代哲学家一般都会使用"理性"概念。可什么是"理性"，

---

①　陈来：《古代宗教与伦理》，第 12 页。
②　同上书，第 13 页。
③　康德是断然否认此点的，在他看来理论理性与实践理性只不过是同一个理性在不
同领域的应用而已。

几乎无人进行过仔细的研究,就好像它像"感觉"一样,是个不言而喻的、自明的概念。

二、理性之概念及其历史

其实,要说明"理性"究竟是什么意思,还真不是一件容易的事。就像许多百姓日用而不知的哲学概念那样,理性概念也是说的人多,完全明白的人少。为什么?因为它不是一个容易明确的概念。我们现在在哲学意义上使用的理性概念来自西文的reason(Vernuft),但这个概念即便是在西方人看来,也不是一个容易定义的概念。20世纪西方出版的8卷本的《哲学百科全书》中的"reason"词条一开头就这样写道:"在英语中,'理性'这个词长期就有,并且仍然有大量和非常多样的意义与用法,它们彼此关系的方式常常是复杂和不清楚的。"[1]

这是因为,"理性"作为一个西方哲学的基本概念,有漫长的历史,且涉及的问题极为广泛多样(例如,理性与非理性、理性与直观、理论理性与实践理性、理性与语言、理性与神话、理性与历史,等等),因此,无论从纵向,即它的历史说,还是从横向,即它所涉及的不同用法说,它都是一个极为复杂的概念。在将它作为一个重要而基本的哲学概念使用时,不能想当然,也不能不求甚解,而应先弄清它在西方哲学中的复杂含义,然后才能为我所用。否则我们只能在日常意义上来使用它,那是无助于我们对它的认识和哲学问题的深入探讨的。

在日常语言中,"理性"是一个属于意识范畴的概念,人们往往只是将它理解为一种主观认识能力或一种意识,因而人们会

---

① Paul Edwards (ed.), *The Encyclopedia of Philosophy* (New York: Macmillan Publishing Co., Inc. & The Free Press, 1972), Vol.7, p.83.

以为,只是到了近代在西方哲学中它才成为一个哲学的基本概念,因为近代西方哲学把重心从存在转向了意识。然而,理性如果作为形容词来使用,它就不是指一种主观意识能力,而是指某种性状,某种状态,或某种可能性或要求。当我们说"这是合理的"时,我们并不是指人的一种主观能力,而是指一种客观状态或要求。这时,西方语言往往用 rationality(Rationalität)及其形容词 rational。所以仅仅将"理性"理解为人的一种主观意识能力显然是不够的。

其实,在西方哲学传统中,一直有客观理性和主观理性之分,而我们对西方哲学的了解主要是近代哲学(因为它属于近代以来支配我们的现代性思维),即便对于西方古代哲学,也往往是用近代哲学的思维去理解它们,所以基本上只是把理性理解为一种主观能力,少有在客观理性意义上谈论它的。客观理性指的是世界本身的合理性,以及此合理性的原理。人类从一开始就生活在一个有**意义**的、有序的世界中;自然现象的种种——日出日落、四季循环、事物的生灭变化,也都给人一种合理感。世界首先是合理或有理的,然后我们才能认为它不合理或无道理,这是人类存在的前提,既是客观的,也是主观的。对这种合理性的感受与思考,是哲学的温床。

西方哲学或西方形而上学的主流,直到黑格尔为止,都坚持认为世界内在是合理的,这种合理性是人的主观理性可以理解和把握的,这构成了西方哲学的起点和目标。我们可以把客观理性定义为可通过理智把握的世界结构之整体及其超越的根据,亦即前文提及的"大全"。与此相对的主观理性则是人的合理性,即人的理性认识与行动的能力。近代以来,人们对主观理性(尤其是工具理性)日渐重视,但人们不再认为世界本身具有合理性。

对于近代人来说，只是因为人是理性的，世界才能是合理的或理性的。启蒙就是用主观理性来衡量和批判世界的不合理性，并将主观理性认为合理的纲领投向世界，改造世界。"启蒙是个未完成的计划"的说法即是此种思路的一个典型表达。主观理性乃启蒙和一切使世界合理（改良或革命）的纲领的基础，理性是我们先得带入世界的东西，然后世界才会变得合理（合乎我们的主观理性，而不是相反）。只有理性的主体才能使理性在世界实现。

在西方哲学史上，主观理性是近代的原则，它在古代和中世纪并没有有效性。古代和中世纪总是从存在出发来考虑问题，理性也必须首先是某种客观的东西，人们的认识与行为必须以之为准绳，方能成为理性的主体。古代哲学家通常认为客观理性是非个人的宇宙的结构性法则，基督教中世纪从像人一样的造物主来解释它，但客观理性的优先性都没有本质的改变。[①]

客观理性的概念源出希腊文 *logos*。这个词最初只是一个普通词，但其意义域很广。它的动词形式 *légō* 有两个基本意义：1.聚集、收集；2.说、命名、谈论。而 *logos* 的意思首先是词，但首先不单纯是指语言上的东西，而是用语词说出的东西：概念、意义、话语、理论，等等。希腊语 *lógon didónai*（论辩）意思是"作解释或说明""给予理由""论证"，由此 logos 常常被理解为"根据"或"原理"。《约翰福音》说："太初有言（logos）"，意思是一切都是上帝通过 logos 创造出来的，*logos* 在上帝那里，就是上帝。从 *logos* 基本意思的一个方面（计算）可以进一步引申出一些派生词：*logizomai*（计算、斟酌）和 *logismós*（算计、权衡）。西塞罗用拉丁文 *ratio* 来翻译 logos 就是取其"计算"之义，*ratio* 在

---

① H. Schnädelbach(Hg.), *Philosophie. Ein Grundkurs*(Hamburg: Rowolt, 1985), S.80.

拉丁文中的意义就是"计算",但这就把 *logos* 的基本意义("词")遗失了,因而后来遭到海德格尔等人的批评,因为它影响了后来西方人对 *logos* 的理解。英文 rationality,法文 rationalité,德文 Rationalität 都是来自这个拉丁词。至少从 18 世纪开始,德国人也用 Vernunft 来翻译 ratio。

西人常云,人是理性的动物,此言实出亚里士多德,他在《政治学》中说,人是有 *logos* 的动物。[①]这句话是说人既有语言能力,又有理性能力。不过,根据亚里士多德,人有 *logos*,但他不是 *logos*,*logos* 是支配他的原理,而不是像近代哲学认为的那样,理性像消化能力一样,只是人的一种属性。

在赫拉克利特看来,人根本不能掌握 *logos*,"对于这个词(*logos*),如这里所有的那样,人们从未有过理解,以前没有听说过它,以后也不会听说它。因为虽然一切根据这个词(即 *logos*)而发生,他们还是那样,他们绝不能触碰到它,虽然他们可以从事言谈和艺术创作,如我在此向他们阐明的⋯⋯"[②]赫拉克利特当然不是说他的话(词)支配着世界,而是说他的学说阐明的逻各斯支配着世界。逻各斯是世界的法则、存在者的基本结构、规范或规则,它们是一个运动和矛盾对抗着的宇宙中自我维持的种种比例。[③]赫拉克利特也把这种世界法则解释为世界根据,用火来形象地表现它。

希腊和拉丁的斯多葛派的逻各斯学说上接赫拉克利特,逻各斯的概念通过他们的过渡而进入《约翰福音》,逻各斯作为客观理性因此就是世界秩序的原理,它也使合乎理性的世界知识

---

① Aristotles, Politik, 1253a ff.

② Heraklit, Fragm. 1. Wilhelm Capelle, *Die Vorsokratiker*, S.135—136.

③ Cf. W. Schadewaldt, *Die Anfänge der Philosophie bei den Griechen*(Frankfurt am Main: Suhrkamp, 1978), S.311 ff.

和世上合乎理性的行为得以可能。黑格尔在《历史中的理性》中还强调,我们只能理性地认识我们能认识为理性的东西,因此,为了理性的哲学能有影响,我们必须具有理性支配世界的思想。①他是肇端于赫拉克利特及其逻各斯学说的客观理性思想的最后一个代表。

在古希腊,*logos* 与 *aisthēsis*(感性知觉)构成了一对对立的概念。前者远比后者优越。根据赫拉克利特,逻各斯并不就在手边,我们不能直接把握它,他始终把人通常的世界意识描述为在睡觉。巴门尼德后来干脆说,真的东西只能通过思想(*noeîn*)来把握,而 *dóxa*(意见)则只涉及表面现象。他著名的"思有同一"的命题不能按照观念论来解释,它不是一个观念论的原理,即表示存在乃出于思维的建构;它的意思是说,"能被思维的东西和能存在的东西是一样的"。"存在"是在一个强调的意义上"存在",即它是永恒的、不变的和始终如一在场的。巴门尼德及柏拉图都认为,这种存在非感性所能达到,感性只能呈现变化和变化的东西。希腊存在论的这个特点解释了真正的存在(*eînai*)、客观理性和主观思维活动(*noeîn*)之间的准自然联系,这种联系直到黑格尔都决定了西方形而上学的主流。②

犹太—基督教的神学传统把希腊的逻各斯概念与人格化的上帝结合在一起,使得客观理性人格化。虽然早期基督教在这里也能与前基督教的思想联系在一起;斯多葛派始终把具有神性的逻各斯作为上帝来祈求。基督教神学在与希腊哲学辩论中努力使时人了解耶稣是上帝肉身的词,是 *logos* 的真理,它把自己理解为逻各斯哲学的完成与克服。这个过程就是客观理性的

---

① Cf. Hegel, *Die Vernunft in der Geschichte* (Hamburg: Felix Meiner, 1955), S.28 ff.

② H. Schnädelbach(Hg.), *Philosophie. Ein Grundkurs*, S.82—83.

主体化过程。以前被认为是法则、结构、意义、规范或世界的本质的东西，现在有了一个人格主体。在直到 12 世纪西方人接受亚里士多德为止一直统治中世纪哲学的基督教柏拉图主义中，柏拉图的理型从头至尾被理解为上帝的思想，黑格尔仍然是这个传统，他在《逻辑学》中写道："逻辑须要作为纯粹理性的体系，作为纯粹思维的王国来把握。**这个王国就是真理，正如真理本身是毫无蔽障，自在自为的那样。人们因此可以说，这个内容就是上帝的展示，展示出永恒本质中的上帝在创造自然和一个有限的精神以前是怎样的。**"[①]逻辑学作为 *logos* 的科学，在这里再次将纯粹理性、纯粹思维（非感性思维）、真理、永恒本质和上帝统一为一个思想体系。[②]

但是，在西方哲学中也发生了理性主观的主体化，人们不再承认有一个比人的主观理性更高的客观理性。这个过程其来有自。人们总是首先已经根据他们自己的理性来构造他们的 *logos* 形象，神学把人作为上帝的相似者的理论已经吊诡地证明了这一点。因为它也同时禁止人使自己成为上帝的形象，人只能从这个相似出发，然后声称，他的容貌以难以想象的完美方式存在于上帝那里。此外，这种客观理性的人神同形同性论可以上溯到古代，上溯到阿那克萨戈拉，他教导人们：*noûs*（意识、思维、理智、精神）统治世界。这里，一个准主观的世界原理已经出现在客观 *logos* 边上，思维的人能将它与他们自己的理性联系在一起。这个 *noûs* 后来也基督教化了，作为神智（*intellectus Dei*）出现在基督教神学中，神智思维 *logos*，通过它创造世界。这样，人总是用上帝的理性来解释其自己的理性身份。[③]

---

①　黑格尔：《逻辑学》上册，杨一之译，商务印书馆 1966 年版，第 31 页。
②　H. Schnädelbach(Hg.), *Philosophie. Ein Grundkurs*, S.83.
③　Ibid., S.83—84.

但是,把上帝的理性还原为人的理性不是在神学外部发生,而是在神学内部发生的。这里得提一下西方在上帝理论上长期的唯理智论和唯意志论的争论,这个争论涉及这个问题:上帝的意志从属于它的理性还是高于它的理性。柏拉图—奥古斯丁的神学传统是主张神的意志高于神的理性,而基督教的亚里士多德主义(尤其在托马斯·阿奎那那里)则相反。基督教的亚里士多德主义否认上帝会要无理性和反理性的事物,而唯意志论者却把这视为是不适当地限制上帝的全能。唯意志论神学在邓斯·司各特那里终获承认,这对解释自然和人的自我解释产生的结果几乎怎么评价都不算过分。如果上帝能用他神妙莫测的决定来产生违反它给予的自然规律的事物,如果它能根本不理会一切我们能够认为是合理的事物,那么自然和历史证明了它的全能意志,而不再是我们能用我们的理性把握的 logos。客观理性因此从世界消失了,非理性的东西生成了,人被抛回他们自己的主观理性。由此,信仰和认识,启示与知识最终分道扬镳了;神学不再当令,各门没有上帝的科学现在大行其道,成了近代主观理性主义的保证。①

主观理性还有另一个传统,就是把理性视为自然之光(lumen naturale),这个传统甚至延续到海德格尔那里,又客观化为存在之光。但它的源头也在赫拉克利特和斯多葛派把 logos 视为本源之火,每个人的灵魂中都有它的火星在闪烁。上帝学说的唯意志论革命后,这种自然之光也不再依赖神秘莫测的神智,而被置于某种特有的人类学基础上。正是因此它成为启蒙运动常用的光喻的基础;因为它要传播的光明之光源来自人的天赋理性;作为世界之光的耶稣在这里真正被世俗化了。

---

　　① H. Schnädelbach(Hg.), *Philosophie. Ein Grundkurs*, S.84—85.

在近代哲学中,自然之光成了与传统和启示宗教的权威要求相对立的原理。笛卡尔给近代哲学奠定的基础就是,只应该承认在自己思想和认识之光中证明是真的和有约束力的东西才是真的和有约束力的。在笛卡尔那里,理性只是人的主观认识能力,它是世界一切合法性的来源,研究理性这种能力及其(通过方法论的)改进之道,便成为近代哲学的主要任务。近代西方哲学在一定的意义上可说是围绕着理性问题展开的。但理性这时已经被狭隘化为主观理性了。

对于笛卡尔来说,理性(Raison)是所有人都具有的判断善恶、区分真假的能力。理性是纯粹精神的独一无二的认识能力。"我思故我在"的命题实际上把存在都建立在人的理性之上。这种精神的力量活跃在一切认识中,根据它的不同使用有不同的区分和叫法。同样的能力根据其不同的功能有时被称为纯粹理性,有时被称为想象力,有时被称为回忆,有时被称为感觉。[1]但是,这样的区分,例如直观和演绎的区分,并不意味认识能力的二分。理性的认识是一种精神的看,无需形象或言辞的中介就可以把握真理。精神通过对它天赋观念的观察来认识自我和上帝。理性不但是认识者,也是被认识者,所有其他的知识都依赖于它。理性预先给普遍科学确定了秩序,理性将科学的对象安排在一定的秩序系列中,我们在此框架(理性的秩序,而非存在的秩序)中从其他事实中演绎出某些事实。[2]现在有效的不再是存在的秩序,而是与之对立的"认识论秩序"。[3]上帝将它的光给予理性,使之能可靠地认识真理。

---

① Cf. Descartes, *Rules for the Direction of the Mind. The Philosophical Works of Descartes*, Vol.1(Cambridge: Cambridge University Press, 1973), p.35.

② Ibid., p.15.

③ Cf. E. Cassirer, *Descartes. Lehre-Persönlichkeit-Wirkung* (Stockholm, 1939), S.13.

斯宾诺莎与笛卡尔不同,他在术语上明确区分 intellectus 和 ratio。Intellectus 是对人类认识能力中性的表达,它是认识真观念和将它们与假观念、错观念和可疑观念相区分的能力。[①]混乱的观念常常勉强构成,而清晰明确的观念则出于理性的力量。幸福在于理性的完善。Ratio 是 intellectus 的一种确定的认识方式,即与不正确的想象相对的正确的认识。它处于意见和表象与直观认识之间的中间点。它构成事物性质的普遍概念与正确观念。[②]理性的本性不在于认为事物是偶然的,而在于认为事物是必然的。[③]最终"理性要在某种永恒的形式下去认识事物"[④]。

在斯宾诺莎那里,理性(ratio)除了其理论功能外,还有实践功能,它给予受情感支配的人类种种理性的规定。但理性的规定实际上是功利性的:"理性所真正要求的,在于每个人都爱自己,都寻求自己的利益——寻求对自己真正有利益的东西,并且人人都力求一切足以引导人达到较大圆满性的东西。"[⑤]对神的精神之爱就出于这第三种知识。[⑥]

Ratio 在斯宾诺莎那里是一种推理性认识,还有一种比它更高的认识,这就是 intellectus 的直观认识。"这种知识是由神的某一属性的形式本质的正确观念出发,进而达到对事物本质的正确知识。"[⑦]它的根基在于理性的力量,它使人类精神永恒。[⑧]

[①] 斯宾诺莎:《知性改进论》,贺麟译,《贺麟全集》,《伦理学 知性改进论》卷,上海人民出版社 2009 年版,第 259 页。

[②] 斯宾诺莎:《伦理学》,贺麟译,商务印书馆 1983 年版,第 78 页。

[③] 同上书,第 82 页。

[④] 同上书,第 85 页。

[⑤] 同上书,第 183 页。

[⑥] 同上书,第 259 页。

[⑦] 同上书,第 80 页。

[⑧] 同上书,第 264—265 页。

　　莱布尼茨把理性（ratio）定义为真理的联结（enchainement）。理性也是认识各种真理联结的能力，它是一种通过推理得出结论的能力，也可以界定为先行在某种秩序中的真理的知识。除了通过推论来论证外，理性还有两个活动，这就是越过论证直到领会最终的根据和回答质疑。后者在神学中很重要，人的理性在那里有时提不出实证的证明，而只能证明错误的质疑无效。理性的两个原理是矛盾律和充足理由律。充足理由律包括逻辑的根据（ratiocognoscendi）和实在的根据（ration essendi）。它是一切科学的基础。

　　Raison 主要是联结先行给予的真理，而 entendement（理解力）却是更为确定的、我们无法通过感觉得到的真理的独立源泉。在《人类理智新论》中莱布尼茨这样定义理解力：它"是一种和反省的功能相结合的清楚的知觉，这是禽兽所没有的"①。理解力通过它的概念对象与感性和想象力相区别，关于"我"的思想以及某些概念，如是、实体、原因、一、同等就是这样的概念对象。②在实践领域也是 entendement 先于 ratio，后者的目的是认识我们真正的幸福和遵循这种认识，正确地使用自由意志。但 ratio 只能在通过 entendement 向它呈现的实践原理的基础上才能有新的见识。

　　在霍布斯那里，理性活动的特征只是推论和计算，但不是直观的精神能力。理性用概念来计算，概念通过定义而变得明确，可以用来进行理性工作："**推理**（reason）就是一种**计算**，也就是将公认为**标示**或**表明**思想的普通名词所构成的序列相加减。"③从理论的角度看，理性是通过正确方法来进行科学，而精确定义

　　①　莱布尼茨：《人类理解新论》上册，陈修斋译，商务印书馆 1982 年版，第 161 页。
　　②　同上书，第 82 页。
　　③　霍布斯：《利维坦》，黎思复、黎廷弼译，商务印书馆 1985 年版，第 28 页。

的概念则是推论的出发点。从这个基础出发，根据一定方法构成的理性产生科学，它从概念推进到断言，并用三段论将它们联结在一起，"直到我们获得有关问题所属名词的全部结论为止。这就是人们所谓的**科学**"①。

在实践中，理性主要用来保全性命。理性根据这个目的来计算我们行为的后果，发现自然状态是对自己不利的，"于是理性便提示出可以使人同意的方便易行的和平条件。这种和平条件可以称为**自然律**"。②理性并不预设实践原理，而只是用自己认为最适合的手段来保全自己的努力。

霍布斯还把理性称为"理智之德"（vertues intellectuall，《利维坦》的中译者将它译为"智慧之德"）或"良智"（good wit）。理智之德有两类，一类是自然的，另一类是获得的。自然的智慧特点有二："第一是**构想敏捷**，也就是一种思想与另一种思想紧相连接；第二是对准既定目标**方向稳定**。"③而获得的智慧"指的是通过专门的方法和教导获得的智慧，这方面只有推理一项。推理所根据的是语言的正确运用，所产生的是科学"④。在霍布斯那里，理性完全成了一种工具性的能力，及工具理性。这种对理性的理解与规定当然不限于他一人，而成了现代人对理性的标准理解和规定。

洛克把一般的"理性"区分为 understanding 和 reason。洛克把 understanding（理解）理解为人的精神及其内在活动。它最初就像一块白板，上面一无所有，通过经验得到它活动的材料。除了感性（感官印象）这个经验的外部来源外，还有一种通过对

---

① 霍布斯：《利维坦》，黎思复、黎廷弼译，商务印书馆1985年版，第32页，译文有改动。
② 同上书，第97页。
③ 同上书，第50页。
④ 同上书，第53页。

它自身活动的反思得来的内在经验来源。理解通过这两个经验来源产生它的观念。人不能创造或抛弃这些观念，而只能继续形成它们，把它们相互联结在一起。但理智无法应付大量现实的东西，它就把事物的多样性置于普通名词之下，这样就使得观念失去了它们的时空规定性和个别规定性。理解作为概念、判断和语言的能力，是意志之外人类精神的一种基本能力。"理解底作用就是知觉，它可以分为三种：一是我们对心中观念所有的知觉，二是我们对符号底意义所有的知觉，三是我们对各种观念底联合、矛盾、契合、不谐等所有的知觉。"①

　　理性（reason）在洛克那里指推理能力，正是它将人与禽兽区分开来。但是，理性也有其局限。首先，它不能对物质事物穷形尽相。其次在许多情况下，它也不能供我们之用：如果缺乏观念；如果观念含糊和不完全；如果缺乏中间观念；由于错误原则；由于含糊名词，在这些情况下，理性都无能为力。②但理性还是能扩大我们的知识和调节我们的同意，因为它借助推论，"可以发现出一系列观念中各环节间的联系，把两端连接起来。因此，它就把所追求的真理一目了然"③。理性可分为四个阶段："第一个最高的阶段就是发现出证明来；第二就是有规则地配置起各种证明来，以明白的秩序，使它们底联系和力量为人迅速明白看见；第三就是察知它们底联系；第四就是形成一个正确的结论。"④不过三段论不是理性最大的辅助工具，它对于理性并无太大作用，因为在我们能进行三段论推理之前，必须已经认识了观念间的相互联系。⑤信仰和启示包含了超越理性的东西，但并不

---

①　洛克：《人类理解论》上册，关文运译，商务印书馆1983年版，第207页。
②　同上书，下册，第681—682页。
③　同上书，第666页。
④　同上书，第667页。
⑤　同上书，第667—677页。

违反理性。①

贝克莱和洛克一样,区分理解和理性,前者比后者更为宽泛。人心(mind)是由理解和意志共同构成的。真理和知识不在理解之外,而在理解之内。他的著名命题"存在就是被感知"成为他一切学说的基础,他认为事物在人的理解之外,但不在神的理解外。人类理解是一种行为,不应与其实现,与特殊表象相区分。对理解的不正确使用导致怀疑和不确定,荒谬与矛盾。理解是判断与推理的能力。理性一方面是推论和证明的推理能力,它在启示神学中都有一种正当的作用;另一方面有理性思考和理性知识,它们超越推断和推论,从本源上揭示非感性真理。

休谟把 understanding(休谟《人性论》中译本把它译为知性)这个概念用来指人的精神(mind)和人的思维能力与认识能力。理智的活动可分为三种:表象、判断和推论。但是,我们之所以相信我们的观念,却不是出于理性,而是由于这些观念比较强烈与生动,所以我们对它们的相信本质上依靠想象,想象对于理智有一种基本功能。"记忆、感官和知性是建立在想象或观念的活泼性上的。"②知性就是有规律地起作用的想象,而不是胡乱的想象。理性只能抽象地与经验和想象分开,作出形式判断,但这些判断对意愿和行为没有影响。相反,"理性是、并且也应该是情感的奴隶,除了服务和服从情感外,再不能有任何其他的职务"③。

休谟的理性概念有广义和狭义之分。广义的理性"在于发现真或伪。真或伪在于对观念的**实在**关系或对**实际**存在和事实的符合或不符合。因此,凡不能有这种符合或不符合关系的

---

① 洛克:《人类理解论》上册,关文运译,商务印书馆 1983 年版,第 691—692 页。
② 休谟:《人性论》,关文运译,商务印书馆 1980 年版,第 296 页。
③ 同上书,第 453 页。

东西,也都不能成为真的或伪的,并且永远不能成为我们理性的对象"①。理性知识在于比较观念和认识它们的关系。②有时休谟把它与因果推论的能力相提并论。休谟理性观可注意的一点是,他认为动物与人类一样也有思想和理性③,因为理性最终以习惯为基础,是根据习惯发生的行为。所以,"理性也只是我们灵魂中的一种神奇而不可理解的本能"④。

相反,狭义的理性概念是指一种我们能控制实行的推论能力。它不是被动相信对于某个对象存在。理性相应地与想象力、经验和自然信念有别。理性的行动是反省,但它在我们的经验中只起有限的作用。⑤其实,在休谟的思想中,无论广义还是狭义的理性,比起经验习惯,都只有派生和从属的地位。

但是,在从康德到黑格尔的德国古典哲学中,理性具有最崇高的地位。理性不但是知识的源泉,也是人类本质之所在。康德在《纯粹理性批判》中指出,纯粹思辨理性是一个"独立存在的统一体,其中每一个环节都像在一个有机体中那样为着所有其他环节存在,而所有环节也都为着一个环节存在,没有一个原则不同时在与整个纯粹理性应用的**普遍**关系中得到研究而能够在**一种**关系中被可靠地接受"⑥。理性还是主观理性,但不是内心经验意义上的主观理性,而是结构意义上的主观理性,是人类的一种结构性能力。哲学,或者说形而上学,"是一种完全孤立的、思辨的理性知识,它完全超越了经验的教导,而且凭借的仅仅是概念……因而在这里理性自己是它的学生"⑦。

---

① 休谟:《人性论》,关文运译,商务印书馆 1980 年版,第 498 页。
② 同上书,第 503—504 页。
③ 同上书,第 201 页。
④ 同上书,第 204 页。
⑤ 同上书,第 242—243 页。
⑥ Kant, *Kritik der reinen Vernunft*, B XXIII.
⑦ Ibid., B XIV.

因为形而上学是科学的基础，所以科学也完全由于理性才可能。理性活动的特点是系统性与整体性："使一切可能的经验性的知性行动的统一性成为系统的，乃是理性的工作。"①理性的第二种能力是判断力，它是根据合目的性原则确定快乐和不快乐的能力。理性的第三种能力是要求的能力，这主要是在实践领域，就这种能力而言，理性有一种构建功能。具有这种功能的理性是实践理性，它的领域是伦理学。在实践领域，理性通过实践理性的基本法则，即伦理法则（Sittengesetz）具有立法的形式。理性知识分为两种："要么是仅仅**规定**这个对象及其概念……要么是还把它**现实地创造**出来。前者是理性的**理论知识**，后者是理性的**实践知识**。"②

虽然康德的先验哲学揭示了理性的先验性，但他与上述近代哲学家一样，基本只承认主观理性。而黑格尔作为西方哲学的集大成者，同时接受了客观理性和主观理性两个传统。他的绝对理性的哲学统一了客观理性和主观理性，但不是简单地回到古代的逻各斯形而上学。它认为这种统一必须通过主观思维和认识本身，用笛卡尔哲学的办法来达成；这个原则不应该有损哲学的批判活动。简言之，黑格尔的思想以主观理性的自我批判为基础，主观理性通过这种自我批判觉察到它依赖于理性的客观性。但这绝不导致回到纯粹的客观理性，因为客观理性也依赖主观理性。真正的逻各斯是客观理性和主观理性的整体关联，这种整体关联表现在自然和历史中，只有这样，它才是绝对、理念、上帝。③

然而，黑格尔统一客观理性和主观理性的努力非但没有成

---

① Kant，*Kritik der reinen Vernunft*，A 664/B 692.

② Ibid.，B IX.

③ H. Schnädelbach(Hg.)，*Philosophie. Ein Grundkurs*，S.84—85.

功,还标志着西方哲学理性主义传统,即逻各斯中心主义衰退的开始。德国观念论的终结宣告了逻各斯中心主义的终结。从叔本华开始,非理性主义成为西方形而上学的主流。叔本华表明,构成世界核心的不是理性或逻各斯,而是作为神秘盲目的冲动的意志,它在自然和人中作为生命意志支配着一切其他东西,尤其是人的主观意志。通过尼采的权力意志,这个思想成为19—20世纪生命哲学的基础,这个基础又传到存在主义。

然而,叔本华的意志哲学不过是世俗化的神学唯意志论,不同的是它现在对人将自己自我解释为理性动物提出了质疑,而神学唯意志论则是反对客观理性。叔本华把理性解释为生命意志的纯粹工具,助长了理性理论中的客观主义。他提出的"客观的理智观"①是以类推的方式让理性显得是以自然的、心理的或社会的过程为基础的纯粹伴随现象。弗洛伊德的精神分析、韦伯的理性化社会学和卢曼的系统理性都是这种理性观的例子。②主观理性在近代取代客观理性的结果是如此的吊诡:它自己开始由中心走向边缘,现代哲学对逻各斯中心主义的批判更多是对主观理性的批判,在当代西方文化中,它几乎成了非理性的屈辱陪衬。或用德国哲学家施奈德巴赫的话说:"理性哲学在今天的基本问题是,我们连同启蒙的传统一起引为自豪的主观理性,在一个新的、科学启蒙的世界图像中不再有地位。"③当今世界理性的危机,恰恰是近代主观理性极度膨胀的结果。在取消客观理性的同时,主观理性也把自己的王位拱手相让。

综上所述,到了近代,西方哲学家主要把理性只理解为主观

---

① Cf. Schopenhauer, *The World as Will and Representation*, Vol.2, trans. by E. F. J. Payne(New York: Dover Publishers, 1966), p.272 ff.

② H. Schnädelbach(Hg.), *Philosophie. Ein Grundkurs*, S.86.

③ Ibid.

理性,具体而言,理解为人的认识能力,虽然有些人把直观和意识都理解为理性,但它的基本特征一般认为是对经验材料进行分析推理,并将其结论系统化为理论。由于我们主要受到近代西方哲学的影响,所以客观理性的思想很少受到我们的关注,我们谈论理性时,主要是在谈论主观理性,即作为人的主观认识能力或意识能力的理性。然而,即便是主观理性,也不是那么简单,它本身还包括一些重要的分殊,首先是知性和理性的分殊。

知性与理性的明确分殊首先是由康德作出的,它们在德语中分别对应于 Verstand 和 Vernunft。从 Meister Eckhart 和马丁·路德时代起,德国人一般用 Verstand 翻译拉丁词 intellectus,而用 Verstehen 翻译 ratio。康德之前,Verstand 一般指比较高级的思维和认识能力,后来康德把 Vernunft(理性)置于 Verstand (知性)之上。尽管如此这对概念在古希腊哲学的语言中有其根源。如前所述,古希腊与"理性"相关的术语有 *diánoia* 和 *noûs*。西塞罗用 *ratio* 译 *diánoia*,用 *intellectus* 译 *noûs*。[①]

Noûs 和 *diánoia* 在希腊语中属于同一个词域,即动词 *noein*(思维、认识),*noein* 是口语中的一个常用词。作为有明确意义的哲学术语它首先出现在柏拉图那里。在《理想国》的线喻中,柏拉图用哲学的理型知识为例来说明 *noûs* 的活动即 *nóēsis*,而以几何学为例说明 *diánoia*。*Noûs* 是精神之眼,*nóēsis* 是用非感性手段把理型作为真正的存在者来把握的能力。相反,*diánoia* 不是观看,而是运作;不是把握,而是深思熟虑;不是直接的洞见,而是方法论的步骤。后来拉丁语术语分别把二者规定为直观和推理。直观是纯粹精神洞见的能力,被归于 *intelletus*,而推理能力则被归于 *ratio*。[②]

---

① H. Schnädelbach(Hg.), *Philosophie. Ein Grundkurs*, S.87.

② Ibid., S.88.

知性与理性间的区别最有说服力的根据就是人们看到，当我们把自己经验为思想者时，至少必须有两种精神能力：在"思想"中有某种东西和能思考某个事物。我只感觉到感性印象，我不能改变它们，而思维可以安排它的想法，改变它们，调整它们，重新思考一遍，等等。这样的运作始终必须反过来同某种被思考的东西发生关系，因为没有思维内容的空思维根本不是思维。从巴门尼德以降的西方哲学家都对此深信不疑，我们具有不依赖感性而在纯粹思想中把握某事的能力，即 *noûs*、*intelletus*。理性是精神的知悉。

但这个看法也不是没有争议的。在古代，德谟克利特、伊壁鸠鲁和其他人就认为，不先经过感官把握，我们就不能思维任何东西，历史上人们把这种立场称为感性主义以有别于把理性解释为一个独立的认识器官的理性主义。亚里士多德与这种立场非常接近，因为他认为科学（*epistéme*）来自经验（*empeiría*），而经验本身源出于记忆和知觉。[1]柏拉图把 *diánoia* 和 *nóesis* 与感性的世界经验加以严格区分，把它们解释为灵魂对理型在其被放逐到肉体前的展示的回忆，而亚里士多德的科学概念是与世界经验接轨的。与柏拉图相比，他是第一个经验论者，而柏拉图是唯理论者。经验主义与感性主义的区别在于，它并不简单地否认理性认识，而是不像理性主义那样解释它。根据经验主义，超越感性知觉的知识，即概念的、理论的、原理的知识，虽然是以感性知觉为基础，但人可以从这个基础出发重新建构它。知性和理性在这上面起一个重要作用，尽管它们并不提供自己的知识内容，它们对感性材料加以分析、连接、抽象或系统化。这就是理性能力的运作。

---

[1] Cf. Aristotles, *Metaphysik*, 980a ff.

霍布斯在《利维坦》第 5 章中就基于这种理性的运作功能而把思维等同于计算①,但理性在嬗变为计算理性前其来有自,亚里士多德就已经预示了这一点。他把灵魂的认识能力规定为 *diánoia* 的各种运作方式。科学和精神洞见(*noûs*)是两种不同的理论理性能力,它们的不同在于,科学进行论证,而精神洞见则与科学论证的基础有关,它本身不再是可论证的,因为每个论证都以它为前提。实际上它们是一种互补关系,共同产生智慧。②近代经验论只是亚里士多德理论的极端化而已,它只肯定理性的推理计算功能,而完全否定柏拉图讲的独立的直观理性知识。③

但近代唯理论的形而上学在它承认天赋观念这点上可说是柏拉图的传人。它仍然秉承柏拉图、新柏拉图主义和奥古斯丁的传统,再一次告别感性世界,走上"向内之路"(*reditus in se ipsum*),相信可以通过思维的这种自我转向发现一个纯粹精神 *nóēsis* 的王国,我们可以在我们自身中找到作为"必然真理"的观念,这种观念不是来自感性和我们自己的行动。莱布尼茨在《单子论》中写道:"通过必然真理的知识和通过它的抽象,我们也把我们自己提升到反思活动,它让我们把握我们之我的思想,考虑到在我们自身有这样或那样的东西存在。这样我们以这种方式思考我们自己,我们的思想同时以存在、实体、单一物和共同设定者、精神为目标,我们自己以上帝为目标,这样我们设想,限于我们的东西本身是无限的。因此这种反思活动为我们提供理性知识的主要对象。"④反思活动使我们得以进入一个不是源

---

① 霍布斯:《利维坦》,黎思复、黎廷弼译,商务印书馆 1985 年版,第 27—35 页。

② Cf. Aristotle, *Nicomachean Ethics*, Vol.VI, 3 ff.

③ H. Schnädelbach(Hg.), *Philosophie. Ein Grundkurs*, S.89.

④ Leibniz: *Monadologie*. Lloyd Strickland, *Leibniz's Monadology. A New Translation and Guide*(Edinburgh: Edingurgh University Press, 2014), pp.19—20.

自感性的内在对象领域,这些对象包括存在、实体、单一物和共同设定物、精神、上帝。根据莱布尼茨的这个理论,这些对象不是我们自己想出来的,而是纯粹理性知识的对象。但是,这个论证的说服力取决于:是否能证明,所有 noetische(纯粹理性)对象,它们应该都是天赋的,不能被解释为感性经验和操作性思维的结果。

经验主义从洛克开始就试图系统证明这一点,他们甚至认为,经验产生我本身、产生意识,经验是我(the I)和意识的前提,因此,我和意识都只是经验的结果。莱布尼茨讲的"反思活动"被解释为"内在经验",这样与感性经验有别的理性知识就没有了存在的余地。[1]

这样,到了经验主义者那里,思维完全是一种纯粹操作,理性和知性的区别也就是不必要的了,因为直观也是感性的,即它的对象是感性的,它本身也是感性的。康德在《纯粹理性批判》中恢复了理性和知性的区分,但却舍弃了主张天赋观念的唯理论形而上学。康德同意唯理论,并非所有表象都来自感性,如经验论所主张的那样,但这些表象不是对象,而是对象知识的纯粹形式,一旦知识发生,我们就始终先天具有这些形式。这些形式可以是感性的(时间、空间),也可以是思维形式(范畴)。那些思维形式具有操作性,康德把它们解释为思维行为的形式。这样,知性不过是根据这些形式思维的能力,或用康德的话说,根据规则来判断的能力,而理性则被康德解释为逻辑推论的导引。在康德那里,理性同样被解释为操作性的,它与知性的不同不是对象的不同,而是操作方式的不同。这里重要的是,推论本身已经是一个带判断的操作了,因为无论谁说"凡人都要死,苏格拉底

---

①　H. Schnädelbach(Hg.), *Philosophie. Ein Grundkurs*, S.90.

是人，苏格拉底是要死的"，他结论的前两个前提都已被设定为真的了。康德因此把结论解释为二级判断，即在判断及其整体关系之上的判断。这样，他也从操作意义上重构了理性的理念，它们（上帝、世界整体和我）在唯理论的形而上学中是纯粹直观理性认识的基础和证人。康德把它们解释为从有条件的世界知识上升到对大全（Totalität）和无条件者的展望。这从逻辑推理需要其前提和结论完备无缺上来讲是可理解的。莱布尼茨的"必然真理"（*vérités de raison*）到了康德这里被重新解释为主观必然的思维操作的结果，这种思维操作没有客观性。康德著名的对上帝证明的反驳就是这种理性概念的结果。①

在康德那里，理性和知性都是运作性理性，它们不是两种不同的能力，而是同一思维（理性）的不同功能。理性反思地与知性及其运作发生关系。当理性与知性发生关系时，它实际上是以某种功能与自己发生关系。根据康德，理性是思维自身与自身发生关系，它的功能即在于这种反思性，而作为知性的理性则只与经验、对象、世界有关。莱布尼茨的反思概念和被他解释为一种内在知觉的东西到了康德这里被重新解释为一种思维的非直观思维，理性在此非直观思维中实现自己和超越知性。德国观念论后来都以此为出发点。思维在反思中的自我对象化被理解为一切事物的基础，通过这种自我对象化思维总是以已经先天地包含自己和它的对象。费希特把康德的知性行为解释为我的纯粹行动，理性的二级判断在他那里成为一种伴随一切本身有意识的行动的能力，他将其称为"理智直观"。但是，谢林和黑格尔却在康德纯粹从理性的运作性上来解释它的环境中重新提出柏拉图传统的 *nóēsis*，谢林将它作为其思辨的自然哲学的基

---

　　① H. Schnädelbach(Hg.), *Philosophie. Ein Grundkurs*, S.91.

础,黑格尔则根据这个思想的结论提出"概念的努力"与"纯粹的观看"是一回事①,即作为精神直观的理性(*nóesis*)和作为思维运作的理性(*diánoia*)最终似乎取得了协调一致。但绝对观念论这么做的代价是:除了思维本身对象化的结果外,没有任何事物。②

现在再回到康德。康德把与知性有别的理性的特殊性规定为反思产生了两个结果,这两个结果在当代仍然具有现实性,即批判理性的观念和辩证法的观念。在康德那里,理性的自我相关不仅是我们把知性成果系统化的基础,而且也是对它们的批判。知性批判,即确定它能力的界限,实际上是理性的自我批判,所以康德把承担此任务的著作叫作《纯粹理性批判》。《纯粹理性批判》书名著名的双重意义表明,批判的理性与被批判的理性并无不同。在康德那里,批判能力已经是把握自身的理性的一个本质标志。理性的自我批判是治疗它自己变得盲目和愚蠢的解毒剂,是反对它的自我扭曲和自我撤销的解毒剂。这是康德理性概念给予当代最重要的遗产。③

黑格尔一方面将理性视为哲学的最高概念,另一方面他也把理性改造为思辨理性,即辩证地扬弃又包容了知性的理性。他也认为哲学就是形而上学,但以前的形而上学之所以不令人满意,是因为它们都是以知性的观点来看待理性对象,他要用他的思辨理性来克服以前的形而上学,在这个改造过的思辨理性的境域中,将形而上学奠定在新的基础上。在黑格尔看来,他同时代的哲学都是知性哲学,即都被知性所支配,把知性理解为理

---

① Cf. Hegel, *Phänomenologie des Geistes*. Hrsg. von L. Hoffmeister(Hamburg: Felix Meiner, 1952), S.70 ff.

② H. Schnädelbach(Hg.), *Philosophie. Ein Grundkurs*, S.91—92.

③ Ibid., S.92.

性。所谓知性，大体说来，就是体现在科学思维活动中的那种主观理性，它的特点就是在主客体分裂的基础上，孤立、静止和机械地看待事物，即见树不见林，只知个别现象，而不知绝对与大全，把有限的多样性建构为整体。[①]而理性则不同。在其早期著作《费希特与谢林哲学体系之不同》中，黑格尔针对知性不能把握整全（绝对），揭示他心目中的理性有四重含义：首先它是绝对的现象；其次它永远是一与同一；再次它专注于自身；最后它是不可分割的全体。[②]"理性只是一；没有分裂的理性，理性与其自为认识之间没有一堵墙……，因为理性……就其在其自我认识中是它自己的对象而言，……它又只是一和同一个东西。"[③]

如果说黑格尔在早期强调的是理性是一种整全的、以自身为对象的认识的话，那么在他成熟期，他更强调的是理性对知性的扬弃性涵摄。理性是一，但同样也是有差异的同一。思辨理性既是"否定的"，也是"辩证的"，"因为它将知性的规定消融于无；它又是**肯定的**，因为它产生**一般**，并将**特殊**包含在内。……理性在它的真理中就是**精神**，精神是知性的理性或理性的知性，它比知性、理性两者都高"[④]。作为精神的思辨理性，其实已经不再只是狭隘的主观理性，而是要追溯被近代哲学抛弃的古代理性概念的内容了。确切地说，他要重新赋予理性存在的特征。理性的自我认识也就是存在的自我展开。世界与自我，概念与实在在理念中得到了统一。黑格尔思辨理性的概念是要克服近代哲学对理性的双重化约：要么把理性理解为一个单纯客观东

---

① Cf. Hegel, *Differenz des Fichteschen und Schellingschen Systems der Philosophie*. Werke 2(Frankfurt am Main: Suhrkamp, 1986), S.20.

② Ibid., S.20—30.

③ Hegel, *Einleitung. Über das Wesen der philosophischen Kritik überhaupt und ihr Verhältnis zum gegenwärtigen Zustand der Philosophie insbesondere*. Werke 2, S.172.

④ 黑格尔：《逻辑学》上册，杨一之译，商务印书馆 1966 年版，第 4 页。

西的概念,如斯宾诺莎的绝对实体和莱布尼茨的单子,但这样理性就不能考虑思维的自我包容性;要么把理性理解为纯粹主观的原理,理解为纯粹直观或纯粹思维,如笛卡尔、康德或费希特的纯粹或绝对自我,但这样的话,客观的领域就被贬为一个单纯的非我,它必然的独立性就受到了损害。①黑格尔是想通过他思辨理性的概念,揭示和达到主观与客观、自我与世界、实在和思想的统一。

如前所述,对于绝大多数中国人来说,理性就是主观理性,更确切地说,就是典型体现在近代科学研究工作中的,以概念分析、演绎判断、逻辑推理和论证为其特征的思维活动与能力。②但如果是这样的话,中国哲学便不能说从孔子的时代开始,因为先秦哲学并不以上述理性为其特征。

英国著名汉学家葛瑞汉就是这么认为的,他在其论文《在前佛教中国的理性主义和反理性主义》中提出,理性主义在古代中国哲学中只是"一个短暂的插曲"③,"它没有在中国生根"④。"《论语》《老子》和《周易》没有一个西方人会认为是理性论证(rational demonstration)的东西。"⑤这当然不是因为中国人还未进化到能进行理性思维,而是"孔子不需要理性证明,因为他以其智慧的言说方式提出的东西是对传统价值的阐释,它们对他来说是自明的和毫无疑问的"⑥。而"庄子的立场是'反理性主

---

① 参看黑格尔:《逻辑学》上册,杨一之译,商务印书馆1966年版,第29—36页。

② 第六版《辞海》便这样定义"理性:一般指概念、判断、推理等思维活动或能力"(见《辞海》,上海辞书出版社2009年版,第1350页)。

③ A.C. Graham, "Rationalism and Anti-Rationalism in Pre-Buddhist China", *Rationality in Question*. ed. by Shlomo Biderman & Ben-Ami Scharfstein(Leiden: E. J. Brill, 1989), p.143.

④ Ibid., p.142.

⑤ Ibid., p.141.

⑥ Ibid., p.140.

义'(否认理性是如事物所是那样看事物的正确手段)"①。实际上只有名家和后期墨家有类似希腊思想的那种理性思维。但是,三段论逻辑在中国思想中也只是在公元 7 世纪佛教逻辑传入后有短暂繁荣,此外便基本在中国哲学中付之阙如。

但葛瑞汉并不因此相信先秦思想没有资格被称为哲学,相反,他并不认为理性与否是哲学的根本条件。没有逻辑思维和理性论证的中国思想并不就等于荒谬和迷信,它接近实在的方式并非理性完全不能理解的神秘。"理性主义者不一定甚至把《老子》和《周易》(对他而言最为异己的文本)排除在哲学的领域之外。"②中国思想自有其合理之处,但不一定合理性主义之"理",而要比那种"理性"更为根本。近代的理性概念可以说是一个神话,因为没有人完全那样来思维,理性与非理性并非水火不相容,冰炭不同器,而常常是相通的。

开普勒、伽利略、牛顿的思想中都有明显的非理性,乃至反理性因素。③"如果牛顿生活中没有宗教成分,他便不可能提出万有引力定律。……宗教信念促使他形成万有引力的概念:宇宙是由在真空中运行的星球组成的,起作用的引力乃是上帝的安排。数学定律的物理性真理终于能被牛顿认可,乃是因为他的宗教信念和形而上思想所致。"④理性是哲学和科学的必要条件,但不是充分条件。根据康福德的研究,希腊哲学和科学的基本概念都是来自神话和宗教。"直到亚里士多德的时代,

---

① A.C. Graham, "Rationalism and Anti-Rationalism in Pre-Buddhist China", *Rationality in Question*. ed. by Shlomo Biderman & Ben-Ami Scharfstein (Leiden: E. J. Brill, 1989), p.142.

② Ibid., p.158.

③ Ibid., p.155.

④ 乔伊斯·阿普尔比、林恩·亨特、玛格丽特·雅各布:《历史的真相》,刘北成、薛绚译,上海人民出版社 2011 年版,第 153 页。

形而上学还被称为'宗教'."①晚年柏拉图在《蒂迈欧篇》中构建的宇宙论体系,根本"不是理性的,而是神秘的——从形式到实质都是一种神话,来自**神话的**神秘之源。无法用理性话语来进行解释"②。正是在被怀特海认为整个西方哲学为其注脚的柏拉图哲学中,"我们很难在有关'起初'的神话**形象**和有关'原理'的哲学**概念**之间划清界限"③。可见,理性与否不能用来评判哲学与否,这从尼采以降的一些西方哲学中也可以得到证明。

认为传统中国哲学不是哲学的人,主要理由就是中国传统哲学缺乏理性思维,更确切地说,缺乏理性论证和推理。中国传统哲学只有一个个论断,没有证明。其实,早期希腊哲学也是如此。之所以如此,是因为早期哲学家对真理的信念更为坚定,同时早期哲学家也没有那么多论敌需要去辩驳。正如康福德说的:"早期希腊哲学家的魅力,在很大程度上来说,在于他们根本就不会费尽心思去发明有害的辩论,而只是坚决地陈述他们的信念。他们像艺术家创作艺术品一样去构建体系。他们的态度是:'世界就是这样存在的'."④古代中国哲学,尤其是最初的中国哲学,主要关心的同样是说明"世界是这样的",即对天地玄黄,宇宙洪荒的那个大全要有个认定。早期中国哲学家的确很少用近代西方理性主义眼中的那种理性思维方式来工作,但却不能说不是真正的哲学。理性思维充其量只是哲学的必要条件,但不是充分条件。

---

① 康福德:《从宗教到哲学:西方思想起源研究》,第 138 页。
② 同上书,第 266 页。
③ 马特:《柏拉图与神话之镜:从黄金时代到大西岛》,吴雅凌译,华东师范大学出版社 2008 年版,第 6 页。
④ 康福德:《从宗教到哲学:西方思想起源研究》,第 141 页。

三、韦伯的理性化思想

此外,除了理性外,有人还用韦伯的"理性化"概念来解释中国哲学的诞生①,那么,要提出一种关于这个重要问题的不同看法,还得深入考察一下韦伯的"理性化"概念究为何意。何况这个韦伯思想的核心概念在中国一直没有得到充分的说明。

理性化概念是韦伯思想中最为核心的概念,这在韦伯研究者中几乎没有什么争议。但它也是韦伯思想中最为模糊的概念之一,很少有比较让人满意的对它的说明。②之所以如此,是因为韦伯从未完整、系统地阐述过他的这个核心概念,而是片断、分散地对它有所论述,以至于有人抱怨说,这与其说是阐明它,还不如说让人更迷惑了。③韦伯对"理性"(Rationalität)和"理性化"(Rationalisierung)这两个概念的用法从来不是明确统一的,而是多样的。他自己对这两个概念也从未提供过简明统一的说法。这固然有韦伯本人的写作风格的问题,但也未尝不是这两个概念本身及其涉及的主题的复杂性使然。

首先,根据韦伯的观点,理性化是一个多样的过程,它有不同的方向,这些方向可以在一切社会和文明层面上彼此冲突和结合④,

---

① 陈来:《古代宗教与伦理》,第 11 页。

② 哈贝马斯在《交往行为理论》中论述韦伯理性化理论的那部分的一个脚注中说,他发现到他写此书时为止西方学者对韦伯"理性化"概念的澄清都是不能令人满意的(Cf. Habermas, *Theorie des kommunikativen Handelns*, Bd.I, S.240)。

③ Cf. Stephen Kalberg, "Max Weber's types of Rationality: Cornerstones for the Analysis of Rationalization Process", *American Journal of Sociology* 85(1980), No.5, p.1146.

④ 例如,中国宗教(儒教、道教)的理性化方向便与西方宗教(犹太教、基督教)理性化方向不同。前者肯定世界,后者拒绝世界;前者要适应世界,后者要掌控世界,等等。参看 Max Weber, *The Protestant Ethics and the Spirit of Capitalism*, trans. by T. Parsons, intr. by Anthony Giddens(London & Sydney: Unwin Paperbacks, 1985), p.26。

这是因为，"'理性主义'可以意味非常不同的东西"①。一方面，理性与否完全视其语境和视角而定，"从某个观点来看是理性的东西，从另一种观点来看完全可能是无理性的"②。"事物就其本身来说绝不是无理性的，只是从某种特定的理性观点来看才是无理性的。"③这种相对主义的理性观是韦伯反进化论的基本立场使然。"韦伯的工作可以被视为拒绝一切种类的进化论的基本假设的巨大努力。"④决定了韦伯的"理性化"不可能是一个进化论意义上的概念，即他不可能认为人类的思想发展是一个从非理性或无理性到理性化的过程，更不可能认为这样的过程是"突破"。⑤只是对于没有宗教信仰的人（而不是对于现代人）来说，宗教的生活方式才是非理性的。同样，只有对于享乐主义（而不是对于晚期资本主义时代的人）来说，禁欲主义的生活方式才是非理性的。⑥另一方面，不但有不同的理性化进程，也有不

①　Max Weber，"The Social Psychology of the World Religion"，*From Max Weber*，ed. by H. H. Gerth and C. Wright Mills（New York：Oxford University Press，1969），p.293."理性主义"（Rationalismus）在韦伯那里是与"理性"（Rationalität）一词同义使用的。

②　Max Weber，*The Protestant Ethics and the Spirit of Capitalism*，trans. by T. Parsons，intr. by Anthony Giddens（London & Sydney：Unwin Paperbacks，1985），p.26.

③　Ibid.，p.194.这种相对主义的理性观并非韦伯独有，如英国史学家 H.R. Trevor-Roper，他在其研究近代欧洲巫术的著作《16—17 世纪欧洲巫术》中写道："我们认为，即使理想主义也是相对的。它在某个一般哲学语境中运作，它不能完全脱离这个语境。"（H.R. Trevor-Roper，*The European Witch-Craze of the 16th and 17th Centuries*，Harmondsworth：Penguin Books，1969，p.105.）

④　Wolfgang Schluchter，*The Rise of Western Rationalism. Max Weber's Developmental History*. Translated，with an Introduction by Guenther Roth（Berkeley，Los Angeles，London：University of California Press，1981），p.4.

⑤　韦伯在《世界宗教的经济伦理学》的导言中写道："绝不能简单地把各种世界宗教整合进一个类型链，它们每一个都指一个新的'阶段'。总的来说，所有伟大宗教都是一个高度复杂的历史个体，它们只是可能结合的一小部分，可以设想，它们也可以由在这样的历史结合中有待考虑的数不胜数的个别因素组成。"（Max Weber，"The Social Psychology of the World Religion"，p.292.）

⑥　Max Weber，*The Protestant Ethics and the Spirit of Capitalism*，p.194.

同类型的理性,对应于不同类型的人的行为。美国学者卡尔贝格便专门论述过韦伯的理性类型论(topology)。[①]

根据卡尔贝格的研究,理性在韦伯那里可分为四种类型,即实用理性、理论理性、实质理性和形式理性,它们分别表现在手段—目的理性行为和价值理性行为中。它们区分了文明和社会进程的各种方式,这些方式包含个人行为取向自觉的规范,在某些情况下也包含种种生活方式(Lebensführungen)。虽然理性化进程可以有不同,但理性的类型在一定意义(形式和理想类型的意义)上可说是普遍的。例如,理性化过程可以在各种文明中发生,尽管各个文明中发生的理性化过程的方向是不同的,例如,古代犹太教与儒教的理性主义和理性化过程是不同的。[②]

与我们中国人往往把"理性"理解为一种主观思维能力和思维方式不同,韦伯主要把理性理解为人类行为的基本特点。按照卡尔贝格的解释,韦伯通常是按照他那个时代的习惯用法使用"理性主义"这个术语的,它意味着个人行为(通常是遵照宗教价值观)在越来越严格、越来越条理性意义上的系统化,以及对自然状态的驯化。[③]因此,理性化过程发生在各个生活领域,即使在审美和性爱领域,也可以发现理性化过程。[④]如果这样的话,理性化充其量能说明文明社会的产生,却不足以特别说明哲学的产生,因为它可以在许多非常不同的人类生活领域中找到。理

---

① Stephen Kalberg, "Max Weber's types of Rationality: Cornerstones for the Analysis of Rationalization Process", *American Journal of Sociology* 85 (1980), No. 5, pp. 1145—1178.

② Cf. Stephen Kalberg, "Max Weber's types of Rationality: Cornerstones for the Analysis of Rationalization Process", p. 1150.

③ 斯蒂芬·卡尔贝格:《新教伦理与资本主义精神》(英译本)导论,《新教伦理与资本主义精神》,阎克文译,上海人民出版社 2010 年版,第 134 页。

④ Stephen Kalberg, "Max Weber's types of Rationality: Cornerstones for the Analysis of Rationalization Process", p. 1150.

性主义和理性化甚至都不是思想者的专利,试图实现某种社会
秩序的实践者与纯粹思想者一样,也是理性主义和理性化的实
践者。韦伯首先是个社会学家,他首先关心的是社会行为的理
性与社会秩序的关系,其次是理性在各个文化中和文化间的多
样性。①这也决定了纯粹理论理性不是他理性主义和理性化主题
的关注焦点。

　　但这不等于说韦伯从未考虑过理论理性。相反,理论理性
构成他理性类型学中一个基本类型。凡不是通过行为,而是通
过构建日益精确和抽象概念来把握实在的理性活动,包括逻辑
演绎和归纳,用因果性解释事物,形成象征性"意义",都是典型
的理论理性。总之,一切抽象的认识过程,都属于理论理性。②但
理论理性不是哲学家和科学家的专利,韦伯发现许许多多系统
思想家都行使着这种理性。在历史初期,巫师和祭司寻找抽象
手段来驯服自然和超自然的东西。随着伦理救赎宗教的出现,
伦理祭司、僧侣和神学家把暗含在种种教义中的价值理性化为
内在一致的价值体系或世界观(Weltbilder)。各种形态的哲学
家当然也是用理论理性来思考自然和社会。但理论理性并非只
在哲学和科学中出现,如启蒙所假定的那样,而是人类基本的理
性类型之一,可以出现在许多非常不同的活动中。理论理性只
是哲学的必要条件,但不是它的充分条件。

　　韦伯研究理性主义和理性化问题不是为了理性问题本身,
也不是要提供一个世界历史发展的普遍模式,而是刚好相反,他
只是想回答"西方理性文化的源头是什么?""为什么资本主义在
西方出现?"这样涉及西方历史发展的特殊问题。他采取将西方

---

　　① 　Wolfgang Schluchter, *The Rise of Western Rationalism. Max Weber's Developmental History*, p.10.

　　② 　Cf. Max Weber, "The Social Psychology of the World Religion", p.293.

宗教(犹太教、基督教)和非西方宗教(儒教、道教、佛教等)相比较的做法,正是为达成此目的特意选择的方法。证明资本主义不可能在其他文化产生,是为了突出和彰显西方历史文化的特殊性。在他看来,西方理性主义是有条件地从一种特殊的宗教理性化过程中,而不是从一般的人类理性中产生。他比较世界宗教,却不给它们按照一个高低先后的序列排序。

从19世纪开始,西方形成了按照单线进化(进步)的模式来解释人类历史文化的传统,这个传统将西方历史作为人类普遍历史的标准尺度来衡量和解说人类的所有文化和历史,将它们纳入一个阶段分明、秩序井然的序列中。通过这把进化史观的标尺,西方的历史成为人类历史的"应该",成为人类发展的共同方向(这种进化史观对近代中国人和中国史产生了极为重大的影响)。然而,从20世纪开始,人们逐渐对这样一种其实是目的论历史哲学的进化史观产生了反思和批判。在社会学领域,产生于20世纪初的历史社会学导致一种反进化论的立场,即用对不同传统历史结构的比较分析代替进化论的普遍历史的观点。[1]历史社会学在概念上把社会学化为类型原子主义,在实质上把社会学化解为任意数量的描述。[2]这就使得人们不再可能给各文化传统来一个梁山英雄排座次,将它们分别纳入一个以近代西方文化为最高点的进化系列中。尽管一直有人程度不同地把韦伯理解为属进化论史观的传统(帕森斯、F. H. Tenbruck 等人),但韦伯类型学的比较分析的方法论证明他是历史社会学的奠基者之一。韦伯社会学的立场、目的、方法都证明他与任何进化思

---

[1] 有关历史社会学的情况,可看丹尼斯·史密斯:《历史社会学的兴起》,周辉荣、井建斌译,上海人民出版社 2000 年版和杰拉德·德兰迪、恩靳·伊辛合编:《历史社会学手册》,李霞、李恭忠译,中国人民大学出版社 2009 年版。

[2] Wolfgang Schluchter, *The Rise of Western Rationalism. Max Weber's Developmental History*, p.2.

想格格不入。

最后，还需要指出的是，韦伯是沿着宗教世界观的发展，而不是科学发展的线路来追索社会理性化的过程的。[1]宗教理性化的发展既不在、也不为了世界的外部实在发生。宗教理性化是按照它自己的特殊问题推进的，韦伯把这个问题称为"神正论"问题。宗教理性化是因为它要对此问题有一合理（理性）的回答。宗教推进的各个阶段只是这个问题及其解决的越来越细分的各种思想。[2]在西方的历史语境下，这种宗教理性化最终导致了西方社会的理性化。以韦伯的理性化概念来解释一般哲学的产生或中国哲学的产生，都是不合适的。但韦伯关于理性化的思想对我们思考哲学的产生还是有启发的。如果宗教的产生与发展是与它的特殊问题有关，这问题构成它发展的合理逻辑，那么，是否哲学也是这样？哲学产生的标志是否应该是它的特有问题的形成，而不是某种思维方式？哲学究竟起源于理性，还是起源于人性本身？

---

[1]　Cf. Habermas, *Theorie des kommunikativen Handelns*, Bd.I, S.215.

[2]　Cf. Friedrich H. Tenbruck, "The Problem of Thematic Unity in the Works of Max Weber", *The British Journal of Sociology*, Vol.31, No.3, p.334.

第三章 哲学的起源问题

一、两种研究进路

对于哲学的起源问题，可以有两种不同的研究进路。一种是经验的研究进路，即按照编年史的时间顺序，找到最初的哲学著作和最初的哲学家，以此作为哲学的开始。这种研究进路初看似乎相当合理：起源不就是找出最初的发端吗？就如同要找一条河流的起源，必须找到其源头，要找哲学的起源，不也应该从找到最初的哲学家和哲学著作开始吗？更何况哲学史著作大都是这么做的。

然而，这种听上去似乎非常合理的类比推论，其实却有相当的困难。首先，由于保存下来的上古资料与实际可能产生过的资料相比一定少得可怜，仅凭现存的资料来确定"最初"（最初的哲学家和最初的哲学著作或思想），最多只是权宜之计，最坏则可能遮蔽我们对哲学起源问题更为深入的思考。其次，人类一般是先有哲学的概念，然后才在历史的长河中找寻最初的哲学家和哲学思想。对于哲学的理解人类始终没有完全统一的认识（最多只有大致统一的认识），因此，对于究竟何者为哲学，何者不是，经常也是见仁见智，很难一致。例如，虽然从亚里士多德开始,西方人一般把爱奥尼亚哲人看作是最早的哲学家(虽然爱奥尼亚哲人自己把他们的研究称为"探索"ιστοριη①),但也有人在荷马和赫西俄德的著作中看到了最初的哲学思想。至少在古代早期,"哲学"一词是多义的。②最后,河流的源头足以解决一条河的起源问题;但现存的经验资料难以最终解决哲学的起源问题,因为哲学与人类的其他思想有割不断的关系。况且,哲学与宗教和艺术一样,不是在某一个确定的时刻突然出现的"东西",而是人之为人的根本事情(Urangelegenheiten),与人本身一起确立。所以它不是"某个时候从天而降,不是降在苏格拉底那里就是降在泰勒斯那里,而是它本身是一个极漫长的、以某种方式准备的思想事件,它首先以其他形式的外表出现"③。不能用经验意义上追根溯源的办法来确定哲学的开始。

或曰,亚里士多德不是在《形而上学》中认为哲学是从泰勒斯开始的吗? 直到今天,一般的(西方)哲学史还不都是遵照亚里士多德的这个做法吗? 当然,既然以泰勒斯为第一个真正的哲学家来写哲学史,那么他就一定是"第一个"哲学家。但是,我们要知道,虽然后来写哲学史的人可能是在编年史时间的意义上把泰勒斯理解为最初的哲学家,但亚里士多德本人却不是这样。读过《形而上学》第一卷的人都会记得,亚里士多德一上来就说,求知是人的天性。但真正的知识(哲学)追求的不是实用性知识,而是关于"原因与原理的知识"。原理在古希腊文中是 archai(也是"起始"的意思),原因则是 aitiai。掌握原理和原因是知识的基础。然后他认为是泰勒斯真正开始了这种对原理和

----

① Cf. Joachim Ritter und Karlfrid Gründer(Hg.), *Historisches Wörterbuch der Philosophie*, Bd.7(Darmstadt: Wissenschaftliche Buchgesellschaft, 1989), S.573.

② Ibid., S.573—575.

③ Wolfgang Schadewaldt, *Die Anfänge der Philosophie bei den Griechen*(Fankfurt am Main: Suhrkamp, 1978), S.17.

原因的研究。很显然,对原理和原因的研究和掌握是亚里士多德自己哲学的目标,他是根据自己的哲学目标,而不是根据编年史的事实来决定泰勒斯是最初的哲学家的。在一些学者看来,亚里士多德将泰勒斯视为第一个哲学家的看法,是相当有偏见的、片面的和没有代表性的观点。①

这样,不像在编纂一般历史时那样,某个事件从何时开始或发生于何时,可以根据可靠记录来确定,不会有不同的看法(除非原始记录本身不太确定)。如果人们都像亚里士多德那样,根据自己哲学的目标来决定哲学的开始,那么哲学一定会有不同的开始。例如,德国著名古典学家 Schadewaldt 便认为哲学并非始于泰勒斯。②在他之前,Stenzel、Kirk、Raven 和 Olaf Gigon 等人,也都认为哲学不是始于米利都学派,而是始于荷马或赫西俄德。③伽达默尔甚至认为哲学始于希腊语。④可见,根据编年史时间,经验实证地决定哲学的开始并非是个妥当的做法。哲学的开始问题必须用哲学的方法,而不是历史主义的方法来对待。哲学之"始"绝不是时间意义上的,而是规范性意义上之"始",因此,此"始"必然与"目的"有关。

所以,除了经验实证的方法外,我们还可以采用规范的办法,即根据哲学的规范定义,根据哲学的目的来决定哲学的开

---

① Cf. Michael Frede, "The Philosophers", *Greek Thought. A Guide to Classical Knowledge*, edited by Jacques Brunschwig and Geoffrey E.R. Lloyd with the collaboration of Pierre Pellegrin, translated under the direction of Gatherine Porter(Cambridge, Mass.: The Belknap Press of Harvard University Press, 2000), p. 6; Wolfgang Schadewaldt, *Die Anfänge der Philosophie bei den Griechen*, S.19.

② Ibid., S.18.

③ Cf. J. Stenzel, *Metaphysik des Altertum*, in Handbuch der Philosophie(München, 1931); G.S. Kirk/J.E. Raven/M. Schofield, *The Presocratic Philosophers*. A critical history with a selection of texts(Cambridge: Cambridge University Press, 1957); O. Gigon, *Der Ursprung der griechischen Philosophie von Hesiod bis Parmenides*(Basel, 1945).

④ Hans-Georg Gadamer, *Der Anfang der Philosophie*, S.15.

始。但这并非没有困难,因为哲学并不是那么好定义,就像有多少演员,就有多少个哈姆雷特一样,可以说,有多少哲学家,就有多少哲学的定义。有人甚至说,哲学的定义就是它不能定义。这当然也有一定的道理,但当我们在谈论哲学时,即便是在否定它,谈论它的人也还是对它的定义有一定的共识,毕竟它是一个普遍概念,而不是私人语言。不同的哲学定义还是有不可取消的共同之处,否则它们就不能是哲学的定义,就像哈姆雷特,再怎么不同都不能不是丹麦王子。

那么,我们怎么才能有哲学的规范性定义呢? 答曰:找出它的特殊性。哲学是一种特殊的人类精神活动和人类存在方式(生活方式),它一定不同于人类所有其他活动,它才有存在的理由或身份的合法性。我们可以通过寻找这种迥异于人类其他活动的人类精神活动的方式及其特征,来得出哲学的若干规范性定义。既然"哲学"一词是希腊人的发明,我们就先从古希腊开始,然后再来考察中国的情况。中西古代思想世界互勘,应该可以得到我们得以解释哲学的开始及其特征的规范性定义。

以泰勒斯作为哲学的开始,是一种后见之明的哲学史,*philosophia* 及其动词形式 *philosophein* 直到柏拉图那里才有我们今天"哲学"的意思,在此之前,无论是在米利都学派还是埃利亚学派那里,它都是一个日常语言的概念,并不指一种特殊的精神活动和存在方式。直到公元前 5 世纪后半叶,在希腊文中都还没有"哲学家"这个词,只是在柏拉图之前不久才有这个词。[①]
Philosophein 一词中的 *philein* 是"爱"的意思,但它在许多时候,在其更原始的意义上,是"有"的意思(它在荷马那里就是简

---

① 古希腊人把"哲学"和"哲学家"这两个术语的起源算在毕达哥拉斯头上,但他们是根据亚里士多德的学生 Heraclides Ponticus 的一部佚书这么认为的(Cf. Michael Frede,"The Philosophers", p.6)。

单的"有",而不是"爱"的意思)。①因此,*Philosopheîn* 也应该理解为"有智慧"。"哲学家"则是"有智慧的人"。根据第欧根尼·拉尔修,"哲学家"最初只是指"睿智的人"(*sophoi*)或"智者"。希腊七贤都是这样的智者。而"智者"之"智慧",最初并不是哲学意义上的,而是实用性的。如泰勒斯成功地预测了一次日蚀;成功地预见来年气候会使橄榄丰收而提前把所有榨油机控制在自己手里,从而发了一笔大财;通过分流河水降低水位使军队得以涉水过河等,都属此种智慧。"智者"最初并不专指哲学家,它同样可以指诗人和梭伦这样的政治家。希罗多德称毕达哥拉斯为"智者"。色诺芬说荷马、赫西俄德、Simonides、Epimenides、泰勒斯和毕达哥拉斯是智者。赫拉克利特不但把荷马和赫西俄德,也把 Archilochus、米利都的 Hecataeus、普吕纳的 Bias、泰勒斯、毕达哥拉斯和色诺芬叫作"智慧"或有智慧的人。②就此而言,在苏格拉底之前,至少对于希腊人来说,没有后来专门意义上的"哲学家"。希腊人是到了苏格拉底和柏拉图,尤其是柏拉图那里,才有自觉的"哲学"意识的。

但这并不等于说苏格拉底才是哲学之父,或哲学是从苏格拉底和柏拉图师徒开始的,而只是说,他们开始明确意识到哲学活动的特点,并且他们自己的哲学典范地体现了这些特点。但这些特点不是他们决定的,相反,他们之所以在西方哲学史上具有不可替代的突出地位,正在于他们的哲学被这些特点彻底决定了,他们的哲学体现了哲学,尤其是西方哲学的规范性特征。

有一则关于苏格拉底的轶闻很说明问题。相传苏格拉底的一个朋友在德尔菲神庙问神:谁是最有智慧的人? 神的回答是:

---

① Cf. Wolfgang Schadewaldt, *Die Anfänge der Philosophie bei den Griechen*, S.13.

② Cf. Michael Frede, "The Philosophers", p.7.

苏格拉底。苏格拉底对此很困惑,因为他知道他什么也不知,他打算反驳神,去到一个个专业领域,比如手工业,去问人们同样的问题,结果到处都发现很好的专门知识,但也看到,人们都是犯同样的错误,即基于他们的特殊知识而认为他们具有全体的知识,无论工匠还是政治家,无不如此。他们都把部分的知识当作全体知识,因而都陷入一种表面的知识,而苏格拉底之所以胜过他们,是最智慧的人,恰恰在于他知他不知——没有全体之知。如果 *Philosophein* 是"爱智"的话,那么就是去追求这种大全之知,掌握这种知。这种知不是一种静态意义的全知,人只能在无知之知中,在哲学的过程中去实行它。这正是苏格拉底所做的:他不断问人们,什么是勇敢,或什么是正义,然后向他们表明,他们自以为懂得,实际不然。这导致对话、辩难和反驳,这就是哲学在柏拉图对话中所采取的形式。不是一整套最终导致知的假象的可以证明的学说,而是通过对话追求真理。[1]而不是一般的真理,而是关于根本问题和关于大全的真理。

人生在世,首先要面对和解决的问题便是具体的生存问题:活下去,满足自己的种种物质需要并繁衍后代,延续种属。为此,他们必须有种种特殊之知:什么东西可吃,哪里有水,天气怎样,土地条件如何,危险来自何处,如何取暖避寒,如何冶炼矿石,加工各种物质材料,如何治病救人,等等。这种目的理性基础上的知,动物也不同程度地具有,不足以用来识别人之为人。人之为人最不可思议之事,就在于他会不满足于所有那些有用的特殊知识,而进一步去追求无用的全体之知。

亚里士多德在《形而上学》一开始说明哲学的产生时便说,哲学起于"对自然万物的惊异"。人们对习以为常的日常世界当

---

① Cf. Wolfgang Schadewaldt, *Die Anfänge der Philosophie bei den Griechen*, S.14—15.　　229

然不会惊异。只有面对不熟悉的事情或不知所措的事情时,在面对无法理解的事物时,人们才会惊异。也就是说,只有在觉得自己无知时,人才会惊异,惊异实际就是知自己不知的产物。人类最初惊异的对象大都是日月运行,四季循环,最终是宇宙(大全)的起源。人类对它们感到惊异,又想消除此惊异,这才会对它们产生问题和提出种种答案。前苏格拉底哲学家的思想都体现了这个特点。惊异意味着不再在意日常习以为常的常态、常物、常事,而是超越日常和不假思索,开始关注无法有一劳永逸答案的非常性问题。这些非常性问题,又可理解为终极性问题或根本问题、根据问题、全体性问题和事物的意义,比如善恶问题。这些问题不是产生于日常生活的需要,而是在人类超越了日常生活的需要之后才得以产生。构成希腊宗教和哲学的基本概念(按照康福德的说法,这些概念是从宗教传给哲学的),如性质、自然(physis)、物性、始基等,都是由于人类思考这类问题而产生的。

日常性问题谈不上惊异,使人惊异的应是这类问题。它们不一定直接与日常经验有关,很多时候恰恰是人类超越了日常经验才会产生和思考这类问题,所以本书把它们称为"非常性问题"。如果哲学一定要有开始的话,那么它始于这类问题的产生。主张哲学始于前苏格拉底哲学家之前的人,大多基于这样的认识。如 Schadewaldt 将哲学的发轫上溯至希腊史诗,因为在史诗中已经有了 Arete(德性)和 Physis 这两个希腊哲学奠基性概念。前者与人事有关,但也并不与天隔绝。后者主要关涉天理(暂且借用中国的概念),但也不是一点无关人类。由此形成希腊思想的两条线索,Arete 一路下来先是箴言诗,然后是悲剧和辩论术(Sophistik);Physis 思想当然首先是在前苏格拉底哲学家那里得到发展。这两条线索统一于苏格拉底和柏拉图,尤其是柏拉图,再传至亚里士多德和希腊化时代。①天人问题在古希腊便体现为 Arete 和 Physis 互相渗透又互相区别的复杂关系。

也有不少人不同意这种看法,认为虽然在神话和史诗中的确有关于宇宙全体的看法和某些"世界观",但却不能算是哲学,真正的哲学是从米利都学派的哲学家开始的。因为作为全体统一性的宇宙或世界秩序的观念是在他们那里才明确的。英国著名古典学家劳埃德便持这种观点。在他看来,无论在荷马还是赫西俄德那里,都没有与文化或超自然相对的自然本身的观念。史诗是文学,虽然荷马和赫西俄德的史诗中的确有关于世界的信仰,但它们毕竟不是用抽象概念来清晰表达的理论。用人格神的故事来表达关于世界以及人在世界中的地位毕竟与用抽象概念来思想不可同日而语。早期哲学家理论的一个共同特征就是排除人格神。②但很显然的,劳埃德的"自然"概念是近代流行的 nature,而不是古希腊人讲的 physis,他的理论概念,也是近代科学的理论概念;此外,早期哲学家也并不如他说的那样都排除人格神。

正如基尔克等人指出的,前苏格拉底哲学家是逐渐完全拒绝像人格化神祇这样有用而可塑的象征的,他们满足于重新解释它们的职能和价值。即使人格化的观念也不是完全反理性的。在各种各样具有不同性质和力量的神和半神之间划分世界,本身是一种有价值的分类行动,即使在赫西俄德的《工作与时日》中,宙斯也是靠正义的帮助永恒统治着世界。在赫西俄德那里,《神谱》中神话—宗教的世界模型与这种半神话半理性的世界模型彼此相对。前苏格拉底哲学家建立的世界观不是完全

---

① Cf. Wolfgang Schadewaldt, *Die Anfänge der Philosophie bei den Griechen*, S.21.
② Cf. Geoffrey E.R. Lloyd, "Image of the World", *Greek Thought*, pp.20—36.

非理性的,但有强烈的非理性因素。[1]

另一方面,即使在荷马笔下,奥德修斯也可以说是一个极具哲学能力的人物。他的特征不是"狡猾",而是具有分析复杂环境并作出合理选择的能力。他斟酌各种详细的选项,考虑它们多种可能的后果。他与诸神的关系,甚至与雅典娜的关系,都几乎与他多数决定和行为无关;他是一个理性的人,对什么是人类生存中真正重要的东西有很强的意识。赫西俄德从表面上看提供了一个神秘的、最终是非理性的世界图像,但在给不同地区来的、有着不同侧重点的故事分级和综合它们时,也使用着寻常的理性。还远不止这些,他一方面构造一个系统的宇宙起源学和神祇谱系,另一方面在一个开化的世界中考察秩序的规则。他所做的这一切预设了一个包罗万象的世界观(它的组织和运作原理,人在其中的作用),这个世界观才被认为是非哲学的,只是因为它是用神话的象征语言表达的,以及在一定程度上的确是用这种语言设想的。正因为赫西俄德系统提出和思考了宇宙起源和神祇起源这样根本性问题,所以一直有人认为他才是第一个前苏格拉底哲学家。[2]

在基尔克等人看来,所谓从神话到哲学,或从 *muthos* 到 *logos* 的转变不是一个去人格化或去神话那么简单的、纯粹理智发展的过程,而是希腊从一个封闭的传统社会朝向一个开放社会发展的产物,是政治、社会和宗教变迁的产物。过去的价值变得相对不重要,极端新的思想观点可以是从社会本身和扩大的环境形成的。然而,荷马和赫西俄德的思想传统并未消亡,只是采取了一个更为鲜明的形式存活了下来,并被应用于一个更

---

[1]　G.S. Kirk/J.E. Raven/M. Schofield, *The Presocratic Philosophers. A critical history with a selection of texts*, p.72.

　[2]　Ibid., p.73.

为广阔和更为客观的世界模型,并未与神话和宗教有太多的分离。①

其实,神话、宗教和哲学至少在古代(前启蒙时代),有着千丝万缕剪不断、理还乱的关系,它们的区别不在于它们的思维方式,不在于理性或信仰与否,宗教可以是非常理性的(在韦伯看来,犹太教和基督教都是理性的宗教),哲学也离不开信仰(科学都离不开信仰)。神话、宗教和哲学唯一的区别是神话、宗教把所有全体性和终极性问题归结为神,哲学则不然;神话和宗教喜欢用象征语言来表达,但哲学家基本用抽象语言,虽然并不完全排除象征语言,像柏拉图、尼采这样的大家更是用象征语言的大师。

现代德国著名哲学家卡西尔对神话的思想意义有相当系统深入的研究。他指出,将神话视为粗俗迷信只是 18 世纪启蒙思想家的看法。德国浪漫派思想家在神话中看到的是完全不同的东西——一种强大和难以摆脱的建构性力量,这是人类文化生活、诗歌、艺术、宗教的基础。谢林的神话哲学首次在哲学体系中认可神话的地位,使神话在思维王国中获得了公民权。而现代的民族学家、社会学家、人类学家、心理学家用大量材料证明,神话是人类生活中的一种共同成分,它以一种熟悉的形态,表现在纷纭繁复、千变万化的条件下。②

卡西尔指出,神话不是原始心智的产物;它在人类文化的高级阶段仍有其地位。取消神话,将它斩草除根,将意味着精神的贫瘠。神话不仅是人类文化中的一种过渡性因素,而且还是永

---

① G.S. Kirk/J.E. Raven/M. Schofield, *The Presocratic Philosophers*. A critical history with a selection of texts, pp.73—74.

② Cf. Ernst Cassirer, "The Technique of our Modern Political Myth", *Symbol, Myth, and Culture*(New Haven and London: Yale University Press, 1979), pp.243—244.

恒的因素。人并不完全是理性的动物,他现在是,而且将来仍然会是一种神话的动物。神话是人性的组成部分。①卡西尔的这些洞见解释了,为什么神话不但作为神话本身在人类文化中从未完全消失,反而一再以新的形式出现,而且也始终活跃在哲学中。逻辑和科学的出现并未根除神话,而只是对它形成某种平衡与控制。②

哲学的一个主要特征是,它有试图超越日常经验的明显倾向,它试图超越暂时的、特殊的个别事物而寻求普遍永恒的东西,寻求世界的统一性,并以此作为解释世界的基本原则。德国哲学家格奥尔格·米希写过一本叫《哲学之路》的书。③在这本著作中他摘录了欧洲和东方(印度与中国)许多思想家和哲学家的言论,通过比较,他得出结论说,世界各处的人都会一下突破对世界的自然态度(日常态度),从素朴地接受世界和他自己在世的日常存在而进到另一种存在。④这就是说,人类终究会不满足于当下即是的日常生活,会追求日常经验之下更深层次的东西,即会追问他们在世上遇到的种种事物的最终原因和根据,它们的多样统一和最终统一。在这样的追求中,人类摆脱了他一开始在世界上的依赖和被动地位,有了他的自主性,即自由。意识到有某种比日常遇到的事物更真实的东西,是哲学的基本经验。⑤

在亚里士多德看来,哲学乃出于人的天性,他天生就不但喜欢感知经验,在记忆中聚集各种感知经验,进而还会追问事物的

① Cf. Ernst Cassirer, "The Technique of our Modern Political Myth", *Symbol*, *Myth*, *and Culture*(New Haven and London: Yale University Press, 1979), pp.245—246.

② Ibid., p.246.

③ Georg Misch, *Der Weg in Philosophie*(München, 1950).

④ Cf. Wolfgang Schadewaldt, *Die Anfänge der Philosophie bei den Griechen*, S.23.

⑤ Ibid., S.27.

原因,他要把握真正的原因和原理。这的确是要超越我们日常遇到的种种现象,但不是要达到现象背后的某个更深的东西,而是要达到使这些现象具有某种结构的东西,即要达到种种事物用以构成自己的结构,这就是存在者和存在者的存在,也就是亚里士多德在《形而上学》中第一次提出的"作为存在的存在"①。存在是像空气一样的无所不在者,它不是可与现象分离的本质,更不是事物的属性,而是一切事物在其中显示的东西。哲学是存在者的存在之知,即事物的根本原因和根据的全面的知。这种知不同于日常实用的知识和技术知识,它没什么用,也没有自身以外的目的。但中国古人说"无用乃为大用",西方人则说"无用不等于无益,不拘于目的不是无目的"。②"无用的哲学"最终是一切真理的永恒家园。

　　以米利都学派为希腊哲学的起始,以及后人根据近代以来的"知识"概念去理解希腊人讲的知,使得人们长期以来将哲学理解为只是对事物,包括宇宙大全的思考和认识,是纯粹的理论。这种理解近年来受到了法国哲学家阿多的有力质疑。他在其这方面的代表作《什么是古代哲学?》的导论中开宗明义指出:哲学尤其是一种生活方式,是与哲学话语密切相关的生活方式。哲学话语必须从生活方式的角度理解为是我们生活方式的表达和手段。③在他看来,哲学话语是生活方式的一部分,哲学家对生活的选择决定了他的话语。苏格拉底的话语难道不是与其生死息息相关的吗?④虽然不是所有哲学家都像苏格拉底那样以生死

---

① 亚里士多德:《形而上学》,1003a 21.

② Cf. Wolfgang Schadewaldt, *Die Anfänge der Philosophie bei den Griechen*, S.28.

③ Cf. Pierre Hadot, *What is Ancient Philosophy?*, Translated by Michael Chase (Cambridge, Mass. & London: The Belknap Press of Harvard University Press, 2002), pp.3—4.

④ Ibid., pp.5—6.

践行自己的哲学,大多数哲学家确如亚里士多德所归纳的,逃不出出生、思考、死亡这平淡无奇的三部曲,但哲学从一开始,就不仅仅是对宇宙的认识,同样也有对人生的思考。天理和人事从一开始就是哲学的两大主题。但这种思考不是后世理解的那种不食人间烟火的理论活动,而是人类的基本存在方式。动物不会思考它们生命的意义,以及什么是好生活,什么是正义。动物不会追求德性、明辨善恶是非,而人类则通过哲学,将这些问题构成他人生的基本部分。也正是在此意义上,哲学是人特有的存在方式。

如果说阿多还是从哲学本身的特点来说明哲学不仅是理论,更首先是生活方式的话,他的同胞,法国著名古典学家韦尔南则是从希腊人的历史存在来论述希腊思想、希腊哲学的特点。他认为,在希腊思想发展进程中,"神话"和"理性"这两个术语掌握了希腊思想的命运。希腊人发明的理性是"一种以语言为工具、可以用来制约人而不是用来改造自然的理性,一种政治的理性,即亚里士多德所说的人是政治的动物这个意义上的政治的理性"[1]。由这种理性及其话语构成的哲学,当然不会是像许多希腊哲学史所认为的那样,一开始是纯粹的"自然哲学",直到苏格拉底才把哲学从天上带到人间。希腊最早追求智慧(sophia)的智者们,"他们的思考对象不是自然(phusis)宇宙,而是人类世界,"[2]是人类世界的政治与道德,以及与此密切相关的人类德性(arete)。在希腊人眼里,同属七贤的泰勒斯和梭伦体现的 *sophia* 是渗透在道德和政治事务中的智慧。[3]政治、道德、德性从一开始就是希腊哲学的思考对象,正义与德性如同宇宙(cosmos)和自

---

① 让-皮埃尔·韦尔南:《希腊思想的起源》,秦海鹰译,北京大学出版社 2012 年版,第 14 页。

② 同上书,第 31 页。

③ Cf. Jean-Pierre Vernant, *Myth and Thought among the Greek*. Translated by Janet Lloyd with Jeff Fort(New York: Zone Books, 2006), p.404.

然一样,是希腊哲学的最初,也是最基本的概念,是希腊哲人始终思考的对象;而逻各斯则是理性的话语。

在思考哲学在希腊的起始时,我们始终必须记得,城邦与哲学的产生有着根本的关系。韦尔南就提醒我们:"城邦的出现和哲学的诞生,这两种现象之间的联系如此密切,以至于理性思想的起源不可能不涉及希腊城邦特有的社会结构和精神结构。"[①]正因为如此,"希腊理性首先是在政治方面表达、建立和形成的"[②]。以理性思维为其特色的希腊哲学,不可能没有政治的底色,不可能只关注天上的问题而不关心人类问题。相反,"哲学在米利都诞生时,就是在这样的政治思想中扎根的,哲学表达了这种思想所关注的基本问题,并借用了它的一部分术语"[③]。我们可以说,最初的哲学,最初的第一哲学,不是亚里士多德所谓的形而上学,而是实践哲学。对于最初的哲学家来说,哲学就是实践哲学,尽管他们并没有"实践哲学"这个术语。韦尔南说得很对,哲学当然是哲学,而不是别的什么,不是政治,"为了解决哲学方法的进步本身所带来的理论难题,哲学逐渐铸造了自己的一套语言,建立了自己的概念、逻辑和合理性"[④]。但这些不是由于对自然的观察研究,而是得益于对人的艺术,即语言的运用。在古希腊,自然规律的思想来自最初用于人事的正义(*dike*)概念,尽管正义概念本身以宇宙为依托。[⑤]

可见,在古代希腊,哲学从一开始就与人事相关,即与政治和道德相关,与人生的目标和意义相关;而人事与天理又是密不

① 让-皮埃尔·韦尔南:《希腊思想的起源》,第 120 页。
② 同上。
③ 同上书,第 121 页。
④ 同上书,第 121—122 页。
⑤ Cf. Wolfgang Schadewaldt, *Die Anfänge der Philosophie bei den Griechen*, S.121.

可分的。哲学不但是一般地对大全和根据的探究与思考,也特别是对人事的规范与意义的思考,用我们中国人熟悉的话说,既是对天理,又是对人情的探究、追问和思考,在此意义上,哲学可称为天人学。此外,哲学不是人类日常实用性思维,而是没有直接实际目的的反思性思考,也是慎思明辨的批判与内省。"未经审视的人生是不值得过的",苏格拉底的这一名言把哲学的批判性特征表达得淋漓尽致。

二、哲学的起源:希腊的观点

如果我们把哲学视为人类的普遍追求和普遍精神现象,那么"哲学的起源"便不是一个可以用某个地域或人群来回答的问题,而是要用人类的某种普遍的精神追求来回答。哲学源于人类超越的(非实用的)整体性思考。西方人称人是"思维的动物",以此将人与其他动物相区别。但这并非没有疑问,休谟在《人性论》中便指出:"在我看来,最明显的一条真理就是:畜类也和人类一样赋有思想和理性。"[①]休谟的这个论断初看上去似乎言过其实,纯属猜测。其实不然。我们人的思维,最常见的是实用性思维,从原始人类如何觅食到现代人类如何将人送出地球,都属于这种类型的思维,设计一种制度或发现一条规律的思维,也可看作是这类思维。虽然人们可以将理论思维与实用性思维再加以区分,但它们都有如下的共同特点:精心选定手段达到特定目的;就事论事,不及其余,解决了所要解决的问题思维就告结束;这种思维一般可以有明确的答案;这种思维总是限于一个特殊的范围,在此意义上是局部性的,而不是整体性的。还必须

---

　　① 休谟:《人性论》,关文运译,商务印书馆1980年版,第201页。

指出的是,从事纯粹理论思维的人总是少数,一般人的主要思维类型是实用性思维。休谟发现,在使用理性思维以解决现实问题上,即在"选定手段以达目的时,是被理性和意图所指导的,而当我们作出那些趋向自卫、以及取得快乐和避免痛苦的行为时,并不是盲目无知和任意妄为的"这一点上,人类与畜类并无二致:"动物行为和人类行为在这一方面是那样地完全类似。"①

这听上去有点不舒服,实际并非没有道理。随着人类中心论偏见(培根所谓的"种族假相")的破除,相信对动物的研究也会逐渐证明休谟的论断并非故作惊人之语。思维能力作为人类的天赋能力之一,像人类其他自然能力一样,首先是人类生存的工具,这是无可怀疑的。但如果人类的思维仅仅停留在这个层面上,即便其余动物的思维永远也达不到人类实用性思维的复杂程度和高深程度,它们仍然是同一种类型的思维,即生物性思维,归根结底是为了解决生存中所面临的实际问题。

但是,人类还有另外一种类型的思维,即非实用性思维、整体性思维、本原性思维。这种思维的产生不是为了解决实际问题,不是为生物存在所迫,没有任何实用的目的,因而也没有为达此类目的对手段的盘算。它并不满足人类的任何需要,除了追求整体性统一的形而上需要。这种思维,就是哲学。它追问的是整体性问题,是形而上意义的大全——宇宙的本原、事物的根据、世界的统一和人生的意义,一句话,对世界整体性的理解。

柏拉图在《泰阿泰德篇》中把"惊异"称为哲学家的特征。②惊异不是一种普通的经验。在日常生活的世界里,在日常生活实践的范围内,人们几乎没有什么好惊异的,一切都耳熟能详,一切都按部就班,一切都理所当然,一切都那么普通不过。该干什

---

① 休谟:《人性论》,关文运译,商务印书馆1980年版,第202页。
② Plato, *Theatetus*, 155d.

么干什么,即便对于不知道的事情也谈不上惊异,问一下或试试看就是了。日常世界未知事物不能使我们惊异。我们可以对它们感到奇怪、不解或困惑,但不会惊异。例如,泰勒斯对某种没有见过的动物大概不会惊异,他也不大会对海上的风暴感到惊异。作为哲学之起源的惊异经验在一定意义上是超越性的,它要超越我们日常经验的特殊、琐碎、局部和个别。

西方哲学的存在论与中国哲学的天道论有许多不可通约的地方,但上述特征却是它们共同的。没有这种类型的思维人当然也能活下去,人也许能产生无数物质和技术奇迹,但没有它,人类无法从根本上有别于畜类,无法说自己生活在**人的世界**中。因为人类凭借此类思维,超越了自己的生物性和自然性。毕竟到目前为止,我们还只发现人类具有这样的思维能力和思维活动。正是这种思维方式构成了**人的**生活方式;人正是通过这种类型的思维,认出了自己人的身份。

当然,这两种思维,实用性思维或常识性思维与整体性思维的区分只是类型上的,近似德国古典哲学对知性与理性的区分,但在人类实际思维过程中,它们往往是结合在一起的。它们都要使用理性分析和推理的方式。正因为如此,有些人忽略或混同了这两种不同类型的思维,以为哲学的特征就是概念分析与逻辑推理,这其实并不是哲学独有的特点,而是一切理论科学都有的思维特点。哲学的特征只是在于它要追本溯源,把握作为整体的存在。

西方哲学往往将宇宙起源论(cosmogony)视为哲学的开始。乍看起来,似乎有点不好理解。例如,由 G. S. Kirk 等人选编的《前苏格拉底哲学家》[①],选的第一条材料是《伊利亚特》第 8 卷中

---

① G. S. Kirk, J. E. Raven and M. Schofield, *The Presocratic Philosophers* (Cambridge: Cambridge University Press, 1983).

宙斯对众神说的这几句话：

> 或是由我捉住，扔到幽暗的塔尔塔罗斯，那地方远得很，是地下的深坑，大门是铁的，门槛是铜的，它与冥土的距离之远，有如天在大地之上。①

第二条材料选的是赫西俄德《神谱》中描写塔尔塔罗斯（深渊）的一段话：

> 铜墙环绕着深渊，在铜墙周围，三重夜包裹着岩颈，而在它的上方，生长着大地与澎湃的大海之根。②

这两条材料之所以入选，是因为它们都表述了人类对宇宙**整体**结构的理解。这是一种整体性的理解，对于人类的物质生存，毫无助益，在此意义上它是非功利的、整体性的、超越性的。不仅如此，它也是超越人类直接的感性经验的，Tartaros（深渊）还在地底（冥土）的底下，与冥土的距离不啻天壤之遥。

希腊人很早就已用水来解释宇宙和万物的起源，当然这不是一般的水，而是具有终极本源意义的水，众水之源③，他们把它称为奥克阿诺斯（Okeanos）。希罗多德在其《历史》中写道："他们（希腊人）用语词肯定奥克阿诺斯，它从太阳升起的地方开始，环绕整个地球流淌，但他们不能有效地予以证明。"④《伊利亚特》

---

① Homer, *Iliad*, VIII, 13—16. G.S. Kirk, J.E. Raven and M. Schofield, *The Presocratic Philosophers*, p.9.

② Hesiod, *Theogony*, 726. G.S. Kirk, J.E. Raven and M. Schofield, *The Presocratic Philosophers*, p.9.

③ "他是各条河流和所有大海、一切泉流和深井的源泉。"(Homer, *Iliad*, XXI, 194. G.S. Kirk, J.E. Raven and M. Schofield, *The Presocratic Philosophers*, p.10.)

④ G.S. Kirk, J.E. Raven and M. Schofield, *The Presocratic Philosophers*, p.10.

中赫菲斯托斯为阿喀琉斯打造的盾牌上画有整个世界的图像[1]，奥克阿诺斯画在盾牌的周沿，象征这个本源之水环绕整个世界。奥克阿诺斯不仅是众水之源，而且还是众神之祖[2]，万物之源。[3]很显然，这样的本源之水的思想也不是经验可以提供的，不是建立在经验的基础上，而是人超越性和整体性思维的产物。同样，这样的超越性思想对于日常生活毫无用处，却成为希腊文明之根。

早期希腊思想虽然以神话的形式来表达，表达的却是希腊人对于总体性问题的思考，首先当然是世界(宇宙)从何而来的思考。很显然，这个问题借助经验是无法回答的，因为它不是一个来自经验的问题。对于这个问题有两个可能的回答，即无中生有和有物先天而在。无中生有的答案逻辑上就行不通。于是只能想象有物先天存在。西洛的费勒色特(Pherecydes of Syros)[4]就提出了后一种回答：宙斯和克洛诺斯，还有 Chthonie 始终存在，它们是三个首要原理，克洛诺斯用它自己的种子造出了火、风(或气)和水。[5]这就解决了无中生有的困难。所以在亚里士多德看来，费勒色特不是以神话的方式在说话，他实际上是以至善作为创造者。[6]费勒色特不是在说神话，而是在说哲学。

其实，神话和哲学之间并不像许多现代学者以为的那样，存

---

[1] 德国著名古典学家 W. Schadewaidt 认为荷马对于该盾牌图像的描述是按照明确的存在范畴来进行的，这个画着图像的盾牌表现了荷马的世界概念(Cf. Wolfgang Schadewaldt, *Die Anfänge der Philosophie bei den Griechen*, SS.49—53)。

[2] Homer, *Iliad*, XIV, 200.

[3] Ibid., 246.

[4] 吴寿彭说费勒色特是泰勒斯的弟子，实际上关于他的生平古人就没有一致意见，有人认为他是希腊七贤的同时代人，也有人认为他是居鲁士的同时代人，这样他就比泰勒斯小一辈，与阿那克西曼德同辈(Cf. G.S. Kirk, J.E. Raven and M. Schofield, *The Presocratic Philosophers*, p.50)。

[5] G.S. Kirk, J.E. Raven and M. Schofield, *The Presocratic Philosophers*, p.56.

[6] Aristotle, *Metaphysics*, N4, 1901 b8.

在着明确的界线。认为神话与哲学之间存在着明确界线的人，往往以人格化和非人格化作为区别神话与哲学的标准，认为哲学与神话的区别就在于哲学去人格化，只用概念而不再用人格神来说事。例如，哲学家不会再把天地的相互作用说成是尤兰纳斯与盖娅之间的性关系；宇宙的构成因素可以像恩培多克勒的根那样直接挑明，宇宙的组织原理可以表述为分离与聚集，而不是战神与爱神，或甚至战争与和谐。实际上前苏格拉底哲学家从未那么决绝地完全拒绝这些有用可塑的象征，他们常常像赫拉克利特那样，满足于重新解释它们的功能和价值。甚至人格化的概念也不是完全反理性的。在具有各种各样性质和力量的神祇与恶魔之间进行划分本身就是一个有价值的分类行为；它最终阻碍的是某种解释模式的**制度化**，人甚至在他们最理性时也容易把这种解释模式（人类中心论的解释模式）使用过头，即把世界视为像人一样有生命或甚至是有目的的。①

正如基尔克等人所指出的那样，即使荷马时代的希腊都不乏理性，荷马笔下的奥德修斯就是一个非常理性的人。另一方面，去人格化或去神话化并非是由于理性战胜了神话，不是一个理智发展的产物，而是希腊世界在公元前 9 世纪到公元前 6 世纪政治、社会和宗教变化所致。②这种变化会使得神话与宗教在社会的功能与地位有所变化，但并未使它们彻底退出希腊社会和希腊哲学。这就是为什么希腊哲学家从未放弃使用神话和宗教。

一般的西方哲学史往往把泰勒斯称为"哲学之父"，意思当然是指哲学是从他开始的。其实他一共就流传下两句话："大地浮在水上"和"万物充满神明"。亚里士多德在《形而上学》一开

---

① Cf. G.S. Kirk, J.E. Raven and M. Schofield, *The Presocratic Philosophers*, p.72.
② Ibid., pp.73—74.

始是这样来解说泰勒斯的第一个命题的:"最早的哲学家多数认为质料形式的 *arche*(始基、原理)是万物唯一的 *arche*;它是一切存在事物的根源,万物兴于斯、毁于斯,事物的性质变化不已,但此本体恒在,因而他们称其为存在事物的元素和始基,因此他们认为没有绝对的生成与毁灭,因为此一自然恒在……这类哲学的奠基者泰勒斯说始基是水(因此他说大地安置于水上),大概他看到一切事物皆从湿润得其营养,湿润也产生温暖,使之存活(事物从其生成的东西就是事物的始基)而得出这个思想。"①后世往往根据亚里士多德的这个解说而把泰勒斯和他开始的米利都学派称为唯物主义或自然主义哲学家,他们所在意的是构成宇宙的根本质料。这种理解也是后来的哲学研究者以今度古的结果。

"大地浮于水上"可以说根本不是泰勒斯的发明。古代埃及和巴比伦的宇宙论神话中已有这个想法,而泰勒斯极有可能是由于直接接触了近东宇宙论神话学而提出他的观点的。②其实,神话与哲学并没有现代人以为的那么彼此不相容。正如布鲁门贝格在其《神话研究》中指出的,神话宣称大地安置于海洋上或从海洋中升起,而逻各斯则把它翻译为一个苍白许多的普遍公式:万物生于水,由水组成。这两者之间并无飞跃,因为神话与逻各斯,旨趣相同,只是追求此一旨趣的手段不同而已。③

然而,如果不知泰勒斯的思想背景(近东神话)④,根据亚里

---

① Aristotle, *Metaphysics*, 983b 6—26.

② Cf. G. S. Kirk, J. E. Raven and M. Schofield, *The Presocratic Philosophers*, pp.92—93.古代资料说,泰勒斯是先去埃及研究哲学,老年才将哲学带回米利都(Cf. G. S. Kirk, J.E. Raven and M. Schofield, *The Presocratic Philosophers*, p.79)。

③ 汉斯·布鲁门贝格:《神话研究》上册,胡继华译,上海人民出版社 2012 年版,第 29—30 页。

④ 根据基尔克等人的研究,亚里士多德对泰勒斯所知甚少(Cf. G.S. Kirk, J.E. Raven and M. Schofield, *The Presocratic Philosophers*, p.93)。

士多德的解释,泰勒斯显然是一个彻头彻尾的自然主义者或唯物论者:水是构成万物的基本物质;物质是世界的本质。但亚里士多德的确是这么来理解泰勒斯的,他在《论天》中批评泰勒斯什么问题也没解决,因为既然是水支撑着大地,那么就得找到支撑水的东西。①这说明他对泰勒斯的理解是成问题的。泰勒斯肯定接受当时希腊人流行的看法,即大地往下无限延伸,是一个无底深渊(Tartaros),所以水靠什么支持可能对他真不是一个问题。这且不说。亚里士多德对泰勒斯为何选择水作为万物的本原(始基)的理由纯属猜测("大概")。在亚里士多德眼里,最早的哲学家是以他四因里的第一因——质料为万物的始基,强调的是他们的相似(对后世对早期哲学家的理解很有影响),但这会引起严重的混乱,泰勒斯的始基"水"和赫拉克利特的始基"火",对他们本人来说都是非常不同的东西,而不是后来的浅人所以为的那样都是"物质"。现在流行的"物质"概念是亚里士多德引进的。②很可能与亚里士多德的理解相反,万物源于水的意思不是万物是由水构成的,而只是表示水是万物的起源,就像人与他们遥远的祖先的关系那样。③但他心目中的水未必是物质意义上的始基。"万物皆水"未必是对泰勒斯宇宙论观点的可靠概括。④

泰勒斯并不是在观察经验现象,而是在思考经验现象,更确

---

① Aristotle, *On the Heavens*, B13, 294a 28.

② Hans-Georg Gadamer, *Der Anfang der Philosophie*, S.89.

③ Cf. G. S. Kirk, J. E. Raven and M. Schofield, *The Presocratic Philosophers*, pp.90—91.

④ 早在 1581 年,意大利学者 Francesco Patrizi(1529—1597)已经出版了一部四卷本的著作,从语文学和历史学的观点广泛而仔细地处理了亚里士多德对前苏格拉底哲学家的解释,激烈批评他任意错解他的前辈,并考察了他这么做的理由。20 世纪 30 年代,美国学者 Harold Cherniss 也质疑亚里士多德对前苏格拉底哲学家的解释(Cf. Peter Kinsley, *Ancient Philosophy*, *Mystery*, *and Magic*: *Empedocles and Pythagorean Tradition*, p.386)。

切地说,是要超越感觉经验来思考经验向他提出的问题。万物皆水,从经验上讲,连孩子都知其为非。但泰勒斯这个当时最有知识和常识的人为何却要郑重其事地将它提出?当然,我们对此可以有很多答案:一切形式的生命都离不开水;由于生活在海边,自己又是一个领航员,自然会有此想法;水是常态,固体是冻结的水,水又变成为蒸汽,固体、液体、气体三者其实是一种东西,等等。

这些答案的共同特点是,都立足于经验来猜测泰勒斯命题的意义。其实,万物皆水或水是万物的本原明显有悖于人的经验,就足以使我们更深地去思考他的这个命题了。日常世界五花八门、形形色色。人每天既要面对各种各样不同的东西,也要从事各种各样不同的事情。各种事物和事情之不同,怎么说都不为过。人们首先得知道事物的不同,才能在地球上生存。例如,对于生活在海边的希腊人来说,必须知道海水不能喝而河水和山泉能喝;必须知道大理石只能用来造神庙而不能用来冶炼金属,等等,等等。我们最初对事物的了解总是具体的,越原始,越年幼,越具体。幼儿一般只知道这个苹果和那个苹果,不会知道一般的苹果,或作为类的苹果。在许多原始部落,同一植物在一天不同时间段有不同的名称。也就是说,人最初了解的总是事物的个别性、特殊性与差异,而不是事物的普遍性。

但是,事物的特殊与差异有两个不可或缺,却往往被人们忘记的基本条件。首先,它必须与其他事物共存在世界中,这样人们才能发现它的特殊与不同。正是其他事物的存在显出了事物的特殊和不同,我们总是在与其他事物的比较中发现事物的特殊与不同的。其次,任何事物都是有边界的,正是其边界使我们可以将它与其他事物相区别。一事物的边界外就是另一个事物的边界了,另一事物的边界又伸向另一个事物的边界,如此可以无限延伸下去。也就是说，使每个事物的边界得以可能的是无限。阿那克西曼德第一个看到了这一点。

不仅事物的边界相互为邻，而且它们也是有联系的。果子长在树上，树生长在泥土中，需要雨水的滋润，雨水来自云中，云在空中，云的聚散与风有关，等等，不知道这些，我们就没办法对待任何事物。也就是说，人活在世界上，只有了解这个世界上的事物的相互关系，才能真正了解这个事物和适当处理这个事物。世界的无限延伸和事物的无限联系，都使得人们不能不去追问和思考那个无限的整体。哲学最初就是对此无限整体或大全的追问和思考。

我们知道，philosophy 在希腊文中的意思是"爱智慧"。可什么是"智慧"(*sophia*)？在古希腊，"智慧"这个词的历史可以追溯到荷马。荷马用它来指预见和执行一个复杂任务必要的智慧。例如，一个造船大师不像一个普通的造船工人，后者只要知道怎样钉一块木板或把帆系在桅杆上就行了。造船大师必须有成竹在胸的智慧，能把握造船的全局，并指导他人将之实现。与普通造船工不同，他得知道如何设计船和建造船，这种全面的知识使他有资格被称为是智慧的。他的智慧使他能控制全局，高屋建瓴。*Sophia* 最初就指这种掌控全局、高屋建瓴的意思。[1]可见，在"哲学"这个词的希腊词源中，已经包含对整全把握的意思了。

当然，哲学要追问的不是某个事物的整全，它要追问和思考的是无限的整全或大全，要追问和思考这个无限的整全，必须超越日常的经验知觉和建立在经验知觉基础上的思维方式，而进入到一种抽象的普遍性思维方式中。人必须不顾大千世界五花

① Luis E. Navia, *The Adventure of Philosophy* (Westport, Connecticut: Greenwood Press, 1999), p.5.

八门、各式各样的具体事物,将它们一视同仁,用"一"来思维它们,或者说,用一个根本要素来思考它们。泰勒斯的意义,就在于他实际上是用"水"作为一个普遍概念来思考整体。

所以亚里士多德将泰勒斯的水理解为"始基"(*arche*)是不错的(虽然泰勒斯自己没有用这个词),尽管这个作为始基的"水"未必是物质质料。[①]在泰勒斯那里,水显然不是作为可经验的物质,而是作为一个最普遍的解释性概念来使用的。因为在地球上,除了水以外还有其他的物质,如土、气、火等等。泰勒斯不顾其他物质的存在,而用水来解释万物,将它视为一切事物的本原,当然是把水变成了一个普遍的概念,而不是普通的物质或质料(*hýlē*)。

虽然现代西方学者一般都把 *hýlē* 翻译成"物质"(material)或"质料"(matter),其实它与现代哲学心目中的物质或质料不可同日而语。现代哲学的"物质"或"质料"的概念指的就是完全被动的原材料,没有别的意思。而在古希腊,质料并不是纯粹被动的原材料的意思。文德尔班在《哲学史教程》中指出,在米利都学派哲学家那里,"宇宙物质被认为是某种自身活着的东西:他们认为它生气勃勃,正如特殊的有机体一样"[②]。即使在亚里士多德那里,它也是原因,即质料因。并且,在古希腊文化中,宇宙无论什么基本的东西在古希腊人看来都是具有神性的。[③]例如,泰勒斯便认为万物充满了神性。[④]

泰勒斯那个时代的人未必会如亚里士多德那样区分形式与

---

① "对于他,水并不仅仅是我倾倒的东西或我喝下的东西。它还是某种包含着相当数量的效果和能量的东西。"(让-皮埃尔·韦尔南:《神话与政治之间》,第246页)

② 文德尔班:《哲学史教程》上卷,罗达仁译,商务印书馆1987年版,第50页。

③ Cf. Sarah Broadie, "Rational Theology", *The Cambridge Companion to Early Greek Philosophy*, p.206.

④ Cf. Wilhelm Nestle, *Vom Mythos zum Logos* (Stuttgart: Alfred Kröner Verlag, 1940), S.81.

质料。*Arche* 的基本意思是"起始"或"本原"。追究宇宙的起始、万物的起始（宇宙论），既是神话的起点，也是宗教和哲学的起点。而追求世界的本原，是"试图在表象的游戏下，在一切带敏感性的事物的映照下，揭示各种稳定的因素。一些首要的、包括了宇宙的平衡法则的恒常因素"①。用水作为万物的本原或始基，显然不是从物质意义上说的。因为感性经验很容易否定"万物皆水"的说法。始基不是亚里士多德意义上的质料，阿那克西曼德的 *aperion*（无限）就足以证明这一点。前苏格拉底哲学家的始基，不管是水、火，还是气或无限，都是一个本原性概念，用来从总体上把握世界。如果把它们理解为质料的话，在感性经验那里就通不过。但如果我们不把水理解为物质意义的水，而把它理解为古人试图用来整体把握世界的存在论概念的话，那么亚里士多德归于泰勒斯名下的"水是万物的始基（本原）"的思想，就典范性地表达了哲学的本质特征：从总体上把握世界，从概念来把握世界，从本原上把握世界。

虽然阿那克西曼德在米利都学派中排名第二，但从哲学的角度说他是最为重要的一位。他也是上古意义上的 *sophos*（智慧之人），一个在生活的各个领域都有建树的全才。在哲学上，他是一位真正有突破性贡献的人，尽管长期被后来的研究者误解或曲解。一般哲学史上都说他把 *aperio* 作为原理和元素，或始基。但什么是 *aperion*？从词根上看，这个词与边界（*peirar*，拉丁文 *terminus*）有关，荷马就谈到过大地和海洋的边界。因此，*aperio*（*a* 是否定性前缀）的意思不是不定或无终极，而是"没有边界"，或"无涯"。地平线还不是边界，我们知道它可以一直延伸出去。无涯不是一个感性现象，而是一个超感性的表象。

---

① 让-皮埃尔·韦尔南：《神话与政治之间》，第 242 页。　　249

单凭感性,根本不可能有此表象。因此,把它像泰勒斯的水一样理解为质料性的始基是荒谬的。

但是,它又不是完全抽象的概念。我们可以想象我们周围的事物不管有多少,都被一个无限包围,"有限物"之"限"是它们的种种规定,而在这些规定之外,不是无,而是无限。无限就是包围一切有限的那个大全,事物来自这个无限(当然不是量的意义上),因为有限事物的边界只能在一个比它更大的范围中才能被划定,对于所有事物来说,这个"更大的范围"只能是无限。这个无限我们无法直接感知,但可以感性想象。尽管如此,它仍然是人类抽象思维的产物,更确切地说,是具体地抽象的产物。①

阿那克西曼德唯一直接流传下来的话是:"……所有天体和其中的世界产生于某个别的无限的自然。存在的事物生成的根源,也是毁灭按照必然性发生的根源;它们根据时间的安排彼此为它们的不正义给予惩罚和得到报应。"②这段话极为重要,许多西方哲学家都对它作过自己的诠释,萨德瓦尔特甚至说欧洲哲学从它开始。③

在荷马和赫西俄德那里,还有后来的泰勒斯,他们都要追问世界和事物从哪里来,即事物的起源;而现在阿那克西曼德不但谈到事物的生成,还谈到了事物的消亡(*pathorá*)。这样,世界就被理解为是一个生成与消亡的统一。这是前所未闻的。一般人不会从生成与毁灭的观点来把握世界。世界不是静态的,而是生成与消亡的持存状态。后来赫拉克利特有力地发展了这个思想;柏拉图把世界分为纯粹存在的世界和与之相对的变化的

---

① Schadewaldt 说"无限"概念向我们显示了阿那克西曼德从感性给予物中进行抽象的能力(Cf. Wolfgang Schadewaldt, *Die Anfänge der Philosophie bei den Griechen*, S.239)。

② G.S. Kirk, J.E. Raven and M. Schofield, *The Presocratic Philosophers*, p.118.

③ Wolfgang Schadewaldt, *Die Anfänge der Philosophie bei den Griechen*, S.240.

世界,世界的本质也可以追溯到阿那克西曼德的这个思想。世界不是虽有某些变化,但基本静态的所予物;世界本质是生成与消亡永久的交互性和共存性。[①]

这段话有两点特别引人注目。一是"时间的布置"(*chrónou táxin*)。*táxin* 最初的意思是"战斗部署的次序"。在这里显然是时间构成了一个序列,它包含某种布置。还有一个值得注意的概念是"不正义"(*adikía*),因为"正义""不正义"都是有关人事的概念,却在这段似乎是关于宇宙论的言论中出现。这就使得这段残篇令人费解,也因而充满魅力。

事物有生有灭,一定有支配它们生灭的规则,即事物的变化有某种规则性的东西,赫拉克利特把这个规则性的东西叫作 logos。而阿那克西曼德把它称为"必然性"。什么"必然性"?事物为了自己的生存必然要牺牲他者的必然性。不仅动物与植物为了自己生存要进行生存斗争,毁灭他者,无机物也是如此。按照萨德瓦尔特的解释,这就是阿那克西曼德所谓的"不正义"。只要有存在者,就有这种不正义。每一个生物都通过不正义来保持自己,并且越出自己的范围侵入别人的权利领域。水侵蚀土地,冲刷它,土地又拦住水,把它挡回去。液体在热作用下蒸发,热的东西就是猛烈施行这样的不正义的东西。世界上没有不干这种意义上的不正义的东西,也没有不遭受这种不正义的东西。[②]

虽然存在者的生命要以他者的生命为生,但也产生了另一种相反的力量,即始终又产生平衡(补偿)的力量。尽管有始终存在的不正义,万物最终还是平衡的。这就是正义(*dike*)。正义是法庭裁决的原则、和解的原则。但是在还没有法庭的希腊

---

① Wolfgang Schadewaldt, *Die Anfänge der Philosophie bei den Griechen*, S.242.
② Ibid., S.243.

社会,这就已经是古老的行事方式了。一件不正义的事发生了,就要求有某种补偿,以恢复和平。调解人通过他们的裁决来重新产生平衡(公平)。现在这个人生的基本场景,被阿那克西曼德移植到存在者整体的领域。这在希腊思想史上是前所未有的。①

在《劳作与时日》中,赫西俄德说,鱼、兽和有翅膀的鸟类之间没有正义,因此它们相互吞食。但是,宙斯已把正义这个最好的礼物送给了人类。②这里,赫西俄德实际区分了两个领域:自然领域和人类领域。在自然界,在兽类中,没有正义,所以它们相互吞食。而在人类世界,由于宙斯给予了正义这个礼物,因而给了法律,使得人与人之间不但相互厮杀和抢掠,而且平衡也有可能作为人存在的规则存在,通过惩罚和赔偿,一切又走上正轨。但现在根据阿那克西曼德的这个残篇,不仅人有正义,一切存在的东西都有正义。正义成了一般存在的原则。最终的毁灭是不可能的,平衡的原理在控制着一切侵犯,即正义在一切地方都起作用。正义的秩序现在被理解为存在的秩序。③

长期以来人们对希腊哲学的早期发展一直有一个错误的看法,即前苏格拉底哲学家基本像荀子批评的庄子那样,是"蔽于天而不知人"(《解蔽》),只关心宇宙论问题,不关心人事。要到苏格拉底开始,希腊哲学才开始把眼光从天上转到了地下。当他说"苏格拉底把哲学从天上带到了人间"时,西塞罗就已经这么认为了。他在《学园派哲学》(Academica)一书中引证罗马学者瓦罗(Marcus Terentius Varro, 116—127 BC)的观点评说苏

---

① Cf. Wolfgang Schadewaldt, *Die Anfänge der Philosophie bei den Griechen*, S.243—244.

② 赫西俄德:《工作与时日 神谱》,张竹明、蒋平译,商务印书馆 1991 年版,第 9 页。

③ Cf. Wolfgang Schadewaldt, *Die Anfänge der Philosophie bei den Griechen*, S.244.

格拉底："虽然在他之前的所有哲学家都在从事哲学,但只是他才把哲学引向日常生活的主题,以便探索德性与恶行,以及普遍的善与恶,并使我们认识到,天上的东西,无论是我们的知识遥不可及的还是别的什么,纵然完全为我们所知,也与善的生活毫无关系。"①

这种说法其实是经不起深究的。早期希腊哲学家的兴趣是全方位的,他们对人类经验同样很感兴趣。阿那克萨戈拉研究过荷马的伦理学内容;德谟克利特的著作包括伦理学、音乐、人类学和文学理论多方面的内容。根据柏拉图的说法,高尔吉亚和希庇阿斯准备谈任何主题。我们不要忘记,早期希腊哲学家是要说明一切事情。当然,像提出"人是万物的尺度"的普罗塔哥拉和高尔吉亚甚至不谈客观自然,而只谈和人有关的问题。②可是,长期以来,人们一般都觉得,希腊哲学是到了苏格拉底时代才开始关心人的问题。文德尔班的《哲学史教程》把希腊哲学的发展分为宇宙论时期、人类学时期和体系化时期就给人这种印象。

我们从阿那克西曼德这里就已经看到,他并不是一个所谓的自然哲学家,相反,他将人间社会的原理改造成了天理,改造成天上地下、自然与社会共同的原理。在这方面,阿那克西曼德并非始创者。荷马与赫西俄德是他的先驱。

希腊神话和最初的哲学一样,要思考世界的本原,这"本原"不是"原点"的意思,而是世界之所以为**如此**世界的根据。所以*arche*"这个词首先指的是权势、最高权力,它同时也指本原、基础。从这一时刻起,希腊人就将寻找本原。这就是说,为了解释表面,

---

① 转引自泰勒主编:《劳特利奇哲学史》第一卷《从开端到柏拉图》,韩东晖等译,中国人民大学出版社 2003 年版,第 323 页。

② Cf. A. A. Long, "The scope of early Greek philosophy", pp.11—12.

人们已经不再在表象的后面寻找一个前来稳定它们、确定它们的本原了。人们所寻找的,是建立了这些表象的本原"①。确定事物或世界的秩序,使之不得不如此,当然是一种权力,而且是最高的权力,而它确定的秩序,"将获得**法**即 nomos 的形式"②。

在希腊神话中,这种思想是通过宙斯的权力来表达的。宙斯是众神中最有权力的神,他的权力不会枯竭,不会削弱。他不会被推翻,这也意味着他建立的秩序不会被推翻,具有永恒性。通过这种秩序,所有的神各司其职,留在他们的领域里。当然,就宙斯把他的分配制度强加于人而言,宙斯不能与本原画等号。"本原不是一种比其他种种力量大得多的力量,……本原是在各元素之间的一种平衡法则。"③希腊人首先在他们的社会生活,而不是对自然的沉思中明白这一点的。

公元前 7—6 世纪,希腊世界发生了一系列的重大变化,身处这个时代的梭伦,在许多方面体现了这些变革对希腊思想的巨大影响。梭伦是伟大的政治家,却不像后来的政治家那样以工具理性来行事,而是从宗教精神、从正义—宗教或对神(即正义之神宙斯)的信仰来行事。④梭伦是个立法者,他那个时代希腊世界最重要的一件事就是将法律以成文法的形式固定下来。立法与制定法律都必须以正义为原则。梭伦的伟大在于他不仅将正义理解为人类的原理,也理解为存在的原理。在梭伦那里,希腊人第一次明白,人类社会必须如此结构:它表现一种平衡(公平)的构造。这是一个和谐的整体结构,在那里,人人都有他应得的东西,但整体高于部分。梭伦不仅第一个思考了法制国家,

---

① 让-皮埃尔·韦尔南:《神话与政治之间》,第 242 页。
② 同上。
③ 同上。
④ Cf. Wolfgang Schadewaldt, *Die Anfänge der Philosophie bei den Griechen*,
S.115.

而且通过他的立法建立了法制国家。从而典范地实行了正义的城邦生活的原则。这不是因为那样做最有用，不是基于功利的目的，而是基于正义的宗教，它自身就是目的。①

在梭伦看来，自然事物是有规律的，城邦生活也是有规律的，并且，城邦生活的事物几乎具有自然规律那种必然性。人类社会的规律性与自然的规律性一起构成了涵盖一切的整体性的存在规律。也就是说，人类社会与自然实际是由同样的原理支配的，而这个原理，只能是正义的原理。这显然是前述阿那克西曼德表达的思想的先声。

在梭伦思想中还有一个重要的概念，就是尺度。他在残篇16中说："最困难的是看到知识不可见的尺度，唯有它保持一切事物的边界。"②尺度决定事物的边界，也就是事物的规定，所以它属于存在的原理，不可见地奠基性地构建一切事物。它不是正义，但与梭伦的正义概念有很强的亲和性。支配一切的平衡原理是存在特有的和谐的基本建构，它导致人必然会想起尺度概念。③也就是说，正义导致尺度，而尺度决定事物的边界（是什么），"有边界就是存在"④。尺度是看不见的，它是事物的内在原理。梭伦发现一切事物都是有尺度的，也就是有章法的。这种尺度和章法，是不分自然与人文的。从梭伦和阿那克西曼德那里我们已经可以看到，哲学从来没有只是在天上。相反，它从一开始就要打通人间天上。它既是对天的思考，也是对人的思考。它是在天人贯通的语境下思考天与人两方面的问题。

人们习惯称早期希腊哲学家是宇宙论哲学家，这在一定意

---

① Cf. Wolfgang Schadewaldt, *Die Anfänge der Philosophie bei den Griechen*, SS.117—118.

② Ibid., S.119.

③ Ibid.

④ Ibid., S.120.

义上是不错的,只要我们不把宇宙论狭隘地理解为不包括人的
问题就行。无论 logos 还是哲学(*philosophia*),其研究主题都是
physis,柏拉图和亚里士多德称早期希腊哲学家为 *physikoi*①,意
为“关心 *physis* 的人”。*Physis* 最早的用法与希腊文动词 *einai*
密切相关,意为“真实存在的东西”。②它最初的意思是“起源”和
“生长过程”;也指构成事物的源始材料(*Urstoff*)③;最后它指事
物内在的组织原理,事物的结构。④*Physis* 作为事物的起源和生
长过程,作为构成事物的源始质料,它具有神性和生命,是不朽
和不可摧毁的。⑤作为 *physis* 的自然不是呈现在人们眼前的一
切现成事物,因为“自然(*physis*)喜欢隐匿自己”⑥。在赫拉克利
特看来,找到了事物的自然(*physis*),就解开了宇宙之谜。如果
说逻各斯的概念聚焦于宇宙或世界的合法则性的话,那么
physis 则强调的是此大全的发生性和过程性。合法则性(理性
秩序)与过程性(运动活力)是宇宙全体最基本的特性,是始基的
基本内容。

　　巴门尼德把之前希腊哲学家关于始基或世界本原的思想
“拔高到登峰造极的地步”⑦。此前种种仍然可以通过经验理解
的各种始基或本原概念,被彻底抽象化,提纯为存在概念。巴门
尼德明确表明,这不是我们寻常意见所能谈论的东西,而是由神
指引才能看到和认识的事物。与它相比,日常经验给予我们的
都是不真实的东西。存在是唯一真实与实在的东西,是独一无

---

① Cf. Plato, *Phaedo*, 96a; Aristotle, *Metaphysics*, 1005a.
② Edward Hussey, "Heraclitus", *The Cambridge Companion to Early Greek Philosophy*, p.110, Note 8.
③ Cf. Plato, *Laws*, 891c; Aristotle, *Physics*, 189b, 193a.
④ Cf. Heraclitus, fr.123; Democritus, fr.242.
⑤ Cf. Plato, *Laws*, 967a; Aristotle, *De an.* I, 411a, *Physics*, III, 203a—b.
⑥ Wilhelm Capelle, *Die Vorsokratiker. Die Fragmente und Quellenberichte*, S.152.
⑦ 文德尔班:《哲学史教程》上卷,第 57 页。

二和绝对完满的。尽管它难以摹状。

　　与任何具体事物相比，存在都是极为抽象的，它根本不是感官知觉的对象，而只是理性认知的对象。①它超越个人意见的领域，属于逻各斯的范围。它没有生灭变化，而是永恒常在。但它并非与事物无关，相反，它是事物的基本条件，是事物的根本保证，因为只有存在存在，非存在即不存在。"'存在'和'充实着的空间'是同一的东西。对于一切'存在着'的东西说来，这个'**存在**'，这个充实着的空间的功能，恰恰是同一的东西；因此，只有一个没有内在区分的单一的**存在**。"②文德尔班对巴门尼德"存在"概念的这段描述，说明了此概念三个根本特征：（一）"存在"与"充实着的空间"是对同一事物的说明存在是作为整全的世界；（二）存在是包容世界万物的那个"一"或"全一"；（三）存在是作为一切事物最普遍规定与本质的大写意义的**概念**。

　　但巴门尼德的存在概念却不是某种超越事物的超验抽象。恰恰相反，它是构成事物最基本的质料，西美尔曾敏锐地指出过这一点："巴门尼德所说的存在却不是那种纯粹抽象的、跨越所有世界内容的概念，而是看上去似乎是他把存在的东西本身理解为我们称作质料的东西。……事物……不是黑的便是白的，不是热的便是冷的，但这却不是它们的存在，因为那种存在在起着变化，而它们却还是原样。与此相反，它们的质料在它们的规定发生每种变化时都原封不动，**它**总是存在着，可见**它**是固定和稳定的东西，是真正的现实，在此之外不可能有他物。"③很显然，在巴门尼德这里，存在不是一般的抽象，而是一切事物的本原。

---

　　①　有点反讽的是，巴门尼德把存在具体描述为一个滚圆的球体。
　　②　文德尔班：《哲学史教程》，上卷，第 57 页。
　　③　西美尔：《西美尔文集——哲学的主要问题》，钱敏汝译，上海译文出版社 2006 年版，第 52 页，译文有改动。

它是一切事物的根本前提，是绝对的必然。

通过明确提出存在概念并给予它上述重要的基本规定，巴门尼德当之无愧成为西方哲学存在论的奠基者。他的存在概念虽不甚完备，却大致形成了后来西方存在论问题的基本范围，也说明了为何不少西方哲学家干脆就把哲学理解为存在论，为什么存在论始终是西方哲学的核心内容与追求。巴门尼德的存在概念凝聚着希腊人最初对哲学任务的基本理解。

亚里士多德在《形而上学》中写道："苏格拉底忙于讨论伦理问题而忽略了作为整体的自然。"①因此，苏格拉底哲学一直被人认为是伦理哲学。然而，亚里士多德的对于苏格拉底的这一说法未必正确。苏格拉底的确主要关心的是人的问题，但他对自然的兴趣贯彻始终。他最初也是和当时的许多哲学家一样，从事自然哲学的研究，尤其对阿那克萨戈拉用努斯（nous）来解释宇宙万物的原因感兴趣，一度认为在阿那克萨戈拉身上找到了自己的老师，认为阿那克萨戈拉可以告诉他宇宙的根本原因，以及"什么最好和什么最坏"②。

可是他最终发现阿那克萨戈拉不是用努斯，不是用任何真正的原因来解释事物，而是提出气、以太、水以及其他一些莫名其妙的东西为原因。③这让他很不满，因为他相信人与自然的原因具有相同的性质，如果人的行动是有意志有目的，受理性（努斯）支配的话，那么自然事物的原因也不可能是物质元素的机械作用，因为宇宙在他看来是一个目的论的系统。

Nous 在英语文献中常常被译为 mind。这个翻译是会误导人的。按照英国学者泰勒的说法，阿那克萨戈拉的努斯很可能

---

① Aristotle, *Metaphysics*, A, 6, 987b 1—4.

② Plato, *Phaedo*, 98b.

③ Ibid., 98b—c.

既是指个体之心，又是指宇宙之心（用中国哲学的概念是天地之心）[1]，它"指导万物，是万物的原因。……在任何时候都以最好的方式指导万物和安排万物"[2]。然而，苏格拉底发现阿那克萨戈拉没有把自己的这个思想贯彻到底。阿那克萨戈拉的哲学除了努斯这个原理外，还有一个平行的原理，就是"种子"。种子是构成万物的元素或本原。"本原在数目上是无限的；因为他说几乎所有事物都是由与其自身相同的微粒构成的，就像水与火一样，并且仅仅在这种方式中生成和消灭，即通过结合和分散，而并非在任何其他意义上生成和消灭，而永恒地保持着。"[3]但种子只是原材料，使世界万物成形和有条理的是努斯，努斯是仁慈的神，使宇宙万物井井有条。努斯和种子，前者是一，后者是多。阿那克萨戈拉试图以这两个原理来处理一与多的问题。但他与德谟克利特一样，认为"无限的'多'是最基本的东西"[4]，因而努斯最终只是成为纯粹形式的事物分合的外在动力，无法真正成为事物的原因。事物一旦被启动（机械运动）后，我们就应该以其本身运动，而不是其自身的最初动因来解释它们。这使苏格拉底很不满。他不能接受一个没有目的（善的目的）的宇宙，而用机械原因解释的宇宙，只能是一个没有内在目的的宇宙。

这种不满，不纯粹是纯理论的，而是有深刻的时代背景的。苏格拉底时代的希腊，类似差不多同时代（孔子时代）的中国，是一个"礼崩乐坏"的时代。希波战争和伯罗奔尼撒战争虽然使希腊世界在政治、经济、军事上达到登峰造极的地步，但也使得纯朴向上的希腊世界一去不返。原来被希腊人视为天经地义的传

---

[1] 泰勒主编：《劳特利奇哲学史》第一卷，《从开端到柏拉图》，第249页。
[2] Plato, *Phaedo*, 97c.
[3] Aristotle, *Metaphysics*, A, 3, 984a, 12—15.
[4] 黑格尔：《哲学史讲演录》第一卷，第261页。

统价值观念和习俗,不再被人真心信仰了。根据柏拉图的观察,
"我们的城邦不再受我们父辈的习俗与实践指导,……我们成文
法和习俗的腐败以惊人的速度进行着"①。"在整个希腊世界中,
品性普遍地堕落了。观察事物的纯朴态度,原是高尚性格的标
志,那时候反而被看作一种可笑的品质,不久就消失了。互相敌
对的情绪在社会上广泛流传,每一方都以猜疑的态度对待对
方。……没有哪个保证是可以信赖的,没有哪个誓言是人们不
敢破坏的;……人性很傲慢地显出它的本色,成为一种不可控制
的情欲,不受正义的支配,敌视一切胜过它本身的东西。……在
对他人复仇的时候,人们开始预先取消那些人类的普遍法则。"②
这是修昔底德对当时希腊文明状态的描写。按照这个描写,很
显然,希腊世界和希腊文明正在失去其内在的维系,慢慢走向瓦
解,这是任何有识之士都不难发现的。难怪"我们在纪元前五世
纪的诗人、哲学家和道德学家中所碰到的悲观怨诉大都是反对
人们的放荡不羁、无组织无纪律、无法无天"③。

与此同时,人们发现,自然(*physis*)的东西是普遍有效、到
处一样的,而习俗与法律,即所谓的 *nomos* 却是不同的文化中各
不相同的,这不啻给希腊人提供了不再遵从传统价值观的坚实
理由。人们现在是其所是,非其所非,而智者的修辞学和雄辩术
又似乎给人们提供了怀疑和否定传统道德规范,自行其是的充
分辩护和技巧。任何个人的观念和目的似乎都是可辩护的,因
而是合法的。"人的观念和目的的**相对性**就以如此压倒一切的
优势清楚地呈现在他们意识里,以至于他们否认了在理论领域

---

① Plato, *Letter VII*, 325d—e.
② 修昔底德:《伯罗奔尼撒战争史》上册,谢德风译,商务印书馆 2010 年版,第 270—271 页。
③ 文德尔班:《哲学史教程》上卷,第 103 页。

以及在实践领域里存在具有普遍效力的真理,从而他们陷入了**怀疑论**。"①

哲学现在面临严峻的考验和挑战。从希腊哲学发轫起,哲学就要寻找和证明超越世间纷纭万变的事物的永恒不变的原理,寻找和证明不为尧存、不为桀亡的普遍有效的原则。*arché* 也好,*logos* 或 *physis* 也罢,都是对此问题的回答。但前苏格拉底哲学家一般还是把它们理解为宇宙的普遍原理,而没有特别注意人类行为的普遍原理问题,即伦理学的原理。现在,面对从未有过的相对主义和怀疑论,哲学必须回答:在人类事务领域,在人的行为领域,除了个人意见和目的以外,是否存在任何普遍有效的东西。苏格拉底不但对此问题有高度自觉,而且对哲学家对此问题的责任也有高度自觉。由于当时的相对主义和怀疑论主要表现在对社会现行价值观念和法律制度的怀疑与颠覆上,表现在对希腊文明核心价值观的瓦解和破坏上,表现为社会生活和思想的腐败与堕落上,一句话,表现在伦理道德问题上,苏格拉底必须证明,在人类社会的伦理道德上,与在自然界一样,同样存在一种被永恒不变的自然(*physis*)所决定的法则。

从亚里士多德开始,西方就有一种普遍流行的看法认为,苏格拉底在哲学史上的贡献在于,他是第一个理性主义哲学家,主张每个人都要积极使用自己的理性来批判一切,审视一切,用理性建立价值观念和道德规范。人们因此或赞扬他,或批评他。但是,苏格拉底毕竟是希腊人,而不是现代主体主义意义上的理性主义者,即康德式的理性主义者。理性可以帮助我们发现道德法则和善的本质,但这些法则与本质却不是我们规定和建立

---

① 文德尔班:《哲学史教程》上卷,第98页。

的,而是客观存在的。我们可以发现它们,却不能发明它们。当我们在谈论苏格拉底的理性主义时,不能忽略他的另一面,即"他的性格显示出批判的敏锐性与一种深刻的宗教感、清醒的理性主义与神秘的信仰的一种奇异的结合"①。

对于苏格拉底来说,理性不是人独有的能力,理性是人与神都有的东西,但神的智慧才是最高的智慧,人始终有无法解释和不能认识的东西,这时,就要依靠神的智慧了。他认为人如果以为自己由于幸运能把天下智慧攫为己有,而没有看到宇宙万物是由某种理智(神智)维系着,那是荒谬的。②神的理性(努斯)就是宇宙灵魂,它才是宇宙万物及其秩序的创造者。这是古希腊哲学家普遍的信仰。苏格拉底的同时代人阿那克萨戈拉和阿波罗尼亚的第欧根尼都强调这点。苏格拉底同样如此,他对阿那克萨戈拉的批评不是因为他使努斯成为整个宇宙背后的运动力,而是他由于把努斯理解为运动力而忽略它是宇宙理性,因而用机械原因来解释宇宙现象。③

苏格拉底相信一个作为最高理性(nous)的神,它是宇宙秩序的原因,同时也是人的创造者。人的理性与神的理性有一种特殊的相似关系:神的理性控制宇宙万物的物理运动,人的理性控制身体的行动,但却不如神的理性那么完美,虽然它们具有同样的性质,根据同样的原理起作用。要论推理,神比人更在行。如果我们不管人理性的缺陷而只看它的德性(areté)的话,那么这两种理性可说是一样的。神对人有特殊的关照,它既设计了人的身体,又为他的利益设计了自然的其余部分。④人具有某种

---

① E.策勒:《古希腊哲学史纲》,翁绍军译,山东人民出版社 1996 年版,第 105 页。

② 参看色诺芬:《回忆苏格拉底》,吴永泉译,商务印书馆 2014 年版,第 30 页。

③ Cf. W. K. Guthrie, *A History of Greek Philosophhy*, vol. 3 (Cambridge: Cambridge University Press, 1969), p.475.

④ Ibid., p.476.

神性,这就是他的理性,他的理性是他与神同一的地方。在《尼各马可伦理学》中,亚里士多德就说,人不是以他人的东西,而是以他自身中神性的东西才能过幸福生活(沉思的生活)①,理性(努斯,即人身上神性的部分)才是人的真正自我。②

正因为人的理性具有神性,因而不完全是主观的,所以正确运用它的结果也不能是个别主观的。在早期希腊世界,人们对普遍性规范和概念没有任何怀疑,只有虔诚的信仰。智者的理智主义使得这种情况有了根本改变。人们以怀疑和批判的名义颠覆一切神圣的东西。苏格拉底接受智者们对一切流行的原则和观念持怀疑和批判态度,但却反对他们由此得出的相对主义结果。智者的批判是从特殊出发,要强调特殊的权利,反对一些普遍有效的东西;而苏格拉底也是从特殊出发,却以普遍有效的概念和原则为目标。"智者们说,人是万物的尺度;这还是不确定的,在其中包含的是他自己的规定;他应该使自己成为目的,这目的中包含的还是特殊的东西。在苏格拉底那里我们也发现人是尺度,不过是作为思维的人,用客观方式表达,就是人是真、是善。"③黑格尔在这里非常精辟地指出了苏格拉底和智者的根本不同:对于智者来说,人只是个人;而对于苏格拉底来说,人是思想,是理性,而不是任何一个特殊的个人。作为万物的尺度,作为目的的人只是普遍有效的真和善的原则。

苏格拉底发现,他同时代的人,尤其是智者,在谈话中,在政治演说和法庭陈词中,不断使用各种一般术语,尤其是那些描述伦理概念的一般术语,例如正义、节制、勇敢、德性,等等。但同

---

① Aristotle, *Nicomachean Ethics*, 1177b 27.
② Ibid., 1178a 7.
③ Hegel, *Vorlesungen über die Geschichte der Philosophie I* (Frankfurt am Main, 1986), S.467.

时,智者与其他人又断言,这些概念没有实在的基础,它们不是神授的美德,而只是一些"约定俗成",因时因地而异,没有普遍的意义。它们不是固定的原则,没有绝对的规范意义,因此,每个人必须基于当下情况(*kairos*)的权宜之计,根据经验而不是原则,特殊地作出决定。①这样,最终就只有权宜之计,而不可能有普遍有效的原则了。

可哲学从它诞生的那天起就要追求普遍有效的真理,普遍有效的原则,人类正是因为不满足于仅仅从表面了解事物的生灭变化,满足于掌握事物的个别性和特殊性,从而开始探寻永恒不变的本质、普遍有效的真理。作为哲学家,苏格拉底忠于哲学的这个理想,他要在新的形势下,在人们以文化差异和个别特殊性的名义反对人生的永恒真理与普遍原则时,捍卫和证明在人类社会与在自然界一样,同样存在着一种被永恒不变的自然(*physis*)决定的法则,这种法则高于一切变化、一切差异。对于苏格拉底来说,概念就是这样的法则。

作为哲学家,苏格拉底以他的方法著称。什么是苏格拉底的方法? 亚里士多德在《形而上学》中告诉我们:"有两件事可以公正地归之于苏格拉底——归纳和普遍定义,这两者都有关科学的出发点。"②什么是"科学的出发点"? 曰:一个事物是什么,即事物的本质。苏格拉底试图以归纳论证和普遍定义的方法来证明普遍本质的存在,而这是我们认识事物和讨论事物的前提。"如果知识或思想有一对象,必然在那些可感事物外还有某种别的永恒的东西,因为对于流动着的东西是不能有知识的。苏格拉底专注于研究德性,与此相联,他成为第一个提出普遍性定义的人。……苏格拉底自然要研究本质,因为他正在研究演绎,而

---

① Cf. W.K. Guthrie, *A History of Greek Philosophhy*, vol.3, pp.431—432.

　② Aristotle, *Metaphysics*, M, 4, 1178b 29.

'事物是什么'正是演绎的出发点。"①亚里士多德这里虽然对苏格拉底方法的目的有所揭示，即寻求普遍原则，但他更侧重的是它的理论意义，而未及它的实践—理论意义。

通过归纳和普遍定义的方法得到的不是形式性共相，而是事物实在的本质，是事物得以"存在"，得以"是"该事物的前提。习俗和礼法的确可以是约定俗成的，但构成它们内在原则的概念却是一个具体的原则，它不是，也不可能是约定俗成的，而只能是某种先验的东西。苏格拉底的方法不是从具体事物当中归纳或抽绎出普遍概念，即事物本身（例如，美本身、正义本身、勇敢本身，等等），而是要从具体事物的归纳和辨析中揭示已经存在或先在的事物本身。事物本身就是事物的本质规定。②在《尤绪弗洛篇》中，苏格拉底对尤绪弗洛说的一段话典型地向我们表明了这一点："我要你告诉我的不是一两个虔诚的行为，这样的行为是大量的，而是我们谈到的使所有这些行为是虔诚的那个现实的形式。你不是说，由于一个单一的形式，不虔诚的行为是不虔诚的，虔诚的行为是虔诚的？那么向我表明，那个形式本身是什么？这样我能参照它并把它用作一个标准，称你或任何别的人的某个行为是虔诚的，如果它与之相像而不是相反。"③这里说的"形式"（*eidos*）就是事物的本质，也就是事物本身。有它一事物即为该事物，反之则否。

---

①　Aristotle, *Metaphysics*, M, 4, 1178b 15—26.

②　格思理在《希腊哲学史》中对苏格拉底的方法有如下描写："探索由两个阶段组成。第一阶段是搜集讨论双方都同意可以使用他们正在讨论的名称的例子，例如，如果是虔诚的话，搜集大家都同意的虔诚的例子。接着，审核搜集到的例子以发现某种它们共有的质，由于这一性质它们才称得上虔诚。如果它们没有这样共同的质，那么苏格拉底就主张继续将同一个词用于它们是不合适的。这个共同的质，或共同质的联结，就是它们的本性、本质或'形式'，被认为就是虔诚。如能发现它的话，它事实上将提供虔诚的定义。它从时代和环境种种偶然的特性中得出，那些偶然的特性使得虔诚名下的各个个案有所不同。"(W.K. Guthrie, *A History of Greek Philosophhy*, vol.3, pp.432—433)

③　Plato, *Euthyphro*, 6d.

　　在苏格拉底的时代,自然事物的普遍定义还没有太大的问题,伦理术语的定义却极为混乱。①伦理术语不是一个没有内容的单纯名词,而是人们信奉的价值观念的表达。因此,伦理术语的混乱实际反映了价值观念的混乱和相对化,这就造成了公共生活的混乱和普遍原则的瓦解。用古人的话说这叫礼崩乐坏;用今人的话说这叫价值失范或价值无政府主义。苏格拉底对此洞若观火,而且把它看作是希腊社会生活动荡的根源。②同一个术语不能表示不同的东西,否则人们将无所适从,区分是非善恶将毫无意义,也根本不可能了。所以能否确定概念的意义,确立概念的普遍有效性,这首先不是一个理论问题,不是逻辑或存在论问题,而是发现正确的生活方式的问题。因为伦理概念首先是一个行为规范和价值判断的标准。概念的普遍性牵涉价值判断的普遍性。另一方面,相对主义和怀疑论如果还要有意义地谈论什么的话,它们比任何其他的主张都更需要使用普遍概念,因为普遍性概念的存在正是他们主张的前提。如果没有普遍性概念,相对主义和怀疑论的任何主张都将失去其目标。因此,苏格拉底证明普遍有效概念的存在,从根本上抽掉了相对主义和怀疑论的根基,恢复了普遍有限性东西的权利。诚如捷克哲学家帕托契卡所言:"苏格拉底**用新的方法**捍卫老的东西。"③

　　然而,苏格拉底哲学的根本动机的确与前苏格拉底哲学家有所不同,这就是后者的哲学动机基本是理论的,而前者的哲学动机却是实践的。他反对智者是因为他们否定客观的善恶存

---

　　①　柏拉图在《斐德罗篇》中对此情况有如下描写:"当我们说像'铁'或'银'这样的词时我们都知道我们是什么意思,但当我们说'正义'或'善'时我们就彼此不一致了,甚至在我们自己心里都不一致。"(Plato, *Phaedrus* 263a)

　　②　参看色诺芬:《回忆苏格拉底》,第 164 页。

　　③　Jan Patocka, *Plato and Europe*, trans. by Petr Lom (Stanford, California: Stanford University, 2002), p.84.

在,而只有知善恶、明是非的人才是幸福的。他的名言"未经审视的人生是不值得过的"①透露了他哲学的根本目的,即使人们能够自我省视,思考自己到底要什么,思考人生的意义与目的。他要人们关心自己的灵魂,使它变得尽可能好。②这在希腊哲学史上是划时代的,虽然有人认为德谟克利特学说的核心就是关心灵魂③,但的确是苏格拉底通过让理性和精神成为人生的引导,使得省视自身成为了哲学的基本任务。

然而,这种省视不是纯粹内在的行为,而是正确行动的必然部分。行动依靠知识,但并不依靠外在学来的什么是善的知识,而是一方面取决于自己对于善的本质洞见,另一方面取决于根据德尔斐神谕"认识你自己"的提醒对自己自我的洞察。④人除非愿意自欺,否则他一定会按照他的正确认识行事。认识人生的真理是正确行动的前提;正确行动是正义灵魂的必然要求。奈斯托对苏格拉底的伦理哲学有很好的论述,说它既无关必须遵循的神圣的信条,也根本无关命令式的伦理学,它是一种直接从人的精神本质中得来,在经验中得到检验的生活。过这种生活的人,是真正强有力的、自由的、勇敢的人,他不怕任何事情,也不怕死,不依靠任何人和事物,自足、坚定、自信。"苏格拉底的这种伦理学不是学来的,而是活出来的。"⑤

但是,与后来的康德伦理学不同,苏格拉底虽然主张生活的真理靠自己得到,他并不认为人是用自己的理性给自己的行为立法。相反,他始终坚持人要遵循神的指引,他自己一再说自己

---

① Plato, *Apology*, 38a 5—6.
② Ibid., 29e.
③ Cf. Jan Patocka, *Plato and Europe*, p.77.
④ Cf. Wilhelm Nestle, *Vom Mythos zum Logos*, S.533.
⑤ Ibid., S.534.

的行为是出于神的旨意,是为神服务。①道德规范和行为准则不是来自人理性的自觉制定,而是来自"某种绝对的不受制约的东西","这种绝对而不受制约的东西可以为理智所领悟,并可作为道德行为的一种规范,并且他相信,这也是支配宇宙万象的智慧和正义的力量"。②显然,这是一种超越的力量。这种力量如何给智慧和正义奠定基础,苏格拉底并无直接的论述。所以说,他的伦理哲学缺乏形而上学基础。③人的理性与宇宙理性(神圣理性)之间的关系,并未得到很好的阐明。

柏拉图对苏格拉底哲学的根本意图和目的有透彻的理解,这就是为何尽管他笔下的苏格拉底与历史上的苏格拉底一定有区别,但我们了解和研究苏格拉底哲学不能不通过他。他至今仍然是苏格拉底哲学最深刻的揭示者。④

但柏拉图从来都不是苏格拉底亦步亦趋的追随者,而是他的继承者和超越者。苏格拉底要回答的是人的问题,但柏拉图看到,"不拓宽哲学研究的领域,就无法回答苏格拉底的问题。只要我们把自己禁锢在人的个体生活的界限之内,我们就不能发现一个关于人的确切的界说"⑤。人的问题决不单纯是人的问题,而是世界和存在问题的一部分,因而必须从形而上学的根基

---

① Plato, *Apology*, 23b—c.

② E.策勒:《古希腊哲学史纲》,第 105 页。

③ Cf. Wilhelm Nestle, *Vom Mythos zum Logos*, S.535.

④ 从施莱尔马赫以来所谓的"苏格拉底问题",即我们能否在阿里斯托芬、柏拉图、色诺芬和亚里士多德留下的文字基础上重构历史上苏格拉底的思想,其实是个伪问题。因为我们只要还在谈论苏格拉底,不能不依据这些文献,除非我们把苏格拉底从哲学史研究中排除。最典型的一个例子是当代著名古典学家卡恩(C.H. Kahn),他在其著作《柏拉图和苏格拉底对话》中一方面激烈地声称:"苏格拉底文献,包括柏拉图的对话,代表一种想象虚构的文体,因此……这些著作不能安全地用作历史文件。"另一方面却又说《申辩篇》有最好的机会符合一个"准历史文件"(C. H. Kahn, *Plato and Socratic Dialogue*, Cambridge: Cambridge University Press, 1996, pp.74—75; 88),是对苏格拉底哲学的一个"历史叙述"(C.H. Kahn, "Vlastos's Socrates", *Phronesis* 37(1992), 240).

⑤ 恩斯特・卡西尔:《国家的神话》,范进等译,华夏出版社 1999 年版,第 74 页。

上去回答。柏拉图把给苏格拉底思想奠定一个形而上学的基础作为他的毕生任务。在一定意义上，我们可以说，这构成了其哲学的根本动力，而他的型相论，则是其结果。"柏拉图在他的型相论中为苏格拉底伦理学找到了形而上学基础，同时以此回答了苏格拉底的定义问题，即他通过他的辩证法完成了一个确定可靠的、概念认识论。"①然而他偏重超自然和超验事物，忽视生活世界和实践的二元论哲学，也使得后来的西方哲学在很长一段历史时间内走上了偏重理论沉思的路线，而背离了苏格拉底审视自己的生活，注重实践智慧的方向。

亚里士多德批判和克服了柏拉图的二元论，他是希腊哲学家中真正成体系的人，也是希腊哲学的集大成者。几乎之前希腊哲学家思考过的所有问题，都是他思考研究的对象。亚里士多德哲学奠定了后来西方哲学的基本规模。"亚里士多德深入到真实宇宙的整个范围和各个方面，并将它们的浩瀚丰富置于概念统辖之下，大部分哲学科学的划分和开端，都应归功于他。"②亚里士多德几乎在哲学的所有方面都作出了开创性、奠基性的贡献，以至于在中世纪，"他变成哲学的代表"③。

亚里士多德的形而上学总结了在他之前的哲学家对本原、事物的原因、本质和存在（物）研究的所有成果，将它们整合进他的形而上学或第一哲学的体系。正如耶格尔所指出的，《形而上学》从第一卷到第四卷对此前希腊哲学家基本思想的追溯不是出于史学的目的，"而是有着体系的目标"④。在这样反思总结的

---

①　Wilhelm Nestle, *Vom Mythos zum Logos*, S.540.

②　Hegel, *Vorlesungen über die Geschichte der Philosophie II* (Frankfurt am main: Suhrkamp, 1986), S.132.

③　维尔纳·耶格尔：《亚里士多德：发展史纲要》，朱清华译，人民出版社 2013 年版，第 319 页。

④　同上书，第 345 页。

基础上,他提出了他对哲学(形而上学)基本任务的规定:"它研究作为存在的存在以及由于它自己的本性而属于它的性质。"①这个规定虽然听上去极为抽象,但提出它的《形而上学》向我们表明,对存在的研究,必然包括和展开为对本原、原因、本质、原理、逻各斯等古希腊哲学核心问题的研究,这些问题都是存在问题的题中应有之义。

不满于柏拉图将形而上与形而下领域截然分开,独尊形而上,对形而下者弃若敝屣,亚里士多德始终打通形而上与形而下,把形而上学建立在物理学的基础上,从而发展出了自己的自然哲学的研究。但在现代人看来,亚里士多德的自然哲学是建立在形而上学基础上的,它的目的不是要研究经验的物质自然,而是要"从事实自身以及它们内在的法则中推理出现象世界的最终原因"②。这个目的,也是此前古代自然哲学研究的根本目的,从整体上、根本上把握宇宙万物。

亚里士多德的逻辑学和方法论的著作,以及最主要的,他自己的哲学实践,奠定了西方哲学的基本方法,就是概念分析和推理,逻辑演绎和论证的方法,一句话,概念思考的方式。亚里士多德在哲学方法上的特点,不要说与前苏格拉底哲学家相比,即便与柏拉图的哲学方式相比,其开创性也昭然若揭。从此以后,西方哲学在很大程度上是以亚里士多德的方式来进行的,直到尼采,情况才开始发生变化。

随着实践哲学在20世纪的复兴,亚里士多德的实践哲学也在当代实践哲学的讨论中占有重要的地位,足见其影响之深远。亚里士多德与乃师柏拉图一样,对苏格拉底开创的道德哲学传统有重要的、进一步的推进。然而,无论是柏拉图还是亚里士多

---

① Aristotle, *Metaphysics*, α, 1, 1003a 21.

② 维尔纳·耶格尔:《亚里士多德:发展史纲要》,第328页。

德,都把伦理学理论化了。本来,虽然对于苏格拉底来说,伦理学首先是一个正确生活的问题,是一个实践问题,但由于他把什么是善,什么是正义这样的问题首先理解为是一个决定性的知识问题,知识是行动的先导,因而他关注的焦点不是如何行动,而是通过理性反思如何得出正确的概念规定。"在这个标准下,希腊最大的道德革新家所追求的是道德的客观化和知识,……主观意向、意志教育和'实施'问题在苏格拉底那里占次要地位。"①柏拉图和亚里士多德,尤其是后者,在这个问题上更进一步,"对他们而言,通往知识的道路是漫长的,从知识到行动的过程反而显得几乎是不言自明的"②。因此,"从苏格拉底到亚里士多德的发展一直被描述为苏格拉底的实践道德内容逐渐理论化,以及和苏格拉底日益疏远的一个过程"③。也就是说,苏格拉底作为一种生活方式的道德生活实践,到了亚里士多德那里变成了道德生活的理论。

关于西方哲学理论化倾向,从苏格拉底到亚里士多德的发展路线也可以看得清清楚楚。当康德要以实践理性取代理论理性在西方哲学中的主导地位时,他显然对西方哲学过于理论化和知识化的倾向有所觉悟;但直到20世纪西方哲学家开始全面反思和批判自己的哲学传统时,西方哲学的理论化倾向的负面效应,才逐渐为人们所普遍注意和重视。恰恰在这个问题上,中国哲学从一开始就表现出与西方哲学有很大的不同。但是,对于许多哲学基本问题,中国人也很早就表现出强烈的兴趣。正是这种强烈兴趣,导致中国哲学的诞生。

---

① 维尔纳·耶格尔:《亚里士多德:发展史纲要》,第336页。
② 同上。
③ 同上书,第337页。

三、"轴心时代"与"哲学的突破"

最近几十年,有人用所谓"哲学的突破"来回答关于中国哲学的诞生问题,开其先者,当推余英时。余英时最先是在《士与中国文化》中提出"哲学的突破"的说法的。在讲到《庄子·天下》篇中"道术为天下裂"时,他说这就是"所谓'哲学的突破'(philosophic breakthrough)"①。他又说:"'哲学的突破'的观念可以上溯至韦伯(Max Weber)有关宗教社会学的论著之中。但对此说最为清楚的发挥者,则当推美国当代社会学家帕森斯(Talcott Parsons)。"②余英时的根据是帕森斯在给韦伯的《宗教社会学》英译本写的导言的有关论述。可惜他基本是弄错了。

帕森斯的这篇导言是为了向美国人系统介绍韦伯宗教社会学思想的概要而写的。在此导言一开始,他就指出,韦伯思想最核心的焦点在宗教领域(此言未必恰当),虽然他理论工作的范围扩展到了经济组织及过程、政治体系、正式组织和法律诸多问题。而韦伯对宗教问题的关心集中在宗教社会学,目的是要弄清人类行为的宗教方面与其他方面的关系。③

然而,值得注意的是,帕森斯基本是按照他自己的进化论观点来解释韦伯思想的。他说,在韦伯的时代,进化论的观念在社会科学中已经风光不再,因为当时进行不同文明比较研究的人类学家大多是反对进化论的,不承认文明有什么从低级到高级的发展,惟独韦伯和涂尔干在社会学领域里还是坚持进化论的思

---

① 余英时:《士与中国文化》,上海人民出版社 2003 年版,第 20 页。
② 同上。
③ Cf. Talcott Parsons, "Introduction" in Max Weber, *The Sociology of Religion*, trans. by Ephraim Fischoff(Boston：Beacon Press, 1963), pp.xix—xx.

路。①正是根据进化思想，韦伯把宗教分为原始宗教和理性宗教。

韦伯相信，任何社会都有现代社会科学家归类为宗教的东西。因为每个社会都有某种超自然秩序的观念、精灵、神祇或非人力量的观念，这些力量不同于、在某种意义上高于支配日常"自然"事件的那些力量。人们非常严肃地对待超自然秩序的存在，把许多经验的事件至少部分归于它的作用，人们用了相当多的时间与资源来协调他们与这个秩序的关系。韦伯坚持认为，超自然秩序的观念对人而言并不意味着任何"超越的"目标和利益焦点。原始人寻求超自然东西的帮助完全是为了世俗的利益和现世的关心：健康、长寿、打败敌人、与自己人搞好关系，等等。②这是一切宗教的起点。原始宗教的发展，导致了所谓"突破"。

帕森斯指出，"突破"的概念对于韦伯是至关重要的，因为韦伯对宗教的兴趣不在于它加强社会的稳定，而在于它是社会变迁的动力源泉。③需要指出的是，韦伯本人在讨论宗教理性化问题时从未使用过"突破"这个概念。这是帕森斯从进化论观点来理解和解读韦伯思想时强加给韦伯的概念。

帕森斯解释说，韦伯认为，所有社会在无论什么发展水平上都不仅有世俗或自然的因素，也有超自然的文化因素。所有超自然的成分都有巫术和宗教的环节。所谓"突破"是指宗教本身的理性化，宗教社会学的问题就是：在什么样对宗教状况的文化规定下，变化的过程和突破得以发生？在什么样的情况下突破（breakthroughs，注意这里用的是复数形式）最为可能？④

---

① Cf. Talcott Parsons, "Introduction" in Max Weber, *The Sociology of Religion*, trans. by Ephraim Fischoff(Boston: Beacon Press, 1963), p.xxvii,我在这里之所以不把 evolutionary 译为"演化的"而采用"进化论"的译名，因为韦伯的确是主张文明由低级向高级进化。演化可以是多线的，而进化则是单线的。

② Ibid., p.xxviii.

③ Ibid., pp.xxix—xxx.

④ Ibid., p.xxxii.

根据帕森斯,"突破"就是韦伯讲的理性化过程。那么,什么是理性化?"理性化"(Rationalization)是韦伯思想中最重要,但也最为暧昧的概念之一。但在韦伯的宗教社会学中,根据帕森斯的解释:

> **理性化**是各种文化通过它来规定它们的宗教状况的主要概念,宗教社会学必须通过它来理解这样的对这种状况的种种文化规定。理性化首先包括在理智上对各种观念加以澄清、详细说明和系统化。这些观念是由被韦伯称为人对他自己和他在宇宙中的位置的思想的目的论**意义**产生的,这些思想赋予人在世界和对世界的种种取向以正当性,给予人的各种目标以**意义**。这样的观念隐含形而上学和神学的宇宙秩序和道德秩序的思想,以及人在与这样更为广阔的秩序关系中的立场。
>
> 其次,理性化包括规范控制或认可。……所有人类社会都体现了与一个规范性的文化秩序的相关,它向人们提出目的论的"要求"。但人关于这个规范性秩序的本性的思想不是始终如一的;倒不如说,有各种不同的可能的规范性秩序,甚至一个单一社会的规范性秩序的思想在历史过程中也会变化。韦伯主要关心探讨这些不同的可能的秩序(natures),以及这些秩序可能采取的方向。他试图通过把生命的意义理性化来回答。因此,韦伯的"理性化"是理智上的,因为它与"关于存在的"(虽然是非经验的)观念有特殊关系,但也是目的论的或规范性的,因为它赋予人此生行为以种种义务。
>
> 再次,理性化包括一个动机性承诺的思想。所论及的观念不仅意味着社会和行为模式,而且还有贯彻这些隐含

的模式所需的各种和各个层面的动机性承诺。动机性承诺既包括"信仰",即严肃承诺这些观念认知的有效性,也包括实践承诺,即为了这些观念准备置自己的利益于险途。①

这是帕森斯对韦伯"理性化"概念的经典概括。从他的概括中可以看到,理性化在韦伯那里首先是在宗教社会学意义上使用的,目的是为了解释宗教如何由原始宗教发展到理性宗教。它首先包含的是形而上学、神学和目的论的诸多含义,也包含实践规范和人生信仰的诸多含义。这些含义都是他在理性宗教中发现的。

而突破是指由原始宗教(巫术禁忌层面的文化秩序)向一个更高,即更理性和更系统化的、处于宗教伦理层面的文化秩序的突破,因此,先知(而非哲学家)则是此一过程的执行人。宗教先知是"克里斯玛领袖"的原型。这样的克里斯玛(charisma)概念有两个特别值得注意的地方。首先,它是指承担了宣布在已经建立的规范性秩序中的一种突变、宣布这种突变在道德上是**正当的**责任的个人,从而这将他置于在各种重要的方面与已经建立的秩序处于明显对立的地位。为了使发起的这样的一个突破(a break)正当化,先知必须求助于某种道德权威的资源,求助于一个直接导致种种意义和秩序观念的绝对命令。关键问题是,这个秩序是不是在一个进化意义上更高的秩序,这个问题只能用比较和进化的观点来回答。②

克里斯玛概念第二个值得注意并且与预言概念有密切相关的地方是,韦伯坚持,虽然预言的概念与秩序的种种认知观念有非常密切的联系,但它有一个关键的非认知的方面,即忠于突变

---

① Talcott Parsons, "Introduction", pp. xxxii—xxxiii.
② Ibid., pp. xxxiii—xxxiv.

和体现在突变中的秩序。预言绝不是形而上学或神学思辨这样的理智操作。但预言根本的标准是它的信息是不是号召与已经建立的秩序决裂。①

先知与"装神弄鬼者"(mystagogue)有根本区别。"装神弄鬼者"的正当性资源主要来自巫术,而不是宗教伦理。他不是理性化的执行者,他逃避意义问题,正是意义问题向人们施加了理性化的压力,即建立新的层面的规范性秩序。②而宗教突破恰恰是缘于此意义问题的压力,它的目的主要不是认知的,而是实践行为的。所以韦伯区分两种先知,即榜样先知和伦理先知。前者给人提供一个其他人可以遵循的某种生活方式的榜样。而伦理先知是对某些类型的人提出要求,这样他们不仅能有某种机会,而且遵循他的教训也是他们的**责任**。伦理先知认为他自己是某种神圣意志的**工具**,有一种向其他人宣布一个表达这种意志的秩序的使命。而他本人不必"神化"。③

总之,"突破"不是韦伯本人的概念,它是帕森斯用来解释韦伯宗教理性化过程时使用的概念。而且,突破也根本不是什么"哲学的突破",而是"在宗教支持下的文化突破"④,它也根本不是"表现为对自然的秩序及其规范的和经验的意义产生了明确的哲学概念"⑤,而是突破一种已经建立的、制度化了的秩序。⑥余英时在《士与中国文化》中提出的所谓帕森斯关于"哲学的突破"的说法,完全出于他的想象和杜撰。在帕森斯长达几十页的导言中,一处也没有谈到"哲学的突破"(philosophic break)。他

---

① Talcott Parsons, "Introduction", pp.xxxiv, xxxv.
② Ibid., p.xxxv.
③ Ibid., pp.xxxv—xxxvi.
④ Ibid., p.xxxviii.
⑤ 余英时:《士与中国文化》,第21页。
⑥ Cf. Talcott Parsons, "Introduction", p.xxxix.

一般只是简单地使用 breakthrough 或 break，只有两处是在 breakthrough 前加形容词的，一处是上述引证的"文化突破"（cultural breakthrough）；另一处是"理智突破"（intellectual breakthrough）。[①]这是指宗教精英团体的宗教理智主义，具体表现是不盲信成文的神圣传统，而是由于自己内心的紧张，沿着内在的神圣秩序和泛神论的思路，通过种种神秘的、沉思冥想的途径寻求救赎。这当然也需要突破（breakthrough）已经建立的秩序。韦伯把希腊化时代知识分子中流行的诺斯替教作为这种宗教理智主义的一个例子。[②]

其实，根据帕森斯的解释，韦伯始终是在宗教社会学的意义上谈论"突破"。突破不是导致哲学的产生，而是导致神正论。[③]突破的确是理智主义的突破，但这种理智主义（intellectualism）的代表不是哲学家，而是犹太教的拉比、早期基督教的使徒，如保罗，和宗教改革时的新教徒。韦伯说的理性化过程是宗教理性化的过程，它建立了宗教伦理而摒弃了巫术的因素，突破已有的秩序，目的是要"理性地掌控世界"。以此衡量，韦伯认为儒家与希腊人文主义只是理性主义突破的初级阶段。儒家的背景是一个相对非理性主义的文化，它是内向的而不是超越的。儒家只是要理性地适应世界，而不是理性地掌控世界。儒家传统的理性主义在原则上没有与传统中的巫术因素作斗争，而是通过宣布它们不为君子所关心而将它们相对化。古希腊人也没发展出一个与人文和自然秩序极端不同的、必然产生某种宗教伦理的秩序理念。所以，古代中国和希腊理性化程度都是不够的，它

---

① Cf. Talcott Parsons, "Introduction", p. xliii.

② Ibid.

③ Ibid., p. xlvi.

们都未能突破现有的秩序。①

帕森斯非常清楚，韦伯的《宗教社会学》这部书是韦伯人类社会发展史观中具有全局意义的核心部分。在此部分中，韦伯赋予"宗教倾向"的因素以首要的根源意义。②作为给此书写的导言，帕森斯只可能谈韦伯在书中谈论的所谓宗教突破，而不可能谈韦伯并不在意的哲学突破。然而，余英时却认为"'哲学的突破'出于韦伯有关古代世界宗教研究的创获，……感觉这一概念正可解释中国思想的起源，所以便毫不迟疑地采用了"③。

帕森斯是谈过"哲学的突破"，不过那不是在他给韦伯的宗教社会学论文的英译本写的导言中，而是在一篇题为《知识分子》的论文中。在那篇论文里，他把社会和文化区分为两个不同的功能系统，提出文化的演化有两个基本步骤，一是书面语言的发展；另一就是所谓"哲学的突破"（philosophic breakthrough）。根据帕森斯的看法，"哲学的突破"于公元前第一个一千年部分独立地、至少是以非常不同的形式分别发生于希腊、以色列、印度和中国。在中国它的表现最不激进，中国哲学突破的形式是传统体现于对经典的搜集和整理中，通过对传统的系统化和规范化进而产生一个将宇宙秩序、人类社会和物理世界整合在一起的概念。④帕森斯这里显然受到了雅斯贝尔斯"轴心时代"思想的影响。

余英时对"哲学的突破"的理解与帕森斯本人的理解有相当

---

① Cf. Talcott Parsons, "Introduction", pp.xlviii—liv.

② Ibid. , p.lx.

③ 余英时:《论天人之际》，中华书局 2014 年版，第 2 页。

④ Cf. Talcott Parsons, "'The Intellectuals': A Social Role Category", in Philip Rieff, ed., *On Intellectuals: Theoretical Studies, Case Studies*(Garden City, N.Y.: Doubleday Anchor, 1970), pp.5—7.

大的距离。①从帕森斯自己对中国的"哲学的突破"的描述看,他眼中的中国的哲学突破是对传统的整理、加强和系统化,谈不上"人对于宇宙、人生……的体认和思维都跳上了一个新的层次"。帕森斯说的"哲学的突破"不但不是"道术将为天下裂",而是刚好相反。余英时"初遇'哲学的突破'之说便立即联想到'道术将为天下裂'那句话"②,不能不说是有点望文生义了。其次,帕森斯关于"哲学的突破"的思想与其说是"出于韦伯有关古代世界宗教的创获",不如说是受到雅斯贝尔斯"轴心时代"思想的影响更大。

余英时后来在写《论天人之际》时,把"哲学的突破"改成了"轴心突破"。③虽说"轴心突破"的概念来自雅斯贝尔斯提出的"轴心时代"理论,但余英时使用这个概念显然更多是受了史华兹和艾森斯塔特等人的影响。④这些人从 20 世纪 70 年代开始,便将雅斯贝尔斯"轴心时代"的概念由一个历史哲学的概念变成一个历史社会学的概念,用来进行比较世界史和比较文明史的研究。但余英时谈论的"哲学的突破",其实可以读为"哲学的诞生",他是要以此来解释中国哲学的诞生。

"轴心时代"的概念是雅斯贝尔斯在其《历史的起源与目标》中提出的,但相关的思想,即在公元前 8 世纪到公元前 2 世纪这段时间里,在欧亚大陆几个主要的文明中心,平行发生了剧烈的思想和文化变革,可以追溯到 18 世纪。启蒙时代法国伊朗学家 Abraham-Hyacinth Anquetil-Duperron(1731—1805)早在 1771 年就看到,在琐罗亚斯德、孔子、老子、佛陀、以色列的先知和希

---

① 余氏的理解见氏:《论天人之际》第 2 页。
② 余英时:《论天人之际》,第 13 页。
③ 同上书,第 1 页。
④ 在他最初讨论"哲学突破"的著作《士与中国文化》中,余英时丝毫未提及雅斯贝尔斯及其轴心时代的概念。

腊哲学家之间存在共时性,讲到这个时代的普遍特征是:人类的一次大革命。①而雅斯贝尔斯自己在他的著作中则提到拉索尔克斯和维克多·冯·施特劳斯作为他的先驱(这两人都是 19 世纪的德国学者),说他们已经讨论了轴心时代的一些事实。②雅斯贝尔斯也提到阿尔弗雷德·韦伯"证明在欧亚大陆存在着真正的一致性"。其实,韦伯并未将欧亚大陆看作一个板块,他注意的是不同的文化区。③韦伯在他的《作为文化社会学的文化史》④一书导论中写道:

> 公元前 9 世纪到公元前 6 世纪,当时世界上三个文化区已经成型,令人惊异,即亚洲西南部——希腊文化、印度文化和中国文化。它们彼此各自独立地开始从宗教和哲学的角度全面探求解释人类命运的关键,并对此提出问题、求解答案。自犹太教的先知们、琐罗亚斯德、希腊诸多哲学家、释迦牟尼、老子和孔子以来,三个文化区又一次处在一个世界性的时代,对世界进行宗教性的和哲学性的解释。这些解释和观点经过深化、改造、综合、更新,或者经过相互作用后而改变和革新,构成了世界性的宗教信仰和对人类的哲学性解释。自此时代末期,即自 16 世纪始,便不再有根本性的新内容能够进行补充了。⑤

---

① 见 Jan Assmann, "Cultural Memory and the Myth of the Axial Age", *The Axial Age and Its Consequences*, edited by Robert N. Bellah and Hans Joas, (Cambridge, Massachusetts & London: The Belknap Press of Harvard University Press, 2012), p.369。

② Jaspers, *Vom Ursprung und Ziel der Geschichte* (München: Piper, 1988), S.35。

③ Ibid., S.28。

④ Alfred Weber, *Kulturgeschichte als Kultursoziologie* (Marburg: Metropolis-Verlag, 1997),中译本为《文化社会学视域中的文化史》,姚燕译,上海人民出版社 2006 年版。

⑤ 阿尔弗雷德·韦伯:《文化社会学视域中的文化学》,第 9—10 页。

从上述引文可以看到,韦伯把世界高阶文化(Hochkulturen)的发展分为两个阶段,即公元前 9 世纪到公元前 6 世纪是一个阶段,此后是一个阶段。他在其书中相应地把高级文化再分为初级高阶文化和二级高阶文化。前者主要是对人类命运进行解释,后者是对世界进行解释。雅斯贝尔斯的"轴心时代"相当于韦伯的第二个阶段。但是韦伯虽然在两个阶段都提到中国和印度,但他显然不认为中国文化和印度文化属于二级文化或轴心时代,他在其书中是在初级发达文化的标题下来论述中国文化和印度文化的。

雅斯贝尔斯轴心时代的思想初看似乎与韦伯的论述颇为相似,实质很不一样。[①]韦伯是要表明西方文化的特殊性;而雅斯贝尔斯是要证明人类文化的普遍性。[②]与他的先驱相比,他对轴心时代的阐述不仅最为充分,而且也最具哲学意味。他是从历史哲学,而不是像他后来的追随者那样,从历史学或历史社会学或宗教学的角度来论述这个问题的。雅斯贝尔斯是这样描述所谓"轴心时代"的特点的:

这个时代之新是,在所有这三个世界里,人意识到整体的存在、意识到他自己和他的各种局限和自身的边界。他经验到世界的可怕和自身的软弱无力。他提出根本性的问题。面对深渊,他要求解放和拯救。通过自觉承认他的局限,他给自己树立了最高目标。他在自我存在深处与超越的洞察中经验到绝对。[③]

----

① 尽管如此,有人认为,韦伯对雅斯贝尔斯的影响远比他承认的要大(Cf. Jan Assmann, "Cultural Memory and the Myth of the Axial Age", p.404, note 32)。

② Cf. Heiner Roetz, "The Axial Age Theory", *The Axial Age and Its Consequences*, p.253.

③ Jaspers, *Vom Ursprung und Ziel der Geschichte*, S.20.

神话时代及其平静和不言而喻结束了。希腊、印度和中国的哲学家与佛陀,在其关键洞见上就像先知在其上帝思想上那样,是非神话的。理性与得到理性澄清的经验开始与神话作斗争(逻各斯反对神话)——进一步发展为了一神的超越性而反对不存在的魔鬼的斗争,——以及伦理反叛神祇不真实的形象的斗争。神性通过宗教的伦理化得到提升。神话成了语言的材料,它用它来表达与其最初意义完全不同的东西,神话变成了比喻。神话在整个被毁灭之际被以新的方式创造,在此转变过程中神话得到改造,并从一个新的深度得到理解。老的神话世界慢慢湮灭,但通过芸芸众生延续不断的信仰而仍然是整体的背景。①

第一次有了**哲学家**。人敢于作为个人依靠自己。中国的隐士和云游思想家,印度的苦行者,希腊的哲学家和以色列的先知,不管他们彼此的信仰、内涵和内在气质迥然不同,但都是一路人。人能内在地与整个世界形成对照(Mensch vermochtees, sich der ganzen Welt innerlich gegenüberzustellen)。他在自身发现了能将自己提升到自己与世界之上的根源。

他在**思辨思想中跃**到存在本身,存在被理解为没有二分,主体与客体消弭,对立面归于同一。上升到极致处所经验到的是自己在存在中达到自我,或是一种神秘的统一,与神同一,或成为神的意志的工具。这种经验暧昧而容易引起误解地表达在客观化的思辨思想中。②

人通过在存在的整体中意识到他自己而超出自己。③

---

① Jaspers, *Vom Ursprung und Ziel der Geschichte*, S.21.
② Ibid., S.22.
　　　③ Ibid.

　　"轴心时代"的概念之提出,是有明显的时代背景的,即纳粹德国的噩梦与两次世界大战造成的欧洲文明的崩溃。建立在传统欧洲人世界观基础上的世界历史的统一不复存在。[①]雅斯贝尔斯早年即已看到现代世界中人自身的分裂。在他早期代表作《世界观的心理学》中,他描述了隐藏在各种世界观表象后面的种种灵魂冲动,它们一刻也不得安宁。他提出著名的"边界处境"(Grenzsituation)的概念来处理灵魂及其依靠的问题。当人使其现实存在(Dasein)不可避免的经验,如死、罪孽、痛苦等成为其处境的历史性时,他就陷入边界处境。他可以在世界观上掩盖这些经验,但这取决于在认识上越过这些边界,以把自己经验为与超越对立的生存(Existenz),这样来克服怀疑主义和虚无主义。

　　在写《世界观的心理学》时,雅斯贝尔斯关心的主要是现代世界个人的生存;但《历史的起源与目标》关心的却是人类文明的命运。痛感于人类的分裂造成的不幸,包括两次世界大战这样的浩劫,雅斯贝尔斯希望通过证明"轴心时代"及其产生的普遍性真理来证明人类历史的根本统一。"轴心时代"的论述看起来好像是关于世界文明的产生问题,实际却是为了在经历了现代性的种种灾难之后,痛定思痛,给现代文明以一个永恒普遍的理想。

　　但当代讨论雅斯贝尔斯轴心时代之意义的学者,往往忽略他提出这个思想的时代背景和历史语境,而抽象地把"轴心时

---

　　①　有关此一问题,可参看 Alfred Weber, *Farewell to European History*, trans. R.F.C. Hull(London: Routledge, 1998)。雅斯贝尔斯自己 1946 年在日内瓦的一次国际会议上说:"欧洲的傲慢已经消失了,称西方历史就是世界史的这种自信消失了。"(Cf. Aleida Assmann, "Einheit und Vielfalt in der Geschichte: Jaspers' Begriff der Achsenzeit neu Betrachtet", S.335)

代"或"轴心突破"的要义概括为人类达到较高层面的反思性,更清楚地意识到自己的主动性、历史性和责任性。然而,正如有的学者指出的,这样的转变也可以在不同于原始轴心时代的语境和环境中发生。轴心时代的概念强调轴心时代才是历史的开始,很容易被进化论意义上的进步叙事所接受。①

此外,虽然雅斯贝尔斯声称轴心时代作为一个事实情况是可以在经验上发现的②,但他关于与轴心时代有关的一些经验陈述根据现在我们已有的知识,不再站得住脚。③实际上"轴心时代"并非一个纯粹史学的概念,而是一个渗透着雅斯贝尔斯政治理想的历史哲学概念,因此,如果有谁把它当作一个像"中古时代"或"启蒙时代"这样的客观意指一个历史时期的历史概念来使用的话,其正当性是有问题的。正如史华兹后来所说的,"'轴心时代'的观念"充其量"应该被当作一个启发性观念来对待"。④

按照雅斯贝尔斯的思想,现代地球文明是由"轴心时代"的精神塑造的。更进一步,"轴心时代"是区分人与非人的分水岭⑤,它所体现的精神特征就应该是人类文明的普遍特征。如果"轴心时代"真如史华兹所说的那样是个"启发性观念",那么它所要启发的是人类文明和人性的理想特征。它要揭示的是现代

---

① Cf. Johann P. Arnason, S.N. Eisenstadt and Björn Wittrock, "General Introduction", *Axial Civilizations and World History*, ed. by Johann P. Arnason, S.N. Eisenstadt, and Björn Wittrock, (Leiden·Boston: Brill, 2005), pp.8—9.

② Jaspers, *Vom Ursprung und Ziel der Geschichte*, S.19.

③ Cf. Björn Wittrock, "The Meaning of the Axial Age", *Axial Civilizations and World History*, ed. by Johann P. Arnason, S.N. Eisenstadt, and Björn Wittrock, (Leiden·Boston: Brill, 2005), p.65.

④ Benjamin I. Schwartz, "The Age of Transcendence", *Daedalus*, Vol.104, No.2, Wisdom, Revelation, and Doubt: Perspectives on the First Millennium B.C. (Spring, 1975), p.3.

⑤ Cf. *Vom Ursprung und Ziel der Geschichte*, p.19.

性根本之所在。

首先是人对作为整体的存在(也就是大全)有了明确的意识,与此同时,人类开始有了自我意识,以及对自己有限性的意识。而这些意识的前提,是超越意识或超越概念的明确。"超越"的基本意思是在任何界限之外,本身没有范围或边界。例如,个体存在者都是有明确界限或限定的,但作为大全的存在(Sein im Ganzen)却是其大无外,没有限定的。没有限定是它唯一的限定,就它不是任何个体存在而言,它是超越的。人对自己的意识也是以他对超越的意识为条件,意识到超越即我之外者,才会有自我意识:"人通过在存在的整体中意识到他自己而超出自己。"同样,意识到自己的局限就是意识到自己的有限性,这种意识是以对无限的意识为条件的,而无限正是有限的超越。意识到超越,或有超越意识,也就是经验到了绝对(die Unbedingtheit),超越就是绝对。

很显然,超越与绝对的意识是反思的产物,反思是意识再次意识到自己,也就是对思想的思想。反思使得人们不再无条件地接受一切现成的东西,而开始有了自己的思想,能够怀疑与批判,推理和论证,当然也会因此产生不同的意见,要求彼此给予理由或交流沟通。我们至今还在使用的基本范畴,就是由"轴心时代"的反思产生的。世界宗教也是由此发轫的。①但是,另一方面,我们也可以说,反思也是以超越为条件的。超越使得人们可以超越当下的种种条件和状况——习俗、传统、流行的行为方式——而退后一步去想。艾森斯塔特将"轴心时代"的这些基本特征称为"超越观"(transcendetal visions)。超越观关心的不是个别具体事物的规定,而是绝对或绝对的无条件的真理,

---

① Cf. *Vom Ursprung und Ziel der Geschichte*, S.20.

大写的真理。①它以反思为条件,但反思也只有在有了"超越观"后才真正可能。反思与超越互为条件。

"轴心时代"的这些基本特征其实就是哲学的基本特征。就此而言,帕森斯把"轴心时代"理解为"哲学的突破"不为无据。不过雅斯贝尔斯虽然把"轴心时代"视为人类文明和历史的一条根本分界线(犹如基督教神学中基督诞生形成的那种根本分界线),虽然他也说 Logos 和 Mythos 的对立,说理性反对神话的斗争,但"轴心时代"的标志不是用哲学取代神话,而是用理性改造了神话,重新创造了神话,使其成为人类思想的资源。

哲学和哲学家出现的标志是人能超越自我,超越物我、主客之分,将自我消融在存在的整体中,达到存在的原始统一。但这不是将我膨胀为存在全体,而是承认自己只是神的意志的工具,人正通过这种承认超越(超出)了自己。人的存在在整体上实现了一个飞跃。②

从雅斯贝尔斯提出"轴心时代"的概念至今,已近 70 年。西方人对自己历史和历史观的反思,也有了很大发展,因而对雅斯贝尔斯本质上罔顾文化的多样性而求人类文化的统一性的"轴心时代"概念有所批判。人们发现,虽然雅斯贝尔斯拒绝"欧洲的傲慢",但他还是用一个统一的理性尺度来评价所有的文化与社会。他认为,在"轴心时代",各个文化达到了一个新的反思阶段。对人类状况(*Conditio humana*)的反思是轴心时代的根本标志。这种反思构成一切致力于克服文化和种族局限、以使地球成为人类共同家园的努力的基础。着眼于此一目标,雅斯贝尔斯将"轴心时代"反思的层面提升为一般性规范。所有文化都

---

① Cf. Jan Assman, "The Cultural Memory and The Myth of the Axial Age", in *The Axial Age and Its Consequences*, p.371.

② Jaspers, *Vom Ursprung und Ziel der Geschichte*, S.23.

要根据这个规范来衡量。通不过的，就被当作是前历史的文化而放在一边。①如果"轴心时代"的突破意味着视为时代的断裂，那么以前思想与制度的传统的相关性就必然会被低估或忽视。这样的轴心突破的思想指导的历史分析或文明分析必然更多在意它们的分析对象达到突破与否，而不会太在意个别传统的特殊性。今天人们对雅斯贝尔斯轴心时代概念的一个批评就是，它是建立在全面否定早期文明的历史性基础上的。②但今天的人们已经不能接受这样牺牲多样性得来的普遍性，不能接受一个没有多样传统的抽象人类。

雅斯贝尔斯之后，沃格林（他曾师从雅斯贝尔斯和阿尔弗雷德·韦伯）和艾森斯塔特进一步发展了有关轴心时代的假设。比起雅斯贝尔斯，他们的理论更为系统，更顾及历史记载和细节。但这二人的学术领域有所不同，沃格林是哲学家，他基本还是从历史哲学和政治哲学的角度讨论"轴心突破"，而艾森斯塔特则是一个历史社会学家，他从历史社会学的角度重构了轴心时代的概念，用来进行比较文明史和比较世界史的研究，产生了巨大的影响。"轴心时代"的概念正是由于他的工作而产生了广泛的影响。尤其值得注意的是，雅斯贝尔斯的"轴心时代"假设多少还有西方中心论的痕迹；而艾森斯塔特却是要用"轴心时代"的概念来批判主流的现代化理论，论证他的多元现代性构想。③

艾森斯塔特在其早期著作《帝国的政治体制》中对史上各个

---

① Cf. Aleida Assmann, "Einheit und Vielfalt in der Geschichte: Jaspers' Begriff der Achsenzeit neu Betrachtet", S.336—337.

② Cf. Johann P. Arnason, "The Axial Age and its Interpreters", *Axial Civilizations and World History*, p.27.

③ Cf. W. Knöbl, *Spielräumde der Modernisierung. Das Ende der Eindeutigkeit* (Weilerswist: Velbrück Verlag, 2001).

帝国进行了比较研究。他指出，各个帝国的权力有不同文化架构，这些文化架构有各自自身的逻辑和历史动力。在他发表于1978年的名著《革命与社会转型：一个文明的比较研究》[1]中，他提出，现代转型实际依赖传统资源，革命意识形态直接或间接植根于轴心传统中。以此为起点，他开始研究更为普遍的文明遗产与多元的现代性模式之间的关系。

艾森斯塔特对"轴心突破"的理解与雅斯贝尔斯的理解有明显的不同，他是从社会秩序的维持与转变的动力之间的互动关系来理解"轴心突破"的。在他看来，轴心突破是"超越秩序与世俗秩序之间基本紧张的出现、观念化和制度化"[2]。对于人类历史经验来说，秩序，而不是反思才是最要紧的。超越秩序和世俗秩序只是秩序的两个维度或两个层面，并不相当于彼岸世界和此岸世界的区分。向某种超越的突破不一定意味着世界观的完全改变，可以只是在社会的某个特殊维度。[3]

无论是艾森斯塔特还是雅斯贝尔斯，他们各自的"轴心时代"的概念无论多么不同，都只是理论假设，而不是事实性的概念。并且，他们的假设都是以希腊和犹太文明为轴心标准，艾森斯塔特的超越与世俗的区分也是与这个背景相关才得以提出的，不能不证自明地用于其他文明的语境。轴心时代以这两个文明的现象为基础划线，是成问题的。德国的埃及学者扬·阿斯曼就提出，如果我们承认类似轴心时代的那些新观念在较早和较晚的时代发生，那么轴心时代那种"神秘的共时性"就消失

---

[1]　S.N. Eisenstadt, *Revolution and the Transformation of Societies: A Comparative Study of Civilizations* (New York: Free Press, 1978).

[2]　S. N. Eisenstadt, "The Axial Age breakthroughs: Their characteristics and origins", *The Origin and Diversity of Axial Age Civilization*, ed. S. N. Eisenstadt (Albany: State University of New York Press, 1986), p.1.

[3]　Cf. Johann P. Arnason, "The Axial Age and its Interpreters", p.39.

了。轴心时代可以在阿肯那吞(埃及第 18 王朝的法老)开始,在穆罕默德结束。[1]"'轴心'的概念在今天已获得西方学术界的普遍接受"[2]的说法,恐怕西方学者都不会"普遍接受"。[3]

---

[1] Cf. Jan Assmann, *Herrschaft und Heil. Politische Theologie in Altägypten, Israel und Europa*(Müchen: Beck, 2000), S.290—292.

[2] 余英时:《论天人之际》,第 2 页。

[3] 罗伯特·贝拉和汉斯·姚阿斯在他们编的《轴心时代及其后果》一书的导言一开头就写道,"轴心时代"的概念只是被广泛接受,但不是被普遍接受,甚至这个术语对许多人来说都是不熟悉的(Cf. Robert Bellah & Hans Joas(ed.), *The Axial Age and Its Consequebces*, Cambridge, Massachusetts & London: The Belknap Press of Harvard University Press, 2012, p.1)。瑞典学者 Wittrock 也在他稍早发表的论文《轴心时代的意义》中说,轴心时代的假设并未得到普遍赞同,在过去 20 年里它一直是激烈的学术争论的主题(Cf. Björn Wittrock, "The Meaning of the Axial Age", p.63)。澳大利亚学者 Arnason 则说,雅斯贝尔斯的"轴心时代"的概念并未发展成一个研究纲领,直到 20 世纪 70 年代和 80 年代艾森斯塔特重新对"轴心时代"的思想加以表述,人们才开始系统进行轴心时代的比较历史研究(Cf. Johann P. Arnason, "Rehistoricizing the Axial Age" *The Axial Age and its Consequences*, p.339)。

第四章 "超越"概念与中国哲学的诞生

一、"超越的时代"与中国哲学

余英时在讲"轴心文明"时也提到了艾森斯塔特①,但他有关"轴心突破"的思想应该直接来自史华兹,而不是雅斯贝尔斯或艾森斯塔特。1978 年,美国学术杂志 *Daedalus* 出版了一期讨论雅斯贝尔斯"轴心时代"的专号,题为"智慧、启示和怀疑:透视公元前 1000 年"(1978 年春季号)。在此之前,史华兹就向 *Daedalus* 的编委们建议,是否专门出一期杂志来讨论雅斯贝尔斯轴心时代的思想。为此,*Daedalus* 先后召开了两次会议(1972 年在罗马,次年在威尼斯),在这两次会议基础上,出版了这期专号。史华兹在这期专号上发表了《超越的时代》和《古代中国的超越》两篇文章。

史华兹并不反对轴心突破的说法,但他宁可用"超越的时代"来替换"轴心时代",这当然不是简单的名称替换,而是反映了他对雅斯贝尔斯所说的那个轴心时代(公元前七、八百年)的理解。与雅斯贝尔斯相比,史华兹更注重各文明之间的差异。

　　① 余英时:《论天人之际》,第 2 页。

"但是,在所有这些'轴心'运动中有某种共同的基础性冲动的话,可把它称为超越的倾向(the strain toward transcendence)。"①这就是他宁可把"轴心时代"称为"超越的时代"的理由。不能不说,将"轴心时代"的根本特征理解为"超越",是很有见地的。人们对雅斯贝尔斯的"轴心时代"思想可以有各种理解,但"超越"的确是它最根本的特征。艾森斯塔特曾将"轴心时代"的精神概括为如下两个基本特征:(1)视域的开拓,或者说打开了与更为古老的特殊主义的思维模式形成对照的潜在的普遍的看法;(2)在存在论上将实在区分为高低两个层面,低层面在规范上从属于较高的层面。②艾森斯塔特概括的"轴心时代"的这两个基本特征也都不离"超越"这两个字。

史华兹说,他是在比较接近"超越"(transcendence)这个词的词源学意义上使用这个词的,即超越是一种"退后"和"看出去"(standing back and looking beyond),是"一种对现实的批判与反思的质疑,以及对彼岸世界(what lies beyond)的一种新的看法"③。史华兹对"超越"的这个定义十分精炼。在史华兹这里,超越并没有特殊的宗教意义,它只是指较一般意义的脱离和超出现存的界限,看到"另一个世界是可能的"。它是质疑和超出自己的现实状况,从而开启了充分认识他者的可能性。④其实,他讲的 standing back 就是反思,人与自己当下的思想拉开距离进行再思想;而 looking beyond 则是超越自身,看到存在整体,

---

① Benjamin I. Schwartz, "The Age of Transcendence", p.3.

② Shmuel N. Eisenstadt, "The Axial Conundrum between Transcendental Vissions and Vicissitudes of Their Institutionalizations", *The Axial Age and its Consequences*, p.279.

③ Benjamin I. Schwartz, "The Age of Transcendence", p.3.

④ Cf. Heine Roetz, "A Challenge to Historism or an Explanatory Device of Civilization Analysis? With a look at the Normative Discourse in Axial Age China", *The Axial Age and its Consequences*, p.251.

即超越。

查尔斯·泰勒后来对超越有更为详细的解释。他认为"超越"基本有 6 个意思：(1)它指超出(gonging beyond)人类世界或宇宙，或处于人类世界或宇宙的那一边；(2)发现或发明某种行动立场，使得可以批判或谴责宇宙或社会现存的秩序。这两个意思可以联系在一起，超出宇宙或在宇宙彼岸存在可以产生一个新的使得批判得以可能的场所；(3)产生了二级思维(second-order thinking)，我们用它来批判地考察我们用以描述或在世界中行动的那些原则本身；(4)超越的存在或批判的原则可看作不仅与我们的社会相关，而且与全人类相关；(5)上述这些产生一种新的个人哲学或宗教使命的观念；(6)原来信仰神灵只是为了人的利好，但神灵不一定确切地站在人类善这一边，现在有了一种更高级、更完全的人类善(good)的观念，一种完整的德性观念，一种甚至超越人类兴旺发达的救赎观念。与此同时，根据这个观点，那些神明必定站在人类善这一边。①泰勒的这个对超越的详细分殊也不外 standing back and looking beyuond，定义 1、5、6 与 looking beyond 有关，而定义 2、3、4 则与 standing back 有关。

史华兹显然是接受雅斯贝尔斯的"轴心时代"思想的，他的论文《古代中国的超越》②虽然也提到前孔子的时代，但超越却是从孔子谈起的。

史华兹认为，孔子在内部寻求仁的根源，在外面寻求规范秩序；老子著作努力追求无名之道，就象征这种超越。之所以史华兹用"超越的时代"来代替"轴心时代"，可能是因为他认为"轴心

---

① Cf. Charles Taylor, "What Was the Axial Revolution", *The Axial Age and its Consequences*, pp.30—31.

② Benjamin I. Schwartz, "Transcendence in Ancient China", *Daedalus*, Vol. 104, No.2, pp.57—68.

时代"的概念很难体现思想的延续。超越的时代虽然也是突破，但却并非与之前的传统断裂。他明确指出："在中国和印度，超越的运动是在多少统一的共同文化的架构中发生的。"①在《诗经》和《尚书》中已经有超越的因素了。②孔子所做的是把他自己的某些东西带进对道的理解中。这就是关注道德—精神生活内在方面的主体性。人能培养他们内在的道德成长的能力，能达到内在的道德完满，这种道德完满就叫作"仁"。归根结底，社会的道德根源是人的主体。史华兹把这种转向伦理的内在根源叫作"向内超越"（transcendence inward）。他认为正是在这点上，孔子堪比苏格拉底。③

然而，就像苏格拉底从未否定过非人的神一样，孔子也从未否认人之外超越的天。天不仅是自然与社会内在的道，而且也是一种超越的自觉意志。孔子讲的道不仅是社会与宇宙的客观结构，也是仁人"内在之道"。道家的哲学就超越而言远比儒家激进。"道可道，非常道"，意味着道的终极本质是不可言喻的绝对，是人类语言范畴无法接近的。如果说道家哲学也是突破的话，那么它是突破到神秘主义。④按照史华兹的上述解释，孔子的突破是"内向"超越，即要在自身内部找到道德的根源；而道教的突破是"向外超越"，它是要向一个自身之外的道超越。也就是说，中国先秦时代的超越有两个相反的方向，孔子向内，道家向外。

然而，如果我们照 standing back 和 looking beyond 的字面意义来解释，也许会更合孔子的实情。孔子自己说："述而不作，

---

① Benjamin I. Schwartz, "The Age of Transcendence", p.4.

② Cf. Benjamin I. Schwartz, "Transcendence in Ancient China", *Daedalus*, Vol.104, No.2, p.57.

③ Ibid., pp.62—63.

④ Ibid., pp.64—65.

信而好古,窃比于我老彭。"(《述而篇》)《中庸》说他"祖述尧舜,宪章文武。"都说明他从不趋时,而是退后到传统和历史存在中去思考与批判。他同时也看出去,肯定超越,才会断言"唯天为大"(《泰伯篇》)。孔子一方面从传统中吸收思想资源和批判的动力,另一面超越的思维使他无惧任何横逆:"天之未丧斯文也,匡人其如予何?"(《子罕篇》)他是不会有史华兹所说的那种"内在超越"(transcendence inward),即在人的主体中寻找道德根源的。

二、中国超越思想的起源

但是,"超越观"在中国却是很早就出现了。孔子的 standing back 即"信而好古"应该提示我们,超越在中国远在孔子之前便出现了。《尚书·吕刑》是一个有力的证据。《吕刑》本身是一篇诰训,但与《尚书》其他诰训不同的是,它以一个神话来提挈引领整篇文献的义理结构。这篇诰训一开始叙述的天命重黎绝地天通的神话,显然并不是纯粹神话,作者也不隐瞒这点,"若古有训",说明作者是将它作为"训",而不是作为单纯的神话来看的。"神话成了语言的材料,它用它来表达与最初的意义完全不同的东西,神话变成了比喻。神话在整个被毁灭之际被以新的方式创造,并从一个新的深度得到理解",雅斯贝尔斯这段话说的正是这种情况。

《吕刑》是中国哲学最早论述超越,论述天人关系的文献之一,就此而言,说它标志着中国哲学的诞生也并无不可。从表面上看,《吕刑》好像确如某些现代学者所以为的:只是"提出了刑法的具体内容与实施原则"①。但细读文本就会发现,"提出刑法

---

　　① 顾颉刚、刘起釪:《尚书校释译论》第四册,中华书局 2005 年版,第 1900 页。

的具体内容与实施原则"远不是文本的全部,《吕刑》作者用"绝地天通"的神话作为古训来引领整个文本,自然说明刑法及其实施原则要到这个古训中去找。"绝地天通"的神话并不复杂,大意是蚩尤作乱,恶行败德延及平民百姓,遂使天下无道,成一罪恶世界。统治者不知劝善,只知用严刑峻法来杀戮无辜。结果治丝益棼,不仅没有制止罪恶,反而人们群相作恶。百姓实在受不了了,只得向上天求救。上天哀矜无辜之人,遂"报虐以威,遏绝苗民,无世在下"。故事如果到此为止,那么就只是一个凡人无力阻止大恶,只能求助于超人的神明来解决问题的俗套神话。生民得救,缘于天人相通,下情能够上达。

《吕刑》不是如此!上天在严惩恶人之后,"乃命重黎绝地天通,罔有降格"。上天在铲除恶人之后,明确天人分际,一方面,断绝神人交通,以免上天受人影响,或人因此以为自己即天,导致"民神同位,民渎齐盟,无有严威。神狎民则,不蠲其为"①。另一方面,人应该自己承担惩治罪恶的责任,上天置身于人世之外,"罔有降格",不与人交通。"绝地天通"的教训说明此时中国人已经有了明确的超越意识和超越观。神人不分,无论是以人代神还是人能通神,都说明神在世间,人必然以为自己就是神,以神自居,毫无反思和自我约束。然而,人能作恶,但终究是有限。诉诸上天拯救,自然是意识到自己的有限(无能为力)。而上天(超越)不仅能决定天人关系,还能从根本上根除恶人(遏绝苗民)。上天可以断绝天人交通,说明它是超越,而非内在。"穆穆在上,明明在下",再清楚不过地表达了超越意识。

超越是理性和反思思维的产物,而非蒙昧迷信所致。元儒陈栎在其《纂疏》中便指出,区分天人(绝地天通)是理性昌明的

---

① 这是楚国大夫观射夫回答楚昭王有关"绝地天通"的问题时说的话,表明人神不分导致灾难性结果(见《国语·楚语》)。

结果,而不是专赖重黎一己之力:"此非专重黎之力,亦由朝之群后及在下之众臣明显明之理,使人不惑于茫昧之说;辅经常之道,使人不挠于妖怪之习,虽穷民亦无盖蔽而不得自伸者,民心坦然无疑不复求之于神。……盖人惟昧正理悖常道而后惑神怪,乱祀典。明明棐常,乃绝地天通之本也。"①超越意识的产生标志着道与真理成为人间事务的规范法则,也标志着人对于这种超越性法则的承诺。超越既是无限的力量,也是显明真理的常道。这种超越恰恰防止了人行为的主观任意和是非善恶不分。

如果以超越世界的出现,以及超越领域和现实领域的区分而言"突破"②,那么早在殷周时代,这种区分就已经出现了。"绝地天通"再清楚不过地表明,在春秋时代的人(楚国大夫观射父)看来,超越世界的出现和超越领域与现实领域的区分实在是很早。根据日本学者池田末利的研究,卜辞中的天就已经是"人格性的主宰神,其最终是宗教性的存在者。……再有,通过金文、《诗》、《书》所见到的帝和天,也基本上是和卜辞的帝同样的主宰神。不过,说是宇宙和人事的绝对的支配者,同时又必定是宇宙和人事的秩序的维持者。不,还应该是秩序本身的创造者"③。许倬云也根据商代"帝"的概念和随着周克殷出现的天命概念,判断雅斯贝尔斯讲的那种突破(Jasperian breakthrough)最早发生在殷周时期,远早于儒家思想的形成。④

但是,超越的意识不是绝对隔绝,超越并不意味上天与人世

---

① 陈栎:《尚书集传纂疏》卷六,《通志堂经解》第七册,广陵书社 2007 年版,第 95 页。

② "轴心突破的一个最显著的标志是超越世界的出现。"(余英时:《论天人之际》,第 51 页)

③ 池田末利:《"天道"与"天命":理神论的发生》,王中江主编:《中国观念史》,中州古籍出版社 2005 年版,第 214—215 页。

④ Cf. Cho-Yun Hsu, "Historical Conditions of the Emergence and Crystallization of the Confucian System", *The Origins and Diversity of Axial Age Civilizations*, p.306.

（超越与内在）毫无关系，二者不是截然对立的二元领域。人无法达到超越之天，本身更不是超越。超越之天不像希腊神话中的神那样亲自干预人间事务，人对人世间的一切事务负完全的责任，这是天根本的超越性决定的。尽管如此，他的替天行道，"天工，人其代之"①。例如，人自己掌管司法，却是上天的仆人，代天牧民（天牧）。刑法的根本渊源在天，"天齐于民，俾我一日，非终惟终在人"。这是中国古代哲人对天人关系最早的经典论述。人对自己的事务负完全的责任，但他一切行为和人世一切秩序制度的规范性根源不在人，而在天。"天既孚命正厥德。"②"天惟与我民彝。"③天叙、天秩、天爵这些概念，充分表明了中国哲学的这个特征。《尚书》中诸多训诫往往都是以天命作为规范来要求人的行为必须服从与符合这个规范。超越绝不是像史华兹认为的那样，是向内超越，将人类主体作为道德的根源，而是相反，超越才使得人认识到，道德的绝对性不在人，而在人无法控制的超越之天。

天命伯夷降典，四方司政典狱，受伯夷播刑之迪。"天讨有罪，五刑五用哉！"④人间的刑法原则乃出于"天之中"（形上超越意义的正义），但刑法具体的规定和典狱行动都取决于人。但这一切都是在天人关系的形上架构中发生的："典狱之事，天实临之。天德克于我，则天之元命自作于我配天泽，享人心，皆我也。念念知有天在上，且知天实在我一心中，斯为得之。"⑤元儒陈栎这段解经之语，清楚表明《吕刑》中的"天"绝非人格神，而是超越的力量。它既超越，又内在。但这内在绝不是说它是人心或主

---

① 《尚书·皋陶谟》。
② 《尚书·高宗肜日》。
③ 《尚书·康诰》。
④ 《尚书·皋陶谟》。
⑤ 陈栎：《尚书集传纂疏》卷六。

体的产物,而是说人对它有明确的意识,并以**此意识**为行为的根本准则,此之为"德"(得):"刑必合于中,而后刑即所以为德。"①中是超越的原则,原出于天,德乃人对此超越原则的明了与领会:"降于民为中,得于己为德。"②人虽自治,但却不能不从天意,不能不服从超越的力量。

《尚书》最早提出中国哲学天人关系理论中的重要环节"配天"的概念,《君奭》:"故殷礼陟配天,多历年所。""配天"绝不是与天平起平坐,而是一种根本的主从关系。屈万里在其《尚书集释》中即这样解释此句中的"配天":"配天,谓祭天以先王配享。"③《吕刑》"作配在下",当然也就是"配天",屈万里将此句释为"配合天意"④,虽然稍觉生硬,但也大差不差,但不如《孔疏》更明确完整:"人君为配天在下,当承天意治民,治之当使称天心也。"⑤而曾运乾把说"作配在下""犹言'天生民而立之君,使司牧之'也。"⑥"天降下民,作之君,作之师,惟曰其助上帝。"⑦《召诰》有"王来绍上帝"句,也是王助上帝的意思。⑧乃使"配天"乃主从关系而非并立关系更为明确无疑。与此相关联,"配天"另一个意思是天对人具有规范原型的意义,人之根本行为的范型在天,高明之士的行为仿天而行,与天行相配,《中庸》"高明配天",即为此义。⑨当孔子说"予欲无言"时,他也向子贡表明了他要仿效不言而四时行的天,以天行为范型,为榜样,亦即配天。但孔

---

① 陈栎:《尚书集传纂疏》卷六。
② 陈经:《尚书详解》。
③ 屈万里:《尚书集释》,联经出版事业公司2010年版,第206页。
④ 同上书,第260页。
⑤ 孔颖达:《尚书正义》。
⑥ 曾运乾:《尚书正读》,华东师范大学出版社2011年版,第304页。
⑦ 《孟子·梁惠王下》。
⑧ 顾颉刚、刘起釪《尚书校释译论》第三册,第1440页。
⑨ 孔颖达《礼记注疏》疏此句为:"言圣人功业高明。"

子这绝不是暗示他即是天。《吕刑》要典狱者"作配在下",也是要人世的典狱用刑者知天配天,"惟克天德,自作元命,配享在下。"

天德者何?"大公至正,纯乎天德。"①大公至正者,中也。《吕刑》以绝地天通的神话开头,通篇贯穿超越及其相关思想,就表明它不是一篇简单的谈论刑法的著作,而是一部法哲学著作,而且是黑格尔的《法哲学》式的法哲学著作,即以一个根本原则为纲的形而上学的法哲学著作,这个根本原则,或形而上学的根本原理,就是"中",对此古人有明确的论述。吕祖谦在《东莱书说》中指出:"中者,《吕刑》之纲领也。苗民,罔是中者也。皋陶,明是中者也。穆王之告司政典狱,勉是中者也。至于末章之所训迪,自中之外,亦无他说焉。"②陈栎亦持相同看法:"德与中为《吕刑》一篇之纲领。继此曰'惟克天德',曰'以成三德',曰'有德惟刑',无非以德为本也。曰'观五刑之中',曰'中听狱之两辞',曰'罔非在中',曰'咸庶中正',曰'非德于民之中',曰'咸中有庆',无非以中为用也。刑必合于中,而后刑即所以为德,以此意读《吕刑》,其庶几乎?"③没有超越意识,不可能提出这样后来成为中国哲学的核心概念的"中"之概念。有人说先儒在这里把"中"字说得有点玄,不是平平实实的中字④,说得一点也不错,这个"中"在这里不是一个平常字,而是一个基本的形而上学概念,是中国哲学超越意识的标志性成果。

如果以超越观或超越意识作为哲学诞生的标志的话,那么中国哲学肯定不是从孔子的时代开始,而是从《尚书》与《诗经》

---

① 蔡沈:《书集传》,凤凰出版社 2010 年版,第 250 页。
② 吕祖谦:《增修东莱书说》卷三十四,《吕祖谦全集》第三册,浙江古籍出版社 2008 年版,第 439 页。
③ 陈栎:《尚书集传纂疏》卷六。
④ 顾颉刚、刘起釪:《尚书校释译论》第四册,第 2105 页。

的时代开始。如果说《吕刑》以其超越意识和天人关系架构明白无误地证明了这一点,那么《洪范》更是以它的存在原理和宇宙观表明,中国哲学早于"轴心时代"就已出现了。[1]

与《吕刑》一样,《洪范》也是以神话开始。这在很大概率上不是偶然的,而是表明中国哲学家一开始就意识到,根本原理必须具有超越性。人们一般把《洪范》解释成君王治天下的"统治大法"[2],这有点想当然,而没有认真对待这篇经典文献的文本本身。《洪范》一开始就叙述武王因不知世界的常道常理,或者说"事物的秩序",故拜访箕子,向他请教。这与刘备拜访诸葛亮,向其请教平定天下之计,判然有别。刘备是问计,武王是问道,相距何啻云泥。箕子完全可以直截了当把九畴向武王一一阐明,却偏偏用一个上帝锡禹九畴的神话故事来开始,不仅是要突出九畴的超越来历,而且也是要表明九畴不是一般的统治方针或策略,而是宇宙的大经大法[3],或者用今天哲学的行话说,是根本原理。它们事关"彝伦攸叙",即"事物的秩序"。

九畴分别是:"初一曰五行,次二曰敬用五事,次三曰农用八政,次四曰协用五纪,次五曰建用皇极,次六曰乂用三德,次七曰明用稽疑,次八曰念用庶征,次九曰向用五福,威用六极。"九畴本身构成一个系统而完整的天人结构,蔡沈在《书集传》中对此结构有颇为精到的阐明:"在天惟五行,在人惟五事。以五事参五行,天人合矣。'八政'者,人之所以因乎天。'五纪'者,天之所以示乎人。'皇极'者,君之所以建极也。'三德'者,治之所以应变也。'稽疑'者,以人而听于天也。'庶政'者,推天而征之

---

[1] 《左传》《荀子》《韩非子》皆引《洪范》,当知在春秋战国时它已是公认的哲学经典了。

[2] 顾颉刚、刘起釪:《尚书校释译论》第三册,第1143页。

[3] 孔颖达疏"洪范"为"天地之大法"。又说九畴是"天之常道"。(孔颖达:《尚书注疏》)

也。福极者,人感而天应也。"①按照蔡沈的这个解释,除了"皇极"和"三德"外,其余七畴都是以天人关系的架构来定位的。其实"皇极"和"三德"也完全应该是在此存在论架构中才能得到正确的定位。

以往人们在讨论洪范九畴时主要集中在"皇极"这一畴上,以及它处于九畴中间的位置,而没有注意整个九畴的排列顺序。如果我们同意上述蔡沈对洪范九畴功能结构的解释,那么五行排在初一的位置是不应该放过的。尤其是如果我们注意到其他八畴前都有个"用"字,指明如何用相关的某一畴,惟独"五行"前没有,只是"初一曰五行",就更是如此了。"怎么用"都是从特殊性的角度来谈论某畴,而没有"怎么用",只是"初一曰五行",是否可以理解为它不是指任何特殊的事物? 现代学者对此可能嗤之以鼻,他们会根据下文"五行:一曰水,二曰火,三曰木,四曰金,五曰土。水曰润下,火曰炎上,木曰曲直,金曰从革,土爰稼穑。润下作咸,炎上作苦,曲直作酸,从革作辛,稼穑作甘"等文字,认为"此不过将物质区为五类,言其功用及性质耳,**何尝有丝毫哲学的或术数的意味**?"②五行指的就是物质材料而已。曾运乾把"五行"之"行"解为"用也,五行金木水火土,为人所用也"③。仍是剿袭梁启超的说法,归根结底把五行理解为五种物质的功用。

古人在对"五行"的理解上,比现代学者哲学得多! 深刻得多! 唐朝孔颖达明确指出:"五行"之前之所以没有像其他八畴那样有个"用"字,是因为"五行万物之本,天地万物莫不用之,不

① 蔡沈:《书集传》,第142页。
② 梁启超:《阴阳五行说之来历》,顾颉刚编著:《古史辨》第五册,上海古籍出版社1982年版,第350页。
③ 曾运乾:《尚书正读》,第136页。

嫌非用也"。也因此,"'五行'为初也"①。五行是万物之本,它当然不可能是"物",而是"天所以命万物者也"②。也就是说,五行有点像西方哲学中的作为全体的存在,指的是存在者的大全。它不是具体的某一物,却是万物所必有,"五行无物不有"③,古代哲学家对此是非常明确的。它反过来也表明,把五行理解为五种物质材料是多么幼稚!

在西方,哲学以存在作为自己根本的研究对象和思维目标至今未有太大争议。何为存在? 根据雅斯贝尔斯的说法:"这个存在,我们称之为**无所不包者**,或**大全**(die Ümgreifende)。"④"对从前的存在论来说,万物都只是那些被思维的东西;对哲学来说,万物同时又都被大全所渗透,或者说,万物有就像没有了一样。存在论之说明存在,是把它论述存在时所设想的存在还原到一个最初的存在;哲学活动则先对大全作一种说明,凡以后在论述存在时可能谈到的都以这个大全为根据和本原。"⑤大全就是无所不包、整全的意思。雅斯贝尔斯的这个思想并非独创。从古至今,哲学与一切科学不同,就在于它以绝对的整全为目标。

大全概念可以上溯到古希腊哲学的 *periechon*(无所不包)概念。阿那克西曼德就用 *apeiron*(无限)这个词来表示绝对的整全。泰勒斯之所以用一句"水是万物的本原"就牢牢奠定他作为(西方)哲学之父的地位,就是因为这句话标志着人类开始以整全的眼光来思考宇宙万物,或者说,把宇宙万物作为一个整全

---

① 孔颖达:《尚书注疏》。

② 王安石:《洪范传》,王水照主编:《王安石全集》第二册,复旦大学出版社 2017 年版,第 170 页。

③ 吕祖谦:《增修东莱书说》卷十七,第 227 页。

④ 雅斯贝尔斯:《生存哲学》,王玖兴译,上海译文出版社 1994 年版,第 16 页。

⑤ 同上书,第 20 页,译文有改动。

来把握。这是非常关键的一步。它需要先"退出来"（standing back），即超脱日常万事万物，与之拉开距离，从而能有一个大全的概念，能从整全或大全上去把握世界和理解世界。在日常生活中，人们面对和思考的都是当前的特殊事物，不可能去思考作为整体的存在或大全。原始民族往往对同一个动植物在一天不同时段有不同名称，就是因为他们完全被事物的特殊性吸引，而不能从整体上（首先是类）把握事物。他们充其量只能把握个别事物的真理。

但具体特殊事物的真理会随着具体处境与情况的概念而改变，而宇宙万有的全体，即大全，大全的真理，全体的真理，却是永恒的。这个真理在哲学家看来并不玄奥，它是关于什么是，什么不是（非）的标准问题，我们的一切行为、世上一切事物，离开了这个标准，即无法决定。西方哲学传统认为哲学主要就是研究这个有关是与不是问题的存在论，就是为此。事物有生灭变化，人们对事物也有不同的看法，然而，无论是事物本身还是我们对事物的看法都有一个前提，即它们必须"是"，也就是它们必须有意义。而它们的意义，不可能是孤立的，只是在一个大全或全体中才有意义。比方说，春夏秋冬四时，只是作为一个季节才有意义，才"是"。但什么叫"季节"？不放在更大的宇宙运行的秩序中是没有意义的，只是一个空词。用雅斯贝尔斯的话说，大全是"那样一种东西，它自身并不显现，而一切别的东西都在它的里面对我们显现出来。它同时又是那样一种东西，由于它，一切事物不仅成为它们各自直接显现的那个样子，而且还继续是透明的"①。

在我们日常与世界上的事物打交道时，总会发现，我们已经

---

① 雅斯贝尔斯：《生存哲学》，第 16 页，译文有改动。

处于一个大的语境中,它决定我们与这些事物可能的关系方式。我们总是已经知道意义和目的,在我们研究世界的种种关系时,总是受先已接受的观念的引导。靠着它们我们才能确定可能遇到的种种可能性。连续性和整体性就是这样的观念。我们寻求连续和整体不是经验的结果,因为经验本身只有在连续和整体的意义上才可能。然而,如果我们试图从理论上获得所有可得到的经验的一幅统一的画面时,我们发现,我们现有的各自特殊知识办不到。相反,新的经验在任何时候都能证明理论是不完全的,因为作为我们探究之前提和经验可能性之条件的连续性和整体性,是永远无法在日常经验中出现的。如果我们把可能经验的全体叫"世界",那么很显然,这个世界不可能是经验的对象,因而也不是我们科学研究的对象。它是主客体的统一,我们经验的统一,因为我们自己也包括在这个世界中。这个世界,就是大全。

这并不意味着大全排斥知识,"因为我们可能取得的知识决不因我们体会了大全而被取消,相反,这种知识由于被相对化了就能被我们从一种新的深度出发来把握;因为它这个无边无际的认识活动此时被我放进了这样的一个空间,这个空间虽不能被认知,却显现为一种好像在透视着一切被认知的存在的东西"①。哲学之所以是人类自由的产物,是自由的标志,因为它是一种超越,即超越我们的实存,而跃向我们的可能性。"超越对于我们来说就是**对一切实存的突破**。"②即超越我们的日常存在,而去思考和把握大全,或者自觉把自己置于大全中来思考。这时哲学就产生了,这才是起始意义上的哲学的突破。

然而,根据海德格尔的看法,西方哲学从一开始就未能区分

---

① 雅斯贝尔斯:《生存哲学》,第22页。

② 同上书,第76页。

存在与存在者,实际是将存在本身当作又一个存在者来看待。但我国古代哲学家明确将五行视为"行",而不是"物"(存在者)。"五行也者,成变化而行鬼神,往来乎天地之间,而不穷者也。是故谓之'行'。"①这个"行",不是事物的功能或功用,而是大全本身的生成变化。"万物之本,有生于无,著生于微,及其成形,亦以微著为渐。五行先后,亦以微著为次。五行之体,水最微,为一。火渐著,为二。木形实,为三。金体固,为四。土质大,为五。"②原来"五行"这个概念是借助水火木金土五种事物的外在形态来喻示事物不同程度的规定性,由不明确到逐渐明确。在此意义上,五行未尝不可理解为事物不同的规定性,不同之是。

但五行对万物的规定是通过对偶的模式:"盖五行之为物,其时其位,其材其气,其性其形,其事其情,其色其声,其臭其味,皆各有耦;推而散之无所不通。一柔一刚,一晦一明,故有正有邪,有美有恶,有丑有好,有凶有吉;性命之理,道德之意,皆在是矣。耦之中又有耦,而万物之变,遂至于无穷。"③有人说关联性思维(correlative thinking)的概念出自汉学家④,这是失察。王安石已经明确指出,五行(存在)之为物是以"耦"即关联性规定的模式,而非单一的指定模式。一切规定都有其耦,耦不是孤立的,向内而言,耦中有耦;向外而言,耦与耦无所不通。五行有点像海德格尔的世界概念,是一个意义的关联系统。但是,意义"其相生也,所以相继也;其相克也,所以相治也"⑤。这是海德格尔没有看到的。对于王安石来说,五行乃表天道与天命:"道者,

---

① 王安石:《洪范传》,第 171 页。
② 孔颖达:《尚书注疏》。
③ 王安石:《洪范传》,第 171 页。
④ 丁四新:《论〈尚书·洪范〉的政治哲学及其在汉宋的诠释》,《广西大学学报》2015年第 2 期,第 28—29 页。
⑤ 王安石:《洪范传》,第 171 页。

万物莫不由之者也;命者,万物莫不听之者也。"①它们本身"道万物而无所由,命万物而无所听"②,用西方哲学的话说,五行是无条件者,是绝对。五行在九畴中排序为一,不亦宜乎?

蔡沈说:"在天惟五行,在人惟五事。以五事参五行,天人合矣。"可见九畴中"五事"也非常重要。但一直有人把五行理解为五种物,然后把五事与五行穿凿硬配,如貌配水,或言配火之类,不懂哲学,胡言乱语,不知所云。船山称这种做法为"凿智侮五行",一针见血!③与"五行"一样,"五事"也可以把它看成一个单独的概念,即"人的行为"。《正义》曰《洪范》言五事章:"所演亦为三重,第一言其所名,第二言其所用,第三言其所致。"此言极是。貌言视听思只是五事之"名",我们要注意的是"其所用"和"其所致"。在今人看来,"五事"是指人的外貌和四种主观中性的生理功能,都不能算"事"。称其为"事",必有缘故。

《正义》已经提示我们不要停留在"名"上。洪范九畴除了五行外,在其他八畴前都有如何用的表示,"五事"前是"敬用",表明人的行为不是单纯人的行为,而是"奉天之化,敷天之化"④。"敬"字一般用于下对上,本身含有很强的超越指向。按照蔡沈的解读,五行与五事的关系就是天人关系,而且是积极能动的天人关系。"天之化,行乎人以'阴骘下民';人资其用于天,而王者以行其政也。"⑤这是船山对五行与五事关系的解释。五事不是人任意的主观行为,而是具有天定规范要求的行为,相应于五事

---

① 王安石:《洪范传》,第171页。
② 同上书,第171—172页。
③ 王夫之:《尚书引义》,《船山遗书》第一册,第540页。船山这是批评朱熹,朱熹在回答弟子关于视听言动比于《洪范》五事时,赞同吴仁杰说貌是水,言是火,视是木,听是金,思是土,说他"说得也顺"(朱熹:《朱子语类》卷七十九,《朱子全书》第十七册,第2707页)。
④ 同上书,第539页。

⑤ 同上书,第538—539页。

的五种规范要求分别是恭、从、明、聪、睿。换言之，我们不能根据现代人的思维习惯，从貌言视听思字面意义上去理解它们。

按照现代人们的理解，五事的排序勉强可以说是由外到内，貌最外在故排在最前，思最内在，故排在最后。当然，按主体主义的思维方式，则应该"五事以思为主，而貌最其后也"①。但《洪范》五事的排序却不是简单的按照从外到内，或像蔡沈说的，"人始生，则形色具矣；既生，则声音发矣；既义而后能视，而后能听，而后能思也"②，是自然的排序。将貌排第一而思在最后，有深刻的哲学理由在。

照王安石的说法，五事之所以这么排序，是因为"此言修身之序也"③。这个解释不无道理，从这里一直到最后，与《大学》修齐治平的顺序若合符节。修身不是单纯的品德修养，而是天人相参，事天配天的问题。故首要的规范要求是"恭"，"恭在貌而敬在心"④，敬天才会貌恭，貌不仅仅是面貌，而是人的整个（内外）形象，貌恭所致为"肃"，整齐严肃，肃然起敬，才能遵天行道，不致胡作非为，无法无天。修身首当敬天，修身首要的问题也是敬天，敬天才能克己复礼，才能遵天之道。言的规范要求是"从"，从道也，从天也；否则就会无从说起，就会胡言乱语。言从的结果是义，即言辞纯粹有理，表达沟通无往不利。视的规范要求是"明"，明善恶、明是非、明美丑，其所致的结果是"哲"（哲），即"照了物情"⑤，对事物的真理有深入的洞察与了解。听的规范要求是聪，"聪"不是一般意义的听觉灵敏的意思，而是"受人言

---

① 王安石：《洪范传》，第174页。
② 蔡沈：《书集传》，第143页。
③ 王安石：《洪范传》，第174页。
④ 孔颖达：《尚书正义》。
⑤ 同上。

察是非也"①。其所致的结果是"谋"，谋必有当，因为能辨别所得到信息。思的规范要求不是要讲逻辑合理性之类，而是"睿"。睿是智慧深刻，细密入微。其结果是"圣"，即无事不通也。《中庸》"唯天下之至圣，为能聪明睿智"，不能不说是《洪范》"五事"的一个精炼概括。

从五行到五事，是从天到人。"夫五事者，人之所受命于天也，而王者所修而治民也。"②五事是天道在人间的体现与延伸。人文世界和政治世界由此展开。"身既修，可推之以政，故八政次之；政既成，修五纪，乃可以建极也。"③这是朱熹对第三、四、五三畴的排序的解释。从八政到五纪，是从人事又上探天道。这种天人之间循环往复的格局非常自觉用心，没有成熟的超越意识是根本不可能的。

皇极一畴由于位列九畴之中，历来为人重视，陆象山就认为："皇极在《洪范》九畴之中，乃《洪范》根本。"④叶适认为，洪范九畴一统于皇极："《洪范》之于皇极也，以八为一；皇极之于《洪范》也，以一御八。"⑤孔安国将"皇极"解为"太中之道，大立其有中，行九畴之义。"《正义》据此将"皇极"释为"大中"，并进一步阐明："此畴以'大中'为名，故演其大中之义。'大中之道，大立其有中'，欲使人主先自立其大中，乃以大中教民也。凡行不迁僻则谓之'中'，《中庸》所谓'从容中道'，《论语》'允执其中'，皆谓此也。九畴为德，皆求大中，是为善之总，故云'谓行九畴之义'，言九畴之义皆求得中，非独此畴求大中也。此大中是人君之大

---

① 孔颖达：《尚书正义》。
② 董仲舒：《春秋繁露·五行五事第六十四》，钟肇鹏主编：《春秋繁露校释》（校补本）下册，河北人民出版社 2005 年版，第 889 页。
③ 朱熹：《朱子语类》卷七十九，《朱子全书》第十七册，第 2705 页。
④ 陆九渊：《荆门军上元设厅皇极讲义》，《陆九渊集》，第 285 页。
⑤ 叶适：《皇极》，《叶适集》第三册，中华书局 2010 年版，第 728 页。

行,故特叙为一畴。""太中"即本体意义上的大中,或者绝对和无限意义上的中,因为它出于同样绝对和无限的天。"皇"字本有"大"义,当然也有"天"义。汉唐儒很可能根据《洪范》整个文本,尤其是皇极出现的上下文,将"皇极"释为大中。此大中即为中国哲学的核心原则——中道。《正义》说"九畴为德,皆求大中",洵为的论。中国哲学、中国思想、中国文化的精髓即在大中。内圣外王,成己成物,一是以大中为依归。用孔安国传"会其有极,归其有极"的话说,就是"会其有中而行之,则天下皆归其有中矣"。

对于以二孔(孔安国、孔颖达)为代表的汉唐儒来说,皇极的来源根本不是问题,大中原则是道,道之大原出于天,《洪范》一开始就已表明,天锡九畴于禹,皇极原出于天。"皇极之敷言,是彝是训,于帝其训"这几句话,也进一步明确了这一点。尽管《汉书·五行志》对皇极及其出处的解释似乎不同:"'皇之不极,是谓不建。'皇,君也。极,中;建,立也。人君貌言视听思心五事皆失,不得其中,则不能立万事。"①细看还是与汉唐主流解释有重要的共同点,即作为天道的中,不是君建立的,而是君必须努力去达到的,然后用中于民或治民以中;否则将无以立。

然而,到了宋代,对皇极的解释有所变化。王安石对"皇极"的解释也与《五行志》同:"皇,君也;极,中也。言君建其有中,……惟皇作极何也? 言庶民以君为中,君保中则民与之也。"②须注意的是,安石并没有说"君建中"或"君建其中",而是说"君建其有中",表明"中"有可能并非出自"君","君建其中"只是说君行有中而已。安石说:"盖人君能自治,然后可以治

---

① 参看王夫之:《读四书大全说》上册,第 59 页。
② 王安石:《洪范传》,第 175 页。

人;……所谓自治者,'惟皇作极'是也。"①"惟皇作极"不是君建立极。那么"极"从何来? 对安石来说,这根本不是问题,古有明训:"盖君能顺天而效之,则民亦顺君而效之也。二帝三王之诰命,未尝不称天者,所谓于帝其训也。"②如果君能建极的话,也是天已有极。

到了朱子那里,"皇极"的诠释发生了根本的变化。朱熹对"皇极"的解释是:

> 皇者,君之称也,极者,至极之义,标准之名,尝在物之中央而四外望之以取正焉者也。故以极为在中之至则可,而直谓极为中则不可。……故予窃独以为皇者君也,极者至极之标准也。人君以一身立乎天下之中,而能修其身以为天下至极之标准,则天下之事固莫不协于此而得其本然之正,天下之人莫不观于此而得其固有之善焉,所谓皇极者也。③

概括言之,"皇极"的意思根本不是"大中","皇"是君主,"极"是标准。皇极的意思应该是君主以身作则,以自身的行为作为天下人行为效法的标准:"皇是指人君,极便是指其身为天下做个样子,使天下视之以为标准。"④朱熹此解完全颠覆了孔传将"皇极"解为"大中"的传统,自以为是"一破千古之惑"⑤。在传统解释那里,皇极就是天理,而且是君主首先应该以之作为自己一切行为的准绳;而按照朱熹的解释,皇极是君主通过自己行为

---

① 王安石:《洪范传》,第176—177页。
② 同上书,第178页。
③ 朱熹:《皇极辨初稿》,《朱子全书》第二十四册,第727页。
④ 朱熹:《朱子语类》卷七十九》第2708页。
⑤ 朱熹:《答吴伯丰》,《朱子全书》第二十二册,第2422页。

建立的规范标准,天下人、天下事都必须对标此一标准。在传统解释那里,皇极是超越;而在朱熹这里,皇极是内在,"其本都在人君之心"①。颠覆的力度不可谓不大,但其颠覆的合理性却未必与其力度成正比。

朱熹对传统解释的颠覆从小学和义理两方面来进行。首先当然是从语言文字上发难:"但于《洪范》之文易'皇'以'大'、易'极'以'中'而读之,则所谓'惟大作中''大则受之'之属,为何等语乎?"②也就是说,朱熹认为如果把"皇"训为"大",那么如果在文本其他涉"皇"的地方以"大"替换,就会读不通。不能不说,朱熹的这个辩难让人不免跌破眼镜。对于朱熹的这种小学解释,象山有如下驳论:

> 字义固有一字而数义者;用字则有专一义者,有兼数义者;而字之指归,又有虚实,虚字则但当论字义,实字则当论所指之实。论其所指之实,则有非字义所能拘者。如元字有"始"义,有"长"义,有"大"义。《坤》五之元吉,《屯》之元亨,则是虚字,专为"大"义,不可复以他义参之。如《乾》元之元,则是实字。论其所指之实,则《文言》所谓善,所谓仁,皆元也,亦岂可以字义拘之哉?"极"字亦如此,太极、皇极,乃是实字,所指之实,岂容有二,充塞宇宙,无非此理,岂容以字义拘之乎?中即至理,何尝不皆至义?《大学》《文言》皆言"知至",所谓至者,即此理也。语读《易》者曰能知太极,即是知至;语读《洪范》者曰能知皇极,即是知至,夫岂不可?盖同指此理。则曰极、曰中、曰至,其实一也。③

---

① 朱熹:《朱子语类》卷七十九,第 2708 页。
② 朱熹:《皇极辨初稿》,第 727 页。
③ 陆九渊:《与朱元晦》,《陆九渊集》,中华书局 2008 年版,第 28—29 页。

象山的这个反驳非常有力，按照他的反驳，一方面，根据文义学规则，"皇"字训为"大"不为无据，字的多义性允许一字在不同的上下文中有不同的字义。另一方面，更重要的是，对于象山来说，当然对于二孔也是如此，皇极或大中乃天下之至理，借用德国古典哲学的概念，乃第一原理。"大"即表"极致"之意。①但朱子不认为"中"为本体："盖此'中'字，是就气禀发用而言其无过不及处耳，非直指本体未发无所偏倚而言也。岂可以此而训'极'为'中'也。"②

这也构成了朱熹在义理上反对传统解释的理由。他认为释"皇极"为"大中"的根本问题在于"大中"到了他那个时代成了"含糊苟且，不分善恶之名"③。"只是含胡依违，善不必尽赏，恶不必尽罚。"④也就是"中"笼统模糊，不具有规范性意义。然而，"大中"的概念与"允执厥中"的思想是一脉相承的，从《尚书》开始，"中"在中国哲学和思想中不但是一个具有规范意义的概念，而且是一个元规范的概念。"圣人之道，中而已矣。尧舜禹三圣人为万世法，一'允执厥中'也。"⑤方孝孺的这个说法，应为大多数儒者所公认。是朱熹自己故意将"中"去规范性，把它变成一个纯粹的方位概念，说"大中"之"中"只是"居中"之义，更无"极致"的意思。当学生问他"无偏无党，无反无侧"不也有中意吗，他答道："只是个无私意。"⑥硬是不肯承认中的规范意义，他当然不会不知道"大中至正"就是"大公至正"。

可是，颇具讽刺意味的是，他自己对极的解释，还是离不开

---

① 孔安国把皇极释为"太中之道"，"太之为言，大之至甚也"(黄宗羲：《宋元学案·濂溪学案》)。
② 黄宗羲：《宋元学案·濂溪学案》。
③ 朱熹：《皇极辨初稿》，第730页。
④ 朱熹：《朱子语类》卷七十九，第2706页。
⑤ 方孝孺：《夷齐》，《逊志斋集》卷五。
⑥ 朱熹：《朱子语类》卷七十九，第2710页。

中,只不过是方位意义的中:"尝在物之中央而四外望之以取正焉者也。故以极为在中之至则可,而直谓极为中则不可。""四外望之以取正"的前提是"在物之中央","中"之规范意义还是无法取消。朱熹竭力要抹杀中的规范意义,是因为他要把道德规范的根源赋予君主一身,而不是像前人那样将作为天道的中道视为一切规范之本、之原。这样,天道变成了君道,君主等于上帝,"其所以为常、为教者,一皆循天之理而不异乎上帝之降衷也"①。这里,"循天之理"是虚晃一枪,"不异乎上帝"才是真章,因为朱熹在讨论皇极问题时,从未像王安石那样,强调君要以天为标准,顺天晓天,以天之名,而非以君之名发号施令。"所谓于帝其训也。此人之所以化其上也。及其后世,矫诬上天,以布命天下。"②而朱子诠释"于帝其训"正是"言人君以身为表而布命于下"③。荆公始终强调是否顺天效天是君主统治的合法性所在,规范的根源在天而不在君,这就从根本上否定了君主的绝对性和自主性:"命有德,讨有皋,皆天也;则好恶者,岂可以人为哉?"④超越之天给现世的君主设定了界限。但朱熹恰恰是要通过重新阐释皇极让君主作为善恶是非的根据,行为规范的衡准,从而赋予君主以内在(价值规范)和外在(政治权力)两方面的绝对性。天不但不是君主的制约者,反而成了君权绝对性的装饰。

　　固然,朱熹也强调人君必先"正心修身",然后才能"建极",问题是正心修身并不能使君主从有限之人变为无限之天,他仍然是主观的(即不能无私)、有限的。主观、有限之君主如何能建无限之极? 如何能克己复礼? 如果他要待正心修身后方能建

① 朱熹:《皇极辨初稿》,第 729 页。
② 王安石:《洪范传》,第 178 页。
③ 朱熹:《皇极辨初稿》,第 729 页。
④ 王安石:《洪范传》,第 178 页。

极,他如何能知自己心已正,身已修? 也就是说,君主建极之前,他正心修身有无标准? 谁给他建极? 如果说先圣(如尧舜禹周孔)为后来君主建极,那谁为他们建极? 可能的答案有二。一是他们自己给自己建极,这个古代中国人都不会接受。因为圣人之圣,在于他们能得天道,从而能配天。另一个答案是超越建极而非君主建极,这是《洪范》和孔传的思路,也是多数中国哲学家的思路。

值得一提的是,陆九渊虽然完全接受传统将皇极释为"大中"①,但他也讲"古先圣王皇建其极,故能参天地,赞化育"②。但意思与朱熹完全不同。象山讲的圣天子建用皇极,不是说君主以自身的行为作为天下人的行为标准,而是首先肯定,皇极之极,来自上帝:"惟皇上帝,降衷于下民,衷即极也。"③"圣天子建用皇极,亦是受天所锡。"④君主与天的纵向超越关系,毫不含糊。反观朱熹,却认为君建其极"不异乎上帝降衷",君主与天不再是上下关系,而是并列乃至同一关系。就此来看,朱熹而不是象山,才是真正的主体主义者。

皇极乃道,乃理,非任何君主能得而私也。"皇极之道,固不为尧存而桀亡。"⑤那么,"建用皇极"又是何意呢? 皇极是大中之道,是原理,"夫极为有物",它不是具体的物事,因此一般的人也无法把握。但天不是人格化的上帝,不能直接干预人事或给予人类明示,而需要圣王对皇极加以确立,"则能者顺之以取福,不能者败之以取祸"⑥。建者,确立也,明确也。"皇极之道布在天

① 陆九渊:《荆门军上元设厅皇极讲义》,《陆九渊集》,第283页。
② 同上书,第284页。
③ 同上。
④ 同上书,第285页。
⑤ 吕祖谦:《增修东莱书说》,《吕祖谦全集》第三册,浙江古籍出版社2008年版,第229页。
⑥ 同上。

下,本无亏欠,必又得人君建立其极,如《论语》所谓'人能弘道,非道弘人'。"①中道出自超越的上天,以中道行事在人,因此必先首明中道,此为"建用皇极也"。

孔传释"皇极"为"大中"绝非空穴来风,毫无根据,很可能是由于《中庸》"中者,天下之大本"说法的启发,而这个说法也绝非子思的首创,必其来有自。刘康公说:"民受天地之中以生。"②《大禹谟》的"允执厥中",都说明中国哲学从很早就把"中"作为核心概念加以认定了。③林之奇说皇极之义就是"中者,天下之大本"④。当然也是由于中和中道早已是中国哲学和中国思想的核心概念的缘故。中除了规范意义外,还有本体义,并且古人对此非常自觉和明确。这从"中"在《尚书》中的种种用法就可看出。

我们的祖先从一开始就追求一个公平正义的世界,凝聚了公平正义原则的中,自然很早就是他们追求的目标。虽然他们在日常生活中,如司法刑政强调要"明于刑之中,率乂于民棐彝"。要求"观于五刑之中"。(《吕刑》)但中绝不只是单纯的司法原则,它首先是超越于人的天道。"非天不中,惟人在命。"(《吕刑》)"予曰辟,尔惟勿辟;予曰宥,尔惟勿宥,惟厥中。"(《伪古文尚书·君陈》)吕祖谦说:"中者,《吕刑》之纲领也。"其实我们何尝不可以说:"中者,《尚书》之纲领也。"

《召诰》云:"王来绍上帝,自服于土中。旦曰:'其作大邑,其自时配皇天,毖祀于上下,其自时中乂。'"王安石释"王来绍上帝"句为"帝,天德,而绍之者王。王人道也。皇,天道也。惟道

---

① 吕祖谦:《增修东莱书说》,《吕祖谦全集》第三册,浙江古籍出版社 2008 年版,第226 页。

② 《左传·成公十八年》。

③ 《大禹谟》属伪古文尚书,故其所述思想确切时间无法确定,但孔子把"允执其中"这句话归于尧,至少说明"中"作为一个重要的哲学概念起源甚早,肯定不会晚于《尚书》出现的时代。

④ 林之奇:《尚书全解》下册,人民出版社 2019 年版,第 398 页。

315

为能建中,惟建中为能配天道,中天而宅之。建中以配天道,非特绍上帝也"①。安石此解非常精辟,"绍上帝,即配皇天也"②。安石不像某些现代学者那样,把"绍上帝"理解为"接受上帝的旨意"③。而是把上帝理解为天德,在天人关系的架构中理解"王绍上帝"。能配天德者王,"王"是人道,而非人格。人道与天道相配作为一个形上事件为"建",此一事件的结果为"中"。"建中"表明中是天道与人道相参相配的一个动态结构。中之所以是中国哲学的一个核心概念,千百年来为人所公认,盖由于它既是天道的特征,又是人道的标准。天道"会其有极",人道"归其有极",天人合一为中。"中正然后贯天下之道。"④中是天下之道的统一,而且是有差异的统一,故曰"中和"。

就中是天道与人道的共同特征而言,中是中国哲学的最高概念和第一原理。最高概念和第一原理必须具有绝对性和无限性,否则就不能是最高概念和第一原理。孔安国对于中的绝对性有明确的认识,"太中"者,中之极致也。按照一般的字义,中无所谓大小,以大言中,说明中根本不是一个方位概念,无论将它译为 centrality 还是 on-center,都是不合适的。古代哲学家从一开始就肯定它是一个本体概念。"大中者,阴阳合德,屈伸合机,万事万理之大本也。"⑤中不但是一个本体概念,而且是一个具有绝对性和无限性的本体概念:"大中者,无所不中;至正者,无所不正;贯天下之道者也。"⑥大暗示了中的无限性,也提示了中绝非一个位置概念;相反,它的绝对性必须通过它的无限性来

① 王安石:《尚书新义》,《王安石全集》第二册,第230页。
② 林之奇:《尚书全解》下册,第516页。
③ 顾颉刚、刘起釪:《尚书校释译论》第三册,第1447页。
④ 张载:《正蒙·中正篇》。
⑤ 王夫之:《张子正蒙注》,《船山遗书》第6卷,第3694页。
⑥ 同上书,第3693页。

保证;反过来,真正的无限而不是数量意义上的坏无限,只有在中那里才能存在:"极其大而后中可求,止其中而后大可有。"张载这两句话就阐明了这个道理。后来吕祖谦把张载的这两句话改为"由其大则中可见,正其中则大可有"①,使得大中的形而上学内涵更为明确。中在其大中方可见,表明中不是一般意义的中,而是只有将它理解为无限(极其大或太中)方能得此形上本体意义之中,但这无限不是未有任何是(规定)的坏无限,而是有着规范意义(正)的无限(正其中则大可有)。无限和绝对意义的中,当然也是超越的中。这样的中之概念的确立无疑是超越也是哲学意义的超越的确立。

三、关于"内在超越"

那么,中国的超越是否像史华兹所言,是"向内超越",即在自己的主体性上寻找道德的根源呢? 显然不是,盘庚要臣民"各设中于乃心"②,可见中之根源在于超越之处,而非人的主体性,故要"设"。"设中"犹如"建中",即在内心确立中道,意识到中道,以之作为自己的行为规范与准则。民受天地之中,表明超越通过生而内在,犹如基督教所谓人生而身上有神性,但神性来自上帝,而非人自身具有。中本为天道,未能明确并以之为行为准则等于没有。"设"与德国古典哲学讲的"设定"不同,设定是从无到有,设是以实践行为确立有。所以中国的超越不能叫"向内超越"。

不过,史华兹还是承认,除了道德的内在根源外,在中国古代思想中,始终存在外在的理想社会秩序和正常的自然秩序。

---

① 吕祖谦:《增修东莱书说》,第 226 页。
② 《尚书·盘庚中》。

并且,"孔子绝没有解决道德的内在根源与好社会秩序之外在'客观的'结构之间的关系问题。两者之间的关系问题成为后来儒家的核心问题之一"①。他也注意到,在《论语》中,天不只是自然与社会内在的道,而且还是一个能动的意志。因此,虽然人可以在自己的内心找到道德的根源,但仍然存在外在的超越者,心不是天,也不能覆盖和代替天,虽然在孟子那里人的善良本性似乎与天同体(consubstantial)。②但在老庄的道家哲学中,道是完全外在超越者,是一个不可描述、不可言喻的绝对者:"道可道,非常道。"在道家哲学中,我们发现自然秩序与社会秩序极端的二分。"早期道家最极端地表达了中国的超越性。"③史华兹显然承认,孔子的内向超越并没有使得中国的超越性完全没有外在超越的维度。中国的超越性同样也可以说超越者与人有别,独立于人,虽然并不与人隔绝。

但由于深受现代性主体主义思想的影响,倒是不少中国人,热衷把中国哲学的超越称为"内在超越"。新儒家哲学家和其他研究中国传统思想的华人学者,普遍认为中国传统形而上学思想的一个基本特征就是天道的内在超越。牟宗三是这样来论述天道的内在超越的:"天道高高在上,有超越的意义。天道贯注于人身之时,又内在于人而为人的性,这时天道又是内在的(immanent)。因此,我们可以康德喜用的字眼,说天道一方面是超越的(transcendent),另一方面又是内在的(immanent 与 transcendent 是相反字)。天道既超越又内在,此时可谓兼具宗教与道德的意义,宗教重超越义,而道德重内在义。"④对这段话稍加

---

① Benjamin I. Schwarz, "Transcendence in Ancient China", p.63.

② Ibid., p.64.

③ Ibid., p.66.

④ 牟宗三:《中国哲学的特质》,台北:学生书局 1963 年版,第 20 页。

分析就会发现问题。我们可以问,当天贯注于人身而为人之性时,如何又能说它"高高在上"? 如何还"有超越的意义"? 其次,按照牟氏的说法,人之性是贯注于人身的天道,而人之性就是"创造性本身"①,那么,天道是否就是"创造性本身"? 如果是,那么说"性与天道"岂不是就是在说"性与性"? 如果不是,那么天道与人性就有区别,不是一回事,也就不可能既内在又超越。就像基督教承认人身上有神性,但不会说上帝既内在又超越一样。

留学西方多年的李明辉当然知道"超越"这个西方概念的本义,但为了替其师辩护,他根据美国人史华兹的说法,重新诠释了"超越":"当新儒家将天与道当作超越的原理与现实时,超越的概念仍然包含了'高于实际'或'理想'的意义。据我所知,这是史华兹所说的'超越'的意思。"②这段话明显有毛病,"高于实际"和"理想"可以是"超越的原理",但不能是"现实",这就像黑不能是白一样。

史华兹在《古代中国的超越性》这篇文章中提出:"天命观念确实表现了对于社会—政治—文化上的规范的秩序与事物实际存在的状态之间悲剧性矛盾的意识。……就理想的社会秩序与实际事态之间存在着分裂的鸿沟而言,超越的成分不可否认是存在的。"③后来他又在《古代中国的思想世界》中进一步申论说:"天命的观念呈现给我们的是对如下现象的清醒领悟:在应然的人类秩序与实然的人类秩序之间存在着差别。在这里,我们发现了宗教—伦理的超验存在的明确证据——可以说,它是所有

---

① 牟宗三:《中国哲学的特质》,台北:学生书局 1963 年版,第 94 页。

② 李明辉:《当代儒学之自我转化》,台北:"中研院"文哲研究所 1994 年版,第 142 页。

③ Benjamin I. Schwarz,"Transcendence in Ancient China",*Daedelus*,vol.104 (Spring 1975),p.59.

高等文明轴心时代的标志,对于先前的高等文明发展持有批判的精神。"①史华兹用"应然"和"理想"来诠释"超越"保留了超越本身原有的隔绝义,因为他认为"在人事领域中实然与应然之间存在着惊人的隔绝"②。

李明辉显然是想借用史华兹对超越的解释——超越就是指应然,但因为他认为"中国传统的基本思维模式以一体性为其基础"③,自然不会认为应然与实然之间有"惊人的隔绝"。他赞同乃师牟宗三的说法:天命是"一个不可改变的、没有变化的标准"④。如果天命是"不可变的、没有变化的标准",如何又能是"创造性本身"?"创造性"顾名思义就是可变和有变。可见当代新儒家的内在超越说根本就讲不通。他们无非是要将超越之天变为人内在的主体性。

余英时看到了"内在超越"的说法本身包含矛盾,故把它改为"内向超越":"'内向'比'内在'好得多了。'内在'会引起误会和混乱。既然用了超越,再用内在,本身就有矛盾。"⑤但"内向超越"的说法并未摆脱"内在超越"会引起的误会与混乱。余英时在发表于1984年的论文《从价值系统看中国文化的现代意义》中,谈到中西文化都认为人间秩序和道德价值的来源是超越性的,西方在柏拉图那里是理型,在基督教那里是上帝,而中国便是天。但是,在处理超越世界与现实世界的关系,或用中国的术语说天人关系上,中西文化迥然两样。西方在超越世界和现实世界之间划下一道不可逾越的鸿沟。而中国人认为"两个世界

---

① 本杰明·史华兹:《古代中国的思想世界》,第53—54页,译文有改动。

② 同上书,第52页。

③ 李明辉:《当代儒学之自我转化》,第148页。

④ 同上书,第144页。

⑤ 见李怀宇:《余英时谈新著〈论天人之际〉中国精神归宿于"内向超越"》,《时代周报》2014年3月27日。

则是互相交涉,离中有合、合中有离的"①。他用"'不即不离'四个字来概括中国超越世界和现实世界的关系"②。这种不即不离的关系具体说就是超越性的道即在人伦日用之中,而人伦日用也不能须臾离道。③如果这样的话,那么"内向超越"的意思似乎是指超越者(无论是天还是道或价值)内在于现实世界。但这样的话,"天"或"道"又是在什么意义上是"超越的"?

但这其实还不是余英时讲的"内向超越"的意思,"内向超越"的概念是要回答"我们怎样才能进入这个超越的价值世界"的问题。具体而言,就是通过心来求索超越的道,"尽其心者知其性,知其性则知天",孟子已经指明了每个人通过内心进入超越者的道路。④可我们不禁要问,如果人在自己内心就能发现、接触和达到超越者(无论是把它称为"天""道"还是"价值世界"),那么它不就是内在于人心的内在者吗? 又是在何种意义上是"超越"的呢? 余英时的回答大概会是并不否认道的超越性,"'道'的源头在'天'仍是诸子的一个基本假设",内向超越只是说"'心'上通于'天'"。⑤可他又说,内向超越之路由孔子发其端,"他将作为价值之源的超越世界第一次从外在的'天'移入人的内心并取得高度的成功"⑥。从这句话的表述看,天仍然是外在的,即超的(外在于人就是独立于人)。但余英时却剥夺了天的超越地位,因为据他说孔子把超越世界从天移入人心。也就是说,从此天不再是超越世界,人心才是超越世界。那么这个孔

① 余英时:《从价值系统看中国文化的现代意义》,《文史传统与文化重建》,生活·读书·新知三联书店 2004 年版,第 451 页。
② 余英时:《论天人之际》,第 204 页。
③ 余英时:《从价值系统看中国文化的现代意义》,第 451 页。
④ 同上书,第 452 页。
⑤ 余英时:《论天人之际》,第 205 页。
⑥ 同上书,第 206 页。

子本人无比尊崇的外在的天难道就此不再超越了吗? 外在不就是超越吗? 另一方面,超越世界既然已经移入人心内部,又怎能叫"超越"?

更奇怪的是,就在同一本书的前面,余英时明确告诉我们:"'道'的观念和'天'相通,所指的同是轴心突破后那个独立的超越世界。这个超越世界也可以称为'彼世'('the other world'),与'现实世界'(即'此世','this world')互相照映。"①如果"超越世界"就是天,那么"把作为价值之源的超越世界从外在的天移入人心"就等于说"把作为价值之源的天从外在的天移入人心",这样的话说得通吗? 此外,"独立的超越世界"移入人心后,究竟是否还是"独立的"呢? 如果是,在何种意义上是"独立的"?

倒是他写于1984年的文章《从价值系统看中国文化的现代意义》对超越问题的表述要稍微合理些,尽管也有明显的自相矛盾处:他一方面说天是人间价值的超越性源头,古人谁都知道"道之大原出于天",中国传统文化并不以为人间的秩序和价值起于人间,它们仍有超人间的来源。②"中国人认定价值之源虽出于天而实现则落实在心性之中。"③另一方面又说:"价值之源内在于人心,然后向外投射,由近及远。"④那么,在中国传统文化中价值之源究竟在人还是在天?

其实,余英时关于超越问题的种种说法,很可能是他对史华兹1975年就提出的一些关于古代中国之超越问题的观念的改造吸纳,即便是他郑重其事提出的能避免"内在超越"概念可能引起误会与混乱的"内向超越",也不是他的"孤明先发",而是史

---

① 余英时:《论天人之际》,第119页。
② 余英时:《从价值系统看中国文化的现代意义》,《文史传统与文化重建》,生活·读书·新知三联书店2004年版,第448—452页。
③ 同上书,第458页。
④ 同上书,第476页。

华兹的发明。史华兹在发表于 1975 年的文章《古代中国的超越性》中就已提出了"向内超越"的概念(transcendence inward)。[①]史华兹在这篇文章中系统讨论了先秦中国思想中的超越性问题。他认为在孔子时代之前,即商、周时期,上帝或天是一个超越的统治者,它是一个自觉的意志,维持着世界的秩序与和谐。至于非人的宇宙,天自觉的意志(天意)与自然的正常秩序是完全同一的。人世经常会失序失范,此时天就会对人间事务作出严厉的道德判决。天命的观念是这种判决的体现。它表明规范的社会政治文化秩序与人世的现实之间存在着一道应然与实然的鸿沟。但应然并非不能实现,所谓"道"就是应然的实现。但不管怎么说,应然与实然之间的分裂表明超越成分的存在。[②]

孔子在超越性问题上的贡献是他所关注的道德—精神生活主观内在的方面。人,或者说某些人,能够培养自己内在的道德成长的能力,能够达到被叫作仁的内在的道德完善。或者说,人能在自己身上超越实然趋向应然(即实现道德行为)。在此意义上,社会中伦理的事物是出于人的主体(the source of the ethical in society is human subject)。所谓向内超越,是指关注道德—精神生活的主观方面(focus on the subjective or inner side of the moral-spiritual life)。[③]但这并不是说道德的根据在人或人的主观性;更不等于说史华兹认为在中国思想中"超越"概念失去了其外在性的含义。

史华兹还是承认,除了道德的内在根源外,在中国古代思想中,始终存在外在的理想社会秩序和正常的自然秩序。并且,"孔子绝没有解决道德的内在根源与好社会秩序之外在'客观

---

① Benjamin I. Schwarz, "Transcendence in Ancient China", p.63.
② Ibid., pp.50—61.
③ Ibid., p.63.

的'结构之间的关系问题。两者之间的关系问题成为后来儒家的核心问题之一"①。他也注意到,在《论语》中,天不只是自然与社会内在的道,而且还是一个能动的意志。因此,虽然人可以在自己的内心找到道德的根源,但仍然存在外在的超越者,心不是天,也不能覆盖和代替天,虽然在孟子那里人的善良本性似乎与天同体(consubstantial)。②但在老庄的道家哲学中,道是完全外在超越者,是一个不可描述、不可言喻的绝对者:"道可道,非常道。"在道家哲学中,我们发现自然秩序与社会秩序极端的二分。"早期道家最极端地表达了中国的超越性。"③史华兹显然承认,孔子的内向超越并没有使得中国的超越性完全没有外在超越的维度。中国的超越性同样也可以说超越者与人有别,独立于人,虽然并不与人隔绝。

虽然余英时的"内向超越"(inward transcendence)概念显然来自史华兹的"向内超越",但意思却有很大不同。史华兹的"向内超越"指的是孔子强调道德行为和道德完善的主体性(主动性),向内超越是指人超越自己的自然性为趋向一德性的存在;而并不是说孔子把道德的根据从天移到了人内心。但余英时的"内向超越"却是这么认为的:"在孔子立说前,传统的看法一直都认定'礼之本'当外求之于'天'。……孔子在寻求'礼之本'时不走……外求之于'天'的旧路而改为内求之于'心',归宿于'仁'。"④此外,"超越"总要有个被超越者,"内向超越"要超越什么? 无论超越天还是超越人,两者都不通! 如果把"内向"超越理解为向人超越的话,更不通。人如何向自己超越? 超越天的

① Benjamin I. Schwarz, "Transcendence in Ancient China", p.63.

② Ibid., p.64.

③ Ibid., p.66.

④ 余英时:《论天人之际》,第206页。

话就不是内向超越,而是外向超越了;超越人同样也是向外超越(超出人之外)而不是内向超越。

余英时是通过讨论中国传统的天人关系来证明中国存在"超越形态"的。他根据西方的超越概念,判断在中国古代思想中,"天、人二字经常分别意指超越领域和现实领域,如果借用柏拉图思想或佛教的概念,那便是'彼世'('the other world')和'此世'('this world')"①。他甚至把魏晋时期"自然"与"名教"概念都看成是"以其他的语言化妆出现"的超越世界与现实世界。②

余英时更多是在史华兹讲的超越意义上来用"超越"一词的,即超越主要是指对现实世界有一种批判性、反思性的质疑,和对于彼岸世界(what lies beyond,余氏译为"超乎现实世界以上的领域")有一种新的看法。他论证儒家、墨家、道家的突破主要论据就是他们都对礼乐传统有不满和批评,乃至否定(道家)。然而,他又认为:"孔子时代中国哲学突破的一个主要面向,那就是现实世界与超越世界之间的关系在概念上的不断变迁和流动。"③可是,从现实世界和超越世界有了区分之后,这两者的关系就一直在不断变迁和流动。余英时在这里显然要说的是孔子时代达到了"内向超越"。

但是,在一些西方学者看来,"超越"是一个西方的概念,在中国思想,尤其是孔子的思想中是不存在的。美国学者郝大维和安乐哲就认为:"在孔子思想中,影响最深远的、一以贯之的预设是:不存在任何超越的存在或原则。……企图求助于超越的

---

① 余英时:《论天人之际》,第 65 页。
② 同上。
③ 同上书,第 74 页。

存在或原则来说明孔子的学说，是完全不恰当的。"①因为"超越和内在的对立本身，是出自于西方哲学的传统"②。但出自西方哲学传统的概念并非不能用于中国文化和思想，这两位作者自己也用出自西方哲学传统的"哲学"概念来指称孔子思想。这两位作者其实是想强调中国思想的特殊性，认为用出自西方哲学的传统的概念来论述中国思想是忽视和掩盖了中国传统的特殊性。而"超越"则成为他们证明自己观点的例子。

他们认为，在西方思想中，"超越"这个术语的严格定义是："在原则 A 和原则 B 的关系中，如果 A 在某种意义上决定 B 而 B 不决定 A，那么原则 A 就是超越的。就是说，如果不诉诸 A，B 的意义和重要性就不能得到充分的分析和解释，而反过来，情况就非如此，那么，A 就超越 B。"③这种对超越的理解显然是片面而又绝对了点。超越(transcendent)一词的基本语义是"在什么之上或之外"，也就是超越、超过和越过的意思。在哲学或宗教中，它一般在三重意义上使用，即(一)超越经验的界限；(二)在我们可以通过感官认识的自然世界之外；(三)超出人的意识范围之上。而与其相对的概念"内在"则是指在经验、自然和意识领域之内。④

郝大维和安乐哲对超越概念的理解其实是把超越理解为一个所谓的根据概念(Grundbegriff)，即事物的根据。古希腊哲学没有超越这个词，但是却有非常明确的根据意识。形而上学的任务就是要追求事物的根据，即决定事物之所是者。大千世界，

---

① 郝大维、安乐哲：《孔子哲学思微》，蒋弋为、李志林译，江苏人民出版社 1996 年版，第 5 页。

② 同上。

③ 同上。

④ Cf. Johannes Hoffmeister(hg)，*Wörterbuch der philosophischen Begriff*，Hamburg：Verlag von Felix Meiner，1955，S.617—618.

形形色色,各种事物总有一个决定它们为何是它们的最终根据。对于希腊哲学家来说,这个根据就是存在,存在决定存在者。希腊人认为,不能根据事物(存在者)的有用性或给我们提供的方便来理解事物,而只能根据事物本身是什么来理解事物。使事物存在和获得自己(是其自身)的是存在。在此意义上存在是存在者的根据。存在不是存在者之一员,而是在一切存在者之上,即超越了存在者,把存在者建立在它的同一性(身份)基础上。就此而言,存在决定存在者,而不是相反。郝大维和安乐哲所理解的超越的用法,源出于此。

但是,正如这两位哲学家所看到的:"在西方哲学中,对'超越'这个术语的用法比较复杂。"①何止是"用法比较复杂",超越概念本身的内容就"汇容了多种多样的用法和解释途径,反映了哲学观点的多样性和丰富的历史积累。结果,它与其说是一个单一的概念,倒不如说是一个包含着多种彼此有关的用法的类概念"②。可以说,这个概念在西方哲学发展的各个不同时期都有所变动。西方最有代表性的超越思想当数柏拉图主义、基督教有神论和康德哲学三种。尽管这三种超越观也各不相同,但"它们都认为,时空领域中的实体与现象并不能穷尽客观实在的内容。……三家学派都一致认为,超越性的实在完全不同于属于时空各个体世界的客体和现象"③。

古希腊的存在概念不仅在事物的最终根据意义上是超越,而且它在永恒存在和始终不变意义上也是对现实世界的超越,因为无论是自然事物还是人类,都不可能永恒存在和始终如一。

---

① 郝大维、安乐哲:《孔子哲学思微》,第5页。
② 米尔顿·穆尼茨:《理解宇宙》,徐式谷、黄又林、段志诚译,中国对外翻译出版公司1997年版,第169页。
③ 同上书,第171—172页。

这些也正是基督教超越的上帝的基本规定。上帝是事物的最终根据,只有上帝才是永恒存在与始终如一。严格说,超越概念是到了中世纪才出现的。经院哲学家超越了作为世界的同一性的存在概念,存在被理解为作为存在本身(*ipsum esse*),即它由于自身和通过自己持续存在(*esse subsistens*)。这就是经院哲学家的上帝。从此,超越的基本意指就是自我持续存在之存在本身或上帝。由此可见,事物的绝对决定者而非被决定者仅仅是超越的基本含义之一。

到了近代,康德在其批判哲学的语境中保留了传统超验与内在的区分。在第一批判中他说:"我们可以把那些完全限于在可能经验范围内应用的原理叫作**内在的**原理,而把想要超出这一界限的原理叫作**超验的**原理。"[1]超验就是超出经验范围,在经验范围之外。超验原理包括在"先验辩证论"中讨论的心理学、宇宙论和神学的理念。但是,超越不再指超越意识的存在,而只是意识本身试图超出经验的倾向。存在是自由的自我存在,但这种存在不是一个包罗万象的形而上学存在之特殊模式,而只是实践理性。上帝只是为保证自然和自由统一的理论需要而设定的观念,不是形而上学的存在。与康德的二元论哲学相一致,康德的超越概念有双重意义,一方面是指出于理论外推设定的上帝;另一方面是指实践理性。

费希特以克服康德哲学的二元论为己任。自然与自由不是两个分裂而不相关联的领域,它们统一于理性的自由。理性的自由表现为人类社会—历史的发生,此发展必然同时设定了自然的现实性,自然也只有从人类理性自由的活动中来把握。作为理性的自由是沟通自然现实与精神现实的一个具体、普遍的

---

① 康德:《纯粹理性批判》,A296/B352。

中介。这样,通过彻底打通自然现实与精神现实,超验概念与现实概念一样具有了古代和中世纪所具有的绝对性。但是,这种绝对现在既是批判的超越,同时又是要回过来以自然世界和人类世界现象的方式为中介。超越与内在之间并没有不可逾越的鸿沟。所以有人说超越概念是一个相互关联性(korrelativ)的概念。①超越展示了人与上帝深不可测的创造性。②

黑格尔通过他的绝对概念进一步恢复了超越意义,超越是绝对知识和意志的绝对同一,是作为自我(自由)的绝对精神。然而,黑格尔的形而上学并不关心一个超越的(超自然的)存在者,绝对不是任何意义上的某种事物,而是万有作为其部分的大全。黑格尔也把绝对理解为上帝,但却不是基督教神学意义上的外在超越的上帝,而是要经过自我意识中介的内在的上帝。这个上帝并不与世界和自然对立,世界与自然是上帝之他在,上帝本身通过自身的这种它性而展开。上帝与世界的关系是差异中的同一性。就它与世界——自然有别而言,它是超越的,就它必须在和通过世界——自然的中介展开自身而言,它是内在的。所以黑格尔的形而上学是内在超越的。但这种内在超越绝不是像某些研究中国思想的人鼓吹的那种"内在超越"——超越的主观化。

黑格尔的超越——绝对精神作为大全,毫无疑问是一种理想的存在,它在纯粹思想中的形式就是逻辑,它是纯粹思维的王国,**"这个王国就是真理,⋯⋯这个内容就是上帝的展示,展示出永恒本质中的上帝创造自然和一个有限的精神以前是怎样**

① Eberhard Simons, "Transzendenz", Hermann Krings, Hans Michael Baumgartner und Christoph Wild(hg.), *Handbuch philosophischer Grundbegriffe*, Bd.6, Müchen: Kösel-Verlag, 1974, S.1540.

② Ibid., S.1545.

的。"①但是，黑格尔的绝对—理想绝不是像基督教的上帝那样一个完全在现实之外的超越者，而是通过现实的中介展示和展开自己的绝对同一性(有差异的同一性，或同一性和非同一性的同一性)。"(德国)'观念论'(费希特和黑格尔)发展了一种绝对和绝对中介的超验概念，它要从世界历史上、在其可能与现实的同一性中把握整个现实。"②也就是说，超越作为理想，是对现实的一种批判力量，但它不是与实然截然对立的应然，而是通过实然和在实然中辩证发展的应然。作为绝对的同一性，它是在应然和实然差异中的同一。黑格尔的超越概念通过现实存在(实存)的中介突出了超越的绝对性和无限性，但这种绝对性和无限性不是坏的无限，即纯粹量的无限，而是与不完善的现实对照的理想的完善，它暗示了任何实存的相对性和有限性。而这种理想和完善意义上的绝对性和无限性，也是传统超越概念多少都有的。

从上述对西方哲学传统中超越概念用法的简单回顾，可以看出郝大维和安乐哲在《孔子哲学思微》中对这个概念严格定义的说法是相当片面的，许多重要的含义完全被忽略了。不过后来在安乐哲写的《自我的圆成：中西互镜下的古典儒学与道家》中，安乐哲对西方的超越概念作了详细得多的论述。在那本书里，安乐哲指出：超越首先表示独立和自足，如基督教的上帝超越于世界，就是说它独立于世界之外，不受它影响，但"超越的这一意义并非与犹太教—基督教神学同时产生。希腊的哲学传统明显地以各种方式诉诸超越，用作发展各种世界观的手段"③。但在西方文化中，超越的意义主要通过上帝这个超越的存在者

---

① 黑格尔：《逻辑学》上册，杨一之译，商务印书馆 1966 年版，第 31 页。
② Eberhard Simons，"Transzendenz"，S.1545.
③ 安乐哲：《自我的圆成：中西互镜下的古典儒学与道家》，第 21—22 页。

来表达,主要有四种含义:(一)作为神智的上帝,它是那些与智识和道德品质的观念相联系的永恒的可能性和价值的总源泉;(二)作为机械师的上帝,它是世界的创造者;(三)作为专断的意志的上帝,它是世界任何事物的最终原因,也是命运;(四)上帝是自然的目的,自然是一个目的论体系。[1]安乐哲也看到超越具有理想的意义:"当某项事物被用作可以效法的卓越的典范或理想的时候,它可以说是超越的。"[2]但无论怎样,安乐哲都坚持:"超越的观念与对中国古典典籍的解释无关。······依靠严格的超越的概念,是怎样严重地歪曲了儒家和道家的认识的某些方面。"[3]

作为一个研究中国哲学的西方学者,安乐哲的目的是反对将源自西方的概念当作有普遍意义的概念来解释中国思想,反对实质是自我文化中心论的西方现代性的普遍主义,坚持中国哲学的特殊性。[4]这无疑是正确的。但是,人类毕竟有某种程度对世界的共同理解,以及建立在这种共同的世界的可理解性基础上的不同文化的交集,否认这一点,不同文化背景的人类就无法相互理解和沟通,不同语言就绝对不可互译。只要我们对所使用的概念原初的特殊性有足够的自觉,在使用过程中过滤或悬置它们的特殊内容,未尝不可用源自一种文化的概念来解释另一种文化,这其实是文化融合的一个必然步骤。以超越概念为例,我们在用它来解释古代中国"天"的时候,完全可以将它原有的希腊哲学的存在概念和犹太—基督教的上帝等特殊内容抽去不顾,而只采用其超越有限事物的"无限"义和"绝对"义、世界

① 安乐哲:《自我的圆成:中西互镜下的古典儒学与道家》,第25—30页。
② 同上书,第20页。
③ 同上书,第39页。
④ 参看郝大维、安乐哲:《孔子哲学思微》"中译本序"。

的最终根据义和价值本源义,以及决定者而非被决定者义。这样,我们将会看到,用超越概念解释"天"不但不会不妥,还帮助我们进一步认识中国哲学这个基本概念的复杂内涵。例如,我们完全可以说中国的"天命"是一个超越性概念,因为它决定一切,而非任何人或事可以决定它。用超越概念来解释"天命"不但不会歪曲和误解这个重要的中国哲学概念,反而使它的特征更加明确。

但安乐哲对海外新儒家和其他人用"内在超越"或"内向超越"来解释中国古代哲学的特征的批评基本还是正确的,他们的确对"超越"概念的复杂而特殊的含义缺乏足够理解,因而他们的解释的确对中国哲学特质有歪曲和误解。但这并不能证明"中国思想文化最明显的特征之一,就是在其精神、道德和政治的感悟方式的表达中,缺少对于超越性的真正充分的意识"[①]。也不能证明我们绝对不能将超越概念用来解释中国古代"天"的概念。

为了表明这点,我们首先得考察一下,源于西方的超越概念的基本含义中有无普遍性的意义。超越一词在西文中可以有名词、形容词和动词三种用法。作为名词用法,the transcendent一般指在我们人类之外(包括在我们的认识能力之外)、与我们作为有限存在者相对的无限存在,西方人将它称为上帝、无限、绝对等;我们中国人则称之为无极、造化或太初等等。它与任何有限的存在者(包括我们人)的区别不是量上的,而是质上的。它是一切事物的根本原因与根据;也是一切事物的存在论前提。作为形容词的超越(transcendent)则表示一切与超越者(the transcendent)有内在关系的东西或超越者自身的种种特性。作

---

　　① 安乐哲:《自我的圆成:中西互镜下的古典儒学与道家》,第18—19页。

为动词的"超越"(to transcend)则主要与人有关,指人努力超克自己的有限性以达到超越的领域,毕竟"超越"一词在本义上是指攀越某一物质障碍或界限,如一堵墙或一座山。①而作为哲学术语的"超越","主要关心的仍然是这一行为所追求的本体论目标,而不是超越行为本身"②。

　　中国传统哲学中的确没有超越这个概念,但上述超越的各种基本意义,还是有的。不但有,而且还很基本。首先,中国哲学中的"天"可以说就是超越者(the transcendent)。在春秋之前,"天"就已经是一个比较复杂的概念了,虽然在许多文本中的确可以将它理解为人格神,但它已经具有了哲学的含义了。这些哲学含义包括:(一)它是万物的起源,万物由它而生。"天生烝民,有物有则。"③在这里,不一定要把天理解为"天帝"或别的什么人格神,我们完全可以像西方人理解泰勒斯的"水"的概念或赫拉克利特的"火"的概念那样,把天理解为只是古人用来表示事物与宇宙秩序的起源的一个概念。事实上,"我们在《诗经》和《尚书》中孔子以前的文本部分没有找见任何涉及诸神史事和宇宙起源学说的叙述"④。我们完全有理由可以根据不同的文本和语境,不把"天"千篇一律地理解为类似西方上帝那样的人格神。(二)天是一切事物的最终根据,具体表现为"天命"概念:"夫礼必本于大一,分而为天地,转而为阴阳,变而为四时,列而为鬼神,其降曰命,其官于天也。"⑤这段话虽然出于春秋以后,但却未必只表达春秋之后人们对天的理解。(三)天是一种虽与人

---

①　参看米尔顿·穆尼茨:《理解宇宙》,第170页。

②　同上书,第171页。

③　《诗经·大雅·烝民》。

④　本杰明·史华兹:《古代中国的思想世界》,程钢译,江苏人民出版社2004年版,第51页。

⑤　《礼记·礼运》。

发生关系,却是人无法左右,却能决定人的命运的绝对力量,"天命靡常"就表达了商周之际人们对天的这种理解。(四)天是是非善恶的最终决定者。

到了春秋时代,古人对天的超越特征有越来越明确的意识。比较典型的是《左传》中记载子产说:"天道远,人道迩,非所及也。"①"非所及也"一语,清楚地表明了天道的超越性。天的超越性还表现在天道与人道的区分上,《国语·周语下》记载单子对鲁侯说,晋国将乱。鲁侯即问他:"敢问天道乎?抑人故也。"天道与人道显然有截然的分别。天的超越性还表现为人对天之所为毫无办法:"天之所废,谁能兴之。"②相反,天对人有绝对的决定意义:"我生不有命在天。"③"获罪于天,无所祷也。"④因此,人只能遵循、顺从天命,这种思想商周时期就有,一直延续到古代结束。《尚书·盘庚》:"先王有服,恪谨天命。"到了春秋时期,天道自行其是,人必须顺天而为的思想就更明确了:"天道盈而不溢,盛而不骄,劳而不矜其功。夫圣人随时以行,是谓守时。天时不作,弗为人客;人事不起,弗为之始。"⑤

与此对天之超越性的意识越来越明确,天在中国思想和哲学中也越来越不被理解为"自觉的意志"⑥。"天何言哉?四时行焉,百物生焉。"⑦"天不言,以行与事示之而已。"⑧天作为一切事物之发生和运行之源,是一种超意志的绝对力量。这里说的"超

---

① 《左传·昭公十八年》。
② 《左传·襄公二十三年》。
③ 《尚书·西伯戡黎》。
④ 《论语·八佾》。
⑤ 《国语·越语下》。
⑥ 史华兹:《古代中国的思想世界》,第53页。当史华兹一方面强调天是超越性的,另一方面又主张它是"自觉的意志"时,其实他已经是在用西方上帝的概念来理解中国的天的概念了。
⑦ 《论语·阳货》。

⑧ 《孟子·万章上》。

意志",不但是指主观的意志概念根本不适用于它,而且也是说它非主观意志所能影响或决定。"无为而尊者,天道也;有为而累者,人道也。"①这里的"无为"和"有为"应该被理解为"无意之为"和"有意之为",天道无为而无不为,人道受意志支配,有所为,有所不为。一为无限,一为有限。天道与人道的这个区别,正是天道超越性的证明。反过来,对天和天道超越性的认识,使得人们明确区分天道和人道,以及后者对前者的从属关系。

《中庸》是最早明确提出这个思想的:"诚者,天之道也;诚之者,人之道也。"②朱子明确看出,天道与人道的区别是无限和有限、绝对与相对的区别:"诚者,真实无妄之谓,天理之本然也。诚之者,未能真实无妄,而欲其真实无妄之谓,人事之当然也。"③天道绝对真实,无限完善;人道却不然,真实无妄只是一个追求的目标。故天道只有本然,没有当然;人因其有限性即不完善性,才有所谓当然可言。"诚者,天之道也;思诚者,人之道也"④则把人道是对天道的追求说得非常清楚。

长期以来,在讨论天的概念和天人问题时,人们都强调天人相通的一面,却对于天的超越性缺乏足够的意识,而"内在超越"或"内向超越"的说法,实际上导致以心代天,最终取消了天的超越性。这与西方随着主体性原则的兴起导致超越概念的没落差相仿佛,而超越概念的没落是现代虚无主义的主要成因之一。

其实天人关系问题真没有主张"内在超越"或"内向超越"论所说的那么简单。内在超越也好,内向超越也罢,实质是将天纳入心之中。但是如果我们承认天心关系还是天人关系的话,那

---

① 《庄子·在宥》。
② 《中庸第二十章》。
③ 朱熹:《中庸章句》。
④ 《孟子·离娄上》。

么除非将天与人的根本区别完全消除,除非否定天的超越性,否则,天人合一或天人相通都不能理解为天入心中或以心代天。我们这里说的天的超越性,主要指作为哲学概念的天所意谓的无限性和绝对性。天首先不是在外在于现实世界和人的意义上是超越的,而是在无限和绝对的意义上是超越的。在此意义上,天人合一不能理解为天人同一,人心不管怎么说都是有限之物,都不能等同于天,天是无限无穷:"今夫天,斯昭昭之多,及其无穷也,日月星辰系焉,万物覆焉。"①正因为如此,儒道两家都强调要则天法天。如果心与天同一,则不会有则天法天的余地了。

人心可以知天,但不能代天。天的一个基本意义为超越的创生过程,此荀子说得最明白:"列星随旋,日月递炤,四时代御,阴阳大化,风雨博施,万物各得其和以生,各得其养以成,不见其事而见其功,夫是之谓神。皆知其所以成,莫知其无形,夫是之谓天。"②《中庸》则斩截明快地表达了相同的意思:"天地之道,可一言尽也:其为物不贰,则其生物不测。"③由此可见,至少在先秦两汉,天绝对是一个超越者,其与人心有根本的区别,虽然并不截然分开。但这不截然分开,只是说它是万事万物,包括人心的根据。人不能代天,人若能代天,就将只有人而不会有天了。

天人关系实际上是人与超越(者)的关系。在西方哲学中是人与神的关系,在中国哲学则为天人关系。在西方思想中,超越的基本意指是人与世界之外的一个无限者,或一个绝对的实在,人们可以赋予它人格或非人格特征,但它的主要特征却是作为事物的终极原因,一切规范性的根据和人超越自身之所向。正是由于它的这个主要特征,西人把它称为"超越"(Transcendent)、

---

① 《中庸第二十六章》。

② 《荀子·天论》。

　③ 《中庸第二十六章》。

终极（the Ultimate）、终极实在（Ultimate Reality）、至上原则（the Supreme）、神圣者（the Divine）、太一（the One）、永恒者（the Eternal）、不朽的唯一（the Eternal One）、实在（the Real），当然还有上帝。我们中国人则一般将它称为"天"。[①]这个概念不完全是由于人的宗教意识，更不是由于科学不发达造成的无知产生的。恰恰相反，它是人自觉意识到自己的有限性及其相关问题时才会产生的一个概念。雅斯贝尔斯和史华兹及许多讨论超越概念问题的人，都认为它是标志人类理性宗教和哲学开始的轴心时代的产物，就是这个道理。超越也的确是古代哲学与宗教的核心概念之一。超越问题甚至决定了作为第一哲学的形而上学是否有自己完全不同于其他任何研究的独特主题。[②]

然而，这个概念在近现代西方哲学中作为传统形而上学的独断概念而被抛弃。甚至可以说，近现代西方哲学就是一部不断批判和清算超越思想的历史，后现代哲学则是这部历史的最新表现。

如前所述，超越在前现代西方思想中，其真实性和必要性不成问题。西方思想二元论的传统，正是建立在超越存在的基础上的。而古代世界的宇宙观，更是为超越存在提供了直观的佐证。古代宇宙论的基础"天地二分"，彼此是完全不同的两个区域。"按照亚里士多德，月亮天球的内侧将宇宙分成截然分开的两个区域，充填着不同种类的物质，服从不同的规律。人类所居住的地界是多样和变化、出生和死亡、产生和消灭的区域。天界相反，是永恒和不变的。"[③]很显然，在这种宇宙论中，天地这两个

---

① 也因为如此，天人关系不宜理解为人与自然的关系。

② Cf. A. W. Moore, *The Evolution of Modern Metaphysics*: *Making Sense of Things*, New York: Cambridge University Press, 2012, p.10.

③ 托马斯·库恩:《哥白尼革命——西方思想发展中的行星天文学》,吴国盛、张东林、李立译,北京大学出版社 2003 年版,第 89 页。

截然有别的区域之"别"不仅是物理的,更是形而上与哲学的,地是有限的,天是无限的;地是此在的,天是超越的,它是无限完美和力量之所在,所以它一定也是神之所在。亚里士多德在《论天》中写道:"所有人都有神的概念,所有人都把最高处所分配给神性,无论是野蛮人还是希腊人。凡相信神的人都很显然地认定,不朽的东西总与不朽的东西密切联系在一起。"①托勒密继承了亚里士多德天地二分的宇宙论思想,只是在天文学上对它稍有增益。

亚里士多德—托勒密的天人二分宇宙观很容易就被基督教思想接受,因为基督教原本就建立在人神二分,即此在与超越二分的基础上,所以"新的基督教宇宙的物理结构和宇宙论结构主要是亚里士多德的"②。无论是奥古斯丁还是阿奎那,都是在亚里士多德—托勒密宇宙论基础上构筑基督教神学的宇宙论的。而但丁的《神曲》则以寓言的方式表明中世纪的宇宙只能有亚里士多德—托勒密式的结构。③

就其初衷而言,"哥白尼革命"其实并不怎么"革命",如当代美国著名科学哲学家库恩所指出的:"总体上看,《天球运行论》差不多完全位于一个古代天文学和宇宙学的传统之中,但是从它那基本上古典的框架内可以找到一些新鲜的东西,这些东西却以哥白尼未曾预料的方式改变了科学思想的方向,并导致了古代传统迅速而又彻底的崩溃。"④由哥白尼开其端,由开普勒、伽利略和牛顿等人最终完成的现代宇宙观,完全排除了传统天与地的二分。天体不仅是由与地球上发现的相同的自然力和机

---

① Aristotle, *On the Heavens*, trans. W.K.C. Guthrie, The Loeb Classical Library (Cambridge: Harvard University Press, 1939), p.23.

② 托马斯·库恩:《哥白尼革命——西方思想发展中的行星天文学》,第 107 页。

③ 同上书,第 110 页。

④ 同上书,第 133 页。

械力的作用而运动,而且是由与地球上发现的相同的物质构成的。宇宙的天体并不具有超自然的或象征的意义,它们并不是为人类而存在,不是为了指引人类的进程,或者赋予其生命以意义。它们确确实实是物质实体,其性质和运动完全是机械原理的产物,与人类存在本身没有什么特别的关系,与什么神圣的实在也没有什么特别的关系。以前归于外在物质世界的一切特指人类的或人格的性质,现在都被视为幼稚的人格化的投射,被从客观的科学知识中清除了出去。一切神圣的属性同样被认为是原始迷信的影响和根据愿望的想法的结果,而且也从严谨的科学论述中被清除出去了。宇宙是非人格的,不是有人格的;自然法则是自然的,不是超自然。物质世界并不具有内在的更深一层的意义,它是充满难解之谜的物质,不是精神的实在的可见的表现。[1]再后来,达尔文的进化论更是将宇宙万物包括宇宙本身,归结为自然进化过程的结果。在这样的宇宙中,自然不会有超越的地位。因此,这个概念在近现代西方哲学中作为传统形而上学的独断概念而被抛弃。甚至可以说,近现代西方哲学就是一部不断批判和清算超越思想的历史,后现代哲学则是这部历史的最新表现。

当然,余英时主张"内在超越"主要不是为了这个概念本身,而是要用它来说明所谓"中国哲学的突破"。"轴心突破的一个重要前提便是'初次有了哲学家'。"[2]"这是中国轴心突破的展现,也是中国哲学性思维的全面而有系统的发端。"[3]这个说法能否成立,牵涉到对"哲学思维"本身的理解问题。

---

① 理查德·塔纳斯:《西方思想史》,吴象婴、晏可佳、张广勇译,上海社会科学院出版社 2011 年版,第 317—318 页。

② 余英时:《论天人之际》,第 171 页。

③ 同上书,第 20 页。

超越不但意味着空间的超越,也意味着时间的超越。雅斯贝尔斯在《历史的起源和目标》中就表达了这样的思想。历史的事实是时间性的,但历史的意义和目的是永恒的。所以历史的实际领域一再被超越,历史要求克服,因为历史的起源和目标本身并不属于历史。正是从历史中产生了超越历史、克服历史、进入大全的要求。纯粹历史知识是不能令人满意的,它决不是目的,历史要求被克服。历史本身被一个更为广阔的视域所包容,在此视域中,一切暂时的东西都在绝对中尽善尽美。①

对于大全的上述意义,中国古人也早有深切的认识。中国人把西人所谓"大全"称为"道术"。②《庄子·天下篇》开门见山,直指事物本质问道:"古之所谓道术者,果恶乎在?"答曰:"无乎不在。""无乎不在"者,大全也。又问:"神何由降? 明何由出?"答曰:"圣有所生,王有所成,皆原于一。"毫无疑问,这个"一"仍是那个超越涵盖内(圣)外(王)的大全,中国人称之为道。《天下篇》的作者认为,古人与今人相比,恰恰在于"其备乎",即以大全之道为宗。故能"配神明,醇天地,育万物,和天下,泽及百姓,明于本数,系于末度,六通四辟,小大精粗,其运无乎不在"。而乱世的一个明显标志就是大全被一偏之见、一得之察所替代:"天下大乱,贤圣不明,道德不一,天下多得一察焉以自好。譬如耳目鼻口,皆有所明,不能相通。犹百家众技也,皆有所长,时有所用。虽然,不该不徧,一曲之士也。判天地之美,析万物之理,察古人之全,寡能备于天地之美,称神明之容。是故内圣外王之道,闇而不明,郁而不发,天下之人各为其所欲焉以自为方。"《天下篇》的作者因而悲叹:"悲夫,百家往而不反,必不合矣! 后世

---

① Cf. Karl Jaspers, *Vom Ursprung und Ziel der Geschichte*, SS. 335—340.

② 陈黻宸有言,"欧西言哲学者,考其范围,实近吾国所谓道术"(陈德溥编:《陈黻宸集》上册,中华书局 1995 年版,第 415 页),不为无见。

之学者,不幸不见天地之纯,古人之大体,道术将为天下裂。"

　　任何不怀偏见的人都会看到,《天下篇》的作者是主张道术之整全,反对"道术为天下裂"的。然而,在余英时看则刚好相反,庄子恰恰主张道术裂。为什么? 因为"'breakthrough'和'裂'好像是天造地设的两个相对应的字"①。因为他要证明:"中国古代的'道术为天下裂'和西方现代的'轴心突破'是两个异名同实的概念,在比较思想史或哲学史的研究上恰好可以交互阐释。"②他并因此断定:"庄子不但是中国轴心时代的开创者之一,参与了那场提升精神的大跃动,而且当时便抓住了轴心突破的历史意义。"③

　　无须说,这是余英时的过度诠释。《庄子》的问题语境和雅斯贝尔斯的《历史的起源和目标》完全不同,庄子根本反对"道术为天下裂",《应帝王》中中央之帝被日凿一窍,七日而死的寓言更是表明:对庄子来说,"道术为天下裂"的后果就是道术的死亡,就是天下无道。而雅斯贝尔斯是把轴心突破视为人类历史的开始,他的"轴心突破"的意思前面已经说过,不再赘述。这里想要强调的是,雅斯贝尔斯讲的"轴心突破"恰巧不是个体与整全或大全的分裂,而是相反。轴心突破的根本标志是人意识到了大全,能在大全(作为整体的存在)中认识自己:"人通过在存在的整体中意识到他自己而超出自己。""突破"是"在**思辨思想**中上升到存在本身,存在被理解为没有二分,主体与客体消弭,对立面归于同一。上升到极致处所经验到的是自己在存在中达到自我,或是一种神秘的统一,与神同一,或成为神的意志的工具"。有点像《齐物论》中"万物与我为一"的

---

① 余英时:《论天人之际》,第13页。
② 同上书,第99页。
③ 同上书,第14页。

境界。

即便如此,也不能说庄子是中国轴心时代的开创者,因为"万物为一"的思想早在"轴心突破"的概念提出之前中国就有了,有何必要用"轴心突破"来为它正名呢?如果以明确思维大全(中国的叫法是"道"或"天地之道")为哲学的开端,那么中国哲学显然不是始于孔孟老庄。由于原始资料的欠缺,我们很难有太多的证据来证明哲学在中国究竟出现于何时。但可以肯定的是,古代思想家对上古时代思想状况的许多论述未必出于纯粹的伪造和虚构。"况复有书而不传,既传而不久。……生古人之后,而欲识其姓氏于千万一二之遗,而歌哭无闻,尽湮灭而不可知矣。"[1]在此情况下,没有充分证据,肯定和否定前人说法的效力是同等的。但古人在论述古代思想状况时,未必没有任何根据,只是他们可能的证据今日已不可得,这几乎可以肯定,否则不会有那么多相近的说法。从现有流传下来的古代文献看,也许《尚书·洪范》和《周易》的确可以看作是中国哲学的开始。[2]

四、中国哲学诞生的标志

中国古代虽然没有"哲学"这个概念,但上述我们从西方哲学的源头——古希腊哲学中概括的情况同样适用于中国古代哲学。我们就可以说,这种概括不是一般经验事实的描述,也不是经验事实的归纳和概括,而是根据人类对某些根本问题的思考和这些问题本身得出的,因而它是哲学的规范性定义,是哲学之

---

① 陈德溥编:《陈黻宸集》上册,第 423 页。
② 参看方东美:《原始儒家道家哲学》,生活·读书·新知三联书店 2012 年版,第 43 页。这两部著作肯定都产生于孔子之前的殷周之际。《洪范》不用说,《易传》虽然有人认为是形成于战国时期(见朱伯崑主编:《周易通释》,昆仑出版社 2004 年版,第 1 页),但孔子读的《易》未必纯粹是经而没有传。

为哲学的基本规定。哲学可以有各种不同的形态和方法,有不同的做法和表现,但哲学的这种多样性不能否定哲学的统一性。哲学的统一性当然不是从西方哲学中得出的,而是人类哲学都体现了这种统一性。这种统一性,首先在于哲学追求的问题的特征和它们相对于其他学科问题的特殊性决定的。中国有无哲学,中国哲学何时诞生,应该根据上述这些特征来判断。而上述这些特征和情况,一言以蔽之,就是超越。哲学的根本特征就在于超越,或者说,它的超越性。

黑格尔说,哲学是对思想的思想①,也就是说,哲学是一种反思性思维。哲学思维的这个特征决定了它不以解决当下具体问题为目的,也就是说,它不是工具性或实用性思维。前面已经说过,以解决当下生存问题为目的的实用性思维或工具性思维,并非人所专有,动物在不同程度上也有。泰勒斯之所以被西方人奉为"哲学之父",是因为他提出的"水是万物的本原(原理)"这个命题从根本上超越了日常的实用性思维和常识性思维。

当然,泰勒斯自己并没有明确说"水是万物之原",这是亚里士多德在《形而上学》中对泰勒斯思想的一个阐释。泰勒斯只是说过"大地浮在水面上"。但亚里士多德根据这句话这样分析道:"大概他(指泰勒斯)从这些事实得其命意:如一切种籽皆滋生于润湿,一切事物皆营养于润湿,而水为润湿之源。他也可以从这样的事实得其命意:如由湿生热,更由湿来保持热度的现象,凡所从来的事由就是万物的原理。"②当然,如果我们仅从泰勒斯流传下来的那句话的字面意思说,亚里士多德是诠释过度了。例如,文德尔班就认为泰勒斯不过是要确定构成宇宙的基本物质是什么,"从来也没有想到要去探索宇宙物质永不停息的

---

① 黑格尔:《小逻辑》,贺麟译,商务印书馆 1981 年版,第 64 页。
② 亚里士多德:《形而上学》,吴寿彭译,商务印书馆 1981 年版,第 7 页。

变化的原因或根源"①。但哲学,尤其是古代哲学,仅仅从字面意义上去理解是得不到太多东西的。释义学的理解对于哲学研究来说是最基本的方法论要求。

更何况,亚里士多德在提到泰勒斯时公开承认他对其所知极为有限,他对泰勒斯思想的阐释基本是一种猜测,任何仔细的读者从他谈论泰勒斯时的措辞之谨慎也可以发现,他从未将他得到的有关泰勒斯思想的信息与他从中得出的推论混为一谈。可是,后世对泰勒斯的理解很少能摆脱亚里士多德的影响,可以说,后世哲学家对泰勒斯思想的理解大都与亚里士多德同调。这绝非偶然。英国著名希腊哲学史专家格思理在其巨著《希腊哲学史》中,从泰勒斯的生平、成长环境、所继承的传统,以及中东和埃及思想对他的影响、宗教神话、当时语言的用法等各个方面对泰勒斯思想进行了系统的分析研究,觉得无论从哪个方面看,还是亚里士多德的解释都更为合理。②

根据亚里士多德的解释,泰勒斯的那个命题与任何实用的目的无关,它只是表达了对一个宇宙万物之整体性的理解。泰勒斯当然知道世界上的事物形形色色,丰富多样,且生灭不定,变化繁多,但他却要在所有这一切中找到一个支撑变化多端、无比繁杂的大千世界的不变的、根基性的"始基"(arche)。"始基"这个词有两个基本意思:(一)起始点或开始;(二)源发性原因。荷马就是在第二个意义上使用"始基"一词,而人们往往也因此将亚里士多德著作中的这个词译为 principle(原理)。③虽然水本身是具象之物,但如果我们像亚里士多德那样把泰勒斯的水理

---

① 文德尔班:《哲学史教程》上卷,罗达仁译,商务印书馆1987年版,第50页。
② Cf. W.K.C. Guthrie, *A History of Greek Philosophy*, vol.1(Cambridge: Cambridge University Press, 1980), pp.45—72.
③ Ibid., p.57.

解为宇宙万物始基或原理,它也可以被理解为万物的统一性,因为一切事物都可以还原到它,而它又贯穿和支撑一切事物。在无比丰富多样的宇宙万物中寻找统一性,至少标志着两个哲学的根本特征:(一)以简御繁,以一个最普遍的概念来简化实在以把握它;(二)不管事物的多样性而将万有视为一个统一的整体。就这个整体性(也就是大全)和这个表达世界的统一性的概念本身不是世上任何具体事物而言,它们已然具有超越性了。泰勒斯的这个命题表达了人类的超越性思考,即不再就事论事地思考某一具体事物或事情,而是思考一个超越性的问题。

水作为万物(大地、世界)的支撑者,是一个实体,但它不是静态的,而是川流不息、变化运动的。水这个始基既是有生命的又是持续不断的。亚里士多德在《论灵魂》中说泰勒斯似乎把灵魂等同于运动的原因:"根据关于他的记录,泰勒斯也似乎把灵魂视为一种动力,因为他说磁石有灵魂,因为它使铁移动。"[①]他又推测泰勒斯说的"万物充满神祇""也许"与其他思想家的信仰"灵魂是与整体混合在一起的"有关。

在德国最先打开对前苏格拉底哲学研究和阐释大门的黑格尔[②],完全继承了亚里士多德对泰勒斯的阐释传统,他认为泰勒斯是哲学史的开始[③],因为泰勒斯的简单命题是哲学,因为在那个命题中,感性的水不是被当作与其他自然元素和自然事物相对待的一种特殊事物,而是被当作消解又包含了一切实际事物的思想,被理解为普遍的本质。其次,这个普遍被规定为实在,因此绝对被规定为思想和存在的统一。[④]哲学之所以始于泰勒斯

---

① Aristotle, *De Anima*, Ⅰ, 405a 19.

② Hans-Georg Gadamer, *Der Anfang der Philosophie*, S.11.

③ Hegel, *Vorlesungen über die Geschichte der Philosophie*, Ⅰ(Frankfurt am Main: Suhrkamp, 1993), S.195.

④ Ibid., S.202.

的这个命题，是因为它表明人类脱离了日常生活的感官世界，或者说超越了感官世界及其种种当下直接的具体事物，而认识到惟有"一"才是本质、真实和唯一自在自为的存在者。①所有其他事物都出自一，一是所有其他东西的本体（Substanz）。②这里的本体是基础、根据的意思。

在黑格尔看来，之所以将泰勒斯的这个命题视为哲学的开端，是因为这个命题彰显了哲学的特点，即哲学是一种突破与超越，它突破我们日常经验的当下性，超越了日常的自然态度的思维或非反思的态度；突破了常识的约束而进入反思的境地。作为万物的永恒常在的基础与本体，水在泰勒斯这里实际上已根本不是一种物质元素，而是一、是绝对、是原理。但是，黑格尔说水有比空气更强的物质性③，大概是指他紧接着说的古代哲学家讲的原理一般首先要有明确的物理形式，水作为一种元素，一种所有事物中都有的要素，是一种普遍的物理力量。④前苏格拉底哲学家根本没有后来的"物质"概念，"即便是泰勒斯的水也不是物质"⑤。黑格尔当然知道这一点，所以我们不能在近代的"物质"概念的意义上去理解他说的"物质性"。

把泰勒斯的"水"解释为"一""绝对""原理"，当然也反映了黑格尔对哲学的理解，哲学是一种超越的活动，它要超越日常经验态度、常识思维和当下的具体事物，而追求对存在整体性的根本的把握。但这并不意味着哲学完全脱离特殊事物，脱离现象世界，脱离日常生活，而是要从根本上把握事物。这些哲学的冲

---

① Hegel, *Vorlesungen über die Geschichte der Philosophie*, I, S.203.

② Ibid., S.204.

③ Ibid., S.203.

④ Ibid., S.204.

⑤ Hans-Georg Gadamer, *Der Anfang der Philosophie*, S.89.

动和追求,绝不限于古代希腊人和后来的西方人,乃是人类所共有。人与其他生物的根本区别,就在于这种超越的冲动为动物所无。中国哲学与西方哲学尽管有着种种不容忽视的不同,唯独在此哲学的根本追求上,并无二致。

在谈到中国哲学时,人们往往会强调它是一种实践智慧,实践哲学,或实践理性。但这不应妨碍我们看到中国哲学的超越特征与超越追求。正是这种超越特征和超越追求,标志着中国哲学的诞生。

我们还从《尚书》说起。法国哲学家德勒兹和迦塔利有言:"哲学是一门创造概念的学科。"①《尚书》乃中国哲学诞生的标志,首先在于它创造了两个中国哲学的奠基性概念,这就是五行和皇极(大中)。前面已经说过,与现代人大多将五行非哲学地理解为五种基本的物质材料或物质性元素不同,《尚书》是将五行作为"天所以命万物者也",即作为大全的概念提出的。但这个大全概念的意思绝非消极的事物之全体,而是事物本性、宇宙秩序,顺之者昌、逆之者亡,含有强烈的超越的规范性和绝对性,与天命密不可分。此"五行"思想出现得很早,夏启伐有扈氏就说他:"威侮五行,怠弃三正,天用剿绝其命。"②鲧与有扈氏的败亡在于悖逆天理,淆乱事物的秩序,终不免为天灭绝。

后来的确有不少人把五行理解为纯粹五种物质材料,但有哲学思想的人基本上不是从个别事物的质材意义上,而是从事物的总体性上来理解"五行",如《国语·郑语》中史伯说:"先王以土与金、木、水、火杂,以成百物。"这个"百物"就是"万物",五行是构成(混合而成)万物者。换言之,万物皆有五行,说明五行不是像木料构成桌子那样的纯粹质料,而是事物的基质或始基。

---

① 德勒兹、迦塔利:《什么是哲学》,张祖建译,湖南文艺出版社2007年版,第205页。
② 《尚书·甘誓》。

始基(ἀρχαί)是起源于古希腊自然哲学的一个术语，它的基本含义有二：一是起点或开端；二是起源性原因。后来亚里士多德的"第一原理"的概念即脱胎于始基的这个含义。很可能阿那克西曼德已经用它来指基本实体。在米利都学派的哲学家那里，它一方面指多样的世界从中发展而出的原初状态；也指世界存在的永恒基础。起源于它的事物不管如何变化，对哲学家来说始基还是始基，是事物与世界之"常"。[①]例如，泰勒斯的"水"或阿那克西曼德的"无限"就是这样的始基。无论这个始基在古希腊的自然哲学中是"水"还是"气"，都首先是一个哲学概念，而不是物理学概念。五行同样如此，从一开始，它就是个哲学概念，而不是物理学或化学的概念。尽管后来许多人把五行理解（误解）为五种物质材料，但它一直是国哲学话语的核心概念，就说明了它的哲学本质。

萧吉在其《五行大义》中对"五行"的哲学意义有系统的阐述。他在《五行大义序》一开始就这样定义"五行"："夫五行者，盖造化之根源，人伦之资始，万品禀其变易，百灵因其感通，本乎阴阳，散乎精像，周竟天地，布极幽明。"按照萧吉对五行的定义，五行显然不是金、木、水、火、土五种物质材料，那样的话它们是不可能为"造化之根源，人伦之资始"。它更接近希腊的始基概念，"五行为万物之先"[②]，始基之为始基，就是因为它"为万物之先"。亚里士多德如懂中文的话，他大致也不会反对他的第一原理就是"造化之根源、人伦之资始"。"周竟天地，布极幽明"，也像极了阿那克西曼德的"无限"。

问题是："五行"并不是一个具象的概念，为何要以五种具象

---

① Cf. W. K. C. Guthrie, *A History of Greek Philosophy*, vol. 1 (Cambridge: Cambridge University Press, 1980), p. 57.

② 萧吉：《五行大义》卷第一，《第一释五行名》。

事物作为其构成要素,以至于哲学素养不够者往往不是将它理解为一个基本的哲学概念,而理解为就是五个具体事物?这是我们在研究中国古代哲学时必须提出的问题。中国古代哲学家与希腊哲学家一样,相信事物必有开端(不是物理时间意义上的开始,而是形而上学意义上的终极原因),造化必有根源,中国古代哲学家与希腊哲学家一样,将此开端和根源作为他们根本的追求。然而,哲学的超越思维使他们不可能像古希腊的自然哲学家那样,将一个具体事物作为存在的开端与造化的根源。也就是说,开端与根源不是某个物,而是物之超越。他们从一开始就是在形而上意义上理解他们的哲学目标的。

但开端与根源既然是形而上的,也就不能是具象的东西。具象之物通过直指其物便可了然,形上根源或大本却不能采取这种直接指认的办法,而要用概念来接引。五行便是这样的概念。与西方哲学的概念往往由抽象的名词构成不同,五行是用五种具体事物构成。但是,五行必须作为一个概念来用,构成它的任何一个元素或环节单独用都只是一个物质事物,而不是五行,没有任何哲学意义,就此而言,五行是一个抽象概念。但与西方哲学的概念往往由抽象的名词构成不同,五行是由五种具体事物的名称构成,这就常常会使人误解它的概念属性。

在中国古代哲学中,五行既可是由水火木金土构成①,也可以是由仁义礼智圣构成,到底是同一个五行概念还是有两种不同的五行概念?有人说那是五行的不同意义,它可以指五种物

_____

① 五行各要素的次序排列在中国哲学中并不一致,水火金木土是《尚书》中五行的次序,郑玄曰:"此数本诸阴阳所生之次也。"(见《史记·宋微子世家》集解引)但在董仲舒《春秋繁露》中的五行次序为木火土金水,并说这是"天次之序也"(董仲舒:《春秋繁露·五行之义》,钟肇鹏主编:《春秋繁露校释》下册,河北人民出版社 2005 年版,第 711 页)。《黄帝内经》《淮南子》和《白虎通》则把五行次序定为金木水火土。五行次序的不同基本不影响此概念的核心意义,因为五行的五个要素本身构成一个循环,周而复始,且每一个要素里都杂有其他要素。

质元素,也可以指五种道德行为。①这就把"五行"理解为一个普通名词,而不是哲学概念了。在哲学上,物质与道德行为不可能是同一个概念,或同一个概念的两种不同意义。另外,在中国古代思想中,五行与四季、方位、五脏、五色、五味、五官等等都有本质关系。这种关系按照现代知识分类系统来看的话,不是迷信无知,就是胡说八道。研究郭店楚简《五行》和长沙马王堆汉墓帛书《五行》的人,很少把此五行(仁义礼智圣)与彼五行(水火木金土)联系起来,更不用说作为一个概念来研究了,就是这个道理。但现代的知识分类系统真如日月星辰那么不容怀疑,绝无二致吗?

现代人对五行概念的误解,端在于不明中国哲学概念的特点,而以西方的定义式概念来理解中国的象喻式概念。定义式概念是用定义来规定事物,而象喻式概念是以物象开启思维的领域。与西方的认识论传统不同,中国人往往并不认为人可以一步到位直接认识事物,"事既悬,可以象知"②。因为事物并不出于人而出于天,人只能通过物象、以象知的方式来认识事物。人必须取法物象才能认识事物,把握事物。"圣人有以见天下之赜,而拟诸其形容,象其物宜,是谓之象。"③这是明白告诉我们,我们的古人是用象的方法来把握事物的精义。

"古者包牺氏之王天下也,仰则观象于天,俯则观法于地,观鸟兽虫文与地之宜,近取诸身,远取诸物,于是始作八卦,以通神明之德,以类万物之情。"④《系辞下》的这段话,正说明中国古代哲学思想的这个基本特征。哲学家要把握的是万物之"情",而

---

① 参看张岱年主编:《中国哲学大辞典》,上海辞书出版社 2014 年版,第 37 页。
② 萧吉:《五行大义序》。
③ 《周易·系辞上》。
④ 《周易·系辞下》

不是与主体对立隔断的"客观的"物。"情"略相当于维特根斯坦讲的"事态"(Tatsache),它的重点不在事物的物理属性,而在于事物在总体的意义世界中的意义和各种关系,尤其是在人事和人生中的各种意义与关系,万物之"情"既有知识的向度,也有规范意义的向度和美学的向度。

五行概念也是在上述这种中国哲学的基本思路下提出的:"夫万物自有体质,圣人象类而制其名,故曰,名以定体。……五行为万物之先,利用资于造化,岂不先立其名,然后名其体用。"①"类"在这里应该是"事理"和"义理"的意思。圣人根据所涉之事的事义和事理定了"五行"这个名(不是普通的名词或名称,而是概念),以确定所要处理之事的根本所在。与许多中国哲学的基本概念一样,"五行"这个概念的主要功能是"象类",而不是"指类"或"定类",即通过象喻的方式来**间接**表达事物的本质特征,"千变万化,事各缪形,随色象类,曲得其情"②,正此之谓也。

近代学者刘咸炘针对五四以来许多学者把五行理解为五种物质的做法,明确指出五行不是指有形的金、木、水、火、土而言,他根据朱熹的思想,说五行"名之曰行,明其为动之态也。以其虚而难明,故以五实物表之,以木表初生萌达之状,以火表既长昌盛之状,以金表初收缩固之状,以水表既藏暗晦之状,以土表中间发而未流、收而未固之状"③。这个解释固然比把五行理解为五种有形物质高明,但却未能看到五行概念的"象"之特征。古人并非要用五种实物来表示不容易看到的事物的运动变化状态,如果是那样的话,古人将五行理解为仁义礼智信或仁义礼智

---

① 萧吉:《五行大义》卷第一,《第一释五行名》。

② 王延寿:《鲁灵光殿赋》,《文选》卷十一,上册,中华书局 1977 年版,第 171 页。

③ 黄曙辉编校:《刘咸炘学术论集》哲学编(下),广西师范大学出版社 2010 年版,第 844 页。

圣就完全不可理解了。五行不是五种事物,也不是简单的事物的五种动态。与其说五行是五种事物或五种动态,不如说五行是五象,即五种象喻,用来表明的也不仅是事物的动态,而是人与世界的本源。

这个本源显然比事物的动态要复杂得多也丰富得多,更不好把握。因此以由五象构成的五行概念来表达。之所以把构成五行的五个因素理解为五个象,是因为它们肯定不是五个实物,而首先是五种物象,这样,它们才能起到象概念的作用。这里的"象"不应理解为外在形象之"象",而要理解为象征之"象"。古人从一开始就没有把五行理解为五种实物,他们把常人看来明明是五种实物的东西——金木水火土叫五行,并把五行理解为"五气"①,显然是将五行理解为一个概念,而不是一个五种实物的总称。因此,在这里,金木水火土是被用作喻象,来开启世界的方方面面。

以古人对木的解释为例。《春秋元命苞》曰:"木者,触也,触地而生。"从表面上看,这与亚里士多德把人定义为"两足动物"一样②,是根据事物的外表给事物定义,实则不然。木除了"触地而生"还有许多别的特征,但"触地而生"却是木之根本,木不触地不会有木。另外,"触地而生"也使木与土有根本的关联。许慎的《说文》则这样解释木的字形:"木者,冒也,字从于中,下象其根也。"用"冒地而出"来释木,则不是用木的物质外表来释木,而是用生发、生长这个特征来释木,着眼的不是木之实体,而是木之生命的能动性。"字从于中,下象其根也",当然也指向了木与土的内在关系。这些从"木"的字音字形产生的解释,使得古

---

① 刘熙:《释名·释天》。

② 亚里士多德:《形而上学》,吴寿彭译,商务印书馆1981年版,第149页。

人认为就四时而言"木者春,生之性"①,就一点也不奇怪了。春天是万物生长的季节,而木的特征正是生长,五行之木在四时即为春,理所当然。"木则春"云云表明,像五行这样的象概念,它的意涵延伸推展不是通过人为刻板的逻辑推演,而是基于生活世界的意义联想。这样的象概念意义就极其丰富,不但可以有许多不同的维度,而且意义的边界也是灵活而不固定的。

对于只知现代知识分类系统的人来说,上述古人对木的解释自然是荒谬的。木是事物,而春属节气和时间,说木即是春,纯粹是无视常识的胡说八道。但黑格尔多次提醒人们,不能用常识的态度去对待哲学。古人当然不会不知木头不是春季。但如果他们九泉有知的话,他们会提醒他们自以为是的后代,五行之"木",不是一物,而是一气。并且这也不是物理学意义上的"气",而是形而上学意义上的"气"。所以气有五,而非唯一。还必须指出的是,古人把五行理解为五气,重点不在指出有五种不同的气,而在于"行"。"言行者,欲言为天行气也。"②郑玄曰:"行者,言顺天行气也。"③如果"气"是形上之气,而非物质之气,那么"行气"当然不能按字面理解为有个超级主体在运行操纵五种不同的气,而是指在存在的各个维度展开各种事物的秩序:"五行者,五气也,于其方各施行也。"④气不是固定之物,它的基本存在方式就是"行",没有不行之气。古人把五行规定为五气,是要暗示五行不是固定的五物,而是事物秩序在不同方向和维度的展开。五行的概念非常像黑格尔的概念,如果说黑格尔是通过表明知性规定的不完善来辩证展开和发展概念的话,那么五行这

---

① 董仲舒:《春秋繁露·五行顺逆第六十》,第 845 页。
② 《白虎通·五行》,陈立:《白虎通疏证》上册,中华书局 2007 年版,第 166 页。
③ 同上。
④ 刘熙:《释名·释天》。

样的象概念则是通过意象进行意义的联想勾连来展开和充实概念本身的内涵。

尽管如此,不能把五行理解为五个纯粹的象征。象征的意义在于指向一个它不是的他物,它是此他物的指代,如国旗是国家的象征,但它并不是国家。可作为五气的五行则不然,它是事物永恒而本质的规定。永恒是由它们本身的形而上学性质决定的,船山曾专门提醒人们注意五行的形而上学性:

> 形而上,即所谓清通而不可象者也。器有成毁,而不可象者寓于器以起用,未尝成,亦不可毁,器敝而道未尝息也。……车薪之火,一烈已尽,而为焰,为烟,为烬,木者仍归于木,水者仍归于水,土者仍归于土,特希微而人不见尔。①

这根本不是像有人理解的那样是说物质不灭的思想②,而是相反,船山这里表达的是形上之物不灭,他在这里显然是把五行理解为"清通而不可象者"。作为五行的金木水火土,不是五种物质事物,五种器,而是事物"未尝成,亦不可毁,器敝而未尝息"的道——决定事物之所是者。朱子把作为事物本质规定的五行称为"质",把通过器物和物象呈现的五行称为"气":"五行是质,有这质所以做得物事出来。五行虽是质,他又有五行之气做这物事,方得。"③将五行分为质与气,显然是看到了这个概念的复杂性,它是具有形下之象的形上概念。作为事物的本质规定,它的确是不可象,但它既然"寓于器以起用",就此而言它本身有象的

---

① 王夫之:《张子正蒙注》,中华书局 1975 年版,第 7 页。
② 参看张岱年主编:《中国哲学大辞典》,上海辞书出版社 2014 年版,第 37 页。
③ 朱熹:《朱子语类》卷一,《朱子全书》第十四册,第 123 页。

功能。

其实,把五行说成五气,具体说,把木火土金水五种有具体物象的东西作为五行的构成环节,是因为古人非常清楚五行作为形而上学的基本概念和最高概念的性质,它的内涵非感性知觉可知者,必须"以所见知不见"①,即通过象喻的方式来通达无形之天道,也就是要"辟而知之"②或"谕而知之"。③"辟也者,举也(他)物而明之也。"④这种象知或辟而知之的做法,是中国古代哲学的基本方法论。古人在用五行来解释五常,用五行来统摄五常时,正是用了这个方法论原则。《汉书·艺文志》曰:"五行者,五常之形气也。"气本五行,但构成五行的五气,却是有形,因为它们也是具有物象的木火土金水。相较之下,五常却是抽象的概念,需"辟而知之",《五行大义》便是这样来释五常的。

萧吉首先阐明五常之义:

> 夫五常之义,仁者以恻隐为体,博施以为用;礼者以分别为体,践法以为用;智者以了智为体,明睿以为用;义者以合义为体,裁断以为用;信者以不欺为体,附实以为用。⑤

但这个五常的定义是抽象定义,普通人难以准确理解与把握,这就需要五行这五常之形气来"辟而知之":

> 其于五行,则木有覆冒滋繁,是其恻隐博施也;火有灭

---

① 《吕氏春秋·察今》。
② 《马王堆汉墓帛书五行》,池田知久:《马王堆汉墓帛书五行研究》,中国社会科学出版社 2005 年版,第 455 页。
③ 同上书,第 460 页。
④ 《墨子·小取》。
⑤ 萧吉:《五行大义》卷第三。

暗昭明,是其分别践法也;水有含润流通,是其了智明睿也;金有刚强利刃,是其合宜裁断也;土有持载含容,以时生万物,是其附实不欺也。①

　　这就使得人们对五常的含义有比较具体直观的认知与感受。但与抽象定义的方法不同,这种象知或喻知的规定方法对意义与其说是规定,不如说是阐明,所以不那样严格与刻板,而具有一定的灵活性。因此,五行与五常的对应关系在不同的思想家那里可以是不同的。例如,在董仲舒那里,木为仁,火为智,土为信,金为义,水为礼。②而“郑玄及《诗纬》以土为智者,以能了万事,莫过于智,能生万物,莫过于土,故以为智。水为信者,水之有潮,依期而至,故以水为信”③。因为五行是五象,可以有不同的联想与解释,各种不同的解释没有正确与错误之分,相反,却有相互补充之益。

　　与现代学者不同,古人并不把五常看作是人纯粹主观的道德行为,五常就是五行,首先是天道,它是人之道德行为的内在根据。这“内在根据”的意思不是康德意义上的自律,即道德行为出于人主观的自我立法和自我规定,而是原出于天。天通过自然常性来“谕知”人应秉持自己的天命之性。《尚书》伪孔传解水润下、火炎上为“自然之常性”④,便说明了这一点。古人对五行与五常的对应关系无论多么不同,但都是从五行的自然之常性出发的。郑玄对水的解释虽然与董仲舒或萧吉不同,但“水之有潮,依期而至”不能不说是自然之常性。把五行与五常联在一

————————————————

① 萧吉:《五行大义》卷第三。
② 参看董仲舒:《春秋繁露·五行相生第五十九》。
③ 萧吉:《五行大义》卷第三。
④ 《尚书正义》卷十二。

起,解决了人的道德行为和价值规范的根据问题。

五行的每一个构成因素没有独立的地位,它们只有在五行概念这个整体中才有其适当的意义。反过来,每一行也包含全体的意义:"一行当体,即有五义。如木有曲直,此是木也;木中有火,则是火也;木堪为兵仗,有击触之能,即是金也;木中有润,即是水也;木吐华、叶、子、实,即是土也。"①我们可以看到,古人是在海德格尔应手之物(Zuhandenheit)的意义上理解五行的五个构成元素的,即这五个元素在日常世界中与我们的实践关系,即其"功用"来揭示它们的相互关联性②,进而揭示世界的整体性。如果我们把这五个元素视为现成之物(Vorhandenheit)的话,那么"木中有火"纯粹是不符合常识的胡说八道,但如果我们把它理解为应手之物的话,就完全不同了。木可以用作燃料燃烧,这是"木中有火";木可以作为武器,在这点上与金相同;木中有润更不必解释;木要能开花、长叶、结籽、成果,土是必要和充分条件。古人是从五行的功能(用)意义上,看到它们是内在关联的。这里的"即是"不应理解为"等于",而应理解为与其他元素的功能意义相关联。这样解释的目的不是认识论的,即告诉事物的现成性质;而是形而上学的,是要揭示世界的整体性。

尽管如此,也一直有人将五行理解为五个具体的事物。如《尚书大传》便说:"水火者,百姓之求饮食也,金木者,百姓之所兴作也,土者,万物之所资生也,是为人用。五行即五才也。"明人王廷相一方面继承五行为百姓利用厚生之所需的思想,认为"《禹贡》言六府,《洪范》言五行,其义一也。谓此五者流行于天

---

① 萧吉:《五行大义》卷第二。

② 船山曰:"五行者何? 行之为言也,用也。"(王夫之:《尚书引义》,《船山遗书》第一卷,北京出版社 1999 年版,第 538 页)

地之中,切于民用,不可一日或缺"①。另一方面将五行理解为纯粹的自然事物,与现代学者并无二致。在他看来,金木水火土是五种完全不同种类的东西,"金有金之种,木有木之种,人有人之种,各各完具,不相假借"②。故五行家说五行生人是瞎说,硬要这么说,"则谓人生木,不亦可乎?"③既然五行彼此独立,说 A 生 B 和说 B 生 A 都是可以的,也就都没什么意义。他并且引证张载《正蒙》里的两段话来证明:此义"惟张子《正蒙》乃得之"④。张载在《正蒙·参两篇》中说:

> 木、金者,土之华实也,其性有水火之杂。故木,水渍则生,火然而不离,盖得土之浮华于水火之交也。金得火之精于火之燥,得水之精于水之濡,故水火相持而不害,烁之反流而不耗,盖得土之精实于水,火之际也。⑤
> 阳陷于阴为水,附于阴为火。⑥

历代研究《正蒙》的注家都认为张载在这里不是在谈五个独立的自然事物之间的关系,而是在"释《洪范》五行之性而言之",或"此言五行之理也"⑦。张载这里一方面要反对两汉五行家突出五行中土的地位,认为土"比于五行最尊",因为"土主吐含万物"⑧,"土,吐也,能吐生万物也"⑨。这等于说,万物(包括五行

① 王廷相:《五行辨》,《王廷相集》第二册,中华书局 2009 年版,第 597 页。
② 同上书,第 598 页。
③ 同上。
④ 同上。
⑤ 张载:《正蒙·参两篇第二》,《张载集》,中华书局 1985 年版,第 12 页。
⑥ 同上书,第 13 页。
⑦ 林乐昌:《正蒙合校集释》上册,中华书局 2012 年版,第 156—160 页。
⑧ 《白虎通·五行》,第 168 页。
⑨ 刘熙:《释名·释地》。

中的其他四行）为土所生，所以土的方位也最尊贵，"土在中央"①。张载反对这种对五行的还原论解释，认为"水火，气也，故炎上润下与阴阳升降，土不得而制焉"②。这就恢复了五行作为构成五行概念本身的五个同等重要的构成环节的地位，从而保证了"五行"概念本身的形上意义不被作为它的构成环节的某一行篡夺。朱子对此给予高度评价："水火不出于土，《正蒙》一段说得最好，不乱下一字。"③

另一方面，张载要强调五行虽各一其性，但又各具五行之理，上引第一段正是要说明这个道理。船山在《张子正蒙注》中对此有精辟的阐释：

> 渍而生，然而不离，惟其中有水火之性也。水火之交，谓水火之气与阴阳升降，融彻土中，故土感其气，合同而化，以发生浮华，以此知土中具有燥濡之性，为水土所资生，虽不能制，自包涵之。燥者，土函火；濡者，土函水。木受水火之气，故浮；金乃水火之精所结，故实。相待，谓金有津润还可生水，燧镜还可生火，交相待以生。不相害，谓水火不能毁金，火虽烁金而金反流。流者，生动之机，火既去仍无所耗，若水终不损金也。际者，两相接而成之谓。④

土虽不能制水火，但却函水火。木金有水火之杂，又为土之华实，"土之华实，非土外之有木金"⑤。五行互相蕴涵的关系是内在而非外在的关系，但它们又相对独立，不可替代，"水、火、木、

---

① 《白虎通·五行》，第 168 页。
② 张载：《正蒙·参两篇第二》，第 13 页。
③ 朱熹：《朱子语类》卷一，第 123 页。
④ 王夫之：《张子正蒙注》，第 44 页。
⑤ 同上书，第 45 页。

金皆与土为体,则万汇之生,有形有质"①。就具体事物生成而言,土的作用相对较大,因为土为地,"地以气成形,形成而后五行各著其体"②。

五行是个形而上意义的总体性概念,以五个不同要素构成此总体性概念,坚持其在相互蕴涵关系中的相对独立性,是看到了事物本身的多样性和差异性,而要在抽象的哲学思维中体现出这种不可还原的多样性和差异性,在此意义上,五行概念本身也可以说是一个有差异的统一。尤其值得注意的是,五行是一个说明世界万物生成的概念,但"五行之生也,各一其性"③。朱熹这样来阐释濂溪的这句话:"然五行之生,随其气质而所禀不同,所谓'各一其性'也。"④各一其性,保证了所生成的事物的丰富多样性。⑤

宋儒对五行的形而上学地位有明确的认识与确定:"五行一阴阳也,阴阳一太极也。太极本无极也。"⑥把五行归结到无极,也就是确认了五行概念乃本于形而上学的最高概念。朱子在阐释周子上述这几句话时说:"有太极,则一动一静而两仪分;有阴阳,则一变一合而五行具。……五行具,则造化发育之具无不备矣,故又即此而推本之,以明浑然一体,莫非无极之妙。"⑦按照宋儒上述对五行的理解,那么五行实乃太极的发用,它说明存在的无限丰富性与多样性。

---

① 王夫之:《张子正蒙注》,第 45 页。
② 同上。
③ 周敦颐:《太极图说》,《周敦颐集》,岳麓书社 2002 年版,第 5 页。
④ 朱熹:《太极图说解》,《朱子全书》第十三册,第 73 页。
⑤ 此处"生成"非物理意义上的产生和造成,而是事物之存在的规定性。
⑥ 周敦颐:《太极图说》,第 5 页。
⑦ 朱熹:《太极图说解》,《朱子全书》第十三册,第 73 页。

第五章　象与中国哲学

一、《周易》与象

在中国古代哲学中,阴阳五行往往放在一起说,这可能始于周敦颐的《太极图说》,但阴阳单独作为哲学概念,则应该是始于《周易》;而"太极"概念,也是出于《周易》。

从自觉的哲学追求来看,《周易》应该算是中国哲学诞生的又一个标志。的确,《易经》本为卜筮之书;而人们占筮本为希望知道与切身利益有关的吉凶休咎,谈不上什么哲学的冲动和超越。所以人们往往认为《易经》不是哲学著作,《易传》才是。这种看法不能说完全没有道理,但却忽略了《周易》经传之间的根本联系。从释义学的立场上说,任何文本都是通过阐释而存在的,我们对文本的定位本身就是阐释性理解的产物。也因此,我们不能认为《周易》经传之间完全没有内在的关联。

朱子一方面肯定"《易》本为卜筮而作"①。但他完全同意《系辞》对《易》的定位:"夫《易》开物成务,冒天下之道,如斯而已者

---

① 朱熹:《朱子语类》卷六十六,《朱子全书》第十六册,第 2179 页。

也。"陈梦雷在《周易浅述》中对"开物成务"有如下训释："开物，谓人所未知者开发之。成务，谓人所欲为者成全之。"①《周易》既有知的一面，又与人的实践行为有关。卜筮的根本目的不仅仅是预测个人的吉凶祸福，至少作易者(圣人)是要"通天下之志，以定天下之业，以断天下之疑"②。《易》要解天下之惑，为天下人与事指引方向，趋利避害，"不迷于是非得失之途"③，"以成天下之事"④。但这并不等于否认"《易》本卜筮之书"⑤。"今学者讳言《易》本为占筮而作，须要说做为义理作。若果为义理作时，何不直述一件文字，如《中庸》、《大学》之书，言义理以晓人，须得画八卦则甚？"⑥

然而，这绝不是说八卦与义理无关，《易》之经传是完全不同的两回事。伏羲画八卦固然是为占筮，但古人占筮的一个主要目的是为了认识和理解："如'极数知来之谓占'，'莫大乎蓍龟'，'是兴神物以前民用'，'动则观其变而玩其占'等语，皆见得是占筮之意。盖古人淳质，不似后世人心机巧，事事理会得。古人一事理会不下，便须去占。"⑦卦象不是什么人装神弄鬼胡乱涂抹的结果，而是其中自有理在。《易经》虽极简约，但诚如方东美所言："盖必有某种明晰之逻辑系统结构，六十四卦始克如是其错综交织，而呈现挈然秩序排列，形成一套谨严之符号系统。"⑧《易传》对经的阐释不可能凭空杜撰，毫无所本，不可能与经没有任何内在关系。《易传》并不是中国哲学产生的标志，而是中国哲学发展的成果。焦循在谈到伏羲画八卦时说："伏羲氏之画卦

---

① 陈梦雷：《周易浅述》，九州出版社 2004 年版，第 399 页。
② 《周易·系辞上》。
③ 朱熹：《朱子语类》卷六十七，第 2212 页。
④ 朱熹：《朱子语类》卷六十六，第 2181 页。
⑤ 同上书，2181 页。
⑥ 同上书，2182 页。
⑦ 同上书，2180 页。
⑧ 方东美：《中国哲学精神及其发展》上册，第 91 页。

也，其意质而明，其功切而大，或以精微高妙说之，则失矣。"①但这不等于说《易》之经传是完全不同的东西，前者纯粹是卜筮符号，而后者才是哲学著作。八卦的系统已经体现了中国人明确的哲学思维，否则无法解释其"明晰之逻辑系统结构"。

但卦象不是文字，不加阐释发挥，其理难明，对于一般人来说不能起到"开物成务"的作用。遂有彖辞、爻辞和十翼陆续出现。随着它们的出现，《易》逐渐由卜筮之书变为哲学著作。朱子一方面强调《周易》经传的区别；另一方面又坚持传不离经，既反对离象空谈义理："《易》只是个卜筮之书，孔子却就这上依傍，说些道理教人。虽孔子也只得随他那物事说，不敢别生说。"②也反对泥于卜筮卦象，即胶柱鼓瑟，忘了"易者，象也"③，"《易》只是说个象是如此，何尝有实事"④。实证主义地把《易》理解为实事之能指。其实《易》"是个空底物事"⑤。

朱子此言极是。中国哲学肇始，就不像古希腊人那样，先找和确定一个作为万物始基的实体或本体（原理），易不是任何意义上的实体或始基。《易》之名本身就已经说明了这点："夫'易'者，变化之总名，改换之殊称。"⑥这是孔颖达在《周易正义》中对"易"的定义。这个定义表明，易不是任何意义的实体，而是一种变化的状态。而在孔颖达之前，郑玄已经根据《易纬乾凿度》的说法⑦，提出："易一名而含三义：易简，一也；变易，二也；不易，三也。"这三义可以视为易之义的三个维度，最基本的是变易，变易

---

① 焦循：《易图略》卷六《原卦第一》，《易学三书》，九州出版社 2005 年版，第 93 页。
② 朱熹：《朱子语类》卷六十六，第 2187 页。
③ 《周易·系辞下》。
④ 朱熹：《朱子语类》卷六十八，第 2271 页。
⑤ 朱熹：《朱子语类》卷六十六，第 2192 页。
⑥ 孔颖达：《周易正义卷首》。
⑦ 《易纬乾凿度》云："易一名而含三义，所谓易也，变易也，不易也。"

是宇宙万物最根本的存在状态，而不易蕴含在变易中的他在，变不失常。而易简是指变而有常之易其实一点也不复杂，是宇宙万物最普遍、最根本的存在状态，"易则易知"①，大道至简。还有一个意思就是纯粹，即与具体事物有明确分殊："'易简'，乾坤之纯也。"②朱熹则认为"《易》有两义：一是变易，便是流行底；一是交易，便是对待底。"③这两义的关键还是变易，没有变易便没有相对待。因此，易不是任何意义上的实体、本体、始基或本质。

必须指出的是，易与泰勒斯的水有一点是相同的，即它们都是一个着眼于大全，从宇宙万物的统一性出发的总体性概念。如果是在某个特定的时候(日常生活每一刻都是特定的时候)某个具体的人或事，变与常不能同时说，只有从事物的整体着眼，我们才能说变中有常。宇宙万有无时不变，但就此一整体本身来说，它永远都是它，它是有，若变，就是绝对意义上的无(不存在)了。在此意义上，"易"与"水"都可以进一步释义为黑格尔意义上的"绝对"。就"易与天地准，故能弥纶天地之道"④，"范围天地之化而不过，曲成万物而不遗"⑤，"彰往而察来"⑥而言，易也是无限。《系辞》用"是故《易》有太极"来表明易是无限。"'太'者极其大而无尚之辞。'极'，至也，语道至此而尽也；其实阴阳之浑合者而已，而不可名之为阴阳，则但赞其极至而又无以加，曰太极。太极者，无有不极也，无有一极也。惟无有一极，则无所不极。"⑦船山此解，将"易"的无限性阐发得淋漓尽致。

故此，易又与水有根本不同，它不是任何意义的实体，不是

① 《周易·系辞上》。
② 王夫之：《周易内传》，《船山遗书》第1卷，第168页。
③ 朱熹：《朱子语类》卷六十五，第2157页。
④ 《周易·系辞上》。
⑤ 同上。
⑥ 《周易·系辞下》。
⑦ 王夫之：《周易内传》，第177页。

具体事物的始基或基础,也不是与现象相对立的本质,而是事物生与化的状态。这状态本身具有绝对性,所以它不是事物的某种属性,需要一个载体来支撑它。亚里士多德的实体与属性的存在模式完全不适合于它。

《易经》源于卦象,也与易乃指存在的事态而非某个存在者有关。《易传》的作者对此深契于心:"易者,象也。"之所以这么说,是因为他们清楚地知道,《易》不是要认识或指出某个实体或始基,更不是要提出万物的原理(本体),"是故神无方而易无体"[①],而是要"知幽明之故,原始反终"[②],"以通神明之德,以类万物之情"[③]。因此,直陈式语言无法达成"本隐之以显"[④]的目标,而必须采用以象明义,以象见义的方法。《周易》的这种特殊的表达方式比泰勒斯的命题更加是对感官知觉的离弃,对直接存在者(具体事物)的离弃,体现了一种明确无误的超越性思维。

不管八卦以及由八卦组成的卦象最初是不是由于卜筮的目的而产生,但最早的中国哲学家用它们来表达哲学思考,表明他们有非常自觉的哲学意识,知道哲学不是纠缠于具体的特殊事物,而是思考宇宙万有最为根本普遍的存在样态,就其适用于所有事物,囊括涵盖天下一切的道与理而言,这种存在样态是绝对和无限,但就它只是变易与不易的动态统一而言,它不像前苏格拉底哲学家的始基和实体。古人已经看到,八卦与卦象本身的抽象性最能暗示绝对与无限的超越特征。"昔者圣人之作《易》也,幽赞神明而生蓍,参天两地而倚数,发挥刚柔而生爻,和顺于

---

①　《周易·系辞上》。船山对"易无体"有如下精到的诠释:"《易》之阴阳六位,有体者也。而错综参伍,消息盈虚,则无心成化,周流六虚,元体之不立者也。"(王夫之:《周易内传》,《船山遗书》第1卷,第164页)

②　《周易·系辞上》。

③　《周易·系辞下》。

④　司马迁:《史记·司马相如列传》。

道德而理于义,穷理尽性以至于命。"①《说卦》开头的这几句话表明此传的作者认为伏羲画八卦是出于超越性的哲学目的,而非纯粹匹夫匹妇求神问卦的行为。如果不是卦象本身蕴含哲理,那么后来用文字阐发卦象之义者,无论是文王、周公、孔子还是其他人,大可不管卦象,自可别作一书,明言义理,"何故要假卜筮来说?"②

与中国古代其他经典有显著不同,《周易》直接探讨宇宙万有的常理和常道,直接"究天人之际"。"《易》之所言,却是说天人相接处。"③"其为书也,广大悉备,包涵万理,无所不有。"④故此,无论就其内容还是就其形式,《周易》都是中国哲学诞生的明证。《周易》成为中国哲学的出生证,不仅仅是由于它的主题,更由于它特有的表达方式——象。象之抽象性、灵活性和丰富意涵,使得它成了中国哲学特有的思维方式和表达方式,避免了知性思维方式及其表达模式——直陈式命题非此即彼的机械性和片面性,打破了抽象与具象的僵硬界限,既有抽象的具体性,也有具体的抽象性。朱子说"《易》以形而上者,说出在那形而下者上"⑤,便部分表达了这一点。

现代学者往往根据《系辞》中"象者,像此者也"的说法⑥,便将象基本理解为一套用作象征的符号系统,例如,朱伯崑主编的《周易通释》对"象"给出如下三个规定:①指《易经》中的八卦、六十四卦形及三百八十六爻爻形;②指八卦所象征的事物,如乾卦☰象取物象为天、坎卦☵象取物象为水等;③指卦爻辞中所说的

---

① 《周易·说卦传》。
② 朱熹:《朱子语类》卷六十六,第2183页。
③ 朱熹:《朱子语类》卷六十八,第2275页。
④ 朱熹:《朱子语类》卷六十七,第2229页。
⑤ 同上书,第2243页。
⑥ 《周易·系辞下》。

具体事物,如乾卦辞中说的"龙"、坤卦辞中说的"牝马"等。"象的特征是可以感知,有形象可见,特别是卦爻的图像,乃《周易》一书的一大特征,被看成是吉凶的象征,进而被看成是一切事物的象征,形成一种符号系统的体系。"①这三个定义中第一和第三个都不能说明象是"象征"。第二个定义则有问题,"取象"并非象征。

什么叫"象征"? 按照现在一般的理解,象征是指:(一)用具体事物表示某种抽象概念或思想感情;(二)通过某一特定的具体形象来暗示另一事物或某种较为普遍的意义,利用象征物与被象征的内容在特定经验条件下的类似和联系,使后者得到具体直观的表现。②但这种象征概念是现代性的产物。"直至1790年,象征这词完全不表示它在浪漫主义时代表示的那种意思:或者它是一系列其他更常用的词语(如寓意、象形文字、密码、标志等)的简单同义词,或者它纯粹指完全任意和抽象的符号(数学符号)。……康德在《判断力批判》里推翻了这种用法,使'象征'这词的意义接近于现代的意义。"③

康德在《判断力批判》第59节讨论了象征问题。康德认为,概念不是纯粹的形式,而是有其实在性,但概念的实在性只有通过直观才能得到保证。经验概念的实在性通过可以直观的例子得到显示;知性概念实在性的直观是图式;理性概念亦即理念没有与之相对应的感性直观,它们的实在性是通过某种反思性表象来保证的,这种表象的反思形式与其所意指的对象相一致。康德把这种表象称为"象征"。它是直观的表象方式之一(另一种是图式)。康德的"象征"相当于隐喻(metaphor),它们都是通

---

① 朱伯崑主编:《周易通释》,昆仑出版社2004年版,第74页。
② 见《辞海》(第六版)第四册,上海辞书出版社2009年版,第2508页。
③ 茨维坦·托多罗夫:《象征理论》,王国卿译,商务印书馆2004年版,第254—255页。

过伴随而来的感性符号来表示概念，这些感性符号不包含任何属于客体的东西，而只是按照想象力的联想律，在主观意图中用作再生那些概念的手段。象征是把对一个直观对象的反思规则运用于另一个完全不同的对象，前一个对象是后一个对象的象征。①但是，象征与被象征者之间只有某些类似(在对二者及其因果性进行反思的规则之间)，却有着根本的不同，例如，康德在书中把手推磨作为专制国家的象征，但也承认它们没有"任何类似性"。②

《周易》的"象"完全不是上述意义的"象征"。首先，八卦"取象"绝不能理解为"象征"，因为它刚好与"象征"相反。它不是用一个具体的事物来表示一个抽象的意义，而是从现实具体物象中得到启发而设计出抽象的卦象符号系统。《系辞》说：伏羲"仰则观象于天，俯则观法于地，观鸟兽之文与地之宜，近取诸身，远取诸物，于是始作八卦，以通神明之德，以类万物之情"③。很显然，作八卦者是从各种现象物象中得到启发而作八卦，八卦不是来自任何具体事物或现象，而是人类高度抽象思维的产物：

> 太一肇判，阴降阳生，阳一以施，阴两而承。惟皇昊羲，仰观俯察，奇偶既陈，两仪斯章。既幹乃支，一各生两，阴阳交错，以立四象。奇加以奇，曰阳之阳。奇而加偶，阳阴以章。偶而加奇，阴内阳外。偶复加偶，阴与阴会。两一既分，一复生两，三才在目，八卦指掌。奇奇而奇，初一曰乾。奇奇而偶，兑次二焉。奇偶而奇，次三曰离。奇偶而偶，四震以随。偶奇而奇，巽居次五。偶奇而偶，坎六斯睹。偶偶

---

① Kant, *Kritik der Urteilskraft*, Hamburg: Flelix Meiner Verlag, 1968, S.212.
② Ibid.
③ 《周易·系辞下》。

而奇，艮居次七。偶偶而偶，八坤以毕。初画为仪，中画为象，上画卦成，人文斯朗。因而重之，一贞八悔，六十四卦，由内达外。交易为体，往此来彼；变易为用，时静时动。[1]

朱子的这段赞，非常精到地阐明了《周易》卦象的内在生成理路。任何对《易》之卦象系统的数理结构理路有所领会者，都不会相信这样一个高度抽象的结构系统是直接来自具体事物现象。

其次，卦象的目的不是要呈现或再现事物，也不是要回忆事物或作为事物的典型，更不是模仿具体事物，而是要"通神明之德"和"类万物之情"，即"达天地神化之理于事物"[2]，显示天地万物生存变化之理。所以，《周易》是一个典型的从抽象到具体的系统。构成这个系统的卦象，与一般象征不同，它们不是纯粹的符号与手段，而是内容与目的。由于卦象本身只是符号而不是语言，人们往往容易将它们仅仅视为符号，是表达义理的手段。一旦义理已明，象忘也无妨。

王弼便是这种理解的一个典型例子。"故言者所以明象，得象而忘言；象者，所以存意，得意而忘象。犹蹄者所以在兔，得兔而忘蹄；筌者所以在鱼，得鱼而忘筌也。……象者，意之筌也。"[3]他把象完全当作表意的手段和工具。然而，《周易》卦象形成的内在理路就表明，象绝不只是单纯的表意工具，象不是出于人主观任意的设定，在古人看来，是"阴阳交易之理而成象，象成而数之以得数。……象成而阴阳交易之理在焉。象者，理之所自著也。故卦也，爻也，变也，辞也，皆象之所生也，非象则无以见

---

①　朱熹：《周易五赞·原象》，《朱子全书》第一册，第 163 页。
②　王夫之：《周易内传》，第 185 页。
③　王弼：《周易略例》，《王弼集校释》下册，楼宇烈校释，中华书局 2009 年版，第 609 页。

《易》。"①船山这段话把象作为《易》之根本说得非常透彻。

"盈天下而皆象"不能望文生义地理解为所有事物都是象或现象。船山与程子、朱子一样,认为天下事物皆有其理,象为理之著,即象通过一定的形状使理可明可见,"见乃谓之象"②即此之谓也。但象不是,也不能等同于任何具体事物。象是万物之理之则之度之法,是宇宙万有的规定性根据,而不是简单的比喻手段。据此,船山反驳王弼得兔忘蹄、得鱼忘筌说:"鱼、兔、筌、蹄,物异而象殊,故可执蹄筌以获鱼兔,亦可舍蹄筌而别有得鱼兔之理。"③也就是说,蹄筌可以捕猎作为物的鱼与兔,却不能把握它们的象。而"言以明象,相得以彰"④。蹄筌与鱼兔之象无关,而象以言明,"言、象、意、道,固合而无畛,而奚以忘邪?"⑤

《周易》之象的概念绝非一般象征或比喻的意思。初一看,《系辞上》"圣人有以见天下之赜,而拟诸其形容,象其物宜,是故谓之象"这句话,似乎可以轻易用来证明象就是一般意义的象征。其实不然。孔颖达的《正义》是这样解释这句话的:"圣人有其神妙,以能见天下深赜之至理也。'而拟诸其形容'者,以此深赜之理,拟度诸物形容也。见此刚理,则拟诸乾之形容;见此柔理,则拟诸坤之形容也。'象其物宜'者,圣人又法象其物之所宜。若象阳物,宜于刚也;若象阴物,宜于柔也。六十四卦,皆拟诸形容,象其物宜也。"⑥很显然,象不是用一个具体直观的事物来表示某种抽象的道理或概念;而是刚好相反,是圣人要"以此深赜之理,拟度诸物形容也"。即以此深赜之理揆度事(物)理之

---

① 王夫之:《周易内传》,第 186 页。
② 《周易·系辞上》。
③ 王夫之:《周易外传》,第 363 页。
④ 同上。
⑤ 同上。
⑥ 孔颖达:《周易正义》卷第七。

形态(此处"形容"不是具体事物的外部形象)与情势,所以是"象其物宜",而不是象其外形。

对此,船山有如下论述:"物之生,器之成,气化之消长,世运之治乱,人事之顺逆,学术、事功之得失,皆一阴一阳之错综所就,而宜不宜者因乎时位,故圣人画卦而为之名,系之象以拟而象之,皆所以示人应天下之赜者也。"[1]因此,象虽有形态,比起至微之理,它是显,但它不是具体事物。"卦者阴阳之物也,爻者阴阳之动也。"[2]卦象本身是天道物理的一种体现方式,而不是单纯为了传达某种抽象思想和意义的象征,所以象还需要言来阐明,而不像象征那样不言自明。

综上所述,可以肯定,象不是一般意义的象征系统,它远比一般的象征要复杂,根本不同于一般意义的象征。在许多重要的特征上,它很像海德格尔的"形式指示"概念。借用此一概念,我们可以更好地把握象的复杂意义。

"形式指示"(formale Anzeige)是海德格尔为了解决他哲学的根本问题而特意提出的一个方法论概念。海德格尔哲学是建立在他对西方哲学传统的根本批评基础上的。在他看来,西方哲学从一开始就把存在忘了,更确切地说,把存在者误以为存在,从而忘了追问存在本身的意义:只有掌握了存在本身的意义,我们才能真正把握存在者的真理。根据他的诊断,西方哲学之所以将存在者与存在混为一谈,从而忘了存在的意义,是因为西方哲学只关注一切在场的、并且可以对象化,即与认知或行为主体相对的对象。与此相应,真理或知识是通过判断或陈述(Aussage)来表达的。反过来说,判断和陈述才具有真理的逻各

---

①　王夫之:《周易内传》,第 169 页。
②　程颐:《周易程氏传》,《二程集》下册,第 690 页。

斯的特殊形式。可传达的陈述通过述谓方式指出或详细说明某事。①只要有关陈述或判断指出或具体说明某事或某物在场或使人相信它们在场，它们就算说出了真理。

但是，在海德格尔看来，把事物视为在场的事物，用判断或陈述将它们说出或指出，是对世界的理论态度所致。这种对待世界的态度不是我们对世界的原始态度。人的存在(此在)对世界有一个更为原始的前理论的方面，这就是理解。陈述只是理解的派生模式。作为人存在的样式，此在是未来指向的，它的原始存在样式是可能性，而非现实性，因为它不断地发展为它能成为但还不是的东西(即它的能在 Seinkönnen)。这样，它就必须揭示或打开对它而言是可能的东西，即它的可能性。其次，理解牵涉到意义。此在根据它预设的意义构架，投向事物，使事物作为某物而成为可理解的(verständlich)。②理解是一个意义框架(世界)的非主题性安排，事物由于这种意义安排而可以被我们理解，或有其意义，换言之，它们因此而被当作是某事物，所以，解释总是如影随形地伴随着理解。

由于事物是什么是释义学解释的结果，所以陈述实际上并不直接表述事物本身(没有事物本身，只有**是**或**作为**什么的事物)，它陈述或表达的其实是解释。在表述解释时，它当然也指出某事物，使事物确定，传达事物，但这三个功能都是由我们前理论预设的构架而来的，这个意义构架预先以某种方式决定了我们如何有、看和想。③从生存论上说，陈述是基于此在的在世存在。但是，由于此在必须要用陈述将它的解释表出，而这必须将

---

① Cf. Heidegger, *Sein und Zeit* (Tübingen：Max Niemeyer Verlag, 2001), S.154—8；*Logik：Die Frage nach der Wahrheit*, *Gesamtausgabe* 21(Frankfurt am Main：Vittrio Klostermann, 1976), S.133—134.

② Heidegger, *Sein und Zeit*, S.151.

③ Ibid., S.154—155, 157.

此意义或对事物的规定确定下来，以便将它指出并传达出去，这就会使人们以为所说的是现成的事物，可以将它像一个有形对象那样传递。人们因此忘记了前理论解释的作为结构（*Als-Struktur*），解释被当成了一个纯粹的"实在"。更不用说，此在对其可能性的投射完全被遗忘或失去了。人们觉得像科学那样把事物当作可以对象化的东西，也应该是我们理论和实践唯一正确的对待事物和世界的方式。只有存在者（什么），而没有存在的意义（怎么）。存在本身被遮蔽了。

理论态度从事物是"什么"的角度去看待事物；但对于前理论理解来说，关注的却是事物的"怎么"，即它如何"是"，如何存在。西方哲学的传统只关注什么而忘了怎么，而海德格尔就要解释这个被遗忘的"怎么"。他很清楚，要达到这一目的，他必须要有一种能完成此一复杂而困难任务的方法。这个方法，就是形式指示。

形式指示最初是为了回应新康德主义者那托普对现象学的一个棘手批评提出的。那托普认为，现象学自称要把握人最原始的经验，但现象学的反思方法却使它无法做到这一点。因为人原始的生存经验是前理性的、不可言喻的；而现象学的反思方法却是理性的理论思维方法，无法把握事实生命的原始经验。据美国学者 T. Kisiel 的研究，海德格尔在 1919 年就已经设想用形式指示这个方法来处理像生命的原始的生存论经验这样前理性的、不可言喻的问题。①但这最多只是形式指示提出的一个考虑，对于这个作为他自己哲学的基本方法的概念，海德格尔还有更深的考虑。在同一时期给雅斯贝尔斯的《世界观的心理学》一书写的书评中，他用它来批评雅斯贝尔斯心理学的观察方法，针

---

① Cf. Theodore Kisiel, *The Genesis of Heidegger's Being and Time* (Berkeley and Los Angeles: University of California Press, 1995), p.38.

锋相对地提出,形式指示是"现象学阐释的一个特殊的方法阶段"①。在形式指示中我们可以看到"一切哲学概念和概念总体关系阐释性的基本意义"②。

海德格尔在他 1921—1922 冬季学期的课程《对亚里士多德的现象学研究》中对形式指示有比较系统的论述。这个课程的标题具有误导性,它其实并没有讨论亚里士多德的哲学,而是主要关注哲学研究的对象及与此对象相适应的方法。海德格尔说,哲学的对象像其他所有对象一样,有其特殊的被我们通达的模式。在任何哲学研究中,这种通达模式,也就是方法,都是极为重要的。哲学思维不能像其他科学那样,把对象本身作为研究和思考的起点,而应该首先考虑我们是如何有对象的,或对象如何为我们所有(*Gehabtwerden*),在我们思考对象前,我们先已有了对象,我们如何"有"它们,这是关键。这种"有"是一种我们有我们思维和行动对象的非主题性模式。③只要我们在世存在,我们就会在各种不由自主的处境和情况下,以各种前反思、前理性的模式与事物相遇。哲学研究的首先不是对象本身,而是对象的存在(是什么和如何是,*Was-Wie-Sein*)④,因为我们如何前反思地有对象,将最终决定我们研究的结果。

哲学的任务就是要研究如何有对象(这个如何将决定对象"是什么"),或我们最初通达对象的方式。哲学是从"有的情况"(*Habenssituation*)中产生的,这个"有的情况"必须被指示,而且

---

① Heidegger, *Anmerkungen zu Karl Jaspers »Psychologie der Weltanschauungen«*, *Wegmarken*(Frankfurt am Main: Vittorio Klostermann, 1978), S.29.

② Ibid., S.10—11.

③ 海德格尔把将事物作为现成的对象性事物来对待和陈述的方式叫作"主题的"或"理论的";"非主题"则是指生存论意义上的与事物相遇。

④ Heidegger, *Phänomenologische Interpretationen zu Aristoteles. Einführung in die phänomenologische Forschung*(Frankfurt am Main: Vittorio Klostermann, 1985), GA 61, S.18.

是形式指示,因为它是一种原理性的有,而非具体的事物。①形式
指示是哲学概念的特征,换言之,它就是哲学概念的实质,对此
海德格尔非常明确:"有必要思考哲学概念的一般特征,它们都
是形式指示的。它们是指示的,是说这个概念的意义内涵并不
直接意谓或说它与之有关的事情,它只给予一个指示,一个
提示。"②

　　形式指示的名称就已表明,它并不追求对象的内容,它指示
的是研究和事物发展的方向。但这并不等于这种方法不产生确
定和肯定的东西。这表明,哲学研究中最重要的不是对象的内
容(哲学不是追求客观的知识),而是研究对象被指出的方式与
研究的出发点(这就是智慧)。其次,在形式指示的方向上,有实
现这一方向的潜在可能性。因此,海德格尔说"有"不确定地与
内容有关,却确定与实现有关(*vollzugshaft*)。③哲学在努力使
自己成为自己的对象时,必须走它自己为自己指示的道路。就
形式指示并不指示对象的具体内容而言,形式指示可以说是"空
洞的",但它绝不仅仅是缺乏内容,在它的形式性和空洞性中也
有积极的收获,因为每一形式指示都导致具体:"对作为形式因
而是空洞的东西理解得越彻底,它就变得越丰富,因为这样它就
导致具体。"④形式指示不是一个静态的共相,一个分类的属那样
的东西,而是一条始终必须完成的道路。形式指示的"形式"不
是与"质料"相对的东西,不是相(eidetic)那样的东西。形式指示

---

①　Heidegger, *Phänomenologische Interpretationen zu Aristoteles. Einführung in die phänomenologische Forschung*(Frankfurt am Main: Vittorio Klostermann, 1985), GA 61, S.19—20.

②　Heidegger, *Die Grundbegriffe der Metaphisik*, GA 29/30(Frankfurt am Main: Vittorio Klostermann, 1992), S.430.

③　Heidegger, *Phänomenologische Interpretationen zu Aristoteles. Einführung in die phänomenologische Forschung*, S.19—20.

④　Ibid., S.33.

在其方向上是确定的,如果人们遵照它的提示,肯定会直接导致它所指向的东西的具体经验。伽达默尔很好地总结了形式指示积极的成果:"'形式指示'把我们指向我们必须看的方向。**我们必须学会说在那里显现的东西,学会用我们自己的话去说它。因为只有我们自己的话,而不是重复某个别人的话,才能在我们心中唤起我们自己试图去说的事情的景象。**"①

一般传统哲学的命题或陈述都是把事物从它的意义整体关系中孤立出来,将它作为固定的在场事物来说明,因为人们以为对象化了的对象是客观的,所以关于它的陈述尽可能撇除主观性,使其意义范畴化和固化,可以无限重复,这才是真理。海德格尔看到,要把握生存论的原始经验,或他所谓的事实生活的原始经验,就要防止把这种经验固化为现成事物,陈述为可以像现成事物一样客观传达的命题。要通达在时间中流动不居的事实生活的生存论经验,必须要用同样需要用生存经验(理解和解释)来完成的、有无限意义生成空间的形式指示的方法。海德格尔说,形式指示既有提示的特征,又有禁止的特征②,是说形式指示提示此在存在的种种可能性,为此必须禁止指定事物的意义,或绑定在某个现成事物上。

虽然形式指示是海德格尔出于他自己的哲学问题提出的,但形式指示本身并不只对他的哲学思想有效。既然他揭示的西方哲学传统的问题:将事物视为现成的对象,把世界理解为由现成事物组成的自然,而不是充满意义的世界,孤立地观察事物和规定事物,忽略人原始的生活经验,并不只是西方才有的现象,

---

① Hans-Georg Gadamer, "Martin Heidegger's One Path", in *Reading Heidegger from the Start. Essays in His Earliest Thought*, ed. by Theodore Kisiel and John van Buren (Albany: State University of New York Press, 1994), p.33.

② Heidegger, *Phänomenologische Interpretationen zu Aristoteles. Einführung in die phänomenologische Forschung*, S.141.

那么他针对这些弊病提出的形式指示的概念和方法，也不会是只有受制于其哲学的狭隘意义（海德格尔自己是把它作为一般哲学的方法提出的），而是能给我们提供一种极具启发性的思路。形式指示不是规定某个事物的意义，而是指示理解意义的方向；形式指示本身要靠生存论经验，即事实性生活的原始经验来完成。形式指示的这两个基本特征完全可以用来把握象的基本特征。

形式指示的这两个特征，在海德格尔那里，是与哲学的基本任务，把握此在的事实性生命的原始经验，从而通达存在的意义相关的。作为哲学的基本概念，形式指示既不像一般的经验概念那样只是规定事物的特征或给事物归类，也不像康德的先验概念那样形成关于事物的判断和用判断来安排事物的规则。形式指示只是指引我们理解存在意义的方向，并且，它的意义需要阐释者根据自己的生存论问题或存在处境来加以实现。而象似乎同样如此。《系辞》说："《易》有爻象，所以示也。系辞焉，所以告也。定之以吉凶，所以断也。"①"示"一般指示也，所以要系辞以告，即需要对所指示者作进一步的阐释，而吉凶则是属于个体生存经验的范畴。形式指示与象，的确有着无可否认的、重要的相似之处。"辞也者，各指其所之。"②系辞上的这句话，已经表明了形式指示与象共同的"指示"特征。

但我们的目的不是要证明形式指示与象的相似，或干脆说象也是一种形式指示，而是要理解象这种中国哲学特有的意指形式和观念形式的哲学性质、功能和特征。而要达到这个目的，那就首先要弄清楚《周易》中的"象"，被《系辞》的作者与易本身相提并论的那个"象"，究竟是什么意思，毕竟是《周易》将它作为

① 《周易·系辞上》。
② 同上。

一种特有的思维方式与表意方式提出。上引《周易通释》中给出
的三个定义显然是不能令人满意的,它缺乏对"象"这个概念的
理论理解,而只是罗列了它的表面用法,实际上是把它当作了一
个普通名词,而不是哲学概念。其次,它罗列的三种用法也不能
说明古人对此重要概念的理解。古人既然至少在相当意义上将
易等同于象,说明仅仅罗列它的表面用法无法真正说明这一重
要概念的深刻而复杂的意义。

二、隐喻、概念与哲学

现代学者往往根据《系辞》上"圣人有以见天下之赜,而拟诸
形容,象其物宜,故谓之象"的说法,王辅嗣"得意而忘象"的观
点,以及西方的符号和象征理论,把"象"简单理解为"指示意义
之符(sign)也";①钱穆则把八卦理解为"只是游牧时代的一种文
字。把文字学上的六书来讲,他应归入指事一类。后来重卦发
生,这便是六书里面的会意字了"②。又说八卦是"记数的符
号"③。文字也好、符号也好,都不过是纯粹的工具,与所指事物
充其量只是类似关系;并且这种类似关系是纯粹外在的。故钱
锺书认为《易》之象与《诗》之喻有根本不同,前者"可以取代",而
后者不可离也。④牟宗三则干脆说:"这个'象'表示象征的意思,
跟西方'象征'的意思同。"⑤这种把"象"理解为西方意义的"象
征",无疑是幼稚实在论思维的产物,即象只是用来象征客观世

---

① 钱锺书:《管锥编》第一册,中华书局 1979 年版,第 12 页。
② 钱穆:《〈易经〉研究》,《中国学术思想史论丛》卷一,安徽教育出版社 2004 年版,第161 页。
③ 同上书,第 163 页。
④ 钱锺书:《管锥编》第一册,第 12 页。

⑤ 牟宗三:《周易哲学演讲录》,华东师范大学出版社 2004 年版,第 7 页。

界意义的任意符号,是一种简单的表意工具。

但也有人不是从纯粹的符号工具,而是从思想观念上去理解"象"的,如朱自清就说:"这个'象'字相当于现在所谓'观念'。"①这个理解要比把"象"理解为符号或象征较能说明"象"的本质,但还远远不够。因为"观念"一词太宽泛,无法把象与许多观念,如概念、想法、意见、观点、想象等区别开来。程石泉认为"象"可分为物象、事象、意象,它们是古人从物态、事态、心态中取象的结果,因此,"《易》之卦辞爻辞为作《易》者对于'物态'、'事态'、'意态'所作之说辞"②。可这样一来的话,我们就无法理解古人为何将《易》理解为象,《周易》显然也就不可能有任何哲学意义。如"密云不雨、自我西郊"或"射雉一矢亡"这样的卦辞爻辞,就只是描写某种事态,没有任何哲学意义。显然,易象之"象"不能理解为物象、事象、意象之"象"。也许我们应该把它理解为一种中国特有的哲学表达方式。

刘文英在《中国传统哲学的名象交融》中指出:"西方哲学的传统是以概念作为最基本的形式和符号。中国哲学传统则不然,其思维形式和符号既有名,又有象。名相当于概念;象即意象,二者共存共用、互渗互动,与西方形成鲜明的对照。"③此言极是。西方哲学始终以概念为主要思维工具和表达方式,以至于德勒兹甚至说哲学就是创造概念。

"概念"一词出于拉丁词 *conceptus* 和 *notio*,爱克哈特将它译为德文 Begriff,沃尔夫首先将它引入哲学中,把它理解为"思想中事物的表象",康德在他的《逻辑学》中给了"概念"一词通常的定义:"概念与直观相对立,因为它是一种普遍的表象,或者是

①　朱自清:《经典常谈》,生活·读书·新知三联书店 1998 年版,第 16 页。
②　程石泉:《易学新探》,上海古籍出版社 2003 年版,第 65 页。
③　刘文英:《中国传统哲学的名象交融》,《哲学研究》1999 年第 6 期,第 27 页。

对许多客体共有的东西的表象,因而是**一种能够包含在不同客体之中**的表象。"①概念必须具有始终如此、充分规定、普遍一致、意义绝不模棱两可等特点。概念本身不能表现某个象,也不是经验归纳的结构,而是纯粹抽象的产物。普遍、抽象、一般是它的根本特征。即使是经验概念,也是通过知性而获得其普遍形式。②概念一般表达某种思想的内容或事物的性质,它最基本的功能就是规定事物和区分事物。因此,它的意义必须清晰、单一、明确。西方哲学主流直到最近还致力于此一目标。

与此同时,象征或隐喻在西方哲学中基本没有地位,因为它们没有能够抽象、精确、直接、普遍地表达思想内容与事物,而往往顾左右而言他,游离了思想主题和知识对象。象征之所以能在康德的第三批判中得到正面的论述,是因为康德把它视为直观的一种样式(另一种是图式),它是对概念的间接展示。③也就是说,象征不过是概念的附庸而已,本身在哲学中没有独立的地位。

开创了西方哲学绝对真理观传统的柏拉图也是第一个明确要将诗歌与修辞学从哲学中驱逐出去的人,因为诗歌与修辞学不是用理性,而是依靠情感来使用语言,从而使人无法看到真理。但他的弟子亚里士多德对诗歌与修辞学的看法就不完全是负面的,他在《诗学》中主张:"要正确使用这些诗歌形式,⋯⋯但最重要的是要掌握隐喻。"④在《修辞学》中他已看到:"普通的词只传达我们已知的事情;从隐喻那里我们才能把握新的东西。"⑤但西方哲学的传统,并未因此改变,隐喻基本被排除在哲学的语

---

① 康德:《逻辑学》,李秋零译,《康德著作全集》第 9 卷,第 88 页。
② 同上书,第 89 页。
③ 康德:《判断力批判》,李秋零译,《康德著作全集》第 5 卷,第 367 页。
④ Aristotle, *Poetics* 1459a.

⑤ Aristotle, *Rhetoric* 1410b.

言之外。人们把隐喻看作是一种修辞手段，是纯粹的语言装饰，与情感有关而不是与知识和真理有关。

柏拉图从一开始就不信任情感和经验世界，真理与知识在于超感官世界，只有理性才能达到。但是，他不但没有简单地否定隐喻对于获得知识与真理的作用[①]，而且自己也大量使用隐喻。对于柏拉图来说，隐喻虽然不是把握知识和真理最好的手段，但也是追求知识与真理次好的方法。[②]有人甚至认为他已经预见到当代人们对于隐喻的共识：隐喻在发展观念和获得理解方面极为重要。[③]

与柏拉图不同，亚里士多德在《修辞学》和《诗学》中系统讨论过隐喻。他虽然明确指出隐喻的正面意义和掌握隐喻的重要性，但却在形成西方思想将隐喻彻底排除在知识与真理的传统上起了奠基性作用。这其中的关键是亚里士多德在说明隐喻时引进了隐喻（κατα‹τφοραν）与语词的本义或字面意义（κυρίωs）的对立。[④]"隐喻在于给事物一个属于别的东西的名称。"[⑤]"通过给予事物一个陌生的名称，人们可以通过这个有害的添加否定该事物有某个与此新名称自然联系在一起的某种特征。"[⑥]也就是说，隐喻使寻常的名称不再具有本来的意义。所以，亚里士多德虽然在《诗学》中主张掌握隐喻极为重要，但在其逻辑学和物理

[①]　根据英国学者潘德尔的研究，柏拉图虽然始终没有用过 μ‹ταφορά 这个术语，但他还是用了许多其他的手段来指隐喻（Cf. E. E. Pender, "Plato on Metaphors and Models", *Metaphor, Allegory, and the Classical Tradition*. ed. by G. R. Boys-Stones, Oxford: Oxford University Press, 2003, p.58）。

[②]　Ibid., p.61.

[③]　Ibid., p.75.

[④]　Cf. G. E. R. Lloyd, "The Problem of Metaphor: Chinese Reflections", *Metaphor, Allegory, and the Classical Tradition*. p.101.但利科否认亚里士多德是转义与本义之间传统对立的创始者，参看保罗·利科：《活的隐喻》，汪堂家译，上海译文出版社 2004 年版，第18 页。

[⑤]　亚里士多德：《修辞学》，1457b7。

[⑥]　同上书，1457b31。

学著作中不断批评隐喻模糊不清。尤其是不该在对事物的定义中使用,因为"任何隐喻的表达总是模糊的"①。他批评恩培多克勒和柏拉图在说明事物的本质时使用隐喻是把隐喻用错了地方,隐喻不能帮助我们理解事物的本质。②另一方面,无论是在日常生活中还是在知识活动中,语言或语词之所以能起到正常的沟通传达和精准表达的作用,就在于其只有单一的意义,并且以此单一意义使用,或严格限于在字面意义上使用。字面意义或本义、原义是语言或语词的本质意义,精准对应事物的意义和本质。修辞学和隐喻只不过是在语词原义基础上才能有所作为,它们的种种用法只有在原义的基础上才能得到理解与解释。③这种本质主义的语义哲学,从根本上否定了隐喻在哲学与科学中的合法地位。

但是,亚里士多德本人虽然对修辞学(包括隐喻)在哲学事业中的作用持保留态度,但他并没有像现代经验主义者和实证主义者那样,将修辞学完全排除在哲学之外,相反,"亚里士多德的天才在于,他在著作的开头就声明要把修辞学放在逻辑学的范围内并通过逻辑学将修辞学放在整个哲学的范围内"④,"由此形成了一门哲学修辞学,即由哲学建立并受哲学本身监督的修辞学"⑤。在古代晚期和中世纪哲学中,都没有将修辞学和隐喻明确放逐在哲学之外。只是到了近代,经验主义实在论以及与此实在论互为表里的本质主义语言观结合成一个完整的现代性世界观,隐喻才被彻底排除在哲学之外。

---

① Aristole, *Topics*, 139b34.

② Cf. Aristotle, *Meteorology*, 357a25; *Metaphysics*, 991a20.

③ 戴维森即据此认为隐喻除了字面意义外,什么也没说:"隐喻只意谓语词在它们最字面意义的解释中所意谓者。"(Donald Davidson, "What Metaphors Mean", *Critical Inquiry* 5, no.1, p.32)

④ 保罗·利科:《活的隐喻》,第35页。

⑤ 同上书,第34页。

洛克的代表作《人类理解论》，便是这方面的一个经典文本。在洛克看来，世界或实在独立于人而存在，心灵在其认识的实在之外，知识是沟通世界与心灵的直接管道。我们通过感官与世界直接接触，而简单观念，则是我们与世界感性接触的基本构成要素。刚出生时，心灵犹如白板，事物通过经验作用于我们的感官，产生了像"甜""香""白"这样的简单观念。简单观念单纯不杂，"只含有一种纯一的现象，只能引起心中纯一的认识，并不能再分为各种不同的观念"①。因此，简单观念的内容，是独一无二，无法用概念传达的："人们虽用尽全世界底文字来解释、来定义，任何名称，亦不能使我们生起那个名称所表示的那个观念。"②洛克与当时欧陆的唯理论者（笛卡尔、莱布尼茨）针锋相对，要证明知识与道德的基础是直接的世界经验，而非天赋观念之间的关系。但这明显有困难，因为最初的感性印象最多也只能给我们实在的部分经验，毕竟知识是观念的联合。这就需要语言。

语言的目的有三："第一，是要把一个人底思想或观念传于另一个人。第二，是要极简易地，极迅速地达到这层目的。第三，是要把人们对于事物所发生的知识传达出去。"③但语言很容易被滥用，修辞学的一切技术，包括隐喻就是典型的语言滥用："修辞学的一切技术……和演说术中所发明的一切技巧的纡回的文字用法，都只能暗示错误的观念，都只能够动人底感情，都只能够迷惑人底判断，因此，它们完全是一套欺骗。"④洛克的认识论要告诉我们，感觉理论系于语言理论，感觉被概念化为不同

---

① 洛克：《人类理解论》上册，关文运译，商务印书馆1983年版，第84页。
② 洛克：《人类理解论》下册，关文运译，商务印书馆1983年版，第408页。
③ 洛克：《人类理解论》上册，第382页。
④ 洛克：《人类理解论》下册，第497页。

的、独一无二的知识"人口",以论证经验作为知识基础的不可还原性,但是,鉴于经验只能使我们有限达到事物本身,我们对概念或"名词性本质"的使用必须是"正确的"和"按照字面意义的",以便我们的观念与实在之间严丝合缝,完全一致。

洛克认为:"文字底误用乃是最大错误底原因。"[①]纠正的办法首先是要明确文字(word)的意义,因为"各种名称必须与实在的事物相契合"[②]。所以文字的意义不是主观任意的,而是公共的、固有的。我们要按照"语言底常度"来使用语言,"语言的常度"就是语言的固有意义。语言(语词)的意义"不但要同人底观念相合,而且要同实在的事物相契"[③]。这就是说,在观念(心灵)、语言和实在之间存在着客观的对应关系,"文字底意义要前后一律……常用的文字,应该有同一的意义"[④]。这种本质主义的语言哲学将修辞学(包括隐喻)完全排除在正常的语言使用之外,更不用说科学的使用了。

洛克的这种客观主义与本质主义的语言哲学,构成了近代西方主流的思想传统。美国学者奥托尼对此传统有如下描述:

> 我们文化的一个核心预设是描述与说明物理实在是一件可敬的和值得做的事——一件我们称之为"科学"的事。人们假定科学的特征是精确而不含糊。科学的语言被假定为相应地也是精确而无歧义——简言之,字面意义是什么就是什么。因此,严格按照字面意义来理解的语言被认为是描述实在特征最合适的工具。……这个信仰在逻辑实证

---

① 洛克:《人类理解论》下册,第499页。
② 同上书,第503页。
③ 同上书,第510页。
④ 同上书,第513页。

主义那里达到巅峰……实证主义的一个基本想法就是实在可以通过语言的手段,以一种清晰无歧义,并且原则上可检验的方式被精准描述——实在能够并应该可在字面上描述。语言的其他用法是无意义的,因为它们违背了这个经验主义的意义标准。[①]

这个传统虽在逻辑实证主义那里达到顶峰,却并未随着逻辑实证主义逐渐消亡而退出西方思想的舞台,相反,它至今仍是西方学术界的主流传统,尤其在英美分析哲学家那里。这是因为,支撑这个传统的是一个客观主义世界观和语言观,或者说,一个根深蒂固的客观主义神话。美国语言学家乔治·莱考夫和哲学家马克·约翰逊在他们合著的著作《我们赖以生存的隐喻》中将此客观主义神话的特征概括为下列十点:

1.世界由客体组成。客体有独立于人或其他经验到它们的存在者的属性。2.我们通过经验自在的对象和认识对象具有的属性与它们彼此如何相关而认识世界。3.我们用范畴和概念理解我们世界中的客体。这些范畴和概念对应于客体本身(内在)固有的属性与客体间的关系。4.有一个客观实在,我们可以说事物,相对于我们的述说,事物是客观、绝对和无条件地真或假的。但我们作为人是会犯错的,即假象、知觉错误、判断错误、激情、个人与文化的偏见等。我们不能依靠个人主观的判断。科学为我们提供一种方法论,它使我们得以超越我们的主观局限,从一种普遍有效和无偏颇的观点出发得到理解。科学最终能给予一个对实在的正确、明确和普遍的说明,它通过其方法论不断

---

① Andrew Ortony, "Metaphor, language, and thought", *Metaphor and Thoght*, ed. by Andrew Ortony(Cambridge, New York & Melbourne: Cambridge University Press, 1993), p.1.

朝向这个目标前进。5.语词有固定的意义。我们的语言表达我们用来思维的概念和范畴。为了正确描述实在,我们需要意义清晰准确,适合实在的语词。6.人可以是客观的,能客观地言说,但只有在他们使用清楚准确定义,即直接的,能适合实在的语言才能这样言说。只有这样说我们才能准确传达外部世界,作出可以客观判断是真是假的陈述。7.在客观言说时始终应该避免隐喻和其他诗性的、想象的、修辞的,或形象语言,因为它们的意义不清不准,不能以任何明显的方式适合实在。8.客观是好事。只有客观知识才真正是知识。只有从一个客观、无条件的观点我们才能真正理解我们自己、他人和外部世界。9.客观就是合乎理性;主观就是非理性,委身于各种情绪。10.主观性是危险的,因为它能导致失去实在感。主观性会不公正,因为它采取个人的观点,因而会有偏向。主观性放纵自己,因为它夸大个人的重要性。①

这个客观主义的神话,也是支撑现代性最牢固的神话,一般人深信不疑,因为它构成了一般人的"常识"。在日常语言的用法中,"客观"总是意味着正确、公平、理性、科学;而"主观"则与之相反,意味着谬误、自私、任性、迷信等贬义。这个神话得以维持的关键,是上面概括的该神话的第5、6、7三点,即有一种单一的由与世界事物精确地一一对应语词组成的语言,这样的语言表达的就是客观世界。莱布尼茨曾致力于建构这种语言,一部分分析哲学家试图证明可以有这样的语言,但都失败了。因为语言与世界万有不是一一对应的关系;另一方面,我们的世界经验有各种不同的表达方式,不可能只用严格的概念来表达,有时必须用概念以外的方式,如象和隐喻、象征等来

---

① George Lakoff & Mark Johnson, *Metaphors We Live By* (Chicago and London: The University of Chicago Press, 1981), pp.186—188.

表达。

客观主义与主观主义一样,其得以成立的必要条件是主客体截然二分,但从后康德哲学开始的现代哲学的发展早已充分证明,这种二分也只不过是现代性的神话;哲学史研究则从历史的角度证明此二分并非向来如此。世界的无限性决定了世界的多样性,这就是为什么我们不可能用一套概念系统穷尽无限多样的世界。哲学不是对外部世界的客观描述,而是表达我们对世界和我们的世界经验的理解,弄清事物存在的方式,明白我们是谁,决定我们应该如何活在世上。这些大而复杂的问题绝不是仅仅依靠概念能够回答的。

擅长以隐喻写作的尼采甚至将真理归结为只是隐喻:"那么什么是真理? 一大批灵活的隐喻、转喻、拟人化,简而言之,一批通过诗学和修辞学得到加强、转变和装饰的人类关系,被长期使用后,它们对一个民族似乎成了固定的有约束力的准则。"①不仅如此,他还是第一个从存在论上把人定义为一个隐喻的存在者的哲学家。人的存在不是从一个柏拉图式的永恒本质,或笛卡尔式的思维实体中产生,而是从各种竞争的冲动和视角的相互作用中产生。②人的存在,体现在他所创造的种种隐喻中。

如果说,在 19 世纪末,尼采关于隐喻的思想在西方思想界还只是空谷足音的话,那么这个现象从 20 世纪六、七十年代开始得到了根本的转变。经过哲学家、心理学家、认知科学家、人类学家、语言学家、社会学家从各自相关学科多方面的努力,人们对隐喻的看法有了根本的改变。现在人们普遍认为,隐喻是

---

① Nietzsche, *Über Wahrheit und Lüge im aussermoralischen Sinne*, KSA 1 (Müchen: dtv/de Gruyter, 1988), S.880.

② Clive Cazeaux, *Metaphor and Continental Philosophy* (New York: Routledge, 2007), p.104.

人类语言(言说)的基本现象。"因为语言原本就是隐喻性的。……隐喻是将语言与其起源联系在一起的特征。"①隐喻无处不在,不仅在日常语言中,也在各专业语言中。隐喻在许多抽象思维的领域中,在人的情感经验和审美经验中,都占有一个突出地位:

> 隐喻是语言的普遍原理,这通过观察即可表明。在日常流行的话语里,我们讲不了三句就会用隐喻……甚至在已经建立的科学的严格语言中,我们也很难消除和防止它。在半技术化的学科,在美学、政治学、社会学、伦理学、心理学、语言理论等等中,我们经常遇到的主要困难就是去发现我们在使用隐喻和我们的被假定是固定的语词如何正在变换它们的意义。尤其在哲学中,不随时意识到我们和我们的听众可能使用隐喻,我们就无法安全行事;虽然我们可以自称避免了它们,但我们只有通过发现它们才能这么做。越是这样,哲学就越艰难与抽象。它变得越抽象,我们就愈益用我们声称我们并**不**依赖它们的隐喻来思维。我们要避免的隐喻与我们接受的隐喻一样控制着我们的思想。②

瑞恰慈的这个观察表明了隐喻对于一切科学研究,尤其是哲学的基本意义。从亚里士多德以来的西方哲学的主流传统向来认为哲学是用概念来进行判断与思维的事情,同时,隐喻绝对

---

① Jacques Derrida, *The Derrida Reader*, ed. by Julian Wolfreys(Edinburgh: Edinburgh University Press, 1998), p.89.

② I. A. Richards, *The Philosophy of Rhetoric*(New York: Oxford University Press, 1965), p.92.

应该排除在哲学之外,概念化程度越高,就越是哲学;反之则哲学的资格不太够。即便像黑格尔这样的伟大人物,在隐喻问题上也不能免俗,他虽然注意到他所敬仰的那些古希腊思想家,像柏拉图和亚里士多德,修昔底德和德谟斯特尼斯,荷马和索福克勒斯,都用过隐喻,但他们还是坚持用本义词(eigentlichen Ausdrücken),因为"隐喻总不免是一种思路的间断和不断涣散,因为它唤起与题旨和意义无直接关系的意象,错杂安放,从而跳开题旨和意义"①。在绝对精神的三种表现形式中,哲学之所以高过艺术和宗教,就是因为它的概念化程度最高。但近半个世纪以来,西方文化的这个传统正在动摇。

这个传统动摇的原因是多方面的,但其中一个最重要的原因是西方人对哲学的认识更加全面深入了。千百年来,西方人总认为哲学是纯粹精神的事业,纯粹理性的事业。与此相应,哲学的主体只能是笛卡尔意义上那个思维主体或思维的我,这个思维的我实际上就是与真实世界隔开的纯粹思维。加上亚里士多德"人是思维的动物"的经典定义,使得人们很长时间里将人置于自然之外来考虑。尼采首先揭示了这种思路之误:"当人们谈论人性时,基本的想法是,这是一个把人与自然**分离**和区别的东西。但实际上没有这样的分离:'自然的'特性与被称为真正'人的'东西是不可分隔地生长在一起的。"②如果哲学是人之为人的本质特征,如果哲学真是人的一种"生活方式",那么哲学就不能仅限于理性,而应该基于人的全面的人性和他与世界的全方位互动。

正是基于这种对哲学的新认识,身体作为哲学的一个基本

---

① Hegel, *Vorlessung über die Ästhetik I*, Werk 13(Frankfurt am Main: Suhrkamp, 1992), S.523.

② Nietzsche, *Homer's Wettkampf*, KAS 1, S.783.

概念进入了人们的视野,拓宽和加深了人们对于哲学的理解。人并不是、并且可能主要不是用纯粹理性来接触世界和认识世界,而是用他的全幅人性存在于世,身体是他与世界全方位存在关系的真实体现,因此,它应该构成哲学的起点。这也是梅洛-庞蒂身体概念的基本预设。梅洛-庞蒂的"身体"是一个哲学概念,而不是纯粹生物学意义的躯体或肉身。

梅洛-庞蒂一反西方哲学的一个基本传统——人与世界的关系首先是意识与世界的关系(主客体关系是这个传统的现代版本),而主张人与世界的关系首先是人与世界的相互嵌入关系,这种人与世界的相互嵌入首先体现为我们身体对世界的附着性:"我的有机体,作为前个人对世界的一般形式的附着,作为一个匿名和一般实存,在我个人生命下面起着一个天生的复合体的作用。"[1]我们是在这个前个人的实存层面上存在于世。这个前个人的实存层面就是身体:"我个人的实存必定是一个前个人传统的继续。因此,在我下面有另一个主体,在我在此之前一个世界已为它存在,它标出我在世界的位置。这个我们无权选择或自然的精神就是身体。"[2]可见梅洛-庞蒂的"身体"并不是一个物质事物或意识的载体,为了防止人们误解,他特意称之为"精神"。但这不是近代认识论中与意识或理性几乎同义的"精神",而是以我们的生存形式出现的世界的解释者。身体既是自然的,又是文化的,它的活动(我们在世的存在或我们在世的生活)既受世界的影响,接受世界事物,同时又是对世界的意义和结构的理解与解释。我们存在于世,因为我们用我们的身体感知世界。我们生活在世界中,"为了知觉各种事物,我们必须亲

---

① Meleau-Pondy, *Phenomenology of Perception*, trans. by Colins Smith(London & New York: Routledge, 2002), p.97.

② Ibid., p.296.

历它们。"①梅洛-庞蒂的身体概念克服了传统"物理的"和"精神的"对立,身体不是实在论者眼中的"客观"物体:

> 眼睛不是精神,它是一个物质器官。它如何能"考虑"无论什么样的事呢? 只有当我们在客观身体外还引入现象身体时,只有当我们把客观身体变成一个认识的身体时,简言之,只有我们用实存,或通过身体在世存在来代替作为知觉主体的意识时,眼睛才能这么做。②

身体虽然不是意识,但同样能像意识一样,并且先于意识感知和理解世界。就此而言,它就是海德格尔讲的"在世存在",是一种对世界和存在意义理解与解释的动态结构。但与海德格尔的此在(在世存在)纯粹是一种存在论理解的结构不同,身体有其实存的一面,现象的身体也是身体,而不是纯粹的结构。其次,身体的知觉本身是根据世界自身的种种质地和可能性揭示世界的活动。这个活动既不是单方面的主体知觉世界的活动,或世界影响主体的运动,而是一个天人合一的事件:

> 感觉者和被感觉者并不处在像两个彼此外在的项那样的关系中,而感觉也不是可感者对感觉者的侵入。我的目光朝向颜色,我手的运动朝向客体的形状,或不如说我的目光与颜色结成对子,我的手与软硬结成对子,在这种感觉的主体与可感觉者间的交易中不能说一个能动,另一个受动,或一个给予另一个意义。……当我端详天空的蓝色时,我

---

① Meleau-Pondy, *Phenomenology of Perception*, trans. by Colins Smith(London & New York: Routledge, 2002), p.379.

② Ibid., p.360, n22.

并不是一个**面对**它的无世界的主体;我并不在思想中拥有
它,或朝它展开可以揭示它的秘密的观念。它"在我中思考
它自己",我就是那个自成一体、统一的、开始为自己存在的
天空,我的意思充满了这无垠的蓝色。①

康德把沟通感性与知性者叫作"图式"(Schema);梅洛-庞蒂则把
世界通过人的身体的原始揭示称为身体图式(*schéma corporel*)。
康德的图式是主体形成知识判断的认识论机制,而梅洛-庞蒂的
身体图式则是人与世界原始统一自身展示的机制。身体图式表
明,世界自身的展示与身体对它的解释是一回事。

梅洛-庞蒂的这些思想,构成了对西方哲学的传统和对西
方对哲学本身的理解的严重挑战。这一挑战得到了最近几十
年方兴未艾的认知科学的有力呼应与支持。根据美国语言学
家莱考夫和哲学家约翰逊的概括,认知科学主要有如下三大发
现:(1)心智天生的身体的体现。(2)思维多半是无意识的。
(3)抽象概念大多是隐喻性的。②这三大发现使得西方传统的"理
性"概念不再站得住脚。两千年来,西方哲学的一个基本特征就
是理性至上,因为理性不仅包括我们的逻辑推理能力,而且包括
进行研究和解决问题的能力,还包括评价、批判和仔细考量我们
应该如何行动的能力。也因此,西方人长期以来把人理解为"理
性"的动物。传统理性概念的彻底改变意味着对人本身的理解
的彻底改变。此事非同小可。

莱考夫和约翰逊基于认知科学的经验研究提出了如下六条

---

① Meleau-Pondy, *Phenomenology of Perception*, trans. by Colins Smith(London &
New York: Routledge, 2002), pp.248—249.

② George Lakoff and Mark Johnson, *Philosophy in the Flesh*: *The Embodied Mind
and Its Challenge to Western Thought*(New York: Basic Books, 1999), p.3.

对理性的重新理解：

1. 理性并不像传统多半认为的那样，是脱离身体的，而是从我们的大脑、身体和身体经验的本质中产生的。这并不是无伤大雅地主张一个显而易见的事实：我们需要有身体去推理；而是石破天惊地声称理性本身的结构来自身体活动的种种细节。允许我们知觉和到处活动的神经和认知机制也创造了我们的概念系统与理性模式。因此，要理解理性，我们必须理解我们的视觉系统、运动系统以及神经联结的一般机制的种种细节。理性关键地由我们人类身体的种种特性、大脑神经结构值得注意的种种细节、我们在世上日常活动的详情形成。

2. 理性是进化的，抽象理性建立在"低等"动物的感知推理和运动推理诸形式上，并利用这些形式。结果就是一种理性达尔文主义：理性即使在它最抽象的形式上也是利用，而不是超越了我们的动物天性。理性是进化的这个发现彻底改变了我们与其他动物的关系，改变了我们惟有人是理性的思想。因此理性不是一个将我们与其他动物分开的本质，而是将我们置于与它们的连续体上。

3. 理性不是在超越的意义上是"普遍的"，即它不是宇宙的一部分。但它是普遍的，即它是所有人类普遍共有的一种能力。使它为人类共享的是我们心智身体活动的方式的种种共性。

4. 理性不完全是有意识的，而是大多是无意识的。

5. 理性并非是纯粹字面意思的，而主要是隐喻性和想象的。

6. 理性并非不带感情，而是有情感参与的。①

对于多数中国人来说，当然对一般西方人也一样，莱考夫和约翰逊的这六条对理性的新理解听上去像是"非常可怪之论"，

---

① George Lakoff and Mark Johnson, *Philosophy in the Flesh*: *The Embodied Mind and Its Challenge to Western Thought*(New York: Basic Books, 1999), p.4.

但却是建立在认知科学和神经心理学大量的经验研究基础上，有坚强的证据和证明。这当然不是说他们的观点就是不刊之论，但至少有相当部分是有道理的，是值得注意和重视的。其实，整个现代科学，不仅仅是认知科学，其他科学如人类学，尤其是文化人类学、现代心理学、医学和脑科学、行为科学等等，都对传统的理性观和人对自我的认识提出了严重的质疑与挑战。

莱考夫和约翰逊主要关心的是认知科学的成果使得有必要重新认识哲学和构建哲学。传统西方哲学向来认为，哲学是理性的事业，只能通过理性以及理性建立的概念系统来进行。如果认知科学通过它的经验研究证明我们的理性是由身体形成的，理性最初其实是我们无法直接触及的认知无意识以及我们大多意识不到(认知无意识)的隐喻性思想①，那么我们对哲学本身的理解与认识也必须改变。

莱考夫是国际知名的语言学家，约翰逊是美国著名的哲学家，他们两人的合作起因于两位著名美国哲学家戴维森和塞尔各自在 1978 年的关于隐喻的论文《何谓隐喻》和《隐喻》。②戴维森在论文中提出隐喻没有意义；而塞尔则认为我们可以运用语义学和语用学的原则，使隐喻性句子具有直陈义。在莱考夫和约翰逊看来，戴维森和塞尔这两位分析哲学大家关于隐喻的观点，恰恰证明了在西方哲学乃至西方文化中长期轻视、忽略隐喻的传统。在他们看来：

> 对人类的概念化和推理的经验研究已经揭示，概念性

---

① George Lakoff and Mark Johnson, *Philosophy in the Flesh*: *The Embodied Mind and Its Challenge to Western Thought*(New York: Basic Books, 1999), p.7.

　② John R. Searle, "Metaphor", *Metaphor and Thought*, pp.83—111.

隐喻处于我们抽象思维的核心。人是隐喻的动物——我们的概念系统的大部分是由隐喻系统结构的,而这些隐喻系统大多自动地在我们自觉意识层面下运作。结果,即使我们很少意识到这点,但在我们通过身体与我们的环境的遭遇中产生的隐喻,那些我们从我们的文化中传承下来的隐喻,形成了我们之所思与我们的思维方式。没有隐喻,我们便无法有适当的方式来表达我们的哲学、伦理学、政治或宗教的观念。简言之,我们对文化的理解大都是由隐喻来界定的。①

基于这个基本认识,他们两人于 1979 年合作出版了第一部著作《我们赖以生存的隐喻》,②主要是阐明我们日常思维与行动所用的概念系统,在其性质上基本是隐喻性的。我们的思维方式,我们经验的东西,我们每天的所作所为,基本上是一件隐喻的事。③没有专门谈论人本质的隐喻性对哲学的影响。但《肉身哲学》就不一样了,此书从人类存在与思维基本的隐喻性来重新审视西方哲学。

在《肉身哲学》中,莱考夫与约翰逊总结西方传统隐喻理论如下五条主要原则:(1)隐喻是语词的问题,不是思想的问题。一个词未被用于其正常所指事物而指别的东西时,隐喻就出现了。(2)隐喻性语言不是日常常规的语言的一部分。它是别出心裁的,典型地出现在诗歌、为了说服的修辞努力和科学发现

① 马克·约翰逊:《我们赖以生存的譬喻》中文版序,周世箴译注,联经出版事业股份有限公司 2006 年版,第 11 页,译文为笔者所译。
② George Lakoff and Mark Johnson, *Metaphors We Live By* (Chicago & London: The University of Chicago Press, 1980)。除了上引台湾联经出版的中译本外,浙江大学出版社 2015 年出版过何文忠翻译的此书中译本《我们赖以生存的隐喻》。
③ Cf. George Lakoff and Mark Johnson, *Metaphors We Live By*, p.3.

中。(3)隐喻性语言是不正常的。在隐喻中,语言不是在它们正确的意义上使用的。(4)在普通的日常语言中,传统的隐喻表达都是"死喻",即一度是隐喻性的表达现在被凝固为字面意义的表达。(5)隐喻表达相似性。即在语词正常所指物与它们被用作隐喻时所指者之间早就存在相似处。①

但莱考夫与约翰逊很容易就指出这五条原则都是站不住脚的。拿第一条原则来说,如果隐喻仅是语词问题,那么不同的语言表达就应该是一个不同的隐喻。那么 Our relationship has hit a dead-end street(我们的关系陷入了死胡同)就应该与 Our relationship is spinning its wheels(我们的关系原地打转)完全不同;而它们又应该与 We are going in different Directions(我们将分道扬镳)和 Our relationship is at a crossroads(我们的关系处在十字路口)等等完全不同,毫不相干。但实际上它们是一个单一的概念性隐喻 Love is a journey(爱情即旅行)的不同例子而已。这说明隐喻主要是思想问题,而不仅是语词问题。隐喻并非如亚里士多德以为的那样,只是出现在诗歌与修辞学中,日常语言中充满隐喻,如 This relationship isn't going anywhere(这一关系不会有任何进展)或 We're at a crossroads in our relationship(我们的关系处于十字路口)都是日常生活中经常有的说法,不是什么诗学或修辞学的专门用语。这说明第二条原则也是错误的。第三,隐喻思维是正常思维,并非异常思维,如"我们的关系处于十字路口"就不是什么异常表达。第四,"我们的关系处在十字路口"中的"十字路口"有时被误认是"死喻",但它不是,而是非常鲜活的,具有认知的真实性。这两位美国学者不否认存在着"死喻",如英语中"pedigree"(家谱)这个词,它来自

---

① George Lakoff and Mark Johnson, *Philosophy in the Flesh*: *The Embodied Mind and Its Challenge to Western Thought*, p.119.

法语 *ped de gris*,意即"松鸡的爪子"。作为一个基于意象的隐喻,其中松鸡爪子的意象映射到家谱树形图上,两者有相同的一般形式。家谱树形图随后就被称作 *ped de gris*,后来拼写成了 pedigree。如今,从松鸡爪子到家谱树形图的意象映射作为英美现有的概念系统的一部分已不存在。英语说话者也不再把松鸡爪子叫作 *ped de gris*。原先以松鸡爪子映射家谱的隐喻即已死亡。但"十字路口"显然不是如此。它仍然在各种场合被人有意无意地使用。最后,用相似性理解与解释隐喻是最流行也最容易被人接受的做法。莱考夫和约翰逊分四个方面对它进行了反驳。首先,在许多隐喻的例子中根本没有早已存在的相似性,如"爱情即旅行"中"爱情"与"旅行"即如此。其次,隐喻并不仅仅表达相似性。例如 I see what you mean(我明白你的意思)中,视觉来源域和知识目标域都包含"认知",但例句并没有表达来源域与目标域之间的相似性。再次,相似性是一个对称性概念。如果隐喻表达的是相似性,那么就应该具有对称性,但事实却不然,"旅行"可以用来描写"爱情"的特征,反之则不然。最后,假定隐喻必须表达早已存在的相似性,那么隐喻"婚姻如买卖伙伴关系"就会表达一个先已存在的平等关系。但隐喻"婚姻如父母-子女关系"也存在,它表示的是非平等关系,如果该隐喻表达的是先已存在的相似性,那么婚姻必须是固有的不平等关系。但婚姻关系不可能既是固有平等的,又是固有不平等的。既然存在两种隐喻,那么相似性理论就是自相矛盾的。①

　　传统隐喻理论之所以长期未被质疑(其实不难质疑),是因为它与常识理论的两个教条密切有关,这两个教条是:(1)所有概念必须是字面意义的,所有概念必须命名客观存在的事物和

---

　　① Cf. George Lakoff and Mark Johnson, *Philosophy in the Flesh：The Embodied Mind and Its Challenge to Western Thought*, pp.123—127.

客观存在的范畴。(2)相似性必须由世界上客观真实存在的共有性质来界定。①这两个教条根深蒂固,符合这两个教条的传统隐喻理论也就无人怀疑。这又造成了西方哲学传统的自我理解,即哲学使用精准的(与事物对应一致的)概念来探索真理和表达真理,难以动摇。但是,莱考夫和约翰逊不仅批驳了西方传统的隐喻观,而且根据他们自己的隐喻理论和认知科学的最新成果,对西方哲学的基本概念——时间、事件与原因、心智、自我、道德和西方哲学的主要代表——前苏格拉底哲学、柏拉图和亚里士多德、笛卡尔哲学、康德的道德哲学、分析哲学、乔姆斯基哲学和认知语言学、理性行为理论等进行了纵横两个方向上的批判考察,令人信服地论证了:一方面,隐喻是概念性的,他们又将其称为"概念性隐喻"(conceptual metaphors);另一方面,日常思想主要是隐喻性的,这样,系于传统隐喻理论的实在观、真理观、语言观、知识观和道德观就必须加以重新审视。它要求我们质疑许多基本的常识世界观和阐述这些世界观的哲学理论。②

三、原　　象

中国现代的哲学研究是在西方哲学的强大影响下展开的,由于人们对西方哲学本身的特殊性缺乏认识,而往往将它等同为普世哲学,尤其在对哲学本身的理解,对哲学方式的认同,以及哲学概念的使用上,更是如此。这也反过来影响了我们对中国传统哲学的理解和研究中国哲学的方式。因为自觉或不自觉地将西方哲学认为是普世哲学,或哲学的唯一方式,才有中国哲

---

① Cf. George Lakoff and Mark Johnson, *Philosophy in the Flesh*: *The Embodied Mind and Its Challenge to Western Thought*, p.121.

　　② Ibid., p.118.

学合法性问题的讨论。也因为将西方哲学的自我理解和研究方式视为哲学的唯一方式，所以才会有人公开声称只有英美分析哲学才是真正的哲学，哲学就是逻辑推理加概念分析。在一些自己不太懂逻辑与分析的人眼里，逻辑与分析几乎成了哲学的唯一方法。这也就解释了为什么我们对传统中国哲学的研究不是思想史的研究就是史料研究，或者以比附西方哲学来"重建"或"重新解释"中国哲学，却很少有对中国哲学本身特点、做法、精神、深度的研究。

我们对西方哲学的接受本身不是问题，人类文化的相互影响是地球文明的常态。但我们对西方哲学的接受从一开始就是采取顶礼膜拜、奉若神明的态度，抱亦步亦趋的学徒心态，而不是持平等的学者立场和批判的哲学态度。再加上我们将西方哲学视为哲学的唯一典范，就容易对它的种种偏见与局限乃至错误，缺乏应有的自觉。毋庸讳言，在现代性思潮的影响下，许多西方哲学与文化的偏见被我们当作真理接受，并且深信不疑，成为我们自己哲学研究的基本立场，如上述西方传统的理性观和隐喻观。这些偏见使我们完全无法看清中国哲学固有的特点。

如前所述，西方人对理性、对哲学乃至对人的本质的理解，与他们对语言用法的理解，即本义（字面义）与隐喻的二分对立有关。本质与现象、可感与可知、能指与所指、感性与理性、象征与被象征者，所有这些西方思想传统中的基本二分都与本义与隐喻的二分有关。如果在中国的思想传统中从一开始就没有这样的二分对立，那么会怎么样？当我们的学者把《周易》视为象征哲学①，把"象"理解为象征时，实际已经接受了上述西方思想

---

① 见张善文编著：《周易辞典》，上海古籍出版社 1995 年版，第 737 页；张岱年主编：《中国哲学大辞典》，上海辞书出版社 2014 年版，第 62 页；朱伯崑主编：《周易通释》，昆仑出版社 2004 年版，第 15 页。

的基本二分。

"象征"是一个来自日语的现代汉语词汇,日本人最先用"象征"这两个汉字来译英文的 symbol。①象征是用一事物代表另一事物,尤其是用物质事物来代表一个抽象事物,用比较简单显白的表达来说明复杂的事情,就此而言,它与隐喻有值得注意的相似之处。②但隐喻是一种语言表达的方式,而象征则不限于语言,而是有许多非语言的方式。但是,象征的形式无论多么多样与不同,都有其核心的语义学特征,正是这些语义学特征使得我们可以将任何一种形式的象征与语言联系在一起,从而确保象征的统一。"实际上,象征只有首先在言说中产生,才能对思想产生。"③"隐喻可以是一个精简压缩的象征;象征可以是一个扩大和复杂的隐喻。"④象征比隐喻更复杂在于它有语义和非语义两个向度,是一个二维结构,而隐喻只是它的层面。⑤所以利科在《解释理论》中就根据隐喻理论来处理象征的复杂性,他认为隐喻中本义与隐喻比喻义之间的关系乃是理解象征问题的一个合适的指导原则。⑥可见构成象征核心的语义学特征的还是西方传统本义与隐喻义的截然二分。

哲学概念从来就不是一个单纯的符号,当我们接受了"象征"的概念时,我们也就不自觉地接受它所蕴含的这个语义学二分。当我们把《周易》中的象理解为象征时,总觉得它应该有个

---

① 参看冯天瑜:《新语探源——中西日文化互动与近代汉字术语生成》,商务印书馆 2004 年版,第 497—499 页。

② "隐喻是以具体事物的特点描绘抽象性质……"(保罗·利科:《活的隐喻》,第 44 页)

③ Paul Ricoeur, *Interpretation Theory* (Fort Worth: The Texas Christian University Press, 1976), p.55.

④ Paul Avis, *God and the Creative Imagination* (London & New York: Routledge, 1999), p.93.

⑤ Cf. Paul Ricoeur, *Interpretation Theory*, p.69.

⑥ Ibid., p.54.

本义,即确切象征之物,可事实上却根本不是这样,即便八卦每一个也绝不只有一个象征意义(如果把它们理解为象征的话),如坤卦的象征义有六个之多(土、马、母、众、顺、帛),且它们之间也没有什么关系。如果说象是用来指称现象的话,那也牵强之极,坎指称水(如果说卦象指称现象的话),水是事物,不是现象。总之,将卦象或象理解为象征,必然无法真正读懂《易经》,而只能是牵强附会,或随心所欲,而中国人特有的哲学创造,却是看不到了。此外,如果把《周易》中的象理解为象征,即便再细分为三——卦爻象、八卦象征的事物,以及卦爻辞中所说的具体事物,也一样无法让人觉得这是一个特有的哲学概念,具有重要的哲学意义。

但作为中国哲学基本概念的"象",狭义的《周易》之象,不是象征。象征本身是手段,为的是彰显它所要象征者,就此而言,象征本身是什么并不重要,不是唯一的,可以有许多不同的象征象征同一事物。例如人们固然可以用国旗来象征国家,也可以用国歌来象征国家;可以用王冠,也可以用印绶来象征王权。但被象征者却一定是确定的,不能模棱两可,多种多样。象征可以是任意的,但被象征者却不能是任意的。《左传·昭公二年》记载韩宣子适鲁,"见《易象》与《鲁春秋》"。可见象乃《易经》的基本构成与主题。"易者象也"的宣示,[1]也表明了这一点。象绝非是任意的象征,乾、坤、震、巽、坎、离、艮、兑交错并列,乃天、地、雷、风、水、火、山、泽之法象。[2]《周易》的卦象系统严谨而有章法,彼此不能有任何混淆,更不能随意增减,也说明象根本不是一般的象征。象是道与理的渊薮:"象,阴阳奇偶之画,道之所自出,

---

① 《周易·系辞下》。
② 王夫之:《周易内传》,第182页。

则《易》之大指不逾于此也。"①"象者,理之所自著也。故卦也,爻也,变也,辞也,皆象之所生也,非象则无以见《易》。"②象是《易》的主体与主题,"易辞皆由象生"③,"《易》之全体在象"④。

因此,象绝不是什么象征,把象理解为象征,说明对《周易》的哲学本质缺乏足够的理解。《易》之象归根结底是道之象,"天下无象外之道"⑤,象不是道的外表现象,而就是道本身,"象外无道"⑥。象是世界的理序,是意义的渊薮,是事物的可理解性:

> 今夫象,玄黄纯杂,因以得文;长短纵横,因以得度;坚脆动止,因以得质;大小同异,因得以情;日月星辰,因以得明;坟埴垆壤,因以得产;草本华实,因以得财;风雨散润,因以得节。其于耳启窍以得聪,目含珠以得明,其致一也。象不胜多,而一之于《易》。《易》聚象于奇偶,而散之于参伍错综之往来,相与开合,相与源流。开合有情,源流有理。故吉凶悔吝,舍象无所征。⑦

船山这段话,把象存在论上的意义和它在《周易》体系中的生成原理,说得极为透彻。象是世界之理之序,但又不是西方哲学讲的抽象的"原理",而是"道体之将形而未显者也"⑧。实斋此言,道尽象之抽象与具象之间的特征。清儒惠栋则说:象是"象天制

① 王夫之:《周易内传》,第179页。
② 同上书,第186页。
③ 尚秉和:《周易尚氏学》,中华书局1986年版,第5页。
④ 王夫之:《周易内传》,第187页。
⑤ 同上书,第363页。
⑥ 同上。
⑦ 同上。
⑧ 章学诚:《文史通义·易教下》,《文史通义新编新注》,仓修良编注,浙江古籍出版社2005年版,第16页。

作"①。这是说,人通过象理解宇宙万有本身的意义和秩序,象是宇宙之象,是"在天成象",而非主观想象之象。

在王弼之前,几乎没有人把象理解为纯粹表达意义的外在手段。《系辞》说"圣人设卦观象,系辞焉而明吉凶"②。很显然,象是圣人设卦的目的,而不是设卦的手段。王弼扫象,是将象视为可有可无的纯粹手段,固然是由于"汉儒泥象,多取附会"③。但他矫枉过正,扫象言理,所失亦不小。圣人设象言理,是将象作为一种特殊的哲学方法论,而不仅仅是单纯表义手段,而是为了通达复杂的、不可直观之道,具体而言,是要"以通神明之德,以类万物之情",而非普通的日常经验和实在事物。《易》,或中国哲学原初的形上目的,决定了它不能不发明和运用象作为哲学的基本方法。

《易》从其起源上说,固然是卜筮之书,但即便是卜筮,目的也未必都是个人的吉凶祸福,也可以是要通天下之志,定天下之业,断天下之疑。关键是古人从一开始就认为卦象一体:"八卦成列,象在其中矣。"④古人从未将八卦看作是没有意义的线条组合或纯粹符号;相反,他们从一开始就把八卦视为万物之象,"只是画卦便是象也"⑤。卦象即万物可能性之意义和事物变通之理:"但初有三画,虽有万物之象,于万物变通之理,犹有未尽,故更重之而有六画,备万物之形象,穷天下之能事,故六画成卦也。"⑥这是孔颖达对卦爻之生成意义的解释,于此也可见《周易》系统的"象"与"形象"根本不是,也不可能是现代人理解的具体

①　惠栋:《周易述》上册,中华书局 2010 年版,第 313 页。
②　《周易·系辞上》。
③　王夫之:《周易外传》,第 363 页。
④　《周易·系辞下》。
⑤　朱熹:《朱子语类》卷七十五,第 2544 页。
⑥　孔颖达:《周易正义》卷第一。

感性事物的外表形象。①要正确理解《周易》系统的"象"与"形象"究竟何指,我们首先得对《周易》的内容有正确的了解。

宋儒对《易》之哲理精义,有极深的见地。小程子在其所著《易序》劈头就说:"《易》之为书,卦爻象象之义备,而天地万物之情见。……至哉《易》乎!其道至大而无不包,其用至神而无不存。"②小程子离象谈易,固然为后世易学家诟病,但他对《易》的哲学意义的揭示,仍是精当的。《易》以宇宙万有(大全)而非一事一物为内容,从哲学上说,易本身是无限,《易》之内容当然也是无限。故"象"者,示事理意义之方向者也:"理无形也,故假象以显义。"③与西方哲学中的概念不同,象不是静态地指定事物某个或某些规定和定义,而是在一个无限动态的系统中随时变化,然"时固未始有一,而卦亦未始有定象;事固未始有穷,而爻亦未始有定位。以一时而索卦,则拘于无变,非《易》也。以一事明爻,则窒而不通,非《易》也"④。象本身要与时而变,则它之所指,当然也要随时而变,顺时展开,决不是僵死的教条。

与西方哲学中的概念相比,象不那么抽象,象乃取象而成:"盖所谓象者,皆是假此众人共晓之物,以形容此事之使人知所取舍而已。"⑤但《周易》取象设象,是"立象以尽意"⑥,与《诗》之比兴不同,"《易》说一个物,非真是一个物,如说龙,非真龙"⑦。"象是事之已形者。"⑧这里的"形",不是指事物外在的形状或形

---

① 元人王申子根据《系辞》"圣人设卦观象"句,认为:"《易》之初也,有象而未有卦,及八卦既设而象寓焉。……盖卦以象而立,象又以卦而见也。"(李光地:《周易折中》下册,第529页)

② 程颐:《易序》,《二程集》下册,第690页。

③ 程颐:《周易程氏传》卷第一,《二程集》下册,第695页。

④ 程颐:《易序》,第690页。

⑤ 朱熹:《朱子语类》卷六十七,第2212页。

⑥ 《周易·系辞上》。

⑦ 朱熹:《朱子语类》卷六十七,第2219页。

⑧ 朱熹:《朱子语类》卷七十五,第2552页。

象,而是指事态之理。"'拟诸其形容。'未便说那水火、风雷之形容。方拟这卦,看是甚形容,始去象那物之宜而名之。一阳在二阴之下,则以象雷;一阴在二阳之下,则象以风。拟是比度之意。"①象比度的是阴阳之形容,而非具体事物的形容。阴阳者,道也。象的目的在道与理,在事物的意义,而不在像什么事物,故决不可拘泥于一事一物。"《易》之卦爻所以该尽天下之理,一爻不止于一事,而天下之理莫不具备,不要拘执着。"②《说卦》这样解说八卦:"乾为首,坤为腹,震为足,巽为股,坎为耳,离为目,艮为手,兑为口。"大多数现代学者都认为这纯属无稽之谈,不值一笑。这是因为他们不懂《周易》文本之象的特征。船山对之却有深刻理解,因而对于上述《说卦》文字有非常到位的诠解:

> 此为取象,本为筮者占身中疾痛而设,然因此而见人之一身,无非乾坤六子之德业所自著,则由此而推之血气营卫、筋骸皮肉之络理,又推之动静语默、周旋进反之威仪,又推之喜怒哀乐、爱恶攻取之秩叙,无非健顺阴阳之所合同以生变化,而乘时居位之得失吉凶,应之不爽。君子观象玩占,而于疾眚之去留、言行动作之善恶,皆可因筮以反躬自省而俟天命。盖人身浑然一天道之合体,而天理流行于其中,神之告之,亦以其诚然之理,非但迹象之粗。③

这就是说,卦象之理可以推之人生乃至世事的方方面面,绝非只象一物,只有一义。朱子早就告诫读《易》者:"而今且只得因象

---

① 朱熹:《朱子语类》卷七十五,第 2544 页。
② 朱熹:《朱子语类》卷六十七,第 2225 页。
③ 王夫之:《周易内传》,第 202 页。

看义。若恁地说，则成穿凿了。"①易学象数派不明此理，胶柱鼓瑟，强作解人，故于《易》之哲理，少有贡献。

象本身形至简而义极丰（按《正义》的说法，六画而备万物之形象，穷天下之能事），因而其本身须经阐释方能致用（体用之"用"，而非运用之"用"）。所以朱熹主张："看《易》要结合传看。"②因为"登爻象于书不能自诏也"③。《易传》就是古人对《易》之义理最初的阐释，《易传》也被后人当作经看，表明人们对易象方法论上的释义学要求有充分的认识。但《周易》传统的释象方法，与海德格尔形式指示的释义学方法是一样的，即它不光是狭义的文本解释的方法，还是以自身的生存经验和历史经验来展开意义之方向。狭义的文本解释只是在语言上理会，但"学者以言上会得者浅，于象上会得者深"④。

孔子本人对象的意义及其释义学的方法论洞若观火，给后世留下了对象进行释义学阐释的典范。试举二例。损卦六三的爻辞为："三人行则损一人，一人行则得其友。"这个爻辞是直接对损卦的卦象进行说明（指示）。损卦为☐，按照胡煦的体卦主爻说理解，此卦内卦乃乾体，外卦乃坤体。但损卦是兑下艮上，兑卦是☱，即一个坤爻取代了乾体的第三爻；艮卦是☶，即一个乾爻取代了上卦坤体的第三爻。"三人行则损一人"指的是下面兑卦的卦象；而"一人行则得其友"显指上面艮卦的卦象。但孔子对此爻的释义却为："天地絪缊，万物化醇。男女构精，万物化生。《易》曰：'三人行则损一人，一人行则得其友。'言致一也。"⑤多（三）不能没有一；一必定有多。天地万物为一体，但此一却一

---

① 朱熹：《朱子语类》卷六十六，第 2204 页。
② 朱熹：《朱子语类》卷六十七，第 2227 页。
③ 王夫之：《周易外传》，第 371 页。
④ 朱熹：《朱子语类》卷六十六，第 2203 页。
⑤ 《周易·系辞下》。

定是包含多之一，一乃多交易错综而成。一从一开始就不是绝对的一，而是由不同的两个要素合二为一。和则生物，同则不继。把"三人行则损一人，一人行则得其友"释为致一之道，夫子岂非得《易》阴阳化生哲学之真传？乾卦九四的爻辞为："或跃在渊，无咎。"此爻辞所示者极简，只是一个毋固毋必的大致方向。孔子对此的释义是："上下无常，非为邪也。进退无恒，非离群也。君子进德修业，欲及时也。"①孔子的阐释清楚地展开和实现了爻辞的真义："上下无常，刚柔相易。不可为典要，唯变所适。"②君子进德修业的根本，顺时而为，不拘一格。这里显然也有夫子自己"可仕则仕，可止则止，可久则久，可速则速"的生存经验。

象当然绝不是只能理解为《周易》系统的卦象之"象"，更是中国哲学特有的表达方式。与《周易》卦象之象相比，后者意义上的"象"是广义的象，包括八卦和五行之象。刘文英将此意义的"象"释为"意象"，而我宁可其称为"象概念"，原因有二。首先是"意象"一词主观意味较浓，但象乃天地万物之法象，"圣人有以见天下之赜，而拟诸其形容，象其物宜，是故谓之象"③。非人凭空虚构，如八卦之象与五行之象，此其一。其次，象也有概念区分事物与规定事物的功能，"在中国哲学思维中，概念的运作离不开意象，意象的运作也离不开概念。……单纯性的意象运作是不存在的"④。中国哲学中名与象又有割不断的联系，在思维过程中以名释象和以象解名都很普遍。有些概念将它理解为象概念（即具概念性质的象）比理解为纯粹概念更好，如天、天

---

① 《周易·文言》。
② 《周易·系辞下》。
③ 《周易·系辞上》。
④ 刘文英：《中国传统哲学的名象交融》，第30页。

命、天志、气、太虚、刚柔、心、物化、环中,等等。当然,象不一定都是象概念,甚至我们可以说主要不是起一般概念的作用,而是起到一般概念根本无法起到的作用,即不是抽象地界定事物,而是源始地揭示事物和展开事物。

我们只有在事物源始揭示与展开的基础上才能进一步界定事物,而非相反。海德格尔揭示的作为 Aletheia 的真理是一切真理理论的基础与前提,就是这个道理。一般人都会根据常识想当然地认为,我们是先有对事物的规定,才有对事物的理解。实际上没有对事物的理解,就没有对事物的规定(定义)。我们对事物的规定与分类之所以不是任意的,是因为我们已经对它们有了明确的理解。而对事物的任何理解,都不能是孤立的,它必须已经在世界中展开,在世界中占有它的位置,我们是在事物在世界的展开中理解事物的。"个别概念不是用某种孤立的方式来规定的,而是根据它们在各种各样自然经验中的作用来规定的。概念不只是根据固有的性质规定的;而是主要根据它们相互作用的性质规定的。"①莱考夫和约翰逊就是根据这个道理主张隐喻先于概念:"我们的抽象概念是由概念性隐喻和转喻规定的。"②转换到中国哲学的语境,象和象概念,应该先于纯概念,而且是纯概念得以起作用的基础。

象概念当然不同于仁、义、礼、智、信这样的纯粹概念,其外延不很明确,所以它不能像纯粹概念那样精确定义。人们之所以直到现在对气这个概念还未能取得一个普遍接受的精确定义,就是因为它不能有这样的"精确定义",必须随不同的语境产

---

① George Lakoff and Mark Johnson, *Metaphors We Live By*, p.125.

② Mark Johnson, "Philosophy Debt to Metaphor", *The Cambridge Handbook of Metaphor and Thought*, ed. by Raymond W. Gibbs, Jr. (New York: Cambridge University Press, 2008), p.44.

生不同的意义。刘文英认为这是中国思想的一个缺点。①这是他接受了本义与引申义二元对立的区分后必然有的思想。在他看来,本义意味着明确,合乎逻辑;而引申义意味着不够精确,不合乎逻辑规范。殊不知汉字构成原理六书就决定象以及隐喻乃是汉语和汉语思想的基本特征。"周官保氏……教之以六书,谓象形、象事、象意、象声、转注、假借。"②象形、象事、象意直接与象有关,而形声、转注、假借则很容易导致隐喻,最终还是与象有关。但象并不就是隐喻,而是与隐喻还有明显的区别。隐喻一般是以一事物喻他事物,但象不一定是事物,可以是事态或某种状态。象是隐喻的扩大与延伸。象不但具有隐喻的功能,而且还兼具类比、托寓(allegory)诸功能,以及有限意义的象征功能。象与象概念主要的功能在于揭示与展开事物的意义,并且使事物的意义成为一个动态系统,而不是静态固定的"定义"。概念关心的是事物的普遍性与同一性,而象却着重事物的特殊性与多样性。纯概念是语言,象不完全是语言。语言有盲点与局限,象却可以突破语言的盲点与局限:"书不尽言,言不尽意,……圣人立象以尽意。"③但象离不开语言,象与语言互补互助:"辞以显象,象以生辞,两者互成。"④

中国哲学以象为思维和表达的主要手段,与上述象的特点有莫大的关系,也与中国哲学的根本追求有关。中国哲学无论儒、道,都以求道为根本目标。道的超越本性注定了道不太容易用寻常的语言来思维与表达;道的无限性与复杂性,又使得有限的语言在传达我们对此超越之道的理解时往往力不从心,儒家

---

①　刘文英:《中国传统哲学的名象交融》,第32页。
②　班固:《汉书·艺文志》。
③　《周易·系辞上》。
④　王夫之:《周易内传》,第180页。

说，"书不尽言，言不尽意"，那还只是看到了个人语言表达的局限；"道可道，非常道"则从根本上揭示了哲学追求的终极目标言说的困难。求道不是追求具体事物的知识，而是构成事物的意义之根本理解。这种理解又是我们日常谈论事物隐蔽的前提，这种对事物存在意义的前理解不能用定义的方式来表达，不能用概念语言，而只能用象来传达和呈现。"不可象者，即在象中。"①中国人从来不将道理解为固定不变的本质，道之为道，恰恰在它"于穆不已"，概念语言及其构成的判断命题难以表达道的永恒运动和发生，难以把握存在意义不断的生成。象不是概念语言，而是一种活的具象结构，它无所不包，无所不表，其组成因素之间的内在关系与张力，使得它为意义的不断生成提供了足够的阐释空间。

必须指出的是，古人并不像西方人把隐喻理解为纯粹主观的表达形式那样，把象理解为人为的表达方式、象的道本身的显现方式。船山对此有极具启发性的论述："天下无象外之道。何也？有外，则相与为两，即甚亲，而亦如父之与子也。无外则相与为一，虽各有异名，而亦若耳目之于聪明也。"②象乃可见之道。对于人的主观言说来说，道乃不可说者。但道本身以象的方式向人言说和显示。

对于古人来说，象首先是事物的客观本有，"万物之体，自然各有形象，圣人设卦以写万物之象"③。此处的"万物"，不能理解为现代意义上的"物质事物"；此处的"形象"，也不能理解为"外部形象"，最好理解为某种理序。"圣人设卦以写万物之象"显然不是圣人依样画葫芦，或用某个符号或象征来模拟事物的外表

---

① 王夫之：《张子正蒙注》，第 2 页。
② 王夫之：《周易外传》，第 363 页。
③ 孔颖达：《周易正义》卷第一。

形象或表象；而是用卦象来指示事物的意义结构。因此，象可以是实象（实有其象），也可以是虚象（现实世界中无此现象），甚至是抽象之象，如阴阳刚柔，虚实错综。总之，"卦备天下之象"①，因为"象之所生，生于义也"②。象的实质，在于示人以意义，它们"皆以义示人，总谓之'象'也"③。所以取象取其义，而非取其外形。

船山有言"盈天下而皆象矣"④。决不是说任何具体事物都是象，而是说一切事物的意义关联结构，如"《诗》之比兴，《书》之政事，《春秋》之名分，礼之仪，乐之律。莫非象也"⑤。船山这说得还有点粗略，后来章学诚就说得仔细了：

> 雎鸠之于好逑，樛木之于贞淑，甚而熊蛇之于男女，象之通于《诗》也。五行之征五事，箕毕之验雨风，甚而傅岩之入梦赉，象之通于《书》也。古官之纪云鸟，《周官》之法天地四时，以至龙翟章衣，熊虎志射，象之通于《礼》也。歌协阴阳，舞分文武，以至磬念封疆，鼓思将帅，象之通于《乐》也。笔削不废灾异，左氏遂广妖祥，象之通于《春秋》也。⑥

之所以能如此，是因为"《易》与天地准，故能弥纶天地之道"⑦。

尽管如此，象既不像西方哲学说的原理那样抽象，又不像原理那么确定，无论它是天地自然之象还是人心营构之象，它是一

---

① 王夫之：《周易内传》，第 169 页。
② 王弼：《周易注》，《王弼集校释》上册，第 215 页。
③ 孔颖达：《周易正义》卷第一。
④ 王夫之：《周易外传》，第 363 页。
⑤ 同上。
⑥ 章学诚：《文史通义·易教下》，第 16 页。
⑦ 同上。

种显示，"见乃为之象"①，"万事万物，当其自静而动，行迹未彰而象见矣。故道不可见，人求道而恍若有见者，皆其象也"②。象不是原理，而是天理的显现。但象不排除人为之象。"有天地自然之象，有人心营构之象。"但"心之营构，则情之变易为之也。情之变易，感于人世之结构而乘于阴阳倚伏为之也。是则人心营构之象，亦出天地自然之象也"③。章学诚的这番话，很好地阐明了天地自然之象与人心营构之象的关系。从根本上说，人心营构之象与天地自然之象没有根本的不同，它们统一于象的存在论性质。

王弼之所以主张得意忘象，乃是因为他认为象是纯粹表意的手段，而不知象本身具有存在论意义："夫象者，出意者也。言者，明象者也。……象生于意，故可寻象以观意。意以象尽，象以言著。故言者所以明象，得象而忘言；象者，所以存意，得意而忘象。"④这里需要注意的是，虽然"象生于意"，但象与意没有内在必然的关系，它只是由于表意需要才产生，就像筌为捕鱼而产生，都只是为达一个目的的手段，目的一旦达到，手段可以废弃。得意而忘象，犹得鱼而忘筌："象者，意之筌也。"⑤正因为如此，象与意义的关系并不一定，只要触类合义就行："是故触类可为其象，合义可为其征。"⑥只要合于所象之意义，象可以是多样的。但问题是如何决定是否触类与合义？意义与表意之象如果像鱼和筌一样，原则上是完全不同和分开存在的，那么无象意在何处？同样，如果"象以言著"，也就是语言是象的载体，如何能得象

---

① 《周易·系辞上》。
② 章学诚：《文史通义·易教下》，第16页。
③ 同上。
④ 王弼：《周易略例·明象》，《王弼集校释》下册，第609页。
⑤ 同上。
⑥ 同上。

忘言？王弼理论的困难在于他实际上将象只是理解为人心营构之象，而非天地自然之象。象在他那里根本没有存在论的地位。

四、象：中国哲学的本质特征

《易》及其象的概念开辟了中国哲学特有的象思维、象知和象方法论的传统。在一定程度上，我们可以说中国传统哲学的话语都具有象的特征，不仅《周易》和易学传统，而且整个中国哲学的表达方式，都有明显的以象立言的特征，这与以亚里士多德和康德哲学为典型的西方哲学的言说方式有明显的不同。西方哲学著作一般是以概念为要素，严格遵照逻辑原理形成一般陈述与判断。再以逻辑原理为经络将陈述结构和判断组成一个理论体系。解读哲学文本就是要先明白概念的定义，以及由它们构成或引导的判断的意义。概念的定义必须清晰明确，不能模棱两可，一词多义（当然并非所有哲学家都能做到这一点，例如康德的 Vorstellung 概念就有许多不同的意义）。尼采之所以在很长时间里为西方大学的哲学系所排斥，就是因为他非主流的言说方式。后现代结构哲学家反西方哲学主流传统也正是首先从颠覆上述这种正统哲学话语方式入手。

中国哲学的哲学身份之所以在很长一段时间里被人们怀疑，与中国传统哲学以象为主的话语方式有莫大的关系。如果拿西方哲学著作，尤其是亚里士多德或康德范式的哲学言说方式来衡量，当然会觉得那根本就不是哲学著作。黑格尔虽然承认中国人也曾注意到抽象思想和纯粹范畴，《易经》便是中国抽象哲学思想的基础，[1]但他却丝毫没有注意到"象"这个中国特有

---

[1] Hegel, *Vorlesungen über die Geschichte der Philosophie I*, Werke 18（Frankfurt am Main：Suhrkamp, 1993），S.143.

的哲学表达方式,以至于他在谈到孔子思想时便公然声称："思辨的哲学在他那里一点也找不到。"①的确,如果你把"学而时习之,不亦说乎?"这句话照其字面意义纯粹理解为普通的反问句(作肯定句讲),那黑格尔对孔子思想的判断当然不错,的确不仅谈不上思辨,连一般哲学命题都不能算,是任何普通人都能说的再普通不过的话。

但古代哲学家不会如此天真地去读《论语》。相反,他们深知《论语》乃极为特殊的一个经典哲学文本,有它要求的特殊读法："读《论语》须是别一法在,……《论语》是圣人彻上彻下语,须于此看得下学、上达同中之别,别中之同。"②现代学者一般没想那么多,他们往往是从字面意义上去理解："学习而经常实践,不是很愉快吗?"③"这一章好像研究生入学,导师给他们训话,主要讲学习的快乐。"④这样理解,这句话当然不仅连哲学的边都未沾上,而且"不必具有深意"⑤。

古人完全不是如此简单草率地来读这句话,他们的理解远比现代学者复杂而深刻。以黄式三《论语后案》的"集注"为例:

> 学之为言效也。人性皆善而觉有先后,后觉者必效先觉者之所为,乃可以明善而复其初也。习,鸟数飞也。学之不已,如鸟数飞也。说,喜意也。既学而又时时习之,则所学者熟而心中喜说,其进自不能已矣。程子曰:"习,重习也。时复思绎,浃洽于中,则说也。"又曰:"学者,将以行之

① Hegel, *Vorlesungen über die Geschichte der Philosophie I*, Werke 18(Frankfurt am Main: Suhrkamp, 1993), S.142.
② 王夫之:《读四书大全说》上册,第193页。
③ 李泽厚:《论语今读》,安徽文艺出版社1998年版,第27页。
④ 李零:《丧家狗》,山西人民出版社2007年版,第51页。
⑤ 李泽厚:《论语今读》,安徽文艺出版社1998年版,第27页。

也。时习之,则所学者在我,故说。"①

　　现代学者可能会说这是古人诠释过度,孔子原话没有那么多的意思,他们的解释才更符合孔子的原意。但如果我们把《论语》第一句话不是看作孔子只是告诉学生读书是件开心的事,而是孔子设的一个象,须学生多方面去理解方能悟透的话,那么古人的诠解恰恰让我们看到了孔子哲学的基本核心:人性可善的人性论、知行合一的实践哲学、追求自我不断完善的人生哲学、修身进德的伦理学等等。很显然,将"学而时习之,不亦说乎"看作一象,而不是普通一句只是表示"学习是很愉快的事"的话,才能真正理解夫子这句话的复杂含义。

　　至于《八佾篇》中子夏与孔子关于"绘事后素"的著名问答,更是完全用象来进行。子夏引《诗经·硕人》中的三句问孔子自然不是因为读不懂这三句诗,这三句诗的字面意思即便对于现代读者来说也是不难懂的,子夏显然是将此三句诗设为一象来问孔子,孔子也以象答,孔子用"绘事后素"并非陈述一个事实,而是意欲以此象显明一个哲理,故当子夏答以"礼后乎",孔子赞曰:"起予者商也! 始可以言《诗》已矣。"解象才需要举一反三,举一知十。我们现在对古代哲学经典的解读之所以味同嚼蜡,毫无新意,往往是因为不明中国哲学的这个论说特点。

　　用象来表哲学的思想,是中国哲学的普遍现象。《中庸》第一句"天命之谓性"很显然也是用象作为基本的表达方式。如果照字面意义上去理解,所得几无,更不用说哲学了。按照字面意思去理解,也就是取西方哲学理解文本的路子,先确定关键概念的意义,然后得出句子或命题本身的意义。例如陈柱解"天命之

---

① 黄式三:《论语后案》,凤凰出版社 2008 年版,第 1 页。

为性"便是如此,在他看来此句乃是定义"性"字。"天"字三尺小童都知为何物,须解者只一个"命"字。他不取"命犹令也"的传统诠释,而取《论衡·骨相篇》"命谓初所禀得而生也"之义,把"天命之谓性"解为"天生之自然者谓之性"①。将"天命之谓性"作为普通的陈述句来读,很容易会将此句理解为"天命(天生之自然者)就是性"。劳思光亦取此法,将"天命之谓性"解释为"本有而非人为的,称作'本性'"②。

再来看朱子对此句的解释:"命犹令也。性即理也。天以阴阳五行化生万物,气以成形,而理亦赋焉,犹命令也。于是人物之生,因各得其所赋之理,以为健顺五常之德,所谓性也。"③朱子完全不是将《中庸》首句当作一句简单的陈述句来解释,而是将它作为指示哲理之象来对待,短短几句话,却包含好几个方面的哲理,把中国哲学基本思想的轮廓勾勒出来。这也就是象能做到而一般概念无法做到的。概念的主要功能是规定与区分,所以它本质上是封闭的,而象却相反,原则上是向各个方向开放的,这就是为什么朱子是在阐释,而陈、劳只是注解,并且这种注解把进一步理解的可能性基本都堵死了。后来者要质疑陈、劳之解的唯一方法可能只能是他们对"天命"解错了,也就是只能纠缠于对个别概念的理解,而不能在义理上提出新诠。

象不仅是思想表达的方式,也能构成中国哲学特有的象概念。孟子的"浩然之气"就是一个典型的象概念,现代学者之所以觉得对它很难定义,是因为在西方哲学的影响下,我们只会使用抽象定义的方法。但象概念之所以是象概念,恰恰在于不能使用西方抽象概念定义的方法来定义它。孟子虽然自己也承

---

① 陈柱:《中庸注参》,广西师范大学出版社 2010 年版,第 1 页。
② 劳思光:《大学中庸译注》,香港中文大学出版社 2001 年版,第 41 页。
③ 朱熹:《中庸章句》,《朱子全书》第六册,第 32 页。

认，"浩然之气"很难定义（"难言也"），但他还是说了："其为气也，至大至刚，以直养而无害，则塞于天地之间。"①如果我们硬要把这几句话说成是孟子对浩然之气的定义的话，那么他用的是象，而不是抽象概念来定义。这是他惯用的定义手法："志，气之帅也。气，体之充也。"②他用"气之帅"和"体之充"这两个象来说明"志"和"气"。这似乎还是不能让人确切明了何谓"志"与"气"。但这正是象与概念不同的地方，它需要人们对象之所喻、所涵、所指有多方面的抉发，而非只是给一个简单的定义。这就是为什么象概念不可能有一个满意的、单一的定义。

阳明在谈到"道"这个象概念时告诫弟子说："道无方体，不可执着。却拘滞于文义上求道，远矣。"③他已看到，像"道"这种象概念是不能直接定义，更不能从字义上求的。他自己在处理这种象概念时都不是采取直接定义，而是采取多方面解象的方法："如今人只说天，其实何尝见天？谓日月风雷即天不可；谓人物草木不是天，亦不可。道即是天。"④试问，现代学者采取直接定义的方法，能将"天"这个象概念的复杂多样的含义这样揭示出来吗？"易"之所以能有三义而古人不以为谬，就因为它也是一个象概念。象概念之象的特征突破了纯粹概念的单义性，使得概念的内涵更为丰富与复杂。

中国哲学传统喜欢采用注疏的方法，很大程度上也是为了从多方面解象，与现代学者惯行的注译不可同日而语。例如，赵岐将浩然之气解为"天气"也。古人并不将此解作为"定义"，因为那样的话孟子就不会说"浩然之气""难言也"。古人是把"天

---

① 《孟子·公孙丑上》。
② 《孟子·公孙丑上返》。
③ 王阳明：《传习录上》，《王阳明全集》上册，第21页。
④ 同上。

气"又视为一象,进而探讨此象所寓所涵。董仲舒《春秋繁露·循天之道》直接谈过"天气",但他不会简单地把"天气"规定为"天之气也",而是详细讲解天气的复杂含义:"阳者,天之宽也。阴者,天之急也。中者,天之用也。和者,天之功也。举天地而美于和,是故物生皆贵气而迎养之。"①"浩然之气"原来包含《周易》的阴阳理论与《中庸》的中和哲学,以及气化万物的思想,这是任何概念定义的方法不可能揭示,而只有从《周易》开始的传统注疏解象的方法才能揭示的象概念的丰富内涵。

哲学当然需要概念,但也必须看到,概念的优点也是它的缺陷所在。概念必须明确,意义必须始终如一,不能模棱两可,但这却容易造成思想的片面,无法适应存在本身的不定和思想本身的流动。黑格尔对此洞若观火,他毕生将辩证—思辨方法引进哲学,就是为了让概念动起来,更确切地说,让概念通过自我否定和互为中介,扬弃原本的界限,不断发展和丰富自己。与概念相比,象最大的特点就是其开放性和多样包容性,古人对此早有了解:"《诗》无达诂,《易》无达占,《春秋》无达辞。"②《诗》《易》《春秋》都以象为主要表达方式,古人故有此说。与一般概念相比,象是一个开放、活动的意义结构,它没有一个固定的"本义",而必须通过解象者的努力"活起来"。中国人从来不去追问设象的圣人本意为何,而总是将自己的生存处境和经验投入象中,以激发出源源不断的思想。

象或象概念的好处在于,具有相当的灵活性,可以在多种意义间实现意义的发展与转换。而这恰恰是建立在知性思维基础

---

① 钟肇鹏主编:《春秋繁露校释》下册,第 1034 页

② 董仲舒:《春秋繁露·精华》,《春秋繁露校释》上册,第 181 页。另外,《诗汎历枢》也有类似的表达:"《诗》无达诂,《易》无达言,《春秋》无达辞。"(赵在翰辑《七纬》,上册,第 250 页;《说苑·奉使》引《传》约略有不同,但意思大致相当:"《诗》无通故,《易》无通吉,《春秋》无通义。"见《说苑校证》,中华书局 2000 年版,第 293 页)

上的西方哲学的概念所无法做到的。西方哲学的概念都具有定义明确严格，固定不变的特征。因为一般认为概念是对事物本质特征的规定，它必须严格明确不能变更，这是理性思维的基本要求。但是，事物的本质特征都是相对待的，即在世界这个事物之大全的语境下才能被决定。康德在《纯粹理性批判》中已经明确指出："对一个**物的规定**是服从于一切可能谓词的**全体性**（完备性）或总和的。……为了完全认识一物，我们必须认识一切可能的东西，并由此而不论是肯定性地还是否定性地对它加以规定。"①这就是说，概念的规定性受事物全体（大全）的支配，而大全不是事物的机械总和，而是不断生成变动的世界或存在本身。这就要求，概念自身必须具有发展的机制与可能，才能是真正描述事物特征的概念。黑格尔对西方哲学的伟大贡献就在于，他用他的思辨逻辑颠覆了亚里士多德以来的事物—本质—概念固定不变的思维逻辑，赋予概念自身发展的活力，将个别概念纳入绝对的总体性，从而本身具有某种总体性特征。概念首先是存在的概念，而不是主观思维的概念。

　　如果象和象概念构成了中国传统哲学特有的表达手段和表达方法，那就要求我们不能像读西方哲学的文本那样来读中国哲学的经典，而要充分考虑中国传统哲学的话语特征与表达习惯。否则，倘若按照文本字面意思和现代性的思维习惯来理解中国哲学，不是显得十分可笑，就是显得十分平庸。例如，如果我们严格按照字面意义，将《春秋繁露》的《人副天数篇》作为一个由陈述句和命题组成的文本来读，而不是将它作为一个由象和象概念组成的文本来读的话，自然会觉得"显得是多么的生硬、荒唐、可笑，而与现代科学和现代人的境况相冲突、悖逆甚至

---

① 康德：《纯粹理性批判》，A572-573/B600-601。

格格不入"①。对于善于立象说理的道家哲学,就更是如此了。试想,如果我们把《庄子》作为一个普通的叙述或命题系统,按照字面意义,用概念加命题的方法去解读它将会怎样?《大宗师》形容道:"神鬼神帝,生天生地;在太极之上而不为高,在六极之下而不为深,先天地而不为久,长于上古而不为老。"一个流传很广的注释本即按照字义解释如下(有些解释似还可商):"它产生了鬼神和上帝,产生了天和地;它在太极之上却不算高,在六合之下却不算深。先天地存在却不算久,长于上古却不算老。"②这种理解除了让人觉得是宇宙论思想外,再也不会有更多的启发了。事实上庄子在这里一下子给出了六个象,这六个象告诉我们的远超过现代学者所告诉我们的。现代学者的注释即便不错,也远远没有穷尽庄子深邃的哲学思想。现代学者按照西方哲学的套路对《庄子》的解释,会让人觉得《庄子》不过如此,远比不上柏拉图和亚里士多德,或胡塞尔和海德格尔。

在强调象与象概念是中国传统哲学特有的表达手段和表达方法的同时,必须指出,象也是中国哲学的一个基本概念。象可以是指特有的表达手段与表达方式,也可以指宇宙万有。但是,象不能理解为西方哲学中的"现象"。从柏拉图区分现象与理型开始,在西方哲学中现象一直处于二元论的阴影中。在柏拉图那里,现象随时间空间生灭变化,但它们的本质——理型永恒不变,永远同一。真正的实在不在现象,而在理型,理型才具有真正的实在性。当然,在素朴实在论者看来,可感知的现象与实在本身是一回事,没有区别。但对于批判实在论者来说,情况就不同了。批判实在论者把一切可感知事物看作是意识的状况,它

---

① 余治平:《唯天为大》,商务印书馆 2003 年版,第 104 页。
② 陈鼓应:《庄子今注今译》,第 183 页。

们是通过知觉,在知觉中被给予的,它们并不直接反映在它们后面的实在。但实在还是通过现象出现的方式显现出来。康德把现象看作是经验的对象,是事物在知觉中的"显相"。事物本身独立于人的意识,它们如何产生以及它们与现象的关系,我们是不知道的。现象主义则干脆否认有物自体存在,存在(实在)就是被感知。现象学则将现象之外是否有事物的问题存而不论,但同时将现象概念加以扩大,现在它包括一切能被给予意识者。

中国哲学从一开始就不存在现象/本质的二元分立,所以也就根本没有西方哲学意义上的现象。天地万象的存在论地位是平等的,象后无物。严格说,象不是具体某个事物,"所谓象者即宇宙中之普遍的根本的存在形态"①。所以作为象的天与作为物理对象的天本质上是不同的。当然,天地万物之象与作为它们存在状态的本质表达的象是应该区分的。后者直接来自前者:"古者包牺氏之王天下也,仰则观象于天,俯则观法于地,观鸟兽之文与地之宜,近取诸身,远取诸物,于是始作八卦,以通神明之德,以类万物之情。"②"圣人有以见天下之赜,而拟诸其形容,象其物宜,是故谓之象。"③但是,象可以是人设,也可以"天垂象,见吉凶,圣人象之"④。但天地自然之象与人心营构之象都可以作为我们思考宇宙人生的媒介,就此而言,天地自然之象与人心营构之象并无两样。利科在谈到象征时说,象征是一个二维现象,它有语义的一面和非语义的一面,语义的一面要重新提到非语义的一面。⑤但中国思想中的象不是这样,因为它不是任何意义上与实在对立的符号。

---

① 张岱年:《中国哲学大纲》,第36页。
② 《周易·系辞下》。
③ 《周易·系辞上》。
④ 同上。
⑤ Paul Riceour, *Interpretation Theory*, p.69.

　　象是在事物的意义层面上揭示事物,在世界的意义层面上揭示世界,所以中国古代哲学不会产生实在论哲学才会产生的唯心唯物之争。象不是用来描述和界定具体事物,而是揭示宇宙根本的存在状态:"物之生,器之成,气化之消长,世运之治乱,人事之顺逆,学术、事功之得失,……故圣人画卦而为之名,系之象以拟而象之,皆所以示人应天下之至赜者也。"船山此言说的是狭义的《周易》之象,但未尝不可用来说中国哲学中的"象"这个思想方法和表达方法。象的这个根本目的令人信服地表明了中国哲学的哲学品质和根本追求。这种品质和追求在当今世界的哲学中,已经不多见了。

第六章　中国哲学的几个基本概念

一、阴　　阳

　　中国哲学从一开始就没有走西方哲学知性概念思维的路数，而是走了一条独特的象概念的思维道路。中国哲学奠基性的基本概念，就都有象概念的特点，阴阳概念是一个典型的例子。与五行一样，阴阳概念出现得很早，而且也是很多人只是在一般意义，而非哲学意义上谈论阴阳，也就是没有把它当作哲学概念来使用。作为哲学概念的阴阳，最初集中出现在《周易》中。八卦以乾坤为首，乾坤本是一个典型的象概念，但它又是一个纯粹抽象的概念，很难从它联想、意象、象知什么。所以《周易》一开始就用阴阳的意象来分别说明乾与坤（乾卦纯为阳爻，坤卦纯为阴爻）。"昔者圣人之作《易》也，……观变于阴阳而立卦，发挥于刚柔而生爻，……"①但就爻分阴阳而言，也未尝不可说乾坤乃阴阳的进一步抽象。②《系辞》曰："一阴一阳之谓道。……阴阳不测之谓神。"这是明确表示，中国哲学的基本概念和最高概念——道，是由阴阳组成的，阴阳是它的两个构成要素；但阴阳

---

① 《周易·说卦》。
② "乾坤者，《易》中纯阴纯阳之卦名也。"（陈梦雷：《周易浅述》，第368页）

合称就是道本身。

什么是阴阳？最简单也是最常见的回答是，这是一对从日照的向背而来的范畴①，就像道是从"路"而来一样。但这根本没有回答阴阳为何的问题。首先，阴阳不是一对范畴，而是一个范畴。阳和阴不能单独作为哲学范畴用，在哲学上，它们只是作为构成阴阳这个概念的环节才有意义。朱熹早就表明了阴阳是一个概念："天地间只有一个阴阳。"②"阴阳虽是两个字，然却只是一气之消息。"③所以绝不能将阴阳理解为"一对范畴"。阴阳是一个概念，但有两个开启不同向度、承担不同功能、互补互渗的构成环节。我们可以将阴阳作为一个概念看，但也不应该忽略它结构的二元性："阴阳做一个看亦得，做两个看亦得。做两个看是'分阴分阳，两仪立焉'，做一个看只是一个消长。"④朱子的这段话说的其实就是这个意思。阴和阳不能分开作为单独孤立的东西来说，因为"独阳不生，独阴不成"⑤。

《易经》中本无阴阳之说，是《易传》将阴与阳的概念引进《周易》系统："一阴一阳之谓道。"⑥并将阴阳两概念与乾坤两概念挂钩："乾，阳物也；坤，阴物也。"⑦阴阳本指日照向背，并非抽象的哲学概念，但当古人把它们解释为气时，实际已经把它们变成了哲学概念："天有六气，降生五味，发为五色，征为五声，淫生六疾。六气曰阴、阳、风、雨、晦、明也。分为四时，序为五节，过则为灾。"⑧在《左传》所记医和说的这段话里，"气"显然并不是指知

---

① 参看张岱年主编：《中国哲学大辞典》，第23页。
② 朱熹：《朱子语类》卷七十四，《朱子全书》第十六册，第2502页。
③ 同上书，第2503页。
④ 朱熹：《朱子语类》卷六十五，《朱子全书》第十六册，第2156页。
⑤ 同上书，第2158页。
⑥ 《周易·系辞上》。
⑦ 《周易·系辞下》。

⑧ 《左传·昭公元年》。

觉意义上的气体之气，因为阴、阳、风、雨、晦、明六者中只有风才是现在人们理解的气，其余五者根本都不能说是气，而且这六者彼此之间差异也很大（至少在知觉上），因此，此处之"气"是一个解释性的哲学概念，用来指决定事物正常秩序的元素，这样它们才会"降生五味，发为五色，征为五声，淫生六疾……分为四时，序为五节，过则为灾。"《易经》中还没有作为哲学意义的阴阳概念，是《易传》将被理解为气的阴阳概念引入《周易》系统，使之成为《周易》哲学的主要概念，以至于《庄子》有"《易》以道阴阳"（《天下篇》）的说法。

按照这个说法，阴阳是《易》所要论述的主题。作为哲学著作而不是单纯的卜筮之书的《易》，以揭示宇宙造化为宗旨，但这不等于就是宇宙论。自古以来，就有人从宇宙论（这个术语是近代引进的西方哲学的术语）的角度来理解《周易》。《周易》中的有些话如不仔细辨别的话的确很容易将它理解为一种宇宙论，如《系辞》的这段常为人所引用的话：

> 天尊地卑，乾坤定矣；卑高以陈，贵贱位矣；动静有常，刚柔断矣；方以类聚，物以群分，吉凶生矣；在天成象，在地成形，变化见矣。是故刚柔相摩，八卦相荡。鼓之以雷霆，润之以风雨，日月运行，一寒一暑。乾道成男，坤道成女；乾知大始，坤作成物，乾以易知，坤以简能。……易简而天下之理得矣，天下之理得而成位乎其中矣。[1]

要想不把它理解为宇宙论是需要有一定的哲学素养和思辨能力的。宇宙论是解释作为自然的宇宙是如何产生和形成的。古希

腊的自然哲学就是一个典型的例子,它是要说明宇宙和人类所生活的世界是怎么演化而来的。它基本上是依据常识来想象宇宙的演化,换言之,它认为宇宙是从可知觉的物质元素水或水气演化而来,如米利都学派。最初的湿气凝聚形成了地球坚硬的内核,又稀释为空气和天火。然后,在此基本秩序中,生命在阳光的温热下诞生了。这种演化论的自然哲学在德谟克利特的原子论中达到极致。在他看来,宇宙最原始的状态是混乱的细小坚硬的微粒在虚空中朝各个方向运动、碰撞,形成漩涡,从中产生无数有序的世界。由于必然性与偶然性,一些事物成形了,另一些跌为粉碎,散在无限虚空中。

但《周易》显然不是这样的宇宙论。《周易》之所以成为中国哲学的奠基石,就是因为它经典地表述了中国人对宇宙大全的整体把握,开辟了中国哲学的独特道路。宇宙万有(大全),以体言之,曰天道;以用言之,曰阴阳,曰生生。"盈天地之间,道,其体也;阴阳,其徙也。"[1]"一阴一阳,盖言天地之化不已也,道也。一阴一阳,其生生乎,其生生而条理乎!"[2]然体必有用,体即是用,离用无体,故曰:"天行健。"[3]天道不但是宇宙之全体,而且也是万有之起点。"大哉乾元! 万物资始乃统天。"[4]《象传》这句话说得非常到位,"乾元统言天之道也。天道始万物,物资始于天也"[5]。《易》者,象也。《周易》经传的语言,都有象的性质,不能按照一般陈述性语言去理解。其实《周易》经传的作者也是有意要人们避免将此经典文本的语义落到"实"处。为此,甚至用抽

---

① 戴震:《法象论》,《戴震全书》第六册,第477页。
② 戴震:《原善》卷上,《戴震全书》第六册,黄山书社1995年版,第8页。
③ "天行健"之行应作"道"解,见高亨:《周易大传今注》,齐鲁书社1980年版,第74—74页注三。
④ 《周易·象》。
⑤ 程颐:《周易程氏传》卷第一,《二程集》下册,第697页。

象的"乾"来指容易被人理解为自然之天的那个"天";用同样抽象的"乾元"来指"天道"。

易者,象也。从字面意思去读《易》,而不是从象出发去读它的话,会在理解上犯非常愚蠢的错误。例如,"刚柔相摩,八卦相荡。鼓之以雷霆,润之以风雨,日月运行,一寒一暑,"显然不是像一些人理解的那样,自然宇宙由八卦或阴阳交相作用而产生。而是相反,这只是说,八卦蕴含天下之理,但天下之理并非八卦造成,而是八卦使人得天下之理。"大抵《易》之未画,卦爻之变化在天地中。《易》之既画,天地万物之变化又在卦爻中。"[1]同样,"乾道成男,坤道成女"也不是说男女分别由乾坤所生或造成,而只是说一切生物的雌雄变化成形之道,即造化之理,已在六十四卦中。

不像西方人(赫西俄德《神谱》最初的神是混沌卡俄斯,寓意宇宙始于混沌),我们中国人从来就认为宇宙是有序的,"宇""宙"二字的字义就反映了中国人有序的宇宙观。《尚书·尧典》就反映了这种整体有序的宇宙观。《尧典》是尧在整体有序宇宙观的基础上予以天上地下各种事务以秩序安排的记录,"历象日月星辰,敬授民时"是也。也因此,天子之政,首先在观天命。[2]《史记·五帝本纪》说尧"其知如神",《索隐》释此句为"如神之微妙也"。"如神之微妙"之"知",当然不是实用性知识或常识,而是超越它们的形上之知。只有这样的知(也就是哲学),方可认识宇宙真理,以指导人事,这应该是中国人很早就有的想法。故而乾坤阴阳虽极为抽象(但是具体的抽象,类似阿那克西曼德的无限和恩培多克勒的四根)却被古人置于文明之始(即所谓制作之始),是因为古人认识到它们是对天上地下事物之道的总体性

---

[1]　陈梦雷:《周易浅述》,第 369 页。

[2]　"于是帝尧老,命舜摄行天子之政,以观天命。"(《史记·五帝本纪》)

把握,是一种对大全的抽象把握:"上稽天文,下察地理,中参人物古今之变,穷义理之精微,究兴亡之征兆,微显阐幽,彝伦攸叙,然有天地万物各得其所之妙,岁月浸寻,粗述所见,辞虽未备而义则著矣。"①

古希腊哲学宇宙论除了前苏格拉底自然哲学的演化论的宇宙论外,还有一种以柏拉图和亚里士多德为代表的创造论的宇宙论。这种宇宙论主张,宇宙不是自然而然演化而成的,而是由一个神智设计创造出来的,因此,宇宙有种种理性的秩序,也有一个神圣的目的。宇宙的秩序和目的,是由宇宙的创造者赋予的。或者创造者使无序变为有序,或者宇宙的秩序归结为神圣的世界灵魂。中国古代宇宙观,例如《周易》的宇宙观完全没有宇宙的创造者、世界灵魂、不动的推动者(神)这样的人格化的最初创造者,这从《系辞》一开始那段话就可以明显看出。宇宙本来就有了,"天"并不是西方人和有些现代中国学者以为的那样是个人格神,《周易》"天地"并称,乾坤并建,前提就是天不是、也不能是西方意义的造物主,而是哲学意义上的万物(大全)的起点与终点,一个永恒的运行。其之所以能运行,是因为它是一个包含差异的统一,"天地"并称即表明这一点。"乾者阳气之舒,天之所以运行。坤者阴气之凝,地之所以翕受。天地,一诚无望之至德,生化之主宰也。"②船山的这个解释非常精到,天不是实体,对于中国哲学来说,形而上学的对象不是任何意义的实体,"易无体"已经说得够清楚了。主宰宇宙生化的是虚而不实的"至德",是"乃统天"的乾元,而不是什么人格神或别的实体性事物。天或大全意义上的"天地"乃"阴阳消息",即生成与定形统

---

① 蔡沈:《洪范皇极内篇》。
② 王夫之:《周易内传》,第159页。

一之"易"。"阳之变,阴之化,皆自然必有之功效。"①此"自然"也不是物理意义上的自然,而是形上意义的"自然"。经过现代性思维洗礼的现代学者,的确无法理解古人思想之精微,只能以现代实在论来格义,可这种格义只能让古代事物归于消灭。

古希腊自然哲学的宇宙论都从一个始基出发,并且这个始基一般都是一个实体性的东西,如水、气、火、原子,等等。这也表明它们的目的主要是描述性的,描述宇宙之所是,以及它的演化过程。而《周易》宇宙论与此有明显的不同,它不是从实体出发,而是从非实体的象出发,虽然它也讲天地万物,但它的"天地"主要是一个哲学观念,而不是指物理意义上的天与地。即便它讲日月寒暑或风雨山川,也不是着眼于它们是什么,而是关心它们如何生成或如何是。从上引《系辞》中的那段话可以看到,《周易》的宇宙论(假定有的话)与其说是描述性的,不如说它是解释性的。它关心的主要是天地造化之原理。它不是用一个实体性始基来说明宇宙的本原,而是用乾坤阴阳的交互为用(易)来说明万有造化之道、天地众生之理。阴阳根本不是任何实体性的东西,阴阳并不构成什么,例如我们不能说日月山川是阴阳构成的。阴阳是一个象概念,主要是用来指示万有大化之原理特征的。

二、气

然而,阴阳作为象概念的非实体性特征,往往被人忽略,由于古人从一开始就把阴阳理解为气:"天有六气,降生五味,发为五色,征为五声,淫生六疾。六气曰阴、阳、风、雨、晦、明也。分

---

① 王夫之:《周易内传》,第159页。

为四时,序为五节,过则为灾。"①就更容易把阴阳理解为物理意义上的气,认为阴阳是形成宇宙万物的基本元素,连刘咸炘这样的近代学者都未能免俗:

> ……气之实物有三体,曰气体,固体,液体,气体属阳,固体属阴,液体则在二者之间,以与气对则属阴,以与固对则属阳。水之发挥而为气,金之熔化而成液,是由阴而阳也;蒸汽之成水,金液之渐凝,是由阳而阴也。天地之气,融而为川,结而为山;人身之气,融而为血,结而为骨肉,一理也。②

即便这种牵强附会的解释能够成立,也根本无法说明六气怎么能"降生五味,发为五色,征为五声,淫生六疾",也无法解释"晦"和"明"如何就是"气"。很显然,此处的"气"不是一个指称某种物质元素的普通名词,而是一个解释性的哲学概念,用来指决定事物正常秩序的元素,这样它们才会"降生五味,发为五色,征为五声,淫生六疾……分为四时,序为五节,过则为灾"。

气是中国哲学中最基本,也是最麻烦的概念之一,意义多样而复杂,用法也多样而复杂,学者对它至今莫衷一是,没有完全一致的理解。在古代,"有自然哲学的唯气论传统,如王廷相哲学的气;也有超越哲学之类型,如张载、刘宗周思想中的气,这是一种可以和'本体'地位等同的核心概念"③。现代学者则把"气"分为物质之气和形上之气,以主张物质之气者为众。这都是由

---

① 《左传·昭公元年》。
② 刘咸炘:《刘咸炘学术论集》(哲学编)下,第 843—844 页。
③ 杨儒宾:《五行原论——先秦思想的太初存有论》,上海古籍出版社 2020 年版,第 156 页。

于不明中国哲学特有的象概念为何物,而将"气"理解为一个知性的直接定义的概念,它指一个实存的事物。

米利都学派三哲之一的阿那克西美尼的气的概念,就是这样一个知性思维的概念。气是构成宇宙万物的始基,即构成事物基础的无限实体(substance),它根据它构成的实体而在稀薄与浓厚上有所不同。稀释后就成为火,浓缩后先是变成风,然后变成云,进一步浓缩后就成为水。然后是泥土与石头。一切别的东西都由这些事物构成。①上述刘咸炘正是以与阿那克西美尼相似的方式来理解气的。这其实是把气理解为物质,"中国哲学中所谓的气,可以说是最细微最流动的物质"②,这种观点在现代被人广为接受,但却忽略也解释不了在中国古代哲学中,气本太极,气分阴阳,气根本不是这样作为万物基质的物质实体。即便是被人目为主张唯气论的王廷相,同样认为:"元气之外无太极,阴阳之外无气。以元气之上,不可意象求,故曰太极。以天地万物未形,不可以名义别,故曰元气。"③请问,天地万物未形前,有物质吗? 物质的基本定义不是形状(广延)吗? 故此可以肯定,中国古代哲学中的气,绝不是物质或物质实体。④

这里,我们必须区分作为普通名词的气和作为哲学概念的气。以往的研究者往往不注意区分普通名词的气与哲学概念的气,往往从哲学的"气"概念追溯到自然现象风。⑤这种研究方式

① Cf. W. K. C. Guthrie, *A History of Greek Philosophy*, vol.1, p.121.
② 张岱年:《中国哲学大纲》,中国社会科学出版社 1982 年版,第 39 页。
③ 王廷相:《太极辨》,《王廷相集》第二册,第 597 页。
④ 在道家中,气连源始的地位都没有:"察其始而本无生,非徒无生也而本无形。非徒无形也,而本无气。杂乎芒芴之间,变而有气,气变而有形,形变而有生,今又变而之死。是相与为春秋冬夏四时行也。"(《庄子·至乐》)"道生一,一生二,二生三,三生万物。万物负阴而抱阳,冲气以为和。"(《道德经第四十二章》)
⑤ 小野泽精一、福永光司、山井涌编:《气的思想》,李庆译,上海人民出版社 1990 年版,第 20—27 页;杨儒宾:《五行原论——先秦思想的太初存有论》,第 104—155 页。

是不合适的,哲学概念很少是直接从自然现象转接过来,换言之,指称自然现象的名词或概念只有经过彻底的内涵改造后才能成为哲学概念。"气"也不例外,它从一个指自然之气的名词变成一个中国哲学奠基性的象概念,是经过了质的改造的。所以,古人将气与太极阴阳联系在一起,而从不将气与风联系在一起或以风解气。

　　"气"是中国古代哲学中最不容易理解的概念。初看起来,它似乎应该是最容易理解的概念,我们为什么不能在常识意义上去理解它,把它理解为常识意义上的气体之气? 如把它理解为构成天地万物的始基,或构成万物的原始材料①,或干脆认为气"是中国古代哲学中表示现代汉语中所谓物质存在的基本概念"?② 一般人也的确都是这样理解的。在日本学者编的专门讨论中国古代气的思想的论文集《气的思想》中,日本学者的确是直到今天仍认为"'气'的思想概念,作为全体而言,可以视为是组成人和自然的生命、物质运动的能量"。③"气是构成物的物质性根源。它被认为是像空气那样气体状的,由于这种气的凝聚,凝结而形成物质(因而是有形物)。"④但他们应该问一下,为什么中国人把原指日照向背的阴阳叫作二气,光照如何是气,又为何要分二气? 但这些问题完全不在被粗浅的现代性思维支配者的视野之内。他们只是想当然的把气理解为物质气体,例如,山井涌便说,朱子认为"气是像空气那样,用眼睛不能看到的气体状物;它是万物的物质性根源,是形成物的素材"⑤。

----

① 见张岱年主编:《中国哲学大辞典》,上海辞书出版社 2014 年版,第 22 页。
② 张岱年:《中国古典哲学概念范畴要论》,中国社会科学出版社 1989 年版,第 30 页。
③ 小野泽精一、福永光司、山井涌编著:《气的思想——中国人的自然观和人的观念的发展》,第 5 页。
④ 山井涌:《理气哲学中的气的概念·总论》,《气的思想》,第 344 页。
⑤ 山井涌:《朱熹思想中的气》,小野泽精一、福永光司、山井涌编著:《气的思想——中国人的自然观和人的观念的发展》,第 423 页。

现代中国学者把气理解为物质实体的就更多，即便是像刘咸炘这样传统学术根基十分深厚者，也是如此。他把气直接理解为物质实体，只是他认为西方哲学的"物"的规定过于狭窄："彼所谓物甚狭，不若气之言广。"①气虽无形，虽是道，就其实质，乃构成天地万物的原始质料："天地者苍苍块然也，苍苍块然，非由气之流行凝定而成耶？此块然者初本液而渐成固，彼言物质者亦证之矣。"②他认为："道者理也，气之理也，即有理之气也。理指条理，气指实质。"③离开气，道或理只是一个虚名概念。如果我们把刘咸炘的这段话用唯物主义的话语改写为："道者规律也，物质之规律也，即有规律的物质也。理指原理，气指实质。"相信他不太会反对。

然而，把气理解为实体，在中国哲学的语境下，是很难自圆其说的。因为气分阴阳是传统气论的共识。刘咸炘把阴阳乾坤理解为"一气之二态"④，但又说"阴阳乾坤者，气之变也"⑤。那就是说，阴阳是气之变的状态，那么气之本尊又为何？换言之，变是否可以称为实体，如果它只是"态"的话？如果天地万物是气变而成，都可以还原为气，那么气不仅是使事物有形的原因，也是构成一切事物的质料。但不管怎么说，"变"显然不能就是质料。那么，作为质料和实体的气到底是什么？刘咸炘只能回答："乾坤阴阳，气也。"⑥但是，气之变不能是气本身，就像任何事物之变不等于那事物本身一样。如果变就是气，而理在气中，岂非说，变就是理，就是道，那么，还有什么必要说道，说理？事实

---

① 刘咸炘：《刘咸炘学术论集》（哲学编）下，第 831 页。
② 同上书，第 840 页。
③ 同上书，第 842 页。
④ 同上书，第 833 页。
⑤ 同上。
⑥ 同上。

上,这种对气的实体性理解除了提出一个阿那克西美尼式的宇宙论,也没有太多的事可做了。

如果阴阳是气的话,那么气就不可能是物质实体,因为不管怎么理解,阴阳最多勉强是"态",而根本不是物。《周易》的作者用阴阳来说易、解易,显然不是要找出一个源始的物质(这与《周易》的目的不符),而是要将它作为解读存在最一般的原理来提出。小程子在所撰《易传序》中说,《易》"其为书也,广大悉备,将以顺性命之理,通幽明之故,尽事物之情,而示开物成务之道也"①。这个对《易》之宗旨和目的的揭示虽不免有理学家的视角在,但基本是古人对《易》之宗旨与目的的一般理解。这个宗旨和目的规定了《周易》之"气"概念,也就是阴阳的基本性质。"易一物而[合]三才:阴阳气也,而谓之天。"②这是被近人目为气本论泰斗的张横渠对《周易》"气"之概念的理解,阴阳或气象天,首先是天之象。气氤氲不息,无形而有形,最易象天,故船山曰:"阴阳二气充满太虚,此外更无他物,亦无间隙,天之象,地之形,皆其所范围也。"③既然气为天或天道,自然不可能是像木料那样的质材。船山在注《正蒙》这句话时特别指出:"凡气之类,可养而不可强之以消长者,皆天也。"④"可养",表明此气并非像泥土或水一样完全外在于人的东西,而是可以为人内在拥有的东西。"不可强之以消长",表明此气非人所能影响,对人具有某种绝对性。

《周易》的气概念,乃后世各类气概念之本、之原,后世哲学家的气概念再怎么创新多样,不能出此矩范。《易经》中的确不

① 程颐:《易传序》,《二程集》下册,第689页。
② 张载:《正蒙·太极篇》,《张载集》,第48页。
③ 王夫之:《张子正蒙注》,第11页。
④ 同上书,第240—241页。

见"阴阳"概念,阴阳概念出现在《易传》中,主要在《系辞》和《文言》,但《象传》和《彖传》中有后来与阴阳概念联系在一起的刚柔概念,因此有学者认为:"是从《小象传》《彖传》中专有的刚柔思想,发展到了《系辞传》《文言传》的阴阳思想。"[1]而刚柔很显然与日照向背没有什么关系。此外,阴阳虽然没有在《易经》中出现,但在《周易》思想系统中,它在很大程度上是乾坤的对等同位且可互换的概念。[2]所以,以自然现象来解释作为象概念的阴阳不仅不合适,也完全不能把握此概念的复杂含义。《周易》系统从一开始就不是把阴阳理解为光,而是理解为气。

咸卦《彖传》曰:"咸,感也。柔上而刚下。二气感应以相生。"咸卦由兑艮两卦组成,艮下兑上。兑为泽,是阴卦,艮为山,是阳卦。因此,虽然此象传没有直接说二气乃阴阳二气,但历来易学家都将此二气解释为阴阳二气,如小程子:"咸之义感也。在卦,则柔爻上而刚爻下,柔上变刚而成兑,刚下变柔而成艮,阴阳相交,为男女交感之义。又兑女在上,艮男在下,亦柔上刚下也。阴阳二气,相感相应而和合,是相与也。"[3]《彖传》开始明确将乾、坤与天、地、阳、阴相匹配。[4]《系辞传》则更加明确了这种匹配关系,同时奠定了阴阳概念在《周易》哲学中的根本地位。《说卦传》更是把阴阳拟于天道:"立天之道曰阴与阳。"但是,《周易》同样接受了先秦思想普遍的阴阳为气的定义,明确将阴阳理解为"二气"。

---

① 小野泽精一、福永光司、山井涌编:《气的思想》,第 101 页。

② 《周易正义》就已指出,二画之体象阴阳之气(见李学勤主编:《十三经注疏·周易正义》,北京大学出版社 1999 年版,第 1 页)。"乾坤者,《易》中纯阴纯阳之卦名也。"(陈梦雷:《周易浅述》,第 368 页)

③ 程颐:《周易程氏传》,第 855 页。

④ 参看今井宇三郎:《〈易传〉中的阴阳与刚柔》,小野泽精一、福永光司、山井涌编著:《气的思想——中国人的自然观和人的观念的发展》,李庆译,上海人民出版社 1992 年版,第 112 页。

气分阴阳,说明古代哲学家根本不是像古希腊哲学家那样,把气理解为始基,或源始的实体。他们的目的不是要找出一个作为世界根基的原物或实体,而是想要理解天地万物基本的存在与生存形式或样式。宇宙本身乃一流行大化,万物也无不在流变转化生成中,因此,易或变易,便是一切存在的原形式(Urform),或者如古人所谓"元气"。这种元气根本不是物理力量,或物质之气,物质实体,而是流行变化,是"元体而不立者也"①。气最能象变、象化、象流行,有不动之水,无不动之气。气自然就成为古代哲学家用作象概念的东西。当然,古人也在一般意义或常识经验意义上谈气,此时气不是一个哲学概念,而只是一个表示经验现象的普通名词。那不在我们的论述范围之内。

《系辞》只说"一阴一阳之谓道",未说"一阴一阳之谓气",为何自古以来人们都把阴阳理解为气?② 一个简单的回答当然是根据古代文献,古人从一开始就把阴阳理解为气。但为何又将一阴一阳之气理解为道呢? 其实《系辞》这里的"之谓"不是"就是"的意思,而是对道之根本特征的描述。③只有通过阴阳这个本质特质的描述,道才不仅仅只是一个抽象概念,而有相当明确的规定,才能满足它作为哲学最高概念的要求。阴阳之所以是道的本质规定,是因为气之象就已表明:"凡两间之所有,为形为象,为精为气,为清为浊,自雷风、水火、山泽以至蜎孑萌芽之小,自成形而上以至未有成形,相与氤氲以待用之初,皆此二者充塞

<hr/>

① 王夫之:《周易内传》,《船山遗书》第一册,第164页。
② 朱子《周易本义》解"一阴一阳之谓道"即云:"阴阳迭运者,气也,其理则所谓道。"(朱熹:《周易本义》,《朱子全书》第一册,第126页)
③ "凡曰'之谓',以上所谓解下,……《易》'一阴一阳之谓道',则为天道言之,若曰道也者一阴一阳之谓也。"(戴震:《孟子字义疏证》,《戴震全书》第六册,黄山书社1995年版,第176页)

无间……"①"充塞无间"当然不是说阴阳之气充塞宇宙,是构成万物的普遍物质材料;而是说,万物之为万物,乃阴阳之气所致。"所致"不是无中生有的产生,而是使万物成为其所是。②

古人从未认为万物是阴阳之气无中生有创造出来的。朱子曰:"阴阳五行,循环错综,升降往来,所以生人物之万殊,立天地之大义。"③阴阳之气以其循环错综、升降往来之功能作用决定事物的特殊性和差异性(人物之万殊),决定宇宙万物之意义(天地之大义)。阴阳概念出于《易》之乾坤二卦,故古人很少会从气之物理性状上去理解它,而是强调阴阳之气二者相互对待关系的错综复杂性:

> 天下之物与事莫非一阴一阳交错所成。④
>
> 变化错综于形声两泯之地,用之密运,乃一阴一阳主持分剂之微权,而藏于动静之中者也。显而微,藏而著,此阴阳配合参伍之妙,"一之一之"之道也。以其显者鼓之,使恻然而兴;以其藏者鼓之,而不匮于用。一阴一阳之道,流行于两间,充周于万物者如此。⑤

气是"流行",气之象形象地将其之本质特征彰显了出来;"充周于万物者"自然也不会是说气是构成万物的普遍质料,而是说阴阳之作用功能无微不至、无穷无尽、巨细无遗、显微无间。"阴阳虽是两个字,然却只是一气之消息,一进一退,一消一长。进处

---

① 王夫之:《周易内传》,第165页。
② "百物之生,情动气兴,天命即授以成其形性。"(王夫之:《张子正蒙注》,第51页)
③ 朱熹:《朱子语类》卷九十八,《朱子全书》第十七册,第3299页。
④ 王夫之:《周易内传》,第172页。
⑤ 同上书,第166页。

便是阳,消处便是阴。只是这一气之消长,做出古今天地间无限事来。"①阴阳是气,进而言之,更是"一气之消息"。这"一气之消息"其实是天地万事万物发生、发展、消长、互动、先后、终始、动静、晦明、上下、进退、阖辟、盈虚、表里、显隐、向背、顺逆、存亡、得失、出入等等各种关系的方式,一句话,决定事物之所是(what)的存在论方式。唐君毅说:"气之义,原可只是一真实存在义。"②此言极是,但亦有未尽处。

气分阴阳,但阴阳的关系不是简单的一体之两面,或两个相对待的东西,阴阳错综相杂,具有一定的条理和秩序,而不像物质之气那样,纯粹一团混沌。否则它就不能用来解释事物之所是。后来朱子言理气,只是突出彰显了气的这个重要特征。至于他的理先气后说之得失功过,我们暂不讨论。朱子之后,言气者少有离理而论气者。即便像王廷相这样被人目为"唯气论"者,且对朱熹多有批评,也不得不说:"故气一则理一,气万则理万。……天有天之理,地有地之理,人有人之理,物有物之理,幽有幽之理,明有明之理,各各差别。统而言之,皆气之化,大德敦厚,本始一源也。"③

道家哲学虽然在许多方面与儒家哲学有明显的不同,但在对气的理解上并无太大的区别。道家哲学也把气理解为阴阳,最经典的一个例子就是《老子》第四十二章"万物负阴而抱阳,冲气以为和"。这基本上就是万物无不处于某种阴阳和合的状态,阴阳和而万物生:"道始于一,一而不生,故分而为阴阳,阴阳和而万物生。"④《庄子》同样如此:"至阴肃肃,至阳赫赫,肃肃出乎

① 朱熹:《朱子语类》卷七十四,《朱子全书》第十六册,第 2503 页。
② 唐君毅:《中国哲学原论·原教篇》,中国社会科学出版社 2006 年版,第 73 页。
③ 王廷相:《雅述上篇》,《王廷相集》第三册,第 848 页。
④ 《淮南子·天文训》。

天,赫赫发乎地,两者交通成和而物生焉,或为之纪而莫见其形。"①显然,《庄子》也是将阴阳理解为气,它们的交和生物。万有都可以用气来解释,气是万有之根本,就此而言,"通天下一气耳"②。有人甚至提出:"凡老、庄书之形容道者,依概念说之则玄幻,依气说之则皆易解矣。"③可见儒道两家在气的问题上,观点是高度一致的。

阴阳或气从一开始,就是一个最高级的形而上学概念。阴阳是道,是太极,是天④,是天地之理。⑤也因此,它不但是中国哲学的一个奠基性概念,而且也是一个中国传统文化的基本概念。今天的哲学家已经不太有人继续用这个概念了,但阴阳或气却依然活在今天的普通汉语中,而且经常出现。这也从一个侧面表明,近代学者把它理解为一个物质性的概念是完全不妥的。古代哲学家基本都秉承《周易》发其端的这个阴阳或气的传统,从未从来自西方哲学的物质概念上去理解"气"。⑥气是阴阳消息,是流行,是化,而不是实体。古代哲学家从未将"气"理解为西方哲学意义上的"实体",因此也根本不存在什么"反实体主义的转向"。⑦古代哲学家从未将气或阴阳理解为西方哲学意义上的实体,而是道体,是太极。

太极是中国古代哲学的最高范畴,从《周易》开始,儒家哲学

---

①　《庄子·田子方》。

②　《庄子·知北游》。

③　刘咸炘:《刘咸炘学术论集》(哲学编)下册,第 836 页。

④　"阴阳气也,而谓之天。"(张载:《正蒙·大易篇》,《张载集》,第 48 页)

⑤　"是故阴阳者,天地之大理也。"(《管子·四时》,《诸子集成》第六册,岳麓书社,第293 页)

⑥　牟宗三将"气"理解为材质的(material),即物质的,同样未能免俗(见氏《心体与性体》,第一册,正中书局 1989 年版,第 471 页)。

⑦　陈荣灼认为:"横渠和船山透过'气'一概念的提出,在传统中国自然哲学中产生了一'反实体主体的转向'(anti-substantialist turn)。"(氏:《气与力:"唯气论"新诠》,杨儒宾、祝平次编:《儒学的气论语工夫论》,华东师范大学出版社 2008 年版,第 34 页)

家就把阴阳理解为太极:"阴阳一太极也。"①这是周敦颐对这个传统的最明确的表述。阴阳即太极,太极即阴阳。那么该如何理解《系辞》所谓"是故易有太极,是生两仪"? 关键在如何理解"是生"二字。船山曰:"'是生'者,立于此而生,非待推于彼而生之。"②这就是说,阴阳乃太极所"固有"③,而非太极产生一个外在于它自身的东西,如父生子然,子外在于父,不等于其父。船山之前,朱子即已指出:"五行阴阳,阴阳太极,则非太极之后别生二五,而二五之上先有太极也。"④故"言阴阳则太极在其中矣,言太极则阴阳在其中矣"⑤。阴阳与太极并非二物,而是太极自身的潜能,一旦发用,即为阴阳。太极不是像柏拉图的理型或亚里士多德的本质那样,是一个固定的实体,"太极却不是一物,无方所顿放,是无形之极。"⑥作为中国哲学的最高范畴,太极是大全意义上的动态的万物的所以然。

三、中

中国哲学还有一个奠基性的源始概念,那就是中。与上述几个中国哲学的源始概念一样,"中"也是中国哲学最早出现的哲学概念之一,很可能比上述几个概念更早。有人统计,"中"字于《诗经》凡六十七见,于《尚书》凡二十三见,于《易经》凡十一见。近年公布的清华简《保训》里,也有"求中""得中""假中于河""归中于河"等说法。汉儒以"大中"释"皇极",显然与中很早

---

① 周敦颐:《太极图说》,《周敦颐集》,岳麓书社 2002 年版,第 5 页。
② 王夫之:《周易外传》,《船山遗书》第一册,第 357 页。
③ 同上。
④ 朱熹:《答杨子直》,《朱文公文集》卷四十五,《朱子全书》第二十二册,第 2071 页。
⑤ 罗钦顺:《困知记》,第 17 页。
⑥ 朱熹:《朱子语类》卷七十五,《朱子全书》第十六册,第 2566—2567 页。

就是一个哲学概念有关。

"中"字在《尚书》中凡二十三见,主要是作为一个抽象的哲学概念来用的。例如,《尚书·盘庚中》:"汝分猷念以相从,各设中于心。"《酒诰》:"丕惟曰尔克永观者,作稽中德。"孔安国释"设中于心"之"中"为"中正"。①释"中德"为"中正之德"。②"中"在《吕刑》中更有多次出现,根据元儒陈栎的看法:"德与中为《吕刑》一篇之纲领。……曰'观于五刑之中';曰'听狱之两辞';曰'罔非在中';曰'咸庶中正';曰'非德于民之中';曰'咸中有庆',无非以中为用也,刑必合于中即所以为德。"③毫无疑问,这里的"中",都表示最高的原理,即中道,既是道,也是德。

在伪古文尚书中,中更是明显以一个哲学概念的身份出现。最有名的当数《大禹谟》中被后世理学家尊为十六字心法的"人心惟危,道心惟微,惟精惟一,允执厥中"。《大禹谟》还有"民协于中"的说法。这两处的"中",都是指道或中道。《仲虺之诰》有:"王懋昭大德,建中于民。"孔传"建中"曰:"立大中之道于民。"④蔡沈将此两句话释为:"王其勉明大德,立中道于天下。中者,天下所同有也。"⑤《蔡仲之命》曰:"率自中,无作聪明乱旧章。"孔传此句为:"循用大中之道,无敢为小聪明,作异辩,以变乱旧典文章。"⑥最后是《君陈》:"殷民在辟,予曰辟,尔惟勿辟;予曰宥,尔惟勿宥,惟厥中。"这是成王对君陈的策命之词,要求君陈在判罚罪人时不要考虑成王的想法,"惟其当以中正平理断之"⑦。中道高于君意君命,是司法公正的指南。

---

① 《十三经注疏·尚书正义》,北京大学出版社1999年版,第241页。
② 同上书,第376页。
③ 陈栎:《书集传纂疏》卷六,第96页。
④ 《十三经注疏·尚书正义》,第198页。
⑤ 蔡沈:《书集传》,第79页。
⑥ 《十三经注疏·尚书正义》,第453页。
⑦ 同上书,第492页。

在《易经》中"中"字也多次出现,而且出现了后来与"中"有关的哲学概念,如中正、中行、在中、中道、中节等。虽然中和中行等概念在《易经》中经常与爻位有关,但很显然并不完全如此,《易传》很明显把中作为一个哲学概念来使用。如临卦的《象》曰:"大君之宜,行中之谓也。"这里要说"中"不是哲学概念也难。故陈梦雷在这句《象》传后面进一步阐明:"中者,天理之当然,非出于矫饰也。"①再如复卦的《象》传:"中行独复,以从道也。"这里的"中行"显然把它理解为纯粹哲学概念更合适。同样是复卦的《象》传,"中以自考"这句话里的中,显然应该理解为哲学概念,而不仅仅是爻位,陈梦雷就是这样理解的:"五居中,中即天地之心。考,成也。以中道自成也。"②至于乾卦《文言》的"大哉乾乎!刚健中正,纯粹精也"中的"中正",就不用说了,这话只能出自思想精深的哲学家之手。

毫无疑问,作为哲学概念的中在《易经》中与在《尚书》中一样,不但出现,而且起着理论体系上的关键作用。这绝不会是偶然的,它说明华夏民族从一开始就有尚中的思想倾向,就把中作为一个基本的哲学理念来使用。近年发表的清华简《保训》也可以证明这点。③这篇文献主要描述的是文王病重,自知不起,给太子发(即后来的武王)的临终训诫。训诫目的是指示武王如何尊奉先王之道保有社稷天下。文王告诉太子发:"昔舜旧作小人,亲耕于历丘,恐求中,自稽厥志,不违于万姓之多欲。"这是说,舜还是普通百姓时,就已"恐求中"了。中若不是从时空意义上去理解的话,无疑是一个抽象概念。舜求的"中"显然是一个普遍

---

① 陈梦雷:《周易浅释》,第 139 页。
② 同上书,第 164 页。
③ 清华大学出土文献研究与保护中心:《清华大学藏战国竹简〈保训〉释文》,《文物》
2009 年第 6 期,第 73—78 页。

最高的原理或原则,表现在治国方面,则是"不违于庶万姓之多欲"。等到舜得大位后,就根据将此原理"施于上下远迩,迺易立设稽测,阴阳之物,咸顺不扰"。有学者把"迺易立设稽测"解释为"改革已设立的法令制度"①,或"遂立法纪"②,恐有未妥。舜即尧位,改革尧已设立的法令制度,可能性不大。"遂立法纪"更是暗示尧治天下没有法纪,古人恐不致这么认为。根据《尚书·尧典》,舜受尧禅让之大位后,首先做的是"在璇玑玉衡,以齐七政"。也就是"观察璇玑玉衡即北斗七星的星象,视其斗柄(玉衡)所指方向来认识四时、节令、物候。以处理'春、夏、秋、冬、天文、地理、人道'这七项与民生有关的要政"③。这才谈得上"阴阳之物,咸顺不扰"。"稽测"就是"观察"或"观测",而根本不是"法令制度"④。也只有这样,舜才能被认为是"得中",即把握了中道。后来商代祖先微用中治理河这个地方("昔微假中于河"),不加害于有易(族),河这个地方遂归中德之治("迺归中於河")。微将中道"传贻子孙,至于成汤"。成汤"祇服不懈,用受大命"。文王要传授给未来的武王的,也就是这既是天道,又是正道的中道。"其云中道者,即尧、舜以来相传之极致,《大学》所谓至善也。"⑤

　　虽然《保训》是战国的产物,但不等于它表述的思想不是自

---

　　①　廖名春、陈慧:《清华简〈保训〉篇解读》,《中国哲学史》2010 年第 3 期,第 9 页。

　　②　陈慧:《保君德训向"中"求》,陈致主编:《简帛·经典·古史》,上海古籍出版社 2013 年版,第 211 页。

　　③　顾颉刚、刘起釪:《尚书校释译论》第一册,第 354 页。

　　④　李存山和黄人二都将认为"稽测"不是名词,而是动词,都认为此句("阴阳之物")应读为"测阴阳之物"(李存山:《试评清华简〈保训〉篇中的"阴阳"》,《中国哲学史》2010 年第 3 期,第 35 页)或"诣(稽)测阴阳之物"(氏:《战国简〈保训〉通解》,《中国哲学史》2010 年第 3 期,第 18 页)。郑吉雄氏将以"迺易……"开头的这几句话读为"迺易位设仪,测阴阳之物,咸顺不扰"(氏:《先秦经典"中"字字义分析》,《简帛·经典·古史》,第 200 页)。这三位学者的解读不尽相同,但显然更为合理。

　　⑤　王夫之:《张子正蒙注》,第 133 页。

古以来即有,而只是战国才有的。它所表达的中道哲学和中的概念,与《尚书》和《易经》中的中的概念是完全一致的。更不用说和伪古文尚书《大禹谟》中舜向禹传授的十六字心法的精神高度吻合。而《论语·尧曰》中亦记载了尧对舜同样的嘱咐:"咨,尔舜,天之历数在尔躬。允执其中,四海困穷。"无论《大禹谟》是否伪造和伪造于何时,它表达的思想和尧舜以降就非常明确的中道传统,其形成肯定要早得多。当然,对于哲学史来说,编年史意义上的时间先后没有太大的意义。用传统话语说,中是中国思想的道统;用现代话语说这是中国哲学的根本传统。可以说,要把握中国哲学的核心思想,必须对"中"这个概念有深入的理解和阐发。

《中庸》在中国哲学史上的极端重要性和特殊地位,在很大程度上因为它用不大的篇幅为中道哲学奠定了系统全面的基础,打开了中国哲学独特的发展道路,体现了中国哲学博大精微的思想成就,和极为阔大的精神格局和无微不至的理论深度。致广大而尽精微,极高明而道中庸,乃是《中庸》一书自身的写照。为了能深入理解和把握《中庸》的复杂内容,我们还必须先对作为中国哲学和中国思想的源始概念的中有进一步的考察。

众所周知,宋明儒对中国哲学的发展作出了极大的贡献,宋明理学是中国古代哲学发展的第二座高峰,可以不夸张地说,《中庸》和"中"之概念,而非心性之学,才是宋明理学真正的发动机。宋代理学的开山为周濂溪,濂溪在《通书·道》这一章,单刀直入,简洁明快地点出:"圣人之道,仁义中正。"①又在《师》这一章中补充说:"唯中也者,和也,中节也,天下之达道也,圣人之事也。"②中是圣人之道,也是天下之达道,后来程明道对此有进一

步申论：

　　道之大原在于经，经为道，其发明天地之秘，形容圣人之心，一也。然推本乎明其次，著其迹者言之，在《洪范》之九章，一曰五行，次二曰五事，统之以大中，终之以福极，圣人之道，其见于是乎！[1]

　　这个对"中"概念的经典定位把中在中国哲学中的重要意义和至高地位说得很清楚了。一般理学家与孔子相反，喜欢谈性论心，而且是就性谈性，就心论心。但濂溪不同，对濂溪来说："性者，刚柔善恶，中而已矣。"[2]中是道，也是德；是形而上意义的政道，也是治道。"优柔平中，德之圣也；天下化中，治之至也。"[3]这直可说是对《保训》文本思想最贴切的概括。

　　横渠与濂溪一样，深受《中庸》影响，故而他对"中"之概念的阐发，又比濂溪更进一层，《正蒙》专门有一章，即《中正篇》论述中的概念。此篇第一句话就是"中正然后贯天下之道"[4]。这等于是说，天下之道一以贯之就是中正之道或中道。天道、地道、人道，道通为一，曰中道。中道是统领一切之道，中道不通，一切都不得谓正。反过来也一样，正即是中的基本特征，不正即不中。中道是全局之道，只有它能通贯各道。另一方面，没有中，不得为道，非中无道。中道即"天理之至当处也"[5]。用现代的哲学话语来说，中或中道是天理的本质，也是总体性原理，故曰：

①　程颢：《南庙试九叙惟歌论》，《二程集》上册，第 463 页。
②　同上书，第 24 页。
③　周敦颐：《通书·乐上第十七章》，第 38 页。
④　张载：《正蒙·中正篇》，《张载集》，第 26 页。
⑤　高攀龙：《正蒙释》，转引自林乐昌：《正蒙合校集释》上册，第 413 页。

"大中，天地之道也；得大中，阴阳鬼神莫不尽矣。"①

中是天理，是全体之道，当然是具有无限特征的最高哲学范畴，它的内涵融无限、绝对、源始、普在、生化于一体："中道者，大中之矩，阴阳合一，周流于屈伸之万象而无偏倚者，合阴阳、健顺、动静于一而皆和。"②从前面对阴阳概念的初步考察已经可以看到，阴阳合一就是太极。太极发为阴阳，化生万物，是中国哲学一开始就有的思想。现代学者在研究中或《中庸》时，大都会引用《左传·成公十三年》刘康公讲的这句话："民受天地之中而生，所谓命也。"但都解释不了这句话，因为他们都把"生"理解为从无到有的产生，中是一个抽象概念，民怎么可能因接受它而生呢？其实古人对此早有恰当的解释，孔颖达《正义》曰："'天地之中'，谓中和之气也；民者，人也。言人受天地中和之气，以得生育，所谓命也。"③很显然，"民受天地中和之气"不能理解为民是由中（中和之气）产生的，道理很简单：先有人，人已经存在，他才能受中。"民受天地之中而生"，是说人的生存（包括生命之长短）要受天理（中）的制约，这就是"命"或"天命"："命虽受之天地，短长有本，顺理则寿考，逆理则夭折。是以有动作威仪之法则，以定此命。……有法则命之短长有定，无法则夭折无恒也。"④

中的原理，不是西方哲学中那种固定的原则意义上的原理，而是存在之既定又无定（"合阴阳、健顺、动静于一"）的总体性状态。"中和"之"和"指的就是这种状态。"周流于屈伸之万象而无偏倚"，表明中或中道既是无限也是绝对。在实在世界中，中

---

① 张载：《经学理窟》，《张载集》，第 274 页。
② 王夫之：《张子正蒙注》，第 134 页。
③ 《十三经注疏·春秋左传正义》中册，北京大学出版社 1999 年版，第 755 页。
④ 同上。

总是相对的,任何时空坐标中的中都是相对于该坐标而言的,也
就是相对的,只有绝对意义的中,即超物理时空和主观视角的中
才能"周流于屈伸万象而无偏倚",在此意义上,中就是绝对。古
人之所以要在"中"之前加个"大"字而构成"大中"概念,就是怕
在寻常意义上理解中,就是要强调"中"之绝对性①,大中者,绝对
之中也:"大中者,无所不中。"②

　　正因为中是绝对与无限,它对于人来说具有某种意义的不
可知性,对此横渠独具只眼,明确指出:"高明不可穷,博厚不可
极,则中道不可识。"③"不可穷""不可极",说明它是无限,无限我
们只能肯定,但不能认识,因为我们是有限。当然,"不可识"绝
不是说我们对它没有任何认定。相反,所有有限,所有的不中、
不正,都让我们只能肯定它,否则世上不会有不中不正矣。并
且,因为这世上所有的不中、不正都是具体的,对中的肯定也都
不会绝对抽象,而是有具体性的。"诗中"的要求就表明中的具
体性。中道可求,但都是在具体中求,而非于抽象中求。中不是
一个空概念,而是有规定的,故曰:"极其大而后中可求,止其中
而后大可有。"④"大者,中之撰也;中者,大之实也。尽体天地万
物之化理,而后得大本以随时而中,得中道而不迁,则万化皆由
之以弘,而用无不备矣。"⑤大乃天地之化理,乃中所必具,否则中
只是一个空名。因为有此种大,中才不但有内容规定,也必然随
时而用。

---

　　① 为此,明道特别指出:"若以四方之中为中,则四边无中乎? 若以中外之中为中,则
外面无中乎? ……中者,且谓之中,不可捉一个中来为中。"(程颢、程颐:《河南程氏遗书》卷
十二,《二程集》上册,第135页)也就是说,"中"是一个绝对的概念,在此意义上,它是老子所
谓不可名者,且谓之中,但不是随便什么都可以叫"中"。
　　② 王夫之:《张子正蒙注》,第136页。
　　③ 张载:《正蒙·中正篇》,第27页。
　　④ 同上书,第28页。
　　⑤ 王夫之:《张子正蒙注》,第140页。

　　中还意味着它是大全。程子首先将此揭示:"一物不该,非中也;一事不为,非中也;一息不存,非中也。何哉?为其偏而已矣。"①偏不仅是中正的反面,也可以是全的反面。中的无限性决定了它不能不是完全,是大全。大全不是事物的总和,而是存在的总体性、绝对的可能性。以往人们对程子的"不偏之谓中"②都是按照"不偏不倚"来理解"中"的,因为朱熹《中庸章句》便是这么来释"中"的:"中者,不偏不倚、无过不及也。"③但程朱的理解显然是有不同的,对于程子来说,中之所以是不偏,是因为它是大全,不可能偏。而朱子却主要是从为人之道上去理解中,而不是将它理解为一个存在论意义或形而上学意义上的大全。个人的具体行为当然可以要求"无过不及",但总是相对于某个标准而言的。只有作为大全或总体性,才能永远无过不及。④如果"无过不及"是"中"这个哲学概念的定义的话,那么此"无过不及"必须是绝对的。中必须作为大全,才能是绝对无过不及。相对于中作为大全的绝对性,"无过不及"只是中派生的定义。只有大全才是真正的"不偏",大全才是真正的"无过不及"。但朱熹却更多是从个人的行为要求上去理解"中":"他(指子思)所以名篇者,本是取'时中'之'中'。"⑤"'中庸'之'中',本是无过不及之中,大旨在时中上。"⑥虽然他也承认"然所以能时中者,盖有那未发之中在"⑦。但作为本原的中不是他关注的重点。所以他虽释

---

　　① 程颢、程颐:《河南程氏遗书》卷第四,《二程集》上册,第75页。

　　② 程颢、程颐:《河南程氏遗书》卷第八,《二程集》上册,第100页。

　　③ 朱熹:《中庸章句》,《朱子全书》第六册,第32页。

　　④ 程子固然也讲无过,无不及,可在他看来,只有道或理才能无过无不及,一般人是无法做到的:"圣人与理为一,故无过,无不及,中而已矣。其他皆以心处这个道理,故贤者常失之过,不肖常失之不及。"(程颢、程颐:《河南程氏遗书》卷第二十三,《二程集》上册,第307页)

　　⑤ 朱熹:《朱子语类》卷六十二,《朱子全书》第十六册,第2004页。

　　⑥ 同上书,第2005页。

　　⑦ 同上书,第2004页。

"庸"为"常",却非"常道"之"常",而是"日用常行者"。①

　　大全不是像上帝或实体概念一样,是简单的同一性概念,作为大全(不偏)的中也是和,即中和,是包含差异的同一,明道特意指出:"中之理至矣。独阴不生,独阳不生。……中则不偏,常则不易,惟中不足以尽之,故曰中庸。"②因此,当吕大临说"不倚之谓中,不杂之谓用"时,伊川立刻批评说:"不倚之谓中,甚善。不杂之谓和,未当。"③正因为中不是一个简单的同一性概念,宋儒方可用理一分殊来解它:"中散为万事,末复合为一理。"④因为中是大全,所以它也是最普遍者;虽是形上原理,却又无所不在:"天下事事物物皆有中。"⑤

　　中是常道,中本身不能体现此不易之常,即永恒,故明道将"中庸"之"庸"释为"不易",并明确中庸是中这概念基本内容的应有表述:"天地之化,虽廓然无穷,然而阴阳之度、日月寒暑昼夜之变,莫不有常,此道之所以为中庸。"⑥中道、中和、中正、中庸,其实都是"中"这概念的不同表述。中是天地间之正理(真理),中为不偏,当然有真理的绝对性意思,不能偏离,"天地之间,亭亭当当,直上直下之正理,出则不是,唯敬而无失最尽"⑦。"直上直下之正理"表明"中"不是与任何事物保持同样距离的"环中",而是真理之极致:"中是极至处。"⑧

　　如前所述,朱熹与程子在对"中"的理解上有明显分歧,他的

① 　朱熹:《朱子语类》卷六十二,《朱子全书》第十六册,第 2005 页。
② 　程颢、程颐:《河南程氏遗书》卷第十一,《二程集》上册,第 122 页。
③ 　程颐:《与吕大临论中书》,《二程集》上册,第 607 页。
④ 　程颢、程颐:《河南程氏遗书》卷第十四,《二程集》上册,第 140 页。
⑤ 　程颢、程颐:《河南程氏遗书》卷第十七,《二程集》上册,第 180 页。
⑥ 　程颢、程颐:《河南程氏遗书》卷第十四,《二程集》上册,第 149 页。
⑦ 　程颢、程颐:《河南程氏遗书》卷第十一,《二程集》上册,第 132 页。
⑧ 　程颢、程颐:《河南程氏遗书》卷第十九,《二程集》上册,第 256 页。

门弟子都已看出:"伊川以庸为定理,先生易以为平常。"①在哲学上,定理与平常还是有不小区别的。其实朱子也说"庸是定理"②,但因为他又坚持庸为平常,这样,定理就等于平常。这肯定要影响他对中的理解,因为他认为:"中、庸只是一个道理,以其不偏不倚,故谓之中。以其不差异可常行,故谓之庸。未有中而不庸者,亦未有庸而不中者。"③用平常解中,就把中之形上意义基本取消了:"如当盛夏极暑时,须用饮冷,就凉处,衣葛挥扇,此便是中。当隆冬盛寒时,须用饮汤,就密室,重裘,拥火,此便是中,便是平常。"④这样,中的意思变成了"做一般人在某个特别情况下都会做的事",中直可释为"从众",否则"便是差异,便是失其中矣"。这样,充其量中是常识,"是恰到好处"⑤;最坏则这种中根本不是中,因为它只是一般人的行为习惯,而非"不可为典要"的天道。

倒是陆九渊始终坚持和强调中为至高至极者。象山之兄陆九韶(号梭山)见周敦颐《太极图说》开篇即云"无极而太极","疑非周子所为",因为濂溪在《通书·理性命章》明明说:"中焉至矣。"⑥梭山认为:"二气五行,化生万物,五殊二实,二本则一。曰一,曰中,即太极也,未尝于其上加无极字。"⑦也就是说,有中即可,不必再弄出个无极的概念。而朱熹则认为,无极概念完全必要:"不言无极,则太极同于一物,而不足为万化之根;不言太极,则无极沦于空寂,而不能为万化之根。"⑧象山认为朱熹不明白太

---

① 朱熹《朱子语类》卷六十二,第 2006 页。
② 同上书,第 2010 页。
③ 同上书,第 2008 页。
④ 同上书,第 2009 页。
⑤ 朱熹:《朱子语类》卷六十三,《朱子全书》第十六册,第 2054 页。
⑥ 周敦颐:《通书·理性命第二十二章》,《周敦颐集》,第 42 页。
⑦ 陆九渊:《与朱元晦》,《陆九渊集》,中华书局 2008 年版,第 22 页。
⑧ 朱熹:《答陆子美》,《朱文公文集》卷三十六,《朱子全书》第二十一册,第 1560 页。象山《与朱元晦》中这段话两处"万化之根"均为"万化根本"(陆九渊:《与朱元晦》,第 23 页)。

极并非凭空发明的概念,而是"实有是理"①,"此理在宇宙间,固不以人之明不明,行不行而加损。"②自《易经》以来,太极一直是形而上者,不可能"别为一物"。因此也就没必要再在太极上叠床架屋加个无极。"盖极者,中也,言无极则是犹言无中也,是奚可哉?"③

象山认为朱熹实际并不理解太极究为何物,明明太极"乃宇宙所固有"④,加个"无"字便等于完全否定太极是宇宙固有之理了。"极亦此理也,中亦此理也,五居九畴之中而曰皇极,岂非以其中命之乎?《中庸》曰:'中也者,天下之大本也,和也者,天下之达道也,致中和,天地位焉,万物育焉。'此理至矣,外此岂更复有太极哉?"⑤象山此言,通过概述中在中国哲学思想中作为最高形而上学范畴的传统,再次肯定了它的根本性。而朱子由于过多从人的行为上理解中,甚至流于俗套将中理解为"恰到好处",而完全没有看到它与天道、天理、太极、阴阳的内在关系,不能像象山那样将中视为形而上学的根本原理。

但绝大多数中国哲学家还是秉持《中庸》对"中"本质的描写,"中为天下之大本","盖中为天下之大本,人与物不容有二"。⑥中是万有的根本。中不仅是中国形而上学的根本原理,也是中华文明价值取向与道德人格的核心,明儒吕坤将此一语道破:

　　　　"中"之一字,是无天于上,无地于下,无东西南北于四

---

① 陆九渊:《与朱元晦》,第 23 页。
② 同上书,第 26 页。
③ 同上书,第 23 页。
④ 同上书,第 28 页。
⑤ 同上。
⑥ 罗钦顺:《困知记》,第 16 页。

方。此是南面独尊道中底天子,仁义礼智信都是东西侍立,
百行万善都是北面受成者也。不意宇宙间有此一妙字,有
了这一个,别个都可勾销。五常、百行、万善,但少了这个,
都是一家货,更成甚么道理?①

中的概念在中国思想和中华文化的发展中不但没有失去它的核
心地位,而且还变得日益明确。吕坤上述的表述就是一个证明。
中是中华文明思想的根本原理;离开这个原理,一切都将是术,
而非道。

阳明也肯定"中只是天理"②。并且,此天理不是固定的教条
与原则,而"只是易,随时变易"③。这种将中解为易或变易的说
法,显然与宋儒(程朱)强调中为常道的思路形成鲜明的对照。
中是变易,隐含着中有相对化的可能。尤其是阳明要求"须是因
地制宜,难预先定一个规矩在"④。这讲的就是"时中",对于个人
行为来说无疑是对的。但时中也要有一个绝对的中在,任何行
为都可以自称"因地制宜"或"时中",如朱熹所言:"然所以能时
中者,盖有那未发之中在。"⑤作为天理的中应该是绝对的,"因地
制宜"是对人而言的,天不存在因地制宜的问题。阳明显然没有
分清中本身与时中,作为天理的中和人致中的行为。

此外,当门人陆澄问阳明"天理何以谓之中?"答曰:"无所偏
倚。"陆澄又问:"无所偏倚是何等气象?"答曰:"如明镜然,全体
莹彻,略无纤尘染着。"⑥阳明这是用良知来说中。"全体莹彻"是

---

① 吕坤:《呻吟语》卷一,《吕坤集》中册,中华书局 2008 年版,第 641 页。
② 王阳明:《传习录上》,《王阳明全集》上册,第 19 页。
③ 同上。
④ 同上。
⑤ 朱熹:《朱子语类》卷六十二,第 2004 页。
⑥ 王阳明:《传习录上》,第 23 页。

"一应私心扫除荡涤，无复纤毫留滞，而此心全体廓然。"①他说这是天理，但显然是指人的主观气象与德性修为之境界。当然，可以说，到此境界，已然无我了，但天人还是有分，中作为天道，不仅廓然大公，而且还有许多复杂的含义，非"全体莹彻，略无纤毫染着"所能概括。中不能仅仅是人的道德境界，更有远为复杂宏阔的形而上学指向和多方面的哲学维度，那绝不是一句"此心全体廓然"就能说清的。

对阳明持严厉批评态度的船山，在中的理解和定义问题上要比阳明深入周延得多。船山对中这个概念有极为精深系统的展开和论述。他首先强调了中在中国思想和哲学中的核心地位。他承继子思《中庸》的传统，明确指出"中"乃是最高、最基本的原理："盖天地所以位之理，则中是也；万物所以育之理，则和是也。"②中不仅是宇宙最高、最基本的原理，而且还是一切道与理之归结：

> 天下之理统于一中：合仁、义、礼、知而一中也，析仁、义、礼、知而一中也。合者不杂，犹两仪五行、乾男坤女统于一太极而不乱也。离者不孤，犹五行男女各为一○，而实与太极之○无有异也。③

中不是一个简单的 A＝A 的同一性概念，而是包涵诸多本质规定和向度的有差异的同一。"有差异的同一"的意思是差异是同一自身的差异，而不是一个空的同一概念囊括许多外在的差异。"太极最初一○，浑沦齐一，固不得名之为理。殆其继之

---

① 王阳明：《传习录上》，第 23 页。
② 王夫之：《读四书大全说》上册，第 84 页。
③ 同上书，第 59—60 页。

者善,为二仪,为四象,为八卦,同异彰而条理现,而后理之名以起焉。"①这里的"最初"不是物理时间意义上的最初,而是逻辑意义上或分析意义上的最初。我们分析一事物的内容,总是先确认此物之身份(identity),然后才能将它展开描述。但太极是宇宙大化,它是自己展开,我们只能描述它的自我展开,展开的结果是它的自我同异和条理之显现。不像西方哲学的概念定义取法事物-属性模式,概念的各种规定未必就是概念本身,例如,"不可入"是"硬"概念的一个规定,但它不是硬。而太极不然,它是一个具有无限性和绝对性的概念,○就象(喻)它之不可分隔,"浑沦齐一"。但以○为象是有很大缺陷的,即无限之太极没有轮廓。船山曾批评朱熹"错看《太极图》上面一圈,将作轮郭看。先儒画《太极图》时,也只得如此画,如人画日,也须只在四围描一轮郭。究竟日体中边一样赫赫地,何尝有轮郭也!"②

中是绝对与无限意义的大全:"盈天下只是个中,更无东西南北。盈目前只是个中,更无前后左右。"③中至大无外,吞吐宇宙,涵盖万物,是形上意义(而非实在论意义)上的存在本身。用中国传统哲学的概念说,中即太极,仁、义、礼、知非中之外用,乃中题中应有之义。中是它们的内在综合统一,而不是它们的外在集合,不是包裹它们的"轮郭"。另一方面,中若无这些理,将只是一个空洞的概念,正是有这些各异之理,中才为中,这就是"析仁、义、礼、知而一中也。"这些各异之理之所以合于中而不杂,犹如两仪五行、乾男坤女统于一太极而不乱,是因为它们就是中本身,就是太极本身。"离者不孤"是说中的各异条理即便分开说,它们仍然具有中本身的整全性。伊川云:"一物之理即

---

① 王夫之:《读四书大全说》下册,第720页。
② 同上书,第713页。
③ 同上书,第497页。

万物之理。"①船山这里也是这个意思，个别之理既然是中本身的展开，自然与其他理不仅不隔，而且内在是一个"浑沦齐一"的整体，否则它就什么也不是。这个整体就是中本身，"犹五行男女各为一〇，而实与太极之〇无有异也"。这说明船山不是把太极理解为一个僵死的概念，而是具有内在生命的天道。黑格尔在其早年的神学著作《基督教的精神及其名运》中写道："只有对于死物而言，全体才是外在于诸部分的东西。相反，在有生命的东西那里，全体的一部分与全体是同一个东西。"②船山这里表达的正是黑格尔同样的意思。

船山不仅强调中之整全性，而且还特别强调中的本体性。朱熹在《中庸或问》中认为，周敦颐讲的"中者，和也，中节也，天下之达道也"中的"中"是"时中"之义，即中之用，与子思讲的中不同，那是中之本。③船山反对单独讲中之用，因为"'时中'之中，非但用也。中，体也，时而措之，然后其为用也"④。也就是说，体用不能截然分开讲，用是中本身的发用，是中在人的实践生活中的自然体现。或者说，与人之实践行为相关者，即为中之用。但中之用或时中之中就是中本身，就是中之体，"……凡言中者，皆体而非用矣。……和固为体，'时中'之中不但为用也明矣"⑤。船山之所以强调用实为体，首先是因为无体即无用。体为必然，而用为或然，比如"夫手足，体也；持行，用也。浅而言之，可云但言手足而未有持行之用；其可云方在持行，手足遂名为用而不名为体乎？"⑥中有用，但中绝不等于用。中是一切存在之所以然，

①　程颢、程颐：《河南程氏遗书》卷第二上，《二程集》，第 13 页。
②　Hegel, *Der Geist des Christentums und sein Schicksal*, Werke 1, S.376.
③　朱熹：《四书或问》，《朱子全书》第六册，第 560 页。
④　王夫之：《读四书大全说》上册，第 60 页。
⑤　同上。
⑥　同上书，第 62 页。

强调中为体,就是强调此存在论的绝对条件:"中为体,故曰'建中',曰'执中',曰'时中',曰'用中';浑然在中者,大而万理万化在焉,小而一事一物亦莫不在焉。"①

　　然而,"中"字好写,作为天下大本的"中"却不易把握,船山甚至说:"'喜怒哀乐之未发谓之中',是儒者第一难透底关。"②首先,照《中庸》这句话的字面意思理解,那人不喜、不怒、不哀、不乐之时多矣,这是否即为中? 尽管有人真会这么去理解中,而且船山还设想了持这种理解者很可能提出的理由:"只当此时,虽未有善,而亦无恶,则固不偏不倚,而亦何不可谓之中?"③船山指出,这种理解的错误,在于把中完全理解成一个没有任何规定的东西,那样的话,不偏不倚也就没有任何意义。偏与倚必相对而言才有意义:"如一室之中,空虚无物,以无物故,则亦无有偏倚者;乃既无物矣,抑将何者不偏,何者不倚耶? 必置一物于中庭,而后可谓之不偏于东西,不倚于楹壁。"④此外,"喜怒哀乐之未发"不是像不少现代学者理解的那样,是指没有主观意识或心理活动,而是指一种在中的客观可能性,并且是一种确定的可能性、确定之理:"寂然无感,而可以喜,可以怒,可以哀,可以乐,可以未有其事,而具当喜、当怒、当哀、当乐之理;可以未有其念,而存无过于喜怒哀乐,无不及于喜怒哀乐之则。"⑤

　　中不是一个空洞抽象的概念,而是天地实理,并且是包含它的相对者于自身中的、具有无限性和绝对性的概念,程子的"在中",即表明这一点。"喜怒哀乐未发谓之中",是说喜怒哀乐已"在中",只是未发(可能性)而已。后之所发者,即实现那已在中

---

①　王夫之:《读四书大全说》上册,第 61 页。
②　同上书,第 79 页。
③　同上。
④　王夫之:《读四书大全说》下册,第 80 页。
⑤　王夫之:《四书训义》卷二,《船山遗书》第三卷,第 1616 页。

之未发者,故有中节与否之分殊。"若子思之本旨,则谓此在中者'谓之中'也。"①也就是说,船山认为,子思是把喜怒哀乐这些确定的可能性看作是"未发之中"。"未发之中,诚也,实有之不妄也。……盖吾性中固有此必喜、必怒、必哀、必乐之理,以效健顺五常之能,为情之所繇生。"②这当然不是说喜、怒、哀、乐各为一中,"实则中者一尔"③。中本身唯一,在中者无数,事物有多少,在中者就有多少。事物为无限,则在中者亦为无限。"则浑然在中者,充塞两间,而不仅供一节之用也,斯以谓之中也。"④

　　船山对中的思考特别有价值的就是他坚持"用"是"中"本身的本质规定,而且必须将用理解为不仅是体之用,而且也要把体理解为用。"《中庸》一部书,大纲在用上说。即有言体者,亦用之体也。乃至言天,亦言天之用;即言天体,亦天用之体。"⑤很显然,这里的用中之"用"非实用主义之"用","用"不是指应用一个原理或方法;在此,"用"乃是一个体现天人相通的概念,强调的是人事中应有天理,自觉受天理之规范与限制。天理自然要展开为人道。"用"不是人主观应用天理来做某事,而是天理自身在人事中体现与展开。

　　天道不是一个与人物隔绝的形上实体,"此在天之天道,亦未尝遗乎人物而别有其体"⑥。这不是说人物静态地分有天道,或天道静态地在人物中呈现,中之用或天之用本质上是太极或浑沦之天的无限大用,"天无自体,尽出其用以行四时,生百物,无体不用,无用非其体"⑦。"故天崇而以其健者下行,地卑而以

---

①　王夫之:《读四书大全说》下册,第 80 页。
②　同上书,第 80—81 页。
③　同上书,第 81 页。
④　同上。
⑤　同上书,第 138 页。
⑥　同上。
⑦　王夫之:《周易内传》卷一,《船山遗书》第一卷,第 9 页。

其顺者上承,虚实相持,翕辟相容,则行乎中者是已。'行乎中者',道也,义也。道以相天而不骄,义以勉地而不倍。健顺之德,自有然者,而道义行焉矣。"①宇宙万物,天上地下,都是中之用或天之用。

然而,"天地之生,以人为始。故其吊灵而聚美,首物以克家,明聪睿哲,流动以入物之藏,而显天地之妙用,人实任之"②。人通过他的生存活动(实践活动)成其人道,此固然为人用中,但从根本上说是中之用。所以船山特意指出,用中"非天下事理本有此三条路,一过、一中、一不及,却撇下两头,拿住中间做之谓。……《中庸》言择,但云'择善',不云择中。俗儒不省,便向者里捏怪义,分中、过、不及为三塗,直儿戏不成道理"③。用中不是像许多人会理解的那样,主观作出一个恰到好处的选择。但在船山看来,这还是陷溺于人心,而非道心。中之用或用中恰恰是不使"私意私欲得以相参用事"④,而以大公至正之天则为依归。

这当然绝不是找到一个恰到好处的行为方式,甚至连智、仁、勇诸德都未能及。子曰:"天下家国可均也,爵禄可辞也,白刃可蹈也,中庸不可能也。"何故哉?船山对此有如下解释:"唯夫中庸者,不必有繁杂之事,孤高之行,凶危之境,而就此日用当然之则,非灼见夫性天之藏,密审动静之几,以得夫大中至和之理,而修凝成熟以纯乎不息,则虽智周乎物,仁去乎私,勇伸乎义者,亦不可能也。"⑤中是至善,是人不能至,心向往之的境地和目的。

---

① 王夫之:《周易外传》卷五,《船山遗书》第一卷,第 352 页。
② 王夫之:《周易外传》卷二,第 296 页。
③ 王夫之:《读四书大全说》下册,第 497 页。
④ 同上书,第 498 页。
⑤ 王夫之:《四书训义》卷二,第 1621—1622 页。

　　但现代性的道德原则恰恰是主张自我立法；另一方面不承认有什么作为生存目的的至善，造成今日世界各是其是，各非其非，惟有人心，不见道心。公平正义亦只关利益，无关道义，大公至正之天则，早已沦为笑柄。①呜呼，中之概念，其义也深，其用也难。

<hr />

　　①　一本近年在世界范围内都非常畅销，受诸多世界名流热捧的历史著作，直截了当告诉它的读者："历史从无正义。"（见尤瓦尔·赫拉利：《人类简史》，林俊宏译，中信出版集团2017年版，第129页）

第七章　中国哲学与宇宙论

一、何为宇宙论

　　如果哲学概念产生与否是是否有哲学的基本条件的话,那么通过对上述几个中国哲学的源始和核心概念的考察与分析,已经可以非常肯定,古代中国当然有哲学,《中庸》最好地描述了它的特点:"致广大而尽精微,极高明而道中庸。"虽然近代中国有个比较流行的说法,就是中国哲学的特色是实用理性(实际上是工具理性)当道,中国哲学只关心实际运用,实际目的,当务之急,当前急需,缺乏遐思妙想,所以中国没有像西方那样体大思精的形而上学体系和纯粹的理论哲学。这种说法其实不值一笑,从汉代开始被奉为群经之首的《周易》,足可证明此说之不学。"盖《易》者,言宇宙之大理者也。"①"宇宙之大理"自然非达成某一具体目的的工具性法则或窍门,而是形而上学思维的对象,天地之道,天人之理。《中庸》开篇,何等壮伟宏阔! 以中为天下大本,非有包藏宇宙之机,吞吐天地之志者莫办。

　　这且不说,中国人始终认为,我们的文明是从哲学起步的。

---

　　① 刘咸炘:《左书·易易论》,《推十书》第一册,成都古籍书店影印 1996 年版,第 83 页。

按照《汉书·五行志》的说法："伏羲受河图,则而画之,八卦是也。禹锡洛书,法而陈之,洪范是也。"[1]这就等于说,中国哲学与中华文明同时起步,在蒙昧初开时,就已有了哲学了。当然,现代学者大都会认为此种说法不值一笑,伏羲、大禹、《河图》《洛书》都是后人虚构的产物,《五行志》的上述说法,只是没有受过科学精神熏陶的古人没有任何根据的胡言乱语,凭空捏造。

疑古之风古已有之,只是在古代疑古者并不像现代疑古者那样,一副真理在手,信心满满的样子。现代中国不少人深受实证主义和进化论的蛊惑,以为古人不是幼稚(知识有限,不懂科学,等等),就是居心不良(鼓吹愚昧和专制),因而讲的话大都荒谬或靠不住。一声"拿证据来"似乎就足以证明自己怀疑的正当和正确。殊不知说有易,说无难。要真正否定一件事情,也是要有证据的,而这所需证据的范围要大得多。古代很多传说人物与传说,以及传世文本,一个共同特点就是:无法彻底肯定,也无法彻底否定,肯定与否定都不可能有足够的证据。但这不等于它们没有重要的意义。由于这些没有充分证据的东西处在文明的发端,所以它们的意义甚至要高于后来的有真凭实据的人与物。炎黄和尧舜也许的确是虚构的人物,但他们对于中国历史和中国思想的意义远远超过秦二世或汉献帝这样真实的历史人物。此外,不能确切知道起源何在不等于没有起源,就像我们不知自己的祖先为何人不等于没有祖先。影响深远的思想往往有遥远的起源,它们之所以影响深远,恰恰因为它们由来已久;而它们之所以由来已久,是因为它们涉及人类所关心的一些人之所以为人的基本问题。

由于人类很晚才掌握文字书写的能力和手段,人类历史有

---

① 班固:《汉书·五行志》。

相当长一段是出于猜测、传说和虚构,考古学再怎么发展,都不可能完全消除古史猜测、传说、虚构的性质。然而,这种猜测、传说和虚构的性质未必都是消极的,它们虽不一定反映历史事实,却一定反映了人类对于自己的理解和期许。人类对自己祖先的想象和虚构,下意识地揭示了他们对自己类本质的理解和肯定,他们在祖先身上投射出自己的愿景。所以,从哲学上说,人类对自己历史和祖先的虚构和想象并不因为缺乏事实根据而变得没有价值或只有负面的价值。刚好相反,它向我们揭示的东西一点都不比考古发现来得少,在某种意义上甚至更为重要。伏羲和禹即使是神话人物,也不会影响我们对中国哲学起源的考察。《河图》《洛书》哪怕子虚乌有,也不能完全否定八卦和洪范九畴的起源在上古时代的可能。更何况,想象和虚构对人类历史的创造与塑造,人类历史的发展与走向,起着关键的、根本性的作用。①

问题不在于从天真的实证主义信仰出发,把《五行志》的上述说法轻易否定,而在于我们必须问,班固为何要将伏羲虚构为中国最早的哲学家? 他为何要将八卦和洪范放在一起说? 如果虚构的话,他为什么不虚构别的故事,比如说,虚构出一个摩西这样的人物? 可以认为,像班孟坚这样的大史学家,写什么不写什么,不会毫无理由、任意而为;也不会有闻必录,不加甄别与挑选。他所转述的上古传说,本身就证明了中华民族自古就有哲学的思维和追求。

古人所谓的圣王制作有很多是实用的发明,如农耕、渔猎、衣裳、房屋、医药、书契文字等等,但更把赋予宇宙混沌以秩序归于神人难分的圣王。为什么? 因为是否能整体有序地把握世

---

① 参看尤瓦尔·赫拉利:《人类简史》,第100—113页。

界,即哲学地把握世界,而不是出于生存本能适应环境,乃文明的根本与标志。《史记·历书》云:"黄帝考定星历,建立五行,起消息,正闰余,于是有天地神祇物类之官,是谓五官。各司其序,不相乱也。"这才能"民以物享,灾祸不生,所求不匮"。对宇宙理性有序的把握,是文明世界万事的根本。"王者制事立法,物度轨则,一禀于六律,六律为万事根本焉。"①这里,"律"非指狭义的音律。按照古人的理解,"律,述也,所以述阳气也"(《释名》)。因此,律与历有关,牵涉宇宙之秩序:"《律历志》云'夫推历生律,制器规圜矩方,权重衡平,准绳嘉量,探赜索隐,钩深致远,莫不用焉。"(《索隐》)宇宙有秩序,万物才有秩序,伏羲创制最重要的是赋予整体性的秩序:时间与方位,八卦既与时间有关,也与方位有关。②一切活动都得在此秩序中进行,而此秩序显然是以对宇宙(大全)的整体性把握为基础的。

《周易》的确有经传之分,《易经》本身虽极简约,但诚如方东美所言:"盖必有某种明晰之逻辑系统结构,六十四卦始克如是其错综交织,而呈现挈然秩序排列,形成一套谨严之符号系统。"③当然,诚如焦循在谈到伏羲画八卦时说:"伏羲氏之画卦也,其意质而明,其功切而大,或以精微高妙说之,则失矣。"④易系统的哲学义理在画卦者那里的确不多,需要后世不断阐发。但这不等于说《易》之经传是完全不同的东西,前者纯粹是卜筮符号,而后者才是哲学著作。八卦的系统已经体现了中国人明确的哲学思维,否则无法解释其"明晰之逻辑系统结构"。

例如,上文的"天地"就不能理解为寻常意义的"天地","盖

---

① 司马迁:《史记》卷二十五,《律书》。

② 参看潘雨廷:《卦爻辞的原始意义》,《潘雨廷学术文集》,上海人民出版社 2011 年版,第 83—96 页。

③ 方东美:《中国哲学精神及其发展》上册,第 91 页。

④ 焦循:《易图略》卷六《原卦第一》。

所谓天地者,非谓此所戴之苍然、所履之块然也,乃指此大自然之形与神也。虚而运动合化者为天,实而凝定分别者为地"。①很显然,在《周易》系统中,"天地"是个意涵丰富复杂的概念,天为乾,地为坤;天为阳,地为阴。天象动,地象静。天地意味着差异和秩序,也构成一个价值等级系统。天地指事物根本的区分和统一;根本的生化与完成。"华夏圣哲挺生,早见宇宙之大理,而表以天地二义。"②然而,"天地"二字可以合为一个概念,作为一个概念,它表示大全本身有差异的统一,宇宙万有是一个有秩序(自然秩序和价值秩序)的系统,这个系统从其功能上说,是生生不已的永恒过程。现代很多人都用宇宙论来解释从《周易》一直到船山的中国哲学,以为这是证据充分的不刊之论。真是这样吗?

"宇宙论"是一个来自西方的概念。近代以来,我们大量引进和使用源于西方的概念来解释中国传统思想,却往往对这些概念本身采取不求甚解想当然的态度,结果产生的解释实际是误解甚至歪曲了中国传统思想。在讨论中国哲学是不是宇宙论或有无宇宙论之前,我们先来简单考察一下宇宙论在西方究竟何义。我们现在一般会把宇宙论理解为关于宇宙起源的学说,但根据西人的定义,宇宙起源论或宇宙生成论(cosmogony)是关于宇宙起源的理论;而宇宙论(cosmology)则是形而上学的一个分支,将宇宙作为一个系统的秩序来处理。但西方人自己在使用上往往并不严格区分这两个概念,宇宙论常常也被理解为宇宙起源论。③东方学者也是如此,往往把两者理解为没有根本区

---

① 刘咸炘:《内书·天地》,《推十书》第一册,第465页。
② 同上书,第464页。
③ 但有自然科学背景的哲学家还是严格区分这二者的,如兰贝特、早期康德、晚期拉普拉斯都在牛顿物理学基础上发展出一个普遍宇宙论和一个世界起源理论。

别的东西。[1]

西方人一般把爱奥尼亚学派的自然哲学视为最早的宇宙论。泰勒斯把世界理解为一个被水环绕的圆盘。阿那克西曼德把世界理解为太空中的一个圆柱体。而柏拉图的学生尤多克索斯和后来的希腊天文学家提出地心说的宇宙体系，地球在宇宙中间，周围环绕着其余行星和其他星球。公元2世纪托勒密用数学构成这个体系，在此体系中各个星体的运动被归结为一个循环运动的体系。一直到18世纪末，宇宙论一直都是西方哲学的一个基本内容。但由于宇宙论从一开始就主要以物质世界的起源、生成与结构为对象，随着自然科学在近代地位的迅速提升，影响的日益巨大，以及哲学家本身对哲学宇宙论的批判与反思[2]，宇宙论逐渐退出哲学，成为物理学专门的对象，例如，剑桥大学2017年出版的《宇宙论的哲学》（500余页），便完全是讨论物理学宇宙论的各种哲学问题，丝毫不涉及哲学宇宙论。[3]

如果我们以西方哲学宇宙论，例如爱奥尼亚自然哲学为标准来衡量的话，那么可以说，中国哲学很难说有宇宙论。[4]中国最早的哲学著作《尚书》《易经》都是从人事上探天道，宇宙生成与构造不是中国早期哲学家所关心的问题。其次，中国早期的哲学概念，往往具有象的性质，是象概念，如气、如五行的金木水火

---

① 例如，日本学者浅野裕一的著作《古代中国的宇宙论》基本都是在讨论中国古代的宇宙生成论（见氏：《古代中国的宇宙论》，吴昊阳译，江苏人民出版社2020年版）。

② 康德《纯粹理性批判》二律背反理论便是对传统宇宙论哲学的批判。

③ Cf. Khallil Chamcham, Joseph Silk, John D. Barrow & Simon Saunder(ed.), *The Philosophy of Cosmology*(Cambridge: Cambridge University Press, 2017).

④ 世界各个文化都有其关于宇宙结构的思考、观念和想象，正如著名人类学家坦比亚所言："宇宙论是一个概念和关系的构架，它视天地万物或宇宙为一个有序的系统，根据空间、时间、物质，以及运动来对其进行描绘，并且囊括神、人、动物、精灵、魔鬼等所有事物。"(Stanley J. Tambiah, *Culture, Thought, and Social Action: An Anthropological Perspective*, Cambridge, MA.: Harvard University Press, 1985, p.3)所以有多种性质不同的宇宙论，如宗教宇宙论、哲学宇宙论和科学宇宙论等，本书只涉及哲学宇宙论。

土,甚至天和地,都不能按照常识把它们理解为是一种具体的物质。否则许多传世文献将显得非常幼稚可笑、荒谬不经。这只要与古希腊哲学的宇宙论一对比就清楚了。

根据亚里士多德的描写,泰勒斯把水作为万物的物质始基。大地像一块木头浮在水上。①阿那克西曼德把地球看作一个圆柱体,其直径是高度的三倍。地球凭空悬挂在宇宙中间,由于离宇宙的各方边际是等距离,(宇宙好像被看成是一个球)它保持着静止状态。一开始,地球是处于液体状态,后来,在逐渐干燥时,产生了生物。人最初披着鱼鳞,栖居在水中,只是当他们演化到足以在陆上生活,才脱离水中生活。②阿那克西美尼提出,地球是一个扁平的物体,有如一个桌面,因此可以由空气支撑。由它产生的蒸汽变稀而成了火,火的一部分,被空气压在一起就变成了星星。这些星星的形状和地球相似,并环绕它运行。它们横向地悬浮在空气之上,像一顶帽子绕着头旋转。他最先认识到月光来自太阳,他对日食和月蚀给以一种自然的解释,他认为这是由类似于地球的物体在宇宙中的旋转形成的。他把虹解释为太阳光照在光线穿不透的厚云上造成的结果。③

西方哲学的宇宙论虽然并不能说是完全唯物论的,有些也会主张神创造世界,但它们谈论的都是作为自然界的宇宙,或物理学意义上的宇宙,如地球的形状与位置,事物是否无限可分,时间的性质,宇宙的起源等等这些现代完全由自然科学来处理的问题。哲学宇宙论 19 世纪后逐渐在哲学中消失,并不仅仅是因为在近现代物理学面前,哲学宇宙论简直太幼稚了,或者纯粹是哲学家的玄想。而是康德的批判哲学表明,传统宇宙论讨论

---

① E.策勒尔:《古希腊哲学史纲》,翁绍军译,山东人民出版社 1996 年版,第 28 页。
② 同上书,第 30 页。
③ 同上书,第 31—32 页。

的对象(作为自在之物的宇宙)根本不是知性的对象,当我们将知性的范畴延伸到时空现象世界之外时,必然导致二律背反。而传统宇宙论恰恰试图用知性范畴来处理属于本体(绝对)的问题,因而是不合法的。所以他放弃了哲学宇宙论,"让整个感官世界留在自己的经过一切项而前进的、经验性上有条件的存有中"①。不管人们对康德的立场同意与否,宇宙论在康德之后逐渐成为物理学的一个研究领域。

二、超越宇宙论的中国哲学

可以说,在中国哲学中,找不到西方哲学宇宙论这样的宇宙论理论。西方宇宙论都是从物理宇宙出发,讨论的是有关宇宙各种事物的物理特征和结构。但中国古代哲人显然不关心这些问题,中国哲学中几乎找不到对物理宇宙结构和整体状态的描写。例如,现代学者可能会认为,《系辞》开头"天尊地卑,乾坤定矣;卑高以陈,贵贱位矣;动静有常,刚柔断矣;方以类聚,物以群分,吉凶生矣;在天成象,在地成形,变化见矣"这几句话好像是在描述宇宙结构。实则大不然。这里的天与地,根本就不是指自然界的天和地:

> 天地者,阴阳形气之实体。乾坤者,《易》中纯阴纯阳之卦名也。天尊地卑,阴阳固有自然尊卑之象。在《易》,则即太极之生两仪四象见之。……《易》之变化非因形象而后有,即形象而《易》中之变化可见也。此节即造化之所有,以明《易》之原。然非因有天地而始定乾坤,非因卑高始定爻

之贵贱。①

这是古人对上述《系辞》开头那段话的理解,天地在此是象,古人取天地之象以明《易》之理路,表明《易》之理亦造化之理。"天地,一诚无妄之至德,生化之主宰也。"②在中国哲学中,天地从一开始就是一个哲学基本概念,而不是自然物体。中国哲人的兴趣不在宇宙是怎样的,而在该如何理解作为全体的宇宙。

因此,《周易》根本不是自然哲学,也没有实质是自然哲学的宇宙论,宇宙不是从什么物质元素中产生的,而是从乾坤作用开始:"乾知大始,坤作成物。"严格说,乾坤不是任何意义的物,它们是天地之德。而天地也不是物理意义上的天地,倒不如说,它们分别代表贯通宇宙万有的两种势能:运行与形成。也因此,它们一开始就严格有序,天地之序,既规定了宇宙万物之序,也是规定了人事人心之序。乾坤是天地象征性的功能性原理。因此,《周易》哲学绝对不是自然哲学的,而是形而上学。用知觉实在论,甚至用常识完全可以理解前苏格拉底的自然哲学,但根本无法正确理解《周易》的哲学。

也因为阴阳(天道)并不构成任何事物的质料或始基,它是完全先验的、形式的,天道的生生不是发生学意义的,即不是像前苏格拉底的自然哲学主张的那样,从某个实体或基质慢慢发展产生出宇宙万物。乾坤阴阳的生物成物是"开物成务","'开物'谓一阴一阳之道,为万物万事之所始;'成务'谓事物之成自人为者,亦此理成之也"。③事物是什么是由其理决定的,而明白易之究竟,则对天地万物就会有一个根本性理解:"易简而天下

---

① 陈梦雷:《周易浅述》,第368—369页。
② 王夫之:《周易内传》,第159页。
③ 同上书,第176页。

之理得矣,天下之理得而位成乎其中矣。"古希腊前苏格拉底自然哲学的宇宙论不太关心宇宙的秩序,它们的宇宙观总是最初宇宙一片混沌,然后逐渐有序。但宇宙秩序从何而来,几乎没有交代。《周易》宇宙论则不然,宇宙从来就是有序的,宇宙的秩序也决定了价值的秩序:"天尊地卑,乾坤定矣;卑高以陈,贵贱位矣;动静有常,刚柔断矣;方以类聚,物以群分,吉凶生矣;在天成象,在地成形,变化见矣。"

　　惯于实体性思维的现代学者,往往对《易》之"生生不息"津津乐道,可他们往往只是在"世界是运动的"和创造运动(宇宙创化)的意义上理解《易》之"生生",殊不知此"生生"也不能从实在论上去理解,而必须在《周易》之形上系统中去理解。如果我们能从《周易》形上学去理解"生生",那么,"生生"之义绝不是无中生有,发生学意义上的像父母生出孩子,或工匠造出一件器具那样的"产生"的意思。相反,"乾道成男,坤道成女"①这句话透露出,"生生"之"生"要从"使……成其为",即规定事物之所是意义上去理解。对此,船山曾有明确的表述:"生者,非所生者为子,生之者为父之谓。使然,则有有太极无两仪,有两仪无四象,有四象无八卦之日矣。生者,于上发生也,如面生耳、目、口、鼻,自然赅具,分而言之,谓之生耳。"②"生"是指在一个大全(意义总体)中对万事万物的规定,而不是从无到有意义上的"产生",如基督教传统所谓的上帝从中创造世界万物那种意义的"创造"。对于《周易》的作者来说,"生非创有,而死非消灭,阴阳之理也"③。故"乾当始物,坤当成物"④。"乾""坤"作为天地之道,其生在始,

---

① 《周易·系辞上》。
② 王夫之:《周易稗疏》,《船山遗书》第一册,第258页。
③ 王夫之:《周易内传》,第163页。
④ 程颐:《易说》,《二程集》下册,第1027页。

其德在成。归根结底,《周易》宇宙论是要理解宇宙,而不是描述宇宙。所以才会把进退理解为变化,把昼夜理解为刚柔。

但是,《周易》的理解与海德格尔释义学的理解有很大不同,海德格尔讲的理解是理解事物"是"什么,例如,我们可以把一幅画理解为一件艺术品或一个投资对象。但《周易》的理解不是要理解事物"是"什么,而是要理解事物的条理,即"辨物居方"①,进而得"天下之理"。也因此,生生不仅是使存在,也是使有序。《系辞》有言:"圣人有以见天下之动,而观其会通,以行其典礼。"小程子将"会通"释为"纲要",而将"典礼"释为"法度"②,允为谛当。易之动不是物理的事物位移意义上的运动,而是事理秩序的交错互动。对生生或变易的理解首先应该明白,对于《周易》的作者来说,事物的变易或运动是以世界有序为前提的,"天下之物与事莫非一阴一阳交错所成,受乾坤六子之撰为形象,而以其德与位之宜与不宜为理事之得失"③。"变者,尽万殊之理而无所滞也。"④

事物之序即事物之道,天地之序即天地之道。八卦始于《河图》之象的神话恰恰是要说明天道不是出于神授,而是天地本有,百姓日用而不知,圣人却从天地万象中悟得此道以为法则。河图的神话,想说的无非是"天道设位,圣人成能"而已。⑤宇宙万有之序,乃天地之当然。人为万物之灵,故能体得这当然。"《河图》著其象,圣人纪其数,八卦因其合,六十四卦穷其变,要以著一阴一阳之妙用,而天化物理人事之消长屈伸,顺逆得失,皆有

---

① 《周易·未济·象传》。
② 程颐:《易说》,第1030页。
③ 王夫之:《周易内传》,第172—173页。
④ 同上书,第175页。
⑤ 《周易·系辞下》。

一定之则,所谓'卦之德方以知'也。"①船山此言,亦表明,事物的秩序归根结底在事物本身,既非一个神祇所授,亦非人类主体的创造。就其超越性而言,用董仲舒的话说,是"道之大原出于天"②。

现代学者往往把《系辞传》中"是故《易》有太极,是生两仪,两仪生四象,四象生八卦"这段话理解为是中国古代的宇宙起源论和宇宙论。这种理解是建立在对《周易》这几句话的错误解读基础上。古人对这几句话的正解,前文已述,不赘。中国人对宇宙如何产生的问题没有太大兴趣,屈原的《天问》似乎是一个反证:"遂古之初,谁传道之? 上下未形,何由考之? 冥昭瞢闇,谁能极之? 冯翼惟像,何以识之? 明明闇闇,惟时何为? 阴阳三合,何本何化? 圜则九重,孰营度之? 惟兹何功,孰初作之?"③但仔细去读,就会发现这里屈原追问的不是谁创造了世界,或世界是如何产生的,而是世界为何是这样的。

中国人相信具体事物的产生是由于事物自身,即自生,而非外部的某个创造者:"然则生生者谁哉? 块然自生耳。……故物各自生而无所出焉。"④"太极"与"阴阳"都不是实体性的东西,而是抽象的道。中国思想在一开始就没有设想一个具体的创造者创造世界,而是以比较抽象的象征性概念(太极、阴阳、五行、八卦等)来说明宇宙秩序的动态结构。持普遍主义进化观的人,大概不会认同这一点,在他们看来,中国人只能和西方人一样,一

---

① 王夫之:《周易内传》,第172页。
② 班固:《汉书·董仲舒传》。
③ 屈原:《楚辞·天问》。
④ 《庄子·齐物论》。

开始是相信有一个上帝创造世界的。①其实,甲骨文中多是"帝令""帝降""帝若"这样的说法,没有"帝生"的说法,商周时代天命、天功的概念,《周易》关心的是"阴阳消息",都足以表明,古人关心更多的是事物的所以然,而不是事物的发生。

"古未有天地之时,唯象无形,窈窈冥冥,有二神混生,经天营地,于是乃别为阴阳,离为八极,刚柔相成,万物乃形。"②《淮南子·精神篇》的这段话似乎可以看作是中国哲学的宇宙起源论或宇宙生成论。但与西方的宇宙生成论不同的是,它不是从任何人都能了解的可感自然现象或自然事物出发。首先,"唯象无形"乃"无形生有形"也。③未有天地之前已有存在,而不是绝对的无。其次,虽高诱注——"二神,阴阳之神也",但不能将此二神之"神"理解为纯粹人格神。《说文·示部》:"神,天神,引出万物者也。"徐锴系传:"天主降气以感万物,故言引出万物也。"可见此处之"神",实指作为万物起源的天(此处天不是一物,而是一个具象地表达万物起源的概念)。徐灏注笺:"天地生万物,物有主之者曰神。"神是事物的控制者,但却不是像上帝那样人格性的控制者,而是原因性的支配者。它"引出万物",不是"生出万物"。《淮南子》并未说二神创造天地,而是说它们"经天营地",并且它们因此自我区分为阴阳、八极、刚柔,由此"万物乃形",事物具有了明确的规定性,而不是事物被创造出来。但由于近代

---

① 例如,丁山说《尧典》中"乃命羲和,钦若昊天,历象日月星辰,敬授民时""**那几段测天观象故事,也该是耶和华上帝创造宇宙神话……的变相**;所谓'尧天舜日',也只是儒者所信仰的创造宇宙大神"(氏:《中国古代宗教与神话考》,上海书店出版社 2011 年版,第 83 页)。这就是这方面一个典型的例子。现代杰出的宗教学家埃利亚德在其《比较宗教诸模式》中对此种进化论观作了坚决的否定与批判(Cf. Mircea Eliade, *Patterns in Comparative Religion*, trans. by Rosemary Sheed(Cleveland and New York: The World Publishing Company, 1963))。

② 《淮南子·精神篇》,何宁:《淮南子集释》中册,中华书局 1998 年版,第 503 页。

③ 何宁:《淮南子集释》中册,中华书局 1998 年版,第 503 页。

以来,我们总认为西方的叙事是放之四海而皆准的,因此,西方有的我们都有,否则就不能证明我们的伟大。例如,中国古代很难找到某个神祇无中生有地创造宇宙万物的神话,可总有人想方设法要证明有。上述丁山解读《尧典》就是这方面的一个典型例子。

当然,从无形到有形,从有形到有质,即便不从可感的自然事物开始,也未尝不可以看作是宇宙生成论。这种宇宙生成论,在《乾凿度》中得到了明确的表达:"有太易,有太初,有太素也。太易者,未见气也;太初者,气之始也;太始者,形之始也;太素者,质之始也。"①《广雅·释天》对此有进一步的论说:"太初,气之始也,……,清浊未分也。太始,形之始也,……,清者为精,浊者为形也。太素,质之始也,……,已有素朴而未散也。三气相接,……,剖判分离,轻清者上为天,重浊者下为地,中和为万物。"这是用经验的方式来想象地描述宇宙万物的产生。这种宇宙起源论或宇宙生成论绝非中国哲学主流。之所以不是主流,是因为中国哲学从一开始关心的就是永恒的存在,它是绝对,是无限,是大全,是一切事物之根本,是一切事物之所以然,儒家哲学家把它称为"太极"。中国哲学不关心具体事物是如何产生的,而是关心从整体上把握宇宙万有的动态秩序。这个大全即太极,本身无始无终,所以它之化没有时间和逻辑上的先后,因为化只是它的自化:"若夫天之为天,虽未尝有俄顷之闲、微尘之地、蜎孑之物或息其化,而化之者天也,非天即化也。化者,天之化也;而所化之实,则天也。"②太极不是像山川树木那样的物质实在之物,而是形而上学的一个设定。

船山据此对《乾凿度》上述思想提出尖锐的批评:

---

① 《易纬·乾凿度》,《七纬》,中华书局 2012 年版,第 33—34 页。
② 王夫之:《读四书大全说》下册,第 719 页。

《易》一太极也,又安得层絫而上求之?《乾凿度》曰,"有太易,有太初,有太始,有太素",危搆四级于无形之先。哀哉!其日习于太极而不察也!故曰:"阖户之谓乾,辟户之谓坤。"有户,则必有材以为户者,则必有地以置户者。阖,则必有阖之者;辟,则必有辟之者。为之置之,阖之辟之,彼遂以为太极也,且以为太易、太初、太始、太素也。夫为之置之,必有材矣,大匠不能抟空以造枢棍;阖之辟之,必有情矣,抱关不能无司以为启闭。材则其阴阳也,情则其往来也。使阴阳未有之先而有太极,是材不夙庀,而情无适主;使仪象既有之后,遂非太极,是材穷于一用,而情尽于一往矣;又何以云"乾坤毁则无以见《易》"也乎?①

《周易》哲学不是要像古希腊的自然哲学那样具体描述物质宇宙的样态和形成,而是抽象阐明宇宙万有存在的总体性原理和脉络,或者说事物构成的总体性结构,就这个总体性脉络和结构是一切事物得以成其为事物的绝对前提而言,它是绝对的整全,包含存在的一切可能性,不可能是一个分四个不同阶段逐渐生成的结果:"天地不先,万物不后。"②太极作为大全,作为总体性原理,乃是无限,就此而言,它无所不包,无所不备,乃万有之渊薮:"是故六阴六阳,十二皆备,统天行地,极盛而不缺,至纯而奠位,以为之始,则万物之生,万物之化,质必达情,情必成理,相与参差,相与夹辅,相与补过,相与进善;其情其才,其器其道,于乾坤而皆备。抑无不生,无不有。"③但它不是任何实在论意义的存在,是外在于阴阳、先于阴阳的东西。相反,"所谓太极者,便只

---

① 王夫之:《周易外传》,第357页。
② 同上书,第384页。
③ 同上。

是在阴阳里;所谓阴阳者,只是在太极里"①。太极与阴阳不是形式与质料的关系,"阴阳五行为太极之体"②。把阴阳与太极分开,"遂非太极"。太极既然不是任何实在论意义上的存在,当然以太极为绝对的中国哲学也不可能有西方那样的宇宙生成论和宇宙论。

除了儒家哲学外,人们也经常用宇宙生成论来解释道家哲学。有人甚至认为:"先秦秦汉哲学中,道家是最注重宇宙生成论的。"③要证明中国哲学主流没有西方那样的宇宙生成论或宇宙论,自然不能不把道家哲学纳入考察的范围。

无论是宇宙论还是宇宙生成论,都是西方哲学的发明。要把它作为一个研究向度来解释中国传统哲学的话,我们必须对早期中西哲学的基本问题意识和问题语境有足够的把握,毕竟它们在这方面有着明显的差异。同时,我们还要对我们引进用作研究框架的西方哲学资源有足够的了解,否则不免会有逾淮成枳之憾。最后,我们还必须检讨将西方哲学的术语、概念用于解释中国哲学产生的结果。

三、中国哲学的宇宙论解释之误

"宇宙论"和"哲学"概念一样,是希腊人的发明。Cosmology(宇宙论)的词根是 *kosmos*,最初是在作为整体的宇宙的意义上被用来指世界的,是从"秩序"的一个基本意义上派生出来的,柏拉图后期的宇宙论著作《蒂迈欧篇》的主要角色蒂迈欧是一个著

---

① 朱熹:《朱子语类》卷九十五,《朱子全书》第十七册,第 3205 页。
② 朱熹:《朱子语类》卷三十六,《朱子全书》第十五册,第 1356 页。
③ 曹峰:《早期道家的四种生成论》,贾晋华、曹峰编:《早期中国宇宙论研究新视野》,上海人民出版社 2021 年版,第 31 页。

名的天文学家,他在描述宇宙秩序时提到了天体的结构。因此,用 *kosmos* 在宇宙的意义上指称世界,反映了从它一开始用来在"天体的布局"意义上描述"秩序",转移到描述作为一个整体的"世界的秩序"。这种原汁原味的宇宙论几乎从未被中国学者用来描述中国古代哲学。

中国学者在谈论宇宙论时实际上大都是在谈宇宙生成论,即 cosmogony,这倒问题不大,因为在古代希腊 cosmology 是包含 cosmogony 的。宇宙生成论主要是说明宇宙秩序的创造与产生,是宇宙秩序的生成,而不是个别事物的生成。我们在前苏格拉底哲学家的始基(*arche*)里或宇宙的第一原理的理论中可以看到宇宙论和宇宙生成论的关联,一直到柏拉图那里还是如此。①但中国学者在谈论宇宙生成论时,很少在意"作为整体的宇宙",而将宇宙生成论简单理解为说明万物发生的最终源头和事物的产生、生长、变化的理论。这是因为,人们往往以为,万物的总和,就是宇宙。②

但是,在哲学上,其实在日常语言中也一样,"宇宙"是指一个时空全体,而"万物"就是一切事物。前者是一个质的意义上的作为整体的概念,后者绝非质的意义上的整体,而只是量的意义上的所有事物。它们是两个完全不同意义的范畴。但中国学者在谈宇宙生成论的时候,基本不谈作为一个整体的宇宙本身,关心的是事物是如何产生的。

曹峰的论文《早期道家的四种生成论》是近年比较系统讨论道家宇宙生成论的文章,该文章把道家的宇宙生成论分为四种

---

① Cf. Cynthia Freeland, "The Role of Cosmology in Plato's Philosophy", Hugh H. Benson (ed.), *A Companion to Plato* (Malden, MA.: Blackwell Publishing, 2006), p.199.

② "万事万物,所有种种,总合为一,谓之宇宙。"(张岱年:《中国哲学大纲》,第 1 页)

类型,即 1.他生型生成论;2.相生型宇宙生成论;3.自生型生成论;4.化生型生成论。①这四型宇宙生成论的划分不无可议之处。首先,照作者的说法,相生型宇宙生成论有两个条件:"一方面指万物的生成有赖于'道'之类的最高存在,另一方面则指万物都是在相互作用的环境下生成的。"②但相互作用的前提是相互作用者已经存在和产生,然后才能相互作用,因此,第一个条件才是事物的根本条件,是事物的起源。而所谓第二个条件,根本不是事物发生的条件。有无、高下、前后、左右、阴阳、男女相生,不是指它们彼此产生对方,而是指它们相对待才有自己的身份或特征(identity)。所以,相生型宇宙生成论根本不能成立。其次,按照上述论文,"所谓自生型生成论指的是,万物的产生,不依赖于'造物者'的作用,而主要是依赖万物自身的力量"③。但"依赖自身力量"的前提是自身已经存在和产生,自身若不先已存在,如何依赖自身的力量来产生自己? 如若自身已经存在,也就不需要依赖自身的力量来产生自己。最后,化生型生成论也是多此一举,因为根据论文,"'化生'是'他生'的另一种表达"④。如果这样的话,是否也可以说化生型生成论是他生型生成论的另一种表达呢?

所以,如果道家有所谓的宇宙生成论的话,也只有他生型生成论还可以一说,还值得予以讨论,这里面的确牵涉到有关道家哲学的一些根本问题。有人说:"老子是中国宇宙论之创始者。"⑤《道德经》中的确有些表述很容易被人认为是道家宇宙论

---

① 见曹峰:《早期道家的四种生成论》,贾晋华、曹峰编:《早期中国宇宙论研究新视野》,第30—69页。

② 同上书,第48页。

③ 同上书,第51页。

④ 曹峰:《早期道家的四种生成论》,第55页。

⑤ 张岱年:《中国哲学大纲》,第4页。　　　　　　　　　　　　477

的坚强证据。如第一章的"'无',名天地之始;'有',名万物之母。"第二十五章:"有物混成,先天地生。寂兮寥兮,独立而不改,周行而不殆,可以为天地母。"第四十章:"天下之物生于有,有生于无。"第四十二章:"道生一、一生二、二生三。"第五十一章,"道生之,德畜之",等等。但阅读哲学文本,最基本的要求是不能停留在文本和概念的字面意义上,而要深入把握它们的哲学内涵。

要讨论上述这些著名文本材料以证明或否定道家的宇宙论,关键在于确定"道"与"生"这两个老子哲学最核心的概念究竟指什么。"道"是中国哲学的核心概念和基本概念,千百年来研究中国哲学的人都会对它有所论说,这些论说传承有绪,耳熟能详,不必细说。无论人们对道怎么解释,都没有把它理解为一个超越的存在者——神或上帝,也没有把它理解为实在论意义上的存在物。这说明,大家都认为这是一个概念,或理念。由于概念所指可以是具体存在者,如"天体""金属""气体""植物""文物"等等。但像"道"这样的概念根本不是指任何具体存在的东西,而是指某种抽象的观念性存在[1],故我以为称之为理念更合适,以有别于一般概念。

然而,道不是一般的理念,而是最高的理念,"道本绝对"[2]。有斋此言,一语中的。在此之前,无人用绝对说"道"。有斋也并非比附西学得此认识,而是秉承家学祖训,于哲学的关键问题深有体会。中国传统哲学讲本末,哲学从根本上说是求本之学。而"老子本守藏史,见言末者已详,而言本者止一《易》,……,特

---

[1] 例如《韩非子·解老篇》曰:"道者,万物之所以然也。"张岱年把道定义为"一切之究竟原始"(氏:《中国哲学大纲》,第4页)。但不管是"万物之所以然",还是"一切之究竟原始",都是一种观念,而非某个存在者。

[2] 刘咸炘:《左书》卷一下,《刘咸炘学术论集》(哲学编)上册,第123页。

详于本以辅《大易》，故老、《易》之义一而不歧，然《易》始于《乾》《坤》相对，衍为六十四卦三百八十四爻，以尽天地万物之情，司马迁谓之'本隐以之显'，是由本以推末，仍未详言绝对之本，故老子补之①。在他看来，老子之学根本就是求本之学，"本即绝对"②。

"绝对"一词是日本人用汉字对英语 absolute 的翻译③，梁启超在 1909 年将它引入中国。④与一般热衷使用新词却不求甚解者不同，有斋对"绝对"的哲学意义有深刻的认识：

> 夫绝对者果何物耶？讲义理何必求绝对？粗浅言之，似若理障多事而实不然。盖所谓绝对与相对，即一与多，变与不变（**西洋希腊哲学最初问题亦止此**）。世间形形色色固是多变，但其中必有一不变，苟无此则世界无理，而亦不能长久。（**此即所谓"天得一以清，地得一以宁，神得一以灵，万物得一以生。天无以清将恐裂，地无以宁将恐发，神无以灵将恐歇，万物无以生将恐灭。……"**）⑤

有斋以"绝对"解"道"，不为无据。作为常道之道之所以不可道，就在于它的绝对性，任何言说（道）都是相对的，而绝对不仅与相对相对待，更超越相对。老子本人以"无"说道，正是要表明道非寻常意义的"有"（有规定的存在者，即相对者），就此而言，道是无。但不是与有相对之无，即纯粹虚无，而是即无即有，

---

① 刘咸炘：《左书》卷一下，《刘咸炘学术论集》（哲学编）上册，第 129 页。
② 同上。
③ 见冯天瑜：《新语探源——中日文化互动与近代汉字术语生成》，中华书局 2004 年版，第 490 页。
④ 梁启超：《论希腊古代学术》，《饮冰室文集》之十二，第 62 页。
⑤ 刘咸炘：《左书》卷一下，第 129 页。

或《庄子·天下篇》说的"常无有"①,《天地篇》说的"无无"。②也就是超越有、不与有相对的、"绝对"意义的"无"。这种无既然不是有(存在者),就只能是一个概念(名)。王安石将《老子》第一章"无名天地之始,有名万物之母"句解读为:"无,所以名天地之始;有,所以名其终,故曰'万物之母'。"③确有所见。他实际将此句中的"无"与"有"都解为能指,而"天地之始"和"万物之母"则分别是它们的所指。将上述《道德经》首章的那两句话解读为"是表明'道'由无形质落实向有形质的活动过程"显然是不妥的。④这两句话更不能理解为"道生万物"。

当然,主张老子宇宙生成论或道家宇宙论的人,更多是用《道德经》第四十二章开头的这几句话来证明:"道生一,一生二,二生三,三生万物。万物负阴而抱阳,冲气以为和。"但没有比这更荒谬的了。即便从文本的字面意思,也不该让我们得出宇宙生成论的结论。道是不能道不能名者,如何"生"出"一"来? 一如何"生"(创造、产生)二来? 同样,二如何生三? 三生万物,但三是否就是道? 不是的话,怎么能根据这句话就说"道生万物"? 抽象的观念如何产生物质世界? 古希腊宇宙生成论都是从一个被赋予形上意义的物质元素(水、气、土、原子、火等等)出发,化生出整个自然宇宙。所以不会产生这样的难题? 但也因此哲学宇宙论或宇宙生成论到了近代就偃旗息鼓了,既然解释物质世界或宇宙的起源,那当然物理学更令人信服。即使在哲学本身,宇宙生成论早已是明日黄花,除了作为哲学史的资料外,不再是哲学本身的资源了。

---

① 《庄子·天下篇》:"以本为精,以物为粗,以有积为不足,澹然独与神明居,古之道术有在于是者。关尹、老聃闻其风而悦之。建之以常无有,主之以太一。"
② 《庄子·天地篇》:"泰初有无无,有无名,一之所起,有一而未形。"
③ 王安石:《老子注》卷上,《王安石全集》第四册,第154页。
④ 陈鼓应:《老子注译及评价》,中华书局1984年版,第55页。

用宇宙生成论来解读道家哲学,是典型的反向格义。[①]所谓"反向格义",就是不顾中国哲学本身的传统、思想取向、语脉和文化背景,将自己其实也不甚了了的西方概念、论题和理论来硬套中国传统思想与哲学,使得原本极为深刻的中国哲学变成卑之无甚高论,毫无永久意义的东西。与早期希腊哲学相比,中国古代哲学从一开始就是在概念的层面思考问题。《天下篇》早已指出,道家哲学的特点就是求本,"以本为精,以物为粗,……,澹然独与神明居",关心的是天下大本,幽明精微,也就是《中庸》所谓的"致广大而尽精微",老子自己就明确说:"古之善为道者,微妙玄通,深不可识。"(《道德经》第十五章)后人有言"反本之学,于道术最为高",[②]诚为的论。

如果上述对道家哲学的基本特征定位不错的话,那么用宇宙生成论去解读不仅是严重的误读,而且大大降低了它的哲学品质。试以上述《道德经》第四十二章为例。首先,这段话中的"生"不是一物产生一物,或某个神或造物主创造万物意义上的"产生"或"创造"。刘咸炘早已经指出过:"……此生字与《易传》'太极生两仪,两仪生四象'之'生'正同,皆不可泥视为如母之生子也。"[③]在讨论《易传》的"易有太极,是生两仪"时,他也指出:"此所谓生者,名义之生也,非一母生二子,二子生四孙,四孙生八曾孙也。"[④]其实中国古人从来就是这么理解"生"的。我们此前已经提到,船山就曾明确指出:"生者,非所生者为子,生之者为父之谓。"也就是说,"生"不是实在论-存在论意义上的产生、

①　有关"反向格义"的问题,可看张汝伦:《邯郸学步,失其故步》,《南京大学学报》2007年第4期;刘笑敢:《"反向格义"与中国哲学研究的困境——以老子之道的诠释为例》,《中国哲学与文化》第一辑,广西师范大学出版社2007年版。

②　刘咸炘:《子疏定本·老徒裔弟三》,《刘咸炘学术论集》(子学编)上册,第43页。

③　刘咸炘:《气道》,《内书》卷三上,《刘咸炘学术论集》(哲学编)下册,第841页。

④　刘咸炘:《二五》,《内书》卷三上,第842页。

生成。而是说,生解释事物为什么**是**它们之所是,事物之可能性,而不是它们实际上是如何产生或生成的(那是物理学的任务,而不是哲学的任务)。任何事物的实存都有其偶然性,例如,某棵松树的实际存在,有其偶然性,但它之为松树而不是别的任何事物,也就是它之所是,是必然的。①古代哲学家对具体事物怎么实际产生的兴趣不大,却对事物之所以然,它是什么,即它的具体规定性情有独钟。事物的存在规定性也就是事物之理,是必然的:松树只能是松树,柏树只能是柏树。事物之理之大全为道(天、太极、太一、绝对),道之发用为生。

"天之道,虚其无形,虚则不屈,无形则无所位𫐐。无所位𫐐,故偏流万物而不变。德者,道之舍,物得以生。生,知得以职道之精。故德者,得也。得也者,其谓所得以然也。以无为之谓道,舍之之谓德。"②《管子·心术篇》对于理解道与生的关系十分重要。生不是事物从无到有的产生,而是得其所以然(规定性),此之谓德。道不像上帝有意创造世界万物那样创造世界,那是有为;道是无为,即它不是去创造一个世界,而只是将它自身的种种可能性(事物之规定性、事物之理)释放出来,此之谓"舍"。"德"(得)表明已经实存是事物因而有了自己的身份(规定性),而不是就此产生或生成,因为得者必须先存在才能得。古人当然也有谈论日常意义事物的起源和产生的,但中国古代哲学的重要哲学家都不是在日常"产生"意义上谈"生"的,对他们来说,"生"是一个哲学概念。管子的说法,为后代哲学家所继承,船山亦云:"人之有生,天命之也。生者,德之成也,而亦福之事也。其莫之为而为之,阴阳之良各以其知能为生之主,而太和之理建

---

① 这是维特根斯坦在《逻辑哲学论》中称为"真正神秘的"东西(见《逻辑哲学论》命题6.44)。

② 黎翔凤:《管子校注》中册,中华书局 2006 年版,第 770 页。

立而从袭之,则皆所谓命也。"①

这也就表明,《老子》第四十二章绝不是什么宇宙生成论。这段文本的正解在于首先要弄清文本中的"一""二""三"分别是什么意思,然后才谈得上通解这段文本。朱熹回答程泰之问"道生一,一生二,二生三"时,便是这么做的:"熹恐此'道'之即易之太极,'一'乃阳数之奇,'二'乃阴数之偶,'三'乃奇偶之积。其曰'二生三'者,犹所谓二与一为三也。若直以'一'为太极,则不容复言'道生一'矣。……所谓'一'者,皆形变之始耳,不得为非数之一也。"②朱子此解,紧扣一、二、三,从解此三数入手,是其长处;故刘咸炘赞曰:"此乃得其解矣。"③朱子的意思,是老子这段文本要解决的是道是如何本隐之以显的。道是太极,就不能是一,因为"所谓'一'者,皆形变之始耳,不得为非数之一也"④。道本身无形无状,故必须先生一(阳,阳爻一画),再生二(阴,阴爻二画),然后阴阳和合,此谓三。道如何由隐到显以之解。

然而,朱熹未察还有一种"一"可以是太极,可以是道,这就是绝对意义上的一,即太一。《天下篇》说老聃之学"主之以太一";《吕氏春秋·大乐篇》曰:"道也者至精也,不可为形,强为之[名],谓之太一。"太一就是一,只不过这个"一"不是作为量词或数字的"一",而是"唯一"之"一"。苏辙的《老子解》把这个道理说得很清楚:"夫道非一非二,及其与物为偶,道一而物不一。"⑤若纯从数上论,道根本就不是数,因为它不是任何意义上的"物"。但当与物相对时,道是绝对意义上的一,而物则根本不是

①　王夫之:《周易外传》,第 319 页。
②　朱熹:《答程泰之》,《朱文公文集》卷三十七,《朱子全书》第 12 册,第 1647 页。
③　刘咸炘:《气道》,第 841 页。
④　朱子这话虽提到"非数之一",但他实际上并不承认有"非数之一",而是强调所有一都"不得为非数之一"。
⑤　苏辙:《老子解》。

这样的一,故曰:"道一而物不一。"后世哲学家对此绝对意义上的一心领神会,为防止其与数字意义的一相混,故称之为"太一"。老子自己也在绝对意义上,即道的意义上使用"一",最直接的证据就是第三十九章:"昔之得一者:天得一以清;地得一以宁;神得一以灵,谷得一以生;侯王得一以为天下正。"此处之"一",便是太一,即道。①

道虽然超越万物,又内在于万物,也就是既超越又内在,超越是它的必要条件,内在是它的充分条件。任何形而上学最困难的问题也在这里,超越者如何内在于现实者,绝对如何内在于相对,形而上下而非形上与形下断为两截如何可能?黑格尔哲学的软肋就是绝对精神如何外化为外部世界,或在外部世界中实现。而外在生成论则取消了这个问题,因为外在的超越者一旦创造事物之后,并不进入事物或成为事物,如基督教的上帝,创世之后依然高高在上。耶稣基督的形象是要试图打通天人,但基督终究要离开人世。

普罗提诺试图用他的宇宙生成论来说明超越者和经验世界的关系。普罗提诺的超越者是神或太一(the One),太一在一切思想和存在者之外,不可言喻,无法把握。虽然普罗提诺也说:"太一就是万物"②,但太一不是万物的总和,而是万物的原理。③这个原理根本有别于个别事物,逻辑上先于它们。如果太一与每一个别事物等同,那么每一事物都会与别的事物一样,事物的区别就是儿戏。因此,普罗提诺的太一不是巴门尼德的一,一个一元论的原理,而是绝对的超越,甚至超越存在。但这不是说太一是无或非存在,而是说它超越一切我们经验的存在。存在概

---

① "一,道也"(同上书)。"'一'者,道也"(林希逸:《老子口义》)。
② 普罗提诺:《九章集》下册,石敏敏译,中国社会科学出版社 2009 年版,第 562 页。
③ 同上。

念是从我们经验的对象中抽象而来,但太一超越了所有这些对象,因而也超越建立在这些对象基础上的概念。但太一既然是万物的原理,说明它与万物有必然的关系。这种关系是一种必然的产生关系。太一作为世界的本原,是绝对的完美:

> 如果本原是完美的,是一切中最完美的,是首要的能力,那么它必是万物中最强大的,……。因此,当某种存在日趋完美时,我们就看到它开始生产行为,它无法保持自身不动,而是要生出其他东西,不仅具有选择能力的事物如此,而且那没有自由意志的生命物也如此,甚至无生命的事物也要尽其所能将自己给予他者,如火给人温暖,雪使人凉爽,药以与其本性相吻合的方式作用于他者,……既然这最完美者,这本原至善是产生万物的原始生产力,那么它又如何保守着自己,似乎不愿给出自己,或者似乎是无能的? 若是这样,它怎么可能还是本原呢? 如果有其他事物从它产生出来而存在,那么它必是生产者,此外没有任何其他本原了。①

> 本原是万物的生产力,它的产物是万物;但是,即使这产物就是万物,本原却在万物之外,因此它"超越是"。如果产物就是万物,而太一在万物之先,与万物不是处于同一层次,那么它也必然"超越是"。②

太一是宇宙万物的创造者或生产者,虽然与基督教的上帝创世是一种神圣的自由意志行动的结果不同,太一由于其是至善与完美,必然要有创造世界的行动,普罗提诺用"流溢"这个隐

---

① 普罗提诺:《九章集》下册,石敏敏译,中国社会科学出版社 2009 年版,第 593 页。
② 同上书,第 595 页。

喻来描写太一的创造行动。太一本身并未因此创造行动而有任何概念,它依然故我,不变不动,始终超越它创造的事物,它仍然是个先天原理。万物是太一的"溢出"所致,并不能解决它们本质的不同。太一永远是一,万物永远是多;太一是超越者,万物是经验对象。原理溢出自身产生各种经验对象终究说不通。拿普罗提诺自己的比喻就暴露了他学说的不通。上面引述的《九章集》第五卷第四章他用火、雪、药在人身上产生某种效用来说明哪怕无生命的东西也能"将自己给予他者",但"将自己给予他者"不是产生他者,而是他者现已存在,才能将自己给予它们。太一"是要生出其他东西",生出其他东西与将自己给予其他东西是根本不同的。普罗提诺此关键比喻拟于不伦,正表明他宇宙生成论的困难。

如果我们用宇宙生成论来解释道家哲学乃至中国哲学,都会产生同样理论上的困难。但我们的先辈没有走这条明显走不通的路。朱子用阴阳交和来解《老子》第四十二章,既合原文,理路也通顺。[①]尤其值得注意的是,朱子说一为"形变之始",而不是万物之始,形变乃道之形变。形者,见也,现也。[②]这一段文本是要说明无形无状的道如何由隐而显。道或绝对原则上不能说(任何言说都为相对),或用刘咸炘的话说:"绝对不可直求。"[③]它必须在相对之物显现出来,方不为纯属乌有。这种显现也是绝对,即一定会显现,没有这种显现物即不可能,在此意义上道是

---

① 无独有偶,李息斋也是如此解。息斋云:"道生一,方其为道,则一亦未生。一既不生,则安得有二。无二则一不散,故所以谓之不二。及其有一即有二,有阳即有阴,有阴即有阳,则又有阴阳之交,故有二则有三。至于三则无所不有矣。万物抱阳,一也。负阴,二也。阴阳交而冲气为和,三也。万物孰不具此三者,然要其本,则必归于道。道者,谓有一之谓也。"(焦竑:《老子翼》卷四,广文书局1977年版,第281页)

② 《广雅·释诂三》:"形,见也。"《增韵·青韵》:"形,现也。"《礼记·乐记》:"感于物而动,故形于声。"郑玄注:"形,犹见也。"

③ 刘咸炘:《左书》卷一下,第129页。

万物的绝对可能性,绝对可能性就是必然的可能性,即事物的存在规定性,它只能**这样**存在,"道者,物之所由也,正此之谓也。"①

宇宙生成论不管怎么说,回答的都是具体事物如何产生与生成的问题,而"道"即便如现在多数人理解的那样是"万物的总根据",那也是一个抽象的原理,抽象原理不能产生具体事物,而只能规定事物之所"是",这是基本常识。古人当然不会不知或不顾这种常识。《老子》第五十一章正证明古人远比主张宇宙生成论的现代学者高明得多。第五十一章的意思应该不是"道生出万物和畜养万物,让万物生长成熟,并得到保护"②。而是正相反。"道生之,德畜之,物形之,势成之"四句,恰恰要表明事物的实际产生(形成)是事物自己的事(物形),产生后能否成长,那要看外部环境与条件(势成之)。"道"之所以"尊","德"之所以"贵",就在于它们对此采取"夫莫之命而常自然"的态度。

事物之实存,是个不容怀疑的事实,哲学的任务不是解释事物实存的原因,而是解释之为事物(也就是海德格尔所谓的此在的作为结构)的原因或理由(所由之理)。中国哲学(当然包括道家哲学)中的"生"之概念,作为一个**哲学概念**,而不是日常用语,不是产生与成长,更不是创造与发生,而是得其所"是",即(存在规定性)。宋儒吕惠卿对《老子》第五十一章的诠释很能说明问题:

> 万物之生常本于无名之物,而其畜常在于一而未形而物得以生之际。无名者道也;一而未形物得以生者德也。及其为物,则特形之而已。非其所以生且畜也,已有形矣。

①　王弼:《老子道德经注》,楼宇烈:《王弼集校释》上册,中华书局 2009 年版,第 137 页。
②　刘笑敢:《老子古今》上卷,中国社会科学出版社 2006 年版,第 505 页。

则裸者不得不裸,鳞介羽毛者不得不鳞介羽毛,以至于幼壮老死不得不幼壮老死,皆其势之必然也。故曰:道生之,德畜之,物形之,势成之。然则势出于形,形出于德,德出于道。道德本也,形势末也。①

事物实存的种种特征,是事物自己造成的。但这些特征的区分与规定,如鳞介羽毛,幼壮老死,不是来自事物,而是来自道德。借用海德格尔的术语,鳞介羽毛或幼壮老死在实体论或存在者状态(ontisch)层面上讲它们是实在论的事实,但在存在论层面,它们则是事物的意义即规定性,事物借此得以可识别与彼此区分。中国人虽然没有发明海德格尔的那两个术语,但对这两个层面的存在还是非常自觉的。船山在解读"有,名万物之母"句曰:"名因物立,名还生物。"②从存在者状态上说,当然是先有被规定的物,才有对物的规定,但没有任何规定、根本不能识别的物,严格说是不存在的,从存在论上说,当然是名(使物成为某物者)生物,即成其为某物(即有明确规定的物),而不是无中生有把物生出来。

老子在"道生之"后再写"德畜之",自然不是随意为之,而是为了让读者注意,"道生之"不能理解为道无中生有把万物产生出来,而是别有深意。但"德畜之"的确不太容易得到正确的理解,主要是因为人们通常把"畜"理解为"畜养",再加上后面有"长之育之,亭之毒之,养之覆之"的话,自然会按照生成论的思路去理解。如果这样的话,为何"生"与"养"分别由"道"与"德"来承担,直接说道生之养之,不更好吗? 人们常说父母对子女有养育之恩,就说明如果是生成论的话,生者与养育者一般总是同

---

① 吕惠卿:《道德经注》,焦竑:《老子翼》卷五,第 323 页。

② 王夫之:《老子衍》,《船山遗书》第六卷,第 3855 页。

一个。把"道"与"德"分开讲，必有道理。按张岱年的说法："道是万物由以生成的究竟所以，而德则是一物由以生成之所以。一物之所以为一物者，即德。"①前两句话明显有问题，万物当然也包括"一物"，生万物自然就包括生一物，为何叠床架屋，多此一举呢？但"一物之所以为物者，即德"，只要不是从生成论出发去理解，则完全正确。此句即可理解为事物得其具体规定性，从而成为"某个"事物，这是德。德者得也，事物得其理、得其序、得其本质规定，这就是"德"。"物得以生谓之德。"②生非无中生有，而是事物得其本质规定性、同一性（identity）。"形非道不生，生非德不明。"③"形"，形式也，"物成生理，谓之形。"万物由道而得其形式，此之谓生；由德而其形式得以明确。

张岱年说："德是一物所得于道者。德是分，道是全。一物所得于道者成其体者德。德实即是一物之本性。"④德是分，分什么？柏拉图的分有说也许可以给我们启发。柏拉图认为，理型是具体事物的本质形式，是个别事物存在的根据，是理念，理念不仅不受事物的影响，而且与事物有根本的不同：理型长存于天地之间，永恒不变，而个别事物则永远处在生灭变化之中。个别事物之所以存在，是因为它们分有了与之同名的理型："只有通过（作为理型的）美，美的事物才成其为美。"⑤理型是事物的本质规定和本质形式，事物只有分有了它们的理型，才能作为它们所是的事物（如美的事物）存在。老庄之道是一，而非多。道是大全，而非个体，个别事物不能像在柏拉图哲学中那样，各自分有

---

① 张岱年：《中国哲学大纲》，第 23 页。
② 《庄子·天地篇》。
③ 同上。
④ 张岱年：《中国哲学大纲》，第 24 页。在此之前，宋人王元泽已说过："故德者，道之分。"（见焦竑：《老子翼》卷五，第 323 页）
⑤ Plato, *Phaedo* 100e.

自己的理型。所以说"德是分,道是全"是不能简单理解为柏拉图分有说意义上的"分有"的。还是把德按照传统理解为"得"为好。事物从道得到其本质规定与形式是为"德"。而之所以能"得",还是因为"德者道之分","德者道之舍",德是道之分化、分发。"畜"有"拥有"的意思。至于后面"长之育之,亭之毒之,养之覆之",未必是道之所为,如有学者说的那样:"道生出和畜养万物,让万物生长成熟,并得到保护。"①可解为囊括物之种种存在可能性,通过物之一切存在可能都可以归根于道,但这绝不是说道直接造成事物的生长发展。后面"生而不有,为而不恃,长而不宰"可视为这样一种提示。道保证事物存在的合理性,但并不是它们存在的因果论原因,唐人陆希声便是这么理解的:"故禀其精谓之生;含其炁谓之畜;逐其形谓之长;字其材谓之育;权其成谓之亭;量其用谓之毒;保其和谓之养;护其伤谓之覆。此之谓大道。既生之而不执有,既为之而不矜持,既长之而不宰制,此之谓玄德。"②

陆希声的解释与当代学者的解释之所以不同,一个重要的原因是当代学者忽略了道家哲学话语的修辞特点,即隐喻性,因为他们从一开始就非常清楚,他们要谈论的主题——道其实是不可道的,不得已只能以隐喻(象)的方式来言说。古代学者对此心领神会,自然是在诠释而非注释;而现代学者完全没有注意道家哲学特殊的言说方式(其实儒家哲学也经常如此),而将道家哲学的文本按照普通的陈述句去处理,自然往往只是在注释而不是诠释,结果自然比较 native,可道家哲学是何等复杂与深刻啊!

道家哲学根本不是宇宙生成论,不能用宇宙生成论来解释,

---

① 刘笑敢:《老子古今》上卷,第 505 页。

　② 焦竑:《老子翼》卷五,第 320 页。

在《列子》那里表达得尤其明确。《列子》是我国古代一部重要的哲学著作，但《汉书·古今人表》将《列子》仅列在"中中"这档，也许是因为它的论说方式和修辞风格主要使用寓言（隐喻）的方式，而不是直陈的方式。人们认为《列子》在哲学上不出道家哲学之矩镬，故《列子》一直未能得到应有的重视。但也有别具慧眼的，如柳宗元便认为《列子》"其文辞类庄子，而尤质厚，少为作"①。洪迈《容斋续笔》甚至说《列子》"简劲弘妙，多出庄子之右。"②钱锺书亦说："列之文词逊庄之奇肆飘忽，名理逊庄之精微深密，而寓言之工于叙事，娓娓井井，有伦有序，自具一日之长。即或意出掎摭，每复语工熔铸。"③上述评鉴，洵非过誉。

中国古代哲学大都由天道而人事，《列子》也不例外。《列子》以《天瑞》开篇，正大堂皇。其中这段话，经常被人解读为是宇宙生成论：

> 夫有形者生于无形，则天地安从生？故曰：有太易，有太初，有太始，有太素。太易者，未见气也；太初者，气之始也；太始者，形之始也；太素者，质之始也。气形质具而未相离也。视之不见，听之不闻，循之不得，故曰易也。易无形埒，易变而为一，……。一者，形变之始也。清轻者上为天，浊重者下为地，冲和气者为人；故天地含精，万物化生。④

这段话到"浊重者下为地"为止，在《乾凿度》中可以找到几

---

①　柳宗元：《辨列子》，《柳宗元全集》，上海古籍出版社 1997 年版，第 32 页。
②　转引自钱锺书：《管锥编》第二册，中华书局 1979 年版，第 468 页。
③　同上书，第 467 页。
④　杨伯峻：《列子集释》，中华书局 1985 年版，第 6—8 页。

乎完全相似的表达。①但也有两点非常值得注意。一是《列子》谓"夫有形者生于无形,则天地安从生?"而《乾凿度》则云:"夫有形者生于无形,则乾坤安从生?"但在《列子》哲学系统中,天地是物,问的是具体事物的起源问题。②而《乾凿度》完全是用《周易》系统的话语来思考和论说,问的是构成宇宙万物形式秩序的乾坤二卦如何从无到有。其次,更值得注意的是,《列子》"浊重者下为地"后紧接着的是"冲和气者为人;故天地含精,万物化生";而《乾凿度》"浊重下为地"(少一"者"字)后面是"物有始,有壮,有究,故三画而成乾。乾坤相并俱生"③。《列子》要说明的是万物化生;而《乾凿度》却是乾坤如何构建。"浊重下为地"之"浊重"后少一"者"字,很可能是有意的,说明《乾凿度》在意的不是具体事物,而是事物之形气(形式样态)。

列子在存在论上与柏拉图在《蒂迈欧篇》中的立场非常相似,柏拉图肯定有两类本质不同的东西,即永恒确定而没有生成的东西和总在生成而不定的东西。④列子也是如此,他在《天瑞篇》一开始就明确表示,有两种根本不同的东西,即不生不化者和常生常化者:"有生,不生,有化,不化。不生者能生生,不化者能化化。生者不能不生,化者不能不化,故常生常化。常生常化者,无时不生,无时不化。阴阳尔,四时尔。"⑤从字面意思上看,"不生者能生生,不化者能化化"很容易被误解为常生常化者(各种具体事物)是不生不化者产生的,其实大不然。不生者生的不是物,是"生";化的也不是具体事物,而是"化"。

---

① 见赵在翰辑:《七纬》上册,中华书局 2012 年版,第 43—44 页。

② 《列子·汤问篇》:"然则天地亦物也。"(杨伯峻:《列子集释》,第 150 页)

③ 赵在翰辑:《七纬》上册,第 45 页。

④ Plato, *Timaeus* 28a, *Plato Complete Works*, ed. by John Cooper (Indianapolis/Cambridge: Hackett Publishing Company, 1997), p.1234.

⑤ 《列子·天瑞篇》,《列子集释》,第 2 页。

　　但人们可能会说,列子不是马上又说"故生物者不生,化物者不化"①,再者,"有形者生于无形"怎么解释,难道不证明具体事物是由不生不化者产生化育的吗? 对朴素实在论深信不疑的现代人的确会这么想,但古代哲学家却不作如此想。张湛对"有形者生于无形"的解释是:"谓之生者,则不无;无者,则不生。故有无之不相生,理既然矣,则何由而生? 忽尔而自生。忽尔而自生,而不知其所以生,不知所以生,生则本同于无。本同于无,而非无也。此明有形之自形,无形之相形也。"②按照张湛的这个读法,"有形者生于无形"意思是"有形者不无于无形",即有形者与无形者根本不同,它是无形的相对者或对照者(相形)。这就是说,从实存论的意义上说,有形事物并非无形者创造或产生的,而是"自生自化,自形自色,自智自力,自消自息"③。事物实存论意义和存在者状态意义上的生灭变化,完全是它们自己的事,没有外来的创造者或决定者,如张湛所言:"皆自尔耳,岂有尸而为之者哉?"④所以,"有太易,有太初,有太始,有太素"云云,不是指事物如何由无形者产生,而就只是描述事物如何由微至显:"此明物之自微至著,变化之相因袭也。"⑤如果说万物自生的思想可以算是"自生型生成论"的话⑥,那么世界上所有的唯物论哲学和实在论哲学都是宇宙生成论了。

　　列子哲学当然不是这种宇宙生成论,因为他虽然严格区分有形者和无形者,却并不主张无形有形二元论。无形者虽不产生有形者,却是有之规定者:

---

① 《列子·天瑞篇》,《列子集释》,第 4 页。
② 同上书,第 6 页。
③ 同上书,第 5 页。
④ 同上。
⑤ 同上书,第 6 页。
⑥ 曹峰:《早期道家的四种生成论》,第 50 页。

故有生者,有生生者;有形者,有形形者;有声者,有声声者;有味者,有味味者。生之所生者死矣,而生生者未尝终;形之所形者实矣,而形形者未尝有;声之所声者闻矣,而声声者未尝发;色之所色者彰矣,而色色者未尝显;味之所味者尝矣,而味味者未尝呈;皆无为之职也。①

列子与老子一样,将无形者(即道)理解为"无为",即对事物存在者状态上的生灭变化没有任何作用与影响。但它规定事物的存在特征或者说各种性质,如形状、声音、颜色、味道,等等。生生者未尝终,形形者未尝有,声声者未尝发,色色者未尝显,味味者未尝呈云云,都表明无形者或生生者不像西方哲学中那个"不动的推动者"那样,与宇宙万物有直接的、存在者状态上的因果关系,导致事物的实在运动。事物不是生生者产生,故曰:生生者不生;但是由它规定,"皆无为之职也"。例如,真实声音并非声声者所发出,但声之为声却是由它规定。无为无不为:"能阴能阳,能柔能刚,能短能长,能员能方,能生能死,能暑能凉,能浮能沉,能宫能商,能出能没,能玄能黄,能甘能苦,能羶能香。无知也,无能也,而无不知也,无不能也。"②它是事物(世界)无限的可能性和规定性。其实,何晏的《道论》早就揭示了这个道理:

有之为有,恃无以生;事而为事,由无以成。夫道之而无语,名之而无名,视之而无形,听之而无声,则道之全焉。故能昭音响而出气物,包形神而章光影;玄以之黑,素以之白,矩以之方,规以之员。员方得形而此无形,白黑得名而

---

① 《列子·天瑞篇》,《列子集释》,第10页。
② 同上。

此无名也。①

　　对于中国人来说,世界上有事物(即有有)是个绝对事实。关于事物,问题不在于它们从哪儿来,而在于它们如何显现,此问题隐含着一个更为重要的问题,即它们显现为什么,亦即它们是什么。事物之所是之所以重要,是因为这是世界合理性的保证。黑白不分,善恶混淆,是非颠倒,即意味着宇宙失序,阴阳失调,天下无道。所以孔子首重正名,名不正,言不顺,言不顺,事不成。名就是事物的本质规定性,此规定性把握错了,事物的秩序理路就乱了,世界必陷于混乱无序。道家哲学也是如此,始终强调为道而非为学,关心的不是事物是怎么产生的,而是如何能"得一"而天下正(39章),万物化(不是化万物)。将道家哲学解读为宇宙生成论,是舍高就低,用现代性粗鄙的简单推测来曲解古人的精深思想。这点在人们对郭店楚简《太一生水》的理解上尤其明显。

　　《太一生水》发表后,大部分研究者都将它理解为宇宙生成论,全不顾它的全部内容,而只盯着它的第一部分发表高论。②李零虽然指出:"《太一生水》是一篇道论,即与《老子》属于同一类型的作品。"又说:"《老子》祇讲'大''一',《太一生水》却讲'太一'。前者是哲学层面的讨论,后者是宇宙论的描述。《老子》比《太一生水》抽象,《太一生水》比《老子》具体。"③这段话让人困惑处不少。问题是哲学与宇宙论究竟是否为一回事。从李零的表述看,答案可以是("《老子》与《太一生水》是同一类型,即都是道

---

　　①　《列子·天瑞篇》,《列子集释》,第10—11页。
　　②　《太一生水》共有十四枚简,学者根据对简的内容和排序的不同对此文献的章句结构有三种不同意见,即简文分为两章,简文不分章,和应分为三章(见李零:《郭店楚简校读记(增订本)》,中国人民大学出版社2007年版,第44页)。
　　③　李零:《郭店楚简校读记(增订本)》,第54页。

论,区别只是一个抽象,一个具体");也可以不是(一个是哲学层面的讨论,一个是宇宙论的描述)。如果是第一个答案,那么宇宙论就是道论,只是道论的具体版。如果是第二个答案,那么用作第一个答案的那些话该如何理解? 宇宙论又与哲学是什么关系? 这些问题是在用宇宙生成论解释道家哲学乃至中国哲学时必须面对的。在讨论《太一生水》时,尤其应该如此,因为大概不会有人否认这是一个哲学文献。

如果《太一生水》是一个哲学文献的话,那么它最重要的概念"太一",就不可能如某些论者所说的,是什么原始宗教的至上神或天文学的北极星,它只能是一个哲学概念,并且,许多论者也都认为"太一"就是"道"或"天道",这当然是正确的,先秦与秦汉之间的哲学无论道或儒,都把"太一"理解为道。但李学勤提出一种对《太一生水》的"数术解释"[1],他根据简文"太一藏于水,行于时"提出:"这两句只有作数术解释,才能够讲通。"[2]也就是说,太一就是古代数术家讲的"北辰之神"、北极星[3]。然而,抛开《太一生水》与楚简《老子》丙本编于同一捆简不说,"但关于三组《老子》和《太一生水》应合在一起归为道家著作的问题上,大家达成了普遍的共识"[4]。李学勤自己也认为:"'太一生水'等内容多承袭《老子》……"[5]如果是这样的话,《太一生水》至少在根本原则上与老子乃至道家哲学应该是一致,而不是相反的。老子和道家哲学关于道的一个最根本的立场就是道乃是不可名状的绝对,所以它不可能是一个有确切名号的至高神或星座。况且,

---

[1] 李学勤:《太一生水的数术解释》,陈鼓应主编:《道家文化研究》第十七辑,生活·读书·新知三联书店 1999 年版,第 297—300 页。

[2] 同上书,第 298 页。

[3] 同上书,第 298—299 页。

[4] 戴卡琳:《〈太一生水〉初探》,《道家文化研究》第十七辑,第 342 页。

[5] 李学勤:《太一生水的数术解释》,第 298 页。

根据钱宝琮和顾颉刚的研究，"太一"最早是一个哲学概念，只是到了汉代才与北极星的太一崇拜联系在一起①，所以《太一生水》的作者是不可能在至高神和北极星的意义上使用"太一"，"太一"在这个文本中也不可能是至高神和北斗七星（或星官），而只是一个表示道的概念。

几乎所有的研究者都认为《太一生水》是宇宙论或宇宙生成论，但无论是宇宙论还是宇宙生成论，都是论说物理宇宙和宇宙万物是如何产生与生成的。但这在《太一生水》中是找不到的。人们会说，"太一生水"不正是在说太一如何产生水这种物质元素吗？水难道不是具体的事物吗？没错，在日常生活世界，水是一种具体事物。但我们现在面对的是中国古代哲学，道家哲学家喜欢说水，但他们不是在常识意义上说水，而是把"水"用作一个哲学的象喻或象概念。"上善若水"的"若"字，就再清楚不过表明老子是以水为象，以水为喻，来描述道的特征。《管子·水地篇》专门说水：

> 水者，地之血气，如筋脉之通流者也。故曰：水具材也。何以知其然也？曰：夫水，淖弱以清，而好洒人之恶，仁也。视之黑而白，精也。量之不可使概，至满而止，正也。唯无不流，至平而止，义也。人皆赴高，己独赴下，卑也。卑也者，道之室，王者之器也，而水以为都居。准也者，五量之宗也。素也者，五色之质也。淡也者，五味之中也。是以水者，万物之准也，诸生之淡也。违非得失之质也，是以无不满，无不居也。集于天地，而藏于万物，产于金石，集于诸

① 钱宝琮：《太一考》，《燕京学报》1932 年 12 月号，第 2449—2478 页；顾颉刚、杨向奎：《三皇考》，《古史辨》第七册(中)，上海古籍出版社 1982 年版，第 79—219 页。

生,故曰水神。①

　　水者何也? 万物之本原也,诸生之宗室也,美恶贤不肖愚俊之所产也。②

　　很显然,水在这里是作为一个喻象,而不是作为一个物质元素来使用的。③更确切地说,它是作为一个象概念或 Lakoff 与 Johnson 所谓的"隐喻性概念"来使用的,所以《水地篇》中的水完全不像有论者认为的那样"是组成一切万物的根本材料"④,所以《水地篇》也根本不谈水作为一个原始材料或本原如何产生、养育天地万物,如某些论者想当然以为的那样。《水地篇》固然也说"万物莫不以生"⑤,但从《水地篇》整个语境看,这肯定不是指水作为一个本原性事物产生了宇宙万物。水显事物之德,事物的规范性规定,事物得之以生(成为其所是),也就是水"能为之正"⑥。水不管事物的产生,而决定事物的性质:

　　夫齐之水道躁而复,故其民贪麤而好勇。楚之水淖弱而清,故其民轻果而贼。越之水浊重而洎,故其民愚疾而垢。秦之水泔冣而稽,淤滞而杂,故其民贪戾,罔而好事。

---

① 黎祥凤:《管子校释》中册,第 813—825 页。
② 同上书,第 831 页。
③ 美国学者艾兰受两位美国语言学家和哲学家 George Lakoff 和 Mark Johnson 的启发,提出水是中国哲学的一个"本喻"(root metaphor),本喻不是一般意义的比喻,也不是以具体意象再造抽象概念,而是"观念最初抽象化时的具体根基"(艾兰:《水之道与德之端》,张海晏译,上海人民出版社 2002 年版,第 14 页)。Lakoff and Johnson 在他们的名著《我们赖以生存的隐喻》中提出,人类的概念系统是隐喻性的,是隐喻地结构和规定的。隐喻其实是**隐喻性概念**(George Lakoff & Mark Johnson, *Metaphors We Live By*, Chicago: The University of Chicago Press, 1980, p.6)。
④ 许抗生:《初读〈太一生水〉》,《道家文化研究》第十七辑,第 309 页。
⑤ 黎祥凤:《管子校释》中册,第 831 页。
⑥ 同上。

齐晋之水枯旱而运，淤滞而杂，故其民谄谀葆诈，巧佞而好利。燕之水萃下而弱，沉滞而杂，故其民愚戆而好贞，轻疾而易死。宋之水轻劲而清，故其民闲易而好正。是以圣人之化世也，其解在水。故水一则人心正，水清则民心易。①

　　将水作为一个喻象或象概念来使用，是道家哲学的一贯做法，甚至可说是道家哲学的传统，例子举不胜举。《老子》中基本都是将水作为象概念来使用的，再举一例与《水地篇》对水的用法非常相近的《庄子》的例子："水静则明烛须眉，平中准，大匠取法焉。"②因此，作为道家哲学文献的《太一生水》，也不大可能背离这个道家哲学的方法论传统。太一生水之水，当然不是化学分子式为 H_2O 的那个物质元素，而是一个象概念。《太一生水》不是宇宙论或宇宙生成论，不是要表明"水在万物生成过程中的重要地位"③，它的目的要比一般的宇宙论深刻得多。

　　当然，有人会说，"太一生水"的"生"，"不是派生，而是化生。就是说，它不像母鸡下蛋，老狗生仔那样，生出一个独立于母体之外的甚么第二代来；而是太一化形为水，绝对物化为相对，抽象固化为具象。所以太一生出水来以后，水既非外在于太一，太一亦不外在于水，太一就藏在水中，水就是活生生的太一"。④这是完全说不通的。首先，绝对不能物化为相对，因为相对是对绝对的否定，就像我们不能说有机物物化为无机物，圆物化为方一样。其次，抽象也不能固化为具象，道理不仅与绝对不能物化为相对，还在于"抽象"是个抽象概念，要说"固"，只能是它的定义

①　黎祥凤：《管子校释》中册，第831—832页。
②　《庄子·天道》。
③　陈鼓应：《〈太一生水〉与〈性自命出〉发微》，《道家文化研究》第十七辑，第399页。
④　庞朴：《一种有机的宇宙生成图式》，《道家文化研究》第十七辑，第303页。

是固定的，而不能说它固化为一个具体事物。此外，"太一"的意思是唯一、绝对、无限，不管在什么意义上都是无法具象的，任何具象都是对它的取消。总之，绝对物化为相对，抽象固化为具象，逻辑上不许可，经验上不可能，是十足的荒谬。（抽象的）太一生出水来以后，水与太一为一，也因此是根本说不通的，H_2O怎么就是太一呢，难道水管放出的既是太一又是"活生生的水"吗？又有谁会相信太一藏在黄河水中呢？

当然，古代先哲绝不会陷自己于如此荒谬的境地。他们可能会对受过现代性思维洗礼的后辈皱起眉头说：水在我们的文本中是象喻，而不是一个具体事物；是象概念，而不是普通名词。《太一生水》不是宇宙论，更不是宇宙生成论，而是形而上学。这两个有根本的区别，它们各自的命运——前者早已远离哲学，后者至今是哲学的核心，就表明这种区别非同小可：有宇宙论不一定有哲学，没有形而上学就一定没有哲学。形而上学简而言之，是求本之学，或者说从总体上探索万物之是、万物之序之根据之学。因此，任何形而上学都是围绕着一个总体性终极观念展开；此观念的作用与目的，决定了它不能不是超越的、绝对的、整体的和唯一的。但问题在于，"形而上学"并不等于不食人间烟火，与世无关；正相反，形而上学追求的根本目的是要证明一切存在的合理性，首先是人类世界和事务的合理性。中国古代哲学任何论题都必须放在天人关系的架构中来看，就是这个道理。

但是，超越的绝对理念如何落实为万物的秩序（世界的合理性是通过万物的秩序来体现的）从古至今都是哲学的难题。不断有人因为解决不了这个棘手问题而宣布这根本就是一个伪问题或没有意义的问题，甚至是有害于哲学本身的问题，试图以此将它从哲学中抹去。越到现代越是如此；但古人始终将它作为哲学的头等重要的问题。中国古人也不例外。《太一生水》根本不是要告诉人们,具体事物是从哪儿即如何产生和构成,生成与发展的。这就是为什么它根本不提任何具体事物(水、天、地都是作为象概念,而不是具体事物出现的)。不谈具体事物如何生成发展的理论就不是宇宙生成论,就像不研究天体的科学就不叫天文学一样。《太一生水》要想回答的只是道与万物的本质关系,证明形而上下,而不是形上与形下;要不然它的内容和结构安排便无法解释。

道家哲学以水喻道,从老子就开始了,但在《老子》中,水一般都是用来描述道本身的特征,而在《太一生水》中,水既是描述道的本质特征,又是为了说明道如何衍生出一般存在的基本条件和样态,即万物最一般的条件和样态。根据道家哲学,道是绝对,是唯一,是无限,但它不是一个固定的实体或本质,而是处于永恒的循环往复中,"周行而不殆"①,道周万物也。②故"道之在天下,犹川谷之于江河"③。道是万物之所以然,当然像水一样无所不至。《太一生水》根本不是什么宇宙论,而是秉承了前人以水喻道的传统而已。"太一生水"不过是说太一必然会使人联想到水之意象,水无形无状,浩浩荡荡,川流不息,无所不至,赋予万物以生机,作为道之象,再合适不过了。④此外,水又是最具体的东西,以它象道,表明道与万物不但并不隔绝,反而"渊兮,似万物之宗"⑤。太一生水,无非是要表明道与万物有总体性的关系。与《老子》不同的是,《老子》中的水是用来说道,而《太一生水》之"水",是用来说明道与现实存在的关系。"太一藏于水"应

---

① 《老子》第 25 章。
② 王弼注此句曰:"周行无所不至而[不危]殆。"(王弼:《老子道德经注》,《王弼集校释》上册,第 63 页)
③ 《老子》第 32 章。
④ "故有像之类莫尊于水。"(何宁:《淮南子·天道训》,《淮南子集释》上册,第 57 页)
⑤ 《老子》第 4 章。

该不是"太一从五行属水的北方始"的意思①,当然也不能从字面上去径直理解为:"太一就藏在水中,水就是活生生的太一。"而只是说道与实存之物不但一点也不隔绝,而且是天地万物之所以然。"藏"者,不显也。事物可见,事物之所以然不可见;然而,事物若无其所以然,事物也不会有。在此意义上所以然是事物存在的条件。

"水反辅太一,是以成天。"太一不直接生天,而需要水"反辅"才能成天,也说明《太一生水》不是宇宙论或宇宙生成论,如果是宇宙论或宇宙生成论的话,直接就太一生天好了,为什么需要水"反辅"呢?并且,从这句之后,"生"字不再出现,"成"字一贯到底,也说明宇宙论的解释是需要商讨的。"水反辅太一,是以成天",可以理解为作者暗示,无形无状之太一只有通过具体物的中介,形成事物存在的基本样态与条件,其作为事物之"所以然",才能由隐而显,得以落实;事物也因此而成。②这里的"天"当然不是一般意义的天,不是苍苍者之天③,而是一个象概念,这从下文"上,气也,而谓之天。道亦其字也,青昏其名"可以得到印证。"道亦其字也"表明,这里的天其实就是道,只是道已开始有所规定了,它是上,是气。"上"应该是指它的地位,而"气"当然不是物质之气,而是形容太一"汜兮若浮云,若无而有,若亡而存。万物之总,皆阅一孔;百事之根,皆出一门。其动无形,变化若神;其行无迹,常后而先"④。

---

① 李学勤:《太一生水的数术解释》,第299页。用西汉儒家的纬书的内容来解读战国道家的作品,显然是不合适的;先秦道家也几乎对五行都不太感兴趣。

② 《淮南子·诠言训》:"未造而成物,谓之太一。"(何宁:《淮南子集释》中册,第991页)成物不是造物,"成物"者,成其为事物。

③ 《韩诗外传》卷四:"管仲曰:'所谓天,非苍莽之天也'。"(许维遹校释:《韩诗外传集释》,中华书局2005年版,第148页)

④ 何宁:《淮南子·天道训》,《淮南子集释》上册,第60页。

　　但天之象毕竟不像太一绝对无形，现在太一已开始形而上下，水之中介已不需要，天自能像水一样反辅太一，故"天反太一，是以成地"。从下文"下，土也，而谓之地"看，似乎这里的"地"就是通过意义的物质土地，其实不然，地在此也是一个象概念，《鹖冠子·度万》里有段话对此有很好的说明："所谓天者，非是苍苍之气之谓天也。所谓地者，非是膊膊之土之谓地也。所谓天者，言其然物而无胜者也。所谓地者，官其均物而不可乱者也。"①又曰："夫天者，万物所以得立也。地者，万物所以得安也。"②天是事物得以成立的源始可能性；地是事物之为事物的现实性。此处的"天"与"地"，取义相当于《周易》系统的"乾"与"坤"。③

　　天与地是道的功能特征，也是存在的基本特征。天地既立，从此，大千世界，形形色色，由天地言便可，天地之意象已含万物。故"天地[复相辅]也，是以成神明"。天地交泰，遂成神明。这里的神明不能理解为神祇，而应理解为"神"与"明"。"神"与"明"是中国哲学中的两个重要概念。与乾坤、阴阳等概念一样，神明也是两个有各自单独的定义，又可合在一起构成一个互补的二元概念（由两个可以独立的成分组成的复合概念）。

　　"神"描述的是存在难以理解的原因、样态与功能："阴阳不测之谓神。"④"不见其事，而见其功，夫是谓之神。"⑤"故所以妙万物而谓之神。"⑥"所以运动变化者，神也。"⑦道家哲学对神明的用法与儒家并无太大不同。《老子》中"神"字凡三见，即第六

---

①　黄怀信：《鹖冠子校注》，中华书局 2014 年版，第 134 页。

②　《鹖冠子·道端第六》，黄怀信：《鹖冠子校注》，第 84 页。

③　《易·乾·彖》："大哉乾元，万物资始，乃统天。"《易·坤·彖》："至哉坤元，万物资生，乃顺承天。"《易·系辞上》："坤作成物。"

④　《周易·系辞上》。

⑤　《荀子·天论》，王天海：《荀子校释》下册，上海古籍出版社 2005 年版，第 677 页。

⑥　张载：《正蒙·乾称第十七》，《张载集》，第 63 页。

⑦　程颢：《师训》，《程氏遗书》卷十一，《二程集》上册，第 121 页。

章"谷神不死";第三十九章"神得一以灵",和第六十章"其鬼不神,其神不伤人"。许多注《老子》者都把"谷神"理解为一个词,但从第三十九章"神得一以灵;谷得一以盈"来看,"谷"与"神"应该分开讲,严复便是如此:"以其虚,故曰'谷';以其因应无穷,故称'神'。"①吕惠卿释第三十九章的"神"曰:"神无形而至寂者也,以得一,故妙乎有生而灵。"②至于第六十章的"神",显然是功能的意思。《管子·内业篇》对"神"也有论述:"一物能化谓之神,……。有神自在身,一往一来,莫之能思。"房玄龄注曰:"神,不测者也,故往来不能思也。"③《老子》中的"神",显然也是指天地万有永远无法为人确切把握的神秘原因、作用和运行。

"明"字的字义本身有主客观两个维度。从主观方面说,"明"可以指人通晓、明白、理解、明察等。从客观上说,"明"之本义是"光明""明亮"。有了光亮,一切事物才能彰明显现。"明,显著也。"④由此才能由主观的清楚明白,明辨区分。西哲往往以光说知,道理即在于此。可见"明"之客观维度为其义之本,主观义乃从客观义中派生。"明"还有"长成,成就"的意思。《尔雅·释诂下》:"明,成也。"郝懿行注:"'明'古文从月从日,《史记·历书》云:'日月成,故明也。明者,孟也。'是明以日月以为义,故'明'训'成'。"⑤与"神"一起构成一个复合概念的"明"主要应取其客观义,尤其在道家哲学中。因为在道家哲学中,"神明"几乎就是道的别号:"天地所由,物类所以,道之为元,德之为始,神明为宗,太和为祖。"⑥"在物物存,去物物亡,无以名之,号曰

---

① 严复:《老子道德经评点》,转引自陈鼓应:《老子注译及评价》,第85页。
② 吕惠卿:《道德经注》,焦竑:《老子翼》卷四,第255页。
③ 《管子·内业第四十九》,黎祥凤:《管子校释》中册,第937、938页。
④ 梅膺祚:《字汇·日部》。
⑤ 郝懿行:《尔雅义疏》上册,中华书局2017年版,第176、178页。
⑥ 严遵:《老子指归》卷一,《上德不德篇》。

神明。"①

《老子》中对"明"单独用,不与"神"相关,因此的确很多地方是在"明"的主观义上来用"明",例如第三十三章"知人者智,自知者明";第四十七章"是以圣人不行而知,不见而明,不为而成";第六十五章"古之善为道者,非以明民,将以愚之"等,就是如此。但在许多地方却不是这样。试举几例。第十章:"明白四达,能无为乎?"这是在言道,王弼特意明之:"言至明四达,无迷无惑,能无以为乎?则物化矣。所谓道常无为,侯王若能守,则万物自化。"②这一章里的明是"至明",即道。第十六章:"夫物芸芸,各复归其根。归根曰静,静曰复命。复命曰常,知常曰明。"这段话的主语是"物",所以其中的"知"与"明"都不能在主观意义上去理解。王辅嗣的注解颇为恰当:"常之为物,不偏不彰,无皦昧之状,温凉之象,故曰'知常曰明'也。唯此复,乃能包通万物,无所不容。"③关键是这里的"知"不是"了解"和"认知"的意思,而是"显现"和"表现"的意思。《管子·心术下》:"外见于形容,可知于颜色。"王念孙注曰:"'可知于颜色',……,'知'亦见也,谓外见于颜色也。《吕氏春秋·报更篇》'齐王知颜色'('知'下当有'于'字),《高注》:'"知"犹发也。'《自知篇》'文侯不说,形于颜色',《注》曰:'"知"犹见也。'"④常道明显于外为"明"。第二十二章:"是以圣人抱一为天下式。不自见,故明;……。""不自见"以下的话,都是对作为"天下式"之"一"的描述,这里的"明"显然也是指道之彰显。第二十七章:"常善救物,故无弃物,是谓袭明。"此处的"明"显然也是一种客观的状态。第五十二章同样

① 严遵:《老子指归》卷七,《生而柔弱篇》。
② 王弼:《老子道德经注》,《王弼集校释》上册,第23页。
③ 同上书,第36页。
④ 黎祥凤:《管子校释》中册,第783、785页。

如此:"见小曰明,守弱曰强。用其光,复归其明。"这里的"明"是
"道"之明。与第四十一章"明道若昧"之"明"同样都是指客观的
道之特征。

但在《太一生水》中,神明是可以归本于道的存在的状态,神
是存在隐晦的可能性与缘故,是为隐;而明则是存在之确定性与
规范性,是为显。《鹖冠子》曾这样来论述"神"与"明":"近而至,
故谓之神;远而反,故谓之明。"①陆佃注曰:"明之在道者为神,神
之在器者为明。"②神表明了现实世界(明)与其所以然(道)的无
形而难以名言的关系,但神必落实为天地万物(器),明乃指事物
之所是(明确的规定性),器之为器,显而不隐,故曰明。"'神'
者,明之藏。'明'者,神之发。"③这是清人林云铭对《庄子·天下
篇》开头"神何由降?明何由出"中"神""明"关系的解释。神为
隐,为明之本;明为神之显发、发用。"隐彰不相离。"④事物之所
以然从根本上说,是不可能完全把握的,我们对世界的知识与理
解,空白处总要大于确定处,就像中国传统山水画中留白往往大
于笔墨所到处。神与明兼备,世界才会是一个活生生的世界。

"神明复相辅,是以成阴阳。"在现代人看来,神明与阴阳都
是抽象物,抽象物是不能生成抽象物的,所以以宇宙论解《太一
生水》者对这两句话往往语焉不详,一带而过。在儒家哲学中,
阴阳是气,但不是物质之气,而是用来解释生成、区分和变化之
形上原因的复合概念。在道家哲学中同样如此。"未有阴阳,吾
未有以名。今始判为两,分为阴阳,离为四[时]。"⑤可见阴阳为

---

① 《鹖冠子·环流第五》,黄怀信:《鹖冠子校注》,第68页。这两句话显然是从《老子》
"逝曰远,远曰反"(第25章)化过来的。
② 同上。
③ 林云铭:《庄子因》,转引自陈鼓应:《庄子今注今译》,中华书局1983年版,第856页。
④ 《鹖冠子·泰录第十一》,黄怀信:《鹖冠子校注》,第247页。
⑤ 《黄帝四经·十大经·观第二》,陈鼓应:《黄帝四经今注今译》,中华书局2016年
版,第260—261页。

事物区分之始、之根。"夫天地之道,一阴一阳,分为四时,离为五行,流为万物,精为三光。"①《礼记·礼运》亦有这样的话:"是故礼必本于太一,分而为阴阳,转而为阴阳,变而为四时,列而为鬼神。"②可以说,儒道两家对阴阳概念的理解没有根本的分歧。神明相辅,以成阴阳,《鹖冠子》里有段话可用来解释:"故流分而神生,动登而明生,明见而形成,形成而功存。"③宋人陆佃将"流分"解为"水";"动登"解为火。黄怀信遂据此进一步认为流既为水,是谓阴;动既为火,是谓阳。④

"阴阳复相辅也,是以成四时。四时复[相]辅也,是以成寒热。寒热复相辅也,是以成湿燥。湿燥复相辅也,成岁而止。"似乎没有问题,无需再解释了,其实不然。从字面意义上看,这段文字是说阴阳相互作用产生四时,四时相互作用产生寒热,寒热相互作用产生湿燥,湿燥相互作用产生岁,然后结束了。什么"乃止"。如果《太一生水》是宇宙生成论的话,就凭这"乃止"两字就不能成立,宇宙生成是永无止息的,不可能"乃止"。况且,为什么始终没有出现任何具体事物,如日月星辰,山川草木之类世上最常见事物,来说明它们是如何生成的呢?紧接着的文本是"故岁者,湿燥之所生也。湿燥者,寒热之所生也。寒热者,[四时之所生也]。四时者,阴阳之所生[也]。阴阳者,神明之所生也。神明者,天地之所生也。天地者,太一之所生也。"以此说明太一是"万物母""万物纲"。并且特别指出,与具体事物根本不同,太一天不能杀,地不能埋,阴阳不能成,根本就不是任何意义的有限之物。这是要说明宇宙万物的生成呢?还是要强调太

---

① 严遵:《老子指归》卷六,《勇敢篇》。
② 李学勤主编:《十三经注疏·礼记正义》中册,第706页。
③ 《鹖冠子·泰录第十一》,第247页。
④ 同上。

一对于事物的本原性和超越性?

四时成岁,乃为常识。《尚书·尧典》就已载尧命羲和"以闰月定四时,成岁"①。《太一生水》不过把四时再细分为四季的四种气候特征:湿燥和寒热而已。但这就是《太一生水》想说的吗?显然不是!四时与其所成之岁最引人注意的特点是循环往复,永恒轮回。从《老子》开始,道家哲学就强调道之永恒轮回的根本特征,这种永恒轮回体现在道与具体事物的关系上。《老子》第二十五章说道无法命名,"强为之名曰'大'。"什么是"大"?"大曰逝,逝曰远,远曰反。"王辅嗣对这几句话的诠解极为精到:"逝,行也。不守一大体而已,周行无所不至,故曰'逝'也。"②这是说道与事物绝无隔绝,而是遍及万物。"远,极也。周行无所不穷极,不偏于一逝,故曰'远'也。不随于所适,其体独立,故曰'反'也。"③这是说道永远在路上,无远弗届、不偏不倚、遍及万物,但仍保持它的独立性,"独立而不改"。《太一生水》以成岁过程为象,来表明道—太一的这种永恒轮回性。

上博楚简《恒先》是前人未见的道家哲学的重要文献,发表以来,众多研究者基本都用宇宙论或宇宙生成论来解读它。因此,正确读解这篇重要的道家哲学文献,对于进一步澄清道家哲学与宇宙论的关系,进一步证明我们对道家哲学与宇宙论关系的看法,都是十分重要的。

恒先乃道的别名,经李零提出后④,得到多数研究者的赞同。《恒先》首言"恒先",正如《老子》以"道"开言,《太一生水》以"太一"开讲一样,开宗明义,这是一篇道论,而不是什么宇宙生成

---

① 李学勤主编:《十三经注疏·尚书正义》,第30页。
② 王弼:《老子道德经注》,第64页。
③ 同上。
④ 李零:《〈互先〉释文》,马承源主编:《上海博物馆藏战国楚竹书(三)》,上海古籍出版社2003年版,第287页。

论,此文第一句"恒先无有"正表明这一点。①"恒先无有"不能简单理解为"啥也没有",因为那样的话,后面的质、静、虚就不好说了。"恒先无有"是说"恒先"不是"有","有"在这篇文献中是一个特定的哲学概念,相当于西方哲学中的 existence(事物的实际存在,实存)。恒先根本不是任何意义上的事物,但不是绝对的无,至少它有质、静、虚这些特征。但一般事物也可以有这些特征,因此,它们分别是大质、大静、大虚,本身就是道的别名,而不是一般事物的性质。

没有任何一种形而上学是完全形上的,即与现实世界毫无关系的。因此,任何形而上学最困难的问题就是阐明超越原理与现实世界的关系。最简单的办法当然是把超越原理理解为某种实存的本原或原始质材或物质,由它们直接产生天地万物,这就是宇宙生成论,是最原始、最粗陋,也最站不住脚的解决办法,最终从哲学中退出乃其必然的命运。中国古代哲学家正是在这个问题上明显高出一筹,他们从一开始就不采取宇宙生成论的方法来打通形上和形下,而是采取了一个更为高级的方法。现代学者一味用宇宙生成论来解释中国古代哲学,真所谓"抛却自家无尽藏,沿门托钵效贫儿"。我们对现代中国哲学史的研究应该有深刻的反省。

中国古代哲学家一方面坚持道的超越性,另一方面又坚持超越与实存有着必然的关系,这种关系不是产生,而是规定。并且,这种关系是单向的施予与接受的关系。"自厌而不自忍"就暗示了恒先(道)自足而不自限,必有所为。但是,道与实存之间必须要有本质区隔,这个区隔又是中介,不能像宇宙生成论那样

① 研究者关于《恒先》的简序编排一直有不同意见,我基本采用《上海博物馆藏战国楚竹书(三)》上公布的那种简序安排。

主张道直接产生万物。所以老子要说:"道生一";《太一生水》要用"水"来中介太一与天地;而《恒先》则用"或"这个独特的概念来起到这种既区隔又中介的作用。"或作"再好不过地表达了它的这个必要性。何为或,可能性也。范毓周根据"或"字在先秦典籍中的用法,令人信服地指出:"此处'或'为道家哲学范畴,义为'可能'。"①

"有或焉有气,有气焉有有,有有焉有始,有始焉有往者。""或"是最一般的可能性,而"气"在此绝非"实有"②,更非物质之气,而是一个用来指实存(有)之可能性和源始条件的概念,故曰"有气焉有有"。"有"当然是指一般实存,任何实存都是有限,任何有限都必有其始;无始无终,是为无限。因此,"有有焉有始"。有人将"有始焉有往"之往理解为运动,这是不对的。这里的往应作"以后"解,《易·系辞下》"过此以往,未之或知也";《论语·八佾》"禘之既灌而往者,吾不欲观之矣"中的"往"都作如是解。"有始焉有往",表明有了一般意义的时间。必须指出的是,到目前为止,根本没有任何宇宙生成论的影子,有的只是基本哲学概念逻辑关系的推演,有点像黑格尔的《逻辑学》,表明我们祖先一开始就达到了很高的抽象思维水平。

"未有天地,未有作行"与道常无为的思想是高度一致的。在说了一连串的"有……焉有……"后又回到对道(恒先)的直接论述,而不是再一路顺着这种语势说下去,也在提示我们《恒先》根本不是宇宙生成论,而是道论。"出生虚静,为若一寂,梦梦静同,而未或明,未或滋生。"一些研究者将"出生虚静"解释为天地万物生于虚静,这与这句话的语境不合。廖名春释

---

① 范毓周:《上博楚简〈恒先〉新释及其简序与篇章的结构新探》,《中原文化研究》2015年第1期,第116页。

② 李零:《〈互先〉释文》,第288页。

"出生"为存在①,可从。未有天地,已有虚静。虚静不是"什么",就是原始的混沌不明,与儒家的太极相似,所以说它"未或明"②,"未或滋生"似乎是预见到现代学者要将道论解读为宇宙生成论,特意提醒,恒先不管滋生,生是实存自己的事:"气是自生,恒莫生气。气是自生自作。"这与上述《老子》中的有关思想高度一致,实存世界的产生、出现、变化、生成,是事物自己的事。恒先(道)与这些没有关系,既不是实存世界的原因,不是物质宇宙及其种种事物产生的原因,也不是它们产生的本原或原材料。

但恒先与实存种种不是毫无关系:"恒气之生,不独有与也。"但这种关系不是直接的,而要通过或的中介。但或不是与恒先不同的东西:"或,恒焉。"或是恒先不自限的维度:"昏昏不宁,求其所生。"这还是在论道,而不是什么宇宙生成论。"异生异,鬼生鬼,韦生韦,非生非,依生依。"③这是说或与恒先虽有衍生关系,但不管怎么样,它们不是两个不同的东西,或就是恒先,确切说,是恒先不自限的面相。所以,不管或如何伸张,终究回归恒先,这是恒先的自我回归。但是,这绝不是说恒先是个自我封闭的循环,恰恰相反,万物之生道(生之道)也得复归于它。"复,生之生行",生之理由、生之意义、生之必然,只有在此复中才能得到理解。

作者紧接着对此展开具体的论述:"浊气生地,清气生天。气信神哉,云云相生,信盈天地。同出而异性,因生其所欲。业业天地,纷纷而复其所欲;明明天行,惟复以不废。"这段话会被

---

① 廖名春:《上博楚简〈恒先〉简释》,简帛研究网(http://www.jiaobo.org)2004 年 4 月 19 日。

② "未或"在这里作"未有"讲(范毓周:《上博楚简〈恒先〉新释及其简序与篇章的结构新探》,第 115 页)。

③ "韦生韦,非生非"在竹简上原为"韦生非,非生韦"。李学勤认为这两句有倒文,应为"韦生韦,非生非"(转引自廖名春:《上博楚简〈恒先〉简释》),甚是。

许多人作为《恒先》乃宇宙生成论的证据①,尤其是最初两句话。《淮南子·天文训》中有类似的话:"气有涯垠,清阳者薄靡而为天,重浊者凝滞而为地。"②但与《淮南子》明显不同的是,《恒先》一点也不提天地生阴阳,阴阳化生许多具体事物,如日月星辰,说明这里的地和天是两个象概念,表示存在论意义上的空间。气不是构成万物的原材料,而是事物不可理解、神秘莫测的可能性,而不是事物产生的因果律意义上的原因,或生成论意义上的本原。事物产生互为条件,但归根结底,它们同出于气。但气只是它们存在论的可能性,而不是它们实在论意义上的可能性,所以事物还是会有很多差异。它们与气的关系绝非像或与恒先,是 A=A 的同一关系。因为彼此相异,所以各有所欲。天地万物,永远为其欲所驱动:"业业天地,纷纷而复其所欲。"若从天道的层面看,惟有永恒复归之道:"明明天行,惟复以不废。"此乃师《老子》第十六章"万物并作,吾以观复"之意而言之。这里哪有什么宇宙生成论,有的只是超越与实存的根本区别和它们的复杂关系。

"知既而荒思不殄"这句话颇不易解,但至少可以肯定的是,与宇宙生成论扯不上任何关系,也对把这部精深的古代哲学著作当作宇宙生成论来解释的做法,提出了严峻的挑战。《老子》云:"为学日益,为道日损。""道"不是一般知识的问题,而是思想的问题。知与思不是一回事,哲学是思的事业,而不是知的事业。知有尽而思无穷,"知既而荒思不殄"说的就是这个道理。接下来的一段话里"或"出场了:"有出于或,性出于有,音出于性,言出于音,名出于言,事出于名。"或是存在论意义上的原始

---

① 日本学者浅野裕一便这么认为(见浅野裕一:《古代中国的宇宙论》,吴昊阳译,江苏人民出版社 2020 年版,第 72 页)。当然,许多中国学者在这方面与他是同道。

② 《淮南子·天文训》,何宁:《淮南子集释》上册,第 166 页。

可能性，有是表一般实存的概念。范毓周说或是不确定的存在，有是确定的存在，亦无不可①，只是最好加上前者是存在论意义上的概念，后者是存在者状态层面上的概念。因此，接下来"性出于有，音出于性，言出于音，名出于言，事出于名"这几句与"有出于或"不在一个层面上。"有出于或"是要说明实存世界的存在论前提，而接下来这几句则是要说明事物规定和意义的衍生逻辑。事物的本质规定为"性"，"音"是这些本质规定之一种，隶属于性，此为"音出于性"；音是言的条件，所以"言出于音"；有言方有名，故曰"名出于言"；事是通过名来规定的，因而"事出于名"。事物的规定、事物的意义是事物（这里说的"事物"包括概念）的根本，不能模糊，不能混淆，否则事物就不是事物，对此，《恒先》说得斩钉截铁："或非或，无谓或；有非有，无谓有；性非性，无谓性；音非音，无谓音；言非言，无谓言；名非名，无谓名；事非事，无谓事。"把《恒先》从开头到目前为止的论述说成"基本上写的都是宇宙生成论主题"②，显然是没有理解中国古人高超的哲学思维能力和智慧。

"详宜利主，采物出于作，作焉有事，不作无事。"这几句话与《庄子·天地篇》有相当关系。《天地篇》曰："行于万物者，义也。"③"采物"的用法也见于此篇："其心之出，有物采之。"成玄英疏曰："采，求也。"④杨树达读书记云："疏说不可通。'采'疑当读为'宰'，'采''宰'古通用。"⑤按根据《天地》的义理，以杨说为是。与《恒先》也不隔，"主"，"宰"也。这几句话的意思其实是跟着上

---

①　范毓周：《上博楚简〈恒先〉新释及其简序与篇章的结构新探》，《中原文化研究》2015年第1期，第116页。

②　浅野裕一：《古代中国的宇宙论》，第74页。

③　《庄子·天地篇》，陈鼓应：《庄子今注今译》，第295页。

④　郭庆藩辑：《庄子集释》第二册，中华书局1982年版，第412页。

⑤　杨树达：《积微居读书记》，上海古籍出版社2007年版，第161页。

面来的,弄清事物的意义,有利于我们处理各种事物。事出于人之"作","不作无事",还是"道常无为"的变奏。"举天下之事,自作为事,事庸以不可赓也。"这又是将人为之事与道对照言之,人事不可赓,但复(道)以不废。一暂一恒,一有限,一无限。"凡多采物,先者有善、有治无乱。有人焉有不善,乱出于人。"人为的事情先王之道有善,有治无乱,因为"古之畜天下者,无欲而天下足,无为而万事化,渊静而百姓定"①。一般人自以为是,一反无为之天德,乱遂作矣。

"先有中,焉有外;先有大,焉有小;先有柔,焉有刚;先有圆,焉有方;先有晦,焉有明;先有短,焉有长。"这几句话特别值得注意的是,它们根本不是在谈具体事物的派生关系,而是概念与概念之间意义的衍生关系,并且,这些概念都是对道特征的规定,所以它们的衍生关系是必然的。如果只是一般概念的话,未尝不可反过来说"先有外,焉有中"等等。"中""大""柔""圆""晦""短"是道的原初特征;而"外""小""刚""方""明""长"则是它的衍生特征。原初特征和衍生特征的关系是必然的,不可颠倒的。"天道既载,惟一以犹一,惟复以犹复。"道就是道,道只是道,它的绝对性和惟一性必须明确。

《恒先》最后一部分最不易解,但可以肯定的是,需要有超乎寻常的想象力才能将它解为宇宙生成论。这一部分由七个以"举天下"开头的命题,基本还是在阐明形上与形下、超越与内在、道与实存世界的关系。"恒、气之生,因言名。先者有疑荒言之,后者校比焉。举天下之名,虚树习以为不可改也。"无论道还是"气之生"(实存事物),都要通过语言来名之,一开始人们用名并不确定,后来者循名考实②,遂习以为常,以为不可改。"举天

---

① 《庄子·天地篇》,第 295 页。

② 董珊:《楚简〈恒先〉初探》,简帛研究网(http://www.jiaobo.org)2004 年 5 月 12 日。

下之作,强者果天下之大作,其厖庬不自若作,庸有果与不果,两者不废。"强者能成就非常之举、非常之作,一般之作则有成有不成,但并不影响它们为(人之)作。"举天下之为也,无舍也,无与也,而能自为也。"天下之为都是人为,不是道为。道无关人为(天下之为)。"举天下之生同也,其事无不复。"庞朴释此"复"为"自作自为"①,可从。"举天下之作也,无许恒,无非其所。""举天下之作,无许恒,无非其所。"廖名春读"许"为"迕"②,可从。人之作为不违背恒道,便各得其所。然后作者进一步强调:"举天下之作也,无不得其恒而果遂,庸或得之,庸或失之。"天下之事只要得恒便会成功,但并非都能得恒。"举天下之名无有法者,与天下之明王、明君、明士,庸有求而不虑?"天下之名无有常者③,天下明王、明君、名士如何能只求名而不想到它的有限性呢? 虽然这一段几乎没有对恒的直接论述,但它从各个方面论证天下之事的有限性与相对性,正是以恒的无限性和绝对性为背景的。

予岂好辩再,予不得已也。之所以在这里不厌其烦地把《恒先》义疏一过,是为了证明,这是一篇具有极高思维水准的哲学经典文献,而不是什么几乎没有任何哲学含量的宇宙生成论。人们之所以怀疑中国没有哲学,是因为他们首先没有哲学地对待中国哲学的不朽文献,而是满足于用西方哲学的陈旧套路来"解释"中国哲学,把极为精深博大的中国哲学变成没有任何魅力的老生常谈。我们的《中庸》研究,就是要批判和摒弃这种做法,激发出被掩埋已久的传统中国哲学不朽生机与活力,阐发它的普遍意义,让它成为未来世界哲学的一个主要组成部分。

---

① 庞朴:《〈恒先〉试读》,简帛研究网(http://www.jiaobo.org)2004 年 4 月 26 日。
② 廖名春:《上博楚简〈恒先〉简释》。
③ 《尔雅·释诂》:"法,常也。"郝懿行:《尔雅义疏》上册,第 33 页。

第八章 《中庸》与哲学

一、中国哲学的源始起点

在现代中国哲学家中，也有人不满足于简单、粗浅地套用宇宙论来解释中国古代哲学，而是将宇宙论作为重构中国哲学传统的重要工具，当代新儒家便是这种做法的始创者和主要实践者。当代新儒家是在现代条件下，即西方思想文化在全球占支配地位，并大举进入中国，也迅速成为中国思想文化的支配势力的情况下，对中国哲学重新定位的代表。他们对中国哲学的定位很快被多数研究中国哲学者接受，几乎成为定论。

当代新儒家对中国哲学的定位是"生命的学问"，它的"中心就是心和性，因此可以称为心性之学"[①]。而心性之学的关键则是"一个中国哲学的中心问题——'性'的规定问题"[②]。说到"性"的规定问题，人们首先会想到《中庸》"天命之谓性"的命题，简单直截，却并不太容易理解。朱熹在《中庸章句》中对此命题有如下解释："命，犹令也。性，即理也。天以阴阳五行化生万物，气以成形，而理亦赋焉，犹命令也。于是人物之生，因各得其

---

① 牟宗三：《中国哲学的特质》，第82页。
② 同上书，第54页。

所赋之理,以为健顺五常之德,所谓性也。"①尽管以理说性未必子思原意,但此解堪称平实,却不会被新儒家,特别是其健将牟宗三认可。岂止是朱熹,即便《中庸》本身对性的规定,也不被他认可。

牟宗三认为,中国哲学(儒家)对性的固定大致可分为两条路线,即《中庸》《易传》为代表的一路,其中心在"天命之谓性"一语,和以孟子为代表的一路,中心思想在"仁义内在",即心说性。②两条路线的不同的关键在于性源自何处,即从何说性。《中庸》《易传》一路以天说性,即性源于天,用牟氏的话说就是"从天命、天道的下贯讲。……它可以称为'宇宙论的进路'"③。"天命之谓性"已经把性的来源说得皎如明月,可牟宗三偏要说:"它直接就人说明了性的先天性,完全不管性的后面有没有来源。"④但既然承认《中庸》是从天命、天道下贯讲性,怎么能说这一路"完全不管性的后面有没有来源"呢? 这恰好暴露了牟宗三自己的立场是第二路,即以心说性,非此都不能算说明了性的来源。

不怀偏见者都会承认,"天命之谓性"的命题说的是性乃天之所命者,虽然此命题没有像"性自命出"的表述那样,直接表明性的来源,但也十分明确地表明,性来自天,因为性是天之所命的内容。然而,问题在于,何为天命? 儒家哲学家从一开始就将天理解为一个哲学概念。牟宗三说,"天命"有两解,一是人格神意义的天,命给人以如此这般之性。这是宗教式的命法。另一是生物不测的天以其创造之真几流到你那里便是你的性,这是宇宙论式的命法。"在儒家这两种命法常相通。"⑤是否如此,还

---

① 朱熹:《中庸章句》,《朱子全书》第六册,第32页。
② 牟宗三:《中国哲学的特质》,第54页。
③ 同上书,第54—55页。
④ 同上书,第55页。
⑤ 同上。

是要看儒家哲学家如何理解天。

对于"天"，古人自然会有许多理解。现代研究者也往往从文字学、考古学、历史学、社会学、宗教学、人类学等各方面来研究，这当然无可非议。但我们是在谈论哲学，当然应该关注哲学意义的天，因为儒家哲学家从一开始就将天理解为一个哲学概念。朱熹解《诗经·颂·维天之命》曰："天命，即天道也。"①子思在《中庸》中引了"维天之命，于穆不已"后释道：这两句诗"盖曰天之所以为天也"。今人冯友兰亦指出，《中庸》"天命之为性"之天乃义理之天，"乃谓宇宙最高之原理"②。所谓"义理之天"，也就是作为哲学概念的天。《中庸》系统的"天"，既不是宗教意义的天，更不是宇宙论意义上的天，而是作为哲学概念的天，哲学意义的天。

《易传》系统中的天，同样如此。《易》从一开始，就是天人相关之学。卜筮是人试图超越自己的有限性而探向超越领域。而《易》又处处昭示人：顺天而为，法天则天，方能诸事亨通，趋吉避凶。天道高远莫测，又与人息息相关。"《易》，天道也，而行乎人之不容已。"③《周易》奠基性地明确了天人关系，即天人有别，天人相关，但它们的关系不是对等的："《易》本天以治人，而不强天以从人。"④《易》奠定了中国哲学始终在天人关系的架构中思考一切问题、理解一切问题、回答一切问题的基本原则；同时也表明了天人关系是中国哲学最基本的问题。

《周易》的哲学虽然天地人一起讲，但三者的地位并不一样，天人地位有根本不同，天规定了人类生存的根基与方向。但与

---

① 朱熹：《诗集传》，《朱子全书》第一册，第723页。
② 冯友兰：《中国哲学史》上册，第27页。
③ 同上书，第380页。
④ 同上书，第386页。

希腊哲学的形而上学或宇宙论不同,它们都预设了一个最高的存在者,而天严格说不是存在者,虽然"天"字本身容易让人把它就理解为有形体之物质自然之天,尤其现代人几乎不可避免会这么去理解,实际《周易》的作者从一开始就不是这么来理解天的。他们是在具体的抽象意义上来理解"天"这个概念的。对此,程颐有极为精到的阐发:"夫天,专言之则道也,天且弗违是也;分而言之,则以形体谓之天,以主宰谓之帝,以功用谓之鬼神,以妙用谓之神,以性情谓之乾。"①这里的"专言之",应该理解为"从根本上说";"分而言之"是指"天"这个概念的各个不同向度,或理解此概念的不同视角。可以看出,古人更多是从"道"与"德",从功能和妙用上来理解和规定"天"这个概念,而不是把它理解为一个实体性的存在者:"若夫天,则未有体矣。"②船山此言,实乃我们理解《周易》乃至中国哲学之"天"之概念的不二法门。

《周易》之哲学本质,也反映在它(尤其是《易经》)更多时候不是直接说天,而是以乾来指天,以此避免人们从实体与形体上去把它理解为一个具体事物。因为粗略地讲,乾就是天,但确切地说,乾乃天之德、天道、天之性情。它的重点不在体,而在用,即天"运行不息,应化无穷"③。称天为乾,是圣人"欲使人法天之用,不法天之体,故名乾不名天也"④。李鼎祚的这番解释隐隐然有体用对立的意思在,故未尽善。后来船山在这个问题上说得更到位:"天无自体,尽出其用以行四时,生百物,无体不用,无用非其体。"⑤这表明,天只是原始大化,万有运行的总体状态(存在

---

① 程颐:《周易程氏传》卷一,《二程集》下册,第 695 页。
② 王夫之:《周易外传》,第 349 页。
③ 李鼎祚:《周易集解》,中华书局 2017 年版,第 1 页。
④ 同上。
⑤ 王夫之:《周易内传》,第 9 页。

本身),而非某个什么"实体"(存在者)。一定要说"体"的话,这种总体性的存在状态(用)就是其"体",无体之体。

但乾之义绝非"运行变化"之一端,它还有一个基本意义就是"起始"。《易经》一开始就是用"元、亨、利、贞"四德或四个概念来规定或阐释"乾",这四个概念中"元"最重要,后面三个概念是它自然的延伸和展开,因为根据古人的理解:"元者万物之始。"①"元"是一个表达存在论意义上的起始的概念。"大哉乾元,万物资始,乃统天。"《彖传》上著名的这几句话不但把"元"的形上意义表达得淋漓尽致,也由此奠定了中国哲学的形而上学基础。不宁唯是。元还有至善(Summum Bonum)的意思:"元者,善之长也。"②后来人们往往"乾""元"并称,表明这两个概念内在的一致性。"'乾元'是一个意思,不是两个意思,是乾之元,不是乾和元。"③"乾知大始"④,也表明《周易》的作者的确是把"乾"理解和规定为"始"。

由于物理时间和进化论对人头脑的支配,现代人往往自觉不自觉地把"始"理解为常识意义上的线性时间上的起始点,或事物物理学或实在论意义上的开始,而不是从形而上学意义上把它理解为一个哲学概念。作为形而上学意义的"始",它的意思是指事物的本原,一切都始于本原,无本原就不会有任何事物。本者,根也。"无本之木"的意思是"根本不可能的事物"。由此可见,形而上意义的"始"是事物的根本条件和基础的意思,而不是物理时间意义上的开始。物理意义上的"开始"只有相对的意义,没有绝对的意义。所以物理时间意义上的开始不能成

---

① 程颐:《周易程氏传》卷一,第695页。
② 《周易·文言》。
③ 金景芳、吕绍纲:《周易全解》,上海古籍出版社2005年版,第13页。
④ 《周易·系辞上》。

为一个哲学概念；反过来说，作为哲学概念的"始"也一定不能从物理时间意义上去理解。①更何况古人也从来不是在源自基督教的线性时间观上来理解时间的。

然而，日常生活经验，或者说常识，往往会让人们把日常生活中事物总有一个开始的经验用来理解宇宙万有（大全或用海德格尔的话说，作为整体的存在）的起始，但这是混淆了两类不同的问题，是典型的范畴混淆。船山对此有精辟的论述："天地之终，不可得而测也。以理求之，天地始者今日也，天地终者今日也。其始也，人不见其始，其终也，人不见其终。其不见也，遂以谓邃古之前，有一物初生之始，将来之日，有万物皆尽之终，亦愚矣哉。"②在船山看来，天地何时终始是个伪问题，因为天地意味着无限，而无限意味着永恒，因此，如一定要问它的终与始的话，那都在今日，即永恒。库萨的尼古拉在讨论超越对立的绝对时曾举例说，在无限大的圆中圆周和圆的切线重合，在无限小的圆中圆周与圆的直径重合，在这两种情况下，圆心失去了唯一的、确定的位置；它同圆周一致；它不在任何一处，又在任何一处。③也就是说，事关无限，追问起始与终结是没有意义的，因为它终与始的概念不能用于永恒与绝对。

但人往往会根据自己有限的日常经验，以为天地也有始终，真是愚不可及，有限之人是看不到无限天地的始终的。其实，古人喜欢讲"终始"，而非像我们一样习惯讲"始终"，暗含着他们循环论的时间观。不仅是时间，天道本身就是终始一体，"原始反

---

① 康德早已指出，在物理学或实在论意义上讨论世界在时间（物理时间）中有无开端是没有意义的，因为这将必然导致二律背反（参看康德：《纯粹理性批判》，A426—428/B454—456）。

② 王夫之：《周易外传》，第338页。

③ 参看亚历山大·柯瓦雷：《从封闭世界到无限宇宙》，邬波涛、张华译，北京大学出版社2003年版，第4页。

终"①,是个无限的循环往复,故"无先后者天也"②。先后是对一般具体事物而言的范畴,而天道乃是无限,属于不同范畴,故《象传》说:"'用九'天德,不可为首也。"③惠栋注曰:"天德,乾元也。万物之始,莫能先之,故不可为首。"④乾元作为万物之始的"始",不是物理时间意义上的开始或在先,相反,它不可"为首",即在先,因为它是万有之本,故"莫能先之"。它与万有同在。天道是无限,是永恒,也因此,"《易》言往来,不言生灭"⑤。

然而,这不等于说,任何对"始"的追究都是无意义的。正相反,在形而上学中,"始"可是绝对重要的问题,因为它与事物存在的形上根据和前提有关。天在中国哲学中之所以是最为重要的概念,就是因为它即是这个形上之"始",万有生之始:"天地者,生之始也。"⑥《周易》从"万物资始"的天开始展开,说明它有非常自觉明确的形而上学思路和逻辑。任何形而上学系统,必须从一个超越的无条件者出发,否则只能将形而上学的对象予以放弃。但这个"超越的无条件者",可以不必是一个超越的存在者,而是超越本身,如中国哲学的天或列维纳斯绝对的他者。

在中国哲学中,天是超越的产生。正因为是超越的产生,所以不能理解为实在论意义或神学意义上的从无到有的产生,而应该理解为不断的化生。化生的主体是化生本身,而不是任何化生者。"乾道变化,各正性命。"《象传》上的这两句话明白无误地表明了天的非实体性,船山对此心领神会:"以化言谓之天,以德言谓之乾。乾以纯健不息之德,御气化而行乎四时百物,各循

---

① 《周易·系辞上》。
② 王夫之:《周易外传》,第 379 页。
③ 《周易·乾·象传》。
④ 惠栋:《周易述》上册,第 185 页。
⑤ 王夫之:《周易内传》,第 163 页。
⑥ 《荀子·王制》。

其轨道,则虽变化无方,皆以乾道为大正。"①作为宇宙的元化,是一切事物生成的基本条件,但不是事物的创造者。"万物本乎天"②,天乃万物之根本,却不是万物的创造者,万物的创造者与万物的存在论地位是一样的,即也是一个存在者。而中国人从一开始就不但把天与人相分,也与万物相区别。这样,天的超越性和形上性便凸显了出来。就凭这一点,《周易》也被看成中国哲学的奠基性著作。

《周易》经传清楚地表明,中国人很早就有相当自觉和明确的哲学意识。其标志就是从一开始它就把作为无限和绝对的超越(天道、易、天地)以及天地人三才的关系作为思考探索的基本主题。它要把握的不是一般意义的客观知识,更不是日常处事的实用方法,而是"范围天地之化而不过,曲成万物而不遗"的天道。③这是典型的试图整体地把握宇宙万有的哲学思维。如此自觉的哲学意识即使与古希腊哲学相比也不遑多让,甚至尤有进者。

古希腊哲学从一开始就要把握宇宙万有的根本,从前苏格拉底哲学家们的始基到亚里士多德的存在和本质,都是这样。它们大都是事物静态的根本原因和根据,其本身也是一个存在者,而不是(动词意义的)存在本身。而《周易》不是如此,它的目的在于把握宇宙整体的动态过程:"夫《易》广矣大矣,以言乎远则不御,以言乎迩则静而正,以言乎天地之间则备矣。夫乾,其静也专,其动也直,是以大生焉;夫坤,其静也翕,其动也辟,是以广生焉。"④严格说,中国哲学中没有希腊哲学中"始基"这样的概

---

① 王夫之:《周易内传》,第7页。
② 《礼记·郊特牲》。
③ 《周易·系辞上》。
④ 同上。

念,与始基概念略微近似的是道,但道即阴阳之互动统一:"一阴一阳之谓道"(《系辞上》)。道不是由任何单一的实体(如水、土、气、神,等等)构成,而是一个包含差异互动环节的统一。古代哲学家为了强调此道的超越性与无限性,特以"天"称"道",是为"天道"。为了强调此道之至高无上的绝对性,时常只以"天"言。这也就是"天命之谓性"的那个"天"。

性为天之所命,那么,何为天? 确切地说,何为将性命于人的天? 冯友兰在其《中国哲学史》中曾将天区分出五种不同的意义①,颇有影响。但是古人很可能不是像现代学者分析的那样严格按照不同的意义来使用"天"的概念,而是在把它作为象概念来使用,充分利用它的意义的暧昧性和伸缩性,此其一。其二,古代哲学家完全可能既把"天"作为一个严格的哲学概念使用,又在日常意义上使用"天"之概念,这是我们在讨论哲学问题时不可不察的。具体到"天命之谓性"和天与性的关系时,我们必须坚持我们所讨论的是作为哲学概念的天,而不是"天"的普通意义。

作为哲学概念的"天",最初都是在天人相分的意义上使用的:"有天有人,天人有分,察天人之分,知所行也。"②天是一种超然物外者,用现代哲学的话讲是一种形而上学的超越性。它是一切事物的最终根源,它赋予一切事物的合理性与合法性,即所谓天经地义,宇宙和人世的秩序,顺之者昌,逆之者亡,古人对此心领神会:"有命自天,命此文王。"③"子曰:'唯天子受命于天。'"④"君原于德而成于天,故曰,玄古之君天下,无为也,天德

---

① 参看冯友兰:《中国哲学史》上册,第 27 页。
② 《郭店楚简·穷达以时》,李零:《郭店楚简校读记》(增订本),第 111 页。
③ 《诗经·大明》,李学勤主编:《十三经注疏·毛诗正义》下册,第 972 页。
④ 《礼记·表记》,李学勤主编:《十三经注疏·礼记正义》下册,第 1492 页。

而已。"①天是一切事物的存在论本源,但这并不意味着天如同基督教的造物主那样,是宇宙万物的创造者,而有远为复杂的哲学意义在。古人虽然也讲"天生……",但重点不在说明天造万物,而在强调事物(首先是人)从来出自一个先天的法则秩序中。例如,"天生烝民,有物有则"②,这两句诗的重点是在后一句上,"天生"之义在于暗示生命本源和发生的先验性。古人即是这样理解的:"天生民,有物有则,即天命之谓性也。"③故夫子曰:"为此诗者,其知道乎!"④一般意义上的产生和生育则是由于人与事物本身:"厥初生民,是维姜嫄。……载生载育,是维后稷。"⑤后稷为姜嫄所生,虽然是姜嫄禋祀郊禖,神飨其祭,爱而佑之,使其怀孕,但毕竟他还是"终人道则生之"⑥,而不是天直接生后稷。仔细对照《大雅》中的这两首诗对"天生"与"人之生"的不同表述,应该使我们从哲学上,而不是从常识上去思考"天生"的哲学意义。

更值得注意的是,"天生"的意思不一定是"天创造产生",而是"天赋予"或"天命"的意思,如"天生德于予"之"天生"⑦,就是这样。此时的"天生",相当于"天命"或"天之所命",并且,在中国最早的两部经典《尚书》与《诗经》中,"天命"出现的次数远多于"天生"。⑧这也提示我们,作为哲学概念的"天"不能在日常经验意义上理解,即不能在存在者状态意义上去理解,而要在形而

---

① 《庄子·天地篇》,陈鼓应注译:《庄子今注今译》,第295页。
② 《诗经·烝民》,李学勤主编:《十三经注疏·毛诗正义》下册,第1218页。
③ 阮元:《性命古训》,《揅经室集》上册,中华书局2016年版,第231页。
④ 《孟子·公孙丑上》。
⑤ 《诗经·生民》,李学勤主编:《十三经注疏·毛诗正义》下册,第1055—1056页。
⑥ 同上书,第1056页。
⑦ 《论语·述而》。
⑧ 见傅斯年在《性命古训辨证》中所作的统计(傅斯年:《性命古训辨证》,广西师范大学出版社2006年版,第28—41页)。

上学意义,即哲学意义上去理解。而天与性的关系,则更表明如果从寻常意义上把"天"理解为宇宙万物的创造者或创造力的话,基本上就完全曲解了天在中国哲学中的关键意义。

二、天命之谓性

性与天一样,是中国哲学的核心概念之一,它由"生"和"心"两字合为一字构成。尽管"性"字从"生"字孳乳而来,但从产生时起,便具有了重要的哲学意义。傅斯年氏仅仅因为"性"字较"生"字为晚出就断言:"《左传》《国语》中之性字,多数原是生字,即以为全数原为生字,亦无不可也。从此可知性之一观念在《左传》《国语》时代始渐渐出来,犹未完全成立,至于性之一字,彼时绝无之,后世传写始以意加心字偏旁,而所加多不惬当。"①这个论断既武断,也根本站不住脚,"性"字早在《尚书·西伯戡黎》中已经出现了:"天既讫我殷命。故天弃我,不有康食,不虞天性,不迪率典。"并且,诚如阮元所言:"此篇'性'字上加以'天'字,明是性受于天。"②其重要性自不待言。

傅斯年不仅否定《左传》《国语》中有"性"字,而且连《论语》《孟子》《荀子》《吕氏春秋》中的"性"字也一概否认,认为这些典籍中的"性"字都是由于汉儒改写所致,原来都是"生"字,所以这些典籍中的"性"都应该理解为"生"。③这当然都是傅氏的"大胆假设",却经不起"小心求证"。所谓"汉儒改写"云云,根本没有证据。但性与生既有孳乳关系,读音亦相近,按照汉字转注与假借之法,它们的意义也的确有内在的联系,不能截然分开。焦循

---

① 傅斯年:《性命古训辨证》,广西师范大学出版社 2006 年版,第 44 页。
② 阮元:《性命古训》,第 213 页。
③ 傅斯年:《性命古训辨证》,第 47—58 页。

《孟子正义》通过列举秦汉哲学家对性的定义,无可辩驳地证明了这一点:"《荀子·正名篇》云:'生之所以然者,谓之性。'《春秋繁露·深察名号篇》云:'如其生之自然之资,谓之性。'《白虎通·性情篇》云:'性者,生也。'《论衡·初禀篇》云:'性,生而然者也。'"①秦汉哲学家这些对"性"的定义表明,古代哲学家的确是将性与生互训,但是,在此基础上,他们更是将性作为"生之所以然""生之自然之资",即生之本质来规定生。这就解释了为什么古代哲学家往往不是从通常意义的创造或产生意义上去谈论生,而是在深刻得多的哲学意义上谈生,在性的意义上谈生。"天地之大德曰生"②的真正意义,在"乾坤变化,各正性命"③八个字上。

在中国哲学中,之所以在相当程度上性规定生,是因为如上引阮芸台所言:"性受于天。""天命之谓性",性乃天之所命,就此而言,它具有超越的根源,它与天命有关。④"天命"由"天"与"命"两个概念合成,其实天与命在古代哲学话语中往往可以互训。"命"单独用也往往可以作"天命"解,表示一种对人具有绝对支配力的必然性,在《尚书》与《诗经》中的"命"多数就是如此。然而,命虽具有超越性,又不是完全与人无关。相反,它是与人相关的超越性,命之意义完全是对人而言的。故诚如唐君毅所言:"中国哲学之言命,则所以言天人之际与天人相与之事,以见天人关系者。故欲明中国哲学中天人合一或天人不二之旨,自往哲之言命上用心,更有其直接简易之处。"⑤命既是天人的连接处,又是天人的界限处。

---

① 焦循:《孟子正义》下册,中华书局 1987 年版,第 737 页。
② 《周易·系辞下》。
③ 《周易·象传》。
④ 前引《西伯戡黎》中的那段话,就是明证。
⑤ 唐君毅:《中国哲学原论·导论篇》,中国社会科学出版社 2005 年版,第 322 页。

"命"可以作动词,也可以作名词用。作名词用时,是指动词"命"的内容,即被命者。"天命"可以是一个主谓结构的句子,也可以是一个名词,但意思并没有太大的出入,都具有绝对性和超越性的特征,因此,"命运"构成"天命"的基本意涵之一。源于天者才称得上是"命","民受天地之中以生,所谓命也。"①"我生不有命在天。"②人寿之长短取决于天,故也谓"命"。"命"在中国哲学中意味着绝对的必然性,非人力所能强求与左右:"道之将行也欤,命也;道之将废也欤,命也。"③

但这并不意味着"命"是没有意义的盲目的必然性。正相反,中国哲学中之"命"的概念,从一开始就具有规范性意义。"今天其命哲,命吉凶,命历年。……王其德之用,祈天永命。"④讲到"命",一般人总会将其与偶然性联系起来,但中国哲学中的"命"却刚好相反,不是与偶然性有关,而是有强烈的规范指向。上引《召诰》中的这段话,天命指向价值规范:"哲愚、吉凶、永不永,皆命于天,然敬德修身,可祈永年。"⑤前引《左传·成公十三年》的那段话就更明显了:"民受天地之中以生,所谓命也。是以有动作威仪之则,以定命也。""则",即规范性,乃命之基本规定。另一方面,"民受天地之中以生"之"生",未尝不可理解为"性",与"天命之谓性"其义相近。"此'中'乃阴阳刚柔之中,即性也,即命也。"⑥命与性这两个概念之内在关联与辩证关系,使得古代哲学家经常将性命放在一起讲,使之成为一对相互解释的概念。尽管如此,性与命却不是一对平行并列的概念。"性自命出,命

---

① 《左传·成公十三年》。
② 《尚书·西伯戡黎》。
③ 《论语·宪问》。
④ 《尚书·召诰》。
⑤ 阮元:《性命古训》,第214页。
⑥ 同上书,第216页。

自天降。"①郭店楚简《性自命出》极为精要地勾勒了中国古代天人之学的谱系。而《中庸》的第一句则是中国哲学思想体系中天、命、性三者关系最经典的表达。

在现存的传世文献中,孔子的确罕言性与天道,但这绝不等于证明性与天的问题对他来说不重要,或者说在他的思想中基本没有什么地位。相反,在他流传下来不多的关于性与天道和天命的言论中,我们可以看到他在这些问题上基础性的思考。首先,孔子并不像后来的许多人那样,把天视为事物产生与发生的因果性原因。他与老子一样,认为天是一个纯然的超越,与事物的实存和实存的事物没有直接关系:"天何言哉? 四时行焉,百物生焉,天何言哉?"②天无言而四时行,百物生,表明天并不以任何直接的方式介入事物的发生,从存在者状态而言,宇宙万物自行其是,自生自灭。天不是万物中的一物,不是最高的存在物,不是人格化的造物主,天是道,是天道。《礼记·哀公问》中有一段鲁哀公和孔子关于天道的对话,可以看出孔子对天与天道的基本理解:

> 公曰:"敢问君子何贵乎天道也?"孔子对曰:"贵其不已,如日月东西相从而不已也,是天道也。不闭其久,是天道也。无为而物成,是天道也。已成而明,是天道也。"③

这段对话清楚地表明,孔子完全是从哲学上理解天与天道的。贵乎天道的理由与任何实用目的或功利效益无关。天或天

---

① 《郭店楚简·性自命出》,李零:《郭店楚简校读记》(增订本),第136页。
② 《论语·阳货》。
③ 《礼记·哀公问》,李学勤主编:《十三经注疏·礼记正义》下册,第1380页。

道之可贵在于它是永恒和无限的运动,"天体无形,运行不息"①,"日月东西相从而不已"只是其象而已。但这种永恒与无限不是无意义的"坏无限",相反,它不断开启事物新的视域,使事物不断涌现与彰显。但它并不造就或创生事物,在这点上与道家形而上学的立场完全一致,天道"无为而物成",天道不用作辍而事物成其为事物,作为事物之所以然,它不造成事物,却成就事物。事物既成,物理随之昭明,如日月光辉下逮,物无所隐。天道乃真理之渊薮,故其可贵也。

天道固然超越,却又与人息息相关,它以其大其久成为人之所行(人道)遵从效法的典范。"唯天为大,唯尧则之。"②这当然不是说天给人提供了必须遵守的行为规范,而是它给人展示了必须不断超越自我有限性的人生目标与境界。与天合德,即以天道作为人道的最终依据和法则。

尽管如此,天仍是人无法控制的超越的力量,这种起最终决定作用的超越力量表现为天命。对于人来说,它既是绝对的偶然性,又是绝对的必然性。就人无法控制,无从预计,甚至难以理解而言,它是绝对的偶然性。就其不可抗拒,无法改变而言,它是绝对的必然性。孔子完全承认和接受天命的绝对性。然而,天命还不就是一般意义的"命运"的意思,如果是那样的话,既谈不上"畏",也谈不上知。而孔子认为君子既要畏天命,又要知天命。说明"天命"对他而言绝不是消极意义的。"天命"对孔子而言显然有"天之所命"的意思在。朱熹就据此来解读孔子的"畏天命":"天命者,天所赋之正理也。知其可畏,则其戒谨恐惧,自有不能已者。而付口畀之重,可以不失矣。"③孔子自言"五

---

① 《礼记·哀公问》,李学勤主编:《十三经注疏·礼记正义》下册,第1380页。
② 《论语·泰伯》。
③ 朱熹:《论语集注》,《朱子全书》第六册,第215页。

十而知天命"①,良有以也。此天之所命不知,自然无以为君子。

朱子以天之所命为理,自然是出于他的理学立场,《中庸》是"天命之谓性"。孔子关于性说得比天道还少,只留下一句"性相近也,习相远也"②。一般人的解释也就是:人的自然本性是差不多的,后天学习与习惯造成了人与人之间的差距。这种流行解释从"性相近也,习相远也"的字面意义上说,自然是不错的。但如果我们上记得《尚书》已有"天性"概念,下记得《中庸》的第一句话,那么也许不能如此简单地照字面意思去理解。顾炎武《日知录》即已指出:"性"之一字,始见于《商书》,曰:"惟皇上帝,降衷于下民,若有恒性。""恒"即相近之义。相近,近于善也;相远,远于善也。故他认为"性相近也,习相远也"应该以"人之生也直,罔之生也幸而免"(《雍也》)来解。③叶德辉也认为:"《论语》'性相近也,习相远也',自来注疏家及诸家之书,说之累千万言而不能尽,惟《中庸》'天命之谓性,率性之为道,修道之谓教'数语,为得孔氏真传。盖天命为性,所以相近;不能率性,则习而相远。"④承认天命为性,未必不能将性理解为普通的人性,只是注重人性的先验根据而已。

前面已经提到,牟宗三认为,中国古代哲学对性的规定有两条明显不同的道路。一条是以《中庸》"天命之谓性"为结的从天命、天道来规定性的道路;另一条是孟子用"道德的善"来规定性的道路⑤,他本人以及许多受其影响的人,当然认为只有第二条道路才是正宗。这等于事实上根本否定了《中庸》以及儒家哲学

① 《论语·为政》。
② 《论语·阳货》。
③ 顾炎武:《日知录》卷七,黄汝成集释:《日知录集释》,岳麓书社1994年版,第247页。
④ 叶德辉:《〈长兴学记〉驳义》,王维江、李骛哲、黄田编《中国近代思想家文库·王先谦、叶德辉卷》,中国人民大学出版社2016年版,第307页。
⑤ 参看牟宗三:《中国哲学的特质》,第62—63页。

的基本前提。兹事体大,不可不辨。而欲辨明此事,首先要明确孟子是否像孔子及绝大多数中国古代哲学家那样,承认绝对超越之天与天道,如果答案是肯定的,则要进一步明确此超越之天与天道在他的思想体系中究竟具有怎样的地位和意义。然后再来考察牟氏之说能否成立。

其实,本来孟子的思路与所有儒家哲学家一样,当然承认有绝对超越之天,人只有顺天而为,而不逆天而行,才能长治久安,天下太平,故梁惠王问与邻国交往之道,孟子以乐天、畏天答之。乐天的前提是知命:"乐天知命,故不忧。"①君子不忧不惧,因为君子知命。此命当然是天命。畏天是畏天之威,孟子引《诗经》"畏天之威,于时保之"来说畏天,也说明他在超越之天的问题上根本不可能离经叛道。天是一切的赋予者,包括孟子极为重视的人心,"孟子言性善,即本于其言心。"②"孟子主性善是由仁义礼智之心以说性。"③心性之学的实质在心而非性,心统性情。但此心亦为天之所与者:"心之官则思,思则得之,不思则不得也,此天之所与我者。"④就此而言,人们也可以说"天命之谓心"。

心与性一样,乃天之所与,天之所命。没有天自然不会有其所与之心,孟子不会反对我们的这个推论。天—命—心(性)是直贯而下的关系,而不是并列的关系,"存其心,养其性,所以事天也。"⑤赵岐注曰:"能存其心,养育其正性,可谓仁人。天道好生,仁人亦好生,天道无亲,惟仁是与。行与天合,故曰所以事天也。"⑥天为心则,心为天与,不但是孟子,也是此后历代心学家共

---

① 《周易·系辞上》。
② 唐君毅:《中国哲学原论·导论篇》,第49页。
③ 牟宗三:《圆善论》,学生书局1996年版,第132页。
④ 《孟子·告子上》。
⑤ 《孟子·尽心上》。
⑥ 李学勤主编:《十三经注疏·孟子注疏》,第351页。

同的立场。"天之所以与我者,即此心也。"①"人乃天之所生,性乃天之所命。"②在性与天的关系上,象山未离《中庸》半步,依然是以天道说性。阳明则更进一步,以天说性:"性一而已,自其形体也谓之天,主宰也谓之帝,流行也谓之命,赋予人也谓之性,主于身也谓之心。"③

近代之前,人们容或对孟子之性为何义有很大分歧,如宋明儒与清儒(戴震、焦循)对性是否包括自然之性观点明显不同,但从未有人会认为孟子主张性自生自成,除了心外,性再也没有其他根源,更不用说超越的根源。可自当代新儒家风靡中国哲学研究界后,孟子之"性"似乎完全是自足的人性,与天与天道没有任何关系。牟宗三的孟子以道德说性乃中国哲学性论的正宗④,就是这么来的。且不说此说完全抹杀了传统公认的孟子与子思的师承关系,或至少同一学派的关系,也公然无视孟子自己的"天性"说:"形、色,天性也。"⑤孙奭正义曰:"孟子言人之性与色,皆天所赋,性所有也。惟独圣人能尽其天性,然后可以践形而履之,不为形色所累矣。盖形有道之象,色为道之容,人之生也,性出于天命,道又出于率性,是以形与色皆为天性也。"⑥孙奭此解,阐明了孟子"天性"说与《中庸》"天命之谓性"思想的一贯性。

主张孟子论性根本不同于《中庸》,关键在于淡化甚至否认天与天道在孟子思想中的基础性地位,而赋予人心以绝对的自足性和自主性。所依据的文本是"仁义礼智,非由外铄我也,我

---

① 陆九渊:《与李宰》,《陆九渊集》。第 149 页。
② 陆九渊:《与赵咏道》,《陆九渊集》,第 161 页。
③ 王阳明:《传习录上》,《王阳明全集》上册,第 15 页。
④ 参看牟宗三:《中国哲学的特质》,第 69 页。
⑤ 《孟子·尽心上》。
⑥ 李学勤主编:《十三经注疏·孟子注疏》,第 373 页。

固有之也,弗思耳矣"这几句话。①如果不管这几句话出现的语境,不管孟子的所有言论,那的确可以得出孟子主张一种类似康德道德哲学的自律的道德哲学,即道德规范乃人心本有,而不是任何超越的外在力量所赋予。但《孟子》紧接着这几句话是两段引证,首先是《大雅·烝民》的"天生烝民,有物有则。民之秉彝也,故好是懿德"。然后是孔子对这几句诗的评论:"为此诗者,其知道乎!故有物必有则,民之秉彝也,故好是懿德。"很显然,这两段引证是为了进一步说明前面几句话的意思的。

《烝民》的那几句诗历来人们把它们理解为:"言天生众民,有物则有所法则,人法天也。民之秉彝,夷,常也。"②郑笺曰:"天之生众民,其性有物象,谓五行仁义礼智信也。"③焦循在列举赵注与郑笺后疏曰:"赵氏既以法释则,又以有物有则为人法天,是以有物指天,有则指人之法天,盖亦如笺物象之说,性为天所命,性之有仁义礼智信,即象天之木金火土水,故以性属天。"④如果《烝民》的引文与孔子的评论是进一步说明前面这几句话的话,那么很显然,孟子是希望大家不要误解他的意思,性为天所命,性之有仁义礼智,从根本上说,也是源出于天。人有道德良知,自发地有道德感(即孟子所谓的四心),这不等于说人之道德与良知与天无关。从存在论上说,没有天就没有人,天生人而非人自生。天若不赋予人心,既无道德也无良知。孟子通过强调心为天之所与,已经把这一点说得很清楚了。

孟子在这里引证《烝民》和孔子相应的评论,是要暗示,"内铄"其实是相对而言的。孟子强调"仁义礼智根于心"⑤,为"内

---

① 《孟子·告子上》。

② 李学勤主编:《十三经注疏·孟子注疏》,第301页。

③ 《诗经·大雅·烝民》,李学勤主编:《十三经注疏·毛诗正义》下册,第1218页。

④ 焦循:《孟子正义》下册,第759页。

⑤ 《孟子·尽心上》。

铄",有特定的时代背景和在此背景下特殊的考虑：

> 至孟子时,异说纷起,以理义为圣人治天下[之]具,设此一法以强之从,害道之言皆由外理义而生;人徒知耳之于声,目之于色,鼻之于臭,口之于味之为性,而不知心之于理义,亦犹耳目鼻口之于声色臭味也,故曰"至于心独无所同然乎",盖就其所知以证明其所不知,举声色臭味之欲归之耳目鼻口,举理义之好归之以心,皆内也,非外也,比而合之以解天下之惑,俾晓然无疑于理义之为性,害道之言庶几可以息矣。孟子明人心之通于理义,与耳目鼻口之通于声色臭味,咸根诸性,非由后起。[①]

戴震的这个观察,可以说虽不中,亦不远。认定心乃天之所予的孟子,不可能同时反对天命之谓性,而主张自律伦理学,要知道,即使在西方,也只有到了 18 世纪,现代性和主体概念在哲学中占支配地位时,康德才能提出自律的概念。主张乐天、畏天、事天、知天的孟子,怎么可能主张性与道德乃人之自为,没有天什么事呢?

与康德道德自律的实施者——先验主体不同,孟子的心无论人们把它叫"性情心"还是"德性心",都不是一种先验理性的结构,而是经验性,它的基础功能是恻隐、羞恶、辞让、是非之情,"乃就人对其他人物之直接的心之感应上指证"[②]。而不是像康德的实践理性那样纯粹通过自己的原理来推演证成。康德的实践理性是绝对的、必然的,即它的不存在是无法设想的;但孟子的心不是这样,心不但操存舍亡,而且常常要陷溺,除圣人外,多

---

① 戴震:《孟子字义疏证》,《戴震全书》第六册,第 157 页。
② 唐君毅:《中国哲学原论·导论篇》,第 50 页。

数人都得去求方能得其放心。康德的实践理性或自由意志绝不可能这样，因为它是先验的结构，是普遍必然的；而孟子的心因为是经验之心，所以不具有这样的普遍必然性，而只有或然性。性善也是说人本性有知善为善的可能，而不是必然一定善，否则率兽以食人的历史便无法解释了。

诚如宋儒(程、朱)和戴震等清儒所言，孟子对性的理解从未排斥"生之谓性"，他的性的概念既包括声色臭味等自然之性，也包括理义之性，文献俱在，新儒家的代表人物也不能不承认："依孟子，性有两层意义的性。一是感性方面的动物性之性，此属于'生之谓性'，……一是仁义礼智之真性，……孟子只于此确立'性善'。"①唐君毅在此问题上虽与牟宗三有不同，他认为孟子不以耳目口鼻四肢之欲声色臭味安佚，以及食色等自然生命为之欲为性②，但他认为"以心言性"可以统摄"以生言性"③，也就是心性可以包涵自然之性，而不必彼此截然分开。但是，在讨论性的概念时，他们基本上只谈心性之"性"，认为只有此义理之性才有意义，而将自然之性完全排除在对性之概念的讨论之外。

孟子完全不是这样，他和孔子一样，不但不排斥"生之谓性"的传统，而且在讨论性的问题时完全吸纳了这个传统，这个传统构成了他讨论性之问题的前提。从自然之性上来说，"人之异于禽兽者几希"④。这"几希"者就是人的义理之性。义理之性与自然之性不是两种不同的性，而是同一人性的不同内容，不存在前者含摄后者的问题，在一定意义上倒是可以说后者构成前者的前提，没有前者就不必有后者。因为有率兽以食人的现实，才有

---

① 牟宗三：《圆善论》，第 150 页。
② 唐君毅：《中国哲学原论·原性篇》，第 15 页。唐氏显然站不住脚，孟子明明说："口之于味也，目之于色也，耳之于声也，鼻之于臭也，四肢之于安佚也，性也，……"(《尽心下》)
③ 同上书，第 16 页。
④ 《孟子·离娄下》。

必要强调仁义与自然之性一样，也是人性的题中应有之义（仁义内在）："故理义之悦我心，犹刍豢之悦我口。"①仁义（为善）与饮食男女一样，亦是人的本性②，这个基本事实不能随外在要求和环境而改变。

因为孟子的性不像康德的实践理性和意志那样是一个没有经验因素的先验概念，而是一个立足人性现实的概念，它包含大量感性经验的因素，如声色臭味等，即便是仁义与善，也不是抽象的先验的形式概念，而是现实的人之行。既然是现实的人之行，就必然要受到超出人之主观意志与能力的偶然性的超越力量的制约，这种偶然的超越力量就是命。孟子从未像当代的心性论者那样，将性抽象化、内在化和绝对化，使之成为一个完全先验的、不食人间烟火的空洞概念。孟子完全不是这样，他从未将性抬高为一个绝对的概念，而是始终坚持性（无论是自然之性还是义理之性），就其为现实的人性而言，其实现都是有条件的，而不是无条件的，它的实现始终受制于命：

> 口之于味也，目之于色也，耳之于声也，鼻之于臭也，四肢之于安佚也，性也，有命焉，君子不谓性也。仁之于父子也，义之于君臣也，礼之于宾主也，智之于贤者也，圣人之于天道也，命也，有性焉，君子不谓命也。

孟子这段话首先表明，性与命有不解的关系，论性必论命，有命方有性。其次，这段话亦表明，孟子在性与命的问题上既不是独断的决定论者，也不是主观的唯意志论者，而是对性命关系

---

① 《孟子·告子上》。

② 《论语·乡党》对孔子的服装饮食有细致的描述，即在暗示衣食欲求未必非道，亦人性也。

持一种积极的辩证态度,对此焦理堂有相当精彩的阐发:

> 欲根于血气,故曰性也,而有所先而不可踰,则命之谓
> 也。仁义礼智之懿不能尽人如一者,限于生初,所谓命也,
> 而皆可以扩而充之,则人之性也。谓者,犹云藉口于性耳。
> 君子不藉口于性以逞其欲,不藉口于命之限之而不尽
> 其材。①

自然之性虽然根于人之生理本身,但在任何时候都不能完全实
现,总有种种客观制约,此即为命。故此,人不能以人性的天然
合理性要求为所欲为,如现代性所主张的那样,而要认命,亦即
承认人的根本有限性,在此有限性中主张欲望的权利才有意义。
另一方面,即便人是有限的,但人仍可以不断完善,不能以有限
性为借口而放弃自己的完善。

在孟子哲学,乃至中国哲学的语境中,“命”往往就可以理解
为“天命”,它就像古罗马的门神雅努斯,有着两面性,一面指向
天的超越性;另一面指向人的有限性。“天命之谓性”也将命在
天人之间所起的中介作用表露无遗。孟子关于天、命、性三者的
关系,与《中庸》略有所别,但属同一思路:

> 《中庸》说“天命之谓性”,作一直说,于性、命无分。孟
> 子说性、命处,往往有分别,非与《中庸》之旨有异也。《中
> 庸》自是说性,推原到命上,指人之所与天通者在此,谓此性
> 固天所命也。乃性为天之所命,而岂形色、嗜欲、得丧、穷通
> 非天之所命乎? 故天命大而性专。天但以阴阳、五行化生

---

　　① 焦循:《孟子正义》下册,第992页。

万物,但以元、亨、利、贞为之命。到人身上,则元、亨、利、贞
所成之化迹,与元、亨、利、贞本然之撰自有不同。化迹者,
天之事也。本然之撰以成乎仁义礼智之性者,人之事也。
此性原于命,而命统性,不得域命于性中矣。

形色虽是天性,然以其成能于人,则性在焉,而仍属之
天。属之天,则自然成能,而实亦天事。故孟子冠天于性上
以别之。[①]

船山此论既指出了《中庸》与孟子在天、命、性三者关系及以天说
性问题上的一贯性,又指出了孟子对于《中庸》"天命之谓性"思
想的进一步补充,证明在对性的规定问题上,根本不存在牟宗三
所谓的由《中庸》和孟子分别代表的两条思路。

三、现代心性论之误

按照牟宗三对中国哲学史的解释,《中庸》这一路以天命、天
道说性是"绕到外面而立论的,其中所谓性简直就是创造性,或
者创造的真几。但这似乎是很抽象。……假如须要对性作深入
的了解,那么我们不应容许自己满足于'创造性'这个抽象的说
法,而应直接认为道德的善就在性之中,或者说性就是道德的善
本身。孟子便走这路去规定性。"[②]我们可以肯定地说,孟子不是
这样去规定性的。孟子并不否定"生之为性"。如果说以天命、
天道规定性是"绕到外面而立论"的话,那么直言"此天之所与我
者"的孟子,当然也是"绕到外面而立论"。此外,古人(包括孟
子)从未将天理解为"创造性",天既不是人格神,也不是万物的

---

① 王夫之:《读四书大全说》下册,第747页。
② 牟宗三:《中国哲学的特质》,第62—63页。

实际创造者:"'然则舜之有天下也,孰与之?'曰:'天与之。''天与之者,谆谆然命之乎?'曰:'否。天不言,以行事示之而已矣。'"①"天与之"恰恰是说人行的规范根源于天,人法天则天,而非自以为是,自行其是。但天并不直接创造世间万物。是牟宗三,而不是孟子,根据西方宇宙论将天理解为"创造性的本身"(Creativity itself)。②

至于"仁义礼智,非由外铄我也,我固有之也"这句话,也丝毫不能动摇孟子"绕到外面而立论"的事实。天赋予人以性,人才有性;就像天赋予人声色臭味的能力,他才有这种内在的能力。"非外铄"只是指不是由于外物的推动人才能产生种种道德行为和道德良知,就像人不是由于外物的刺激与推动才会看一样,但这与这种能力之形上根源为何是两回事。一颗种子生根、长叶、开花、结果当然不是由于"外铄"而是由于自发,但种子之所以有这些潜能,是因为它由外物所产生。古人深信天生人,那么当然人理归根结底也是天理,来自于天,而不是人,所以"非由外铄"的正解应该是此理乃天之所予,牟宗三非常推崇的陆象山便是这样来理解孟子的:"此理本天所以与我,非由外铄。"③

牟宗三既然要证明孟子不是从天,而是从道德善去规定性,那么首先就要想办法"去天"。当然,这样做难度极大,因为对中国古代哲学稍有了解者,都不能不承认"孔孟都有超越意义的'天'之观念,此由诗书所记载的老传统而传下来者"④。因此,牟宗三必须想办法在表面承认中国哲学中天是超越意义的天的同时,想办法通过把它下降到主体性范畴来将此超越意义的天消

---

① 《孟子·万章上》。
② 牟宗三:《中国哲学的特质》,第22页。
③ 陆九渊:《与曾宅之》,《陆九渊集》,第4页。
④ 牟宗三:《圆善论》,第132页。

解掉。首先，必须将"此天之所与我者"的上下义去掉，他这里的"天"是个虚位字，即是一个没有实际意义的形容词，只表"**固有义。凡固有而定然如此**者即说为天——以天形容之"①。这真是荒唐得可以，鸡鸣对鸡来说是"固然而定然如此者"，有谁会把鸡鸣称为"天鸣"？但如此荒唐地解释作为"虚位字"的天，至少将它虚化为可有可无的东西了。

牟宗三用宇宙论意义上的创生来理解儒家讲的天道，说如西方上帝所创造的是个体事物一样，天道所创生的"都只是**具体的个体物(万物)**"。而"人(广之一切理性的存有)所独特表现的精神价值领域中之**实事实理**，这不是可以由上帝之创造而言的，亦不是可以由天道创生而言的。反之，我们可以笼综天地万物而肯定一超越的实体(上帝或天道)以创造之或创生之，这乃完全由人之道德的心灵，人之道德的创造性之真性，而**决定成**的。此即是说：天之所以有如此之意义，即创生万物之意义，完全由吾人之道德的创造性之真性而**证实**。"②

这段话首先肯定天道像西方的上帝(造物主)一样，创造的都是具体事物，但他精神领域的种种实理实事却不能说是"天道"创造的，这也就等于把"此天之所与我者"这句话给根本否定了。不仅如此，牟宗三还坦承，说天有创生万物的意义，完全是由人的道德心灵，人道德的创造性"**决定成**的。也就是说，我们要说天有创造性天才有创造性，人的创造性就能证实天的创造性。这就等于把人的创造性等同于天的创造性，或者说是将天的创造性只是作为一种虚名纳入人的道德创造性中，天完全失去了其独立的超越地位。

---

① 牟宗三：《圆善论》，第 133 页。
② 同上。

　　虽然他说"天"表一"超越的实体"①，实际上并不太明白"超越的实体"之哲学意义，所以他会说："说上帝创造万物，这只是宗教家的一个说法而已，说实了，只是对于天地万物的一个价值的解释。儒家说天道创生万物，这也是对于天地万物所作的道德理性上的价值的解释，并不是对于道德价值作一存有论的解释。"②这种说法古代哲学家恐怕没有一个会同意，反而会觉得是非常可怪之论。对于儒家来说，天生物、成物，是一个存有论的事实，而非价值论的解释，"天地细缊，万物化醇，男女媾精，万物化生"③，毫无疑问是存有论的命题，而非价值论的解释。"言天之自然者，谓之天道。言天之付与万物者，谓之天命。"④这当然也是存有论的命题。万物万理，人事天道，都不是人为的解释，而是客观的事实，这是绝大多数古代哲学家，尤其是儒家哲学家的共同立场，心学翘楚的象山就明确指出："此理在宇宙间，固不以人之明不明、行不行而加损。"⑤用西方的主观唯心论来解释中国古代哲学，除了武断立论，别无他法。

　　将人等同于天，是牟宗三"虚天""去天"的关键步骤。他声明，说天人相同"不是现实的人与天同，而是心之体与天同，心之道德的创造性与天同"⑥。他用陆九渊的一段话来作为证明："孟子云：'尽其心者知其性，知其性则知天矣。'心只是一个，某之心，吾友之心，上而千百载圣贤之心，下而千百载复有一圣贤，其心只如此。心之体甚大，若能尽我之心，便与天同。"⑦但象山所

---

　　① 牟宗三：《圆善论》，第 134 页。
　　② 同上。
　　③ 《周易·系辞下》。
　　④ 程颢：《师训》，《二程集》上册，第 125 页。
　　⑤ 陆九渊：《与朱元晦》，《陆九渊集》，第 26 页。
　　⑥ 牟宗三：《圆善论》，第 134 页。
　　⑦ 陆九渊：《语录下》，《陆九渊集》，第 444 页。

说之心绝非"人之道德创造性",与孟子一样,对象山来说,心是"天之所以与我者",所以不可能是什么"道德的创造性",创造性是自发的,不能是所与的。尽心之所以能知天,恰在于它的内容无非天所予之天理天道。心即理①,因此,被尽之心不是人心(人的主观性),而是理。此外,象山对于天人根本区别(生与被生、命与被命、无限与有限)还是始终强调与坚持的:"今学者能尽心知性,存心养性,则是事天。人乃天之所命。自理而言,而曰大于天地,犹之可也。自人而言,则其可言大于天地?②"所以陆九渊所言的"与天同",绝非人或人的道德创造性"与天同"。

而牟宗三之所以处心积虑要表明人的道德创造性与天同,根本目的是要证明:"天之创生万物之创造性完全由心之道德的创造性来证实也。天之所以为天之具体而真实的意义完全由心之道德的创造性而见也。"③但这根本说不通。"道德的创造性"顾名思义只能创造与道德有关的事物,无数非道德的事物它是不能创造的,而天创生万物的创造性很显然既能创造非道德的事物,也能创造道德的事物,它的外延远比道德的创造性大得多,说它能证实道德的创造性至少在逻辑上还没有太大的毛病,而说道德创造性能证实天之创造性则于理难通。

牟宗三当然也看到了这个困难,于是笔下一滑,又将道德创造性变为"创造性自己":

> 此道德创造之心性便不为人所限。因为它不是人之**特殊构造之性**,依生之谓性之原则而说者,它有**实践地说的无外性**,因而即有**无限的普遍性**,如此,吾人遂可**客观而绝对**

---

① 陆九渊:《与李宰》,《陆九渊集》,第 149 页。
② 陆九渊:《与赵咏道》,《陆九渊集》,第 161 页。
③ 牟宗三:《圆善论》,第 134 页。

地说其为"**创造性自己**"，而此创造性自己，依传统的方式，便被说为"天命不已"，或简称之曰"天"。①

如果这样的话，一开始就直说天和天命不就得了吗？何必叠床架屋、故弄玄虚将心性说成是"道德的创造性"呢？这是因为牟宗三的根本目的是要证明："道德必须有其自身的建立处，不能绕出去从外面建立。从外面建立，道德本身不能自足。""道德的善不能从上帝、天道处讲。""所以必须转到重视内在的讲法，建立'道德的善'本身之善以及'道德性本身'之性。"②然而，牟宗三的目的并不仅仅是效法康德建立自律道德，还要建立道德的形上学，即由道德来建立一种形而上学理论，但形上学理论不能只有道德，否则便成了"道德底形而上学"，它必须涉及众多道德意味的事物，因此，牟宗三只好说"道德创造的心性"就是传统"天命不已"之"天"，"天之创生过程亦是一道德秩序也。此即函着说宇宙秩序即是道德秩序，道德秩序即是宇宙秩序也"。③这真是一个极为大胆的说法，宇宙秩序不是道德秩序不但是简单的常识，也为中西大哲学家在哲学上加以肯定。船山便一再强调天之事与人之事的截然不同；康德则始终坚持物理世界与道德世界是两个完全不同的世界。说宇宙秩序就是道德秩序，说明牟宗三把"道德创造之心性"等同于传统"天命不已"之"天"完全是策略性的虚晃一枪，如果是当真的话，他的自律道德的设想就无法实现了。因此，他不是把道德的创造心性扩充为天，而只是给它加个"天"的虚名，并且是一个随时可以拿掉的虚名，尤其在论证道德自律的关键时刻。

---

① 牟宗三：《圆善论》，第 140 页。
② 牟宗三：《中国哲学的特质》，第 63 页。
③ 牟宗三：《圆善论》，第 137 页。

牟宗三说:"'道德是自律'是**分析命题**。"①在逻辑学上,分析命题有两个基本特征:一是谓词已蕴含在主词中,如"红旗是红色的",谓词"红色"已蕴含在主词"红旗"中;二是分析命题必须是全称命题,没有例外。但"道德是自律"显然不符合这两个要求。"自律"概念并不蕴含在"道德"概念中,毕竟除了自律道德外还有他律道德,从未有人否认他律道德也可以是道德。因此"道德是自律"也不是全称判断,充其量是特称判断。所以"道德自律是分析命题"的说法是不能成立的。

其实牟宗三并没有太多讨论道德的问题,道德以及自律道德的问题被他转换为如何用道德的善来规定性的问题,或者说如何用道德性来规定性的问题。他认为这就是孟子规定性的思路:"孟子即从道德意识建立他的性善论,开出规定'性'的第二路。"②这样,牟宗三就把孟子的"性"窄化为道德性的性,这当然是相当成问题的。在他看来:"道德性的性亦只能直接从人的道德意识建立,不能从上帝或天道处建立。"③这就把"天命之谓性"的传统完全否定了,在否定这个传统的同时,他也否定了儒家传统的性的概念。即便是义理之性的性也不就是道德性的性。牟宗三显然认为,只要证明道德性的性由人的道德意识建立,就算证明了道德自律。但人们完全有理由问,证明性善是否就等于证明道德自律? 道德是否就只是性善? 如果性本善为什么还需要道德?

事实上,之所以需要道德,是因为人类与罪恶相伴。牟宗三认为,人之所以有罪恶感,是因为内心已有道德意识,"通过主观方面的道德意识,对罪恶才可有清楚的感受,有清楚的感受,才

① 牟宗三:《圆善论》,第133页。
② 牟宗三:《中国哲学的特质》,第65页。
③ 同上。

有清楚的罪的概念(clear concept of sin)。"①这乍一看并不错,但却没有看到道德意识从根本上说是社会意识的产物。"舜之居深山之中,与山石居,与鹿豕游,其所以异于深山之野人者几希。"②孟子这么说说明他已完全认识到道德意识充其量是一种内心的潜能,必须社会普遍道德(意识)已经建立的情况下才能激发出来:"及其闻一善言,见一善行,若决江河,沛然莫之能御也。"③没有外部(社会)的道德意识和实践的激发,道德意识不可能成为现实。孔子强调他自己是"学而知之",也有这个意思在。正因为道德意识充其量只是人的一种潜能,儒家才一直强调致知明德乃成人的先决条件:"古先圣贤,无不由学。伏羲尚矣,犹以天地万物为师,俯仰远近,观取备矣,于是始作八卦。夫子生于晚周,麟游凤翥,出类拔萃,谓'天纵之将圣',非溢辞也。然自谓'我非生而知之,好古以敏求之也'。"④后儒容或侈谈圣人生知,但原儒无一不强调对传统的继承与秉持。仁义礼智并非抽象先天的人性,而是必须虚心以求的天道。

传统、天道、虚心与现代性格格不入,自然淡出现代哲学家的视野。主体性成为解释一切,包括道德的基本原则,牟宗三也不例外,他把主体性叫作"人的道德意识",认为性善是"由人的道德意识放射出的"⑤,却丝毫不问道德意识是哪里来的,因为主体性是不能问其来历的,它是一切的前提。然而,反思道德意识最容易见出主体性之独断与空洞。说谎与偷盗之所以谓恶,必须有特殊的历史条件和社会条件。只有在一定的社会意识形态和制度条件下,它们才算是恶。例如,在私有财产制度确立之

---

① 牟宗三:《中国哲学的特质》,第 64 页。
② 《孟子·尽心上》。
③ 同上。
④ 陆九渊:《与李省干》,《陆九渊集》,第 14 页。

⑤ 牟宗三:《中国哲学的特质》,第 65 页。

前,偷盗就是一个与取水一样的普通行为。说谎的定义更是如此,在真相被用各种手段遮蔽或歪曲的情况下,众口一词说一件事并不是在说谎。基督徒说耶稣死而复活不是说谎;古人说天圆地方也不是在说谎。说谎本身是一个相对的事,何为谎言人们永远也不会一致。道德意识也是如此,不同时代,不同文化的道德意识,是非常不同的,用道德意识论性,不但不会像牟宗三以为的那样"使性之意义不再模糊不清或引人入邪"①,反而会使"性"成为一个空洞的概念。事实上,在牟宗三那里,"性"除了同样空洞的"道德意识"或"善"之外,没有任何实质性的规定。

牟宗三声称,《中庸》《易传》论性的一路终究要和孟子一路合在一起,理由是"'道德性'根源于'天命之性',而'天命之性'亦须从'道德性'了解、印证和贞定"②。其实他前一句话是虚的,他从未详细说明过"道德性"何以根源于"天命之性";他真正做的是用"道德性"来说明"天命之性",实际上是把它偷换为"道德性"。"尽其心者,知其性也;知其性,则知天矣"③,孟子的这句话看上去好像是足以证明牟氏之论不妄,其实不然。船山在论《尽心篇》时提醒我们:"孟子《尽心》一篇文字别是一体撰,往往不可以字句测索大意,……善读者须观大旨,不当随字句煞解。"④旨哉斯言。孟子的意思当然不会是心性等于天,天可以以性概之。心性乃天之所与我者,天不会把自己全盘与人,这听上去就不通。这几句话的意思应该如赵岐所言,是表明人心通于天道,"性有仁、义、礼、智之端,心以制之,惟心为正。人能尽极其心,以思行善,则可谓知其性矣。知其性,则知天道之贵善者也。"⑤

---

① 牟宗三:《中国哲学的特质》,第66页。
② 同上书,第67页。
③ 《孟子·尽心上》。
④ 王夫之:《读四书大全说》下册,第735页。
⑤ 李学勤主编:《十三经注疏·孟子注疏》,第350—351页。

戴震《原善》对孟子此句亦有精当阐释：

> 耳目百体之所欲，血气资之以养，所谓性之欲也，原于天地之化者也，是故在天为天道，在人，咸根于性而见于日用事为，为人道。仁义之心，原于天地之德者也，是故在人为性之德。斯二者，一也。由天道而语于无憾，是谓天德；由性之欲而语于无失，是谓性之德。性之欲，其自然之符也；性之德，其归于必然也。归于必然适全其自然，此之谓自然之极致。……知其自然，斯通乎天地之德，故曰"知其性，则知天矣"。天人道德，靡不豁然于心，故曰"尽其心"。①

戴震此解将自然之性也纳入性的范畴(但他还是有分殊，称之为"性之欲")，不为心性论者所接受，但却更合孟子并不排斥"生之谓性"的初衷。强调天人有分，性出于天(不管是道德之性还是自然之性)，但心能知性乃天德，性出于天。因此，知性乃知天德于人为何。

这自然不会被牟宗三接受，他只接受道德意识，不接受自然之性。牟宗三一贯主张，中国哲学"生命的学问"②，"重点在生命。"③但牟氏的生命基本离开自然生命与物质生命，而只重道德宗教方面，或他认为生命的学问就是道德宗教。④另一方面，他又认为："中国人'生命的学问'的中心就是心与性，因此可以称为心性之学。"⑤中国哲学，至少其正宗是心性之学，而心性之学只是道德的形上学，或自律的道德哲学。中国哲学其实就是这样

---

① 戴震：《原善》卷上，《戴震全书》第六册，第 11 页。
② 牟宗三：《中国哲学十九讲》，学生书局 1989 年版，第 15 页。
③ 牟宗三：《中西哲学会通之十四讲》，学生书局 1990 年版，第 18 页。
④ 同上书，第 30 页。《中国哲学的特质》，第 82 页。
⑤ 牟宗三：《中国哲学的特质》，第 82 页。

一种自律的道德哲学。总之,牟宗三先将中国哲学还原为心性之学,再将心性还原为道德意识,从而将中国哲学还原为自律的道德哲学或道德的形上学。在他的影响下,近年来主张中国传统哲学其实就是道德哲学的人越来越多。而牟氏上述种种还原的关键,则是以所谓孟子论性的路子覆盖乃至取代《中庸》《易传》以天论性的路线。其实际结果,就是把中国哲学的主要问题局限为道德自律的问题。

首先,按照牟宗三对中国哲学的上述心性之学的解构—重构,中国哲学的研究范围急剧缩小收窄,《书》、《诗》、《易》、《庸》、先秦两汉哲学、道家哲学、佛教哲学、清代哲学,都被排除在中国哲学的问题域外。即便是心性之学的研究,也主要集中在道德哲学问题上,古代哲学的主要问题架构天人关系,以及性与天道的关系,早已不是研究的主要对象了。其次,由于不知中国哲学的历史性和实践性特征,对道德哲学的讨论日益空疏不切实际。康德道德哲学虽然空疏却还有形式化的严谨,现代心性论者除了不断重复无聊的道德套话外,对道理与伦理学的问题根本没有自己的认识与见解,只是不断纠缠于自律还是他律、德福如何一致,中国哲学是否为德性伦理学等完全是被西方哲学引领的问题。孟子、象山、阳明哲学中那种深刻的历史感和时代意识、文明关怀与反求诸己的担当,以及从日常生活世界上探天道的思想活力,在现代心性论者那里是根本看不到的。最后,由于将中国哲学限制在心性之学—自律道德学上,中国传统哲学变成了一个根本缺乏自身批判和思想动力的学术工业原材料。根本不能成为今日世界哲学的一部分,完全不具备理解其他哲学关怀、更不用说能与世界哲学进行有效对话的能力。

中国哲学当然不是这样,也不应该是这样。"致广大而尽精微,极高明而道中庸。"《中庸》中的这两句话,道尽了中国哲学的博大精深、千姿百态。如果说哲学是形而上学,它可说是中国形而上学的宣言与出生证;如果说哲学以超越和超越意识为前提的话,《中庸》始于超越终于超越,没有超越和超越意识就没有《中庸》;如果说哲学终究以天人关系为依归的话,《中庸》提供了一个中国哲学系统的天人关系的方案;如果说哲学必须打通形而上下的话,《中庸》处处显示了这个特点;如果说哲学既要上探人道又要不离人事,《中庸》是这方面的典范;如果说哲学旨在探索人生意义和人之完善,《中庸》提供了一种崇高的生活方式;如果说哲学的超越古今,义无不然,《中庸》并未成为过去,它和世界所有的哲学经典一样,活在我们的世界。

《中庸》的上述特点,决定了它的问题域是无限开放的,可以容纳许多哲学的基本问题。它既可以使我们深入到中国传统哲学的问题中去,又可以作为我们进入当代哲学问题的门户。《中庸》不仅是一个古代哲学的文本,也是现代哲学思考的一个出发点。我们不把《中庸》作为古代的哲学来研究,而把它作为今天的哲学,今天的问题来研究。因此,本书不是流行的哲学史研究,更不是注疏章句的著作,而是一部将《中庸》化为种种哲学问题,由此进入当代哲学思考的著作。它要解构颠覆种种传统的认识与观念,同时将打开新的哲学视域和前景。在清理了现代性思维传统造成的种种成见后,我们现在可以这么做了。

征 引 书 目

古 籍 部 分

李学勤主编:《十三经注疏》(标点本),北京大学出版社 1999
年版。

屈原:《楚辞》

《墨子》

《荀子》

《道德经》

郭庆藩辑:《庄子集释》,中华书局 1982 年版。

《韩非子》

《国语》

《黄帝内经》

《管子》

《诸子集成》,岳麓书社 1996 年版。

《吕氏春秋》

杨伯峻:《列子集释》,中华书局 1985 年版。

司马迁:《史记》

班固:《汉书》

《帛书·要》

董仲舒：《春秋繁露》

黄怀信：《大戴礼记汇校集注》，三秦出版社 2005 年版。

陈立：《白虎通疏证》，中华书局 2007 年版。

许慎：《说文解字》

刘向：《说苑》

何宁：《淮南子集释》，中华书局 1998 年版。

黄怀信：《鹖冠子校注》，中华书局 2014 年版。

许维遹校释：《韩诗外传集释》，中华书局 2005 年版。

《广雅》

赵在翰辑：《七纬》，中华书局 2012 年版。

王延寿：《鲁灵光殿赋》，《文选》卷十一上册，中华书局 1977 年版。

王弼：《周易略例》，《王弼集校释》，楼宇烈校释，中华书局 2009 年版。

刘熙：《释名》

萧吉：《五行大义》

《柳宗元全集》，上海古籍出版社 1997 年版。

黎立武：《中庸指归》

周敦颐：《周敦颐集》，岳麓书社 2002 年版。

张载：《张载集》，中华书局 1985 年版。

程颢、程颐：《二程集》，中华书局 2004 年版。

朱熹：《朱子全书》(27 卷)，上海古籍出版社、安徽教育出版社 2002 年版。

陆九渊：《陆九渊集》，中华书局 2008 年版。

苏辙：《老子解》

王柏：《鲁斋集》

王夫之：《船山全书》，岳麓书社 1988—1996 年版。

——：《船山遗书》，(8 卷本)，北京出版社 1999 年版。

——：《读四书大全说》，中华书局 1975 年版。

——:《张子正蒙注》,中华书局 1975 年版。

《通志堂经解》

孔颖达:《尚书正义》

陈经:《尚书详解》

陈栎:《尚书集传纂疏》

林之奇:《尚书全解》,人民出版社 2019 年版。

蔡沈:《书集传》,凤凰出版社 2010 年版。

《吕祖谦全集》第三册,浙江古籍出版社 2008 年版。

王水照主编:《王安石全集》,复旦大学出版社 2017 年版。

叶适:《叶适集》,中华书局 2010 年版。

王阳明:《王阳明全集》,上海古籍出版社 1992 年版。

罗钦顺:《困知记》,中华书局 2013 年版。

吕坤:《呻吟语》,《吕坤集》,中华书局 2008 年版。

黄宗羲:《宋元学案》

方孝孺:《逊志斋集》

王廷相:《王廷相集》,中华书局 2009 年版。

焦竑:《老子翼》

陈梦雷:《周易浅述》,九州出版社 2004 年版。

焦循:《易学三书》(《易通释》《易章句》《易图略》),九州出版社 2005 年版。

章学诚:《文史通义·易教下》,《文史通义新编新注》,仓修良编注,浙江古籍出版社 2005 年版。

顾炎武:《日知录》

黄汝成:《日知录集释》,岳麓书社 1994 年版。

惠栋:《周易述》,中华书局 2010 年版。

李光地:《周易折中》

戴震:《戴震全书》,黄山书社 1995 年版。

黄式三:《论语后案》,凤凰出版社 2008 年版。

梅膺祚：《字汇》

郝懿行：《尔雅义疏》，中华书局 2017 年版。

严遵：《老子指归》

李鼎祚：《周易集解》，中华书局 2017 年版。

阮元：《揅经室集》，中华书局 2016 年版。

焦循：《孟子正义》，中华书局 1987 年版。

中 文 部 分

乔伊斯·阿普尔比、林恩·亨特、玛格丽特·雅各布：《历史的真相》，刘北成、薛绚译，上海人民出版社 2011 年版。

艾兰：《水之道与德之端》，张海晏译，上海人民出版社 2002 年版。

艾兰、汪涛、范毓周主编：《中国古代思维与阴阳五行说探源》，江苏古籍出版社 1998 年版。

安乐哲：《自我的圆成：中西互镜下的古典儒学与道家》，河北人民出版社 2006 年版。

巴特：《罗马书释义》，魏育青译，华东师范大学出版社 2005 年版。

莱因哈特·本迪克思：《马克斯·韦伯思想肖像》，上海人民出版社 2007 年版。

柏拉图：《游叙弗伦　苏格拉底的申辩　克力同》，严群译，商务印书馆 1983 年版。

列维·布留尔：《原始思维》，丁由译，商务印书馆 1985 年版。

汉斯·布鲁门贝格：《神话研究》，胡继华译，上海人民出版社 2012 年版。

曹峰：《早期道家的四种生成论》，贾晋华、曹峰编：《早期中国宇宙论研究新视野》，上海人民出版社 2021 年版。

E.策勒：《古希腊哲学史纲》，翁绍军译，山东人民出版社 1996 年版。

陈德溥编:《陈黻宸集》,中华书局 1995 年版。

陈鼓应:《庄子今注今译》,中华书局 1983 年版。

——:《老子注译及评价》,中华书局 1984 年版。

——:《〈太一生水〉与〈性自命出〉发微》,《道家文化研究》第十七辑,生活·读书·新知三联书店 1999 年版。

——:《黄帝四经今注今译》,中华书局 2016 年版。

陈来:《"中国哲学"学科的建设与发展的机构基本问题》,《天津社会科学》2004 年第 1 期。

——:《近代化的中国哲学——从冯友兰的哲学观念谈起》,《现代性与传统学术》,广东人民出版社 2003 年版。

——:《古代宗教与伦理》,生活·读书·新知三联书店 2009 年版。

——:《古代思想文化的世界》,生活·读书·新知三联书店 2009 年版。

陈梦家:《商代的神话与巫术》,《燕京学报》1936 年第 20 期。

陈荣灼:《气与力:"唯气论"新诠》,杨儒宾、祝平次编:《儒学的气论语工夫论》,华东师范大学出版社 2008 年版。

陈慧:《保君德训向"中"求》,陈致主编:《简帛·经典·古史》,上海古籍出版社 2013 年版。

陈柱:《中庸注参》,广西师范大学出版社 2010 年版。

程石泉:《易学新探》,上海古籍出版社 2003 年版。

蔡元培:《蔡元培全集》第 4 卷,中华书局 1984 年版。

戴卡琳:《〈太一生水〉初探》,《道家文化研究》第十七辑,生活·读书·新知三联书店 1999 年版。

池田末利:《"天道"与"天命":理神论的发生》,王中江主编:《中国观念史》,中州古籍出版社 2005 年版。

池田知久:《马王堆汉墓帛书五行研究》,中国社会科学出版社 2005 年版。

杰拉德·德兰迪、恩靳·伊辛合编:《历史社会学手册》,李霞、李恭忠译,中国人民大学出版社 2009 年版。

德勒兹、迦塔利:《什么是哲学》,张祖建译,湖南文艺出版社 2007 年版。

丁山:《中国古代宗教与神话考》,上海书店出版社 2011 年版。

丁四新:《论〈尚书·洪范〉的政治哲学及其在汉宋的诠释》,《广西大学学报》2015 年第 2 期。

范毓周:《上博楚简〈恒先〉新释及其简序与篇章的结构新探》,《中原文化研究》2015 年第 1 期。

方东美:《中国哲学精神及其发展》,中华书局 2012 年版。

——:《原始儒家道家哲学》,中华书局 2012 年版。

保罗·费耶阿本德:《告别传统》,陈健、柯哲、陆明译,江苏人民出版社 2002 年版。

冯契:《认识世界和认识自己》,《冯契文集》第一卷,华东师范大学出版社 1996 年版。

冯天瑜:《新语探源——中西日文化互动与近代汉字术语生成》,商务印书馆 2004 年版。

冯友兰:《中国哲学史》,华东师范大学出版社 2011 年版。

冯友兰:《三松堂学术文集》,北京大学出版社 1984 年版。

傅斯年:《性命古训辨证》,广西师范大学出版社 2006 年版。

詹·乔·弗雷泽:《金枝》,徐育新、汪培基、张泽石译,中国民间文艺出版社 1987 年版。

格奥尔格·伊格尔斯、王晴佳:《全球史学史——从 18 世纪至当代》,杨豫译,北京大学出版社 2011 年版。

高柏园:《中庸形上思想》,东大图书公司 1991 年版。

高国藩:《中国巫术史》,上海三联书店 1999 年版。

彼得·盖伊:《启蒙时代》,刘北成译,上海人民出版社 2015 年版。

郭沫若:《郭沫若全集·历史编》第一卷,人民出版社 1982 年版。

郭沂:《〈中庸〉成书辨正》,《孔子研究》1995 年第 4 期。

──:《郭店楚简与先秦学术思想》,上海教育出版社 2001 年版。

郭颖颐:《中国现代思想中的唯科学主义》,雷颐译,江苏人民出版社 1995 年版。

顾颉刚:《古史辨·自序》,《古史辨》第一册,上海古籍出版社 1982 年版。

顾颉刚、刘起釪:《尚书校释译论》,中华书局 2005 年版。

顾颉刚、杨向奎:《三皇考》,《古史辨》第七册(中),上海古籍出版社 1982 年版。

光华大学哲学会:《哲学研究》,上海中华书局 1931 年版。

彼得·哈里森:《科学与宗教的领地》,张卜天译,商务印书馆 2019 年版。

郝大维、安乐哲:《孔子哲学思微》,蒋弋为、李志林译,江苏人民出版社 1996 年版。

尤瓦尔·赫拉利:《人类简史》,林俊宏译,中信出版集团 2017 年版。

贺麟:《儒家思想的新开展》,段怀清编:《传统与现代性》,浙江大学出版社 2007 年版。

赫西俄德:《工作与时日　神谱》,张竹明、蒋平译,商务印书馆 1991 年版。

黑格尔:《逻辑学》上册,杨一之译,商务印书馆 1966 年版。

──:《小逻辑》,贺麟译,商务印书馆 1981 年版。

胡适:《中国哲学史大纲》,东方出版社 2012 年版。

黄曙辉编校:《刘咸炘学术论集》哲学编,广西师范大学出版社 2010 年版。

黄人二:《战国简〈保训〉通解》,《中国哲学史》2010 年第 3 期。

霍布斯:《利维坦》,黎思复、黎廷弼译,商务印书馆 1985 年版。

克劳斯·杜辛:《黑格尔与哲学史》,王树人译,社会科学文献出版社 1992 年版。

欧金尼奥·加林主编:《文艺复兴时期的人》,李玉成译,生活·读书·新知三联书店 2003 年版。

蒋维乔、杨大膺:《中国哲学史纲要》,岳麓书社 2011 年版。

金毓黻:《中国史学史》,河北教育出版社 2000 年版。

景海峰:《学科创制中的冯友兰》,陈少明主编:《现代性与传统学术》,广东人民出版社 2003 年版。

恩斯特·卡西尔:《神话思维》,黄龙保、周振选译,中国社会科学出版社 1992 年版。

——:《国家的神话》,范进等译,华夏出版社 1999 年版。

斯蒂芬·卡尔贝格:《新教伦理与资本主义精神》(英译本)导论,《新教伦理与资本主义精神》,阎克文译,上海人民出版社 2010 年版。

弗朗西斯·麦克唐纳·康福德:《从宗教到哲学:西方思想的起源研究》,曾琼、王涛译,上海三联书店 2014 年版。

康有为:《孟子微 礼运注 中庸注》,中华书局 1987 年版。

亚历山大·柯瓦雷:《从封闭世界到无限宇宙》,邬波涛、张华译,北京大学出版社 2003 年版。

安东尼·肯尼:《牛津西方哲学史》第一卷·古代哲学,王柯平译,吉林出版集团有限责任公司 2010 年版。

托马斯·S.库恩:《必要的张力》,纪树立、范岱年、罗慧生等译,福建人民出版社 1981 年版。

——:《哥白尼革命——西方思想发展中的行星天文学》,吴国盛、张东林、李立译,北京大学出版社 2003 年版。

第欧根尼·拉尔修:《名哲言行录》,徐开来、溥林译,广西师范大学出版社 2010 年版。

李存山:《试评清华简〈保训〉篇中的"阴阳"》,《中国哲学史》2010 年第 3 期。

李大钊:《李大钊全集》第四卷,人民出版社 2006 年版。

李怀宇:《余英时谈新著〈论天人之际〉 中国精神归宿于"内向超越"》,《时代周报》,2014 年 3 月 27 日。

李零:《先秦两汉文字史料中的"巫"》,《中国方术续考》,东方出版社 2000 年版。

——:《丧家狗》,山西人民出版社 2007 年版。

——:《郭店楚简校读记(增订本)》,中国人民大学出版社 2007 年版。

——:《〈互先〉释文》,马承源主编:《上海博物馆藏战国楚竹书(三)》,上海古籍出版社 2003 年版。

林乐昌:《正蒙合校集释》,中华书局 2012 年版。

李明辉:《当代儒学之自我转化》,"中央研究院"文哲研究所 1994 年版。

李秋零主编:《康德哲学著作全集》(1—9 卷),中国人民大学出版社 2003 年版。

李学勤:《太一生水的数术解释》,陈鼓应主编:《道家文化研究》第十七辑,生活·读书·新知三联书店 1999 年版。

李泽厚:《说巫史传统》,上海译文出版社 2012 年版。

——:《论语今读》,安徽文艺出版社 1998 年版。

梁启超:《阴阳五行说之来历》,顾颉刚编著:《古史辨》,第五册,上海古籍出版社 1982 年版。

——:《论希腊古代学术》,《饮冰室文集》之十二。

梁涛:《郭店楚简与〈中庸〉公案》,《台大历史学报》2000 年 6 月第 25 期。

——:《荀子与〈中庸〉》,《邯郸师专学报》2002 年第 2 期。

——:《郭店楚简与思孟学派》,中国人民大学出版社 2008 年版。

劳思光:《新编中国哲学史》,广西师范大学出版社 2005 年版。

——:《大学中庸译注新编》,中文大学出版社 2001 年版。

保罗·利科:《活的隐喻》,汪堂家译,上海译文出版社 2004 年版。

林富士:《中国古代巫觋的社会形象与社会地位》,林富士主编:《中国史新论·宗教史分册》,"中央研究院"、联经事业出版有限股份公司 2012 年版。

莱布尼茨:《人类理解新论》上册,陈修斋译,商务印书馆 1982 年版。

廖名春、陈慧:《清华简〈保训〉篇解读》,《中国哲学史》2010 年第 3 期。

刘宁:《中国思想的文体形式》,华东师范大学出版社 2012 年版。

刘文英:《中国传统哲学的名象交融》,《哲学研究》1999 年第 6 期。

刘笑敢:《"反向格义"与中国哲学研究的困境——以老子之道的诠释为例》,《中国哲学与文化》第一辑,广西师范大学出版社 2007 年版。

——:《老子古今》上卷,中国社会科学出版社 2006 年版。

刘咸炘:《推十书》,成都古籍书店影印 1996 年版。

柳诒徵:《国史要义》,中国人民大学出版社 2009 年版。

——:《中国文化史》,东方出版中心 1996 年版。

罗竹风主编:《汉语大词典》,汉语大词典出版社 1986—1994 年版。

洛克:《人类理解论》,关文运译,商务印书馆 1983 年版。

吕思勉:《先秦史》,上海古籍出版社 2005 年版。

马林诺夫斯基:《巫术、科学、宗教与神话》,李安宅译,中国民间文艺出版社 1986 年版。

马特:《柏拉图与神话之镜:从黄金时代到大西岛》,吴雅凌译,华东师范大学出版社 2008 年版。

马西尼:《现代汉语词汇的形成——十九世纪汉语外来词研究》,黄河清译,汉语大词典出版社 1997 年版。

马塞尔·莫斯、昂利·于贝尔:《巫术的一般理论、献祭的性质与功能》,杨渝东等译,广西师范大学出版社 2007 年版。

牟宗三:《政道与治道》,广西师范大学出版社 2006 年版。

——:《中国哲学的特质》,上海古籍出版社 1997 年版。

——:《心体与性体》,正中书局 1979 年版。

——:《圆善论》,台湾学生书局 1996 年版。

——:《周易哲学演讲录》,华东师范大学出版社 2004 年版。

——:《中西哲学会通之十四讲》,台湾学生书局 1990 年版。

——:《中国哲学十九讲》,台湾学生书局 1989 年版。

米尔顿·穆尼茨:《理解宇宙》,徐式谷、黄又林、段志诚译,中国对外翻译出版公司 1997 年版。

潘雨廷:《卦爻辞的原始意义》,《潘雨廷学术文集》,上海人民出版社 2011 年版。

庞朴:《一种有机的宇宙生成图式》,《道家文化研究》第十七辑,生活·读书·新知三联书店 1999 年版。

皮锡瑞:《经学通论》,华夏出版社 2011 年版。

普罗提诺:《九章集》,石敏敏译,中国社会科学出版社 2009 年版。

钱宝琮:《太一考》,《燕京学报》1932 年 12 月号。

钱穆:《国史大纲》(修订本),中华书局 2002 年版。

——:《〈易经〉研究》,《中国学术思想史论丛》卷一,安徽教育出版社 2004 年版。

——:《中庸新义》,《中国学术思想史论丛》卷二,安徽教育出版社 2004 年版。

——:《〈中庸〉新义申释》,《中国学术思想史论丛》卷二,安徽教育出版社 2004 年版。

——:《现代中国学术论衡》,生活·读书·新知三联书店 2001 年版。

浅野裕一:《古代中国的宇宙论》,吴昊阳译,江苏人民出版社 2020 年版。

钱锺书:《管锥编》,中华书局 1979 年版。

清华大学出土文献研究与保护中心:《清华大学藏战国竹简〈保训〉释文》,《文物》2009 年第 6 期。

屈万里:《尚书集释》,联经出版事业公司 2010 年版。

饶宗颐:《历史家对萨满主义应重作反思与检讨——巫的新认识》,《中华文化的过去,现在,和未来》,中华书局 1992 年版。

斯宾诺莎:《知性改进论》,贺麟译,《伦理学　知性改进论》,上海人民出版社 2009 年版。

——:《伦理学》,贺麟译,商务印书馆 1983 年版。

本杰明·史华兹:《古代中国的思想世界》,程钢译,江苏人民出版社 2004 年版。

让·塞尔韦耶:《巫术》,管震湖译,商务印书馆 1998 年版。

色诺芬:《回忆苏格拉底》,吴永泉译,商务印书馆 1984 年版。

汉斯·魏尔纳·舒特:《寻求哲人石》,李文潮、萧培生译,上海科技教育出版社 2006 年版。

列奥·施特劳斯:《什么是政治哲学》,李世祥等译,华夏出版社 2011 年版。

丹尼斯·史密斯:《历史社会学的兴起》,周辉荣、井建斌译,上海人民出版社 2000 年版。

施路赫特:《理性化与官僚化》,顾忠华译,广西师范大学出版社 2004 年版。

宋兆麟:《巫觋——人与鬼神之间》,学苑出版社 2001 年版。

宋志明:《蔡元培的哲学观与中国哲学史学科初建》,《学习与探索》2014 年第 5 期。

孙宝瑄:《忘山庐日记》,上海古籍出版社 1983 年版。

理查德·塔纳斯:《西方思想史》,吴象婴、晏可佳、张广勇译,上海社会科学院出版社 2011 年版。

唐君毅:《哲学概论》,中国社会科学出版社 2005 年版。

——:《中国哲学原论·导论篇》,中国社会科学出版社 2005 年版。

——:《中国哲学原论·原性篇》,中国社会科学出版社 2005 年版。

——:《中国哲学原论·原道篇》,中国社会科学出版社 2006 年版。

——:《中国哲学原论·原教篇》,中国社会科学出版社 2006 年版。

泰勒主编:《劳特利奇哲学史》(十卷本)第一卷《从开端到柏拉图》,韩东晖、聂敏里、冯俊、程鑫译,中国人民大学出版社 2003 年版。

基思·托马斯:《巫术的衰落》,芮传明译,上海人民出版社 1992 年版。

茨维坦·托多罗夫:《象征理论》,王国卿译,商务印书馆 2004 年版。

爱弥尔·涂尔干:《宗教生活的基本形式》,渠东、汲喆译,上海人民出版社 1999 年版。

王国维:《王国维集》(4 卷本)第四册,中国社会科学出版社 2008 年版。

王晴佳:《西方的历史观念——从古希腊到现在》,广西师范大学出版社 2013 年版。

王中江:《进化主义在中国的兴起——一个新的全能式世界观》,中国人民大学出版社 2010 年版。

阿尔弗雷德·韦伯:《文化社会学视域中的文化学》,姚燕译,上海人民出版社 2006 年版。

马克斯·韦伯:《经济与社会》,林荣远译,商务印书馆 1997 年版。

维特根斯坦:《逻辑哲学论》,贺绍甲译,商务印书馆 1996 年版。

沃尔夫冈·韦尔德:《我们后现代的现代》,洪天富译,商务印书馆 2004 年版。

让-皮埃尔·韦尔南:《希腊人的神话和思想》,黄艳红译,中国人民大学出版社 2007 年版。

——:《神话与政治之间》,余中先译,生活·读书·新知三联书店 2001 年版。

——:《希腊思想的起源》,秦海鹰译,北京大学出版社 2012 年版。

文德尔班:《哲学史教程》上卷,罗达仁译,商务印书馆1987年版。

吴怡:《中庸诚的哲学》,东大图书公司1984年版。

武内义雄:《子思子考》,《先秦经籍考》(中),商务印书馆1931年版。

吾淳:《中国哲学的起源》,上海人民出版社2010年版。

席勒:《审美教育书简》,张玉能译,译林出版社2009年版。

西美尔:《西美尔文集——哲学的主要问题》,钱敏汝译,上海译文出版社2006年版。

香港中国语文学会编:《近现代汉语新词词源词典》,汉语大词典出版社2001年版。

小野泽精一、福永光司、山井涌编:《气的思想》,李庆译,上海人民出版社1990年版。

谢无量:《中国哲学史》,《谢无量文集》第2卷,中国人民大学出版社2011年版。

熊十力:《读经示要》,上海书店出版社2009年版。

——:《十力语要》,中华书局1996年版。

——:《尊闻录》,四川文艺出版社2020年版。

休谟:《人性论》,关文运译,商务印书馆1980年版。

修昔底德:《伯罗奔尼撒战争史》上册,谢德风译,商务印书馆2010年版。

徐复观:《中国人性论史》,上海三联书店2001年版。

——:《〈中庸〉的地位问题》,《中国思想史论集》,上海书店出版社2004年版。

徐旭生:《中国古史的传说时代》,广西师范大学出版社2003年版。

许抗生:《初读〈太一生水〉》,《道家文化研究》第十七辑。

亚里士多德:《形而上学》,吴寿彭译,商务印书馆1981年版。

雅斯贝尔斯:《生存哲学》,王玖兴译,上海译文出版社1994年版。

杨宽:《西周史》,上海人民出版社 1999 年版。

杨庆堃:《中国社会中的宗教》,范丽珠等译,上海人民出版社 2007 年版。

杨向奎:《宗周社会与礼乐文明》,人民出版社 1997 年版。

杨儒宾:《五行原论——先秦思想的太初存有论》,上海古籍出版社 2020 年版。

杨树达:《积微居读书记》,上海古籍出版社 2007 年版。

维尔纳·耶格尔:《亚里士多德:发展史纲要》,朱清华译,人民出版社 2013 年版。

马克·约翰逊:《中文版序》,《我们赖以生存的譬喻》,周世箴译注,联经出版事业股份有限公司 2006 年版。

余敦康:《中国宗教与中国文化》第二卷,《宗教·哲学·伦理》,中国社会科学出版社 2005 年版。

余英时:《论天人之际》,中华书局 2014 年版。

——:《士与中国文化》,上海人民出版社 2003 年版。

——:《文史传统与文化重建》,生活·读书·新知三联书店 2004 年版。

余治平:《唯天为大》,商务印书馆 2003 年版。

詹鄞鑫:《心智的误区——巫术与中国巫术文化》,上海教育出版社 2001 年版。

张岱年:《中国哲学大纲》,中国社会科学出版社 1982 年版。

——:《中国古典哲学概念范畴要论》,中国社会科学出版社 1989 年版。

张岱年主编:《中国哲学大辞典》,上海辞书出版社 2014 年版。

张光直:《美术、神话与祭祀》,辽宁教育出版社 1988 年版。

——:《中国古代王的兴起与城邦的形成》,《燕京学报》1997 年第 3 期。

——:《中国青铜时代》,生活·读书·新知三联书店 1999 年版。

张君劢:《儒家哲学之复兴》,中国人民大学出版社 2006 年版。

张汝伦:《哲学释义学,还是意识形态批判?》,《现代外国哲学》第 10 辑,人民出版社 1987 年版。

——:《二十世纪德国哲学》,人民出版社 2008 年版。

——:《〈存在与时间〉释义》上册,上海人民出版社 2012 年版。

——:《概念是普遍的吗?》,《哲学研究》2008 年第 8 期。

——:《邯郸学步,失其故步》,《南京大学学报》,2007 年第 4 期

——:《现代中国思想研究》(增订版),上海人民出版社 2014 年版。

张汝伦编:《理性与良知——张东荪文选》,上海远东出版社 1995 年版。

张善文编著:《周易辞典》,上海古籍出版社 1995 年版。

章太炎撰,庞俊、郭诚永疏证:《国故论衡疏证》,中华书局 2011 年版。

赵容俊:《殷周甲骨卜辞所见之巫术》(增订本),中华书局 2011 年版。

曾运乾:《尚书正读》,华东师范大学出版社 2011 年版。

郑吉雄:《先秦经典"中"字字义分析》,《简帛·经典·古史》。

钟少华:《中文概念史论》,中国国际广播出版社 2012 年版。

钟泰:《中国哲学史》,东方出版社 2008 年版。

托尼·朱特:《重估价值——反思被遗忘的 20 世纪》,林骧华译,商务印书馆 2013 年版。

朱伯昆主编:《周易通释》,昆仑出版社 2004 年版。

朱自清:《经典常谈》,生活·读书·新知三联书店 1998 年版。

西 文 部 分

Anton-Hermann Chroust, "Philosophy: Its essence and meaning in the ancient world", *Philosophical Review* 27(1947).

Aristotle, *The Complete Works of Aristotle*, 2 vols. The Revised Oxford Translation, Princeton: Princeton University Press, 1984.

Aristotle, *Protrepticus*.

Talal Asad, *Genealogies of Religion*, Baltimore, MD: Johns Hopkins University Press, 1993.

Peter Berger, *The Social Reality of Religion*, Harmondsworth, UK: Penguin, 1973.

Jan Assmann, "Cultural Memory and the Myth of the Axial Age", *The Axial Age and Its Consequences*, edited by Robert N. Bellah and Hans Joas, Cambridge, Massachusetts & London: The Belknap Press of Harvard University Press, 2012.

——, *Herrschaft und Heil. Politische Theologie in Altägypten, Israel und Europa*, Müchen: Beck, 2000.

Johann P. Arnason, S. N. Eisenstadt and Björn Wittrock, "General Introduction", *Axial Civilizations and World History*, ed. by Johann P. Arnason, S.N. Eisenstadt, and Björn Wittrock, Leiden & Boston: Brill, 2005.

Paul Avis, *God and the Creative Imagination*, London & New York: Routledge, 1999.

Shlomo Biderman & Ben-Ami Scharfstein (ed.), *Rationality in Question. On Eastern and Western Views of Rationality*, Leiden: E.J. Brill, 1989.

Hans Blumenberg, *Die Legitimität der Neuzeit*, Frankfurt am Main: Suhrkamp, 1999.

——, *Arbeit am Mythos*, Frankfurt am Main: Suhrkamp, 1979.

L. Brisson, *Plato the Myth Maker*, trans. by G. Naddaf, Chicago/London: University of Chicago Press, 1999.

Sarah Broadie, "Rational Theology", *The Cambridge Companion to Early Greek Philosophy*, ed. by A. A. Long, Cambridge & New York: Cambridge University Press, 1999.

Giordano Bruno, *Cause, Principle and Unity: Essays on Magic*, Cambridge: Cambridge University Press, 1998.

Rüdiger Bubner, "Philosophy is its Time Comprehended in Thought", *Essays in Hermeneutics and Critical Theory*, New York: Columbia University Press, 1988.

Wilhelm Capelle, *Die Vorsokratiker. Die Fragmente und Quellenberichte*, Leipzig: Alfred Kröner Verlag, 1935.

Ernst Cassirer, *The Philosophy of Symbolic Forms*, vol. 2, trans. by Ralph Manheim, New Haven & London: Yale University Press, 1965.

——, *Descartes. Lehre-Persönlichkeit-Wirkung*, Stockholm, 1939.

——, "The Technique of our Modern Political Myth", *Symbol, Myth, and Culture*, New Haven and London: Yale University Press, 1979.

Clive Cazeaux, *Metaphor and Continental Philosophy*, New York: Routledge, 2007.

Win-tsit Chan, *A Source Book in Chinese Philosophy*, Princeton: Princeton University Press, 1963.

Matei Calinescu, *Five Faces of Modernity*, Durham: Duke University Press, 1987.

C. Collobert, P. Destrée, Francisco J. Gonzalez (eds.), *Plato and Myth*, Leiden/Boston: Brill, 2012.

F. M. Cornford, *From Religion to Philosophy*, New York: Harper & Brothers Publishers, 1957.

Donald Davidson, "What Metaphors Mean", *Critical Inquiry*

5, no.1.

D. H. D'avray, *Rationalities in History*, Cambridge: Cambridge University Press, 2010.

Jacques Derrida & Gianni Vattimo, *Religion*, Cambridge: Polity, 1998.

Descartes, *Rules for the Direction of the Mind. The Philosophical Works of Descartes*, vol.1, Cambridge: Cambridge University Press, 1973.

John Dewey, *Reconstruction in Philosophy*, Boston: Beacon, 1957.

Betty Dobbs, *The Janus Faces of Genius: The Role Alchemy in Newton's Thought*, Cambridge: Cambridge University Press, 1991.

Daniel Dubuisson, *The Western Construction of Religion*, trans. by William Sayers, Baltimore: Johns Hopkins University Press, 2003.

Paul Edwards (ed.), *The Encyclopedia of Philosophy*, New York: Macmillan Publishing Co., Inc. & The Free Press, 1972.

S. N. Eisenstadt, *Revolution and the Transformation of Societies: A Comparative Study of Civilizations*, New York: Free Press, 1978.

——, "The Axial Age breakthroughs: Their characteristics and origins", *The Origin and Diversity of Axial Age Civilization*, ed. S. N. Eisenstadt, Albany: State University of New York Press, 1986.

——, "The Axial Conundrum between Transcendental Vissions and Vicissitudes of Their Institutionalizations", *The Axial Age and its Consequences*.

Mircea Eliade, *Images and Symbols: Studies in Religious Symbol-*

569

ism，Princeton: Princeton University Press，1991.

——，*Cosmos and History*，New York: Harper Torchbooks，1959.

——，*Patterns in Comparative Religion*，trans. by Rosemary Sheed，Cleveland and New York: The World Publishing Company，1963.

Timothy Fitzgerald，*Discourse on Civility and Barbarity. A Critical History of Religion and Related Categories*，Oxford: Oxford University Press，2007.

——，*The Ideology of Religious Studies*，New York: Oxford University Press，2000.

Manfred Frank，*Der kommende Gott. Vorlesungen über die Neue Mythologie*，Frankfurt am Main: Suhrkamp，1982.

Cynthia Freeland，"The Role of Cosmology in Plato's Philosophy"，Hugh H. Benson(ed.)，*A Companion to Plato*，Malden，MA.: Blackwell Publishing，2006.

Hans-Georg Gadamer，"Heidegger's ›theologische‹ Jugendschrift"，in Martin Heidegger，*Phänomenologische Interpretationen zu Aristoteles*，Stuttgart: Reclam，2002.

——，*Wahrheit und Methode*，Tübingen: J.C.B. Mohr，1986.

——，*Der Anfang der Philosophie*，Stuttgart: Raclam，1996.

——，"Martin Heidegger's One Path"，in *Reading Heidegger from the Start. Essays in His Earliest Thought*，ed. by Theodore Kisiel and John van Buren，Albany: State University of New York Press，1994.

O. Gigon，*Der Ursprung der griechischen Philosophie von Hesiod bis Parmenides*，Basel，1945.

Michael A. Gillespie，*The Theological Origins of Modernity*，Chicago: The University Chicago，2008.

W.K.C. Guthrie, *A History of Greek Philosophy*, Cambridge: Cambridge University Press, 1980.

A.C. Graham, "Rationalism and Anti-Rationalism in Pre-Buddhist China", *Rationality in Question*, ed. by Shlomo Biderman & Ben-Ami Scharfstein, Leiden: E.J. Brill, 1989.

Jürgen Habermas, *Theorie des kommunikativen Handelns*, Frankfurt am Main: Suhrkamp, 1988.

Pierre Hadot, *What is Ancient Philosophy?*, Translated by Michael Chase, Cambridge, Mass. & London: The Belknap Press of Harvard University Press, 2002.

Hegel, *Werke*, *Werkausgabe*. 20 vols. Frankfurt am Main: Suhrkamp, 1969—1972.

Heidegger, *Nietzsche I*, Pfullingen: Neske, 1989.

——, *Nietzsche II*, Pfullingen: Neske, 1989.

——, *Sein und Zeit*, Frankfurt am Main: Vittorio Klostermann, 1977.

——, *Was ist das-die Philosophie*, Pfullingen: Neske, 1956.

——, *Einleitung in die Philosophie*, Gesamtausga be Bd. 27, Frankfurt am Main: Vittorio Klostermann, 1996.

——, *Phänomenologische Interpretationen zu Aristotels*, GA 61, Frankfurt am Main: Vittorio Klostermann, 1985.

——, *Was ist Metapgysik?* in *Wegmarken*, Frankfurt am Main: Vittorio Klostermann, 1978.

——, *Die Grundbegriffe der Metaphisik*, GA 29/30, Frankfurt am Main: Vittorio Klostermann, 1992.

Martin Heidegger im Gespräch, hg. von Günter Neske & Emil Kettering Pfullingen: Neske, 1988.

Johannes Hoffmeister (hg), *Wörterbuch der philosophischen*

Begriff，Hamburg: Verlag von Felix Meiner，1955.

Max Horkheimer/Theodor W. Adorno，*Dialektik der Aufklärung*，Frankfurt am Main: Fisher，1988.

Cho-Yun Hsu，"Historical Conditions of the Emergence and Crystallization of the Confucian System"，*The Origins and Diversity of Axial Age Civilizations*，ed. by S. N. Einsenstadt，Albany: State University of New York Press，1986.

K. Hübner，*Die Wahrheit des Mythos*，München，1985.

Husserl，*Die Krisis der europäischen Wissenschaften und die transzendentale Phänomenologie*，Husserliana VI.

Edward Hussey，"Heraclitus"，*The Cambridge Companion to Early Greek Philosoph*，Cambridge University Press，1999.

William James，*A pluralistic Universe: Hibbert Lectures at Manchester College on the Present Situation in Philosophy*，New York: Longmans，Green and Company，1909.

M. Janka & C. Schäfer(eds).，*Platon als Mythologue. Neue Interpretationen zu den Mythen in Platons Dialogen*，Darmstadt: Wissenschaftliche Buchgesellschaft，2002.

Karl Jaspers，*Einführung in die Philosophie*，Müchen: Piper，1989.

——，*Vom Ursprung und Ziel der Geschichte*，ünchen: Piper，1988.

Charles Jarvie and Joseph Agassi，"The Problem of the Rationality of Magic"，in *Rationality: The Critical View*，ed. by Jesoph Agassi and Ian Charles Jarvie，Dordrecht/Boston/Lancaster: Martinis Nijhoff Publishers，1987.

Mark Johnson，"Philosophy Debt to Metaphor"，*The Cambridge Handbook of Metaphor and Thought*，ed. by Raymond W. Gibbs，Jr.，

New York: Cambridge University Press, 2008.

Jason A. Josephson-Strom, *The Myth of Disenchantment. Magic*, *Modernity*, *and the Birth of Social Sciences*, Chicago: University of Chicago Press, 2017.

Jason Ananda Josephson, *The Invension of Religion in Japan*, Chicago & London: The University of Chicago Press, 2012.

Charles H. Kahn, *Pythagoras and Pythagoreans. A Brief History*, Indianapolis/Cambridge: Hackett Publishing Company, Inc., 2001.

Stephen Kalberg, "Max Weber's types of Rationality: Cornerstones for the Analysis of Rationalization Process", *American Journal of Sociology* 85(1980), No.5.

Kant, *Kant's Gesammelte Schriften*, hg. von der Preußischen Akademie der Wissenschaften, Berlin: Walter de Gruyter, 1928, Bd. 8.

——, *Grundlegung zur Metaphysik der Sitten*, Stuttgart: Reclam, 1976.

——, *Kritik der praktischen Vernunft*, Stuugart: Reclam, 1976.

——, *Kritik der reinen Vernunft*, Hamburg: Felix Meiner Verlag, 1976.

John Maynard Keynes, "Newton, the Man", in *The Collected Writings of John Maynard Keynes*, ed. Society Royal Economics, New York: Macmillan, 1971—1989.

Theodore Kisiel, *The Genesis of Heidegger's Being and Time*, Berkeley and Los Angeles: University of California Press, 1995.

Peter Kinsley, *Ancient Philosophy*, *Mystery*, *and Magic*: *Empedocles and Pythagorean Tradition*, Oxford: Clarenton Press, 1995.

G. S. Kirk/J. E. Raven/M. Schofield, *The Presocratic Philoso-*

phers. A critical history with a selection of texts，Cambridge：Cambridge University Press，1957.

W. Knöbl，*Spielräumde der Modernisierung*. *Das Ende der Eindeutigkeit*，Weilerswist：Velbrück Verlag，2001.

Reinhart Koselleck，*Future's Past*：*On the Semantics of Historical Time*，trans. Keith Tribe，Cambrige MA.：MIT Press，1985.

George Lakoff & Mark Johnson，*Metaphors We Live By*，Chicago and London：The University of Chicago Press，1981.

——，*Philosophy in the Flesh*：*The Embodied Mind and Its Challenge to Western Thought*，New York：Basic Books，1999.

G. E. R. Lloyd，*Magic*，*Reason and Experience*，Cambridge：Cambridge University Press，1979.

——，"The Problem of Metaphor：Chinese Reflections"，*Metaphor*，*Allegory*，*and the Classical Tradition*，ed. by G. R. Boys-Stones，Oxford：Oxford University Press，2003.

A. A. Long，"The scope of early Greek philosophy"，*The Cambridge Companion to Early Greek Philosophy*，ed. by A. A. Long，Cambridge：Cambridge University Press，1999.

Marx，*Frühe Schriften*，Bd. 1，hg. von Lieber，Darmstadt：1962.

Tomoko Masuzawa，*The Invension of World Religion*，Chicago & London：The University of Chicago Press，2005.

Russell McCutcheon，*Manufacturing Religion*：*The Discourse on Sui Generis Religion and the Politics of Nostalgia*，Oxford：Oxford Univesity Press，1997.

Meleau-Pondy，*Phenomenology of Perception*，trans. by Colins Smith，London & New York：Routledge，2002.

Robert Merton，"Science and Technology in 17th Century England", *Osiris*, 1938.

Georg Misch, *Der Weg in Philosophie*, München, 1950.

A.G. Molland, "Roger Bacon as Magician", *Traditio* 30(1974):
445—460.

K. A. Morgan, *Myth and Philosophy from the Presocratic to
Plato*, Cambridge/New York: Cambridge University Press, 2000.

Bruce T. Moran, *Distilling Knowledge. Alchemy*, *Chemistry*,
and the Scientific Revolution, Cambridge, Mass.: Harvard University
Press, 2005.

Glenn W. Most, "From Logos to Mythos", *From Mythos to
Logos?*, ed. by Richard Buxton, Oxford: Oxford University Press,
1999.

S. F. Nadel, "Malinowski on Magic and Religion", *Man and
Culture*, ed. by Raymond Firth, London: Routledge & Kegan Paul,
1960.

Luis E. Navia, *The Adventure of Philosophy*, Westport, Con-
necticut: Greenwood Press, 1999.

Wilhelm Nestle, *Vom Mythos zum Logos*. Stuttgart: Alfred
Kröner Verlag, 1975.

Nietzsche, *Die Geburt der Tragödie*. *Kritische Studienausgabel*,
München: Deutscher Taschenbuch Verlag, 1988.

——, *Über Wahrheit und Lüge im aussermoralischen Sinne*,
KSA 1, Müchen: dtv/de Gruyter, 1988.

——, *Homer's Wettkampf*, KAS 1.

Michael Oakeshott, *Rationalism in Politics*, Indianapolis: Lib-
erty Press, 1991.

Andrew Ortony, "Metaphor, language, and thought", *Metaphor
and Thoght*, ed. by Andrew Ortony, Cambridge, New York & Mel-

bourne: Cambridge University Press, 1993.

C. Partenie(ed.), *Plato's Myths*, Cambridge: Cambridge University Press, 2009.

Talcott Parsons, "Introduction" in Max Weber, *The Sociology of Religion*, trans. by Ephraim Fischoff. Boston: Beacon Press, 1963.

Jan Patocka, *Plato and Europe*, trans. by Petr Lom, Stanford, California: Stanford University, 2002.

Plato, *Complete Works*, ed. & intr. by John M. Cooper, Indianapolis/Cambridge: Hackett Publishing Company, 1997.

E. E. Pender, "Plato on Metaphors and Models", *Metaphor, Allegory, and the Classical Tradition*, ed. by G. R. Boys-Stones, Oxford: Oxford University Press, 2003.

I. A. Richards, *The Philosophy of Rhetoric*, New York: Oxford University Press, 1965.

Paul Ricoeur, *Hermeneutics and the Human Sciences*, ed. & trans. by John B. Thompson, Cambridge: Cambridge University Press, 1989.

——, *Interpretation Theory*, Fort Worth: The Texas Christian University Press, 1976.

Joachim Ritter und Karlfrid Gründer (Hg.), *Historisches Wörterbuch der Philosophie*, Bd. 7, Darmstadt: Wissenschaftliche Buchgesellschaft, 1989.

Heiner Roetz, "The Axial Age Theory", *The Axial Age and Its Consequences*.

——, "A Challenge to Historism or an Explanatory Device of Civilization Analysis? With a look at the Normative Discourse in Axial Age China", *The Axial Age and its Consequences*.

H. R. Trevor-Roper, *The European Witch-Craze of the 16th and 17th Centuries*, Harmondsworth: Penguin Books, 1969.

K.F. A. Schelling, "Über Mythen, historische Sagen und Phiklosopheme der ältesten Welt", *Werke: Historisch-Kritische Ausgabe*, (Stuttgart-Bad Cannstatt: Frommann-Holzboog, 1976), Bd.1.

——, *Philosophie der Kunst. Sämmtliche Werke*, Bd.5, Stuttgart-Augsburg: Cotta, 1859.

——, *Einleitung in die Philkosopphie der Mythologie*, *Sämmtliche Werke*, Bd.1.

Gunther Roth & Wolfgang Schluchter, *Max Weber's Vision of History: Ethics and Methods*, Berkeley: University of California Press, 1979.

H. Schnädelbach(Hg.), *Philosophie. Ein Grundkurs*, Hamburg: Rowolt, 1985.

Malcolm Schofirld, " Theology and Divination ", *Greek Thought. A Guide to Classical Knowledge*, Cambridge, Mass.: The Belknap Press of Harvard University Press, 2000.

Schopenhauer, *The World as Will and Representation*, trans. by E.F.J. Payne, New York: Dover Publishers, 1966.

Ralph Schroeder, *Max Weber and the Sociology of Culture*, London: Sage, 1992.

Wilfrid Sellars, *Science, Perception and Reality*, London: Routledge & Kegan Paul, 1963.

Edward Shils, *Tradition*, Chicago: University of Chicago Press, 1981.

Stanley Jeyaraja Tambiah, *Magic, science, religion, and the scope of rationality*, Cambridge: Cambridge University Press, 1990.

Wolfgang Schadewaldt, *Die Anfänge der Philosophie bei den*

Griechen，Fankfurt am Main：Suhrkamp，1978.

Wolfgang Schluchter，*The Rise of Western Rationalism. Max Weber's Developmental History*，Translated，with an Introduction by Guenther Roth，Berkeley，Los Angeles，London：University of California Press，1981.

Benjamin I. Schwartz，"The Age of Transcendence"，*Daedalus*，Vol. 104，No. 2，Wisdom，Revelation，and Doubt：Perspectives on the First Millennium B. C.(Spring，1975).

Eberhard Simons，"Transzendenz"，Hermann Krings，Hans Michael Baumgartner und Christoph Wild(hg.)，*Handbuch philosophischer Grundbegriffe*，Bd.6，Müchen：Kösel-Verlag，1974.

Wilfred Cantwell Smith，*The Meaning and End of Religion*，New York：Macmillan Company，1964.

Jonathan Z. Smith，"Religion, Religions, Religious" in *Critical Terms for Religious Studies*，ed. by Mark C. Taylor，Chicago：University of Chicago Press，1998.

Ulrich Steinvorth，*Secularization. An Essay in Normative Metaphysics*，Cham：Palgrave Macmillan，2017.

J. A. Stewart，*The Myths of Plato*，London/New York：Macmillan，1905.

P. Stöcklein，*Über die philosophische Bedeutung von Platons Mythen*，Leipzig：Dieterich'sche Verlagsbuchhandlung，1937.

M. Colloud-Streit，*Fünf platonische Mythen im Verhältnis zu ihrem Textumfeld*，Fribourg：Academic Press，2005.

Lloyd Strickland，*Leibniz's Monadology. A New Translation and Guide*，Edinburgh：Edinburgh University Press，2014.

Stanley J. Tambiah，*Culture，Thought，and Social Action：An Anthropological Perspective*，Cambridge，MA.：Harvard University

Press, 1985.

Charles Taylor, "What Was the Axial Revolution", *The Axial Age and its Consequences*.

Friedrich H. Tenbruck, "The Problem of Thematic Unity in the Works of Max Weber", *The British Journal of Sociology*, Vol.31, No.3.

Lynn Thorndike, "The Attitude of Francis Bacon and Descartes towards Magic and Occult Science", in *Science, Medicine, and History*, ed. A. Ashworth Underwood, New York: Oxford University Press, 1953.

Peter Trawny, "Das Ideal des Weisen. Zum Verh ältnis von Philosophie und Philosophen bei Kant", *Kant-Studien* 99, 2008.

Edward Burnett Tylor, *Religion in Primitive Culture*, Gloucester, Mass.: Peter Smith, 1970.

Jean-Pierre Vernant, "Forms of Belief and Rationality in Greece", *Agon, Logos, Polis. The Greek Achievement and its Aftermath*, ed. by Johann P. Arnason & Peter Murphy, Stuttgart: Franz Steiner Verlag, 2001.

——, *Myth and Thought among the Greek*. Translated by Janet Lloyd with Jeff Fort, New York: Zone Books, 2006.

Charles Webster, *From Paracelsus to Newton*, Cambridge: Cambridge University Press, 1982.

Alfred Weber, *Kulturgeschichte als Kultursoziologie*, arburg: Metropolis-Verlag, 1997.

Max Weber, "Prefatory Remarks to Collected Essays in the Sociology of Religion", *The Protestant Ethic and the Spirit of Capitalism*, new intr. & trans. by Stephen Kalberg, New York & London: Routledge, 2001.

———, *The Protestant Ethics and the Spirit of Capitalism*, trans. by T. Parsons, intr. by Anthony Giddens, London & Sydney: Unwin Paperbacks, 1985.

———, "The Social Psychology of the World Religion", *From Max Weber*, ed. by H. H. Gerth and C. Wright Mills, New York: Oxford University Press, 1969.

Richard Westfall, *Never at Rest. A Biography of Isaac Newton*, New York: Cambridge University Press, 1980.

R. Zaslavsky, *Platonic Myth and Platonic Writings*, Washington: University Press of America, 1981.

图书在版编目(CIP)数据

《中庸》研究.第 1 卷,《中庸》前传/张汝伦著
.—上海:上海人民出版社,2023
(复旦中国哲学书系)
ISBN 978‑7‑208‑18174‑8

Ⅰ.①中…　Ⅱ.①张…　Ⅲ.①《中庸》-研究　Ⅳ.
①B222.15

中国国家版本馆 CIP 数据核字(2023)第 032591 号

责任编辑　于力平
封面设计　零创意文化

复旦中国哲学书系
《中庸》研究(第一卷):《中庸》前传
张汝伦　著

出　　版　上海人民出版社
　　　　　(201101　上海市闵行区号景路 159 弄 C 座)
发　　行　上海人民出版社发行中心
印　　刷　江阴市机关印刷服务有限公司
开　　本　635×965　1/16
印　　张　36.5
插　　页　4
字　　数　423,000
版　　次　2023 年 5 月第 1 版
印　　次　2023 年 5 月第 1 次印刷
ISBN 978‑7‑208‑18174‑8/B・1680
定　　价　148.00 元

复旦中国哲学书系

《中庸》研究(第一卷):《中庸》前传	张汝伦 著	148.00 元
《周易》卦爻辞历史叙事研究	何益鑫 著	138.00 元
魏晋风度与东方人格(修订版)	刘康德 著	98.00 元
唐宋之际儒学转型研究	徐洪兴 著	85.00 元
董仲舒与汉代公羊学	曾 亦 黄 铭 著	65.00 元
道论九章:新道家的"道德"与"行动"	李若晖 著	70.00 元
孟子与中国文化(修订版)	杨泽波 著	42.00 元
合理性之寻求——荀子思想研究论集	东方朔 著	72.00 元
清代诗歌与王学	陈居渊 著	48.00 元
明末清初劝善运动思想研究(修订版)	吴 震 著	78.00 元